State Grid Jibei Electric Power Company Limited Yearbook 2013

国网冀北电力有限公司年鉴

2013

国网冀北电力有限公司年鉴编辑委员会

图书在版编目（CIP）数据

国网冀北电力有限公司年鉴. 2013/《国网冀北电力有限公司年鉴》编委会组编. —北京：中国电力出版社，2013. 11

ISBN 978 - 7 - 5123 - 5225 - 4

Ⅰ. ①国… Ⅱ. ①国… Ⅲ. ①电力工业 - 工业企业 - 河北省 - 2013 - 年鉴 Ⅳ. ①F426. 61 - 54

中国版本图书馆 CIP 数据核字（2013）第 274253 号

中国电力出版社出版、发行

（北京市东城区北京站西街 19 号 100005 http://www. cepp. sgcc. com. cn）

北京盛通印刷股份有限公司印刷

各地新华书店经售

*

2013 年 11 月第一版 2013 年 11 月北京第一次印刷

787 毫米 ×1092 毫米 16 开本 19. 5 印张 632 千字

印数 0001—2000 册 定价 **195. 00** 元

《国网冀北电力有限公司年鉴》编辑委员会

《国网冀北电力有限公司年鉴》

主　编　张大鹏

副主编　闫承山　　纪会争

《国网冀北电力有限公司年鉴》
编　辑　部

主　任　闫承山　　姜丽敏

副主任　田云峰　　赵　宇

编　辑　张树林　　刘丽平　　卢文平　　高会杰

陈　韬　　鲁　爽　　樊　铮　　袁　娟

陈　峰　　肖　敏　　贺　光　　闫娇娇

黄一鸣　　胡　军　　高丽娜　　杨之蔚

裴　磊　　史龙飞

编辑说明

《国网冀北电力有限公司年鉴》是由国网冀北电力有限公司（简称公司）编撰的企业年鉴，真实记载公司改革发展的历史进程和运行轨迹，体现企业特色和时代特征，具有重要史料价值和实用价值。

本年鉴于2013年开始出版，本卷为第一卷，资料时间范围为2012年1月1日至12月31日，由篇目、栏目、条目三个层次组成。本卷设16个篇目，即历史沿革、特载、公司概况、电网发展、企业管理、安全生产、电网运行、电力市场及优质服务、科技与信息通信、品牌建设与国际交流、和谐企业建设、公司所属单位、公司荣誉及先进典型、大事记、重要文献、统计资料。本年鉴以条目为主，文章为辅；文字为主，图片为辅。

本年鉴的编撰工作在编辑委员会的领导下由公司办公室统筹协调各部门（中心）、各单位的组稿工作，公司各部门（中心）、各单位确定专人撰稿，撰稿部门（中心）或单位负责人审核稿件，编辑部负责文稿的编辑工作。形成书稿后经副主编、主编审定，公司领导终审定稿。

本年鉴的编撰工作得到了公司各部门（中心）、各单位的大力支持，在此谨致谢意。

《国网冀北电力有限公司年鉴》编辑委员会

2013年10月

篇 目

目 录

公司荣誉及先进典型

大事记

重要文献

统计资料

历史沿革

【综述】 国网冀北电力有限公司是国家电网公司总部、分部一体化改革的重要成果，承继了原华北电网有限公司所辖电网的规划、建设、运行和管理工作。回顾公司发展历史，从 1905 年京师华商电灯股份有限公司，到 1946 年冀北电力股份有限公司，再到新中国成立后的北京分公司、华北电业管理局、华北电网有限公司；从只拥有一台发电机组成长壮大为跨地区供电的特大型电网企业，今天的冀北公司走过了百年岁月，铸造了“百年老店”。

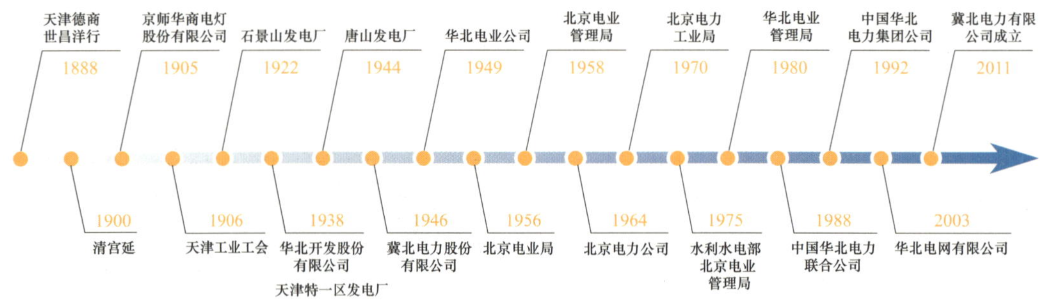

公司发展时间轴

【近代京津唐的电网企业】 1888 年夏，天津德商世昌洋行在伦敦路（今泰安道）维多利亚公司前开办的绒毛加工厂安装了 1 台小型直流发电机。

1888 年 12 月，清政府成立了西苑电灯公所，供清宫廷照明用电。从此，开始了华北有电的历史。

1905 年，清朝原官吏史履晋等人创办京师华商电灯股份有限公司。

▶ 1906 年 11 月 25 日，京师华商电灯公司首台发电机发电。

1906 年，天津第一个供电组织——天津工业组合（即天津工业工会）成立，北京、天津、唐山等城市出现了孤立的配电电网。

1936 年 7 月，石景山发电分厂装机容量达到 3.2330 万 kW，成为当时华北最大的发电厂。

▶ 20 世纪 30 年代北京石景山发电厂。

1937 年，兴建了天津特一区发电所（即天津第一热电厂），并建设 4 条 22kV 线路向市区供电，天津市区出现了 22kV 电网。

▶ 天津第一热电厂。

1938 年 9 月，日本在北平成立华北开发股份有限公司。

1940 年 2 月，在华北开发股份有限公司之下又组建了华北电业公司。

▶ 1938 年建成的 33kV 长辛店变电站。

1946 年 3 月，国民党政府资源委员会在北平成立冀北电力股份有限公司，统一管理平津唐电网和北平、天津、冀北的电力企业，冀南地区和山西省电业分别由国民党政府资源委员会和西北实业公司电业部管理。

【新中国成立后京津唐的电网企业】 1949 年，北平联合办事处将接管的冀北电力股份有限公司移交给华北人民政府领导。华北人民政府将冀北电力股份有限公司与察哈尔省所属电业局合并组建为华北电业公司，下辖北平、天津、唐山、察中分公司。从此，华北电力工业进入快速发展时期。

1949 年 10 月，石家庄电灯公司、太原电力公司均划归华北电业公司领导。1949 年 12 月，华北电业公司改名为华北电业管理总局。1950 年撤销华北电业管理总局，1952 年成立华北电业局，1956 年改名为北京电业局，管理北京、天津、河北、山西、内蒙古和南京、徐州、淮南、鲁中、青岛等地电力工业。

▶ 1954 年 4 月，毛泽东主席视察官厅水库及水电站。

1958 年 1 月，北京电业局撤销，除管理京津唐电网的北京电业局由电业工业部直接领导外，华北其他省（自治区）电业局相继下放地方管理，成立河北省电业局和山西省电业局。同年 7 月，北京电业局与北京电力建设局合并成立北京电业管理局，隶属水利电力部领导，仍负责管理京津唐电网的电力生产建设。

▶ 1955 年 12 月，我国自行设计、制造、施工、安装的华北第一座装机总容量 3 万 kW 的官厅水电站竣工发电。

1964 年 10 月，生产与基建分开，成立华北电力建设公司，管理华北电力建设工作。北京电业管理局进行“托拉斯”试点，改名为北京电力公司。

1968 年 6 月，“托拉斯”试点终止，恢复北京电业管理局名称。华北电力建设公司改称北京电力建设局，管理京津两地施工企业，河北、山西两省和内蒙古自治区的电力施工企业下放给当地电力部门管理。

1970 年 11 月，北京电业管理局及其所属北京供电局与北京电力建设局合并成立北京电力工业局。

1975 年 11 月，北京电力工业局改称水利电力部北京电业管理局。其他省（自治区）的电业管理体制是河北省电力局、山西省电力工业管理局、内蒙古自治区电业管理局。

【改革开放后京津唐的电网企业】 1980 年 1 月，成立华北电业管理局，是电力部的派出机构，负责对北京、天津、河北、山西、内蒙古自治区的电力生产、基建实施管理，并兼有北京市电力工业局职能。天津、河北、山西的电业管理部门统称省（市）电力工业局，内蒙古自治区为电业管理局。

1988 年 12 月 30 日，经国务院批准，中国华北电力联合公司正式成立，与华北电业管理局为一套管理机构、两块牌子。山西省电力公司、天津市电力公司、河北省电力公司、内蒙古自治区电力公司分别于 1989 年 1 月 18 日、2 月 4 日、11 月 28 日，1990 年 9 月 1 日成立，与省（市、自治区）电力工业局和电业管理

▶ 大同二厂—房山变电站500kV输电线路。

▶ 北京昌平500kV变电站。

▶ 北京房山500kV变电站。

▶ 张家口地区沙岭子电厂。

局也是一套管理机构、两块牌子，行使电力企业与政府管电双重职能。

▶ 沙岭子电厂—昌平变电站500kV输电线路。

1992年12月18日，中国华北电力联合公司改组成立中国华北电力集团公司。

在1991~1995年的5年间，随着沙昌线、神侯线、昌安线、安房线、丰沙线、丰大线等一系列500kV线路的建成和投运，使华北电网形成了大同二厂—房山—安定—昌平—沙岭子—丰镇电厂—大同二厂的环网结构，其中大房、安房、昌安、沙昌均为双回线。至此，华北电网500kV网架初步形成，华北电网的稳定性大为提高。

从1996年至今的十几年间，华北电网500kV网架建设又得到了快速的发展，又建成并投产了多项500kV输变电工程，500kV网架建设大为加强。1999年底，华北电网形成500kV环网。

▶ 500kV线路跨越古长城。

2003年11月8日，华北电力集团公司改为华北电网有限公司，是国家电网公司所属的五大区域电网之一。由京津唐、河北省南部、山西省、山东省和内蒙古自治区五个电网组成，供电面积 171 万 km^2，供电人口 2.46 亿。京津唐电网是华北电网的核心供电区域，承担着为北京市、天津市及河北北部地区供电的任务，供电面积 13.2 万 km^2，供电人口 4800 万。

▶ 华北电网有限公司办公楼。

2012 年 2 月 9 日，冀北电力有限公司独立运作。所属二级单位 17 个，现有职工 25750 人，资产总额 518.69 亿元。冀北电网供电面积 10.41 万 km^2，供电人口约 2277 万。承担着北京地区 70% 以上的电力输送任务，肩负着西电东送、北电南送大通道和北京 500kV 环网的运维管理职责；担负着为唐山、张家口、秦皇岛、承德和廊坊五个地区提供电力供应与优质服务的重要使命。公司成立之初，冀北电网尚不是一个真正意义上的省级电网。冀北电网处于华北电网的东端，属于“西电东送、北电南送”的受电方。冀北电网中，唐山、承德、秦皇岛和张家口北部的沽源地区具有直接电气联系。唐山、承德、秦皇岛地区 220kV 与 500kV 电网形成电磁环网运行，而张家口、廊坊地区 220kV 电网各分为 3 片运行。冀北电网所有 500kV 线路和所有 500kV 对外联络线均实现了双回路及以上结构。目前，公司正在加快规划和建设，打造“西环东网”的冀北主网架结构，建设坚强冀北电网。

▶ 冀北电力有限公司办公楼。

（樊　铮）

特　载

领　导　关　怀

中共中央政治局常委、全国政协主席贾庆林考察国家风光储输示范工程

7月13日，中共中央政治局常委、全国政协主席贾庆林在河北省省委书记张庆黎、省长张庆伟，国家电网公司总经理、党组书记刘振亚等陪同下考察国家风光储输示范工程。贾庆林对国家电网公司在工程建设和推动新能源产业发展中取得的成绩表示肯定。他强调，工程建设和运行要加强科技创新，注重环境保护，推动新能源产业健康发展。贾庆林来到国家风光储输示范工程综合展厅，了解工程建设过程及现状。在综合楼顶层，贾庆林一览工程全貌。当得知国家电网公司发挥集团化优势，坚持全方位创新、各领域突破，在工程建设中取得一系列知识产权成果时，他表示肯定。他希望国家电网公司继续坚持科技创新，不断完善运行模式，为提升国内新能源综合利用水平作出贡献。公司总经理尹积军、党组书记赵鹏陪同考察。

▶ 7月13日，中共中央政治局常委、全国政协主席贾庆林考察国家风光储输示范工程。

全国政协副主席、科技部部长万钢考察国家风光储输示范工程

▶ 9月4日，全国政协副主席、科技部部长万钢考察国家风光储输示范工程。

9月4日，全国政协副主席、科技部部长万钢在国家电网公司总经理、党组书记刘振亚，河北省副省长龙庄伟，省政协副主席赵云鹤等陪同下考察国家风光储输示范工程，对国家电网公司服务新能源发展工作给予高度评价。在现场座谈会上，万钢肯定了国家电网公司科技创新工作以及服务新能源发展的举措。他强调，要贯彻落实好全国科技创新大会精神，加大创新力度，服务我国产业结构调整；要加强和地方政府合作，整合利用好各方面资源，继续推进有关项目建设；要注重营造良好的环境，积极培养创新型人才；要做好行业联合工作，扶持新能源产业发展，实现对中小企业的带动；要做好国际化工作，总结成绩，输出我国的先进技术与经验。公司总经理尹积军、党组书记赵鹏陪同考察。

河北省省长张庆伟考察国家风光储输示范工程

▶ 6月20日，河北省省长张庆伟考察国家风光储输示范工程。

6月20日，河北省省长张庆伟到国家风光储输示范工程考察。张庆伟一行参观了风光储输试验示范工程控制室，详细了解工程在运维等方面的情况。张庆伟表示，作为国内甚至世界上首屈一指的新能源示范工程，河北省委、省政府对此高度重视，河北省政府及相关部门会一如既往对工程后续建设提供各方面的支持和帮助，做到应保尽保、大力扶持。张庆伟要求在风光储输试验示范工程建设和运营过程中注重相关科技人才的培养，要利用这个项目培养一批实用型高技术人才，同时培育一批高技术成果，为我国新能源发展摸索经验，提供人才和技术储备。公司党组书记赵鹏陪同考察。

北京市副市长洪峰到公司调研迎峰度夏及电网防汛工作

8月14日，北京市副市长洪峰到公司调研迎峰度夏及电网防汛工作。洪峰对公司相关工作表示充分肯定。他指出，公司独立运作以来，对北京市经济社会的发展做了大量工作。在北京遭遇洪涝灾害期间，公司对抗洪和保证用电作出了很多积极努力。2012年电网迎峰度夏形势相对平稳，但要密切关注天气变化，积极妥善应对可能出现的变化，一如既往地做好北京的供电保障工作，支持北京经济社会平稳运行。公司总经理尹积军，党组书记赵鹏，副总经理周吉安、李欣，纪检组长、工会主席柏磊，总工程师张旭升，总经理助理于德明陪同调研。

▶ 8月14日，北京市副市长洪峰到公司调研迎峰度夏及电网防汛工作。

国家电监会副主席王野平到公司调研

3月12日，国家电监会副主席王野平在国家电网公司副总经理杨庆、华北电监局局长李延勇等陪同下到公司调研。王野平对公司为确保全国两会期间电网安全稳定运行和可靠供电所做的工作给予充分肯定。他指出，公司刚刚成立，居民用电服务质量监管专项工作便有条不紊进行，从机构设置、方案确立到重点工作的开展都取得了突出效果。党的十八大即将召开，要尽快梳理规章制度，加强管理，努力营造安全供用电环境，形成冀北服务品牌和特色。公司总经理尹积军，党组书记赵鹏，副总经理周吉安、李欣，纪检组长、工会主席柏磊，总工程师张旭升陪同调研。

▶ 3月12日，国家电监会副主席王野平到公司调研。

国家电网公司总经理、党组书记刘振亚检查指导公司十八大保电工作

▶ 10月30日，国家电网公司总经理、党组书记刘振亚到公司检查指导十八大保电工作。

10月30日，国家电网公司总经理、党组书记刘振亚率检查组到公司检查指导十八大保电工作。刘振亚向值班调度员送上花篮及慰问品，并代表国家电网公司党组向即将奔赴保电岗位的广大员工表示亲切慰问和感谢。刘振亚在公司调控大厅详细了解了十八大期间冀北电网负荷预测、供电保障准备情况和具体措施。他充分肯定了公司所做的工作，要求在十八大召开期间要保证电网安全、队伍稳定，要把各项工作做好。公司总经理尹积军，党组书记赵鹏，副总经理周吉安、李欣、于德明，总工程师张旭升陪同检查及慰问。

工 作 报 告

以“三集五大”体系建设为主线 全力推进公司综合协调发展

——尹积军总经理在公司一届一次职工代表大会上的工作报告（摘要）

（2012 年 3 月 30 日）

▶ 3 月 30 日，公司召开一届一次职工代表大会。图为公司总经理尹积军在会议上作报告。

这次会议的主要任务是：分析总结公司独立运作以来的基本情况和经验，查找分析存在的问题和不足，统一思想、认清形势，围绕“三集五大”体系建设，谋划公司发展思路，明确 2012 年重点工作，全力推进公司综合协调发展。

一、独立运作以来的基本情况

自 2 月 9 日公司正式独立运作以来，公司新一届领导班子与广大干部员工团结奋进、攻坚克难，较好地解决了新公司组建初期的诸多问题，公司发展呈现出崭新面貌和良好态势。

（一）理清思路，确立了以“三集五大”体系建设破解发展难题，推进公司综合协调发展的总体思路

公司成立之初，体制还不完善、机制还不健全、支撑体系还不完备。只有抓住“三集五大”体系建设的历史机遇，从体制机制上改变目前资源相对分散、业务条块分割、运营管理不畅的状况，才能有效化解各类矛盾、破解发展难题。经过充分调研，2 月 17 日公司第一次党政联席会就作出了将“三集五大”体系建设作为 2012 年乃至今后一段时期工作主线的决定。公司上下高度重视，迅速成立了领导小组和工作机构，召开了动员大会，建立了定期协调、问题会商、督导检查和风险防控等工作机制。我们仅用了 1 个月的时间，就相继完成了学习考察、方案制定、对口汇报、征求意见等工作。经过三上三下的反复审议和周密论证，公司“三集五大”体系建设实施方案不断成熟完善，顺利通过了国家电网公司审批。以“三集五大”体系建设为主线，推进公司综合协调发展的总体思路基本形成。

（二）明确定位，确定了保障首都供电安全、高水平服务冀北地区经济社会发展、实现“两个价值最大化”的工作目标

公司的工作具有十分鲜明的特殊性。我们不仅要履行一般省公司的管理职能，为冀北五市经济社会发展提供安全可靠的电力供应和普遍服务，还要确保向首都供电的西电东送和北电南送大通道，以及首都 500kV 环网的安全稳定运行，责任重大，使命光荣。公司成立不久，各级政府、人民群众和社会各界对公司基本情况缺乏了解，对公司的职能定位和管理界面存在着模糊的认识。公司领导班子经过深思熟虑、广泛调研，综合分析发展现状和发展定位，确定了在保障首都供电安全、高水平服务冀北地区经济社会发展的基础上，通过特色服务，打造“可靠、可信赖”的责任央企形象，实现公司综合价值最大化；通过实施人才强企战略，促进员工与企业共同发展，实现员工工作价值最大化的工作目标。

（三）圆满完成公司组建初期各项工作任务

面对独立运作之初，千头万绪、纷繁复杂的工作局面，公司广大干部员工讲党性、顾大局、比贡献，克服了时间紧、任务重、人员少的困难，圆满完成了工商税务注册登记、规章制度梳理、内部流程优化、职责界面划分、工会组织组建、信息系统调整、后勤服务保障、品牌标识规范等基础性工作，确保了日常工作的正常运转和有效衔接。特别是在全国两会保电期间，公司上下精心部署、严防死守，圆满完成了独立运作以来承担的第一项重大政治保电任务。面向全系统公开选拔 24 名优秀员工充实到公司本部，拉开了“三集五大”体系建设的帷幕，营造了干事创业的浓厚氛围。实施“95598 光明服务工程”，开展保障性住房“保进度、保质量”专项行动，积极参与河北省驻村帮扶项目建设，扎实推进居民用电服务质量提升专项行动，公司的各项工作得到了国家电网公司、各级政府和电力监管机构的充分肯定。

二、进一步坚定推进“三集五大”体系建设、实现“两个价值最大化”的信心和决心

成立冀北公司是国家电网公司“三集五大”体系建设的重大战略部署。一直以来，电网企业管理层级多、管理链条长、职能交叉、条块分割，已经无法适应现代大电网发展和管理的要求。国家电网公司党组为了彻底解决执行力衰减、管理目标分散、效率降低、成本增加等制约科学发展的重大问题，经过审慎研究和先行试点，决定用2～3年的时间在全系统建成“三集五大”体系，压缩管理层级，优化业务流程，创新管理模式，建立科学的组织架构、管理体制和运营机制。国家电网公司实施总部分部一体化运作、组建冀北公司正是这一重大战略部署的需要。

成立冀北公司为冀北电网发展带来了难得的机遇。长期以来，受电网发展历史沿革和行政区划因素的影响，冀北各电压等级电网发展不平衡。特别是220kV以下电网相对薄弱，城市配网和农村电网欠账较多，保障首都安全可靠供电压力大，服务地方经济发展的能力相对不足。冀北公司的成立，进一步明确了冀北电网的管理主体和管理责任，将有力扭转冀北电网发展相对滞后的局面，有效提升冀北电网的供电普遍服务能力。“十二五”时期将成为冀北电网超常规发展的重要机遇期。

成立冀北公司为实现“两个价值最大化”提供了有利条件。国家电网公司党组对公司发展寄予了厚望，国家电网公司华北分部对公司组建提供了有力帮助，河北省委、省政府和冀北五市政府对公司工作给予了大力支持，广大人民群众和社会各界对电力可靠供应、供电优质服务充满了期待。我们必须抓住这一难得的发展机遇，加快“三集五大”体系建设，尽快建立适应冀北电网快速发展需要的组织架构、管理体制和运营机制，更好地服务地方经济发展，促进公司综合价值的最大发挥。公司的改革发展离不开广大员工的共同努力，需要每个员工积极投身其中，发挥聪明才智，不断开拓进取。这也为广大员工干事创业、实现自身价值提供了广阔平台。

刚刚成立的冀北公司，能不能起好步、开好头，发展得好不好，事关首都安全供电大局，事关冀北地区电力安全可靠供应，也事关冀北两万五千多名干部员工的前途和愿景。国家电网公司党组对公司发展高度重视，刘振亚总经理多次过问公司的运作情况，有关部门积极协调解决难点问题，为公司发展创造了良好的条件。但要实现冀北电网和冀北公司的快速健康发展，我们还面临许多的问题，广大干部员工必须有清醒的认识，并在今后一段时期要付出艰苦的努力加以改变。

一是电网发展明显滞后。冀北电网还没有统一的发展规划，各地区电网联系较弱，互供、互倒能力较差，不是一个完整意义上的省级电网。特别是50%以上的220kV变电站存在主变 $N-1$ 过载问题；配网10kV线路负荷转带能力不足，配电自动化覆盖率仅为10%；农网35kV变电站单电源率超过50%。按照国家电网公司新颁布的事故调查规程规定，冀北电网正常运行方式下，有272个设备在 $N-1$ 故障时构成六级及以上电网事件，其中达到四级电网事件的有4个，安全供电能力明显不足。

二是体制机制问题突出。目前公司的组织机构不完善、岗位配置不完整、人员配备不到位，造成管理职能缺失、运行机制不健全。特别是作为电网运行枢纽的调度管理体系还无法正常运转；经研院等技术支撑体系建设尚处于起步阶段；作为现代企业管理重要手段的信息管理系统，无法实现与国家电网公司统一信息平台的无缝对接。这些问题如不能在短期内彻底解决，将给公司的正常运作和管理带来严重影响。

三是公司经营和发展的外部环境不容乐观。冀北电网是对外送电源依赖性较强的典型受端电网，还要承担确保首都安全供电的责任，电网安全和供电紧张的压力始终存在。近年来，风电发展迅猛，受电网大范围配置资源能力不足的制约，冀北电网风电外送和消纳面临诸多困难。“一缺一多”的现状，对地方经济发展和社会民生产生较大影响。同时，公司经营区内高耗能企业较多，用电比例达到了总用电量的42%，受国家节能减排等政策影响，电力市场的结构性矛盾突出，公司经营发展后劲明显不足。加之冀北地区贫困县比例较高，超过了50%，大部分属于国家级贫困县，主要集中在经济落后的偏远山区，公司实施“三新”战略的成本高、难度大。这些因素相互交织、互相影响，客观上对供电优质服务工作增加了难度。

四是思想观念亟待转变。近几年以来，在国家电网公司“努力超越、追求卓越”企业精神的感召下，各兄弟省公司都在努力晋位争先，不断争取同业对标的好名次。相比之下，公司的创争氛围不够浓厚，争当先进的进取心不强，满足现状、甘居中游的思想还普遍存在。这种观念已经成为制约公司快速健康发展的最大障碍。

“十二五”时期是公司发展重要的战略机遇期、

管理转型期和改革攻坚期。公司工作总的指导思想是：按照国家电网公司党组的战略部署，深入贯彻落实科学发展观，建设高质量的“三集五大”体系和坚强的冀北电网，确保首都供电安全、高水平服务冀北经济社会发展，努力实现公司综合价值和员工工作价值最大化，全力推进公司综合协调发展。

主要指标是：“十二五”末，建设110kV及以上线路9401km、变电容量6486万kVA，年均分别增长7.27%和13.16%。城市供电可靠率和综合电压合格率分别达到99.95%和99.87%，农村供电可靠率和综合电压合格率分别达到99.86%和98.70%。公司售电量达到1780亿kWh，年均增长10.2%；主营业务收入累计达到3682亿元；利润总额累计达到55.4亿元；资产总额达到706.9亿元；资产负债率控制在75%以内。公司员工收入年均增长率达到10%；用工效率提高29.3%；全员劳动生产率达到65万元/人年。

今后一个时期，要着力抓好四个方面重点工作。

（一）建设高质量的“三集五大”体系，加快转变公司发展方式

就冀北公司而言，加快推进“三集五大”体系建设，既是尽快完善体制、健全机制、整合资源、优化流程，破解管理和发展难题，实现公司有序高效运转的现实需要，也是理顺关系、强化基础管理，实现创新发展的唯一选择。这一步必须要走，这一关必须要过。公司上下务必保持清醒的头脑，在思想上、行动上与公司党组保持高度一致，主动适应“三集五大”、积极参与“三集五大”、争做“三集五大”体系建设的推进者、实践者和开拓者。

各级领导干部特别是党政主要负责同志，要加强对“三集五大”体系建设工作的组织领导，落实责任、健全机制，严格执行公司制定的实施方案，确保改革始终处于正确的方向。要坚持以人为本，通过深入细致、公开透明的工作，认真分析把握改革对员工队伍稳定可能带来的压力和影响，把问题解决在基层，把矛盾消灭在萌芽，确保员工合法权益不受影响、后勤服务保障不受影响，消除员工的后顾之忧。要强化安全、稳定和优质服务的基础性地位，把电网安全、队伍稳定和优质服务作为硬指标、硬任务，明确责任主体，逐级签订责任状，加大考核力度，确保不出现管理空当，有效防范各类风险。要加强与地方政府的沟通汇报，争取理解和支持，营造公司改革发展的良好外部环境。

（二）建设坚强冀北电网，加快转变电网发展方式

电网坚强是保障首都安全供电、高水平服务冀北地区经济社会发展的重要物质基础。只有加快建设坚强冀北电网，有效解决电网发展瓶颈问题，显著提高冀北电网的安全可靠供电水平、资源优化配置能力和清洁能源消纳能力，才能满足社会经济发展和人民生活对电力可靠供应的需要。

要从根本上转变电网发展思路，大力支持特高压电网建设，促进能源资源大范围优化配置，缓解张家口、承德风电大规模送出困难与冀北地区供电能力不足的矛盾。要把关注重点和投资热点向地区电网、配电网和农村电网转移。要坚持基本建设与技术改造并举，着力提高冀北电网技术装备水平和运行效率。要以唐山曹妃甸生态城智能电网综合示范工程为重点，加快建设电动汽车充换电网络、电力光纤到户等电网智能化项目，满足客户日益增长的智能化、多样化、互动化用电需求，抢占未来发展先机。

（三）大力实施品牌引领战略，努力实现公司综合价值最大化

当前，公司调整和完善的任务十分繁重。在努力提升各项技术经济指标的同时，还要高度重视企业软实力建设。公司要实现跨越赶超，不仅要保证安全可靠供电，还要提高普遍服务水平，更要积极履行社会责任，打造“可靠、可信赖”的特色服务品牌，不断提升公司的知名度、认知度和美誉度，努力实现公司综合价值最大化。

当前必须做好“两个对接”。与服务地方经济发展对接，抓住地方经济社会发展对电力服务的本质需求，定制服务地方经济和社会发展的电网规划和各项配套措施，积极参与地方和谐社会建设，争作优秀企业公民。通过发布服务地方经济发展白皮书等活动，寻求社会支持，接受社会监督，促进公司与社会价值认同。与服务民生对接，把供电营业窗口作为基本单元，创新开展“一所一社区”等系列特色惠民行动，引导和动员广大员工走进社区、情系百姓，关注特定社区热点问题，结合普遍服务和优质服务，持之以恒、坚持不懈地为社区做好事、为百姓做善事，打造“熟人社区”，改变百姓对国有企业的固有认知，用亲情和人情促进公司与社会情感认同。

（四）大力实施人才强企战略，努力实现员工工作价值最大化

人才是企业发展的第一资源，是公司增强价值创造力、提高科学发展能力，实现又好又快发展的首要因素。当前，公司发展面临的环境比较复杂，形势十分严峻。要实现公司发展目标，把公司的“特殊”转化为“特色”，需要全体干部员工同心同德、共克时艰，充分发挥每个人的工作价值；还需要公司为广大干部员工提供干事创业的广阔平台，挖掘干部员工的工作潜能，把工作的成果转化为业绩、转变成价值。

要加快建立完善的人才选拔、培训、评价和激励约束机制，用科学的机制激发广大员工个性和才能的发挥，拓宽职业发展通道，实现员工与企业的共同发展。要不断加大专项人才培养力度，让优秀的员工进入重点的领域，走上关键的岗位，承担更大的责任，承接更重的任务，尽快成长为相关领域的领军人才，发挥更大的作用。要营造有利于人才成长的舆论、文化、工作和生活环境，弘扬创新、奉献的良好风尚，尊重劳动、尊重知识、尊重人才，加强对员工的人文关怀，激发广大干部员工干事创业的工作热情。

建设高质量的“三集五大”体系和坚强的冀北电网，实现“两个价值最大化”，是对全体干部员工思想作风、工作能力、综合素质的重大考验。公司系统全体干部员工，一要转变思想观念。打破思维定势、管理定势和行为定势，牢固树立大局意识、责任意识、价值意识、创新意识和品牌意识，将精力投入到破解发展难题上来，把本领用在推动实现“两个价值最大化”的具体实践上来。在推动公司科学发展、实现公司综合价值最大化的过程中，实现个人工作价值最大化。二要坚持顾全大局。站在公司的高度考虑问题，把本部门、本单位的工作纳入到“两个转变”的战略全局中去思考，纳入到公司发展目标中去定位，既要谋一域，更要谋全局，始终与公司党组保持高度一致，始终保持正确的前进方向。三要坚持变革创新。敢为人先、勇于探索，集中力量推进理论创新、制度创新、科技创新和管理创新，以创新的精神寻求解决问题的途径和措施，通过变革创新，创造更多价值。四要树立争先晋位意识。深刻认识公司自身存在的不足和管理上的差距，围绕中心工作全面引入创先争优机制，全员比学赶超、全面对标晋位，主动工作、超前工作，尽快弥补管理短板，提升公司的整体实力。

三、下一步重点工作

2012 年工作总体要求是：深入贯彻落实国家电网公司二届二次职代会暨 2012 年工作会议精神，以安全稳定、优质服务为前提，以实现“两个价值最大化”为目标，加快建设高质量“三集五大”体系和坚强冀北电网，确保圆满完成 2012 年工作任务，以优异成绩迎接党的十八大召开。

主要工作目标是：

安全生产：不发生人身死亡事故，不发生一般及以上电网、设备、火灾事故，不发生五级信息系统事件，不发生本企业负主要及同等责任的特大交通事故；城市供电可靠率 99.914%，综合电压合格率 99.839%；主网电压合格率 100%，频率合格率 100%；220kV 及以上继电保护正确动作率 100%。

电网建设：完成投资 92.2 亿元（其中农网改造升级工程 21.17 亿元），投产 110kV 及以上线路 1321km，变电容量 792 万 kVA；开工 110kV 及以上线路 2595km，变电容量 1673 万 kVA。

经营管理：完成售电量 1325 亿 kWh，同比增长 9%；当年电费回收率 100%；基建工程竣工决算完成率 100%。

党风廉政：全面完成年度党风廉政建设责任目标。

队伍稳定：不发生影响和损害公司形象的重大事件，不发生职工越级上访、集体上访及其他影响企业稳定的事件。

2012 年，要重点做好以下八个方面的工作：

（一）加快推进“三集五大”体系建设

建设精简高效的公司本部。按照国家电网公司“小本部”建设试点要求，做强核心业务部门，做精综合服务、业务支撑部门，切实提升公司本部运转效率，降低运营成本。学习借鉴国际国内先进管理方法，进一步明晰职责、健全制度、优化流程、强化协同，建立跨业务、跨部门的协调机制，提高本部的战略决策能力、资源调配能力和业务管控能力。

全面拓展“三集”广度深度。人力资源集约化要以深入推进“六统一”为主线，以“三定”“三考”为抓手，以激励约束为保障，加快建立制度标准规范、专业分工协作、调控监督有力、机制运转高效的人力资源集约管控体系。财务集约化要以“六统一、五集中、三加强、三保障”为主线，推进财务集约化管理体系的深入应用和常态运行，持续增强财务保障公司发展、引领价值创造、调控资源配置、服务管理决策、防控经营风险的能力。物资集约化要着力推进集中采购、供应保障、质量管控等“三个机制”建设，依托电子商务平台实现公司系统所有采购活动的一级管控，着力提升资源统筹、集中采购、质量管控和供应保障能力。

高质量建设“五大”体系。科学制定操作方案，加强与各单位的沟通，了解基层实际情况，共同研究解决方案，逐项细化保障措施，确保 9 月底前完成操作方案的编制工作。坚持党政工团齐抓共管，耐心细致做好宣传引导工作，形成推动工作的强大合力。加大全过程监督检查力度，做到“责任、压力、操作、监督”四到位。进一步加强执行力建设，不折不扣落实公司决策部署，反应迅速、行动高效，确保按实施方案的时间节点和质量要求，完成体系建设工作。全面开展标准化体系建设工作，加快形成与“三集五大”体系相配套的技术标准、管理标准和工作标准体系。组织开展有针对性的岗位培训，不断提高干部员工的理论水平和业务素质。

（二）全面提升安全生产管理水平

强化安全基础管理。认真执行《国家电网公司安全事故调查规程》等规章制度，全面梳理安全管理薄弱环节，落实各级安全生产责任制，采取有效措施，堵塞管理漏洞。做好停电检修期间的安全管理、电网运行方式安排和有序用电工作，把对优质服务的影响降至最低。强化基建分包、农电用工人员安全教育和技能培训，加强现场标准化作业和安全监督管控，加大反违章工作力度，坚决杜绝人身伤害事故。加强风电并网和运行管理，督促风电场落实整改计划，防范风机大规模脱网。全面开展输变电设备防雷击、防鸟害、防污闪、防风偏、防覆冰舞动、防外力破坏专项治理，加大设备改造力度，加强城市电网安全性评价问题整改，消除设备安全隐患，提高设备抵御自然灾害能力。

确保圆满完成迎峰度夏任务。冀北电网夏季最大供电缺口将达到425万kW，供电形势十分严峻。要高质量完成迎峰度夏基建工程和春检预试工作，全面排查治理设备隐患，为迎峰度夏打下坚实基础。科学安排电网运行方式，强化对电厂的安全管理，积极争取区外送电，千方百计挖掘供电潜力。加强需求侧管理，建立与地方政府和居民的沟通机制，争取社会各界的理解与支持。严格执行政府批准的有序用电方案，认真做好对错、避峰单位的宣传解释工作，确保居民生活及重要用户用电，切实防止因有序用电造成的负面事件。

确保十八大保电万无一失。十八大保电是公司独立运作以来时间最长、规格最高的保电任务。要高标准制订整体保电方案，强化责任落实，明确工作任务，形成上下联动、运转高效的工作体系。发挥公司区域防控护电机制和政企联合、警企联动、群防群治护线机制作用，构建全方位、多层面的电力设施安保格局。启动十八大保电隐患排查专项行动，对重点输变电设备开展特殊巡视和专家会诊，确保主要输变电设备“零缺陷”运行。加强应急管理，组建应急抢修队伍，储备充足的抢修物资，及时有效处置各类突发事件。严格执行重大事项报告制度，做到信息畅通、响应迅速，处置果断、应对有效。

（三）加快建设坚强冀北电网

加强电网规划和前期工作。密切跟踪冀北地区经济社会发展用电需求，尽快形成较为完整的“十二五”发展规划体系。建立与各级政府前期工作协同机制，开展外协创新试点工作，争取各级地方政府支持，确保完成锡盟—南京特高压交流、锡盟—泰州特高压直流、天马—高岭三回500kV输变电工程、承德天文台220kV输变电工程等重点项目前期工作。

加快各级电网协调发展。大力推进蒙西—南昌特高压工程、500kV滦县、220kV北郊、110kV南新等输变电工程建设，确保110kV及以上工程项目按计划开工和投产。加强配电网建设与改造，逐步淘汰高损耗配变，提升变电设备无油化率，持续增强配电网供电能力。规范推进农网改造升级工程，确保2011年273项工程项目年底前竣工投产。打造3个农网改造升级工程示范县，完成4个县、50个乡、800个村的电气化建设任务。

切实提高工程质量和工艺水平。以110kV及以上工程项目90%以上达到优质工程标准为目标，严格履行基建项目建设程序，落实合理工期、合理造价、合格队伍工作要求，不断提升基建精益化管理水平。严格执行公司一级网络计划，合理设置各季度建设任务，切实做到有序开工、均衡投产。全面应用标准工艺，确保实现标准工艺在110kV及以上工程全覆盖、工程应用率达到85%的目标。

不断提高电网智能化水平。集中开展国家风光储输工程7大课题攻关，力争实现20余项重大科技创新，获得70余项知识产权，全力争创国家优质工程金奖、国家科技进步奖。加快配电自动化项目、智能电表项目推广应用，探索尝试分布式、清洁和可再生能源地区应用。滚动修编电动汽车“十二五”规划，开展智能充换电网络及环渤海城际互联规划布局，引导区域电动汽车产业合理发展。

（四）提高经营管理水平

夯实经营管理基础。加强综合计划和全面预算管理，加大投资计划过程监督、控制和考核力度，确保公司年度综合计划的刚性约束。规范六项费用管理，强化资金运作，完善银企合作，提高资金保障能力。全面推广基建标准成本，加强营销、科技、配电网改造等成本全过程管理。深化边际效益分析，优化购电结构。开展一户一表甄别、抄核收业务规则调整工作，确保国家阶梯电价政策顺利实施。完善稽查监控体系，确保电费足额回收。加强对自备电厂统购统销过程管控和进程跟踪，年内市场占有率达到95.85%以上。

积极服务节能减排。积极推进 CDM（清洁发展机制）项目，做好清洁能源并网接入和消纳工作。强化线损精益管理，深化节能服务体系建设，推行合同能源管理。发挥能效网络小组、节能服务公司、第三方测评及技术支持机构的协同作用，积极引导新报装企业按照低能耗标准新建，老客户按照能效诊断改造。开展唐山电力需求侧试点城市建设，完成国家规定的 0.3% 节约电力电量指标。

有序推进主多分开和规范集体企业管理工作。扎实开展地（市）县层面多经资产处置、职工股权清退、从业人员安置工作，确保 9 月底前完成主多分开工作任务。严格执行国家电网公司部署，做好集体企业业务、人员、资产的重组整合，健全规章制度，持续提升集体企业规范化管理水平。

（五）打造冀北特色服务品牌

大力实施 95598 光明服务工程。推行“一站式”“自助式”“流动式”服务，推广新型缴费方式和社会化代收，努力打造城市“十分钟交费圈”，实现农村地区用电交费“村村设点”。准确把握节能减排政策，在按照政府部门要求，坚决执行对高耗能企业用电管理的同时，严格履行提前告知、政策说明等程序，努力把节能减排政策对供电优质服务的影响降至最低，确保各地（市）、县公司在地方民主行风评议中名列前茅，实现第三方测评客户满意率 91.5% 以上。

全面开展特色服务活动。大力推进“一所一社区”惠民行动，号召动员公司现有 1025 个供电营业窗口，走进社区、走入家庭，开展光明助老等特色服务活动，帮助百姓解决实际困难，牢固树立国家电网公司“责任央企”形象。结合与地方政府“十二五”促进电网发展战略合作协议的签订，加快出台服务地方经济发展白皮书，注重战略对接、理念传播、责任履行、价值创造和情感共鸣，做好白皮书的策划、编制、发布、传播等工作，彰显公司价值。

加强品牌建设工作。开展“品牌提升年”活动，将品牌建设工作同公司中心工作紧密结合，全方位提升品牌策划、传播、维护、管理、塑造的能力和水平。加大正面宣传力度，针对不同受众开展价值观传播、感性传播、互动传播和精英传播，实现与广大干部员工和地方政府、主流媒体等利益相关方的情感认同和价值认同。加强新闻发言人、网络通讯员队伍建设，做好舆情风险控制，建立事前预防、事中控制、事后化解的舆情控制工作机制。

（六）强化依法从严治企

健全科学的管控与惩防体系。严格落实党风廉政建设责任制，构建“党委统一领导、党政齐抓共管、纪委组织协调、部门各负其责、依靠群众支持和参与”的反腐倡廉领导体制和工作机制。严格执行监督工作联席会议制度和协同监督工作规则，推动协同监督工作规范开展。加快建设“五防三控”廉政风险防控机制，确保干部员工队伍的廉洁从业安全。

严格重点领域和关键环节管控。进一步深化工程建设、公务用车、招投标与物资采购等重点领域的专项治理工作，巩固治理成果，形成长效机制。建立财务和审计检查常态工作机制，组织开展财务专项检查“回头看”，确保各项问题及时整改到位。强化对县公司工作的指导、监督和考核，切实提升管理水平，消除影响公司安全稳定、优质服务和廉政建设的各种隐患。

（七）大力加强人才队伍建设

打造高素质干部队伍。深化“四好”领导班子创建工作，合理安排分工，促进各级领导班子协调高效运转。健全选人用人机制，加大竞争性选拔力度，积极推进干部交流，提高选人用人公信度。建立以经营业绩、科学发展为关键要素的干部综合考核评价体系，创建基于“素质、作风、能力、业绩”四个维度的干部 360 度量化考评模型。

着力培养优秀人才。结合“三集五大”体系建设需要，积极推进空缺岗位、关键岗位公开竞聘，加强配套制度建设，为员工提供广阔发展空间。优化整合教育培训资源，实施培训标准化，深入推进单元制、积分制、导师制和持证上岗制度，加快建设现代培训体系。以国家电网公司十大专业领军人才选拔培养工作为契机，大力开展技术比武、技能竞赛等工作，培养公司专业领军人才。

加强劳务用工管理。实行农电用工统一集中管控，建立农电用工绩效考核、收入分配制度体系。实行劳务派遣用工计划管控，严控用工总量，完善管理标准，防范用工风险。推进市场化用工机制建设，规范劳动关系管理，形成以劳动合同和岗位管理为主导的用工机制。

（八）加强党建和企业文化建设

深化创先争优活动。大力实施基层建设年活动，开展“立足岗位创先进、履职尽责争优秀、开拓创新促发展”大型宣传展示活动，组建“国家电网冀北电力共产党员服务队”，推出一批先进典型，推广一批活动载体，固化一套长效机制，展示广大干部员工“努力超越、追求卓越”的精神风貌。

大力弘扬统一优秀企业文化。深化企业文化主题实践活动，大力实施企业文化传播、落地和评价工程，依靠文化统一思想、凝聚力量。全面落实“五统一”要求，加快推进公司系统报刊、门户网站等宣传资源的规范和整合，构建贯穿上下、思想统一、方向一致、协同高效的文化传播体系。

全面加强党的建设。建立学习型党组织创建标准和管理机制，开展领导干部学习论坛、党员创新创效先锋讲坛和交流展示活动。持续推进党建工作创新，深入开展和谐党委、和谐党支部等活动。认真落实党风廉政建设责任制，全面加强反腐倡廉建设。深化党建带团建，以“青春光明行”十周年为契机，开展青年志愿服务大型宣传展示、“青春·光明”视频征集展播等活动，激励团员青年立足岗位建功立业。

持续深化精神文明建设。广泛开展社会公德、职业道德、家庭美德、个人品德教育活动，不断提升员工思想道德境界。大力开展形势任务教育和以“建功十二五　献礼十八大”为主题的精神文明创建活动，评选表彰公司“十大感动事迹”，把广大员工的思想和行动统一到公司党组的决策部署上来。

加快建设和谐企业。严格落实维稳工作责任制，健全稳定风险排查、预警和处置工作机制，超前化解稳定风险。全面加强工会建设，认真落实职代会民主管理制度，组织开展总经理联络员调研、职工代表巡视检查等活动。开展职工创新创效和劳动竞赛活动。组织慰问帮扶、送温暖等活动，帮助困难员工和离退休老同志解决实际困难。

积极推进改革　努力提升管理
全面完成全年各项工作任务

——尹积军总经理在公司2012年年中工作会议上的报告（摘要）

（2012年7月24日）

这次会议的主要任务是：贯彻落实国家电网公司2012年年中工作会议精神，总结上半年工作，安排下半年工作，分析形势、统一思想、明确目标，加快改革发展，确保圆满完成全年各项工作任务。

一、上半年工作回顾

公司成立以来，公司党组与广大干部员工在改革中探索，在探索中前进，明确了公司的新定位，即：保障首都供电安全和服务冀北经济社会发展。新定位带来的新任务是，在今后一段时期着力提升服务冀北经济社会发展的能力及水平，即：建设以500kV冀北环网为骨干网架，各级电网协调发展的冀北电网，全

▶ 7月24日，公司召开2012年年中工作会议。图为公司总经理尹积军在会议上作报告。

面提升公司服务能力；持续开展优质服务和“社企和谐兴冀、社区光明同行”活动，全面提升公司服务水平。为使公司的体制机制适应新公司的新定位，完成新定位带来的新任务，明确了以全面建设“三集五大”体系破解公司发展难题，以品牌建设推动公司软实力和硬实力综合协调发展，创造公司综合价值最大化和员工工作价值最大化的努力方向。沿着这一方向，5个月来，我们坚决坚定地以“三集五大”体系建设为抓手，以晋位争先作为业绩评价标准，以干事创业作为行为考核准则，以公平公正原则处理利益调整问题，营造了风清气正、政通人和的工作氛围。广大干部员工齐心协力，共同度过了新公司组建的困难期和改革发展的攻坚期，实现了独立运作的良好开局。

上半年，公司完成固定资产投资27.19亿元。110kV及以上线路开工312.2km、投产685km；变电开工202.6万kVA、投产482.6万kVA，分别完成上半年里程碑开工、投产计划的100%。完成售电量633.24亿kWh，同比增长1.11%。实现营业收入332.26亿元，利润3.9亿元，EVA（经济增加值）-0.67亿元，资产总额503.35亿元，资产负债率60.47%，净资产收益率1.5%。

（一）“三集五大”体系建设扎实推进

为尽快消除制约公司发展的体制机制障碍，公司上下不等不靠、迎难而上，全力以赴加快推进“三集五大”体系建设。我们始终坚持高质量推进，严格执行国家电网公司批复的实施方案，成功克服了起步晚、基础差、人员紧张等诸多困难，圆满完成了“三集五大”体系建设难度最大、实施最复杂的前三个阶段工作任务。公司地市层面内设机构由350个减少到163个，组织机构精简率达到53.4%；公司和地市层面“三集五大”规范机构的人员数量由14 808人降至

10 565 人，用工总量降低 28.6%。我们始终坚持实事求是，结合公司实际，按照“成熟一家、批复一家、操作一家”的原则，完成了所有基层单位操作方案的制订和批复，实现了全部机构调整和主体人员到岗到位。我们始终坚持公平、公正、公开，最大限度维护职工利益。通过公开竞聘方式，择优选拔 73 名优秀人才进入公司本部各级领导岗位和管理岗位，激发了广大干部员工干事创业的热情。我们始终坚持以人为本，及时出台干部管理配套政策，12 名处级、52 名科级干部主动提出提前退居二线，不仅解决了公司党组管理干部的冗员问题，也使一批优秀年轻干部走上了领导岗位。我们始终坚持统筹兼顾，将机制建设与中心工作同部署、同推进，明确 172 项核心业务流程，有力地保障了“三集五大”体系建设的正常推进。

（二）电网发展取得积极进展

加强规划引领，按照完整省级电网的标准，研究提出了“十二五”电网规划方案。与河北省和冀北五市政府签订了“十二五”电网建设目标责任书，形成了推动电网发展的强大合力。前期工作顺利推进，500kV 秦皇岛昌黎等 5 项工程向国家发改委上报了核准申请；220kV 承德天文台、110kV 唐山甸头等 33 项工程取得了核准批复，完成年计划的 82.5%。重点工程建设进展顺利，500kV 滦县、220kV 深井等 7 项迎峰度夏项目按期投产，有效缓解了唐山东部、张家口南部等地区供电压力；率先完成农网 10kV 及以下设施成套化设计，1197 项农网改造升级工程按里程碑计划如期推进；1734 个帮扶村电网建设与改造工程完工率达到 33.91%，得到了河北省政府领导的充分肯定。电网智能化项目稳步实施，曹妃甸智能电网综合建设工程方案编制完成，用电信息自动采集达到 269 万户，覆盖率达到 61.6%。公司 6 项 220kV 及以上输变电工程全部被评为国家电网公司优质工程，1 项 500kV 变电站工程夺得国家电网公司质量管理流动红旗。

（三）安全生产态势平稳

坚决贯彻“安全年”活动各项部署，对照《国家电网公司安全事故调查规程》，认真分析可能发生的五级以上人身事件和六级以上电网、设备、信息事件风险，梳理出四大类 188 项安全防范措施。扎实开展春季安全大检查、农网“三抓一反”安全质量督查、基建春季安全质量大检查等系列安全活动，持续强化反违章治理，落实“五个一”规范化复工要求，深入开展基建施工安全风险识别、评估与控制，对安全风险进行分级分色预警，有效防范了人员责任事故。超前分析、优化安排电网运行方式，细化安全校核，精心安排停电检修计划，有效降低了重要设备停电检修期间的电网事故风险。深入研究风电大规模脱网应对措施，积极推进风机电网适应性整改，开展风电场有功控制试点。针对设备易发故障特点，大力开展春检预试和隐患排查治理，修订污区、雷害、舞动、鸟害等分布图，全面启动配网状态检修，完成对 6099 基重点线路杆塔的防雷改造，及时处置 37 处线下施工、超高树障等安全隐患。亦庄灾备中心冀北信息机房全面建成。顺利通过国家电网公司“百日安全”保密大检查。成功处置岱海—万全线路覆冰、承德山火等突发事件。圆满完成全国两会、秦皇岛女拳世锦赛、廊坊国际经贸洽谈会等重要保电任务。上半年公司系统未发生国家电网公司考核的各类安全事件。

（四）管理工作取得实效

狠抓基础管理，以开展管理提升活动为契机，制定并落实八大类管理提升举措，公司各项管理工作迅速步入正轨。在矛盾和问题面前不回避、不等待、不拖延，公司成立以来共组织召开 14 次党政联席会、21 次党组会，研究 104 项议题，有效解决公司创立阶段的各项改革发展难题。建立周工作例会和月度例会制度，通过电视电话会议的形式，及时通报公司生产和运营情况，准确将公司党组的决策部署贯彻到各基层，执行力和管理穿透力不断增强。成立规章制度、主多分开等多个专项管理委员会，深化研究有关公司发展的各项专题。加强制度和标准建设，共编制完成 378 项规章制度，公司管理的标准化和规范化水平不断提升。

强化经营管理，大力开拓售电市场，上半年增售电量 22.23 亿 kWh。实现唐山首钢京唐公司自备电厂统购统销结算，市场占有率同比提升 0.99 个百分点。规范预付费工作机制，电费回收率达到 100%。配合政府部门，圆满完成居民阶梯电价政策调整工作。加强与国家电网公司的沟通协调，保证了合理的购网电价水平。科学编制公司 2012 年综合计划和预算，适时压降投资规模和成本费用。合理运作子公司闲置资金，节约公司利息支出 5063 万元。争取所得税、增值税申报优惠政策，增加公司收益 1800 万元。进一步扩大集中采购范围，上半年集中采购率达到 95.9%，节约资金 2.69 亿元。加强分压、分台区线损管理与控制，线损率完成 3.53%，可比口径同比下降 1.81 个百分点。稳步推进主多分开改革，45 家多经企业中 15 家完成资产处置，17 家完成股权清退，累计安置职工 1710 人，占应安置人数的 56%。扎实开展车辆清理整顿、单位集资建房等专项排查治理，消除薄弱环节，防范了各类风险。

（五）品牌建设强势启动

经过5个多月的努力，公司品牌建设以“社企和谐兴冀”和“社区光明同行”活动为突破口，完成了从无到有、从简单认识到付诸实践的转变过程。在“社企和谐兴冀”活动中，通过编制发布服务河北省经济社会发展白皮书，主动对接地方经济社会发展需求，定制有针对性的服务举措，并向社会作出公开承诺，引起了社会各界的强烈反响。在“社区光明同行”活动中，主动对接社会民生，充分利用现有1025个供电营业窗口，因地制宜地开展社区特色服务活动。建立民情台账，不断丰富服务的内容和载体，搭建起公司和社会公众沟通的情感桥梁。截至目前，公司系统挖掘的27件特色服务事迹，在各大媒体进行了广泛报道，公司知名度显著提升。

（六）优质服务工作不断加强

认真贯彻国家电网公司“三个十条”，全面实施95598光明服务工程，深入落实居民用电服务质量监管专项行动各项要求。以“双保”（保质量、保进度）专项行动为抓手，为政府保障性住房开辟“绿色通道”，惠及低收入家庭7.58万户。丰富缴费渠道，创新推出公司首辆移动营业车，积极拓展社会化代收网点。深入基层主动服务用电客户，解决老百姓用电问题1500余件。深化带电作业在配网工程和抢修中的应用，减少停电36 619小时·户。上半年城市供电可靠率达到99.9442%，同比提高0.0034个百分点；农村供电可靠率达到99.8242%，同比提高0.0412个百分点。公司居民服务质量提升及唐山路北示范区试点建设工作得到电监会、国家电网公司的充分肯定。深入开展电力交易服务品质提升专项活动，积极服务新能源发电企业，上半年风电购电量同比增长30.55%，相当于节约标煤51万t，减排二氧化碳130万t。

（七）“三个建设”取得显著成效

深化“为民服务创先争优”活动，组织开展基层组织建设年活动和创建“电网先锋党支部”活动，组建63支国家电网冀北电力共产党员服务队，2个基层党组织被评为国家电网公司“电网先锋党支部标兵”。不断强化廉政风险防控，建立健全协同监督工作机制，严肃查办信访举报案件，科学的管控与惩防体系逐步形成。深化“四好”领导班子创建活动，稳妥有序优化班子配置，大力开展干部交流。科学配置人力资源，规范劳动用工管理，完善激励约束机制，人才支撑作用不断增强。深入推进雷锋精神融入企业文化，推广《爱如电》歌曲，组织《国家电网公司面临的形势与任务》专题讲座，引导员工认知、认同、遵循统一的企业文化基本价值准则。召开公司一届一次职工代表大会和职工代表团（组）长联席会议，与公司独立运作同步启动职工民主管理工作。开展“青春光明行”十周年系列活动。落实维稳责任，及时跟踪员工思想动态，组织离退休干部健康休养，营造了和谐稳定的良好氛围。

二、当前的形势与任务

（一）关于外部环境

当前，我国社会正处于变革转型期和矛盾凸显期，一些深层次矛盾和问题日益显现，政府监管和社会监督日趋严格，国有企业备受社会关注，容易成为舆论焦点。公司上下必须清醒地认识到，以公司正式独立运作为标志，我们的功能定位已经发生了重大而深刻的变化。独立运作以前，作为区域性电网公司，核心业务是保证京津唐电网及首都供电安全，与其他省级电力公司不同，没有建立与地方政府密切协同的常态工作机制，冀北地区普通民众对我们缺乏认知；独立运作以后，作为省级电力公司，我们将义不容辞地承担起服务地方经济社会发展的重任，为各级政府、社会公众和关键利益相关方提供优质高效的供电服务。公司要发展、要壮大，必须首先得到社会各界的理解、支持和帮助。上半年，公司着力加强品牌建设，全面启动“社企和谐兴冀、社区光明同行”活动，主要目的就是主动对接政府和社会民生，增进发展共识，凝聚发展合力，为公司健康发展营造良好环境。

下一步，我们要抓住白皮书成功发布的有利契机，进一步加大品牌建设力度，大力传播公司履行特殊责任的意愿、行为和绩效，与社会媒体双向互动，输出价值，促进社会各界对公司发展的利益认同、情感认同和价值认同。一要把握重点。切准社会脉搏，关注社会期望，以政府部门、关键利益相关方和社会公众最关心的重大项目为切入点，广泛宣传、跟踪展示公司推进项目建设的过程和成效，让社会各界充分感受到公司履行社会责任的坚定信心和创新实践，切实树立起责任央企的品牌形象。二要攻克难点。近年来，中央企业屡屡出现的品牌危机事件，已经给我们敲响了警钟。公司上下要高度重视品牌维护工作，既要坚持依法从严治企，坚决根治“出血点”“发热点”“风险点”；也要健全舆论引导机制，妥善处置负面舆情，努力维护公司品牌形象。三要打造亮点。进一步丰富“社企和谐兴冀、社区光明同行”活动内涵，拓展活动外延，创新方式方法，努力打造一批具有公司特色的品牌亮点，不断提升公司综合价值。

（二）关于“三集五大”体系建设

“三集五大”体系建设是国家电网公司发展史上覆盖面最广、难度最大、影响最深的变革。改变的是原有的管理模式和利益格局，触动的是传统的思想观念和行为习惯，目的是提升公司的服务能力和服务水平。“三集五大”功在管理转型。与以往的改革不同，“三集五大”带来了组织架构、业务流程和人员、设备、信息等方面全方位、全维度转型升级，彻底改变了我国电网企业长期以来一成不变的运作模式。“三集五大”利在长远发展。这是我们当代电网人对历史的贡献、对后来者的馈赠。科学的体制机制给企业带来了更高的效率和崭新的活力，必将为电网企业带来更美好的前景和更广阔的发展空间。“三集五大”重在思想变革。惟有以大无畏的勇气与担当打破思维定式，以卓越的智慧与谨慎冲破思想藩篱，以强有力的执行力和战斗力攻克发展难关，才能在最短的时间内适应新要求、承担新任务、抢占新机遇、取得新进步、赢得新发展。“三集五大”难在利益调整。“三集五大”最大的风险不是电网改造、管理变革、机构重置，而是人员调整的风险、利益格局变化的风险。在利益调整面前，只有坚持公平、公正、公开，才能立得住身、站得住脚，才能使每位干部员工心无旁骛、团结一心投入到改革浪潮中来，最大化发挥员工工作价值。

上半年，我们已经度过了艰难的改革攻坚期，但“三集五大”体系建设的最终目标仍未达到。这次会议的一个重要目的，就是对“三集五大”体系建设进行再强调、再部署、再要求。我们要站在全局高度，全面、系统、准确地认识和把握国家电网公司党组的决策部署，毫不动摇地推进“三集五大”体系建设，着力打造与环首都地位相符合的先进省级电网企业。一要转变思想观念。公司“三集五大”体系建设已经进入磨合改进阶段。这是一个艰苦的适应过程，考验的是全体干部员工的毅力、意志和品格。这个阶段任务完成得好不好，直接关系到公司“三集五大”体系建设质量的高低。全体干部员工要正确对待个人利益和岗位变动，保持理性乐观的心态和锐意进取的作风，集中精力、专注业务，加快学习新知识，掌握新技能，尽快适应新岗位的工作要求和工作节奏。二要保证进度质量。“三集五大”体系越早建成，对公司改革发展越有利。要严格落实建设方案，按照实际、实用、实效的原则，强化机制建设，优化业务流程，完善制度标准，把工作做深做实。不能变形走样，不能做“夹生饭”，不能出现“半拉子”工程，防止简单粗放、前紧后松等倾向。三要持续改进。建设高质量“三集五大”体系，绝不是朝夕之功，不可能一蹴而就。在通过国家电网公司验收之后，仍需要较长时间进行完善和提高。我们要做好打持久战和攻坚战的心理准备，持续强化基础管理，不断提升业绩指标，在实践中验证“三集五大”，在磨合中完善“三集五大”，在整改中提升“三集五大”，确保公司“三集五大”体系建设经得起历史的检验。

（三）关于电网发展

建设坚强智能电网、保障首都供电安全和服务冀北五市经济社会发展需要，是公司履行职责使命、提升服务能力、践行社会责任的基础和前提。而当前的冀北电网设备基础弱、隐患多、互供转移能力严重不足、多项同业对标指标处于末端，无法满足“十二五”时期冀北地区全社会用电量年均增长 8.5%、最大负荷年均增长 10.2% 的发展需求。在今后相当长一段时期，冀北电网面临的主要矛盾，仍将是冀北经济社会快速发展对电力的旺盛需求与冀北电网发展滞后、供电能力和接纳清洁能源能力不足之间的矛盾。“十二五”时期，我们要抓住河北省建设“经济强省、和谐河北”的重要战略机遇，以打造与冀北经济社会发展相适应的先进省级电网为目标，尽快建成环冀北地区 500kV 双环网，并在此基础上形成 220kV 分区供电格局，力争到“十二五”末，消除四级及以上电网风险事件，城市配网和农村电网的供电可靠率分别达到 99.95% 和 99.86%，全面消除高损配变，城区架空线路绝缘化率达到 80%，从根本上扭转公司服务能力不足的不利局面。

我们要按照一流省级电网的建设标准，大力推进四个方面工作。一要加快电网规划调整。以国家电网“十二五”发展规划为指引，紧密跟踪冀北地区经济社会发展形势和特高压发展动态，充分发挥经研院的技术支撑作用，实施全电压等级、全专业领域的统一规划，不断提升电网规划水平。二要尽快推动规划落地。以“十二五”电网建设目标责任书为依据，加大与各级政府的沟通协调力度，力争将电网规划纳入河北省各级城乡总体规划和土地利用总体规划，预留和保护好变电站站址和输配电线路走廊资源，确保重大规划项目早日落地实施。三要推进各级电网协调发展。统筹协调冀北电网主网工程、城市配电网建设与改造工程、农网改造升级工程和帮扶村建设等，把握好发展的重点和节奏，优先解决供电“卡脖子”、设备老旧和抵御自然灾害能力不足等突出问题。四要着力提高发展质量和效率。按照发展规模与发展能力相适应的要求，合理安排电网投资，提高投资效益；坚持标准化与差异化相结合，提高主网、配电网、农村电网建设质量；大力推广应用新技术、新材料、新工艺、新设备，增加科技含量，实现速度、质量、效益的协调统一。

（四）关于履职尽责

当前，公司正处于后发赶超的特殊时期，改革发展任务艰巨而繁重，对各级领导班子、每个领导干部都提出了更高的要求。大家务必认识到，公司发展得好不好，关键在各级领导干部特别是主要负责同志。只有各级领导干部责任到位、工作到位，才能带好队伍、管好企业，推动公司安全健康发展。责任心强，再大的困难也不怕；责任心差，小问题也容易酿成大祸。从上半年的工作实践看，冀北公司的干部队伍，总体上是一支能打硬仗、勇于奉献、敢于担当的优秀队伍。但是有些问题也不容忽视，有的干部责任心不强、进取心不强，甘居中游、满足现状，干事创业的动力不足；有的干部对政策形势变化缺乏掌握，对基层实际情况缺乏了解，知识结构、业务素质亟待提升；有的干部怕担风险，不坚持原则，习惯回避矛盾。这些问题必须下大力气予以解决。

各级领导干部要切实履职尽责，做好分内的事，做到守土有责。一要真抓实干。兢兢业业工作，踏踏实实做事，克服浮躁情绪，抛弃私心杂念，把心思用在干事业上，把精力投到抓落实中。坚持从实际出发，重实际、说实话、办实事，敢于负责，靠前指挥，创造出实实在在的业绩，一步一个脚印地把我们的事业推向前进。二要创先争优。牢固树立“逆水行舟、不进则退”的危机意识，始终保持奋发有为的精神状态，切实增强“时不我待、只争朝夕”的紧迫感和责任感，心无旁骛谋发展，集中精力破难关，瞄准先进省级电力公司的目标，努力比学赶超、全面争先晋位，在不断解决问题中推动公司创新发展。三要干事干净。一名干部的培养和成长很不容易。作为领导干部，一定要倍加珍惜组织的信任，珍爱自己的声誉，保持健康情趣，做到自重、自省、自警、自励，清清白白做人，干干净净做事。对于各类违纪违规行为，公司将坚决处理、绝不姑息。四要规范管理。每位领导干部都要带头遵守公司各项规章制度，严格按制度办事、用制度管人。特别是在“三重一大”事项决策过程中，必须以对党的事业高度负责的态度，坚持民主集中制原则，虚心听取各方面意见，绝不能搞“一言堂”，靠“拍脑袋”做决策，确保每一项决策都能经得起历史的检验，不留后遗症，不害后来人。

三、下半年重点工作

下半年总的要求是：认真贯彻国家电网公司2012年年中工作会议精神，落实公司一届一次职工代表大会决策部署，以实现“两个价值最大化”为目标，以确保安全稳定为前提，以十八大保电为重点，加快建设坚强智能冀北电网，努力建成高质量“三集五大”体系，更加注重精益管理、稳健经营，确保圆满完成全年各项工作任务。

（一）提升安全管理水平

确保十八大保电万无一失。即将召开的党的十八大，是全党全国人民政治生活中的一件大事。为党的十八大提供安全可靠的电力供应，是公司责无旁贷的重要使命。我们要大力发扬奥运保电精神和“严、细、实”的工作作风，认真落实十八大保电期间安全供电和优质服务保障方案，完善十八大保电指挥体系，健全跨专业、跨单位、跨区域的协调联动机制，优化冀北五市电力设施保护工作资源，严格执行重点保电时段领导干部、专业技术人员和抢修队伍在岗值班要求，确保全员参与、全面覆盖、指挥有力、运转高效。组织开展十八大保电专项反事故演习，统筹安排保电前停电检修计划，加强配网抢修人员和备品备件管理，确保及时、迅速、妥善处置各类突发事件。

保障迎峰度夏电力供应。近期，冀北地区持续高温，局部雷雨、大风等恶劣天气和外力破坏呈现多发趋势，电网安全运行隐患明显增多。要准确把握夏季季节特点和电网运行规律，加强负荷预测分析，科学安排电网运行方式，做好电力统筹平衡，加强发电厂调度运行管理，确保电网安全稳定运行。密切关注天气和线路走廊环境变化情况，加强西电东送、北电南送大通道和北京500kV环网输变电设备的运行维护工作，建立设备特巡“日汇报”机制，确保设备“零缺陷”运行。全面排查重要用户供电安全隐患，加快落实整改措施，完善有序用电方案，确保北戴河中直机关等重要场所供电安全可靠。

强化安全基础管理。加快调度技术支持系统建设，建立风电优化调度机制，督促落实风电机组安全措施。以查领导、查思想、查管理、查规程制度、查隐患为重点，开展基建、农（配）网等安全监督专项活动，严防人身伤害事故和人员责任事故。加强典型违章专题培训和安全考试，在新组建单位开展“安全第一课”活动，消除安全管理中的薄弱环节。

确保公司安全稳定。把安全和稳定作为硬约束、硬任务，健全风险防范体系，强化责任落实和应急处置。针对“三集五大”体系建设过程中的机构和人员变化，及时调整安全工作职责，逐级签订安全生产和维护稳定工作责任保证书，严防安全责任缺失。进一步加大矛盾纠纷和不稳定因素排查力度，做到稳定问题早发现、早协调、早解决，确保不发生大规模群体性事件，不发生集体进京上访、越级上访事件，不发生有损国家电网公司形象的不稳定事件。

（二）高质量建成“三集五大”体系

确保顺利通过国家电网公司验收。坚持“稳中求好，好中求进”的工作原则，及时发现磨合阶段产生的各类问题，尽快理顺新的职责界面、明确新的业务流程、构建新的运作机制。对照国家电网公司验收标准，精心编制验收工作方案，强化对“三集五大”效率提升的精确分析，整体展现公司改革成果，确保8月份完成18家上划县的机构、业务调整和人员调配工作，10月底前实现冀北电力调度控制中心独立运作，11月底前提出验收申请。强化制度和标准体系建设，结合公司“三集五大”体系实际运转情况，补充完善、动态修订管理制度和企业标准体系，实现各个专业的全覆盖，确保9月底前全面完成公司技术标准、管理标准和工作标准的审核发布，进入试运行，确保公司“三集五大”体系建设高质量通过验收。

持续拓展集约化广度深度。人力资源集约化方面，开展人力资源诊断分析，制定人力资源优化提升方案。狠抓“三定”管理，规范机构设置和人员编制。强化“三考”管理，完善全员绩效管理体系，深化全员培训考试，优化工资总量计划管理模式，健全人才开发与培养机制。财务集约化方面，重点强化资源统筹配置、资本统筹运作和资金集中管理。推进综合计划和预算的有机融合，规范新设机构预算管理。深化一体化财务信息平台建设，在线监控账户信息和资金流动。全面推行财务标准化流程，完善资产与设备联动管理，加强工程财务管理，进一步扩大基建标准成本试点。物资集约化方面，扩大集中招标采购范围，年底前将设计、施工、监理招标采购全部纳入电子商务平台。建设以虚拟中心库为主体、6个区域库为枢纽、61个周转库为支撑、1个应急库为辅助的新型仓储网络。加快推广“基建物资配送至现场、运维物资配送至班组、办公用品配送至办公桌”的精确配送模式。加强“全覆盖、无死角”产品质量监督体系建设，加大设备抽检力度，有效提高设备入网质量。

加快推进“两个中心”建设。根据国家电网公司顶层设计成果，科学规划、整体设计，确保8月底前完成运营监测（控）中心建设方案，2013年3月底前建成投运。完善供电服务中心的人员配置，统一规范业务流程，实现平稳运行。推进省级电话接入系统建设，将冀北五市公司坐席全部接入省级呼叫平台运行，实现统一运营与质量管理。

（三）加快建设坚强智能冀北电网

加强电网规划和前期工作。紧密结合特高压电网建设方案和进度，密切跟踪冀北经济社会“十二五”发展趋势，深化各级电网规划优化研究。加强与各级地方政府的沟通，充分发挥属地化管理机制作用，推动落实各项支持政策，减轻外协因素对工程建设的影响。重点推进高岭—天马三回、唐山丰南500kV输变电工程项目前期工作，尽快具备核准条件。加快完成220kV、110kV输变电工程核准工作。

加快电网建设步伐。大力推进500kV御道口等25项新建项目的开工准备工作。加快实施220kV罗屯输变电工程、110kV唐山荣华道输变电工程等十八大保电和迎峰度冬重点工程，确保工程项目按计划开工和投产。加快推进农网改造升级工程，确保如期完成1734个帮扶村配网建设任务，全面完成2011年11.1亿元农网改造升级投资计划，2012年农网改造升级投资计划完成比例不低于60%。

高度重视土地权证办理工作。全面分析土地权证调查摸底情况，提出集中打捆办理意向，借鉴兄弟省公司成功经验，积极争取优惠政策。如确需补缴土地出让金，要积极争取执行土地审批当年的费用标准。

加强安全质量管理和监督。实施基建“日预控、周点评、月协调”管控机制，强化对工程项目的全过程管理。全面推广标准工艺，开展标准工艺标杆工程评选和观摩交流活动，确保实现公司系统220kV及以上输变电工程优质工程率100%、110kV优质工程率90%以上的工作目标。强化农网安全质量管理，严格执行帮扶村电网建设与改造技术规范，全力打造供用电和谐的帮扶村。

实施智能电网行动计划。加大与地方政府的沟通联系，积极吸纳社会力量参与智能电网建设，加快建设唐山曹妃甸智能电网综合工程。充分发挥电动汽车充换电设施作用，积极推进唐山电动汽车运营体系建设。启动国家风光储输示范工程储能资源进入辅助服务市场的交易机制研究，促进建立新能源储能领域新型商业模式。

（四）全面提升经营管理水平

大力推进市场开拓。加强经营管理，扩大售电市场，努力增供扩销。从市场分析研究、服务能力建设、工作方法创新三个维度，深入落实市场开拓14项措施。扩大统购统销试点范围，加大自备电厂在线监测系统的建设和应用力度，持续巩固和提升市场占有率。全面开展自备电厂、自供营业区问题清查，严禁公用电厂转自备电厂，坚决制止自备电厂对外供电等违规行为。加大余热余压利用、电网节能改造、热泵等节能服务项目的开拓力度，抢占能效新型服务市场。

全力开展增收节支。同步开展用电营业普查和线损治理专项行动，充分利用营销信息系统、用电信息采集等技术手段，重点稽查高损线路和台区、分类电价执行情况和违章窃电行为，确保完成增收4000万元，实现比年度指标翻一番的工作目标。强化设计、采购、建设、运维各环节成本控制，合理控制工程造价，合理压降大修、技改、运维、零购等投入，严控计划外项目和预算外支出，严控非生产性和一般性支出。积极争取政府在土地审批、车辆购置、税收减免、财政补贴等方面的政策支持。强化电费风险预警，加大购电制、分次划拨工作力度，确保经营成果颗粒归仓。

持续强化基础管理。充分发挥综合计划统领作用，加强项目储备库建设，构建标准统一、协同高效的综合计划管理体系。积极应用在线稽核工具，强化财务日常监督，确保公司财务安全。继续做好居民阶梯电价政策的执行、宣传解释和舆论引导工作，确保居民阶梯电价政策执行到位。强化同业对标管理，注重报送数据的质量，做好指标分析诊断、预估和评价工作，特别是要加强对新增同业对标指标的分析预测和过程管控，力争公司同业对标指标综合评价进入国家电网公司系统先进行列。

（五）加强科技创新和信息通信系统建设

提升科技创新能力。进一步明确科技发展方向和战略重点，明晰科研单位功能定位，减少职责交叉，避免重复投入。加大风电接入、运行、检测和输变电设备状态监测等方面的科研力度，充分发挥科技、信息在“三集五大”体系和坚强智能电网建设中的支撑作用。落实“十二五”科技发展规划，做好科技项目储备，实施“月汇报、季协调、半年专家督导”，加强项目过程管控，管好用好科研资金，提高科技投入产出效率。依托国家风光储输示范工程和国家电网公司实验室，推广应用新技术，提高电网建设运行技术水平。

提升信息通信支撑能力。加强现有信息系统的梳理和完善，确保各类系统在最短时间内适应公司“三集五大”体系新业务运行的需要。年底前实现35kV及以上变电站光纤覆盖率100%、110kV及以上变电站满足“双设备、双路由”的要求。推进业务系统应用级容灾及信息网络第二汇聚点建设，完成公司信息系统基础设施平台建设，保障信息通信系统安全。

（六）大力推进品牌建设

深化品牌传播活动。围绕十八大保电、“社企和谐兴冀”、“社区光明同行”、新能源接入等重点工作，发挥《人民日报》等中央权威媒体及地方主流媒体的作用，全面宣传公司积极履行经济责任、政治责任和社会责任，服务地方经济社会发展作出的突出贡献，保持高密度、常态化的正面舆论引导，形成公司正面宣传的舆论强势，使公司“可靠、可信赖”惠民品牌得到社会公众的情感认同和价值认同。

全方位提升品牌建设水平。创新品牌推广，利用户外、营业厅及其他传播媒体，推广“你用电，我用心”品牌口号，开展品牌传播及舆论引导，建立健全三级新闻发言人制度，力争2013年上半年实现冀北五市品牌标准化项目使用率、应用规范率双百分之百的目标。强化品牌维护，建立健全品牌维护常态机制，全面提升舆情分析、研判、预警和处置水平。整合品牌资源，构建联动机制，形成覆盖各专业、贯穿各层级的工作网络，实现重大活动、重大任务的共同策划、共同推进。完善品牌建设制度体系和评价体系，加强工作流程和机制建设，不断提升品牌建设信息化、规范化工作水平。

（七）强化依法从严治企

加强审计监督和内控建设。高度重视国家电网公司综合专项检查，对照重大经营决策、财务资产管理、公务接待等九项重点，扎实做好各项工作准备。加强“三集五大”体系建设过程的审计跟踪和重点监督，确保不发生国有资产流失。深化工程建设项目审计，关注建设管理的规范性、工程结算的合理性、竣工决算的合规性，全面防范经营风险和廉政风险。加大车辆清理整顿工作力度，依法合规处置超编、超标配置车辆和违规租借车辆；大力推广GPS等先进技术，加强车辆的实时监控和动态考核，坚决杜绝公车私用行为。

加强县级供电企业管理。将公司人财物集约化管理向县级供电企业全面延伸、全面覆盖，统一管理标准，规范业务流程，加强关键指标考核，争取更多的县级供电企业进入国家电网公司一流行列。强化精益管理，运用信息化手段，加大对电量、电价、电费以及各类成本的管控力度，提升县级供电企业盈利能力。规范农电用工管理，开展农电业务委托模式研究。

确保完成主多分开和规范集体企业管理工作。将主多分开工作成效纳入年度企业负责人业绩考核体系，加快推进地（市）县层面多经资产处置、职工股权清退、从业人员安置工作，确保9月底前完成主多分开工作任务。严格落实国家电网公司工作要求，组织开展集体企业清产核资工作，加强集体企业制度化和规范化管理，全面提升集体企业整体经济实力。

（八）加强队伍建设

加强公司本部建设。优化组织管理模式，适应坚强智能电网、“三集五大”体系建设实际需求，不断完善本部组织机构、管理制度和工作流程，确保公司本部高效运转。完善监督考核机制，加强对重点工作的督察督办，健全部门工作业绩考核评价体系，最大化激发本部员工的工作潜能。树立全局“一盘棋”思想，打造工作协同机制，打破部门之间、专业之间、层级之间的沟通障碍，畅通本部与基层交流互动渠道，规范工作程序，提高工作效率。

强化干部队伍建设。坚持德才兼备、以德为先，创新用人机制，建立健全干部竞争性选拔制度。综合采用公开竞聘、组织选聘、挂职锻炼等形式，构建梯次完备、结构合理、素质过硬、业绩优秀的干部人才队伍。研究开发领导班子胜任力模型和360度干部考核评价模型，构建民主评议、组织评议、绩效考评“三位一体”的干部考核评价模式，不断提升班子建设和干部管理的科学化水平。

优化人力资源配置。坚持统一规划、分类管理、集约管控与市场配置相结合，建立以市场化为导向的劳动用工管理机制，严控入口，疏通出口。建立二线领导干部管理机制，充分发挥退居二线干部的积极作用。统筹推进解决超编、超员问题与人才结构优化工作，建立公司内部人才市场，打破部门和专业壁垒，盘活内部人才存量，引导人才有序流动。

加强教育培训和人才培养。分层次、分专业、分步骤开展针对性培训，依托公司重大管理创新项目加快培养十大领军人才，加强一线人员技能培训，全面完成“三集五大”体系岗位培训，提高岗位履职能力。优化整合培训资源，丰富培训课程体系，构建多元化培训模式，深化全员培训考试，有效提升人才队伍的整体素质。

（九）加强党的建设和精神文明建设

深化基层组织建设年活动。以“创先争优”活动为主线，学习、宣传、贯彻党的十八大精神，建立健全创先争优长效机制。强化党的基层组织建设，抓好党支部晋位升级。深化共产党员服务队管理，以创建“电网先锋党支部”为重点，加强典型的选树培养和宣传推广，展示公司创先争优活动成果。推行党建精益化管理，探索开展政工系统同业对标工作。坚持党建带团建，通过青年文明号创建和青年志愿者活动，培育特色活动载体，打造特色服务品牌。

强化反腐倡廉建设。认真落实党风廉政建设责任制，充分发挥协同监督机制作用，突出加强对“三重一大”“廉洁从业若干规定”等制度执行情况的监督检查，加强反腐倡廉教育，深化科学的管控与惩防体系建设，严肃查处违规违纪案件。

推进企业文化建设。深化企业文化传播工程，选树培育践行核心价值观的先进人物和典型事迹，精心选排优秀企业文化作品，在国家电网公司系统塑造优秀形象。深化企业文化落地工程，把统一的企业文化融入日常管理，贯穿于标准和规章制度建设全过程。深化企业文化评价工程，建立健全企业文化激励约束、动态评价、通报和指导机制，充分发挥企业文化在内强素质、外塑形象方面的引领作用。

着力创建和谐企业。全面落实国家电网公司《职工民主管理纲要》，建设“双路径、三保障”民主管理体系（职工代表参与，职工自主参与；组织保障，制度保障，企业文化保障），不断丰富职代会闭会期间的民主管理形式，组织开展职代会专委会活动和职工代表巡视检查活动。开展“五型”（安全型、精益型、学习型、创新型、和谐型）班组试点创建活动，打造一批有特色、有亮点的班组典型。深入开展“五小”创新创效和职工创新工作室创建活动，采用技术交流、成果展示等多种形式进行创新成果对标交流，通过成果转化基地加速推动创新成果实用化。加强行风建设，深化95598光明服务工程，力争各地市公司及所有县公司在当地行风民主评议活动中全部进入前3名。组织开展困难职工生活救助、迎峰度夏生产经营一线慰问、劳模休养等活动。认真落实离退休工作政策，关心关怀老同志生活。

要 事 特 辑

【公司正式独立运作】 2月9日下午，国家电网公司副总经理、党组成员曹志安出席公司干部大会，宣布国家电网公司党组决定：尹积军任公司总经理、党组副书记，赵鹏任公司党组书记、副总经理，周吉安、李欣任公司副总经理、党组成员，柏磊任公司党组成员、纪检组组长、工会主席，李晓辉任公司党组成员，张旭升任公司总工程师。公司领导、各部门负责人、各单位党政负责人参加了会议。此次会议标志着冀北电力有限公司开始独立运作。

（赵淑伟）

▶ 2月9日，公司召开干部大会，标志着公司正式独立运作。

【公司一届一次职工代表大会】 3月30日，公司召开一届一次职工代表大会，共有159名职工参会。这次会议是贯彻国家电网公司二届二次职工代表大会精神，落实科学发展观，建设高质量"三集五大"体系，部署2012年工作的重要会议，是公司成立以来召开的第一次职代会。公司党组高度重视本次会议，先后召开党组会、党政联席会议专题研究和讨论召开职代会的工作，研究确定了代表产生办法及名额分配、会议主题、会议议程、会议表决办法、大会主席团、职代会专门委员会和代表团组成等事项。此外，公司多次召开会议研究"三集五大"体系建设，讨论总经理工作报告，广泛征求意见和建议，修改完善总经理工作报告等会议文件。

会上，尹积军总经理作了题为《以"三集五大"体系建设为主线　全力推进公司综合协调发展》的工作报告。报告指出，"十二五"时期，公司工作总的指导思想是：按照国家电网公司党组的战略部署，深入贯彻落实科学发展观，建设高质量"三集五大"体系和坚强冀北电网，确保首都供电安全、高水平服务冀北经济社会发展，努力实现公司综合价值和员工工作价值最大化，全力推进公司综合协调发展。今后一个时期，要着力抓好四方面重点工作：建设高质量的"三集五大"体系，加快转变公司发展方式；建设坚强冀北电网，加快转变电网发展方式；大力实施品牌引领战略，努力实现公司综合价值最大化；大力实施人才强企战略，努力实现员工工作价值最大化。

会议代表还听取了《关于冀北电力有限公司"三集五大"体系建设实施方案的报告》等报告，表决通过了《冀北电力有限公司"三集五大"体系建设实施方案》《关于冀北电力有限公司一届一次职工代表大会总经理工作报告的决议（草案）》和《关于冀北电力有限公司"三集五大"体系建设实施方案的决议（草案）》等方案和决议。

（刘永明　刘　锦）

▶ 3月30日，公司召开一届一次职工代表大会。

【公司"十二五"规划】 3月19日，公司启动"十二五"发展规划编制工作。经公司第十一次规章制度管理委员会审议通过，印发《冀北电力有限公司发展规划管理办法》（冀北电发展〔2012〕114号），明确公司发展规划编制职责分工、规划原则和依据以及执行办法，规范公司发展规划编制与执行，并要求地市公司参照公司管理办法，制定本单位发展规划管理细则。6月，公司完成"十二五"发展规划及电网规划等16个专项规划，通过公司党政联席会议审议。

公司“十二五”发展的总体目标是：到2015年，依托北京东交流特高压变电站，在冀北电网东部负荷中心基本形成“三横三纵”500kV主网架结构，在电网坚强、资产优良、服务优质、业绩优秀四个方面进入国家电网公司系统先进行列。建立科学的“三集五大”体系和较为完善的现代企业运行机制，实现管理方式战略转型，公司的企业管理水平、持续创新水平、优质服务水平和运营水平得到全面提升，企业软实力、社会影响力和竞争力显著增强，基本建成“一强三优”现代公司。

公司“十二五”规划主要包括电网、生产、调度运行、科技、信息化、营销、农电发展、建设、人力资源、财务、物资、安全应急、教育培训、企业文化建设、国际化发展、标准体系建设等16个专项规划。电网规划的目标是建设以特高压为龙头、500kV电网为主干网架、各级电网协调发展的坚强智能冀北电网；生产规划的目标是构建“大检修”体系，深化设备状态检修，提高设备健康水平，基本实现业务管理专业化和生产管理精益化；调度运行规划的目标是推进“大运行”体系建设，构筑新型电网调度运行体系；科技规划的目标是推进关键技术创新，形成一批具有自主知识产权的科技成果；信息化规划的目标是建立结构合理、功能完备、安全稳定、经济高效的现代化信息体系；营销规划的目标是全面构建“大营销”体系，基本建成智能用电服务体系；农电发展规划目标是实施“新农村、新电力、新服务”农电发展战略，推进一流县供电企业建设，努力构筑城乡一体化的农电发展新模式；建设规划的目标是推进“大建设”体系建设，建设管理实现集约化、扁平化、专业化，提升项目管理队伍整体能力和水平；人力资源规划的目标是造就一支规模适当、高端引领、结构科学、素质优良的员工队伍，提升公司核心竞争力和软实力；财务规划的目标是以财务集约化深化应用为抓手，实现财务管理工作的集约化、精益化、标准化和现代化；物资规划的目标是建成与物资集约化管理高度适应的体制机制；安全应急规划的目标是形成能够有效应对各类突发事件的电网应急体系；教育培训规划的目标是构建与公司发展相适应的集约化培训管理体系和现代培训体系；企业文化建设规划的目标是全面实现企业文化“五统一”，公司利益相关方管理更加完善；国际化规划的目标是贯彻国家电网公司“走出去”政策，服务国家电网公司国际化发展战略，服务公司整体发展战略，带动公司体制创新和技术创新；标准体系建设规划的目标是建立标准化建设，自上而下有序推进标准化体系建设。

（寇凌岳）

【建设高质量“三集五大”体系】 2月17日，公司召开第一次党政联席会议，决定成立国网冀北电力“三集五大”体系建设领导小组，标志着“三集五大”体系建设工作正式启动。

3月2日，召开“三集五大”体系建设动员会议，尹积军总经理在会上作重要讲话。主会场设在管理培训中心，23家基层单位、43个县公司设电视电话分会场。

3月21日，国网冀北电力“三集五大”体系建设实施方案经公司党政联席会审议后，正式行文上报国家电网公司审批。

3月27日，公司“三集五大”体系建设实施方案正式通过国家电网公司批复，“三集五大”体系建设进入组织实施阶段。

3月30日，公司召开一届一次职工代表大会，审议并通过了《冀北电力有限公司“三集五大”体系建设实施方案》。

4月29日，公司召开“三集五大”体系建设学习研讨会。会议讨论“三集五大”体系建设工作的方案实施情况、明确改革的时间节点，查找分析存在的问题和不足，解决改革进程中的困难和问题。

5月14日，公司召开“三集五大”领导小组会议，听取人资部和五大专业部门就本专业操作方案的汇报。

5月18日，公司举行国网冀北电力经研院、电科院和检修公司揭牌仪式，国家电网公司副总经理曹志安、体制改革办公室主任贾福清出席揭牌仪式。

5月30日，公司“三集五大”体系建设操作方案通过党政联席会议审议后正式印发。

6月13～14日，在管理培训中心，尹积军总经理主持召开公司“三集五大”操作方案汇报会，公司“三集五大”领导小组听取9家支撑机构和5家地市公司操作方案的汇报。

7月13日，国家电网公司正式批复同意公司一年完成“三集五大”体系建设任务的请示。

8月5日，随着资产全寿命管理系统的切换完成，公司实现适应性调整，所有34个信息系统切换上线试运行，信息通信支撑“三集五大”体系建设取得阶段性成果。

8月18日，国家电网公司副总经理、党组成员曹志安到公司调研指导“三集五大”体系建设工作，对公司扎实有效推进本部和市、县三级“三集五大”体系建设予以肯定。国家电网公司体制改革办公室主任贾福清等随同调研。

9月25日~10月16日，公司印发《“三集五大”体系建设验收组织方案》，组织相关专业部门分组完成对所属各单位的验收工作。

11月15日，公司正式向国家电网公司行文《冀北电力有限公司关于申请“三集五大”体系建设总部验收的请示》。

11月21~25日，公司通过国家电网公司的专业评估。国家电网公司专业评估组主要采取听取汇报、现场提问、检查资料以及实地检查、系统测试等形式进行验收，全面评价公司“三集五大”体系建设实施方案和工作安排的落实情况、体系运转情况、建设成效等。

12月4~5日，公司通过国家电网公司“三集五大”体系建设综合验收。国家电网公司副总经理曹志安和综合验收组一行到公司开展综合验收，听取公司汇报、观看宣传片，赴相关单位进行现场考察。

12月21日，公司召开“三集五大”体系建设表彰大会，印发《“三集五大”体系建设先进集体、先进个人表彰的决定》，对“三集五大”体系建设先进集体和先进个人进行表彰。

（郭　佳）

【建设坚强冀北电网】 2012年是公司落实《国家电网公司“十二五”电网智能化规划》的开局之年，也是建设坚强冀北电网的起始之年。公司着力加快坚强冀北电网建设步伐，工程建设获国家电网公司充分肯定。唐山东（滦县）500kV输变电工程于2011年4月开工建设，2012年6月30日投产运行，是公司独立运作以来投运的首座500kV输变电工程，是缓解唐山地区供电压力、增强冀北主网架结构的重点工程。在工程管理方面，坚持“策划是引领，设计是龙头，物资是保证，管控是手段，落实是根本”的项目管理理念，有组织、有计划、有目标、分步骤地开展“创优夺旗”活动，制定详细的夺取国家电网流动红旗、创建标准工艺示范工地总体策划方案；在安全管理方面，坚持“安全第一、预防为主、综合治理”的方针，成立工程安全生产委员会，建立健全安全保证体系和安全监督体系，采用施工现场安装视频监控系统，实时监控施工现场等多种高科技手段加强现场安全管控；在质量管理方面，坚持“样板引路、指导施工、过程监督、一次成优”的质量管理理念，推广应用工艺标准先进、施工便捷高效的施工工艺，实行首件样板试制，加强工程重点环节、工序的质量控制，并结合工程特点开展工艺改进与标准工艺的延伸。该工程推进科技创新与技术创新，应用各类新技术21个，共有自主创新技术5项，新材料应用项目7项，其中导线剥线器新技术获得国家知识产权局专利。该工程获得国家电网公司2012年度质量管理流动红旗。

▶ 唐山东（滦县）500kV输变电工程。

热河（市区南）220kV变电站工程是国家电网公司第二批智能变电站试点工程，也是公司建设的首座220kV智能变电站。项目在开工前就确定了争取华北区域项目管理流动红旗、创国家电网公司优质工程的总目标。在工程设计阶段，全面推行通用设计，推广新技术、新设备、新材料、新工艺的应用，通过对各设计环节的全过程管理，保证设计深度和质量。在工程建设过程中，业主、监理、施工三个项目部发挥“大建设”管理体系优势，贯彻“精品求于过程”的管理思路，倡导过程创优、一次成优理念，多次组织召开创优策划会，强化过程管控，重点抓好“标准工艺”应用、强制性条文执行、质量通病防治、数码照片归集工作。该工程获得国家电网公司2012年华北区域项目管理流动红旗。

首个国家电网公司重点工程开工。高岭—天马第三回500kV输变电工程是公司成立以来承担的首个国家电网公司重点工程。工程起于辽宁省绥中县高岭500kV换流站，止于河北省抚宁县500kV天马变电站，线路全长73km。公司承建的河北段线路长度约46.5km。工程所在的秦皇岛地区经济发达，建设过程面临施工环境复杂、政策协调点多面广、难度大，施工中涉及大量对带电线路和铁路、公路的跨越，同时有三分之一的铁塔需要进行拆旧建新，安全管控任务艰巨。公司成立以尹积军总经理为总指挥的工程建设指挥部，将工程列为公司基建头号项目，建立高效的工程建设组织体系。首次推行政策协调属地化管理模式，在工程建设过程中发挥属地公司的优势，建立科学有效的属地协调立体化管理体系。12 月 1 日，公司正式启动工程建设。

2012 年，公司 37 项 110kV 输变电工程项目实现 100% 创优目标；在国家电网公司组织的华北区域基建管理信息系统应用评价工作中，滦县 500kV 输变电工程获得第一名；张家口国家风光储输示范工程获国家电网公司优秀设计一等奖，承德西 500kV 变电站工程、承德西—平安城 500kV 线路工程获国家电网公司优秀设计二等奖，唐山扣庄 220kV 变电站工程和秦皇岛陈官屯 220kV 变电站工程获国家电网公司优秀设计三等奖。

（王 田）

【保障电力可靠供应】 2012 年，冀北地区经济保持平稳增长。特别是在入夏后，持续高温天气导致电力需求快速增长，用电负荷迅猛攀升，电网经受了持续大负荷考验，安全生产和电力供应承受着巨大压力。

迎峰度夏期间，冀北电网最大发电负荷 1955 万 kW，发生于 7 月 20 日，同比增长 3.3%；华北电网最大发电负荷 16 388 万 kW，创历史新高，同比增长 2.0%；京津冀北电网最大发电负荷 4811 万 kW，与 2011 年最大发电负荷基本持平（2011 年最大发电负荷 4812 万 kW）。由于受宏观经济形势影响，2012 年迎峰度夏期间京津冀北电网负荷未达到预测水平，电力平衡未出现缺口。

公司秉承“确保首都供电安全、高质量服务冀北经济社会发展，实现公司综合价值和员工工作价值最大化”的发展目标，经受住夏季大负荷的严峻考验，保证了电网安全稳定运行，确保北京和冀北地区的可靠供电；成功应对“7·21”特大暴雨和“8·2”台风自然灾害，完成 2012 年迎峰度夏工作任务。公司荣获国家电监会“十八大保电突出贡献奖”和“十八大保电先进单位”荣誉称号。

加强安全监督管理。贯彻国家电网公司及公司年度安全工作部署，开展“安全年”及“全国安全生产月”活动。组织开展春（秋）检热身动员及安全大检查，成立安全稽查队，强化作业现场安全管理；重视抢修作业人身安全，做好抢险救灾和重要保电工作。梳理《国家电网公司安全事故调查规程》规定的事件风险，制定 4 大类 188 项整改措施和防范措施。做好安全风险管理，加强电网安全隐患排查治理工作，提高一线员工隐患辨识、定级、治理能力，开展隐患排查治理培训和“树典型、传经验”活动，提高事故隐患整改率，有效防范电网安全事故。强化电力设施安全保卫工作，加强宣传教育，提升安全意识；针对输电设施线长、点多、面广、应急防控难的实际特点，推行电力设施保护属地化管理，发挥群众护线和专业特护队伍的作用，发现并应对处置线下施工、盗挖沙土、超高树障等 37 次隐患。

加快重点项目建设。500kV 滦县、220kV 深井等 28 项工程建成投运，500kV 昌黎、高天三回等 34 项工程开工建设。针对 2012 年迎峰度夏形势，公司科学安排建设时序，在保证安全和质量的前提下，推进电网建设，度夏前及度夏期间一批输变电基建工程相继投产，冀北电网结构进一步加强，投产的主要项目有 500kV 唐山东输变电工程，220kV 兴旺寨输变电工程、220kV 营遵线破口进西铺工程、220kV 林雀铺输变电工程、220kV 君关输变电工程、220kV 承隆双回线工程、220kV 金营双回线工程、220kV 热河输变电工程。组织实施新一轮农网改造升级，完成 2010、2011 年农网工程建设任务，2012 年农网工程投资完成率达到 90.24%，位居国家电网公司系统先进行列。筹措资金 4.3 亿元，完成 1734 个帮扶村电网建设任务，建成 4 个新农村电气化县，5 项农网改造升级工程入选国家电网公司“农网百佳工程”，公司农网工程管控和 10kV 及以下设施成套化设计经验在国家电网公司系统推广。

加强电网调度运行控制。落实电网安全稳定运行措施，精心安排电网开机方式，加强实时监控分析工作，预留充足的旋转备用容量，保障电力供应安全可靠。一是加强有序用电工作准备，应对电力供需紧张形势。提前做好有序用电方案，制定有序用电工作流程，按日、周、月不同周期滚动开展负荷预测。二是加强输变电设备停电计划管理，确保设备可靠运行。为做好迎峰度夏工作，公司统筹安排输变电设备年度停电检修计划，迎峰度夏前完成相关检修工作，做到设备缺陷及早发现、及时消除，保障迎峰度夏期间输变电设备处于良好的健康状况。三是加强电网实时运行监控。对电网运行状态进行实时监控和预警，加强电网静态、暂态、动态安全分析，及时发现电网运行异常状态，采取措施。四是实施电力供需平衡预警办法和流程，实行多级调度协调联动的负荷预测周报、周分析制度。编制冀北大客户与地调互动专项预案，在应急状态下启动该预案后，纳入预案的客户在1h内启动响应并落实到位，专项预案持续实施时间最长不超过4h。五是积极应对冀北风电集群式大规模并网，加强运行管理。推进风电整改和低电压穿越抽检工作，累计完成14座风电场16台风电机组低电压穿越现场抽检工作。启动“WAMS数据的风电场无功调节能力分析方法研究”等系统建设，推进风电AVC系统建设；开展风电并网考核模拟运行；开展4个风电场有功控制试点工作；分析风电大规模脱网机理和应对措施。

加强生产运行维护。推进“大检修”体系建设，加强生产全过程运行分析和风险预控，实施精益化生产管理，开展迎峰度夏设备专项治理，设备健康水平稳步提升。一是认真开展设备春检预试。通过强化电网运行风险管控、强化检修计划安排、强化作业过程风险管控，完成2012年春检工作。针对2012年恶劣天气频发对设备运行的影响，上半年完成110kV及以上架空线路检修288条次，变压器检修181组，断路器检修797组，隔离开关检修1666组，其他设备检修905组。及时消除春检预试、带电检测和专项排查中发现的设备缺陷，确保夏季大负荷前设备状态良好。二是开展设备带电监测。充分利用在线监测、紫外成像、红外测温、超声局部放电等先进技术手段，及时掌握设备运行状态。分别完成110kV及以上架空线路、变压器、断路器、隔离开关及其他设备带电监测22 347基次、902组次、3536组次、13 601组次、8637组次。三是推进隐患排查治理。制定迎峰度夏设备隐患排查治理工作方案和实施计划，组织各单位紧密结合春检预试工作，从特征分析、原因诊断、防范建议等方面开展专家会诊巡视，针对网内外出现的输变配设备家族性缺陷，对同类型设备开展专项检测和排查。针对220kV及以上枢纽变电站、西电东送、北电南送跨区重要断面骨干输电通道，以防范变电站全停、倒塔断线、设备损坏、开关拒动、外力破坏为重点，利用专业化技术手段，深入排查设备缺陷隐患。特别关注易造成全站停电的站用电系统、直流系统、电缆及沟道的隐患排查，严格落实现场运行维护规程，防范变电站全停事故。做好高危及重要客户用电安全隐患排查治理，发现客户责任安全隐患539条，提高安全用电水平。四是进行输电防雷治理。6~9月是冀北地区雷电活动高发期，公司组织各单位进行雷害防范治理工作，协调前期招标采购等问题，完成对1145基重点线路杆塔接地装置的改造，对133基杆塔安装了线路避雷器，对167基杆塔安装了塔头侧针，对179基杆塔安装了并联间隙雷电疏导装置。

加强需求侧管理。公司将电网发展和公司发展对接地方经济、对接社会民生，大力提升优质服务能力及水平。一是结合国家电网公司“塑、强、铸”供电服务提升工程及95598光明服务工程的有关工作要求，建立健全优质服务标准体系建设。发挥95598作用，加强电网故障抢修力度，确保对用户安全可靠供电。开展95598应急服务演练，完成预警、响应和处置等环节服务事件的应急处置，系统内188人参加应急演练。二是加强优质服务监督检查工作。监督检查国家电网公司新“三个十条”的贯彻落实，加强有序用电、业扩报装、计量检定、抄表收费及供电质量管理，开展第三方满意度测评，重点对95598、营业厅服务进行分析，对5000余客户开展外部测评，对省、市层面主要部门开展内部测评，监测冀北电力服务新闻媒体报道，形成客户满意度测评和品质分析报告。三是做好服务发电企业优质服务工作。开展《发电企业服务手册》编写工作，做好调度运行信息报送和披露，举办促进新能源发展新闻发布会，优化工作流程，规范开展购电交易和电量电费结算，调研发电企业的服务需求和建议，提升电力交易服务水平，促进网厂和谐发展。

做好防汛应急工作。公司提前布置防汛安全工作，组织开展防汛专项检查，落实防汛物资、装备、队伍等保障措施。一是建立应急组织体系。成立公司应急领导小组，全面领导公司应急管理工作，下设安全工作组和稳定工作组。二是建立应急管理制度体系。发布总体应急预案1个、专项预案18个，并通过华北电监局评审及备案。三是加强应急预案演练。公司应急救援基干分队分两批到国家电网公司四川、山东应急培训基地进行培训。公司于8月10日组织防汛联合应急演练，通过联合实战演练对公司防汛应急处置进行评估。公司各单位结合实际开展电力迎峰度夏、防汛和防止大面积停电应急演练，强化生产人员对电网方式及应急预案的掌握，提高处理电网事故的能力。四是强化应急处置工作。面对“7·21”特大暴雨和“8·2”台风自然灾害的考验，公司加强组织领导，科学调度，累计出动抢修车辆424台、投入抢修人员6501人次，迅速恢复灾区供电，成功应对台风、暴雨、洪涝等灾害挑战，保证了首都的正常供电和冀北电网的安全稳定。

（周建辉）

【开展“社企和谐兴冀”活动】 公司二季度工作会议印发《关于开展“社企和谐兴冀”活动　编制发布〈服务地方经济社会发展白皮书〉的指导意见》（冀北电发展〔2012〕32号），要求公司上下充分认识到“社企和谐兴冀”活动是从企业行为的角度出发，推行特色服务的重要部署，将公司各项工作放在河北省经济社会发展的高度去思考，积极参与社会公共管理，制定有针对性的服务举措，畅通电力服务“绿色通道”，展示公司履行社会责任的优秀品牌和积极作为的良好形象。

7月6日，公司在北京新闻大厦举办专题发布会，发布《冀北电力有限公司服务河北省经济社会发展白皮书》。白皮书从经济、社会、环境等角度，诠释了公司主动服务地方政府、社会公众的思路、规划及举措。全书分为电网企业、国家电网公司、冀北电力有限公司，服务河北省经济社会发展和争做优秀企业公民三个篇章。

公司总经理尹积军在发布会致辞中表示，白皮书是公司服务经济强省战略的宣言书，是创造公司综合价值最大化的路线图，是全面履行企业社会责任的助推器。作为国家电网公司系统省公司中首次以服务地方经济社会发展为主题发布的白皮书，本次发布会受到有关各方和媒体的广泛关注。

提高冀北地区供电能力和服务水平。公司提出“十二五”期间建设以西部环首都大环网和东部三横三纵“田”字形网架为特征的500kV“西环东网”主干网架、推动各级电网协调发展的规划构想。2012年，公司完成固定资产投资92.2亿元，一批重点工程陆续开工或投产。城网供电可靠性达到99.947%，同比提高0.020个百分点；城市综合电压合格率达到99.847%，同比提高0.039个百分点，完成了对社会公众的公开承诺。践行“你用电、我用心”的价值理念，提升供电服务水平，打造“10分钟缴费圈”，为客户提供良好便捷的服务体验。加强与利益相关方的沟通互信，建立常态化沟通机制。2012年，95598受理业务咨询124.8万件，故障报修4410件，得到客户表扬46次。实施“电力帮扶村”民生工程，对1734个电力帮扶村进行线路改造，有效解决电力“低电压”“卡脖子”等现象，让村民用上放心电。以国网承德供电公司为试点，联合当地8家公用事业联盟单位发起成立国内首家社会责任联盟，建立资源共享、互利共赢、联盟共进的社会服务体系。

服务河北省清洁能源发展。10月23日，公司在深圳大厦召开服务河北清洁能源发展新闻发布会，冀北区域国电华北有限公司、国电电力发展股份有限公司、大唐河北发电有限公司等26家清洁能源发电企业相关代表到会。发布会介绍了近年来冀北地区清洁能源发展情况，以及大量清洁能源特别是风电快速增长给电网在消纳、稳定等方面带来的诸多问题，详细列举了公司从规划、建设、运行等环节全方位服务清洁能源发展的各项举措。《人民日报》、新华社、中央电视台等25家媒体对本次发布会进行了报道，发布会情况在当天的中央电视台2套频道的《交易时间》栏目播出，让社会各界了解到公司多渠道接纳清洁能源并网、促进清洁能源与电网协调发展的积极行动。

加快建设绿色发展平台。加大特高压骨干网架前期工作跑办力度，取得张北—南昌、锡盟—南京特高压通道核准支持性文件。风光储输示范工程运行一年以来，累计输出优质绿色电能2.4亿kWh，其中：风力发电1.86亿kWh，光伏发电0.544亿kWh，相当于减少燃烧760.79×10^4L汽油所产生的二氧化碳，相当于栽种4602万棵树木每年所能吸收的二氧化碳。公司撰写的《冀北地区清洁能源发展迅猛　消纳瓶颈亟待突破》一文被新华社《内参选编》刊载。

【开展“社区光明同行”活动】 公司二季度工作会议印发《关于开展“社区光明同行”活动　推进站所社区特色服务的指导意见》（冀北电营销〔2012〕28号）。通过开展“社区光明同行”活动，引导和动员广大员工走进社区、情系百姓，从小事做起、从细微处入手，不断丰富服务的内容和载体，用情感搭建企业与社会公众的沟通桥梁。

1. 主要做法

广泛宣贯“社区光明同行”活动的重大意义和目的，结合基层组织年建设，引导和教育广大员工深刻理解“社区光明同行”活动的内涵。编制《“社区光明同行”2012年示范建设实施方案》。示范点不求多、不求大，成熟一个、发展一个，经公司审定实施方案后各地陆续开展。在示范点建设过程中不断提炼，形成最佳实践经验，逐步扩大建设范围和传播影响面。截至年底，“社区光明同行”活动全面覆盖公司各站所。结合地域特点，对应社区实际，细心挖掘公司员工和集体多年坚持开展的服务“小事”，形成公司特色服务内容。在各类媒体上推出具有一定社会影响的先进典型，宣传公司打造最佳发展环境、创造最佳服务品质的先进事迹，推动“社区光明同行”品牌在冀北地区广泛传播。

2. 主要成果

围绕河北省政府开展“基层建设年”活动，充分利用“社区光明同行”活动优势，主动为农民服务、为社区服务、为驻村干部分忧，承担1734个贫困村的电气化改造任务，于10月份全部完工。结合地域特色，借助重要节日影响力，组织共产党员服务队、站所员工围绕营销专业服务、敬老助残、扶贫帮困、服务三农等开展主题活动宣传。实施供电营业窗口标准化建设，提升营业人员服务行为和营业设施标准，强化郊区供电所管理，同步推动城乡营业窗口服务工作。鼓励员工争做百姓身边好人，彰显“电力好人”的当代国家电网人形象。通过“社区光明同行”活动，1025个窗口普遍开展社区特色服务，公司保障首都供电、服务冀北经济社会发展的综合价值得到了经营区域内利益相关方的广泛认可。

（黄一鸣）

【强化人力资源管理】

1. 开展公开竞聘工作

为加快推进“三集五大”体系建设，针对本部部分空缺岗位，公司先后组织四次公开竞聘工作，选拔73名优秀人才进入公司本部各级领导和管理岗位工作。

2月20日~3月1日，组织开展公司本部第一次公开竞聘。针对25个一般管理岗位，共有454人报名。经资格审查、层层筛选，310人参加笔试，182名参加面试；各岗位综合成绩前五名，共计113人进入组织考察环节；首次选拔上岗24人，根据工作需要，而后又在其中择优选拔21人。

6月7~17日，组织开展公司本部第二次公开竞聘。针对8个副处级岗位，其中4个岗位面向副处级干部、4个岗位面向正科级干部，共有76人报名。经资格审查，69人参加笔试，41人参加面试；8名正科级竞聘人选进入组织考察环节，最终选拔各岗位综合成绩第一名上岗；另外进入考察环节的4名科级干部到公司本部处长岗位挂职锻炼。

同期，组织开展公司本部第三次公开竞聘。针对12个调控中心专业技术岗位，共有52人报名。经资格审查，35人参加笔试，33人参加面试；9人进入组织考察，最终上岗9人。

6月19~29日，组织开展公司本部第四次公开竞聘。针对8个副科级岗位，其中4个面向副科级、4个面向一般管理人员，共有95人报名。经资格审查，65人参加笔试，42人参加面试；8人进入组织考察，最终上岗8人。

2. 公开竞聘工作主要做法和经验

加强组织领导，健全工作机制。成立以公司主要领导为组长的公开竞聘工作领导小组，下设领导小组办公室和考务、综合保障、安全保卫、宣传报道、纪律监督5个专业工作组。公司领导全程参与、指导竞聘工作，公司党组集体审定竞聘方案，第一时间集体研究竞聘结果，主要领导亲临笔试现场监考，公司领导全程参加面试评分。

严谨设计方案，引入科学评价方法。一是规范竞聘流程。实行发布公告、组织报名、资格审查、笔试面试、业绩评价、组织考察、集体决策、结果公示的系统化流程。二是科学设定条件。对公司系统25 000多名干部员工的现状进行深入分析，科学预测报名情况，优化设置聘用条件，确保形成有效竞争。三是创新竞聘模式。依据岗位需要，确定4个副处级岗位、4个副科级岗位实行平级竞聘，另有4个副处级岗位、4个副科级岗位实行下一级竞聘，实现了同一层级群体的同台公平竞争。四是采用系统科学的评价方法。运用人才评价中心技术，以岗位胜任力素质模型为依据，从能力胜任、个性匹配、成就动机和专业素质等方面进行评价。笔试既包括通用能力素质内容，又包括专业管理内容；面试既考察综合素质，又考察专业素质；面试官既有外部专业人才评测专家，又有公司领导等内部专家，保证评测视角全面、公正。

严格选拔标准，坚持竞争择优。一是严格任职资格。坚持年轻化、知识化、专业化，从综合素质、能力素质、教育背景、从业背景、年龄五个维度严格设定任职资格条件。二是严格资格审查。采用组织统一报名方式，由各单位首先严格按照任职资格条件把关，公司人事董事部再根据岗位任职资格条件严格审查，确保公平、择优。三是严格优中选优。对于副处级、副科级和调度专业岗位，综合成绩前两名作为考察人选，确定第一名正式上岗；对于一般管理岗位，综合成绩前五名作为考察人选，综合成绩前三名择优上岗；根据工作需要，竞聘副处级岗位第二名的4位科级干部直接到公司本部挂职锻炼。

严细组织实施，坚持公平公正公开。一是第三方独立实施。试题命制、阅卷、考场内组织全部委托第三方专业机构独立进行。二是纪检监察监督到位。成立纪律监督小组，由监察部、工会人员全程监督试卷的印刷和封存以及笔试考场组织、阅卷、面试记分等关键环节，并由人事董事部与监察部组成联合考察组对列入考察人选进行考察，对上岗人选会前征求纪检监察意见。三是规范程序。面试过程中，为避免试题泄露，对上、下午面试的考生分别实行考后封闭和考前封闭。四是结果公开透明。考试过程及时发布信息，根据综合成绩，党组会议研究确定上岗人选，并在所在单位及公司网站上进行公示。

通过公开竞聘及组织选拔等方式，截至2012年底，本部部门负责人基本配置到位，内设机构负责人配置率达到84%，大部分部门全员配置率达60%以上，有效解决了公司本部缺员问题，保证了公司工作的有序开展。

（孟祥来）

【开展创先争优活动】 公司党组认真贯彻党的十八大精神，按照国家电网公司创先争优活动领导小组的安排部署，以建立共产党员服务队为重点，深化创先争优活动。

1. 建立健全创先争优工作机制

印发《关于成立冀北电力有限公司创先争优活动领导小组的通知》（冀北电人资〔2012〕12号），在公司成立之初就建立创先争优活动领导小组及工作机构，将创先争优工作与企业中心工作紧密结合，印发《创先争优95598光明服务工程意见》（冀北电党〔2012〕1号），深化创先争优工作。2月24日，召开“深化创先争优活动 实施95598光明服务工程”推进会。

开展“三亮三比三评”，争做创先争优表率。窗口单位和服务一线党员“亮身份、亮职责、亮承诺”，在广大员工中倡导“比技能、比作风、比业绩”，组织开展岗位练兵、技术比武，改进学风和工作作风，增强员工服务意识，提高员工服务技能。开展“领导点评、党员互评、群众评议”活动，建立党组、党委、党（总）支部、党员四级公开承诺机制，撰写承诺书12 831份，承诺完成率100%。把党员自觉、领导要求和群众促进有机结合，推动创先争优在基层落实、在岗位行动、在窗口见效。

注重活动宣传，发挥典型引路作用。编辑印发《创先争优活动简报》14期。以系统内部报刊、网站为主要宣传阵地，刊登稿件685篇，向电力行业、国家电网公司媒体投稿359篇，在新华社、人民网等中央媒体刊登稿件103篇，展现公司工作亮点，宣传公司创先争优活动的经验和成果。

2. 开展纪念建党91周年系列活动

6月28日，公司纪念建党91周年座谈会在公司本部举行，公司“先锋党支部”集体代表、优秀共产党员和优秀党务工作者代表11人参加了会议，观看了中央电视台《走基层劳动者》栏目的《农电工：把诚信送到老百姓的心坎上》的报道，以及河北电视台《爱筑长城 善行河北》栏目报道的“马背电工”李国军的先进事迹，并进行了讨论发言。

7月5日，公司党组印发《关于表彰冀北电力有限公司电网先锋党支部标兵、创先争优优秀共产党员和优秀党务工作者的决定》（冀北电党〔2012〕18号），授予47个党支部“电网先锋党支部”荣誉称号，授予69名员工“创先争优优秀共产党员”荣誉称号，授予62名员工“创先争优优秀党务工作者”荣誉称号。国网唐山供电公司变电检修部党支部、国网张家口供电公司变电检修部党支部荣获国家电网公司电网先锋党支部标兵称号；国网冀北检修分公司变电检修处高压班班长毛婷、国网冀北检修分公司大同分部保卫处处长赵煜荣获国家电网公司创先争优优秀共产党员称号；国网秦皇岛供电公司思政部主任陈永利、国网廊坊供电公司党委书记周维丽荣获国家电网公司创先争优优秀党务工作者称号。

3. 学习贯彻十八大精神

印发《中共冀北电力有限公司党组关于认真学习贯彻党的十八大精神的通知》（冀北电党〔2012〕56号），把学习宣传和全面贯彻落实党的十八大精神作为公司当前和今后一个时期的首要政治任务。各单位以党委中心组学习、集中轮训、举办研讨班、组织报告会等多种形式，深刻理解党的十八大报告以及其他重要文献。举办学习贯彻党的十八大精神专题培训班，并纳入各级各类培训中。公司报纸杂志和网站开设专栏专题，宣传党的十八大提出的一系列新思想、新观点、新论断，全面反映公司各单位学习贯彻党的十八大精神工作动态。

12月20日，公司召开以“学习党的十八大精神，促进公司科学发展”为主题的领导班子民主生活会，班子成员尹积军、赵鹏、周吉安、李欣、柏磊、于德明、朱薪志、张旭升参加会议。会上，领导班子成员结合思想、学习和工作实际，坦诚交流思想，认真开展批评与自我批评，并对改进公司工作提出建设性建议。针对会前征求到的意见，由办公室负责按公司领导分工和专业部门职能进行分解，明确整改时间节点，并督办落实。

（阎淑晶）

公司概况

公 司 介 绍

【公司简介】 国网冀北电力有限公司于2012年2月9日正式独立运作，隶属于国家电网公司，肩负着服务河北北部五市（唐山、张家口、秦皇岛、承德、廊坊）经济社会发展和保障北京安全可靠供电的重要使命。公司本部设22个部室（中心），所属供电、施工、培训等基层单位17个，职工总人数25 973人。

职责定位和发展方向更加清晰。面对独立运作之初体制不完善、机制不健全，电网发展相对滞后、服务冀北五市经济社会发展能力不强的实际情况，公司提出了确保首都供电安全、高质量服务冀北五市经济社会发展的双重职责定位，明确了通过加快电网建设提高供电服务能力，通过加强品牌建设推动硬实力和软实力综合协调发展；确立了依靠“两个转变”实现公司综合价值和员工工作价值“两个价值最大化”的工作思路；确立了以“三集五大”体系建设为总抓手，建设与冀北经济社会发展相适应的先进省级电网，打造与环首都地位相符合的先进省级电网企业的工作目标。

电网安全供电。科学编制保电工作方案，在电网建设任务繁重、企业改革全面推进的情况下，组织全公司力量完成全国两会、党的十八大、建党91周年等重大政治保电任务。建立大安全长效机制，开展“安全年”活动，提升设备抵御风险能力，强化应急管理，成功处置岱海—万全线路覆冰、承德山火、唐山地震等突发事件，有效应对“7·21”特大暴雨、台风“达维”、“11·4”强暴风雪等自然灾害。

“三集五大”体系建设。公司以“三集五大”体系建设为抓手，加强核心资源的集约管控，调整组织架构、优化业务流程，加快建立集中统一、权责明晰、高度协同的组织架构和规范、高效、顺畅的运行机制。公司以2个半月实现调控中心独立运作，48天建成运营监测大厅，45天完成信息系统适应性调整，8个月完成“三集五大”体系各项建设任务。加大集体企业管理力度，完成地（市）县公司主多分开工作。以国网唐山供电公司为试点，有序开展农电用工规范化管理工作，为推进农电体制改革积累经验。

电网发展。优化调整“十二五”电网规划，提出建设以西部环首都大环网和东部“三横三纵”田字形网架为特征的500kV“西环东网”主干网架、各级电网协调发展的规划构想。主动服务特高压电网及各级电网发展，特高压前期工作取得重要进展，一批输变电工程顺利投运，完成1734个帮扶村电网建设任务，电网资源优化配置能力、抵御自然灾害的能力和技术装备水平大幅提高。依托国家风光储输示范工程，加大科技攻关力度，有效破解了清洁能源大规模集中并网技术难题，取得一系列重大科研成果。

经营管理。开展管理提升活动，并以此为契机，全面强化基础管理。召开党政联席会、党组会研究解决事关公司改革发展全局的重大问题，保障各项工作有序推进。建设制度标准体系，发布规章制度502项、企业标准10 088项，优化管理流程633项，荣获中电联颁发的“电力标准化工作先进集体”称号。积极应对地方经济增长放缓等不利因素，增供扩销、增收节支，完成国家电网公司下达的各项经营指标。

依法治企。以国家电网公司依法治企综合专项检查为契机，围绕投资管理、成本管理、供电服务、收入分配等政府监管和社会关注的重点领域，建机制、查隐患、抓整改，消除各种“发热点”和“出血点”。健全协同监督机制，构建覆盖投资、建设、采购等关键环节的监督检查体系，形成党委统一领导、纪委组织协调、各职能部门主动参与的良好工作格局。

品牌建设。开展“社企和谐兴冀”活动，编制发布服务河北省和冀北五市经济社会发展的白皮书，召开服务河北清洁能源发展发布会，向社会展示公司积极履行社会责任的做法和成绩。开展“社区光明同行”活动，充分利用现有1025个供电营业窗口，因地制宜开展社区特色服务活动，涌现出“最美电力人”曹丽伟、“大爱所长”张文政等一大批先进典型人物。策划“走进冀北电网，走进冀北公司”系列活动，启动“社会责任联盟”。公司御道口分布式发电项目入选十八大献礼片《环保在中国》，《冀北公司探索央企与社会良性互动机制》被新华社《国内动态清样》采用。

优质服务。坚持“你用电、我用心”，向社会公布优质服务“十项承诺”；聘请1549名行风监督员，严格规范服务行为，主动接受社会监督。深化“塑文化、强队伍、铸品质”供电服务提升工程，开展居民用电服务质量提升专项行动，让老百姓用上电、用好电，供电可靠性和电能质量不断提高。

“三个建设”。认真学习党的十八大精神，进一步加强公司党的建设，成立直属党委，召开直属党委第一次代表大会。实施人才强企战略，通过公开竞聘、组织选聘、挂职锻炼等措施，为想干事、能干事的优秀干部员工搭建成长成才的舞台。推进企业文化传播和落地重点项目建设，开展“建功‘三集五大’，献礼十八大”等主题实践活动，举办首届供电“服务之星”劳动竞赛，“五统一”要求得到有效落实。

【电网概况】

1. 电网基本情况

冀北电网地处河北省北部，供电区域包括唐山、张家口、秦皇岛、承德和廊坊五个地区，供电面积10.41万km^2，供电人口2270万。其中：唐山地区包括6个区、2个县级市、6个县、4个开发区、1个工业区、1个管理区，供电面积1.35万km^2，供电人口735万；张家口地区包括4个区、13个县、2个管理区、1个高新区，供电面积3.74万km^2，供电人口450万；秦皇岛地区包括4个区、4个县，供电面积0.78万km^2，供电人口280万，承担着北戴河暑期保电的政治任务；承德地区包括3个区、8个县，供电面积3.90万km^2，供电人口370万；廊坊地区包括2个区、2个县级市、6个县、1个经济技术开发区，供电面积0.64万km^2，供电人口435万。

2012年，冀北电网最大负荷2020万kW，售电量1263.2亿kWh，同比增长0.80%。冀北电网工业负荷占比较大，电网平均峰谷差率为15%～20%。

截至年底，冀北电网统调装机容量1751万kW。其中：220kV及以下统调火电厂17座，发电机组40台，容量1070万kW；220kV统调水电厂1座，发电机组4台，容量42万kW；风电场55座，容量639万kW。

冀北电网处于华北电网的东端，属于“西电东送、北电南送”的受电方。冀北电网中唐山、承德、秦皇岛和张家口北部的沽源地区电网具有直接电气联系，共有10座500kV变电站，分别为沽源、金山岭、承德、太平、姜家营、唐山西、安各庄、唐山东、阳乐、天马500kV变电站，构成冀北电网500kV主网，位于京津冀大环网的东北角。冀北主网在东北方向通过500kV高天三回线接受东北电网电力，西北方向通过内蒙古外送通道的500kV汗沽双回线接受内蒙古电力，西南方向通过500kV太顺双回线与北京电网交换电力，东南方向通过500kV安芦双回线与天津电网交换电力，在500kV承德变电站接受点对网上都电厂的电力。另外，张家口北部电网的500kV万全变电站是内蒙古外送通道上的重要枢纽，也是点对网岱海电厂的送出落点；张家口南部电网的500kV张南变电站位于北京扩大环的西北角；廊坊北部电网同北京电网第三分区联络运行，并与冀北主网有220kV联络线（正常方式断开备用）；廊坊南部电网共有固安、霸州2座500kV变电站构成北京扩大环的东南角，是接受点对网500kV托克托电厂电力的重要枢纽，也是京津南部受电通道上的重要枢纽。

冀北电网中唐山、承德、秦皇岛地区220kV电网与冀北500kV主网构成电磁环网运行；张家口和廊坊地区220kV电网各分三片运行。冀北电网所有500kV线路和所有500kV对外联络线路均实现了双回路及以上结构。

2. 冀北电网调度装备和运行指标

截至年底，冀北电网（包括运维和调度范围）220kV及以上系统继电保护装置超过4000台，故障录波装置388台，安全自动装置41台，微机化率99.10%；220kV及以上交流系统保护共动作665次，正确动作率100%，故障快速切除率100%。

冀北电力调度自动化系统和设备整体情况为：智能电网调度技术支持系统1套（冀北调控中心新建1套），能量管理系统（EMS，含SCADA系统）48套（地调5套、县调43套），调度管理系统（OMS，DMIS）5套（地调5套），调度数据网络（SGDnet）包含核核心节点1个、各地调骨干节点5个，二次系统安全防护系统42套（冀北调控中心新建1套、地调5套、县调36套）；厂站监控系统452套（变电站402套，电厂50套），相量测量装置（PMU）80套（变电站23套，电厂57套），电能量远方终端460套（变电站403套，电厂57套）。

2012年，冀北电网调度自动化系统总体运行平稳，9项运行指标详见表1。

表1　冀北电网调度自动化系统运行指标

序号	指标名称	指标数据
1	子站设备可用率	100%
2	数据通信系统可用率	100%
3	计算机系统可用率	100%
4	事故时遥信动作正确率	100%
5	AGC投运率	—

续表

序号	指标名称	指标数据
6	AGC 控制合格率	—
7	状态估计可用率	100%
8	遥测估计合格率	97.45%
9	调度员潮流合格率	100%

注 数据自 10 月 12 日开始统计，其中 AGC 控制区未明确，暂不统计。

（王 哲 郭子明）

【发展理论】

1. 国家电网公司发展战略体系

公司使命：奉献清洁能源，建设和谐社会

公司宗旨："四个服务"（服务党和国家工作大局，服务电力客户，服务发电企业，服务经济社会发展）

公司愿景："两个一流"（建设世界一流电网，建设国际一流企业）

战略保障："三个建设"（党的建设、企业文化建设、队伍建设）

战略目标："一强三优"（电网坚强、资产优良、服务优质、业绩优秀）现代公司

战略途径："两个转变"（转变电网发展方式、转变公司发展方式）

企业精神："两越"精神（努力超越、追求卓越）

核心价值观：诚信、责任、创新、奉献

工作思路："三抓一创"（抓发展、抓管理、抓队伍、创一流）

工作方针："四化"（集团化运作、集约化发展、精益化管理、标准化建设）

2. 国网冀北电力有限公司发展理论体系

（1）职责定位：双重职责

确保首都供电安全：公司承担着北京地区 70% 以上的电力输送任务，肩负着西电东送、北电南送大通道和北京 500kV 环网的运维管理职责。

高质量服务冀北五市经济社会发展：公司是冀北电网的运营管理者，担负着为唐山、张家口、秦皇岛、承德和廊坊五个地区提供电力供应与优质服务的重要职能。

（2）工作思路：两个价值最大化

推进公司综合价值最大化：核心是把企业的业绩转化为社会价值，形成企业与社会的价值认同。要持续加快电网建设步伐，提升经营管理水平，增强公司的盈利能力、履责能力和可持续发展能力，不断提高供电服务能力和服务水平，增强企业的社会感召力，提升"可靠、可信赖"品牌形象。

推进员工工作价值最大化：核心是鼓励员工爱岗敬业，把员工的工作成果转化为业绩、转变成价值，形成企业发展与员工发展的良性互动。要坚持以人为本，全心全意依靠职工办企业，让合适的人到适合的岗位，让合适的人在适合的岗位上创造最大的价值；增强员工主人翁意识，发挥主观能动性，最大限度激发员工活力；以员工的工作价值积累推进企业发展，将公司发展成果与员工分享、向员工回报，拓展员工成长空间，维护员工合法权益。

（3）发展目标：两个先进

电网发展目标：把电网建成网架坚强、安全高效、绿色低碳、友好互动，与冀北经济社会发展相适应的先进省级电网。

公司发展目标：把公司建成管理卓越、业绩优秀、队伍一流、文化先进，与环首都地位相符合的先进省级电网企业。

【社会责任观】

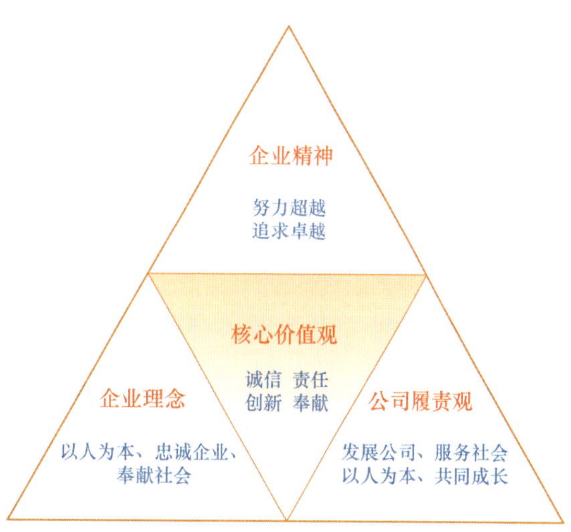

1. 核心价值观：诚信、责任、创新、奉献

"诚信、责任、创新、奉献"的核心价值观是公司的价值追求，是公司和员工实现愿景和使命的信念支撑和根本方法。

"诚信"，是企业立业、员工立身的道德基石。每一位员工、每一个部门、每一个单位，每时每刻都要重诚信、讲诚信，遵纪守法、言行一致，忠诚国家、忠诚企业。这是公司履行职责，实现企业与员工、公司与社会共同发展的基本前提。

“责任”，是勇挑重担、尽职尽责的工作态度。公司在经济社会发展中担负着重要的政治责任、经济责任和社会责任。每一位员工都要坚持局部服从整体、小局服从大局，主动把这种责任转化为贯彻公司党组决策部署的自觉行动，转化为推进“两个转变”的统一意志，转化为推动工作的强劲动力，做到对国家负责、对企业负责、对自己负责。

“创新”，是企业发展、事业进步的根本动力。公司发展的历程就是创新的过程，没有创新就不可能建成世界一流电网、国际一流企业。需要大力倡导勇于变革、敢为人先、敢于打破常规、敢于承担风险的创新精神，全面推进理论创新、技术创新、管理创新和实践创新。

“奉献”，是爱国爱企、爱岗敬业的自觉行动。企业对国家、员工对企业都要讲奉献。在抗冰抢险、抗震救灾、奥运保电、世博保电等急难险重任务面前，公司员工不计代价、不讲条件、不怕牺牲，全力拼搏保供电，这就是奉献；在应对国际金融危机、缓解煤电油运紧张矛盾、落实国家宏观调控措施等重大考验面前，公司上下坚决贯彻中央的决策部署，积极承担社会责任，这也是奉献；广大员工在平凡的岗位上恪尽职守、埋头苦干，脚踏实地做好本职工作，同样是奉献。坚持在奉献中体现价值，在奉献中赢得尊重，在奉献中提升形象。

2. 企业精神：努力超越、追求卓越

“两越”精神是公司和员工勇于超越过去、超越自我、超越他人，永不停步，追求企业价值实现的精神境界。

“两越”精神的本质是与时俱进、开拓创新、科学发展。公司立足于发展壮大国家电网事业，奋勇拼搏，永不停顿地向新的更高的目标攀登，实现创新、跨越和突破。公司及员工以党和国家利益为重，以强烈的事业心和责任感，不断向更高标准看齐，向更高目标迈进。

3. 企业理念：以人为本、忠诚企业、奉献社会

“以人为本、忠诚企业、奉献社会”的企业理念是公司处理与员工、电力客户、合作伙伴及社会之间关系的基本信条和行为准则。

“以人为本”，是以实现人的全面发展为目标，尊重人、关心人、依靠人和为了人。公司视人才为企业的第一资源，坚持以人为本、共同成长的社会责任准则。公司善待员工、切实维护员工的根本利益，充分尊重员工的价值和愿望，保证员工与企业共同发展；公司善待客户，以客户为中心，始于客户需求、终于客户满意；公司善待合作伙伴，互利互惠，合作共赢，努力营造健康、和谐、有序的电力运营和发展环境。

“忠诚企业”，是热爱企业、关心企业，为企业尽心尽力，忠实维护企业利益和形象。公司通过建立完善规范有序、公正合理、互利共赢、和谐稳定的社会主义新型劳动关系，为员工发展提供机遇和舞台，充分调动员工的积极性、主动性和创造性，赢得员工对企业的忠诚。

“奉献社会”，是关爱社会、服务社会、回报社会，履行社会责任。公司坚持发展公司、服务社会的社会责任目标，以公司的发展实现员工成长、客户满意、政府放心，促进经济发展、社会和谐。公司及员工热心社会公益，遵守社会公德，引领社会良好风尚，树立公司开放、进取、诚信、负责的企业形象。

4. 公司履责观：发展公司、服务社会、以人为本、共同成长

“发展公司、服务社会”：以公司的发展实现员工成长、客户满意、政府放心，促进经济发展、社会和谐。

“以人为本、共同成长”：善待员工、善待客户、善待伙伴，真诚服务，共谋发展，实现公司利益、行业利益、社会利益的协调统一；发展自己，确保公司可持续发展；服务行业，推动电力工业可持续发展；做好公民，促进经济社会可持续发展。

组 织 结 构

【公司领导】

总经理、党组副书记	尹积军
党组书记、副总经理	赵　鹏
副总经理、党组成员	周吉安
副总经理、党组成员	李　欣
党组成员、纪检组长、工会主席	柏　磊
副总经理、党组成员	于德明（9月任）
党组成员，国网唐山供电公司总经理、党委副书记	李晓辉（11月离任）
党组成员，国网唐山供电公司总经理、党委副书记	朱薪志（11月任）
总工程师	张旭升

【公司系统组织机构图】

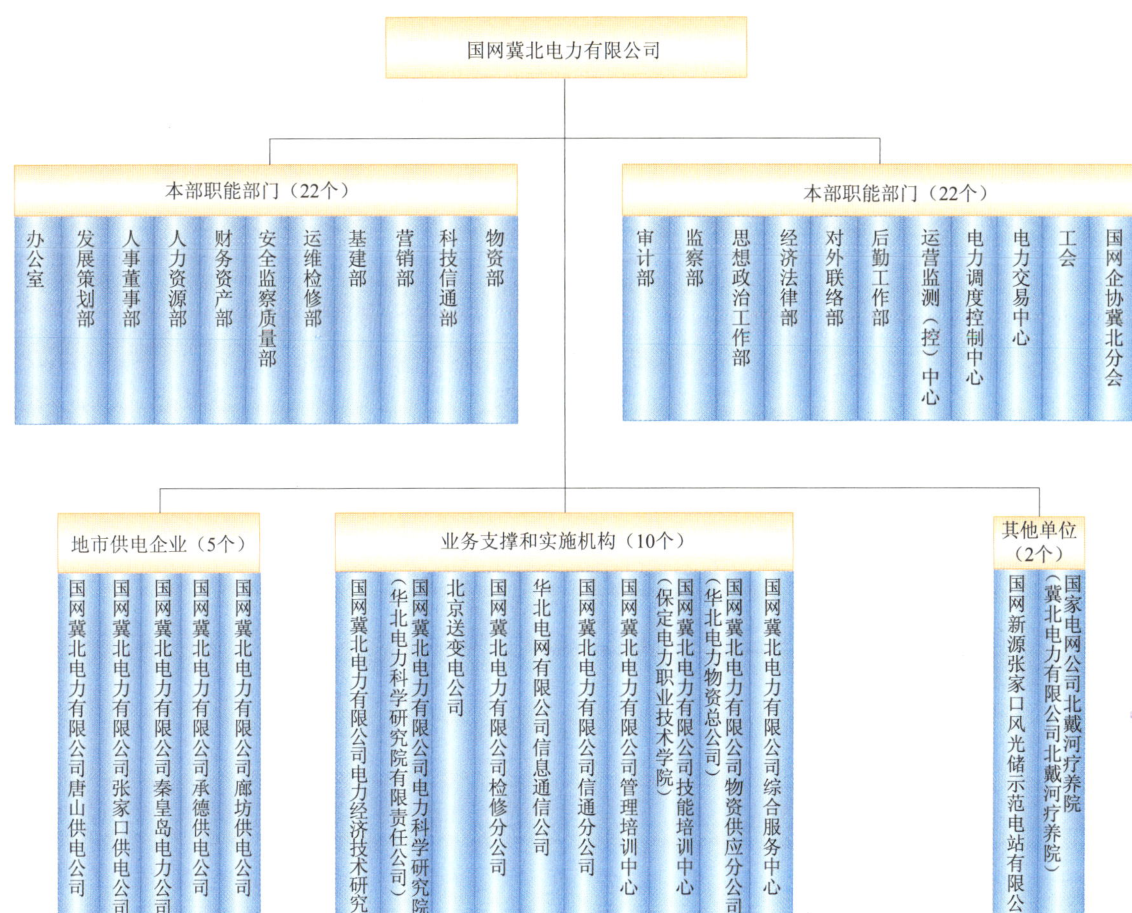

国网冀北电力有限公司
本部职能部门（22个）
办公室
发展策划部
人事董事部
人力资源部
财务资产部
安全监察质量部
运维检修部
基建部
营销部
科技信通部
物资部
本部职能部门（22个）
审计部
监察部
思想政治工作部
经济法律部
对外联络部
后勤工作部
运营监测（控）中心
电力调度控制中心
电力交易中心
工会
国网企协冀北分会
地市供电企业（5个）
国网冀北电力有限公司唐山供电公司
国网冀北电力有限公司张家口供电公司
国网冀北电力有限公司秦皇岛电力公司
国网冀北电力有限公司承德供电公司
国网冀北电力有限公司廊坊供电公司
业务支撑和实施机构（10个）
国网冀北电力有限公司电力经济技术研究院
国网冀北电力有限公司电力科学研究院
（华北电力科学研究院有限责任公司）
北京送变电公司
国网冀北电力有限公司检修分公司
华北电网有限公司信息通信公司
国网冀北电力有限公司信通分公司
国网冀北电力有限公司管理培训中心
国网冀北电力有限公司技能培训中心
（保定电力职业技术学院）
国网冀北电力有限公司物资供应分公司
（华北电力物资总公司）
国网冀北电力有限公司综合服务中心
其他单位（2个）
国网新源张家口风光储示范电站有限公司
国家电网公司北戴河疗养院
（冀北电力有限公司北戴河疗养院）

电网发展

规划与发展

【“大规划”体系建设】 根据公司“三集五大”体系建设工作统一部署，“大规划”体系依照“高标准设计、高站位谋划、高质量推进”的原则，按期完成了方案制定、动员准备、新模式导入、磨合改进、总结验收五个阶段的建设任务，组建技术支撑机构6家，成立、调整机构49个，人员到位率达90%，建立了省、市、县三级管理体系和技术支撑体系，并于11月份通过国家电网公司总部专业评估验收。

公司“大规划”体系建设目标是变革组织架构、创新管理模式、优化业务流程、实施分级管理，实现“强化规划统筹、强化计划管控、强化技术支撑”（简称三强化），“提升发展质量、提升管理效率、提升综合效益”（简称三提升），“规划一个本、计划一条线、管理一个口、信息一平台”（简称四个一）。在组织架构方面，针对电网建设区（县）区域差异大、资源分散等特点，国网冀北经研院以唐山电力勘察设计有限公司和原华北电网建设分公司为基础，整合华北电力科学院电网规划研究中心、北京送变电公司等单位的优质资源，实现“大规划”技术支撑机构人力资源的优化配置。在职责流程优化方面，统筹优化省、市、县公司三个层面的职责划分和业务流程，实现纵向贯通、横向协同。在实施进度和保障措施方面，针对业务移交多、岗位变动等特点，制订实施计划和过渡保障措施，明确移交计划以及责任考核等基本原则。

公司“大规划”体系建设。独立运作伊始，迅速成立省、地市公司层面的领导小组和工作组，在一个月内高质量编制建设实施方案并获得批复。5月，组建国网冀北经研院，下设“五部四中心”，即办公室、人力资源部、财务资产部、计划经营部、党群工作部、规划评审中心、技经中心、建设管理中心、设计中心。6月，完成省公司发展部机构调整，新成立规划二处，统筹配电网规划管理。7月，成立各地市经研所并完成省市两级发展业务交接，五家地市经研所下设“一部三中心”，即综合管理部、规划评审中心、技经中心、设计中心。8月，完成市县发展部门机构调整并完成发展业务标准制度修编，43家县公司全部成立发展建设部。9月，完成自验收。10月，通过国家电网公司专业评估组验收。12月，通过国家电网公司综合验收。

制度标准修订方面，适应新的管理要求，梳理完善管理标准、技术标准、工作标准。明确“大规划”体系16项核心业务流程和相关横向需求界面。遵循系统性、规范性和可操作性原则，建立健全24项“大规划”体系相关规章制度，制定22项管理标准和26项工作标准，全面对接国家电网公司现行制度和标准体系。5家地市公司制定“大规划”体系工作标准13项，岗位职责61项，梳理业务流程40项。除转发公司制度外，新建规章制度80项。县公司层面制度工作标准6项、岗位职责230项、规章制度482项。国网冀北经研院制定岗位职责153项和规章制度108项，涵盖其内设五部四中心的全部岗位。5家市级经研所制定岗位职责254项。

业务和资产交接方面，同步优化完善业务流程，双方均做到“三明确”，即交接形式明确、交接内容明确、交接人员明确。公司发展策划部分别与运维检修部、营销部、科技信通部和冀北经研院完成18大类工作业务交接，内容涉及电网规划、项目前期、同业对标等方面。各市公司发展策划部与运维检修部、调控中心、市级经研所完成40余类工作业务交接，内容涉及规划、前期、农电、非物资采购等方面。

管理人员培训方面，公司在省、市发展部门和支撑机构两个维度上开展到岗人员业务培训，培训内容包含规划、前期、计划、投资、统计5个专业的核心业务流程、管理制度标准、专业基础知识、信息系统应用等。公司层面组织“大规划”体系业务培训8批次，编写培训教材19套，共计培训260余人次。地市公司组织“大规划”体系业务培训33批次，编写培训教材42套，共计培训1020余人次。全员培训考试率达到100%。

信息化建设方面，做好国家电网公司规划计划管理信息系统的上线准备，安排省、市两级信息系统操作人员集中培训。公司独立开发电网规划前期辅助管理系统，依托GIS等多种平台对规划成果进行展示，将投资主线管理信息系统等国家电网公司统推系统与公司ERP系统进行集成，提升信息化管控能力。

实践创新探索方面，结合“大规划”体系建设，开展项目前期属地化协调机制、集约化电网规划编制、信息化建设等方面的专题研究和创新实践，形成具有推广价值的成果，超预期完成建设任务。

发展规划方面，公司发展策划部牵头、相关部门配合编制，完成包含1项主报告和16项分报告的《冀北电力有限公司“十二五”发展规划》，通过公司领导班子审定。

电网规划方面，开展公司2013～2017年电网规划编制工作，完成冀北地区主网架、配网、通信、智能化4项规划和《电网发展诊断分析》《电力需求预测及电源规划调整研究》2项专题。同期开展《冀北区域典型区域负荷调研报告》《配电网建设与改造技术标准修编》等11项咨询报告编制。

项目前期方面，省、市经研院（所）按照新模式，在开展已中标咨询设计工作的同时，组织开展360余项220kV及以下电源（用户）接入系统、电能质量评估、可行性研究报告和初步设计报告的审查工作。

计划管理方面，本年度综合计划调整时，将各项指标按照调整后的机构设置分解下达，保证项目顺利实施。

统计分析方面，各项业务均按照相应流程正常开展。

（王　信）

【“十二五”电网规划编制】 公司电网规划以国家电网公司发展战略为指导，以保障首都供电安全和高质量服务冀北地区经济社会发展为目标，着力构建各级电网协调发展的坚强智能电网，把冀北电网建设成与冀北经济社会发展相适应的先进省级电网。2012年，公司完成“十二五”电网发展滚动规划修编，这是公司独立运作以来完成的首个冀北电网五年规划。

7月9日，经公司规章制度管理委员会第十次会议审议通过，印发《冀北电力有限公司电网规划工作管理规定（试行）》（冀北电发展〔2012〕90号）、《冀北电力有限公司电网规划项目管理办法（试行）》（冀北电发展〔2012〕91号），明确电网规划工作原则、工作体系、工作内容和流程以及电网规划项目管理职责、审核与批准流程、考核与评价方法。按照国家电网公司于8月8日《关于印发国家电网公司“十二五”电网发展滚动规划工作方案的通知》（国家电网发展〔2012〕1128号）要求，公司组成专门工作组，开展相关工作。

公司于8月完成电网发展诊断分析报告和电力需求预测及电源规划调整研究报告，并于9月通过国家电网公司审查。9月，完成“十二五”电网发展滚动规划报告的编制，并于12月通过国家电网公司审查。

开展主网规划研究论证。跟踪河北省北部地区经济社会发展和产业政策调整，完成电力负荷需求预测、电源结构调整和布局优化、电网安全性和经济性等重大研究课题。完成冀北电网目标网架结构研究，提出加快各级电网协调发展，优化电力结构和布局，构建网架坚强、安全可靠、结构清晰的冀北电网骨干网架。结合公司定位，提出建设以西部环首都环网和东部“三横三纵”的“田”字形主干网架格局的500kV“西环东网”规划设想。经协商，国家电网公司同意将500kV廊坊南、承德东、廊坊大城、廊坊香河，以及张家口张北、张家口尚义、张家口康保、昌黎至乐亭双回等项目列入电网规划项目库。明确各地市220kV电网规划原则，统筹考虑联络线开断问题，按照负荷密度合理确定建设规模。

解决配电网发展。提升配电网规划理念，加强配电网统一规划，统筹电网和用户资源，拓展配电网建设资金渠道。优化配电网结构。加快配电网信息化建设，充分应用一体化电网规划设计信息平台，完善配电网数据基础及规划管理体系，提高配电网管理效率和管理水平。加快推进唐山市核心区配电网示范工程建设。建立公司经营区域内城市配电网典型模式。加强农网建设，实施农网改造升级工程，采用新设备、新材料、新技术，提高农网建设质量和效率。

专题研究。开展唐山地区钢铁行业走势和用电量预测、廊坊地区云计算中心用电特性和用电量分析，完成张家口、承德、唐山地区风电送出规划方案研究。完成特高压对冀北电网影响分析报告，合理衔接特高压与冀北主网架建设。按期完成经营区域电网滚动规划修编总报告和专题研究报告的编制工作。

（孙　瑜）

【配电网规划与管理】 冀北地区配电网规划管理所辖的供电区域包括市辖供电区和县级供电区两大类，其中县级供电区全部为直供直管。截至2012年底，冀北地区的市辖供电企业共计5个，县级供电企业共计43个。

2012年，公司确定了110kV及以下电网规划及电网项目可研等工作的管理制度和实施细则，对冀北地区配电网发展规划、配电网智能化规划进行了专题研究。全面应用国家电网公司一体化电网规划设计平台，初步构建技术标准统一、管理标准规范、规划工具先进的配电网规划体系。

1. 冀北地区电力需求预测

“十一五”期间，冀北地区的第一产业经济平均增长速度为6.6%。根据冀北地区的产业结构调整政策，第一产业的经济增长速度将保持在较低水平。同时随着城市化进程的不断加快，第一产业用电的范围将不断压缩，这将间接限制第一产业用电水平的提高。预计“十二五”期间冀北地区第一产业用电量和负荷将以外部环境因素为因变量，呈现较低的上升趋势。

“十一五”期间，冀北地区的第二产业经济平均增长速度高达 14.3%。除 2009 年受全球金融危机影响外，其他年份的增长速度均在 10% 以上。第二产业经济增长的速度直接影响用电量的增长，2009 年经济发展达到谷底后逐步回升，可以预计“十二五”期间工业用电量短期内将保持中低速增长，待国内外经济复苏时期，将可能迎来用电量较快速的发展时期。从长远来看，第二产业用电量和负荷将保持平稳快速增长。

“十一五”期间，冀北地区的第三产业经济平均增长速度达 13.6%，这与冀北地区产业结构调整政策相一致。随着产业结构调整政策的实施，第三产业经济增加值占地区生产总值的比例逐步增加。随着冀北地区城市化进程的加快以及京津冀都市圈区域发展新格局的逐步实现，第三产业用电量以及居民生活用电量将呈现快速增长，第三产业用电量和负荷的增速将加快，所占比重将会逐步提高。

2. 冀北地区配电网发展规划指导思想

（1）围绕建设坚强智能电网的战略目标，以用电需求为导向，统筹城乡电网、输配电网协调发展，深入推进配电网与其他基础设施规划协调发展。坚持与城乡总体发展规划相结合，与经济、社会、环境协调，全面建设坚强的配电网。

（2）落实“横到边、纵到底”的工作要求，实现电网规划范围和规划内容的全覆盖。提升配电网发展质量，强化规划的严肃性和可操作性。紧密结合《配电网规划设计技术导则》，有机衔接城市发展规划。按照差异化发展原则，合理分区、优化配电网络、注重电网质量、满足规划目标。

（3）充分发挥公司在环京津都市圈和环渤海经济圈中的巨大经济社会发展潜力和战略地位优势，紧密结合区域发展规划，积极贯彻落实国家电网公司关于全面加强电网统一规划的要求。

3. 冀北地区配电网发展规划目标

（1）建设以 500kV 高压输电网为主电源点，以 220kV 线路为主供线路，110、35kV 电网互供互备，中压配电网强联络的坚强电网。

（2）增强 110、35kV 电网网架结构，提高出线间隔利用效率，提升中压配电网线路联络水平与负荷转带能力，逐步降低中压线路主干长度，控制中压配电变压器和线路的负载率，完善优化各级配电网结构，提高各级配电网的供电能力和供电可靠性。

（3）提高中低压配网设备配置标准，淘汰高损耗变压器，逐步提高线路绝缘化率和电缆化率，增加供电能力，提高供电质量，降低网络损耗。

（4）更新配电设备，配电设备建设与社会环境协调一致，技术水平达到较先进的现代化程度。

4. 冀北地区配电网发展重点任务

（1）实现冀北配电网“两个建成”：建成五市中心城区配电网智能化；建成县城中心区配电自动化。

（2）实现冀北配电网“两个解决”：全面解决供电“卡脖子”问题；全部解决农村“低电压”问题。

（3）实现冀北配电网“两个提高”：提高中低压配网设备配置标准；提高线路绝缘化率和电缆化率水平。

“十二五”末，要建成层次分明、结构合理、可靠性高、供电能力强、电能质量优和运行灵活的坚强冀北配电网。

到 2020 年，冀北配电网要基本解决电网供需矛盾和结构性矛盾，能够大量接纳分布式电源，实现“资源节约型、环境友好型”的绿色电网和“信息化、自动化、互动化、数字化”的智能电网，全面建成国内一流配电网。

（庞　博　苗友忠　徐燕生）

【新能源发展与并网管理】 2012 年，冀北电网新增风电装机容量 204 万 kW，风电等装机容量达 638.3 万 kW，新能源装机占电源总装机比例达 33.4%。公司开展新能源接入、运行和消纳工作，风电全年利用小时数达 2255h。

促进新能源与电网协调发展。冀北地区是河北省千万千瓦级风电基地的主要区域，风电装机占全省比例超过 94%。公司组织完成了唐山乐亭大清河地区 130 万 kW 风电输电规划编制，启动承德丰宁 260 万 kW 风电以及张家口地区风电送出方案研究。

解决新能源并网问题。截至年底，公司累计完成投资 32.2 亿元用于新能源接网工程，新增变电容量 294 万 kVA，新建线路 1428km，新建、扩建 220kV 及以上变电站 8 座，新建 220kV 输电线路 23 条。开工建设承德御道口 500kV 风电外送通道，启动了张北、尚义、康保3项500kV输变电工程前期工作。与省政府部门、发电企业沟通协调，确保光伏发电与电网送出工程在规划、前期、建设等环节的衔接。

优先调度机制，保障风电消纳。加快新能源调度技术支撑能力建设。研究分析新能源发电运行特性和运行规律，提升新能源发电并网运行控制水平。提高风电出力预测水平，开展风电功率预测技术研究与应用，建成覆盖接入冀北电网所有风电场的风功率预测系统，提高风功率预测精度，超短期和短期预测精度均达90%以上。引进并开发了国内现场检测容量最大、自动化程度最高的移动式风机低穿检测装置，并取得风机型式试验资质，提升风电检测能力和现场服务水平。对风场动态无功补偿装置开展实时数字仿真系统检测，确保设备控制和响应能力满足要求。2012年底，公司完成国家风光储输示范工程2.5MW直驱式风电机组的高电压穿越性能测试，为国内首次。

分布式电源并网服务。公司编制《服务分布式光伏发电项目实施细则》，开辟分布式光伏发电项目接入并网“绿色通道”，为客户提供优质高效的并网服务。提供优惠条件，免收系统备用容量费，由电网公司承担接入公共电网的工程及改造投资。简化技术要求、信息采集和调度控制、继电保护配置，允许采用无线公网通信方式。提高服务效率，由客户服务中心一口对外、一站式服务，简化并网管理流程，减少接入系统设计环节和并网验收调试环节，45个工作日内完成全部工作。通过95598服务热线、网上营业厅等多种渠道鼓励引导有需求的客户加快实施分布式电源项目。

借助国家风光储输示范工程平台，积极探索清洁能源的友好并网和平滑输出的方法。基于工程开展的CDM（清洁能源发展机制）项目通过联合国执行委员会（EB）的审核并正式注册。成立冀北电力有限公司风光储输示范工程二期扩建工作领导小组和工作组，6万kW光伏和5万kW储能项目于12月11日获核准批复，40万kW风电项目“路条”上报国家能源局。承德风光储微电网项目入选十八大献礼片《环保在中国》。

（寇凌岳）

智 能 电 网

【冀北电网“十二五”智能化规划】 组织开展《冀北电力有限公司“十二五”电网智能化规划》的编制工作。公司智能电网建设总体目标是以坚强智能电网为指导，特高压骨干网架为支撑，满足各类电源接入的适应能力和用户多样化服务能力，以实现安全、可靠、优质、清洁、高效、互动的电力供应，保障首都供电安全，满足冀北地区经济社会全面、可持续、科学发展。在发电环节，推进风电功率预测和控制系统，并探索储能系统与电网间的协调关系。在变电环节，到2017年末建成500kV智能变电站约15座、220kV智能变电站约80座、110（66）kV智能变电站约173座，使经营区域110（66）kV及以上电压等级智能变电站比例达到50%以上。在配电环节，到2016年末完成经营区域配网生产抢修指挥平台建设。在用电环节，到2017年末建成电动汽车充（换）电站116座、充电桩17 630个，到2012年末实现用电信息采集系统在公司经营范围内全覆盖。在调度环节，到2014年末完成省调和全部地调的智能电网调度技术支持系统建设。

（刘林林）

【智能电网试点工程及综合建设工程】

1. 国家风光储输联合示范工程

2011年12月25日，世界首座风光储输“四位一体”的新能源示范电站一期工程在张北投运。工程规划建设风力发电500MW，光伏发电100MW，储能系统70～110MW；一期工程建成风电100MW，光伏发电40MW，储能电站20MW。

▶ 位于河北省张家口市张北县的国家风光储输联合示范工程俯瞰图。

完成验证性运行。2012年，通过完善全景智能控制系统和风光储智能联合控制系统，制定满足清洁能源并网相关技术标准，实现风电运行、光伏运行、“风电＋储能”、“光伏＋储能”、“风＋光＋储”联合送出多种组态运行方式。

投产以来，风电场有功、无功功率控制精度误差低于1%，设备投运率均在99%以上，满足电网调度的相关标准要求。采用世界首创的风光储联合运行模式，在平抑电网波动、削峰填谷等方面有很好的调节作用。示范电站10min平均波动率低于5%，日最大波动率不超过15%。开发了风光高精度功率预测系统，全站预测的月均方根误差低于8%，首次实现对单台风机小机群尺度的发电功率预报。

（岳巍澎　刘林林）

2. 曹妃甸工业区智能电网综合建设工程

公司于5月中旬启动曹妃甸工业区智能电网综合建设工程建设工作。7月27日，曹妃甸工业区智能电网综合建设工程建设方案通过国家电网公司审查。建设方案包括11个建设子项，综合工程预计2014年全面建成。

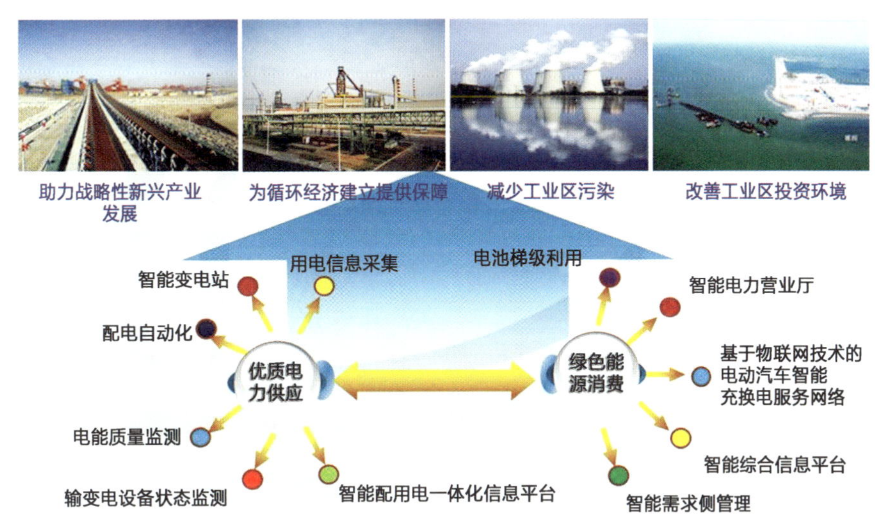

▶ 曹妃甸工业区智能电网综合建设工程主体框架。

（刘林林）

【电动汽车充换电设施建设运营管理】 截至2012年底，公司累计建成交流充电桩105台、电动汽车充电站1座（唐山南湖站）、换电站1座（唐山曹妃甸站）。完善智能充换电服务网络，2010年3月31日建成国家电网公司首座符合国家电网公司典型设计标准的大型充电站——唐山南湖电动汽车充电站。目前，服务于唐山市公交总公司的10部纯电动公交车。公司对站内部分非国标充电桩进行技术改造，并完成站内设备与电动公交车的联调，具备试运行条件。

严格执行充换电设施建设工程考核制度，加强关键环节管控，确保完成年度建设任务。根据电动汽车发展实际需求，选择典型方案和典型设备，提升充换电设施建设质量和效益。规范工程建设项目储备、可行性研究、项目计划、初步设计、招标采购、土建施工、设备调试、工程验收、竣工结算、项目评价等全过程管理。科学制定项目里程碑计划，合理安排工期，避免雨雪季节施工和年底抢工期。

（何绪伟　刘林林　岳巍澎）

▶ 唐山南湖电动汽车充电站。

农网发展

【农村电网改造升级】 完成2010年、2011年农网改造升级工程投资计划，工程全部竣工投产，并完成结算、决算和审计工作。2012 年，投资完成率 90.24%。提前 2 个月完成河北省基层建设年冀北地区 1734 个帮扶村电网建设任务。率先完成 3 个县域电力通信网试点工程建设。5 项农网改造升级工程入选国家电网公司“农网百佳工程”。

“三个创先”。① 创先实现农网工程数字化管控，开发应用省公司、地市公司、县公司三级上下贯通的农网工程管控系统，利用信息化手段严格农网工程实时管理和考核。② 创先推进“五化”建设。率先完成 10kV 及以下设施成套化设计，与农网工程管控系统深度融合。成套化设计的完成标志着公司“五化”（设计标准化、物料成套化、采购超市化、施工装配化、工艺规范化）建设取得重要成果。目前，公司已建成了统一的标准化设计平台，实现物料成套化匹配，装配化施工，全面应用物资协议采购和标准施工工艺。③ 创先实施县域电力通信网试点工程并率先通过验收。第一批完成试点建设规划编制并获得批复，第一个组织召开试点工程启动会，2012 年底第一个完成县域电力通信网试点工程建设，并通过国家电网公司验收。

“四个到位”。① 成立以主管领导为组长的农网改造升级工作领导小组和办公室，5 个地市、43 个县公司均成立了相应的组织机构，确保组织到位。② 积极应对农网改造升级 3 个年度 1168 项工程和灾后重建工程任务，逐项工程明确 8 个阶段 16 个关键管控节点，明确职责分工，组织实施里程碑计划，确保责任到位。③ 实施周报告、月协调、定期会商机制，保证协调到位。④ 通过农网工程月度例会，“农网工程管控系统”等多种途径通报市、县公司工程进展情况，实现督导到位。

“五项管理”。① 工程安全管理。组织县公司 43 个稽查队开展拉网式排查，抽查现场 2500 余个，编发督查通报 8 期。② 工程质量管理。坚持“验收即达标、投运即精品”，落实“施工、运行、监理、过程管理、审计”五把关，全面应用“三通一标”及相关建设规范。③ 工程进度管理。通过“农网工程管控系统”实行严格进度管控、实时通报。④ 工程档案管理。严格执行《国家电网公司农网改造升级工程 10kV 及以下档案资料管理办法》，坚持边施工、边验收、边建档，将档案资料与工程进度同步管理。⑤ 工程评价管理。建立定期通报机制，将农网工程纳入年度指标考核，并与工程管控系统相结合，实时生成各级单位的同业对比情况排名及分析，实现对各单位农网改造升级工作考核评价。

（王庆杰）

【新农村电气化建设】 建设完成 4 个电气化县（廊坊香河县、张家口怀安县、承德隆化县、唐山丰润区），50 个电气化乡，800 个电气化村。10 月 26～31 日，高分通过了河北省发改委专家组考评验收。截至 2012 年底，冀北地区已累计建设完成 24 个电气化县、257 个电气化乡、4849 个电气化村，分别占县、乡、村总数的 55.81%、36.45% 和 33.16%。

规范工程管理，打造精品工程。依据《新农村电气化建设标准体系》，对新农村电气化建设工程安全、技术、物资、资金、资料等加强管理。各市、县公司均按照统一要求制定新农村电气化建设工程实施方案和工程典型设计方案，定期召开工程调度协调会。在工程施工中，严格执行“标准体系”各项建设要求，加强岗前技术培训，确保每一个单项工程的高标准和高质量。

加大科技投入，构建新型农网。已建成的新农村电气化县健全变电站视频监控系统，变电站实现无人值班管理、“五遥”控制；对调度自动化主站系统进行升级改造，建设县城配网自动化工程；变电站均实现双电源供电，满足了 $N-1$ 的运行方式；将光纤通信系统接入各个基层所站，建成运行高效的数字通信网络，生产 MIS 系统、用电 MIS 系统、办公自动化系统稳定运行，劳资和财务系统全部实现了微机化、网络化管理；推广应用集中抄表系统、购电费电能表和负荷控制装置，推广使用非晶合金变压器、动态无功自动补偿装置等一大批高科技含量设备。

突出服务创新。把新农村电气化县建设与同业对标创一流、安全生产与优质服务等活动结合。把 95598 服务系统向广大农村延伸，对农村故障报修实行“五流程”管理，实现农村报修服务的实时控制，体现 95598 服务城乡共享。推出具有针对性的优质服务举措。设立供电服务室，提高故障处理的时效性，最大限度地方便客户。开展阳光服务活动，努力落实社会服务承诺制度。

农网改造后，800 个村的供电质量与供电能力得到全面提高，其中，供电可靠率（RS－3）由改造前的 99.45% 提高到改造后的 99.769%、居民端电压合格率平均由改造前的 96.10% 提高到改造后的 96.882%。

（王庆杰）

【农网“两率”管理及“低电压”治理】 制定农网“两率”提升计划，将各单位农网“两率”指标目标列入年度综合计划，同时与同业对标结合，加大农

▶ 5月16日，国网承德隆化公司员工为帮扶村农户提供灌溉用电服务。

网“两率”提升考核力度。有序开展农网状态检修，在县公司层面开展不停电作业技能培训，开展农村供电所运检标准化工作，实现配农网一体化专业管理。推进农网改造升级力度，提升农网供电能力，开展农网提升调压能力和无功补充能力建设，增大农网无功补偿容量。加强农网供电设施运行维护管理，提高设备完好率，加强低压用户负荷需求管理，研究居民用户错峰用电及高峰时段均衡用电的方法及措施，引导和鼓励小型加工等较大负荷用户错峰用电。健全“低电压”监测网络，加强低压用户优质服务工作，提升供电质量。

2012年，公司农网电压可靠率累计完成99.768%，同比提高0.044个百分点。农网综合电压合格率累计完成98.276%，同比提高个0.377百分点。

建立农村“低电压”治理月度统计上报制度和季度分析通报制度，将低电压问题作为“事故隐患”处理，对发现的问题推行“挂号销号制”逐一解决，按照“发现（挂号）—评估—治理—验收（销号）”的流程形成闭环管理。对整治后的低电压用户进行回访，及时掌握整治效果，适时召开现场会促进工作整体推进。对整治措施的针对性、有效性进行统计分析，动态调整低电压用户档案。建立低电压治理工作考核机制，成立农村“低电压”综合治理工作组织机构，将低电压治理工作纳入对地市公司的考核，层层分解落实责任。加强专项工作检查督导，组织地市公司专业管理人员对重点地区低电压情况进行现场实地测量与综合分析，在用电高峰时段，对重点区域到户电压质量进行现场实测，指导县供电公司工作人员开展治理工作。

截至2012年底，公司累计解决10 784户低电压问题，整改完成率100%，其中：通过调整配电变压器分接头、调整三相负荷不平衡及加强低压用户需求侧管理等措施，解决低电压问题306户；通过电网建设解决“低电压”问题3569户；通过提高中低压线路及配电变压器供电能力，解决低电压问题5338户；通过增加调压能力和无功补偿能力，解决低电压问题1571户。2012年农网居民端电压合格率累计完成97.080%，同比提高0.103个百分点。

（袁　翔）

【标准化供电所建设】 截至6月，全部完成公司43个县供电企业550个标准化供电所的建设任务，实现100%建设工作目标。通过开展供电所争先创优和标准化供电所建设，承德兴隆供电分公司北少泉供电所、张家口蔚县供电分公司暖泉供电所、承德宽城供电分公司椁罗台供电所、廊坊三河供电公司皇庄供电所、唐山玉田供电公司彩亭桥供电所5个供电所获得了国家电网公司级标准化示范供电所荣誉称号。

明确岗位设置，优化人员组合。对照标准化电所评价标准，结合班组的实际工作特点，开展规范农电用工、定编定员定岗等工作。

制定管理细则，规范创建模式。落实国家电网公司标准化供电所建设总体部署，制定公司供电所标准化建设实施方案、管理办法、实施细则等有关文件，完善供电所六大功能区设置，指导各公司供电所建立技能实操培训基地，提高供电所员工业务技能。

实行“四轮驱动”，实现闭环运转。一是领导带动。要求各供电公司把供电所标准化创建工作作为“一把手”工程来抓，班子成员靠前指挥，明确各部门、各单位第一责任人，一级抓给一级看，一级带着一级干。二是全员互动。各供电公司在供电所标准化创建工作中，执行领导班子成员分片包干制，做到人人有目标，人人有责任，提高了全员规范化管理、标准化作业和争创一流意识。三是协调联动。充分发挥职能部门督导检查职能，定期对创建工作进行督导检查，及时了解建设工作中存在的问题和难点，定期反馈情况，制定整改措施。四是考核促动。各供电公司制定专项创建计划，将标准化创建任务分解到各部门、各专责，加强日常考核，确保了工作质量和进度；遵循闭环管理模式，从深化供电所日常管理着手，按照计划、执行、检查、行动的顺序，严格落实年月日工作计划、过程控制和工作总结，形成大环套小环，一环扣一环，互相制约、互为补充的有机整体。

采取技术措施，提高线损管理水平。在技术上加大无功补偿力度，根据线路负荷分布变化情况，及时调整10kV线路补偿电容器的位置，达到10kV配网无功优化。为用户提供无功补偿技术指导服务，使电能质量得根本改善。对低压台区线损进行分相核算、分析、考核，及时掌握和发现台区三相负荷平衡、电量异常等情况，制定行之有效的调整、控制措施。

加强安全生产管理，严格执行安全工器具管理流程，为施工人员提供基础的安全保障。认真坚持巡视和检修制度，做好日常运行维护。开展隐患消除和标识管理工作，规范备品备件管理。

细化服务内涵，征得用户口碑。坚持“四个服务”的宗旨，认真落实新版“三个十条”，履行各项承诺。定期与政府部门沟通汇报，自觉接受政府监管、社会监督。开展客户走访，宣传企业服务理念，努力提升企业社会形象。坚持“一口对外”的原则，充分发挥95598服务平台作用，实行“首问负责制”、畅通内部工作流程，实现业务内转不外转，内部各环节相互协调，相互配合。实行窗口人员“挂牌服务”“一站式服务”“微笑服务”，除事故停电外，供电设施计划检修停电，均提前7天向社会公告，重要客户电话通知。以落实“三不指定”为重点，强化员工教育管理，杜绝违规行为，强化行业作风建设。在日常业务当中，做到客户进门有迎声、出门有送声。

（冯瑞明　杨大晟）

【县域电力通信网建设】 2012年，公司选定国网大厂县供电公司、怀来县供电公司、丰南县供电公司启动县域电力通信网试点工程。项目的成功实施使智能电网以及配用电环节的通信能力与技术装备水平大幅提升，同时，探索县域通信网建设方式和运维模式，探索县域电力生产业务运营一体化平台的业务应用。

4月底完成3个试点县调研收资；6月第一批通过国家电网公司规划评审，并将县域电力通信网试点工程项目纳入2011年农网工程结余资金计划，8月中旬向河北省发改委进行计划申报并取得批复；9月按照EPC模式启动试点工程招标流程，并组织召开县域电力通信网试点工程启动会；12月3个试点县公司通过验收，成为国家电网公司首家完成试点工作任务的省公司。

廊坊大厂县重点打造“两张全覆盖网、深化五项应用”。建设无线专网实现全县覆盖，光缆通信网实现城区全覆盖，中低压配网通信覆盖率达95%以上，为综合数据网、智能台区配电线路在线监测、用户交互服务、生产运营统一信息平台五项业务应用系统提供了完备的通信通道。

唐山丰南重点打造“一张高速可靠网、深化三项业务应用”。以环网结构构建了2.5G的高压配电通信网，调度通信网采用双归属、双上联结构，形成高可靠性容灾网络架构，提高大客户供电可靠性，为增强配电线路状态监测、智能台区、变电站辅助管理系统等业务网支撑能力奠定基础。

张家口怀来重点打造“一张实用灵活可靠网、深化应用三项业务应用”。充分挖掘现有资源，形成622M环网，构建灵活、实用性、可扩展性强的骨干通信网，远景形成4个通信环网，并采用通过EPON组网方式，在两个110kV变电站形成手拉手保护，提高了县公司通信可靠性，为综合数据通信网、智能台区、配电线路状态监测业务系统深化应用提供了良好条件。

廊坊大厂供电有限公司初步建成多种通信技术融合，覆盖各层级的县域电力通信网。建成覆盖全县所有变电站、办公场所、营业网点的光纤通信网络；实现35kV线路、城区配网线路光纤全覆盖，县域无线专网全覆盖，构建高压通信网双环网格局，实现县域通信网双汇聚点、双通道上联市级网络；形成光纤通信手拉手架构，与无线通信互为补充的配电通信网；在配网主干线路安装智能开关，支路试点安装配电线路在线监测终端，专用变压器安装智能终端，实现城区配网“三遥”功能，在试点区域基本实现10kV配网运行全景监测。在公用台区实施智能化改造、用电信息采集无线专网通道改造，覆盖安装智能电表，实现配网监测面由台区向用户侧延伸。在居民小区部署安装自助缴费终端、智能交互服务终端，把营业柜台搬进小区，打造10min缴费圈。

编制县域通信网典型设计和光缆施工架设、跨越、无线基站组建、多通信技术组网接入等典型设计。

（薄　博）

工程建设与管理

【“大建设”体系建设】 自2月中旬开始，公司全面落实“大建设”体系建设实施方案，启动“大建设”体系建设工作。利用一个月的时间，完成《冀北电力有限公司“大建设”体系建设实施方案》编制，3月27日通过国家电网公司审批，3月31日通过公司一次一届职代会审议；5月24日，公司党政联席会审议通过《冀北电力有限公司“大建设”体系建设操作方案》，并将方案上报国家电网公司，国家电网公司于5月31日审批通过公司“大建设”体系建设操作方案；作为“大建设”体系的支撑机构，5月18日成立冀北电力有限公司电力经济技术研究院（简称冀北经研院）；6月26日，公司基建部按照《国家电网公司“三集五大”体系建设实施方案》要求，设置建设处、安全质量处、技术经济处、计划评价处、项目管理处；7月20日，与冀北经研院完成了7项500kV工程建设管理的全部移交工作，移交至公司基建部直接管理。按照方案制定、动员准备、新模式导入、磨合改进、总结验收五个阶段，推进“大建设”体系建设。在确保工程建设安全稳定的前提下，11月24日，公司“大建设”体系建设工作顺利通过国家电网公司专业评估。

在组织领导方面，公司与地市公司及时成立“大建设”体系建设领导组与工作组，推进体系建设。在机构人员调整方面，公司基建部成立项目管理处，组建业主项目部，优化调整管理力量，直接负责500kV输变电工程的建设管理。在职责流程优化方面，针对新的组织架构和管理定位，统筹优化省、市、县公司三个层面的职责划分和业务流程，编制50项核心业务流程，梳理各项横向需求，明确与其他相关部门的工作界面，并将管理制度与业务流程印发至各地市公司和支撑机构，实现横向协同、纵向贯通。在制度标准修订方面，根据“大建设”体系新模式运转要求，梳理完善基建管理制度与业务流程，编制、修订26项管理办法并通过公司规章制度管理委员会审议；完成编制“大建设”体系下管理标准11项、工作标准28项，梳理了涵盖全部电网建设领域的技术标准318项，健全技术规范和建设标准，为“大建设”体系平稳有序运转提供了坚实的制度和机制保障。在管理人员培训方面，开展12期“大建设”体系建设培训，涉及安全质量管理、设计技术管理、技经管理、项目部建设、基建信息系统等方面内容，各地市公司、县公司以及各级支撑单位共计820余人参加。在工作移交方面，科学编制移交计划和移交方案，明确重点节点交接任务与责任人，7项500kV工程建设职责、资料、现场、信息系统的移交工作比批复的操作方案时间提前40天完成，实现工程管理平稳移交。在科技创新方面，依托北京送变电公司，承担《输电线路掏挖基础机械成孔施工方法》研究工作并通过国家电网公司评审，收录于《国家电网公司输变电工程标准工艺典型施工方法（第二辑）》；八牵8张力放线典型施工方法被列为2012年国家电网公司正式推荐研究序列。创新编制与工程项目里程碑计划相匹配的工程前期里程碑计划，编制完成基建介入可研流程图，实施前期工作全过程管控。结合国家电网公司重点工程——高天三回500kV输变电工程，建立外协属地化协调管理模式。

（袁敬中　王　田）

【基建工程管理】 完成110kV及以上电网建设投资43.5亿元；500kV昌黎变电站、高天三回线路工程等34项工程开工建设，开工110kV及以上线路1537km、变电容量8330MVA；500kV唐山东变电站、220kV深井线路工程等28项工程建成投运，投产110kV及以上线路1321km、变电容量7920MVA。开工、投产计划完成率均达到100%。

1. 重点工程建设

500kV唐山东及其配套工程顺利投产，解决了唐山西主变压器“$N-1$”过载及秦皇岛地区220kV龙小双回线重载问题。500kV高天三回、昌黎、御道口、锡盟上都电厂三期送出等重点工程开工建设。冀北地区首座220kV热河智能站按期投产，为后续智能站启动调试打下基础。220kV营遵线破口进西铺站建成投产，解决了西铺站“$N-1$”过载问题。220kV张家口君关，承德元宝山、高寺台、滦电六期送出工程建成投产。

2. 基建安全质量工作

编制《冀北电力有限公司基建系统“安全年”活动推进实施方案》，落实39项具体措施，建立长效安全工作机制。

500kV唐山东（滦县）变电站工程获得2012年国家电网公司质量管理流动红旗，实现公司“零”的突破；220kV承德热河（市区南）变电站工程荣获国家电网公司华北区域项目管理流动红旗；唐山北500kV变电站等11项220kV及以上输变电工程、唐山张玉铺110kV变电站、秦皇岛陈官屯至大铁110kV线路等37项110kV输变电工程均获得国家电网公司优质工程命名，公司优质工程率首次达到100%。

创新实施基建“项目部日预控、职能部门周点评、公司月协调”管控机制，强化现场安全风险管控，建立施工安全风险红、橙、黄、蓝、绿五色分级预警机制，强化各级基建管理人员到岗到位要求。

开展全覆盖基建安全质量大检查活动，共检查公司投资工程项目55项、区域外承揽工程3项，共检查发现各类问题1230条。

贯彻国家电网公司《关于进一步提高工程建设安全质量和工艺水平的决定》，细化分解70条措施，明确工程参建各方在工程全过程关键环节的质量管控职责和任务。组织开展“落实《决定》回头看”专题活动，剖析质量管理问题，提出有针对性的改进措施。

上、下半年各开展一次公司项目管理流动红旗竞赛活动，110、220kV 输变电工程同平台竞争，缩小不同电压等级工程间管理差距。在冀北五地市分别确立标准工艺示范工地，缩小示范工地的示范半径。

开展安全质量巡检工作，制定《基建安全质量巡检工作管理规定》，成立专职安全质量巡检组，共开展日常巡检 146 项次，检查发现问题 1605 项，印发整改通知单 65 份。

建立健全省公司、建设管理单位、工程项目三级基建安全质量培训模式。省公司层面，累计培训人员 320 人，覆盖所属建设管理、施工、监理单位等人员；建设管理单位层面，累计培训人员约 2050 人次；工程项目现场通过播放安全质量宣教片、集中授课、开办农民工夜校等方式对一线施工人员开展全员培训。

强化施工分包管理，严格审查分包商资质，开展分包安全专项检查，促进工程项目规范分包管理，完善分包全过程管理机制。针对国家电网公司依法治企检查和公司日常检查中分包管理易发、频发问题，编制《关于进一步规范电网工程建设分包管理的重点工作要求》，提出了“五禁止、五必须、五加强”的工作要求，从分包商选择、过程管理、最终评价等分包全过程管理提出了具体措施和要求。

3. 工程设计质量过程管理

建立设计技术问题沟通汇报机制，落实设计管理责任，规范设计招标、设计合同、设计评审等关键环节管控，规范和促进“三通一标”（通用设计、通用设计、通用造价、标准工艺）、智能技术、基建新技术应用。量化指标，强化对工程设计质量考核和评价管理。超前策划，通过勘测设计实施方案指导工程初步设计编制。通过引领设计、过程检查、结果评价，实现全面管控。强化设计计划管理，加强计划的落实与考核，根据工程一级网络计划，编制初步设计、物资采购、施工图计划，做好各阶段设计与工程实施的衔接，确保工程按计划开展。建设管理单位组织专家，开展施工图专业化审查，提高施工图质量。按照变电、线路工程施工图管理办法的要求，明确施工图管理的要求、流程和各单位职责，形成施工图的全过程闭环管理，缩短工程施工图编制周期，消除由于施工图进度滞后影响工程进度的瓶颈。参加国家电网公司工程优秀设计评选，1 项工程获一等奖，2 项获优秀设计二等奖，2 项获优秀设计三等奖。完成国家电网公司布置的调研和征求意见三十多项。

4. 工程造价控制

加强输变电工程初步设计评审集中管理，集中评审率达到 100%。落实和规范评审管理模式，统一评审原则、技术标准、概算编制标准，强化评审计划和质量管理。全年共开展输变电工程初步设计评审 25 项，公司初步设计按时评审完成率 100%。加强技经管理，提高结算水平。全年累计完成工程结算 51 项，结算完成率 100%，造价控制指标满足国家电网公司要求。加强工程结算集中监督管理，开展结算集中监督和大检查工作。全面推广应用工程量清单计价规范。2012 年完成 4 批次共计 126 标包的招标控制价编制工作。完成定额站年度工作。

（朱　海　柴　森　王　鑫）

【基建标准化管理】 公司推进基建标准化建设，实现“三通一标”的 4 个 100%。在通用造价基础上，推广工程量造价规范，发布了《冀北电力有限公司工程量清单计价管理办法》，总结和完善标准工艺成果。

1. 通用设计

智能变电站通用设计方案的应用。按照“节约环保、功能集成、配置优化、工艺一流”的原则，突出“两型一化”的建设思路，选取 2 个 500kV 变电通用设计方案，4 个 220kV 变电站通用设计方案，4 个 110kV 变电站通用设计方案开展应用。依托承德天文台 220kV 变电站，完成了配送式智能变电站 220 - C - 1 方案的编制。

输电线路通用设计应用。开展初步设计的线路 100% 采用了通用设计塔型，在建设中有 7% 左右的塔型做了优化，节约钢材超过 2800t。应用通用金具中的节能降噪金具，每年节约电能超过 90 万 kWh，平均减少噪声 1dB。

2. 通用设备

除变压器设备外，全部采用推广类通用设备，非通用变压器获得了国家电网公司的批复。避雷器、互感器、隔离开关、接地开关、柱式断路器、支柱绝缘子 6 类设备实现了“四统一”的全面应用。第一个应用“四统一”原则进行施工图编制的 110kV 变电站张家口大青沟 110kV 变电站进展顺利，按期开工，电气、土建、二次接口变化未超过 1%。除 6 类设备外，逐步推广至变压器、组合电器以及电容器、电抗器 4 类设备。

3. 通用造价

修订《输变电工程结算实施细则》《输变电工程结算集中监督管理办法》等 8 项管理办法，开展输变电工程造价分析工作，开展专题研究，提出加强工程造价管理工作建议。加强工程初步设计评审，有效控制造价指标。加强结算集中监督，开展结算大检查，通过与通用造价的对比分析，形成工程设计、施工招标、工程量过程控制、工程结算的同口径管理手段。

4. 标准工艺

落实《国家电网公司输变电工程标准工艺管理办法》要求，基建系统建立实施“标准工艺”自上而下三级培训机制。各在建工程统一订购配置“标准工艺”成果体系，施工现场严格实行“首件样板制”，业主、监理项目组织“首件验收”，公司年度“标准工艺”应用率达到95%以上。

搭建以唐山东（滦县）500kV变电站标准工艺示范工地为轴心，冀北五地市110kV输变电工程标准工艺示范工地为区域代表的标准工艺现场交流平台，组织观摩研讨。

探索标准工艺应用创新，依托北京送变电公司及公司专家力量编制完成《输电线路掏挖基础机械成孔典型施工方法》，经国家电网公司评审入选《国家电网公司输变电工程标准工艺典型施工方法（第二辑）》。

（罗　毅　崔　巍　马国辉）

【基建信息化建设】 梳理完善了基建管理信息系统深化应用考核办法，建立健全管理职责和考核评价机制，开展数据治理及整改等工作。目前，系统覆盖了公司里程碑计划中所有66个输变电工程（不含特高压工程），其中待建工程28项、在建工程31项、投产工程7项。

建立机构，落实责任。公司成立了由主管副总经理为组长、基建部主任为副组长的基建管理信息系统应用工作领导小组，下设由公司基建部各专业管理人员及建设管理单位基建部相关人员组成的实用化工作组。要求各建设管理单位基建部明确主管主任、信息专责及各专业对口负责人。以单项工程为单位，层层落实三个项目部的信息录入责任人，并于工程开工前一个月，上报公司备案。

梳理流程，协同推进。印发《关于进一步加强基建管理信息系统应用工作的通知》，通过流程梳理明确各管理层级相应的填报职责。建立问题沟通反馈机制，开通运维专线，及时收集现场操作人员提出的各类问题，在月度信息工作例会上以会议纪要的形式解答，对于公司无法解决的问题及时反馈至国家电网公司。自系统上线运行以来，共收集各类问题270项，目前已解决265项，正在解决5项，反馈问题的数量位于国家电网公司前列。

完善制度，强化培训。印发《基建管理信息系统实用化考核评价办法》，指导现场三个项目部规范系统操作，促进建设管理单位进行系统应用自评价。建立公司、建设管理单位两级培训机制，在公司层面进行集中培训的基础上，各建设管理单位信息专责联络员负责对本单位三个项目部人员进行二次培训及使用监督。滚动修编三个项目部简明应用手册，方便现场人员快速操作，确保现场部分数据及时准确填报。

及时通报，严肃考核。建立周通报、月考核及月度工作例会制度。每月5日前编制印发当月信息系统应用工作任务，明确当月重点工作及考核要求；每周对各建设管理单位应用情况进行通报，以邮件、网站公示或电视电话会议等形式公布；每月10日前，按照同业对标指标计算上月考核结果并编制月度考核结果通报，印发至建设管理单位；每月中旬组织召开月度工作例会，交流系统应用经验，协调解决难点问题，公布上月应用考核结果，对本月工作任务进行部署、督导、检查。同时，将月度考核结果纳入对建设管理单位的同业对标及综合评价。

4月，在国家电网公司组织基建管理信息系统应用评价交流工作中公司取得华北区域第一名的成绩，并进行专题交流发言。公司已基本完成了基建管理信息系统信息化建设，初步实现系统单轨应用。

（韩仲卿　孙雁翔）

【电网工程新技术研究与应用】 公司参与《国家电网公司基建新技术研究及应用管理办法》的编制，并结合公司实际，编写《冀北电力有限公司基建新技术创新及推广应用管理细则》，加强基建新技术、新材料、新工艺和科研成果的推广应用工作。

1. 新技术研究

预制应力管桩（PHC）设计技术。依托曹妃甸500kV输变电工程开展研究，在唐山西至柳树翻220kV输电线路等工程上进行了实验与应用。该技术预先对配筋施加预应力，再用离心成型工艺制成高强混凝土管桩，施工时通过锤击或静压的方法沉入地下作为杆塔基础，通过承台与铁塔连接。还针对66项技术提出了PHC管桩应用于输电线路工程的配筋原则。其应用效果表明，当基础作用力较小时，PHC管桩经济性差，随基础作用力的增大，经济性越好。当用于500kV单回路耐张塔或500kV双回路铁塔时，基础本体投资大约可降低2%～10%；用于1000kV双回路线路时，可降低10%～20%。是公司完成的第一个被列入国家电网公司基建设计新技术推广应用目录的技术。

500kV变电站站外电源配置技术。该技术根据季节特性和变电站运行工况，综合统计站用电交流负荷，确定变电站站外电源的配置原则。明确站外电源对光伏发电和风力发电的应用原则：即对于运行一台主变压器的变电站，外接电源尽量降低线路电压等级，控制备用变压器容量；对于运行两台及以上变电站，按照黑启动容量配置柴油发电车，谨慎采用风光储方案，不做外接电源；在一定区域范围内统一配置应急发电车，可以取消该区域内500kV变电站的外接电源。发电车采用集中管理，抢修路程时间控制在2h之内。不满足要求的，宜在站内配置柴油发电机。变电站检修工作需停用站用变压器时，发电车宜同步前往，保证站用电系统的安全性。该技术为站用电系统的优化提出了新思路，通过站用电交流负荷特性分析，将站内备用变压器容量由630kVA降低为400kVA。

轨道式高压电气设备实时红外诊断系统。该技术适用于需对高压一次设备进行实时红外诊断的220kV变电站。该设备采用移动轨道技术水平移动测温，应用温度补偿方法或温度数据分析方法进行红外监测和诊断。设备是由前端设备及后台组成，前端设备包括红外热像仪、高精度数字云台、双舱护罩、摄像机轨道及轨道车；后台组成包括红外热成像仪的数据，通过开发接口协议接入智能辅助系统，红外测温相关应用功能嵌入智能辅助管理系统中，采用软件功能模块的方式进行选择配置，提高站内设备自动化程度。本系统可以替代220kV变电站采用AIS设备敞开式布置大部分正常巡视工作及38%全面巡视工作，减少维护人员占用30%以上。可适当减少对无人值班站的巡视次数。

限流器在220kV变电站低压侧中的应用技术。该技术适用于需限制低压侧短路电流的220kV变电站工程，由低压侧限流电抗器和限流器装置并联组成。正常运行时，限流器装置投入运行，将限流电抗器旁路，使限流电抗器损耗为零。短路故障时，限流器装置快速动作，电抗器投入运行，限制低压侧的短路电流。限流器装置则由快速隔离器、特种高压限流熔断器、电流传感器、电子控制器、隔离变压器等部件组成。限流器装置的主要特点是具有超高速（1~5ms）开断性能和超强短路电流开断能力（60~120kA）；可合理地缩短控制单元的判断时间，提高故障判断的正确率，确保设备安全。按全寿命周期40年考虑，限流器投资比限流电抗器可节省30%以上。

掏挖机械成孔设备及工艺的研究。研制成功了组合式掏挖钻机，实现了掏挖机产品的系列化。最大钻孔直径1000mm、钻孔深度可达8500mm；各部件采用组合式设计，最大单件重300kg。制订一套完整的施工工艺，编制《组合式掏挖钻机施工守则》。应用效果表明，单个基础节约工时21%以上，降低了人员劳动强度和人工掏挖的安全风险。

钢结构装配式基础。底板采用多个Q345槽钢组成、锥形支架为角钢结构并采用螺栓连接，结构新颖合理，特别适合输电线路工程抢修和特殊需要。钢结构装配式基础现场组装方便、施工效率高，经济效益和环保效益显著。本项目在国内首次通过真型基础试验，取得了基础承载力和位移关系曲线，试验结果与设计理论相符，可满足输电线路工程安全运行。

2. 新技术应用

2012年，公司所有输变电工程均应用国家电网公司新技术目录中的新技术，通过节能导线、节能金具、防风偏绝缘子、变截面电缆沟设计等一系列新技术的应用，节约土地81hm^2，钢材812t，减少电能损耗587万kWh，单个项目的平均应用效益居于国家电网公司前列。

3. 完善技术标准

公司组织完成了建设类技术标准的梳理和汇编。由公司编制的国家电网公司企业标准《直升机展放初级导引绳施工工艺导则》完成报批。500kV变电站站外电源配置、掏挖机械成孔工艺导则的编写列入国家电网公司计划。

（罗　毅　崔　巍）

重　点　工　程

【唐山东（滦县）500kV输变电工程】 唐山东（滦县）500kV输变电工程地处唐山东部地区，是公司独立运作以来第一个启动投产的500kV输变电工程，是缓解唐山地区供电压力、增强公司主网架结构的重点工程。工程于2011年4月开工，2012年6月30日启动投产。

唐山东（滦县）输变电工程主要包括：唐山东（滦县）500kV变电站新建工程，姜家营至安各庄Ⅰ、Ⅱ回500kV线路π接入唐山东（滦县）变电站线路工程及光纤通信工程。

1. 唐山东（滦县）500kV变电站新建工程

本工程站址位于河北省唐山市东北60km唐山东（滦县）滦州镇甄庄村。总平面布置500kV屋外配电装置在站区南侧，向南、东、西三个方向出线，220kV屋外配电装置布置在站区北侧，向北出线，主控通信楼布置在站区西侧，从北侧进站。

全站总征地面积5.85hm²（88亩），其中，围墙内占地面积5.60hm²。

本期规模：1200MVA主变压器2组，500kV出线4回（姜家营、安各庄各2回），220kV出线8回，本期每组主变压器下装设3组60Mvar低压并联电容器和1组60Mvar低压并联电抗器。

2. 姜家营至安各庄Ⅰ、Ⅱ回500kV线路π接入唐山东（滦县）变线路工程

本工程π接线路从姜家营至安各庄Ⅰ、Ⅱ回500kV线路杨庄子附近的开断点分别单回路出线后，合并为同塔双回路，两侧π接线路平行走线，经新庄子、靳各庄，跨越奔雷110kV线路和雷古Ⅰ、Ⅱ回500kV线路，经陈庄、姚庄，跨越规划的滦曹高速公路进入唐山东（滦县）500kV变电站。新建线路路径全长约17.4km，其中两侧π接线路同塔双回路段路径各长约8.4km，两侧单回路架设段路径各长约0.6km。

3. 光纤通信工程

姜家营至安各庄变电站的24芯OPGW光缆随送电线路一起π接入唐山东（滦县）变电站，新建π接段光缆。建设姜家营—唐山东（滦县）—安各庄双SDH 2.5Gb/s光纤电路，1+1传输配置，电路接入华北电网光传输网，构成唐山东（滦县）变电站至调度端的主、备用通道，及本工程500kV线路保护的直达通道。500kV线路保护的迂回通道利用唐山地区光纤环网电路构成。

【热河（市区南）输变电工程】 承德热河（市区南）220kV变电站是国家电网公司第二批智能变电站试点工程，公司第一项智能变电站工程。工程于2011年8月开工建设，2012年7月建成投运。该站的建设满足了地区负荷发展的需要，优化了地区220kV与110kV网络结构，加强供电可靠性。

热河（市区南）输变电工程主要包括：热河（市区南）220kV变电站新建工程、袁庄—营子220kV线路破口接入热河（市区南）及袁庄—遵化220kV线路破口接入热河（市区南）工程及光纤通信工程。

1. 热河（市区南）220kV变电站新建工程

站址位于承德市南16km，承德县（下板城）西北20km，鹰手营子村北300m处的山丘坡体西南坡处，站址处地势开阔，地势北东高，南西低，海拔标高410~425m之间，坡度一般小于20°，地面高差较大，拟建站址处高差15m左右。

本期建设2×180MVA，电压等级220/110/35kV。容量比取180/180/90MVA，变比取230±8×1.25%/115/37.5kV，主变压器采用有载调压变压器，联结组别为Yn/Yn0/d11。

2. 袁庄—营子220kV线路破口接入热河（市区南）及袁庄—遵化220kV线路破口接入热河（市区南）工程

本期将袁庄—营子220kV线路破口接入热河（市区南）变电站，破口线路长度约2×1.5km，导线型号选LGJ-2×400；将袁庄—遵化220kV线路破口接入热河（市区南）变电站，破口线路长度约2×10.5km，导线型号选LGJ-2×400。

3. 光纤通信工程

本工程袁庄—营子220kV线路破口接入热河（市区南），新建破口线路架设2根36芯OPGW光缆，光缆长度为2×1.89km，原有线路地线更换为36芯OPGW光缆，从而构成袁庄—热河（市区南）—营子36芯OPGW光缆，其中袁庄—热河（市区南）光缆长度为19.74km（更换地线段光缆长度为17.85km），营子—热河（市区南）光缆长度为42.32km（更换地线段光缆长度为40.43km）。

（韩仲卿　王　田）

企业管理

计划与投资管理

【计划管理】

1. 计划执行主要特点

（1）售电量增速趋缓，地区增长差异明显。全年售电量完成1263.2亿kWh，按可比口径同比增长1.32%，低于年初预期。其中廊坊地区增长最快，为7.62%，张家口地区呈负增长态势，为-4.55%，唐山、秦皇岛、承德地区增速分别为0.41%、2.47%和0.95%。

（2）加大电网建设投资，电网发展质量提高。2012年，公司电网建设投资占固定资产投资的89%，其中35kV及以下电网投资所占比重最高。配电网建设投资占电网建设投资的11.4%。投产了500kV唐山东变电站和220kV深井、林雀铺等变电站，地区供电能力和供电可靠性进一步提高。

（3）经营保持平稳，资产质量不断优化。全年营业收入优于计划1.2个百分点，全员劳动生产率（增加值）完成计划的119%，售电量、线损率、利润总额均完成考核指标。在经营业绩保持平稳的同时，资产质量得到不断优化，资产负债率优于计划1.67个百分点，流动资产周转率优于计划0.4次，净资产收益率优于计划0.19个百分点，当年电费回收率达到100%。

（4）供电服务水平提高，供电可靠性稳步提升。城农网供电可靠率、综合供电电压合格率均优于计划值，用户平均停电时间同比分别下降8.9%和28.5%，电压不合格时间分别同比下降38.4%和19.6%。

（5）风电电量大幅增长，火电机组利用小时下滑。公司风电装机容量达204万kW，其中55%在上半年投产，全年风电发电量119.8亿kWh，同比增长42%。无统调火电机组投产，火电机组平均利用小时5663h，同比下降144h。由于全年电量需求低于预期，年底对统调机组发电量计划进行了下调。

2. 计划管理主要工作

（1）完善综合计划指标和管理体系。在综合计划中增加了能源节约相关指标；编制并印发《冀北电力有限公司综合计划管理办法》，规范管理流程，加大考核考评力度，将投资计划及项目计划执行准确率、售电量与线损率完成情况等纳入企业负责人年度业绩考核。

（2）强化综合计划适应性及过程管控。将年度专项计划投资规模分解到季度，按月开展跟踪分析，与经济活动分析相结合。加大项目储备工作力度，建立综合计划项目储备库，以此为基础优化排序提出公司2013年综合计划建议方案。结合生产需要，于2012年底编制下达2013年预安排计划。

（3）加强生产经营计划指标预控和管理。结合宏观经济形势、地区经济发展等因素，滚动分析公司生产经营计划执行情况。研究分析国家政策、经济环境等因素对电量的影响，编制电力市场分析预测春季、秋季报告。承担国家电网公司的研究课题《业扩报装对售电量增长影响研究》，创新预测方法提高售电量预测准确性。制定《冀北电力有限公司线损管理办法》，完善线损管理体系。印发《2012年线损管理指导意见》，组织开展夏季、冬季大负荷理论线损计算，指导降损工作有序开展。滚动下达月度线损计划，印发执行情况通报，确保年度线损率计划全面完成。

（4）提升发购电计划管理和分析水平。协助河北省发改委电量计划主管部门完成冀北地区统调及地方电厂电量计划编制及调整。落实国家节能减排政策，组织和安排2012年冀北地区“以大代小”替代发电。加强机组发购电分析，提高年度计划执行均衡性。

（汪　鸿　皇甫成　薛晓强）

【投资管理】

1. 电网基建投资

2012年，公司电网基建投资综合计划指标为81.92亿元，实际完成82.1亿元，完成计划的100.21%。新开工110kV及以上线路1537km、变电容量8330MVA。投产110kV及以上线路1321km、变电容量7920MVA。

2. 投资专业重点工作

（1）开展2012年电网发展诊断分析。针对冀北电网发展滞后、供电能力和接纳清洁能源能力不足的现状，开展电网诊断分析，对“十二五”电网规划进行了优化调整，提出建设以西部环首都大环网和东部三横三纵“田”字形网架为特征的500kV“西环东网”主干网架、推动各级电网协调发展的规划构想，得到国家电网公司总部的认可和支持。

（2）快速推进电网建设项目前期工作。超常规开展前期工作，完成锡盟—泰州、呼盟—青州特高压直流工程冀北段可研报告编制，取得全部跨9市（县）的108项路径协议，基本落实张北—南昌、蒙西—天津南特高压交流工程冀北段各项协议。

（3）加强工程建设组织管理。500kV滦县、220kV深井等28项工程相继建成投运，500kV昌黎、高天三回等34项工程陆续开工建设。公司坚持重点优先原则，优先安排500kV主网架工程和重点配电网工程，加强工程建设组织管理，合理安排工程开工投产时间，促进电网建设有序推进。

（4）申请中央资金开展农村电网改造升级。在全面完成2010、2011年农网改造升级工程建设任务的基础上，2012年申请农网改造升级中央预算内投资计划17亿元，用于冀北地区农村电网建设。至2012年底，投资完成率达到90%。圆满完成1734个帮扶村电网建设任务，建成4个新农村电气化县。

（刘　娟　时　伟　王　婧）

【统计管理】 公司独立运作后，5月单独向国家统计局报送统计数据。6月，在华北分部与公司的关口划分确定后，单独向国家电网公司、国家电监会、中电联报送统计数据，统计业务实现独立运转。统计直报方面，每月2日准时完成公司统计直报编报及主要经营指标的统计分析工作，第一时间向公司党组成员提供公司生产、投资主要信息。综合统计方面，完善综合统计报表制度，强化综合统计指标分析。统计年报方面，按时完成2011年公司生产、投资及综合统计年报工作。

规范统计管理。梳理了统计工作流程，明确了职责，保证统计数据报送过程明晰，责任明确。按照国家电网公司有关管理规定，制定公司《统计工作管理办法》《统计分析管理办法》《统计直报实施细则》《经济活动分析管理办法》和岗位工作标准。在面临公司统计口径划分变化、下属单位归属及管理人员频繁变更等情况下，完成21个独立核算县公司（上划县供电企业）统计系统培训。

加强新能源统计管理。针对部分风电场统计管理不完善、统计人员流动性大等问题，发展策划部与电力调控中心、电力交易中心从风电并网许可、购电合同签订入手，加强风电统计数据报送和准确度校核。编制风电统计工作流程，加大风电场统计人员培训力度，规范风电场统计数据报送。在公司层面，明确各部门职责，统一数据口径，建立风电统计数据互相校核和发布机制，从源头把控统计数据质量和工作效率。

构建“大规划”体系信息化支撑平台。全面梳理发展业务，进一步明确规划、前期、计划、投资、统计等管理需求，完成业务需求报告；协调信息系统开发项目组，统一组织开发“大规划”体系信息化支撑平台，进一步整合、改造现有发展业务模块，建设规划计划管理信息系统和一体化电网规划设计信息平台；加强沟通汇报，及时向国家电网公司和信息系统开发项目组反馈公司信息化建设需求；抽调地市、县公司业务人员开展信息系统培训，加快信息系统运行测试，督促实施厂商及时解决历史数据迁移等问题，于2012年底实现系统上线试运行。

（沈燕生　赵　骞　王　磊）

人力资源管理

【领导班子和干部队伍建设】 推进“四好”领导班子创建。健全领导班子运行机制。实行领导班子分工报备制度，坚持领导班子成员沟通谈话制度，严格开展“三重一大”制度执行情况监督检查。完善“四好”领导班子考评体系。制定印发《“四好”班子考核评比办法》，细化领导班子考核内容，明确评价标准，规范考核程序。建立领导班子联考综评机制。人事部、政工部、监察部联合开展“四好”领导班子创建联合考核工作，集中组织对20家单位、104名领导干部进行考评，推荐考察后备干部人选。

统筹优化领导班子配备。严格按照职数配置干部。根据“三集五大”体系建设机构设置和领导干部配置要求，配齐五个供电公司和业务支撑实施机构（两院、四公司、三中心）领导班子，确保新组建单位和部门尽快运转，妥善完成华北分部分流人员安置和华北信通公司成建制划转工作。健全干部交流机制。制定《干部交流工作办法》，加大干部交流力度，有计划地开展本部与基层单位之间和基层单位之间的干部交流，共跨单位、跨部门交流处级领导干部72人次，涉及公司所有二级单位。审慎出台《关于领导干部退居二线管理的意见》和《关于“三集五大”体系建设中有关领导干部安排的意见》，12名处级、119名科级干部主动提前退居二线，有效解决领导干部冗员问题。

建立健全竞争择优机制，促进优秀人才脱颖而出。大规模开展公开竞聘。制定《公开竞聘管理办法》，先后拿出本部8个副处级岗位、8个副科级岗位、25个一般管理岗位和12个调度专业岗位，面向公司开展四批次公开竞聘，73名优秀人才进入各级领导和管理岗位。多层次开展挂职（培养）锻炼。制定《挂职（培养）锻炼管理办法》，择优选拔13名科级干部、41名优秀员工由基层到本部挂职（培养）锻炼，选派7名优秀员工到总（分）部培养锻炼，选派4名干部员工到国家电网公司系统兄弟单位挂职（培养）锻炼。加大年轻干部选拔力度，在后备干部推荐中，提高年轻干部比例，35 岁以下副处级后备基本达到 1/3。

加强领导干部培训工作围绕坚强智能电网建设、“三集五大”体系建设等工作，以提升领导力为核心，完善领导干部培训体系。加强领导干部培训。举办三期主题轮训班，做好课程设置、培训班管理等工作，公司主要领导亲授党课，共培训处级干部 179 名，出勤率、考试优秀率均达到 100%，2 名处级领导干部参加国际项目高级管理人员培训班。加强后备干部培训。筹备公司党校第一期青年干部培训班，从后备干部中择优选拔培训班学员。加强人事干部培训。举办 1 期干部人事业务培训班，培训干部人事部门负责人 21 名。

以强化干部监督检查为重点，加强干部全过程管理。组织完成国家电网公司干部信息系统的推广实施工作，实现公司系统处级、科级及科级后备干部全面上线，构建了干部信息一体化平台。加强对基层选人用人的监督检查，制定干部选拔请示报告制度，严格助理副总师和县级供电企业正职按照任前请示的规定程序，开展各单位干部选拔任用“一报告两评议”工作。加强领导干部因私出国管理。与北京市公安局出入境管理处沟通，完成领导干部出入境备案的单位立户、备案工作，严格执行领导干部出入境审批流程。做好京外调干计划申报、领导干部体检、领导干部档案管理等方面工作，提升干部服务水平。

提升本部人事管理水平。实施本部全员绩效考核。制定实施细则，采用定量考核和定性评价相结合的“目标任务制”考核方式，推行绩效经理人制度，加强各部门年度考核指标和重点工作过程管理。优化本部人力资源管理流程。加强规范公司本部机构岗位、人员配置、劳动合同、员工培训、薪酬福利、社会保险等日常管理，促进本部人力资源管理水平提升。促进本部制度体系建设与落实工作。落实公司“三集五大”制度体系建设要求，组织建立健全本部各项规章制度，开展规章制度“两图一表”编制与落实工作，确保制度化管理周延度和制度化管理对接度全部达到 100%。加强干部人事管理制度和标准体系建设。共制定印发 17 项制度、办法、规定、意见等，涵盖干部管理、机关人事管理各个方面。梳理职责分工，明确岗位流程，制定管理标准 5 项、工作标准 23 项。

（孟祥来）

【人才队伍建设】 制定人才管理实施细则。根据国家电网公司《关于规范公司系统人才分级分类管理的意见》（国家电网人资〔2012〕684 号），公司编制并印发了《冀北电力有限公司优秀人才管理实施细则》（冀北电人资〔2012〕121 号），明确了“四级四类”人才的分级分类标准和管理职责分工，为今后开展优秀人才选拔和考核提供了依据。

开展优秀人才选拔培养。根据国家电网公司统一部署，组织开展专业领军人才选拔工作，为 160 名报考人员举办考前集中强化培训，通过笔试、面试和素质评价等环节，共有 8 人成为国家电网公司级专业领军人才培养对象；组织电力行业技术能手、电力行业教育培训新星奖候选人推荐上报工作，新增 2 名电力行业技术能手和 1 名教育培训新星奖获得者。

加大技能人才职业资格鉴定力度。经电力行业职业技能鉴定指导中心批准，成立公司职业技能鉴定中心，为职业技能鉴定提供组织保障；2012 年共完成 6221 人职业技能鉴定考试组织工作，其中 4345 人取得相应的职业资格证书。

（袁　俏　韦荣建）

【职工教育培训】 开展“三集五大”体系建设培训。实施“三集五大”专项培训 1383 个，培训人次 76 529，考试人次 60 828，全面覆盖“三集五大”体系专业人员，培训考试率 100%，转岗、适岗培训率 100%。

开展全员培训考试。全年共举办培训项目 3305 个，4571 期，培训 178 973 人次，全员培训率达到 96.07%。其中，公司本部直接组织实施党校政治理论、专业管理、专业技术、生产技能及特高压智能电网等培训项目 175 个，412 期，培训 19 463 人次。各单位培训项目组织实施 3130 个，4159 期，培训 159 510人次。开展各项普调考，先后举办人力资源专业普考、财务专业普考、状态检修普考、95598 客服人员普考、电力可靠性专业知识竞赛等 10 项普调考和 5 项竞赛，3178 人参加，85 人在普调考和竞赛中脱颖而出。参加国家电网公司等上级单位组织的普调考和竞赛活动 7 项。获得中国电力企业联合会第八届全国电力行业职业技能竞赛高压线路带电检修工决赛项目团体二等奖，2 人获得“电力行业优秀技能选手”称号；在国家电网公司 2012 年生产管理信息系统应用技能竞赛获奖中，1 人获得配电专业三等奖；在国家电网公司 2012 年财务专业调考中，1 人取得财税管理专业的第六名，1 人取得会计核算专业的第十八名。

建立健全教育培训管理规章制度，制定教育培训管理办法、培训项目管理办法等 8 项培训管理制度。编制《冀北电力有限公司十二五教育培训规划》，明确“十二五”教育培训工作目标和主要任务。编制《培训项目与课程体系建设规划》和《培训项目与课程体系手册（2012）》，包括管理类培训项目12个，专业技术类培训项目26个，专业技术类课程44个。

开展教育培训资源优化整合工作。制定教育培训资源整合方案，对两个公司级培训中心的功能定位和主要职责进行了明确，调整保定电力职业技术学院的学历教育招生计划，由原来的1500人压缩至900人。截至年底，公司共有各级培训机构8个，其中公司级培训中心3个，分别为管理培训中心、技能培训中心和带电作业培训中心；地市公司培训中心5个，分别为唐山、张家口、秦皇岛、承德、廊坊公司培训中心。公司管理培训中心拥有专职培训师35名，内部兼职培训师79名、外部兼职培训师240名。建有24个实训室。技能培训中心拥有学历教师152名，其中电网相关专业教师60名，基础及动力专业教师92名，建有7个实训室。带电作业培训中心拥有专职培训师6名，兼职培训师6名。建有500、220、110、35kV和10kV配电线路共7条，户外实验场、带电作业工器具室。地市公司培训中心拥有专职培训师30名，兼职培训师466名，建有7个实训室。

（袁　俏　常莉莉）

【劳动组织管理】 省、市、县全面完成组织机构调整，集约化、扁平化、专业化的组织架构初步形成。完善本部功能设置，本部设置22个职能部门，明晰各部门职责界面；规范组建公司层面业务支撑机构。整合部分所属单位资源，设立“两院、四公司、三中心”，增强对“五大”业务的支撑能力；统一5个地（市）供电公司，地（市）公司本部统一设置11个职能部门，业务支撑实施机构设置“一所、三公司、两中心”；统一43个县供电公司，县公司本部统一设置6个职能部门，业务支撑实施机构设置“一工区、一中心”。通过“三集五大”体系建设，公司、市、县层面二级机构总数由1097个精简到547个，组织机构精简率达50.1%。

开展岗位标准化建设。结合“三集五大”体系全新组织架构和职责分工，组建工作标准专业人才队伍，组织所属各层级单位落实管理标准和技术标准要求，按照工作标准体系架构，分层级构建工作标准体系，明确各岗位的工作职责和工作内容，共制定发布工作标准2145项，实现工作标准全岗位覆盖和岗位工作标准的统一。

深化定员管理。根据国家电网公司“三集五大”体系定员标准，依据设备台账，精心测算所属5个地市公司、9个业务支撑机构和43个县公司的领导干部职数和人员编制，公司“三集五大”规范用工由22 038人降至18 798人，用工总量降低14.7%。各级管理人员由7263人精简至3663人，精简率46.6%。

规范人力资源配置。规范机构内采取公开竞聘、组织选配的方式配置支撑主营业务发展的优秀人员。对于部分超编的非主营业务一般管理人员及原从事主营业务的集体工纳入集体企业管理。对于各单位岗位竞聘后存在的超编人员，通过单位内部调配、补充替代其他用工后仍无法消纳且不适合纳入集体企业管理的，采取设立企业服务中心的方式，内部建立人员消纳机制、绩效考核机制、培训机制，进行规范管理。企业服务中心作为各单位管理的临时性二级机构，内设临时性超编岗位，随“三集五大”规范机构内人员编制增加、自然减员、缺员补充等变化因素逐年减少，实行人走岗销，在全面达到国家电网公司“三集五大”体系建设编制要求后，予以撤销。

（郭　佳　乔大雁　孔德国）

【劳动计划管理】 完成人力资源需求预测工作。建立人力资源需求预测模型体系，分别对“十二五”期间公司人力资源总量、人员结构和素质结构进行分析和预测，将预测结果运用于人力资源计划管理，力求实现“严控总量，优化结构，提升效率”的工作目标。

强化人力资源计划过程管控。全面监控公司各类人力资源信息，通过梳理业务流程、日常业务指导和考核通报相结合的方式，加强对基层单位人力资源计划过程管控，完成公司2012年人力资源计划调整和2013年人力资源计划编制上报工作。

加强人力资源信息化建设。组织开展人力资源信息系统适应性调整工作，完成ERP－人力资源模块、人资管控系统、远程培训系统的组织机构、人员岗位和职责权限的调整工作。规范人力资源基础信息，推进公司人力资源信息系统的深化应用，确保业务标准、流程规范、数据准确。

编制完成公司“十二五”人力资源规划报告。提出“十二五”时期公司人力资源管理工作的总体目标，明确规划期间的重点任务及工作措施，全面实施人才强企战略，引领公司人力资源管理和队伍建设，培养造就高素质员工队伍，为建设“一强三优”现代化公司提供强有力的人才支撑。

（张　宪　刘生彦）

【劳动用工管理】 建立用工管理制度体系。制定《劳动合同管理办法》，印发劳动合同文本，规范劳动合同管理流程，明确劳动合同订立、履行、变更、解除、终止的适用条件及需履行程序，同时对于终止、解除劳动合同的经济补偿作出明确规定，最大限度地保护公司和劳动者双方权益。制定《劳务派遣用工管理暂行办法》，明确劳务派遣管理相关部门职责，确定劳务派遣使用岗位、同时从用工计划、人员入口、用工关系管理、劳务费管理、劳务派遣单位管理等方面对劳务派遣用工进行全面规范。制定《人员借用管理暂行办法》，明确了人员借用条件，审批程序及借用人员日常管理，为规范各单位内部人员借用、跨单位人员借用管理提供了重要依据。

开展人力资源诊断分析，摸清人力资源现状。自9月启动人力资源诊断分析，历时两个月，通过深入挖掘数据，采用横向对标、趋势分析、调查问卷等方法，查找人力资源管理中存在的问题和薄弱环节，研究对策，完成人力资源诊断分析报告。

优化配置人力资源，构建内部人力资源市场。结合“三集五大”体系人员编制要求，针对部分支撑机构人员缺口较大，部分单位超员较多的现状，对各单位进行人员需求调研。按照“人岗匹配，统筹平衡”的原则，采取成建制划转、选聘、公开招聘相结合的方式引导人员从超员单位向缺员单位流动，妥善有序解决结构性缺员和超编人员安置问题。

严控员工入口，加强毕业生招聘录用管理。严格按照国家电网公司相关政策要求，采取“统一计划、统一组织、统一标准、统一考试、统一招聘、统一评价”管理模式，顺利完成2012年毕业生招聘接收；根据国家电网公司毕业生招聘新要求，统筹规划公司自行组织考试和参加国家电网公司统一考试的考试模式，积极走进高校开展校园招聘，为公司提前锁定优秀人才。

（张　宪　赵　梅）

【薪酬与绩效管理】 加强薪酬管理，制定《工资支付办法》，明确规定公司本部和各单位工资支付周期、支付形式、支付项目标准以及加班工资支付、假期和特殊情况工资支付、新进人员工资支付等。

创新薪酬管理方式，全面实施以“岗位责任、个人能力和工作业绩”为分配要素的岗位绩效工资制度，制定《岗位绩效工作管理办法》；建立生产岗位特殊津贴和缺员一线岗位、特殊岗位浮动点值制度，初步建立向一线岗位、关键岗位和重要人才倾斜的薪酬分配机制，促进人员合理流动。

规范企业负责人薪酬管理，制定《企业负责人薪酬管理办法》，将大型、重点县级供电企业正职领导干部纳入管理范围，建立企业负责人薪酬与公司考核、国家电网公司业绩考核双联动机制，实现企业负责人薪酬与岗位责任、经营业绩挂钩。

按照“统一管理，分类考核，逐级实施”的原则，建立贯通省、地、县三级单位的全员绩效管理体系，全员绩效管理覆盖所有层级、全部岗位，实现了指标层层分解、责任逐级落实。制定《全员绩效管理办法》，建立“两级管理”（公司、地市公司）、“三类考核”（企业负责人、管理机关、一线员工），个人的绩效结果等级与所在部门（班组）绩效结果等级挂钩的全员绩效管理体系。

建立“定量考核与定性评价”相结合的管理机关“目标任务制”和一线员工“工作积分制”考核模式，制定地市级单位管理机关关键绩效指标和一线典型岗位工作积分标准。拓展绩效结果应用，绩效结果与绩效薪金、评优评先、人才选拔、升迁竞聘、技能鉴定、职称评定、教育培训等挂钩，发挥绩效管理的目标导向作用。

规范企业负责人业绩考核，制定《企业负责人业绩考核管理办法》，组织签订《企业负责人业绩考核责任书》，建立包括关键业绩指标、减项指标和综合评价相结合的企业负责人业绩考核体系。加强业绩考核过程管控，建立企业负责人业绩考核看板，促进公司价值最大化目标实现。

健全考勤管理组织机构，成立公司考勤工作领导小组和办公室，明确了梳理职责分工。完善考勤管理制度，组织制定各层级考勤管理办法103个，强化日常考勤、请销假管理。定期开展基层单位考勤工作执行情况检查，对发现的问题及时整改，确保考勤工作规范开展。

（李　芸　姚剑锋）

【福利保障管理】 加强福利保障制度建设。建立健全福利保障管理框架和制度体系，制定《福利计划管理办法》《冀北电力有限公司社会保险及住房公积金管理暂行办法》《京内、京外单位企业补充医疗保险实施办法》。开展福利保障自查和规范工作，完成20项福利项目制度建设标准及福利项目管理台账的设立。完成8项保障项目制度建设及8项保障项目管理台账的设立。梳理各级各类政策，编制并印发《福利保障制度汇编》，收录福利保障制度106项。

加强福利保障监管体系建设。①依托社会保险月报、福利保障报表等管理系统，与财务系统数据相衔接，对所属各单位福利保障管理情况进行实时管控。首次编制年度福利计划，建立福利计划定期监督检查机制。保障管理在确保“五险一金”应保尽保的基础上，不断加大对补充医疗保险和企业年金管理工作的监督、指导力度。合理利用信息化平台对福利保障工作进行有效管控，确保在职职工和离退休人员各项待遇的有效落实。② 开展福利保障管理的监督检查与自查工作，不断加大监管力度。对福利保障管理及职工福利发放情况进行全面梳理和规范，明确加强职工福利保障管理的工作思路和具体规范措施。

（刘春培　朱士嘉）

财务与资产管理

【经营和财务状况】 2012年，公司完成国家电网公司下达的资产经营考核指标和公司年度经营目标。纳入公司合并会计报表范围的子公司有40家，其中全资子公司32家，控股子公司1家。购电量完成1339.61亿kWh，售电量完成1263.20亿kWh，线损率（财务口径）完成5.70%。

公司资产总额502.84亿元，负债总额313.88亿元，所有者权益188.96亿元。利润总额0.27亿元，净资产收益率-1.66%，资产负债率62.42%，流动资产周转率8.47次，完成国家电网公司汇总下达指标。上缴投资收益完成3.00亿元，与国家电网公司汇总下达指标持平。

（李庆国　刘天宝　杨晓静）

【财务集约化管理】 完成税务登记、账户开立、债权债务和系统拆分等相关工作，用最短的时间实现了财务独立运作，在此基础上，以公司《"三集五大"体系财务集约化专业建设方案》《深化财务集约化管理实施方案》为指导，坚持以"六统一、五集中、三加强、三保障"为主线，按照"深化应用、提升功能、实时管控、精益高效"的目标要求，推进财务集约化管理体系的深入应用和常态运行，持续增强资金、资产、资本的优化配置，公司财务集约化顺利通过国家电网公司"三集五大"专业评估组验收。

"六统一"。完成超市化采购物料类别费用化科目等会计科目统一设置；统一规范凭证摘要并印发至各基层单位；实现上下两级联动的集团对账机制，确保集团对账率100%。完成211个标准流程的差异分析工作，修改资金管理平台表单格式和系统流程，使之适应57种非集成业务、40种省内内部交易、26种付款及预付款申请，优化了资金结算流程，规范了会计凭证审批流程，实现标准流程100%全面覆盖。结合"三集五大"组织机构调整契机压缩公司会计主体。

"五集中"。提升会计集中核算水平。推进集团对账工作，集团对账率达到100%，在全口径单位实现了报表"一键式"生成，报表质量逐月提升；实现内部关联交易业务100%协同处理，对几项新增业务在协同平台中进行了客户化开发。在财务管控系统中开发了指标考核体系平台，强化绩效考核体制。提高资金集中管理效益。开展银行账户清理，实现账户全面监控；重建银行账户体系，强化资金集中管理；完成资金结算系统拆分，推进统一支付平台上线；制定资金管理办法，健全制度管理体系；加大内部融资力度，提高资金运作效率。增强资本集中运作能力。完成土地权属清理完善工作，深入推进主多分开多经资产收购整合工作，500kV资产管理逐步实现属地化，财产保险工作进一步加强，完成股权投资清理工作。资源调配能力进一步提升。完成经营情况诊断分析报告及整改落实方案；完成"十二五"财务发展规划编制；协调各部门编制增收节支方案，努力压缩成本，创造收益；成功在下属公司试点开展经营诊断分析工作。有效防范企业经营风险。完成税务登记及一般纳税人资格核定；开展税收筹划工作；组织开展财务专项检查及专项检查"回头看"活动；强化财务日常监督工作；深入开展资产经营对标工作。

▶ 9月26日，公司召开财务集约化推进工作会议。

"三加强"。推进工程全过程财务管理和基建标准成本扩大试点工作，加强工程全过程财务管理和农网升级改造工程财务管理。拓展"营财一体化"应用，实现电费核算与交易系统的集成，争取优惠的电价政策。

"三保障"。建立健全财务与业务协同机制，完善财务与业务集成应用规范。以ERP系统和财务管控系统为支撑，实现全公司数据大集中及凭证双向实时准确传递，实现了信息系统“纵向到底、横向到边”。

配合“五大”体系建设，全面完成新成立、合并、更名等机构财务信息系统调整、预算调整及资产移交工作，做好会计主体、银行账户、税务主体的新设与注销工作。

（张海力　刘　楠）

【预算与成本管理】 深化预算集约调控。制定预算集约化调控考核指标的分解实施方案，健全相关指标考核体系，按月通报完成进度，加大考核力度。以密切业务与财务衔接为预算集约调控工作重点，统一业务预算口径与财务预算口径，开展系统数据治理，细化预算项目查询。

完成预算方案编制。完成公司第一年的预算的编制，并全面采用国家电网公司标准成本对所属单位的成本需求进行测算，结合经营变动情况，对各单位的成本、利润、资产负债率等指标进行了分解下达，按照国家电网公司企业负责人绩效考核办法的要求调整制定了相应的财务指标的考核标准。制定预算编制、执行、考核管理标准 11 项，规范了预算管理相关流程。

成本指标分解下达。全面审查、核对标准成本基础数据，依据标准成本测算，分解、下达预算，强化专项成本管理，统筹各项成本预算，实现成本全面管控。细化成本控制，加大对各项成本合规、合理性审核，在控制“三公”费用的基础上，对社会保险、信息系统维护费等重点支出实施单项控制。

统一业务预算口径。统一业务与财务预算下达、执行口径，大幅提高预算全面掌控能力。通过在 ERP 系统内增加审批流程节点，在业务部门将项目推进系统时，在系统内通过特定界面增加相应项目的财务属性，由财务部门增加业务与财务等不同口径数据间的关联性，实现跨业务预算匹配管控，最大化发挥系统管控能力。

强化资金计划管控。以年度财务预算进度分解和综合计划为基础，按照“集中管理、分工协作、分级编制、纵横结合、动态调控”的思路，完善现金流量预算与业务预算的匹配。强调资金跟着预算走，预算资金按照进度拨付，利用资金手段调控成本预算的执行，各部门、单位严格按照日常预算及专项预算使用资金，不允许资金在不同的预算项目之间进行调剂，严禁将预算资金用于预算之外的其他用途。

预算指标监控分析。对于影响预算的售电量、售电均价、购电均价和线损率、专项业务成本等核心指标，经过公司审议通过后，将各项指标在本部归口部门中进行分解。按照预算备案的利润目标，细化分解到月，确定项目基础数据，核心指标的季度、年度目标。财务部汇总分析整体预算及各单项指标执行差异，并在次月的月度经济活动分析会中进行通报。为整个预算执行的动态控制提供依据。

开展经营诊断分析。深入分析公司组建尚未完全完成、投资能力有所下降、经营存在较多变数等主要问题，合理控制投资时序，优化电网建设。选择送变电公司作为试点在所属单位开展经营诊断工作，改善其经营状况。

开展增收节支工作。制定增收节支方案，确定增收节支目标，明确各部门责任，坚持“勤俭办企业”的方针，在保证公司快速发展所需资金投入的基础上，严格控制可控费用，通过努力增供扩销，严控购电成本，强化项目过程管控，统筹资金调度，有效降低建设、运维、融资和各项费用支出。

（杨　进　孙　磊　孙　贤）

【资产与产权管理】 开展土地权属清理完善工作。截至 2011 年 12 月 31 日公司所属存量土地共 1717 宗，至 2012 年底，已完成 60% 存量土地清理完善的进度目标，预计 2013 年底前，完成全部所属土地的权证完善工作。

开展资产重组整合工作，将产权管理级次压缩到四级。公司收购了承德天汇电力设计有限责任公司、张家口先行电力设计有限公司、秦皇岛福电电力设计有限公司、廊坊市冠华电力设计有限责任公司 100% 的股权。

2012 年涉及股权转让共计 2 项，公司本部 1 家，所属公司 1 家。根据国家电网公司清理低效、无效投资及产权级次清理的要求，2012 年清理单位 3 家。公司以缩股撤资的方式清理长期股权投资 1 项，为秦皇岛昌黎供电分公司持有的唐秦农电职工昌黎黄金海岸培训中心 6.98% 的股权，正在清理的股权 3 项。

深化资产设备联动管理。公司统一规范了设备记录信息标准，完成了对 EAM 系统（管理 35kV 城网及以上电压等级的变电站和线路）和实物平台（管理房屋建筑物、车辆等辅助生产性资产）的管理信息规范化功能调整，并完成了存量设备数据的清理及更新。同时，公司规范和统一了不同类型资产（生产性资产、非生产性资产、无形资产等）与相应设备和实物之间的联动管理标准，并对套装软件已有的资产设备联动功能进行了优化。扩展完善资产设备整合联动的管理对象，将土地资产、知识产权资产等纳入管理范围。增加土地实物类别，在实物平台中增加了土地台账管理功能，在套装软件中优化了土地资产管理应用，实现土地资产与土地台账的整合联动，完成存量土地资产（包括土地使用权）的清理与转换，在套装软件知识产权台账管理的基础上，增加与专利管理系统的集成接口，将专利管理系统信息实时同步至套装软件知识产权台账，确保不同系统中关于知识产权台账信息的一致性及准确性；同时，建立了知识产权的基础信息、项目信息、财务信息和运用信息的关联关系，辅助支持知识产权台账与无形资产的联动管理。完善资产设备相关管理报表的客户化开发部署应用，建立统一的管理报表体系。实现设备的多口径统计查询功能，并通过设备记录信息查询报表，筛选展现不符合设备记录信息标准的设备信息。实现资产多口径统计查询功能，支持按不同维度对资产设备对应率、资产结构变动、线站内资产、逾龄资产和资产折旧预测等资产信息进行统计分析，并可对资产管理报表进行穿透查询。

2012 年重大灾害理赔。“7·21”、“7·28”特大暴雨和“8·3”达维台风的侵袭，使秦皇岛、唐山等地区共 17 家公司遭受了不同程度的财产损失。组织专题会议，指导灾后索赔工作。现场指导各受灾单位开展灾后报案、资料收集和定损工作，并对受损单位报损项目进行逐项审核，指导各单位合理补增了加班费、青苗补偿费等费用类支出金额；结合大修审批项目及时提醒各单位对漏报项目情况进行补报。申请阶段性赔付，缓解灾后重建资金压力。

完成 500kV 资产划转工作。根据《关于划转有关 500kV 输变电资产及相关负债的通知》（国家电网财〔2012〕936 号）文件规定及公司传递的《冀北代维国网资产划转凭证调整方案》，于 12 月底前完成了 500kV 资产划转北京、天津、河北的协议签订工作。

（刘利军　张润学）

【资金管理】 对公司本部及所属单位各类账户进行全面清理，对于不达标的账户提出了处置意见，敦促各单位完成整改，重新办理“三集五大”机构调整涉及单位的银行账户变更及授权查询，将 21 家县级子公司银行账户纳入管控范围。针对实际新增、变更、撤销而未在管控中做相应处理的银行账户，及时上报账户信息，由公司本部统一维护。

重建银行账户体系，强化资金集中管理。执行国家电网公司总部统一制定的银行账户管控标准，推行“一行一户”账户开立模式，构建以集团账户为核心的账户管理体系。撤销原华北公司集团账户挂接，实现 34 个资金账户安全回收；加快推进资金归集体系重建工作，印发《关于办理公司资金池账户授权及资金定向归集的通知》，开展所属各单位银行账户资金池挂接工作。公司决定在工行、农行搭建三级资金池，在建行、中行搭建二级资金池，并同时在四家银行搭建电费实时归集体系，实现资金实时归集、资金统一运作。实施资金归集后，公司资金归集率每月均达到 100%，资金池资金运作效率大幅提高。

建立银行账户管理监控审核机制。对全部银行账户实现分级管理，对所属各单位银行账户的开立、变更和撤销实行审批备案制度，严控新开立账户的数量。经过建立银行账户全过程监控审核机制，公司银行账户管理信息达标率、账户符合管控标准两项指标考核均达到 100%。

完成资金结算系统拆分，推进统一支付平台上线。梳理公司电子支付流程，回收全部电子密钥。实现电子支付业务全面覆盖，减少支票、现金等手工支付方式，在确保资金安全的前提下有效提高资金支付效率。

加大内部融资力度，提高资金运作效率。利用内部融资渠道，协调系统内两家单位通过中电财办理委托贷款业务，向公司融资超过 14 亿元，有效提高集团内部资金使用效率，实现内部资金合理调剂。对金融机构进行全方位综合评价。

制定资金管理办法，健全制度管理体系。先后出台资金管理、融资管理、电子支付安全等 9 个办法，完善公司资金管理制度体系，制定多项资金管理流程、管理标准、工作标准，并固化到信息系统，实现资金工作流程的统一规范。

拓宽融资渠道，为公司发展提供坚强的资金保障。积极争取商业银行融资支持，扩大授信规模，争取利率优惠。加强循环贷款、法人账户透支、票据融资等业务合作，增强外部资金备付保障能力。积极创新融资方式。研究应收账款保理、电费收益权转让、系统内单位委托贷款等融资业务。加强融资需求分析，完善资金收支分析模型，根据资金缺口提前筹划融资业务，保障公司资金平稳运作。

加强支付结算管理，提高支付结算效率。建立支付授权审批制度，明确职责权限，规范岗位设置，优化支付审批及操作流程，提高支付效率。完善电子支付功能，提高银企直联使用效率。提升支付风险防控能力。进一步加强支付授权、密钥等关键环节管理；研究资金支付实时预警功能，加强事前、事中风险防控。

夯实资金管理基础，持续提升资金风险防范能力。开展资金管理业务培训，提高各单位资金风险防范意识，建立资金安全管理长效机制。督导各单位完善内控建设，合理配置岗位。开展不定期资金安全检查，重点解决现金管理及资金安全管理漏洞，确保资金管理重点领域可控在控。

在机关财务报销中全面推行网银付款。全面取消了传统的现金报销支付方式，实现了机关财务零现金报销。有效地缓解了业务量增长所带来的报销压力，提高了服务水平。

（王小路　扈阳春　郭　栋）

【会计核算管理】 完成财务独立运作。公司成立之初，在无账户、无资金、无报销制度与流程等种种不利的情况下，完成税务登记、账户开立、债权债务清理和系统拆分等相关工作，实现财务独立运作。梳理13大类核心业务流程，编制18项管理标准，规范39项工作标准，制订37项规章制度，绘制54项管理工作流程，固化211个标准流程。

完成会计主体调整工作。平稳调整“两院、四公司、三中心”会计主体和会计核算体系，规范开展债权债务清理、档案移交、资产清查划转，对接“五大”体系建设调整机构，同步调整资金管理体系、预算管理体系、资产管理体系和风险控制管理体系。组织开展“三集五大”财务系统适应性调整，确保“五大”调整期间账务衔接平稳过渡。建立了集中、统一、精益、高效的现代化财务管理体系，各项功能全部上线并稳定运行。

（王兴强　闻子捷）

【电价工作】 推进销售电价分类结构调整工作。制定科学合理的销售电价分类结构调整实施方案；深入分析研究公司电价主要矛盾；积极研究电价政策，做好周密的测算工作，准确分析分类结构调整对公司产生的影响，防范经营风险；加强与河北物价局的沟通与汇报，掌握调整工作最新动态，及时调整工作方案。

加强监管配合与电价管理。建立全常态监管沟通机制，配合做好输配电成本等监管工作，加强宣传引导，防范监管风险。加强农维费、线损折价、基本电费、城市电力公用事业附加费等薄弱环节电价管理；梳理电网环节电价矛盾，切实防范电价矛盾转移风险。

建立合理的趸售电价调整机制。建立科学合理的趸售电价调整机制和激励约束机制，结合外部监管要求和执行情况进行适当调整和逐步完善。认真分析县公司2012年经营指标完成情况，按照“合理成本，合理盈利，满足趸售县子公司电网运维和建设需求”的原则，合理确定各县综合的购网电价。

居民阶梯电价方案平稳实施。配合河北省物价部门制定居民阶梯电价实施方案，顺利完成成本监审和听证会相关工作，确保居民阶梯电价自2012年7月1日平稳实施。配合河北省物价部门出台了一户多人口、电采暖电价政策以及低保户、五保户免费电量电费退费的相关文件，规范政策执行的业务处理标准流程，并配合营销部制定了实施细则，完善和落实居民阶梯电价的实施方案。

细化购售电预算工作，提高预算编制的准确度。认真做好购售电预算申报、备案、调整工作，规范购售电预算编制流程，充实电价基础数据信息，加强购售电预算执行分析，建立购售电预算考核机制，确保预算与实际执行情况偏差率小于5%。

加强电价统计分析工作。各单位要做好电价执行的统计分析工作。认真完成购售电月度报表的编制工作，必须经财务部门负责人审核后进行上报，同时要提高财务快报购售电数据的准确性；加强对各类电价执行情况的统计分析工作，注重电价相关数据的收集、整理与分析；从电量结构、电价的变化，对本单位月度购售电完成情况进行分析，查找存在的问题，编写月度电价分析报告上报公司财务部，公司将对分析报告的质量进行考核；按时完成公司交办的各项电价分析工作任务，财务部门负责人要高度重视电价分析工作，认真审核报出的分析材料。对不认真完成相关分析工作并对公司分析产生较大影响的单位，将在电价集约化中进行考核。

降低营销系统数据差异率，加强营财一体化建设。统一核算及管理流程，最大化实现电价与营销、交易系统的信息共享。应用营财一体化平台，实现营销系统实收电费信息与银行资金到账信息的自动核对；在实现SG186营销系统与财务管控模块的集成基础上，按照财务规则完善营销系统中应收、实收、预收及其他业务电费收入的明细核算规则，强化营销与财务的业务融合与流程贯通，确保了营销与财务电费信息的一致。

电价培训工作。举办电价培训班，对各单位电价管理人员进行电价政策解读与执行培训；通过到本部交流工作，培养基层单位电价管理人员的工作能力。

（甘　萍　田　健）

【基建财务管理】 开展基建标准成本扩大试点工作。开展基建标准成本的研究工作，总结经研院对500kV

承德至承德西线路工程、唐山对110kV唐山左家坞变电站工程成功试点经验，组织相关部门参加国家电网公司基建标准成本扩大试点实施方案培训班，掌握实施路线和操作方案；组织直属单位学习《国家电网公司基建标准成本扩大试点实施方案》及公司基建标准成本扩大试点工作安排；组织开展6个扩大试点工程项目的参数统计、相关内控参数及内控目标的制定工作，形成会议纪要；将内控参数及内控目标导入ERP系统，实施工程成本预警控制，预计节约投资1865万元，节约率约3%。

推进工程全过程财务管理。建立覆盖规划可研到竣工决算各个阶段的工程财务管理办法等制度体系，规范工程全过程财务管理。参加国家电网公司工程全过程财务管理培训班，提高全面管理意识，掌握前沿管理技术；邀请国家电网公司领导和专家讲解工程全过程财务管理专业知识，参与规划可研及投资计划阶段的财务管理，配合完成唐山、承德、秦皇岛110～220kV工程的可研估算审查工作；参与初步设计阶段的财务管理工作，参与御道口500kV、唐山增盛路220kV等工程的初设概算审查工作；参与招投标阶段财务管理工作，参与审查招投标文件，参加评标议标；参与工程实施阶段财务管理，筹集工程建设资金，加强资金管理，严格执行合同约定，准确核算建设成本，开展物资核算及结算工作；调整生产准备费管理模式，强化业务管理，规范管理流程，增强业务与财务的衔接；参与工程竣工结算阶段财务管理，参与结算审核工作，加强工程结算环节关键风险的防范；参与工程竣工决算阶段财务管理，核对应收应付款项，按时编制竣工决算报告，暂估及正式转资；开展工程后评价工作，发挥财务应有的反映和监督职能。

规范工程竣工决算分级审核审批工作。制定《冀北电力有限公司工程竣工决算分级审核审批实施细则》，并要求直属直管单位制定配套的实施方案；认真学习国家电网公司《关于规范竣工决算分级审核审批中介机构选聘工作的指导意见》，按时完成500kV工程竣工决算审核中介机构的推荐工作；组织直属直管单位编报2012年工程竣工决算分级审核审批工作计划，完成公司2012年工程竣工决算分级审核审批工作计划的编制工作；结合2012年工程竣工及决算编制情况，全面开展竣工决算分级审核审批工作。开展基建工程财务分析，完成《2012年基建财务专题分析报告》，并以正式文件上报国家电网公司。

强化工程财务关键风险管控。开展工程财务关键风险管控课题研究，撰写27 000余字的《电网基建财务风险管理研究报告》。对工程建设全过程的各类财务风险进行系统梳理，建立以风险预研预判和过程化解为核心的防范机制，强化工程财务风险的源头治理和过程管控，指导基建财务人员有效应对监督检查。

加强农网升级改造工程、用户工程财务管理。逐月开展工程财务支出及转资情况分析，掌握相关进度，分析存在问题及困难，研究推进工程付款进度的具体措施，加强工程财务管理；按照申请资金进度与业务部门上报进度协调一致的原则，按月完成中央财政资金申请工作，督导冀北五局规范使用和管理资金；参加公司农网升级改造工程进度推进协调会，通报财务支出及转资情况，提出存在的问题及建议；参加EPC工程项目付款进度推进会，沟通总承包商，联系业务管理部门和单位，协助研究加快付款速度的措施和办法，推进农网改造升级工程付款进度。规范用户工程建设资金的管理和使用，实施工程项目资金预算编制、执行、控制和监督，加强工程成本核算，准确及时编制竣工决算报告，合理控制工程建设成本，防范经营和法律风险。

为改变资金计划一经下达，项目执行完毕前持续有效的管理方式，实现资本性项目计划与年度预算的有效衔接，优化资本性项目资金计划下达模式。实现按年清零资本性项目资金计划，年初由公司归口管理部门审批需结转的项目资金计划后，财务资产部增加该项目当年的资金计划。连续两年未发生支出的项目的资金计划原则上不得结转，如确实需要实施，经主管部门重新审核通过后，可以进行资金计划的结转。2012年共整理跨年执行资本性项目1342项、金额近60亿元，避免跨年项目资金计划不断叠加，实际执行计划与需求不符，强化投资规划与执行能力。保证资本性项目资金计划与年度预算有效衔接。

细化1375种资产分类明细，明确资产目录与类别的对应关系，编写资产编码体系方案，在资产全寿命管理系统中固化；建立设备类型、物料类别和资产目录的对应标准，规范自动转资工作标准，推动横向业务融合，统一信息化支撑应用体系，实现项目自动转资，提高竣工决算报告编制效率和质量。

项目完成决算后未能及时关闭，造成系统项目状态数据出现错误，影响相关统计数据的准确性和竣工决算报告的编制。根据国家电网公司对决算报告完成的时间规定在ERP系统中进行设置，ERP系统对项目关闭负责人在需进行项目关闭前14天进行提醒，延期到期后每30天提醒用户关闭项目，直至该项目最终被设置为关闭状态。大中型基建项目自动关闭程序的开发应用有效提高了关闭项目的及时性，进一步促进了ERP系统中项目相关实时统计数据的准确性和完备性，提高了竣工决算报告编制的质量和时效。

工程财务档案管理系统。此系统包括与工程项目有关的资料信息，可研、估算、初设、概算、申请、批复、立项等手续，合同、结算及决算等相关资料。工程财务档案管理系统建立以及应用的重心，是在符合《〈国家电网公司建设项目档案管理办法（试行）〉释义》要求的前提下，通过信息化管理，从工程财务（资料）档案的收集、管理与查询三个方面对工程财务档案数据的优化管理，兼顾一定的监督与提醒机制，使信息化建设更加完善，实现工程财务档案信息科学高效管理，提高基建财务管理工作效率。

（阮绪波　高明敏）

【全面风险管理与内部控制】 健全全面风险管理体系。成立公司全面风险与内部控制委员会及办公室，制定《全面风险管理与内部控制工作实施细则》，健全完善内部控制体系，推进内部控制由条块化管理向体系化管理转变，由多标准多形式管理向统一规范管理转变；根据国家电网公司统一部署，组织各部门编制《2012年全面风险管理报告》，促进全面风险管理工作深入开展。

财务专项检查。建立财务专项检查工作机制，促进各单位财务规范化管理，持续跟踪各单位问题整改进度，组织各单位开展2011年财务专项检查问题整改“回头看”活动，问题整改完成率达到100%，整改工作得到国家电网公司认可。印发2012年财务专项检查工作方案，建立定期报告制度，组织督导各单位针对财务预算执行、资金安全管理和会计基础工作中的薄弱环节，认真开展自查自纠，自查覆盖面及自查任务完成率均达到100%。

财务监督。印发《关于进一步加强财务日常稽核监督工作的通知》，健全公司财务实时稽核监督机制。各单位根据要求，统一组织所属单位认真开展了财务日常稽核监督工作，建立日常稽核监督报告机制。同时明确各级财务稽核人员是财务日常稽核监督的直接责任人，财务稽核人员稽核监督发现的问题，要及时向本单位财务负责人汇报，重大问题要及时向本单位分管领导汇报，各级财务部门负责人要有序组织财务稽核人员开展财务日常稽核监督工作，各级单位分管财务领导要支持保障财务部门和财务稽核人员正常开展财务日常稽核监督工作，并承担领导责任。通过努力，在全公司范围内营造了良好的财务稽核氛围，充分调动了财务稽核人员工作积极性，大部分问题发现当月就得到及时整改。

（张海力　刘　楠）

【财税管理】 规范税收基础。制定《税收管理办法》《增值税管理办法》《企业所得税管理办法》等，对财税管理职责、发票管理、增值税管理、企业所得税管理、营业税及其他税种管理等做出了明确规定。组织公司各单位完善土地、房产、车辆等资产涉税信息，在此基础上利用财务管控系统处理税费计提业务，实现税收自动计算，推进税务信息化建设。

防范税收风险。加强对所属单位税收管理的监督和指导，组织开展涉税风险巡查，有效防控涉税风险，明确整改责任，确保问题整改率达到100%。

强化与税务部门沟通，准确掌握国家税收法律法规，认真研究涉及公司业务的税收政策，有效维护公司利益。2012年公司被授予“税企合作先进单位”。

（张海力　孙　岩）

【财务专业人才建设】 组织公司财务人员开展财务培训工作，采取各单位自行学习与集中培训相结合的方法，保证每人每年培训时间不低于40小时。组织公司财务普考与调考工作，坚持以考代培，检验各单位自行培训成果。其中普考要求45岁及以下财务人员全体参加，将普考结果进行通报，对各单位综合成绩进行排名，提高各单位的重视程度。

选拔部分成绩优秀人员开展集中培训，在提高专业知识的基础上，针对公司改革及财务集约化进程中的重点、难点问题进行深入学习，为公司发展储备人才。

组织参加国家电网公司财务调考，在调考中，有2人获奖，公司被评为“国家电网公司2012年财务调考工作表扬单位”。

组织财务人员参加国家电网公司领军人才选拔工作，推荐优秀人才，组织专业培训，在国家电网公司领军人才选拔考试中，有2人被列为国网领军人才（财务专业）培养对象。

（王会东　李　丽）

物资管理

【物资计划管理】 2012年，公司共完成一般输变电设备、材料类需求，大屏幕、仪器仪表等非电网物资类需求，共计68个集中招标采购批次，33 858条需求计划的申报、审查工作。ERP计划报送准确率达到

91.83%，标准化率超过99%；完成6个批次共计4594条服务类需求计划的申报、审查工作。需求计划申报金额比例见下图。

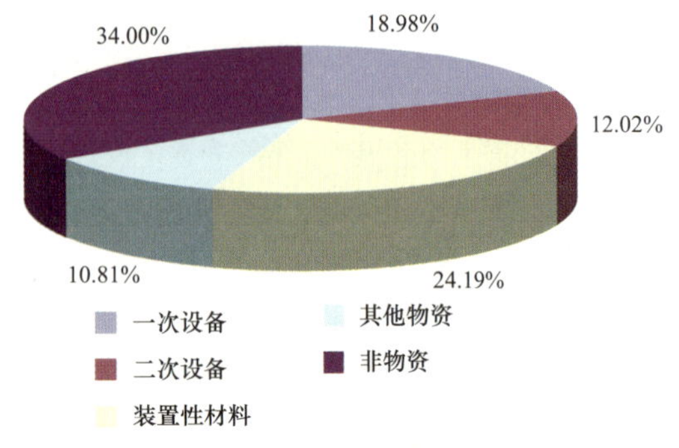

2012年需求计划申报金额比例

深化计划协同管控机制。前端超前掌握项目建设储备和物资需求情况，跟踪项目实施进度，后端与采购实施、库存管理对接，实现需求、利库、采购、供应的统筹协同。对项目类物资和服务需求，主动参与前期工作，结合项目建设技术要求，推广应用物资采购标准，提高采购物资通用互换水平。编制《公司年度需求计划操作手册》，建立滚动修编机制，实现物资需求计划与综合计划、项目里程碑计划的有效衔接。

创新计划审核模式。建立物资计划审核两级会审模式，加强需求计划申报的过程管理，尝试采取“分片交叉”的方式开展一级审核，提高计划申报的超前性、及时性、准确性及规范性。建立省公司、地（市）公司两级计划审核中立专家库，形成由物资专业牵头，各专业组织的，从物料主数据到技术规范的全口径两级集中审核，按照“风险共担、责任各负”的定位，加大审核力度，减少计划上报的失误率。截止到2012年底，需求计划申报准确率由年初的69.48%提高至91.83%，提高幅度达22.35%。

推行计划管理通报制度。对各批次需求计划申报情况印发通报，并将评价结果作为同业对标和企业负责人绩效考核的依据，通过形成通报、考核机制，督促各单位（部门）加强对需求计划填报工作的管理力度，实现对物资计划编制、审核、上报、考核、反馈、通报等全流程的有效管控。

加强计划合规率管控。严格执行国家工程建设项目和国家电网公司对于工程建设项目招标采购合规性的要求，加强项目建设与综合计划执行管理，做到集中采购项目安排有计划、项目建设有核准、项目审查有批复。

健全完善物资计划管理诊断分析与评价体系。坚持物资计划审核、分析、总结、通报的周期化、常态化工作机制，实施批次需求计划审查情况通报制度，并将评价结果作为同业对标和企业负责人绩效考核的依据。

组织开展多层面培训工作。对于各单位需求计划申报人员、审查专家、物资业务人员开展定期集中培训。组织编制并定期修订需求计划申报、技术规范编制业务指导手册，以便于相关业务人员学习、掌握工作标准及要求。

（毕子健　高　迪）

【物资采购管理】 建设完成公司电子评标室。公司在冀北电力有限公司管理人员培训中心建设完成电子评标室。该电子评标室共设1个电子开标室，2个视频会议室，4个评标室，1个保密室和1个会议室，可容纳六十余名评标专家同时进行评标工作。安装了X光机、安检门、手探等安检设备，设置评标用电脑屏蔽USB等数据传输接口，限制管控网络只可登录电子商务平台，安装屏蔽墙物理隔离技术、商务评标专家等手段，加强电子评标室的封闭、管控功能，确保评标环境的严格保密。

采用多种采购模式。全面应用超市化采购，通过“增量招标、余量滚动、即时供货、全面履约”的运行机制，实现对电力电缆、低压电缆及电缆终端三类物资的协议库存集中招标，缩短采购周期，提高采购效率，降低采购成本，节资率达到6.2%。

提升集中采购能力。公司进一步扩大集中采购范围，将公司本部、各直属直管单位，包括上划县公司和小区配套电力设施工程的物资、非物资采购统一纳入公司集中招标采购范围，物资类所有采购在电子商务平台上进行，所有评标在电子评标室内完成。

规范招标采购活动。公司发布了《关于进一步规范冀北电力有限公司采购相关工作的紧急通知》（冀北电物资〔2012〕4号）、《冀北电力有限公司物资非招标采购管理办法（试行）》（冀北电物资〔2012〕18号）、《冀北电力有限公司招标采购活动管理办法》（冀北电物资〔2012〕21号），全面规范招标采购活动。最大限度地实行公开招标，严格遵照国家有关法律法规，属于法律规定必须招标的，均采用公开招标方式实施采购；不属于法律规定必须招标的，凡是能形成规模优势并具备招标条件的，原则上一律以公开招标方式实施采购，促进从严开展采购活动。严格开展招标文件审查，严禁以不合理资格条件、“量身定做”的参数限制、排斥潜在投标人，规定不得以特定行政区域或者特定行业的业绩、奖项作为加分条件或者中标条件，不得限定或指定特定的专利、商标、品牌、原产地或者供应商等，确保招标文件合法合规。严格执行国家电网公司招标采购指导标准意见，结合公司自身实际情况，科学合理地应用招标文件范本、划分标包、合理设置授标限制，降低招标失败风险。严格依法确定排名第一的中标候选人为中标人，坚持中标候选人公示机制，公示期不少于3天，广泛接受社会各界进行监督，营造“公平、公开、公正”的招标环境。

提高评标专家综合素质。全面加强自身评标专家队伍建设，6月6日发布了《冀北电力有限公司评标专家管理办法》（冀北电物资〔2012〕10号），明确评标专家的必备资格条件、权利和义务，规范专家抽取的程序，加强专家的管理和考核。在日常工作中，公司通过专家集中培训和评标前准备会的形式，反复增强评标专家的保密意识和责任意识；在评标现场加强纪律监督，杜绝出现专家主观倾向打分，存在专家评分雷同或替代打分等现象，对招标评标过程中不能客观公正履行职责的评标专家给予警告，情节严重者取消资格，并通报所在单位进行处理。

（马　敏　刘泽其）

【物资质量监督管理】 完善物资质量监督体系建设。2012年底，公司按照国家电网公司统一要求建立了省、地（市）、县三级物资质量检测中心，依托电力工业电力工程材料部件质量检验测试中心、电力工业电气设备质量检验测试中心、国家电线电缆质量监督检验中心等第三方检测机构，建立了物资质量监督管理体系。公司荣获国家电网公司2012年度物资质量监督工作先进单位的荣誉称号。

推进物资质量监督标准化建设。公司严格执行国家电网公司发布的《电力设备监造大纲（交流部分）》《电力设备抽检大纲（交流部分）》《电力线路材料监造大纲》《电力线路材料抽检大纲》以及43类监造和抽检作业规范和22类设备材料质量管控重点措施，实现10kV及以上设备材料质量监督范围在设备类别和供应商两个方面的“双百分之百”全覆盖；组织编制《冀北电力有限公司供应商产品质量监督管理办法》（冀北电物资〔2012〕7号）、《冀北电力有限公司供应商关系管理办法》（冀北电物资〔2012〕17号）；全面应用产品质量监督信息平台，实现监造及抽检过程的全程、实时管控。

加大监造和抽检工作。按照“依靠业主单位、联合专业部门、依托检测机构、突出生产厂家”的质量管控思路，前移物资质量监督管控关口，重点加强设备制造阶段、安装调试阶段的质量管控，减少设备运行问题，统筹安排监造、抽检任务，综合提升产品质量管控能力，实现电网设备材料的全寿命周期质量管控。建设完成了具有电网设备材料常规抽样检测功能的移动检测系统，有效实现了对采购物资全面、及时、快速、准确的检测。全年完成34个项目共计79台/套220kV及以上电压等级主设备的驻厂监造；完成抽检任务580个，其中抽样检测任务229个，厂内抽查351个，涉及255个供应商，26类物资种类，374个样品的抽检工作；发现并处理问题1450条，入网设备质量得到有效控制。

开展专项抽检工作。配网专项抽检方面：共抽检配网工程配电变压器36台，涉及11个工程6家供应商，产品型号覆盖了油浸式、干式及非晶合金3种类型，并对廊坊供电公司的1台和唐山供电公司的2台配电变压器进行了解体检查；共抽检电力电缆29根，涉及20个工程项目，18种规格型号，6家供应商。通过本次专项抽检，配网工程配电变压器未发现质量问题，合格率为100%，电力电缆存在质量问题的样品2根，合格率为93.1%。农网专项抽检方面：农网专项抽检工作共覆盖物资品种20类，占质量监督工作全部物资种类的76.92%，共涉及工程项目200余个，供应商87家，占中标供应商总数的34.12%，其中抽样检测方式覆盖了变压器、电流互感器、电容器、断路器、柱上开关、电力电缆、导地线、架空绝缘导线、绝缘子等共11类产品，涉及工程项目99个，供应商45家。除抽样检测方式外，组织厂内巡检工作共计142人次，共巡检供应商50家。

供应商关系管理。做好供应商资质能力核实及绩效评价工作，累计完成10家供应商现场核实工作，涉及16个物资小类、25个核实任务；完成“总部直接组织实施”招标采购范围物资供应商绩效评价7个批次，共计1052条次的供应商绩效评价工作，5月底组织开展了“总部统一组织监控，省公司具体实施”招标采购范围物资供应商共计27类设备材料的绩效评价工作，完成了365条供应商绩效评价打分信息，打分结果于公司2012年第三批集中招标中得以应用。按照公司供应商不良行为处理实施细则，推动供应商不良行为处理、绩效评价结果与招标采购的联动，建立优胜劣汰的供应商选用机制。2012年共对13家供应商发生的不良行为采取了暂停授标的处理。

（许素强）

【物资供应管理】 深化库存“一本账”管理。在清仓利库工作的基础上，对约15 200项库存物资按照业务类型、物资类型、管理重点等进行分类并统一录入信息系统，实现对全部库存物资的全方位管理。加强对地市公司和县公司仓储业务人员的业务和系统操作培训，明确细化各项库存“一本账”管理要求，监督基层单位落实到位，实现全部实体仓库的账卡物一致率达到100%。

统筹优化仓储资源。通过对原有的124个仓库进行优化整合，基本建成以虚拟库为主体、6个区域库为枢纽、61个周转库为支撑、1个应急库为依托的“1+6+61+1”的仓储网络体系，有效提升作业效率和服务水平，仓储资源优化率达到45.16%。

优化仓储管理模式。打破原有仓库“谁运作，谁管控”管理模式，实行公司库存物资的统筹管理。虚拟中心库由冀北物资供应公司负责管理；区域库由冀北物资供应公司负责管控，地（市）物资供应公司负责运作；市区周转库由地（市）物资供应公司管理和运作，县公司周转库由地（市）物资供应公司负责管控，县公司负责运作，并要求市区周转库全部上划到地（市）物资供应公司管理。

仓储标准化、规范化管理。制定公司仓储标准化建设指导意见，统一管理标准、统一作业流程、统一功能区域设置、统一内外部标识、统一设备设施配置、统一信息系统，规范物资入库验收、保管保养、出库和盘点等管理。

应用信息系统推行仓储精益化管理。将全部库存物资纳入到ERP信息系统进行管理，引入WM、PDA、视频远传等先进的信息技术，实现仓储资源可视化管理，确保全部库存物资的可控、能控和在控。

深化仓储体系管理。尝试开展供应商物资寄售方式，以良乡仓储中心为枢纽，充分提高区域库的配送能力，提高物资供应的响应速度。建立库存物资有效再利用机制，适度精简仓库数量，提升仓储网络整体运行效率和效益。

创新跟班作业培训模式。以“跟班学习，周期轮岗”的形式开展针对县级周转库在岗员工技术知识和岗位技能的培训，定期安排县公司周转库在岗员工进驻地（市）物资供应公司进行现场实操，在工作实践中提升县公司仓储作业人员的作业能力和水平。

建设物资调配机制。建立公司两级（省、地市）物资调配组织和制度体系及“六统一”的工作机制、建设省公司物资调配大厅，开展物资调配信息模块建设工作、实现物资调配的常态化工作运转，初步形成冀北物资调配“配置合理、统一高效、调配有序、供应及时”的工作格局。建立合同、项目现场和供应商产能等各类信息高度集成的履约协调模式。2012年共更新10 290条合同台账，编制了13 204条供应计划，对604家供应商涉及10 264条到货需求的项目物资跟踪确认。共受理业务580笔、问题协调445笔、预警发布1431条，应急物资调拨56笔。

▶ 6月19日，物资调配中心通过国家电网公司首批验收。

搭建供需协调平台。尝试应用履约系统、物资到货、供需和物资三方协调功能，实时掌握供需双方的动态变化。建立“提前介入、动态预警、主动协助、全程跟踪”的合同履约机制，坚持按期到货、按需供货的“双期”到货管理模式，充分运用供应商厂内封存、入库接收、直发现场等多种手段，保证各项工程物资供应。建立物资合同履约月度协调例会制度，组织各级物资需求部门参加会议，由需求方定期确认现场实际物资需求，定期沟通供需信息，化解供需矛盾，掌握供应主动权。

引入区域物资项目部管理模式。物资供应项目部按照标准化管理，统一VI标识、工作流程和信息流，项目经理负责项目部的建设和人员管理。本部负责人员调配、统计分析、生产排产调查、生产进度协调、配送协调、催交网络建设等工作。项目部负责基建项目物资的现场接货、开箱验收、物资交接、消缺处理、现场问题协调、投产配合、生产验收移交和物资单据办理等现场物资管理工作。

保障重点工程物资供应。把握工程关键节点，做好在建项目物资的生产排查、催交催运及接货验收工作，重点项目实行区域现场物资供应项目部模式，重点物资实行专人催交催运，做到基建物资能控、可控、在控。全年保障承德西、滦县等500kV工程，唐山东、深井、青坨营等220kV工程的物资供应，国家风光储输示范工程一期如期投产。

完善应急物资组织网络。从应急物资储备、应急响应、应急物资调配等方面进行详细策划和演练，确保紧急情况下各环节都能迅速反应，支援抢险救灾工作。落实国家电网公司关于重特大电网事故应急预案中有关物资保障的要求，圆满完成十八大期间物资保障工作。在“7・21”暴雨灾害中，全力支援河北省电力公司开展救灾工作，第一批救援物资仅用13小时即到达救灾现场。

规范废旧物资处置。构建以统一售卖平台为核心的废旧物资接收、保管和集中处置工作机制。应用电子商务平台实行网上竞价，所有废旧物资均由地（市）物资部门统一回收、统一保管，由省公司物资部门统一集中售卖。加强废旧物资回收商统一管理，依托国家电网公司一级部署的电子商务平台，在对废旧物资回收商统一信息化认证管理的基础上，开展废旧物资回收商的信用评价工作，对履约不力及不诚信供应商及时进行评价、限制。2012年全年共开展9个批次的废旧物资处置网上竞价工作，上线54包、成交46包。

（孟德强　古天松）

【物资信息化管理】 全面应用国家电网公司电子商务平台。依托电子商务平台和ERP系统，加强物资需求报送及审批、采购策略制定、采购执行、合同签订、货款支付、质量监督、仓储配送及废旧物资处置的全业务管理，实现对物资在线监控、在线核算和统筹调配。

开展“三集五大”信息系统适应性调整工作。编制并印发物资管理信息系统调整方案，收集、重置用户权限及审批层次，确保物资集约化管理各项业务顺利开展。高质量完成库存一本账切换、合同履约模块及物资条形码应用建设的试点任务，各项功能均成功按时上线。

完善信息系统业务运维机制。成立由物资部、物资供应分公司和信通分公司共同组建的多级运维保障团队，重点解决各地市单位和供应商在系统应用过程中产生的包括权限、数据流转、操作指导和系统问题处理等各类应用需求。研究完善运维机制，明确运维主体，优化运维流程，界定责任范围，提高运维保障能力。开展物资管理业务有关人员系统操作培训，积极参加国家电网公司组织的认证考试。

完善ERP系统物资模块功能。合同履约模块中增加了预警监控功能，可实现对即将到交货期的物资合同进行全面监控，进一步完善非物资计划提报和采购目录管理功能模块。合同签订模块增加变更合同签订功能，与国家电网公司电子商务平台接轨，杜绝线下操作，合同订单及补充协议签订全部在电子商务平台和ERP系统中操作完成，促进需求计划与和合同管理业务全面融合。

（王　黎）

【物资标准化管理】 加强国家电网公司采购标准体系宣贯与培训，开展多项专业培训，针对技术管理人员、设计人员、物资人员、专业专家的差异化需求，专门编写物资采购标准业务指导手册，利用多载体宣传，在公司内部网站上开辟专栏，及时传达关于采购标准的新要求新规定。

抓好规划设计阶段的管理，实现采购标准应用的控制关口前移。从规划、设计源头把关，加强与项目单位沟通、协同，在设备选型阶段充分应用标准化成果。全年共使用纳入标准化统计的采购条目6664条，使用非标准化条目20条，物资采购标准执行率达到98%以上。

推进技术规范固化ID编制工作，提高需求计划填报效率。在国家电网公司技术规范固化ID编制成果的基础上，先后3次组织配网、农网、基建、通信等专业方面的专业专家编制、修订35kV以下电压等级物资固化技术规范，形成253本固化技术规范，初步建立固化技术规范ID体系，提升物资标准化水平和需求计划申报效率，为协议库存招标采购工作奠定基础。2012年标准化固化技术规范编制比例见下图。

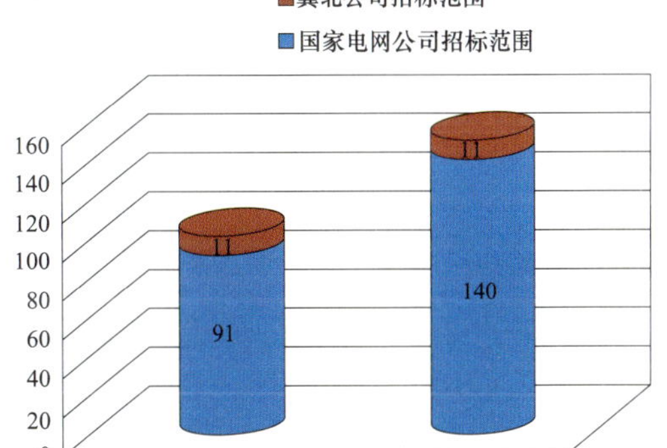

2012年标准化固化技术规范编制比例

完善物料申请审核机制，严把物料主数据入口关。通过专业审核、双重物资审核、与国网总部线下沟通、正式填报等步骤力保向国网总部申请新增物料质量。加强对非标物料编码的审核。全年共向国网总部提出91条物料编码申请，物料属性值申请13条，计入考核被退回的申请2条，规范性预测值98.07%。

（黄　柱　毕子健）

【物资监察管理】 组织公司招标采购专项监督检查。

有针对性地检查项目计划、专家管理、供应商评价等各方面的重点工作，内容延伸至计划、采购、合同、仓储、配送等物资供应全过程管理的各个环节。针对发现的问题，提出整改措施和时限要求，督促有关单位切实推进物资招投标规范化相关问题的落实整改。

开展内部监督自查自检工作。根据部门“二十四节气表”，汇总细化各处室每月重点工作，开展内部监督自检自查，督办未完工作。每月按时汇总上报“物资部二十四节气表完成情况”。

开展同业对标指标监督检查工作。对“总部评标专家一次通知出勤率”和“监督评价规范指标”等同业对标指标进行分解，确保物资管理监控33个风险管控点落实到位，并对指标完成情况进行“月通报，季点评”。通过对国家电网公司物资管理29项子指标进行分解，将其中19项子指标分解至地市公司、物资供应分公司及相关单位，并结合物资管理实际业务开展情况，指标涵盖招标采购、计划管理、物资合同、物资调配、供应商关系管理、质量监督、仓储管理、物资标准化应用和专家管理等方面。对各单位指标完成情况，每月以《物资管理同业对标指标完成情况月报》的形式联网发文通报，每季度以电视电话会议的形式进行点评，督促落后单位切实推进同业对标指标的提升。

加强评标专家管理。组织公司各部门、各单位积极推荐满足条件的优秀专业技术人员进入A级评标专家库，充实专家队伍，共同推进集中招标采购工作有序开展；组织开展公司评标专家入河北省专家库工作，为2013年中央投资项目招标采购评标工作的顺利进行奠定了基础，对推动评标专家资源共享、提升公司在冀北地区影响力起到积极作用。

（高　峰　鞠延东）

运营监测（控）中心管理

【运营监测（控）体系建设】 公司初步完成运营监测（控）体系建设工作，体系建设主要包括业务体系建设、组织与机制建设、信息支撑系统建设、场地环境建设4个方面。8月，运营监测（控）中心组建成立，人员初步到位，完成“运营中心建设实施方案”编制；完成组织机制建设任务，22项运营监测管理标准和工作标准体系建设，并通过公司标准化委员会审查；9月，完成业务体系建设任务，构建1352项运营监测指标体系，新增冀北特色指标40项，其中支撑公司“两个价值最大化”指标71项；完成“信息支撑系统建设方案”并通过公司专业部门审查；“运营中心建设实施方案”得到国家电网公司正式批复；11月，完成场地环境建设任务，运营监测大厅建成投运。截至2012年底，公司运营监测（控）体系建设基本完成，运营监测（控）中心主要业务包括全面监测、运营分析、协调控制、全景展示4项内容，初步实现对公司主营业务活动和核心业务资源进行全天候、全方位、全流程实时在线监测。开展跨专业、跨部门运营分析，及时发现并协调解决异动和问题，全景展示公司运营管理成效。

（刘　刚）

【运营监测（控）大厅建设】 9月，启动建设工作，完成《运营监测大厅建设方案》编制，并通过国家电网公司专业审查；制定详细设计和施工方案，共计15张装修效果图、45张施工图，6张进度图，以确保工期；9月29日，施工单位进场施工；10月，完成大厅拆旧、大厅内管线敷设等工作；11月，大屏幕整体调试；11月15日，完成全部土建装修及设备安装调试；建立“日预控周协调”机制，召开48次日预控会，6次周协调会，13此现场协调会，确保问题不积压，有效保障了运营监测大厅按期投运。9月29日~11月15日，仅用48天完成运营监测大厅建设任务，较国家电网公司要求提前4个半月。

▶ 公司运营监测（控）大厅。

（刘　刚）

【运营监测（控）管理】 开展“试点监测、模拟分析”工作。提出边建设边分析思路，对170余个指标开展试点监测，对280余个指标开展模拟分析，初步构建冀北运营分析体系，从公司整体战略目标出发，对公司“两个价值最大化”等开展模拟分析，整体提升公司运营管控能力。

（刘　刚）

依法治企

【规章制度建设】 建立公司本部"三集五大"制度体系，包括制度637项（含直接执行总部制度135项），自建制度502项，其中新建494项、修订8项，制度修编面达到100%。基层单位有效制度共计3533项，其中，存续338项，新建2280项，修订915项，废止2201项，制度修编比例达到90.4%。

建立制度体系建设组织机构。成立规章制度体系建设工作小组，负责牵头组织制度体系建设操作方案的具体落实。成立规章制度管理委员会，作为组织实施规章制度管理的专门机构，制定《规章制度管理委员会工作管理办法》。在各部门各单位设立37名规章制度联络员，负责规章制度日常管理工作。

制定制度体系建设方案。制定任务分解表，梳理出16项工作任务，深入一线，逐家指导各单位编制制度体系建设操作方案，召开方案审查会，按照"成熟一家，批复一家"的原则，完成对各单位方案的批复工作。

建立五大常态工作机制。制定《规章制度管理办法》，建立制度建设规划机制，制度制（修）订、审查、发布机制，执行监督机制，清理改进机制和考核激励机制。将制度管理和执行情况纳入企业负责人年度业绩考核管理范围。建立周审议、周通报机制，发布工作简报32期，召开14次规章制度管理委员会会议。

提升制度体系建设质量。公司系统共保留、新建、修订制度4168项，均做到内容准确、文本规范、程序合法，重要制度全部经党政联席会或党组会审定，涉及职工切身利益的规章制度还通过职代会或职工代表团（组）长联席会议审议。

开展制度建设"六性"分析。围绕国家电网公司集团化运作和集约化发展的战略要求，创建公司科学高效的制度管理模式，建立"横向全业务覆盖、纵向各层级贯通"的一体化制度体系。公司以总部制度为核心，开展本部和基层单位制度适应性、对应性、覆盖性、合法性、严肃性、规范性"六性"分析工作，不断整合优化制度体系。公司的《以"六性"分析促进制度体系整合优化》入选国家电网公司"最佳实践案例库"。

加强制度体系建设法律风险防范。印发《制度体系建设法律风险防范工作指导意见》，牢固树立法律风险防范意识，建立完善内控制度，将风险防范关口前移，从制度源头上将法律风险降到最低。编制《"三集五大"体系建设法律保障工作方案》，提出十项措施，为公司"三集五大"体系建设提供坚实的法律保障。

营造制度体系建设文化氛围。制作《一项规章制度架起一条高压线》《用制度塑品牌、向制度要效益》等6幅制度建设宣传海报和《公司保密工作管理办法》动画宣传短片，及时总结归纳制度体系建设工作经验，从理论上厘清制度建设管理相关问题，形成《制度体系建设工作研究论文集》等理论研究成果；开展制度信息化建设，在公司主页、部门网页和经济法律管理业务应用系统同时开辟"规章制度管理"模块，固化制度共计2800余项。开展全员理念导入培训、专业培训及答题26 000余人次，合计34 289学时，实现培训覆盖率、考试合格率"两个百分百"。

（杨珊珊）

【合同管理】 2012年，公司系统共签订合同10 727件。

规范合同管理制度体系，加强一体化建设。制定印发《合同管理办法》，统一公司系统合同管理制度，固化合同管理"六统一"原则。

推广统一合同文本，加强标准化建设。在公司系统全面部署国家电网公司统一合同文本164项，编制合同承办人资格考试题库，举办2期合同承办人资格取证培训，共846人参加培训，761人取得合同承办人资格。

强化流程控制，实施合同全过程管理。实施合同订立前、订立中、订立后的全过程管理。严格执行合同会签制度，规范合同审查标准，提高合同管理效率，保持公司合同法律审核把关率100%。

应用合同管理信息系统，提升信息化水平。开展合同管理信息系统的完善与功能提升工作，编制印发使用手册，组织系统应用培训。

加大考核执行力度，保障合同管理工作取得成效。将合同管理成效列入企业负责人绩效考核和同业对标范围，针对合同管理薄弱环节，开展专项考核和治理活动，提升合同管理水平。

（李新民　门小文）

【法律纠纷协调与处理】 2012年，公司系统共发生各类诉讼案件13件，未发生重大法律纠纷案件。制定印发《法律纠纷案件管理办法》及《外聘律师管理办法》，明确公司系统各级单位案件管理职责、工作流程、责任追究及奖惩制度。

开展典型案例分析工作。按季度组织召开典型案例分析会和高压输电线下相关案件分析会等专题会议，通过对案件主要争议焦点和重要法律问题进行深入分析，交流案件处理经验，提出完善相关专业管理、防范法律风险的具体措施和建议，开展安全生产隐患排查，强化电力设施保护，明确责任主体，发挥属地优势，有效防范公司经营法律风险。扩大诉讼业务的情况沟通和经验交流，跨越地域限制，按案件类型组建相对固定的应诉团队，使集团化优势最大化地发挥。

服务公司“三集五大”体系建设。按照“分步实施、无缝衔接”原则，对于在人员或业务的交接过程中，可能发生的尚未处理完毕的法律纠纷和新设单位成立后显现出的潜在纠纷，原资产、业务管理单位做好重要文件、物资、合同的收集、整理和移交工作，并对潜在的法律纠纷进行排查登记，明确熟悉情况的经办人积极配合新设单位做好工作交接。

加强法律人员培训力度。围绕国内司法热点问题和公司生产经营实际，组织法律顾问培训班和诉讼事务培训班，提升系统法律人员案件处理水平。

应用案件管理信息化平台。加强对系统各单位案件管理工作的掌控、监督与考核，利用案件管理信息系统，强化统计分析，实现本部对系统各单位法律纠纷案件处理情况的及时跟踪和掌控。将发案情况分析、预测工作制度化，指导各单位定期进行法律纠纷处理情况汇总分析，制定应对措施。

（李新民　门小文）

【法律支撑保障】 重要决策法律审核把关率100%。在公司发展战略、资产调整、体制改革、重大投资、对外担保等重要经营决策活动中，通过决策前的法律论证和风险评估，提示风险并提出防控措施。在公司人财物集约化、机构设置、人员配置过程中，全程参与可行性研究、方案设计等工作。完成公司本部及基层单位的证照办理、章程起草、修改、工商注册、纳税登记、机构更名等工作。

加大法律保障工作力度。全年指派法律顾问参加公司集中招标法律保障活动55次，出席率达到100%，出具招标活动法律保障意见书51份，被国家电网公司评选为法律顾问出席情况较好的8家单位之一。

完善法律保障机制建设。制定发布《招标活动法律保障工作管理办法》，统一和规范公司系统招标活动法律保障工作职责及流程，加强招标活动法律风险防控。建立法律顾问信息库和招标活动法律保障工作台账，实行法律顾问工作报告48小时内反馈制度。组织开展法律顾问招标活动法律法规培训，印发《招标活动法律保障工作实务指南》。建立供应商不良行为评价机制，及时指派法律顾问对被投诉供应商资质进行真实性、合法性审查，核实相关信息，提出法律意见，防范法律风险。

（李新民　门小文）

【法律风险防范体系建设】 制定《法律风险预警及防范指导意见》，进一步提出并完善了公司在电网建设、工程基建、合同资料管理、印章管理、行政审批许可等法律风险易发领域的防范措施，做到公司法律风险预警管理年度化、常态化。

印发《制度体系建设法律风险防范工作指导意见》，分析和防控可能发生的10个方面的法律风险，牢固树立法律风险防范意识，建立完善内控制度，将风险防范关口前移，从制度源头上将法律风险降到最低。

开展法律风险防范专项检查活动，以国家电网公司依法治企综合专项检查为契机，对公司所属各单位是否按要求查找风险点、落实法律风险防范措施等情况进行检查，督促各单位依法依规开展各项工作，着力解决各类历史遗留问题，努力提升风险防范能力，消除管理薄弱环节，整改率达到100%。

（李新民　门小文）

【普法工作】 制定印发《关于开展法制宣传教育的第六个五年规划》，作为公司开展普法依法治企工作的指导性文件。在此基础上，结合公司年度重点工作，制定印发各年度《普法依法治企工作要点》，将“六五”普法规划细化，有重点、有主题、分阶段、分层次深入推进。

健全体制，为普法工作提供人、财、物支持。成立由公司党政主要负责人任组长、班子成员担任领导小组成员的普法领导机构，下设普法领导小组办公室，负责公司普法依法治企日常工作。基层单位除设置普法机构外，还配备普法宣传员，形成以专职法律人员为主导，兼职普法宣传员为骨干力量的专兼职相结合的普法队伍。每年将普法经费纳入年度财务预算管理，用于购置普法书籍、开展普法宣传活动，专款专用，为公司普法工作创造了有利的条件。将“六五”普法纳入公司精神文明建设考核、企业负责人绩效考核、同业对标考核范畴。

组织活动，扩大法制宣传影响。公司在开展“12·4”全国法制宣传日、公司法制宣传日、“3·15”活动的基础上，进一步拓展普法宣传形式，举办道路交通安全法讲座及考试、宪法知识比赛、“六五”普法征文、法治书法、摄影、美术作品征集等活动，印发《侵权责任法与电力企业》、《涉电侵权案例精选》等常用法律知识读物，组织《安全生产法》、《保密法》学习和答题，签订《保密责任书》及《保密工作承诺书》，观看《生产安全事故典型案例》等警示教育片。公司全年参与活动、培训人员达5000余人次，宣传教育效果显著。

搭建平台，夯实法制宣传基础。邀请公司内外资深法律专家组成普法巡回宣讲团，不定期深入基层各企业，进行法律宣讲、典型案例剖析、专题法律咨询，"电力红马甲志愿者"和共产党员服务队定期开展"用电安全进校园"活动。开辟内部网站，包括"法务护航"专题普法网站、"依法治企"、"规章制度建设"栏目，及时传递普法和依法治企信息，上传公司最新规章制度，为广大干部职工学法用法提供新渠道；利用公司内部报纸、刊物开展普法活动，秦皇岛公司全面改版电子刊物《法律通讯》，在公司刊物设置专门法律板块，刊载典型案例和各类法律知识，利用手机发送普法短信1000余条。

▶ 公司所属各县公司开展电力法律咨询宣传活动。

（李新民　门小文）

【审计工作】 2月9日，冀北电力有限公司正式独立运作，监察审计部随之成立。后监察审计部分为两个部门，审计部于7月18日正式成立。调整后，本部审计人员不断充实，所属基层单位中有7个单位设立了监察审计部门，公司系统审计人员共46人，按照"三集五大"机构设置统一编制基本到位。

审计部新建包括《审计工作办法》在内的5项工作制度办法，转发并严格执行了国家电网公司31项审计办法和指南，制定工作标准和管理标准，梳理业务流程，编写标准化工作手册。建立健全审计基本制度、业务管理制度、业务操作手册三个层面的内部审计制度体系。

积极配合迎检，落实检查整改意见。国家电网公司依法治企综合专项检查组8月初入驻公司进行检查，10月底结束检查工作，检查了公司本部和13个直属直管单位。公司和各单位审计部门积极配合迎检、认真组织协调、提供资料、核实事项、反馈意见、督促整改。为促进整改落实，多次召开检查问题整改落实专题会，每周汇报审计整改情况，及时跟进掌握整改进度。至2012年底，国家电网公司最终印发的审计整改意见书中提到的66个问题，已完成整改61个，整改率为92.42%，整改成效明显。

完成赴重庆依法治企综合检查工作。由公司带队，会同天津公司联合组成依法治企第七检查组，检查了包括重庆市电力公司本部在内的37家单位，覆盖面达80%以上。撰写1536条检查记录，检查发现76大类问题，并提出相应整改意见。最终形成的检查报告得到国家电网公司充分肯定，完成依法治企综合专项检查任务。

完成年度审计工作计划。按照年初确定的审计工作计划开展了经济责任审计、工程投资审计、财务收支和预算执行情况审计、电力营销审计、资产经营审计以及各类专项审计，公司系统共完成审计项目3582项（含签证审计3052份），促进增收节支8186万元，按进度较好地完成了审计工作计划。

各单位按照公司要求，对所辖单位主要行政负责人开展44项经济责任审计，做到了离任必审，部分单位还开展了任中审计。在加强主营业务审计的基础上，开展多领域的专项审计或审计调查。公司组织实施了保定技能培训中心经费管理审计调查、电科院依法治企专项审计调查，参与送变电公司经营诊断等一些专项审计调查工作。基层单位也开展了许多有特色的审计调查项目，如廊坊公司县公司营销审计、承德公司工会经费审计、秦皇岛公司修理费审计等。

（周　静）

管理提升

【标准化建设】 建立健全公司标准化工作机制。成立了标准化工作领导小组标准审定委员会和标准化工作办公室，明确标准体系建设归口部门及各组织机构工作职责。制定公司标准体系建设总体实施方案和操作方案，确定公司年度标准体系建设的目标和实施步骤、时间节点。

建立标准化工作制度。包括标准化工作例会制度、周报和简报制度、定期沟通、月度计划控制、成果汇报制度等。制定印发《公司标准化工作考核办法》，并建立监督考核机制。组织公司各层级管理人员9000余人次参加标准化工作方面的培训。

做好公司“三集五大”体系建设配套保障。按照公司“三集五大”体系建设要求，8月27日发布公司标准体系，包括基础标准725项，技术标准6951项，作业指导书（卡）1000项，管理标准267项，工作标准2142项。

运用标准化管理信息系统（国网）固化标准化成果。确定系统导入组织机构，制定系统导入工作计划，编制提交标准数据表、管理流程图、标准和作业指导书的电子文本，进行标准固化。坚持标准化工作创新，将创新成果转化为标准。制定标准化工作手册，建立“两套目录”（业务目录、流程目录）、“三套图”（流程图、标准体系框架图、专业标准化子体系框架图）、“两套表”（标准体系明细表、标准对应关系表）。通过组织督查与评价，促使标准体系落地实施。

在2012年中国电力企业联合会组织召开的电力标准化工作会议上，公司被授予“电力标准化工作先进集体”荣誉称号。国网企协冀北分会被公司评为“三集五大”体系建设先进集体。

（李　研）

【管理创新】 建立管理创新体系，组织各级领导和职工认真贯彻学习《国家电网公司管理创新指引》，严格按照《指引》的要求，建立公司管理创新常态工作机制，制定公司《管理创新工作管理办法》并于9月29日发布实行，《管理办法》明确管理创新工作的内涵，详细规定工作职责、工作流程、成果评审、推广、奖励等工作事项。

在公司标准化建设中，制定《管理创新管理标准》，以标准的形式进一步规范管理创新工作的范围、分工、职责、工作流程等，使管理创新工作体系化、制度化、常态化、全员化。

推进管理创新实践。年初制定管理创新项目计划，确定重点领域和重点科目，加强计划管理，保障项目的科学性和实用性。在“三集五大”体系建设中，结合公司职责分工和业务流程的重大调整开展管理创新活动，发挥广大职工的积极性，在运检、营销、基建、财务管理、物资管理等一系列生产管理环节中有所创新。

确定2012年重点管理创新项目，加强重点项目培育，加强过程管控和指导，开展优秀管理创新成果的总结、评选和推荐工作，评选出公司年度管理创新成果奖一等奖4名，二等奖6名，三等奖10名。唐山供电公司的“创先争优　量化标准　深入推进创先争优双百考评体系建设”等4项成果获得全国电力行业管理创新二等奖3项、三等奖1项，同时还获得第二十八届北京市企业管理现代化创新成果一等奖6项。

▶ 12月20日，公司召开2012年管理创新成果评审会。（黄波　摄）

（段宝升）

【同业对标】 上半年国家电网公司发布同业对标指标数据87项，公司总得分321.52分，排名第12位，位于C段。

前三季度国家电网公司发布同业对标指标数据132项，公司总得分444.08分，排名第15位，位于D段，其中，业绩指标得分272.65分，排名第19位，位于D段；管理指标得分171.44分，排名第13位，位于C段。

2012年度，公司总得分635.17分，排名第13位，位于C段，其中，业绩指标得分318.19分，排名第16位，位于C段；管理指标得分316.98分，排名第12位，位于C段。

唐山供电公司参与国家电网公司大型供电企业业绩对标，上半年得分380.74分，排名第2位，位于A段；前三季度得分356.86分，排名第4位，位于A段；2012年度得分364.94分，排名第12位，位于C段。

建立健全同业对标组织机构和管理机制。成立同业对标工作领导小组，领导小组下设工作小组及办公室，负责同业对标日常管理工作。建立同业对标常态管理机制，发布公司同业对标管理办法、管理标准，规范指标报送、审核、评价工作流程。

完成对标指标季度发布和年度评价。根据国家电网公司发布的指标数据，开展指标数据分析，编制公司季度（年度）工作会《同业对标情况简报》，在《简报》

中通报公司及大型供电企业对标指标完成情况。

发布公司2012版地市公司同业对标指标体系。业绩指标执行国家电网公司2012版大型供电企业业绩对标指标，管理指标以“三集五大”为核心，拓展管理对标体系结构，将有关安全质量监督、科技信通、审计、企业管理、品牌建设、法律事务等指标纳入“配套保障”对标指标。

▶ 8月15日，公司召开同业对标专题会议。

（黄波　摄）

发布地市公司年度同业对标指标完成情况及排名。综合评价排序为唐山、秦皇岛、承德、廊坊、张家口公司。唐山公司为综合标杆和业绩标杆单位，承德公司为管理标杆单位；承德公司为物资管理、建设管理、检修管理、配套保障管理专业标杆单位，秦皇岛公司为财务管理、营销管理专业标杆单位，张家口公司为规划管理、运行管理专业标杆单位，唐山公司为人力资源管理专业标杆单位。

深化对标指标分析诊断。建立“差异比较→发现问题→原因分析→提出对策→落实措施→改进提升”的持续提升闭环工作机制，强化指标分析诊断、发现管理问题、提出改进措施。

组织完成年度典型经验总结评选。按照国家电网公司典型经验重点科目，指导典型经验总结提炼，规范评审流程，按照部门（单位）推荐、专业部门评审、专家综合评审，评选优秀典型经验纳入公司典型经验库。公司各部门、单位共申报典型经验94项，经评审，有12个部门、单位的20项典型经验入选公司典型经验库，另有8个部门、单位共38项典型经验获得专业推荐。申报国家电网公司30项典型经验，廊坊公司1项典型经验进入国家电网公司典型经验库。

（黄　波）

【主多分开】 2012年，按照国家电网公司地（市）县层面主多分开工作统一部署，公司对8家单位主办的45户多经企业进行处置。于9月底全面完成主多分开各项重点工作，并通过国家电网公司核查验收。2012年主多分开主要完成以下工作：

依法合规处置多经企业。按照国家电网公司主多分开工作方案批复，4户多经企业由主业收购，24户多经企业由集体企业收购，9户多经企业对外转让，7户多经企业清算关闭，1户多经企业由一般职工继续规范持股，于8月底全部完成处置。

稳妥有序清退职工股权。职工直接持股多经企业的职工股本及权益全部清退，共计9438人次，15 321万股。股权清退过程平稳，程序合法，保证了电网生产安全和职工队伍稳定。

科学妥善安置从业人员。多经企业3081名从业人员全部妥善安置，其中，552名全民职工中，155人回归主业，394人借工借调到集体企业，3人解除劳动关系；323名集体职工中，316人随集体企业收购相应安置，7人分流到其他集体企业；2206名外聘职工中，2147人维持现有劳动关系不变，41人解除劳动合同，18人分流到其他集体企业。

严格规范一般职工继续持股企业。1户处置方式为一般职工继续持股的多经企业，中层及以上领导干部的股权全部清退，彻底割断其与主业的资产、利益、业务、人事及管理关系。

（王　凯　侯晓玉　李宗英）

【集体企业规范管理】 初步建立集体企业监管体系。成立公司层面集体资产监督管理委员会，制定并印发了《集体企业管理监督工作规定》、《集体企业统计管理实施细则》、《投资管理实施细则》，初步建立集体企业监管制度体系。

11月，以北京博望华科科技有限公司为主体，组建了公司层面集体资产经营平台。7～9月，按照国家电网公司要求，公司对所属98户集体企业开展清产核资。通过账务清理、资产清查、价值重估、损溢认定、编制报表，摸清集体企业底数、厘清产权关系、核实从业人员、清理账务，提升了集体企业财务管理水平。

建立集体企业信息化平台，加强信息管控，严格执行月报、季报、年报制度，及时掌握集体企业人员、财务、经营等基本情况，为集体企业监管和相关决策提供依据。举办和参加培训班，对集体企业监管人员和从业人员进行政策培训。按照国家电网公司统一部署，提出公司集体企业重组整合实施方案。

（王　凯　侯晓玉　李宗英）

安全生产

安 全 管 理

【可靠性管理】 公司贯彻落实《国家电网公司电力可靠性工作管理办法》及国家电网公司关于建立全面质量监督工作体系的工作要求，转变思想观念，健全管理体系，完善管理机制，优化管理流程。公司110kV及以上电压等级。架空线路、变压器、断路器的可用系数分别达到99.990%、99.998%和99.999%，同比分别提高0.005、0.008和0.008个百分点。公司系统城市配网供电可靠率99.947%，同比提高0.006个百分点，电压合格率为99.870%，同比提高0.062个百分点；用户平均停电时间4.66h/户，同比降低0.51h/户，下降9.864%。公司系统农村电网供电可靠率99.768%，同比提高0.007个百分点，电压合格率99.276%，同比提高0.377个百分点；用户平均停电时间63.60h/户，同比降低119.75h/户，下降65.311%。

可靠性新旧系统平稳切换。按照国家电网公司总体部署，组织开展新系统上线培训，完成系统双轨制运行；开展5次数据核查整改，修正各类数据3500余条，实现可靠性新旧系统平稳切换，确保新可靠性系统单轨制上线运行。

可靠性专业竞赛备考工作。根据国家电网公司开展可靠性专业竞赛的要求，组织举办公司可靠性专业内部选拔赛，通过"以考促学、以考代练"的方式，分四个阶段对选拔人员进行了集中培训和考前冲刺辅导。

可靠性诊断分析及指标水平提升。公司深化同业对标手段，重点从内因和主观因素上剖析落后指标，从专业管理和系统应用等多方面深挖问题缘由，落实整改措施，提高系统数据质量，提升指标水平。

供电服务质量整改。按照国家电监会服务质量暨专项检查整改通知要求，组织各单位开展可靠性及电压监测装置整改工作，核对供电运行数据，健全电压监测仪台账，涵盖电压监测点1298个，整改运行数据183条。

推广电压自动采集系统项目。组织原电压监测仪厂家进行系统数据接入，实现在PMS系统中统一管理农村及城市配网电压监测点，以及电压数据的自动统计和报送。

（袁　翔　龚骋野）

【资产全寿命管理】 促进标准化作业推广应用。开展资产全寿命周期管理工作，实现检修成本C3从标准化作业自动获取，促进各生产单位标准化作业的推广使用。公司运检部对标准作业卡补充"定员""定时"等信息，调控中心开展了继电保护、自动化设备的标准化作业推广工作。

提升财务集约化管理。开展标准作业及成本的研究，指导班组人员应用智能终端，固化标准作业流程、标准成本等内容，实时记录料、工、费等数据，实现现场作业产生数据的一次性录入及与状态检修系统数据的融合，提高了作业安全和检修质量。建立与资产一一对应的SEC卡片，通过信息系统自动计算单台设备SEC值，并对各类成本进行综合统计分析。

建设资产全寿命周期管理信息系统。开展ERP、PMS等相关信息系统优化，实现资产相关信息的有效集成和应用系统的有机融合，初步构建公司统一的资产全寿命周期管理信息平台，提升资产全寿命周期管理信息支撑能力；开展对资产全寿命周期管理关键绩效指标监测，实现全过程、全方位管控。

强化基础管理。按照国家电网公司统一部署，以主要电网资产清理、工作流程优化等工作为重点，组织各单位实施110kV及以上电压等级主要输变电设备清理，实现资产的"账、卡、物"一致、成本费用细分和信息联动；梳理完善各类工作流程，实现资产全寿命周期各阶段管理流程的有效衔接和贯通。

（袁　翔　龚骋野）

【安全生产与监督管理】 根据《国家电网公司2012年安全工作意见》和公司一届一次职工代表大会工作报告的部署，制定2012年月度安全重点工作计划，明确了全年安全工作思路、目标和任务。深化隐患排查和风险管控为手段，树立"大安全"理念，落实全员责任，强化安全目标管理和过程控制，有效防范各类安全事故风险。

开展"安全年"活动，制定了涵盖八大方面的48项重点管控措施及142项重点工作计划。各部门、各单位把开展"安全年"活动纳入2012年重点工作，强化活动方案的刚性执行，党政工团齐抓共管。组织2600余人参加了《国家电网公司安全事故调查规程》（简称《事故调规》）和《国家电网公司安全工作奖惩规定》（简称《安全奖惩规定》）的宣贯学习，举办三期120人次专项应急培训及一期110余人参加的安全稽查培训；组织1528人次进行安规调考和18 465人次参加"安全月"知识竞赛等。实施电力设施属地化管理，深化“政企联合”护电机制，输电通道安全环境得到改善。强化应急机制建设，编制修订各类预案1333个，组建4578人的应急抢修、抢险队伍，基本建成三级安全管理体系。

迎峰度夏工作超前部署，加快重点项目建设，科学调整建设时序，按期投运500kV唐山东、唐山220kV兴旺寨输变电工程等一批重点项目，提高电网安全供电能力。加强电网调度运行控制，安排电网开机方式和运行方式，保持电网全接线、全保护运行，加强实时监控分析工作，确保了度夏期间的旋转备用容量。开展设备带电监测，针对220kV以上枢纽变电站、西电东送、北电南送跨区重要断面骨干输电通道，以防范变电站全停、倒塔断线、设备损坏、开关拒动、外力破坏为重点，利用专业化技术手段，排查设备缺陷隐患。强化群防群治和专业特护工作，严防外力破坏事故。

迎峰度夏期间，冀北电网最大负荷1955万kW，同比增长3.3%。未发生有人员责任的安全事件。

重大安全问题研究。冀北地区500kV电网结构松散，电气联系不紧密，部分外受电通道抵御自然灾害能力不足，电网结构还需要加强；风电等新能源大规模接入带来新挑战，风机大规模脱网的风险始终存在；公司系统老旧设备较多，技改资金不足，存在诸多安全隐患无法及时整改清除；此外，公司还面临夏季电力供需形势严峻等问题。针对以上安全生产存在的突出问题，公司召开安全生产委员会会议进行分析研究，要求公司各部门（中心）、各单位从规划设计、建设施工、生产运行全过程入手，研究解决问题的具体措施，制定整改计划；强化管理，科学安排，加强沟通，加强防范，分轻重缓急，综合平衡排序，确保公司安全生产局面稳定。

落实风电并网管理措施。督导风电企业开展风机低电压穿越改造等风电反措整改工作，累计完成14座风电场16台风机低电压穿越现场抽检工作。依托电力监管机构，开展风电场运行考核管理工作，提升风电场涉网技术水平，风功率短期和超短期预测准确率分别达到86%和91%。会同华北电监局完成了10家风电场并网安全监督检查，针对36项共性问题提出整改措施33条，将风电安全运行责任落实到位。通过“机网协调运行仿真分析”实验室，建立了国内首个SVC控制器检测平台，完成两个主流设备厂家的产品检测工作；开展了冀北电网内首台动态无功补偿装置现场测试工作，摸清设备响应特性，验证整改效果，为优化控制策略和加强网源协调提供技术支撑。推进大规模风电汇集区域自动电压控制（AVC）系统建设运行工作，张家口沽源地区24座风电场全部投入闭环运行，改善了区域电压波动。推进风功率预测系统建设，实现直调41座风电场短期预测100%覆盖率的目标，将风电出力预测结果纳入日常电力平衡。

专业领域安全管理。公司各生产单位组建安全稽查队，负责对所辖单位及其变、输、配（农）电作业现场进行安全稽查，把重点放在规章制度执行、工作流程规范、风险辨识到位和安全措施落实上，把工作重心放在作业班组、作业人员和作业现场。实施基建“项目部日预控、职能部门周点评、公司月协调”及安全风险分级管控机制，进一步加大工程安全管控力度。公司推行500kV电力设施保护工作属地化，实行高低兼顾、共同看护。

防灾应急工作。加快公司应急体系建设，组成应急专业抢修队伍，建立健全了应急预警机制，应对了“7·21”特大暴雨灾害和11月初暴风雪灾害的考验。冀北电网安全稳定运行，实现了三个百日安全生产长周期。在“7·21”特大暴雨灾害中，河北省涞水地区电网受灾，国网河北电力请求支援，公司第一批救援物资仅用8h即到达救灾现场，支援了当地供电线路的重建工作，得到国家电网公司和河北省委省政府的高度评价，公司3个集体和12名个人获得表彰。

（周建辉）

【安全长效机制建设】 风险管控标准化工作。印发冀北电力有限公司《安全风险管理工作基本规范实施细则》《生产作业风险管控工作规范实施细则》《电力作业现场安全设施设置规范》《农配电现场作业安全基本要求》《农配电现场作业安全手册》等文件，强化作业现场全过程安全风险管控。

贯彻落实国家电网公司关于安全风险管控的要求，提前进行风险分析，落实全过程风险管控措施，逐级强化现场安全监控。加强检修预试工作的安全管理，要求未经审批的工作，不得开展；管理力量不能覆盖的现场，严禁开工。各单位每周定期组织生产例会、风险例会，针对下周工作现场，按照分级控制要求，做好危险点分析、布控和作业人员承载力分析，指定现场安全监督人员并明确相应监护标准，明确每项工作的到岗人员、到位规范、监督范围、检查内容和工作标准。详细分解布控，并依据现场工作要求和相关监护标准，制定明确的现场监护人员平面定制图，对所有现场工作实行专人监护看守，明确签发人、许可人、负责人、监护人及管理人员“五种人”现场安全职责。确保不发生误操作事故。

安全性评价。按照国家电网公司《关于组织开展输电网及城市电网安全性评价工作的通知》（安监一〔2011〕49号）要求，在2011年组织对唐山、廊坊、张家口、承德、秦皇岛供电公司开展了城市电网安全性评价工作基础上，根据城市电网安全性评价标准要求，于7~8月开展了5个地市公司城市电网安全性评价复查评。加强组织协调，严格过程管控，筛选公司系统内专家，梳理电网安全隐患和薄弱环节，督导检查整改落实情况。

（周建辉）

【安全生产隐患排查治理】 制度建设。根据《国家电网公司关于印发〈国家电网公司安全隐患排查治理管理办法〉的通知》（国家电网安监〔2012〕1532号），修订并印发《冀北电力有限公司安全隐患排查治理实施细则》，为事故隐患排查治理工作的深入开展提供了有效的制度保障。根据"三集五大"改革进展情况，把握隐患管理专责人员岗位调整和变动情况，对事故隐患排查治理工作组织机构进行及时调整，突出工作职责和要求的专项培训。

宣贯与调研。年初，组织召开事故隐患排查治理工作会议，总结2011年事故隐患排查治理工作，明确了2012年的工作目标和重点工作。在公司年度安全生产重点工作及"安全年"活动实施方案中针对安全隐患排查治理工作细化工作内容和要求，强化责任落实。

2月9日，召开国家电网公司新《事故调规》和《安全奖惩规定》宣贯培训大会。3月1日，公司安全监察质量部对基建安全培训班100余人进行《事故调规》的培训。4月17日，公司安全监察质量部对参加输变电专业工作会的60余人进行《事故调规》的培训。公司所属各单位也采取多种形式开展了《事故调规》的全员培训，并进行考试。

9月11日，针对国家电网公司安全事故隐患填报系统上线运行且较以往的填报做了较大调整的情况，举办安全事故隐患填报系统培训班。

12月14日，公司对各单位安全监察质量部负责人、隐患专责共22人进行《安全隐患排查治理实施细则》宣贯培训。公司各单位以防止发生人身伤亡和恶性误操作事故为重点，组织《事故调规》《冀北电力有限公司安全隐患排查治理实施细则》等宣贯、培训活动。

专项隐患排查。开展设备隐患排查治理工作，根据所发现的设备隐患逐项制定专项方案，逐月督导执行。① 向国家电网公司及华北分部专题汇报运维设备隐患，如海万线通道抗冰加强改造、万顺线防雷差异化改造方案等已获同意批复。同时争取国家电网公司加大对隐患防治所需技改资金的支持力度，开展差异化改造，提高重要通道安全水平。② 加快治理设备隐患。对于56台抗短路能力不足的变压器隐患，完成23台变压器加装中性点小电抗或高速开关改造，将14台变压器改造纳入2013年项目储备库；对于15台LW12型和40台LW13型存在内部放电的隐患断路器，争取资产单位支持，将6台LW12型、10台LW13型断路器大修纳入2013年项目储备库；对于2591组不满足国家电网公司完善化技术条件和2945组不满足遥控操作要求的隔离开关隐患，已列计划进行428组隔离开关大修，将569组隔离开关改造纳入2013年项目储备库。③ 配合铁路部门及时处置46条10kV线路跨越铁路倒塔断线隐患，全面排查6534台柱上变压器、13 469台柱上开关、153 462基杆塔、242座开关站、745座配电室，消除隐患1096处。

开展重要输电通道线路专项隐患排查，编制"2013~2015年重要输电通道线路落实反事故措施滚动计划"，提出重要500kV输电线路改造计划83项；开展紧凑型线路专项隐患排查，编制"紧凑型输电线路改造计划"，计划对源霸双回、海万双回和沽太双回紧凑型线路部分区段改造为常规性线路，改造区段共157.9km。

结合客户安全管理要求，将高危及重要客户用电安全隐患排查治理与十八大保电、迎峰度夏等工作有机结合，科学制定保电方案，周密部署，统筹安排。科学安排检查力量，根据行业类型和用电特点，从受电设施、运行管理等方面开展用电安全隐患排查，并分析隐患类型和形成原因。9月底前对重点地区、重要活动场所和高危客户共计600户进行了全面排查梳理，发现一般和重大安全隐患共计539项（其中一般隐患414项，重大隐患125项），并以书面形式汇报政府相关部门备案，督促限时整改。督促客户按照国家有关技术规范和标准要求配备满足重要负荷供电需要的应急电源，确保自备应急电源容量、启动时间等符合应急供电要求。做好客户用电安全隐患整改督导工作，将发现的用电安全隐患和整改要求书面通知客户，并报告政府有关部门。

隐患治理工作。公司将事故隐患排查治理与年度生产、基建、技改、大修项目和安全生产阶段重点工作结合，突出关键环节和重点时段，开展事故隐患排查治理工作。将输变电设备隐患排查治理与年度大修技改工作结合，为大修技改计划的制定提供可靠的数据基础。2012 年完成 252 项 110kV 以上输变电设备停电检修工作。将隐患排查治理与安全大检查、迎峰度夏（冬）、防汛、安全性评价等工作结合，从人员、电网、设备三个方面开展隐患排查治理行动。将隐患排查治理与电网运行方式分析制定有效结合，及时发布电网风险预警、落实风险预控措施。将隐患排查治理与重大节日、重要活动保电工作结合，集中开展专项事故隐患排查治理，十八大前完成隐患缺陷整改 299 项。

（李　钢　张吉飞　潘　宇　张翼鸣　王　珣）

【安全生产风险管控】 梳理国家电网公司《安全事故调查规程》事件风险。制定了 4 大类、188 项整改措施和防范措施。固化风险预警发布流程，共发布 56 项五级以上电网风险预警。建成了集状态检修、三维全景、在线监测、电网五图、智能管控等功能为一体的智能分析管控系统，执行设备动态状态分析管控模式，开展典型问题和故障分析。开展春秋季安全生产检查，合理安排春秋检计划，开展动员培训 17 415 人次。强化现场作业风险管控和作业标准化，强化到岗到位要求。加强电网安全分析校核，集中排查治理电网薄弱环节隐患，加强二次系统安全管理，开展冀北调度数据网建设，实现冀北调度独立运行。开展“安全生产月”活动。组织 18 465 人次参加安全知识竞赛。

（周建辉）

【政治保电】 十八大保电期间，公司细化保电措施，层层落实保电责任，加强保电全过程管理，按照“领导到位、责任到位、措施到位、巡视到位、督导到位”的原则，落实保电工作各项措施。西电东送、北电南送通道及北京 500kV 环网线路是十八大保电的安全防护重点，共涉及 6 个省（市、自治区）、14 个市、91 个区县、465 个乡镇、19 460 基塔、8495km 线路。公司主网输变电设备，划分为特级、重点和一般三级。贯彻“从政治上着眼、从稳定上着手、从和谐上思考”的保电方针，细化落实公司保电工作总体方案和各保电子方案。部署专业特护队、专业巡护、农电工、公安干警、群众看护、保安人员 6 支共 22 108 人的保电队伍，对重点保电部位进行不间断巡查值守。共计进行了 6.8 万 km 的专业特殊巡视，628 条次 19 460 基塔的红外测温，1763 处的交叉跨越测试。持续开展专家会诊，加强缺陷管理，保电前发现并整改 932 项缺陷隐患，开展 128 项检修工作，保证了各类设备隐患早发现、早治理，确保设备健康运行。制定 100 余项 200 余万字应急预案，开展 640 余次专项应急演练。组织 126 支 4275 人专业应急抢修队伍、5 支 716 人抢险队伍、510 辆应急车辆和 11 辆应急发电车 24 小时待命，确保“反应迅速、到位及时、熟知预案、熟练处置”。保电期间，冀北北部与山西交界地区出现强暴风雪天气，公司运维的 500kV 线路受风雪影响频繁掉闸。公司立即启动恶劣天气应急预案，各运维单位迅速行动，抢修队伍投入故障查找和抢修之中。故障区域集中在山西省灵丘县“空中草原”地区，海拔高度在 2100m 左右，积雪厚度平均达 1m，山路狭窄险峻，抢修工作困难。在这次抢修中，通过直升机分三次把 6 名抢修人员和应急备品送至故障区域。经过 6h 抢修，处理了源霸二线重大故障点 3 处，一般缺陷 15 处，故障线路及时恢复供电。公司根据保电工作进展及突发灾害气象条件，细化防范措施，调整优化保电方案。按照“分段负责、分组看护、分时巡查”的原则对护线人员的配置、护线点的设置进行了重新调配，对重要输电通道增设专业看护点。如有恶劣气候预警，专业管理人员和技术人员将提前赶赴现场驻守，掌握线路运行情况，为应急抢修提供第一手现场资料。加大对重点线路和设备的巡视检查频次，特别是对发生过多次跳闸线路故障区域，加大特巡特护力度，确保设备状态可控、能控、在控。

（李　鹏）

【抗击自然灾害、恶劣气候保供电】

1. 应对暴雨洪涝灾害

7 月 21 日 9 时 30 分，北京市发布暴雨橙色预警。公司立即发出预警指令，第一时间启动应急预案，1394 名巡线人员迅速开展线路特巡，113 支 4394 名专业人员组成的应急抢修队伍，做好各项工作准备，随时准备出发。

7 月 21 日，北京南部、天津中部、廊坊和唐山局部降雨量达到了 260～460mm。暴雨期间，冀北电网 10kV 及以上 285 条线路跳闸，绝大部分线路重合成功。针对 38 条配网线路未恢复送电情况，公司紧急组织 78 支应急队伍、937 名抢修人员、117 台抢修车到达现场开展抢修工作。承德 17 条 10kV 停电线路 8 条处于兴隆县山区，故障点情况复杂，吊车等设备作业困难。经过连夜抢修，于 22 日 23 时 50 分恢复送电。至此，38 条配网线路全部恢复送电。暴雨期间，冀北地区没有发生重要用户停电和重大财产损失事件。

冀北电网经受了 61 年来最强暴雨，公司负责运维的西电东送、北电南送 500kV 输电通道和北京 500kV 环网保持安全稳定运行。

▶ 国网唐山供电公司冒雨抢修，为4000多户居民恢复用电。

2. 应对台风达维

8月3日，受台风“达维”影响，唐山中南部及沿海地区出现降水，南部沿海地区出现大暴雨，唐山东南唐海、乐亭、滦南、滦县、丰南五县（区）出现暴雨大风，67个乡镇突降大暴雨，乐亭王滩镇最大降雨量279mm，海上最大风力10级。秦皇岛地区平均降雨量为199.5mm，28个乡镇降雨量超过200mm，局地最大降雨量为308mm。

在公司统一指挥下，国网唐山、秦皇岛供电公司电力调度控制中心采取“双值班”增加值班力量，加强负荷监控，对重要用户设备异常情况做好预警提示，及时通报相关部门，准确、快速处理异常情况。在变电运维工区，全部重要变电站均已提前转为有人值守状态，每小时进行一次设备巡视，工区所有人员全部到岗到位。在输电运检工区，台风暴雨来临前，对极端天气下可能构成威胁的树木进行了砍伐，对重要输电线路和低洼危险跨河地段输电线路增派人员看护巡视，主网输电线路无倒杆倒塔。在配电运检工区，所有人员全部到岗到位，对市区内主要开闭所、配电室都采取了防汛措施并不间断进行巡查；增加配电急修人员力量，接到客户故障报修后第一时间赶到现场进行抢修，保障居民用电。在95598呼叫中心，启动备班运行，坐席人员解答客户咨询，及时受理故障报修，保障了电网的安全稳定运行。

（李　鹏）

【工程建设安全管理】

1. 基建“安全年”活动

动员部署阶段，公司成立了以分管领导为组长的基建“安全年”活动工作小组，负责统筹基建系统“安全年”活动，监督指导活动实施推进，对活动开展情况进行考核评价。公司基建部对“安全年”活动要求进行细化分解，编制《冀北电力有限公司基建系统“安全年”活动推进实施方案》（冀北电基建〔2012〕43号），在公司整体“安全年”活动框架下，突出“四全”（全面、全员、全过程、全方位）管理要求，从基建安全、建设质量、队伍建设、建设管理、设计与技术管理、技经管理六个方面落实39项具体措施。

全面推进阶段，按照“事前策划、事中控制、事后总结”的原则，公司加强对基建“安全年”活动实施情况的过程监督，开展“安全年”活动专项检查，确保活动要求得到落实。根据工程项目“安全年”活动开展情况，公司印发了《关于深入开展基建“安全年”活动的通知》（冀北电基建〔2012〕91号），指导各基层单位及工程项目落实“安全年”活动工作要求。

总结评估阶段，公司梳理基建“安全年”活动各项重点措施的执行效果，查找基建安全质量管理薄弱环节，为提升管理工作打下基础。

2. 完善基建安全管理体系

人员配置到位。按照“大建设”体系建设总体要求，公司各级基建安全管理人员全部配置到位，解决了部分建设管理单位无专职基建安全管理人员的问题。

制度体系完善。结合“大建设”体系安全管理制度体系建设，重新梳理各级基建管理人员岗位职责、工作标准和管理标准，明确安全管理岗位工作职责和工作内容。

直管项目安全管理到位。对公司直管500kV项目，明确了基建部项目管理处牵头管理、省经研院专业辅助、安全质量处全程参与的建管模式。

3. 创新基建管控机制

创新开展基建管控机制。公司实施基建“项目部日预控、职能部门周点评、公司月协调”管控机制：工程项目层面每日研判、评估作业风险等级，制定措施，在现场公示风险识别结果和预控措施，加强施工安全风险管控；公司和建设管理单位相关职能部门每周通报检查情况，点评现场安全质量管理工作，提出工作要求；公司每月召开工程建设协调会，协调影响工程建设安全质量的重大问题。

落实分级预警和到岗到位要求。结合公司现场实际，提出了红、橙、黄、蓝、绿五色分级预警机制，明确了各级基建管理人员到岗到位要求。公司重点对橙色及以上安全风险进行管控，“挂牌督办”、到岗到位，对施工现场开展监督检查。

采取措施降低安全风险等级。公司在唐山地区试点开展降低带电跨越施工安全风险管控措施，由基建部组织相关专业部门参加，进行专题研究，综合分析施工作业可能引发的人身、电网、设备、优质服务及社会舆情等风险，以低风险避让高风险为原则，确定跨越作业方式。通过采取风险管控措施，唐山地区减少带电跨越13处，大幅减少重大施工作业风险，提高了人身、电网和设备安全系数。

加强施工高峰期安全风险管理。公司结合一级网络计划，编制全年安全管理评价工作计划，在施工高峰期开展工程项目安全管理评价，评估工程项目可能存在的安全风险。针对施工高峰期作业人员多、进场机械多、交叉作业多的特点，公司加大巡检组现场巡检频次，发现和整改安全隐患。

4. 加强基础管理

以策划引领全年工作。公司对2011年基建安全质量管理工作进行了总结，分析当前安全质量管理工作中存在的薄弱环节，编制了2012年度基建安全质量策划方案，列出了年度基建安全管理重点工作计划。7月，公司根据安全质量策划执行情况，对策划方案进行了调整，使方案更具针对性和操作性。在公司开展基建安全管理工作策划的基础上，组织所属建设管理、施工、监理单位同步开展安全策划工作，召开策划方案评审会，确保基层单位安全管理工作不走偏。

排查摸清基建工程安全质量管理现状。开展全覆盖基建安全质量大检查活动，成立五个检查组，由公司基建部、安全监察质量部处长带队，检查公司投资工程项目55项、所属施工单位承揽区域外工程3项，发现各类问题1230条，通过对问题进行归纳分析，摸清工程项目安全质量管理现状，加强了管理措施的有效性和针对性。

建立安全文件直接传递通道。为减少文件流转时间，强化文件执行的及时性，公司利用互联网资源，建立了以邮件列表和以博客为主、短信平台为辅的安全文件新的传递通道，直接将安全文件和安全管理有关要求传达到工程项目，实现工程项目“早接收、早学习、早落实、早见效”。

开展安全质量巡检工作。公司制定了《基建安全质量巡检工作管理规定》，成立专职安全质量巡检组，固定检查人员，开展日常巡检工作。2012年，公司安全质量巡检组共开展巡检工作146项次，共检查发现问题1605项，印发整改通知单65份。巡检组每周提交巡查报告，公司每月对检查发现问题进行分析，查找共性问题，统一研究制定具体防范措施。巡检组按公司要求对低电压等级工程进行重点整治，开展现场辅导与交流6次，提高了低电压等级工程安全质量管理水平；根据季节性特点开展专项巡查7次，对节假日后工程规范复工、防汛应急准备情况、启动投产工程现场开展专项检查，促进各项工作要求在现场得到落实。

分级开展工程项目安全策划。为加强工程项目安全质量策划方案管理，公司实施策划方案分级管理：公司负责组织编制500kV项目安全文明施工总体策划、创优规划，负责审查安全监理工作方案、安全文明施工实施细则；地市公司负责组织编制、审查220kV及以下工程项目安全策划方案，并报公司基建部备案；公司通过基建信息系统随机抽取工程项目策划方案，结合例行检查、日常巡检等活动开展现场督查，共抽查18个项目，确保工程项目策划方案所列措施执行。

应用基建信息系统开展安全质量管理工作，通过系统完成基建安全信息月报、基建安全质量策划方案上报、建设管理单位策划方案审查、国家电网优质工程申报、达标投产批复、例行基建安全质量大检查等工作。

5. 加强安全培训

建立健全分级培训模式。公司建立健全公司、建设管理单位、工程项目三级基建安全质量培训模式，强化基建管理人员的能力和素质，确保“安全年”活动落地扎根。公司层面，组织开展三期基建安全质量管理培训班，累计培训人员约320人，覆盖所属建设管理、施工、监理单位等人员；建设管理单位层面，通过集中培训、安全考试等方式，针对工程项目主要管理人员宣贯最新安全质量管理要求，累计培训人员约2050人次；工程项目现场，通过播放安全质量宣教片、集中授课、农民工夜校等方式对一线施工人员开展全员培训。通过分级开展培训，基建管理人员能力素质得到提升，施工人员安全意识、技能水平得到加强。“大安全”理念逐步深入工程建设管理的各个环节。

培养专家型人才。公司建立了安全质量专家库，选取现场经验丰富、理论知识扎实的专家作为公司安全管理工作的支撑，在基建安全管理培训、日程安全检查、专项安全督查等方面发挥作用。

6. 强化分包管理

严格分包商资质审查。公司分别于2月和9月组织开展了分包商资质审查，共审查分包商资质216家，审查通过186家，通过率为86.1%。

开展分包安全专项检查。8月27~31日，公司组织检查组，随机抽取6项施工分包队伍的工程项目开展分包专项检查，重点是检查分包管理流程是否规范、分包商资质是否满足作业要求以及国家电网公司《关于进一步加强分包安全管理的重点措施》（国家电网基建〔2012〕340号）落实情况等，共发现问题18项，督促工程项目闭环整改完毕。

完善分包全过程管理机制。针对国家电网公司依法治企检查和公司日常检查中分包管理易发、频发问题，公司编制了《关于进一步规范电网工程建设分包管理的重点工作要求》，提出了“五禁止、五必须、五加强”（禁止工程转包行为，禁止无资质队伍参与施工分包，禁止将安装工程进行专业分包，禁止以包代管，禁止违规选择分包商；必须建立分包商优选机制，必须规范签定分包合同，必须严格落实分包商资质要求，必须规范分包管理流程，必须建立分包商考核评价与退出机制；加强分包队伍入场审查，加强分包队伍人员教育培训，加强分包队伍人员管控，加强分包队伍技术管理，加强分包施工过程管控）的工作要求，对分包商选择、过程管理、最终评价等分包全过程管理提出了具体措施和要求。

7. 创新竞赛形式

结合基建安全质量大检查，开展“三比一创”（比安全、比质量、比管理，创精品工程）活动，对各工程项目进行量化评分，并按照建设管理单位、施工单位、监理单位等不同口径进行排序和公示，形成了“比、学、赶、帮、超”的氛围。

创新流动红旗竞赛形式。首次将110kV和220kV工程纳入同一批次竞赛，为确保流动红旗竞赛取得实效，采取了数码照片初评、现场复检的模式，更强调常态化安全管理，促进不同电压等级间工程管理差距缩小。

组织开展数码照片评选活动。根据工程项目实际进度，选取9项工程开展数码照片评选活动，重点检查照片主题、照片数量、照片分类及整理、照片规范性、照片内容及符合性等，检查完成后进行了量化评分，并印发了检查通报，对在建工程项目提升数码照片采集和管理水平起到了促进作用。

（孙海军）

【农电安全管理】 加快实施农网改造升级工程，应对农网改造升级3个年度1141项工程和灾后重建工程任务繁重局面，克服工程管理人员不足的困难，组织实施里程碑计划，农网安全生产保持平稳态势。提升县公司经营管理能力，3个县公司进入国家电网公司系统县供电企业综合实力百强，建成4个新农村电气化县，提前完成“十二五”规划目标，2个县公司通过国家电网公司一流考评验收，5个供电所达到国家电网公司标准化示范供电所标准。

开展“三抓一反”活动。为贯彻公司2012年营销、农电工作会议精神，确保春检预试及农网改造升级工程施工作业现场安全，提高施工质量，公司于3月20日~4月20日组织开展了以“抓责任落实、抓标准化作业、抓培训、反习惯性违章”为主题的“三抓一反”农网春季安全质量督查活动。每周专人组织检查，突出要求“严”，范围“广”、频次“大”。并建立通报机制，通报发现问题，组织整改提升，做到安全检查不走过场，通报不留情面，对共性薄弱环节提出整改措施，43个县公司“举一反三”同步闭环整改。“三抓一反”活动期间，县公司通过安全稽查队自查现场1046个，发现问题177个，问题整改率100%；5个市公司累计抽查县公司71次、现场119个，发现问题66个，问题整改率100%；公司抽查7个县公司、6个现场，发现20个问题，整改率100%。

安全教育培训及调考。5月，公司举办农网安全培训班，各市、县公司农网安全管理人员共91人参加。为提升农电员工的整体业务技能水平和管理水平，公司制定印发安全知识调考实施方案，组织市、县公司对县公司线路专业工作票“三种人”（工作票签发人、工作许可人、工作负责人），农村供电所所长（副所长）及农村供电所工作票“三种人”逐级开展农电员工安全知识和技能培训工作，于8月先后两次举办农电安全知识调考，43个县公司线路专业工作票“三种人”共257人参加考试，印发调考通报2期。

▶ 在村街显著位置粉刷标语、宣传图。

强化农村用电安全管理。落实国家电网公司《“你用电　我用心”实施农村用电安全强基固本工程方案》（农安〔2011〕66号）的工作要求，贯彻国家电网公司2012年农电工作会议精神，制定并印发公司2012年《“你用电　我用心”农村用电安全强基固本工程推进方案》，重点实施“54321”工程，即结合五项工作，构筑四道防线，成立三支队伍，建立两项机制，开展一项评价，构建安全和谐的农村供用电环境。通过农村用电安全强基固本工程为50%以上乡村建立较为健全的政企联动、乡村实施、电力服务的农村用电安全工作机制。农村配电变压器台区总保护应装必装，中级（分支）保护按规定配置，提升三级剩余电流动作保护装置的安装使用率。农村供用电设施、临时用电管理规范和警示标示标识等物防措施基本齐备。农村输配电设施安全防护水平提高，基本消除供用电设施危及人身安全的隐患。

（薄　博）

【应急体系建设】 建立应急组织体系。公司成立应急领导小组，领导应急管理工作，下设安全工作组和稳定工作组（在安全监察质量部设置安全应急办公室，负责安全生产应急管理工作的归口管理；在思想政治工作部设稳定应急办公室，负责社会稳定应急管理工作的归口管理）。公司直属各单位均成立了相应的应急组织机构，按照“横向到边、纵向到底”原则，建立了上下贯通、前后衔接的全方位应急保障体系。

建设应急指挥中心。按照《国家电网应急指挥中心建设规范》要求，制定规划和计划，分阶段建设公司应急指挥中心。12月31日，公司应急指挥中心正式投入运行。

建设应急队伍体系。按照“纵向分层、横向贯通”的原则，组建公司层面应急抢险队伍和直属生产单位应急抢修队伍。国网冀北检修分公司，国网张家口、唐山、秦皇岛、承德、廊坊供电公司按照专业化、属地化原则，组成67支约3042人的应急专业抢修队伍。应急抢险队伍由北京送变电公司选择有丰富施工经验的施工人员组成，总人数820人，其中输电线路应急抢险队伍3支，各200人；变电一次抢险队伍2支，各100人；变电二次抢险队伍2支，各10人。对于一般的应急抢修，各基层单位在公司应急抢修领导小组的指挥下进行本单位的应急抢修工作；在事故比较严重时，由公司统一指挥调配抢修、抢险队伍。

组建冀北应急救援基干分队（其中本部管理50名应急救援基干队员，设在国网冀北检修分公司；直属各生产单位管理150名应急救援基干队员，设在5个地市供电公司），开展应急救援培训和演练工作，发生突发事件时作为国家电网公司基干、专业救援队伍参加应急救援工作。

储备应急物资。公司按照“统一指挥、分级负责、资源共享、条块结合”的原则，完善应急物资和备品备件管理工作，以分散储存、统一调度、集中使用为储备原则，按照直接储备、基建调配、厂家后备等方式，完善输变电设备的配置和管理使用，确保应急抢修物资和备品备件发挥作用。公司储备了不同规格的500kV应急变压器7台，220kV应急变压器7台，全绝缘应急抢修塔27基，耐张、直线抢修塔28基，钢芯铝绞线214t，铝包钢绞线、绝缘子等备品备件均满足应急物资储备定额要求；应急餐车、照明设备、冲锋舟等应急抢险抢修装备按照国家电网公司统一要求招标采购。

梳理完善应急预案。加强应急管理体系建设规划和应急预案体系建设，梳理应急管理工作流程，完善内部应急管理机制建设，落实专项预案，按照总体应急预案的要求，做好纵向和横向的协同配合工作。健全应对突发公共事件的组织体系，明确各方面职责，确保快速反应，协调有序、高效运转。完成了总体应急预案及18项专项应急预案的修订、编制工作，并正式发布，报国家电网公司和华北电监局备案。根据国家电网公司和各级政府部门关于应急管理的要求，结合公司实际制定修编了4项应急管理规章制度。

开展应急管理培训和演练。重视基层和基础应急管理工作，提高基层应对突发公共事件的处置能力。对公司员工宣传和普及公共安全知识、应急管理知识、灾害知识、防灾救灾和自救知识。全年组织应急培训3次、培训人员150人次；各单位进行应急培训98次、培训人员1678人次。加强预案演练、完善协调机制、提高实战水平，组织开展不同形式的应急演练，全年组织应急演练5次、参加人员800人次；各单位进行应急演练567次、参加人员9456人次。

针对2012年夏季高峰冀北电网电力平衡紧张，网间及省间联络线潮流重，负荷中心地区设备$N-1$过负荷等问题，举行2012年迎峰度夏联合反事故演习。重点演练各级调度间及调度与厂站间在事故处理中的协调配合，检验了各单位应急预案的落实情况。冀北省、地、县三级调度、检修分公司共400多人参加了本次联合反事故演习。

（郑　毅）

生 产 管 理

【输变电设备专业管理】

1. 输电线路专业管理

防雷。贯彻执行电网雷害分级标准与高压架空线路防雷配置原则标准。根据雷击跳闸记录和雷电定位系统，从线路设备、地形、环境、气候等因素，开展重要通道输电线路雷害风险评价工作，根据风险评价等级开展治理，确保主要送电通道线路雷击易发区段防雷措施全部到位。

防外力破坏。对于施工中施工机械容易碰撞导线的工程，签订施工安全协议书，及时采取停电配合的方法施工，并在线下设安全警示牌。发挥新闻媒体的作用，发布公告、开辟专栏、制作专题节目进行宣讲等。完善警企联合、政企联合护电以及群防群治护线机制，建立线路保护区行政审批制度和绿化协调机制，配合公安机关打击盗窃破坏电力设施行为。及时清理防护区内各类障碍物、堆积物，防止异物造成线路跳闸。

防污闪。根据污源发展和污秽度监测网的需求，完善盐密监测点（包括在线监测点）布置，对输变电设备外绝缘配置进行摸底调查，及时收集上报智能污区图基础资料，按照电力系统最新污区图绘制标准 DL 374—2010《电力系统污区分布图绘制方法》要求完成新版污区图的滚动更新，用于指导各运行单位安排次年防污工作计划。完成 220kV 及以上二代复合绝缘子更换，制定防污闪涂料现场施工技术规范，完成对性能下降的老旧 RTV 的复涂工作。

防覆冰舞动。承担国家电网公司相间间隔棒优化技术研究科技项目，完成相间间隔棒优化配置、分布位置及受力校核；以气象特征法为基础，优化舞动区域划分，绘制舞动分布图。在国家电网公司运检部牵头下，分析紧凑型舞动跳闸故障特征，制定易舞区段整改原则，并梳理运维紧凑型线路舞动故障隐患区段，编制整改方案和整改计划。

防风偏。针对线路风偏跳闸，开展针对易发区段的防风偏专项治理。针对近年出现的 220kV JG1 型耐张塔跳线串风偏跳闸等新现象，组织了专项隐患排查，并安排资金进行整改。

防鸟害。在总结鸟类迁徙规律和运行经验的基础上，开展鸟害区域划分，并统一绘制鸟害分布图；编制《高压架空线路鸟害区域划分及防鸟害装置配置原则》，对防鸟害装置的范围、材质、种类、尺寸等规范配置；重新梳理运行线路鸟害区域情况，按照配置原则，补充完善防鸟装置。

2. 运行管理

输电运行。按照 DL/T 741—2010《架空送电线路运行规程》，结合所辖线路特点，实行线路巡视专责管理，应用 GPS 智能巡检系统，控制巡视到位率，对导/地线、各类金具、杆塔本体及线路走廊等情况进行巡视、检查，累计完成定期巡视 181 764km。围绕防外力、防鸟害、防雷、防汛、十八大保电等主题开展了多次大范围的线路特巡、夜巡，累计完成 11 264km 的专业特殊巡视。完成接地电阻测量 22 732 基、瓷绝缘子零值测试 142 160 片、复合绝缘子、防污闪涂料憎水性测试 476 基、现场污秽度监测点盐密以及灰密值测量 912 个。

变电运行。按照国家电网公司《关于印发电网设备状态检修管理标准和工作标准（试行）的通知》（国家电网生〔2011〕494 号）及《关于开展变电设备带电检测和状态评价分析工作的通知》（生变电〔2012〕37 号）文件的要求，公司针对 2012 年设备年度定期评价工作做了统一部署，并印发了《输变电设备状态评价实施细则》。利用资产全寿命系统（EAM）和状态检修辅助决策系统，加强状态检修全过程设备状态信息收集。要求各单位及时报送设备统计报表和设备管理考核报表，修订缺陷管理规定，对设备缺陷及时安排检修消缺。开展技术监督联合检查以及专家会诊巡视检查，对各项技术标准及规程、导则的执行情况进行督导、抽查，对发现的问题实行闭环管理，确保整改到位。

3. 带电作业管理

组织参加第八届全国 500kV 线路带电比武，全国 26 支队伍参赛，公司取得了第二名的好成绩。

加强带电队伍建设，重视整体带电作业能力的提高，开展绝缘子测零、更换，跨接引流线，安装防雷设施，更换间隔棒，修补导、地线，更换直线及耐张串绝缘子等项目带电作业。年累计进行带电作业任务 301 次，其中 500kV 线路带电作业 131 次，220kV 线路带电作业 63 次，110kV 线路带电作业 107 次。

4. 变电管理

组织编写 2011 年度变压器、断路器、无功电压专业总结报告；结合《事故调规》，开展了 2012 年变压器、开关类设备专题分析，对抗短路能力不足、绝缘降低等隐患问题进行了梳理和风险分析。编写“7＋5”标准体系中的《交流高压断路器技术标准》《交流高压断路器检修规范》《高压开关设备技术监督规定》，并报送国家电网公司运维检修部和华北分部；组织修订并印发《高压开关设备状态检修导则》《高压开关设备状态评价导则》《输变电设备状态检修试验规程》等一系列技术标准，对现场标准化作业卡、作业指导书、交接验收的作业卡进行修订，完善技术标准，确保技术管控全覆盖。围绕“三集五大”体系建设，依托省检修分公司的检修试验大厅，完善工厂化检修基地功能，推动工厂化检修模式。

（张吉飞　潘　宇）

【生产技术改造】

1. 生产技术改造项目

（1）输电线路。按照电网设备差异化改造指导意见要求，结合设备运行特征，梳理设备风险等级，制定差异化防冰改造计划；结合十八项反事故措施要求，按计划逐年完成重要线路交叉跨越区段单串改双串、地线支架加强、迁改独立耐张段措施，完成5条220kV、4条110kV、1条35kV基塔改造任务，防止杆塔倒塔断线连串效应，抵御自然灾害能力增强。

针对2012年雷害频繁的突出问题，主要在部分通道安装线路避雷器或试用高梯度避雷器，安装位置均位于雷害分布中的三级及以上雷害区域，主要围绕发生过故障附近区段和雷电活动多发区段。实施线路差异化防雷，明确接地装置改造、线路避雷器、塔头侧针、并联间隙安装等实施技术原则，开展陵昌线等220kV差异化防雷专项治理，提高变电站设备防雷电侵入波能力。

按照国家电网公司关于加装在线监测装置的要求，根据在线监测装置安装布点原则，在线监测装置布点规范，在3条线路上安排一定数量的在线监测装置安装，实现重要线路、重点区段设备状况、气象参数、通道环境的动态监测。

（2）变电设备。针对部分少油断路器及老旧断路器存在的技术水平低、维护费用高、备品备件缺乏、运行故障率高等问题，安排35～220kV断路器改造项目17个，更换68台断路器，其中220kV 5台、110kV 11台、35kV 32台，其中大部分是将液压操动机构断路器（存在打压频繁和渗漏油缺陷）更换为弹簧机构的SF_6断路器，减少了断路器设备的停电时间和停电次数，提高了设备的可用系数。完成宋家营8台110kV少油断路器更换及雷庄基建工程后，可实现全网110kV以上断路器无油化。

对存在导电回路过热、操作卡涩、分合闸不到位、锈蚀严重问题的未完善化的隔离开关实施改造，实现遥控操作，安排项目13个，涉及隔离开关共284组，220kV 35组、110kV 167组。

为降低变压器遭受短路导致损坏的风险，组织开展变压器抗短路能力核算及治理，逐台评估110kV及以上电压等级变压器的短路失效风险，针对不同电压等级、不同风险类型的变压器，对比技术经济性与适用性，制定治理措施。进行低压侧加装爆炸式高速开关、低压侧加装串联固定限流电抗器、中压侧加装串联限流电抗器、中性点加小电抗器等，完成14个项目。

完成秦皇岛地区五里台220kV枢纽变电站3号主变压器改造，更换3号主变压器及相关的2台110kV电流互感器、5组110kV隔离开关、110kV管型母线等相关设备。

对承德地区2011年新投变电站出线间隔加装避雷器，完成220kV避雷器30支、110kV避雷器24支安装，落实国家电网公司《预防多雷地区变电站断路器等设备雷害事故技术措施》反措要求。根据《国家电网公司十八项电网重大反事故措施》，对处于热备用状态的线路间隔以及曾发生雷电侵入波故障和变电站进线段雷电活动较为强烈的间隔均按计划完成了出线避雷器的安装工作，共计安装220kV出线间隔141个、110kV出线间隔93个。

针对GG－1A、JYN、XGN等型号老旧开关柜存在的技术落后、防护能力不完善、绝缘水平低、耐受内部电弧能力不足、未设置和安装压力释放通道、“五防”闭锁功能不完备等问题进行改造，完成14个项目改造，涉及10kV开关柜358面、35kV开关柜12面。

（3）配电网。城市配网技术改造项目主要包括过负荷变压器、线路、配电室增容改造，扩大电力市场及满足用户负荷增长需求；对老旧线路、设备（油开关、油电缆、“五防”闭锁）等改造；线路拉手改造和加装分段开关；深化配电管理系统应用。2012年，10kV城市配网技术改造项目完成改造线路184km，变电容量13 722kVA。

（4）二次系统。完成43座220kV及以上变电站GPS时钟同步改造，实现厂站内统一时钟改造，使二次系统采用同一时钟源进行对时，提升数据准确性，为事故分析、数据断面比对等工作提供支持。完成9座220kV变电站监控系统和10座110kV变电站综合自动化系统改造，淘汰老旧设备，提高厂站端自动化设备健康水平。

完成10G光传输骨干网建设。主要是在太平、承德、安各庄和固安4个500kV变电站部署10G设备，组成环京津唐区域10G骨干网络；在唐山区调，安各庄500kV变电站，韩城、宋家营、曹妃甸、洼里、雷庄、併城220kV变电站部署10G设备，组成环唐山地区的10G骨干环网络。项目实施后，可以满足支撑“五大”建设、地县级备用调度建设以及地县层面信息灾备建设的基本通信需求，同时为农网、配网自动化、信息、表计等业务需求提供通信支撑。

2. 生产技术改造管理

修编生产技改大修管理办法。按照国家电网公司“大检修”体系建设总体方案的指导意见，对公司有关管理办法进行修编，编制印发《冀北电力有限公司生产设备大修工作管理办法》《生产技术改造工作管理办法》《2012年生产技改大修项目实施节点计划》《生产业务外包管理实施细则及评价办法》等十余项管理办法。

编写“十二五”生产技术改造规划，对电网“卡脖子”和设备老化、陈旧等问题进行改造规划，加大更新改造投入。

加强技改、大修工程管理体制管理标准、技术资源、设备资源、检修力量、项目管控的集约化，以节俭、约束、高效为价值取向，优化配置技术力量和设备材料，提高检修维护效率。加强项目执行管理，定期发布项目进度通报。加强项目执行情况检查，并整合系统中项目执行管理相关数据信息，利用系统报表监控项目执行过程，并按周进行生产项目完成情况统计分析，双周进行生产项目完成情况通报，强化年度计划刚性执行和项目实施全过程管控。

（耿广玉　杨东杰）

【状态检修工作】

1. 状态检修标准体系建设

公司按照国家电网公司状态检修工作相关要求，建立完善状态检修管理标准、技术标准和工作标准，深化电网设备状态检修，启动电网设备状态检修达标评价工作。制定印发了《输变电设备状态检修管理规定实施细则》《电网设备状态信息收集管理办法》《电网设备状态评价管理办法》《电网设备状态检修计划制定管理办法》《电网设备状态检修计划实施管理办法》《状态检修绩效评估管理办法》6项规章制度，明确规定电网设备状态检修的基本原则、管理职责、管理内容、技术监督、装备配置、辅助决策系统应用、人员培训、评价与考核等内容，规范状态检修流程各环节的具体工作要求。印发公司《输变电设备状态检修试验规程》及各类输变电设备状态评价导则、状态检修导则等21项技术标准，转发国家电网公司状态检修管理标准1项、工作标准5项、技术标准53项，状态检修标准体系基本健全。

2. 设备状态监（检）测平台建设

公司依托“输变电设备状态检修辅助决策系统开发研究”“状态检修辅助决策系统深化应用”科技项目，开发了状态检修辅助决策系统，基本实现状态信息收集、状态评价、状态诊断、风险评估及检修决策建议等主要功能，并通过深化应用，将不良工况等对设备的影响纳入评价依据，同时完善了智能诊断功能及监测预警功能。2011～2012年公司总结三维GIS地理信息系统应用、传感技术应用经验，开发了基于信息化、可视化的输变电设备智能化分析管控平台。该平台以空间地理信息服务平台、状态监测系统为支撑，融合生产管理信息、在线监测实时信息、视频及环境监测信息，实现三维全景展示，对输变电设备状态、气象分布、线路通道环境、地形地貌及变电站环境信息的监视一目了然。以二维地理信息系统为基础，实现二维GIS管控，达到人员分布、设备巡检、缺陷处置、备品备件、应急队伍的全面管控和智能化分析。

3. 状态检修技术推广

在做好输变电设备状态例行试验的基础上，2009年以来公司加大了先进、成熟的带电检测和在线监测技术的推广应用力度，加强带电检测仪器配置和使用。按照国家电网公司相关要求，春季检修试验期间开展电网主设备带电检测及状态评价分析工作，针对220kV及以上变压器（电抗器）、GIS设备、SF_6断路器、互感器、架空线路等非“正常状态”输变电设备，重点开展红外测温、油中溶解气体分析、超声波局部放电检测、SF_6气体分解物检测等带电检测工作。开展输变电设备年度状态定期评价和专题分析工作，从管理体系、技术体系、执行体系、培训体系和保障体系五个方面开展状态检修工作质量自查评价工作。组织开展2012年电网设备状态检修绩效评估工作，运用科学的标准、方法和程序，对企业实施电网设备状态检修的体系运作有效性、策略适应性以及目标实现程度进行评价。

（杨大伟　甘景福）

【电力设施保护】 公司以防治结合为抓手，推进电力设施保护工作。110kV及以上电压等级输电线路安全隐患整治工作取得成效，外部运行环境得到改善。外力破坏5起，较2011年同期下降5起。500kV输变电盗窃破坏案件保持了零发。

内部管理。结合公司电网运行结构和管理体制，为强化500kV输电线路保护工作，发挥属地供电单位优势，对区域防控护电机制优化完善。8月1日起，500kV输电设施保护工作执行属地化管理，由国网唐山、张家口、秦皇岛、承德、廊坊供电公司负责。

隐患治理。发挥政府领导、企业主责的电力设施保护隐患治理长效机制作用。加大对威胁公司安全生产的电力设施隐患整治力度，做到了隐患发现及时、整治及时，危急为零、风险可控。2012年整治各类隐患91处，其中，处理线下违章建筑物隐患7处，清理线下漂浮、堆积物15处，修剪、砍伐线路保护区内违章树木69处15万余棵。推进防御大型机械违章作业、野蛮施工碰线工作。深化"省（市）网路"护电工作，主动与地方政府和施工单位沟通与协调，关注基础设施建设工程的开工和规划，掌握施工动态，提前介入、谋划防范措施，将护电责任落实到工程指挥部、落实到工程项目部、落实到钻越线路施工点，降低外力破坏风险。

群防群治管理。推进并营造社会化护电氛围，坚持全面覆盖、重点突出、因地制宜、无缝衔接、责任明确、有效防控的原则，合理配置群众护线员，创新完善群众护电队伍管理和运作模式，强化对外力破坏的防护。针对输电设施线长、点多、面广，应急防控难的实际，强化群防群治和专业特护工作。将群众护线向专业化推进，将地线断开、线路掉串、故障点查找等一般隐患纳入日常护电工作范围。将阶段性、临时性任务通过手机信息群发系统进行部署，弥补专业巡线中时间上的空白。形成了专业、群防、特护三位一体的电力设施保护格局。落实输电线路危险点监控管理。将线路外力破坏区、盗窃破坏多（频）发区，线路保护区施工作业点、树木区、建（构）筑区、微气候区、大跨越段按对线路安全影响程度，划分为三级标准，由群众护线员对危险点实施24小时监控和重点巡护。群众护电队伍人数由2005年的1000余人增长至5000余人，护电范围从500kV输电线路扩展至110kV输电线路。为适应特殊时期护电工作的需要，建立群众护线人员信息档案，分长期和特殊时期（临时）进行管理，在档人数已达1万余人。

人防、物防、技防措施。坚持人防为基础，加大和完善物防投入，提升技防水平。确保110kV及以上变电站高压脉冲电网、工业电视系统，阻车钉等物防、技防设施安装率达100%，运行状况良好。22座500kV变电站和各供电公司调度楼延续了奥运保电期间管理模式，并将变电站安保人员配置标准根据所处地域、占地面积情况予以提升，雇佣保安员88名，增聘群众护站员66名，形成了内外结合的巡护模式。

政企联合护电常态工作机制。推进政府领导、企业主责的电力设施保护工作，公司所属输变电设施途经的各级政府，成立由政府主管领导任组长，相关部门和供电企业为成员单位的电力设施保护领导小组，确保电力设施保护工作正常、有序、高效开展。形成政府牵头、部门负责、企业配合、齐抓共管的护电保障体系，定期召开联席会议通报情况。形成市包区、县包片、乡镇包段、村包杆塔，层层分解、层层落实的护电格局，发挥各级政府优势，将护电责任落实到位。形成政企共保电网安全的工作局面，将线下隐患治理列入政府"折子工程"。

警企联动机制。与公安部门沟通协作，发挥治安办公室、警务工作站作用，处理电力设施安全急、难、险、重事件，打击盗窃破坏电力设施违法犯罪活动，2012年共处理村民阻挠停电检修24次，处置威胁电网安全隐患5处，检查废旧物品收购站点54个，净化了电力设施安全运行环境。

宣传教育工作。以发动群众参与护电为宗旨，强化电力设施安全，对《电力法》《电力设施保护条例》等法律法规进行宣传，开展春、秋季2次专项宣传活动。2012年共出动宣传车236台次、设置固定宣传站点54个、深入废旧金属（物品）收购站点124个（次），发放宣传物品3.5万余件，与沿电力线路村委会、工矿企业签订《保护电力设施安全协议书》603份。同时，针对制止大型机械设备线下违章、野蛮施工作业，发放《致特种车辆司机一封信》等宣传材料3万余份，深入施工现场开展宣传教育专项活动321次。

（王　宁）

【配电管理】 "大检修"体系配电建章立制。编制了城市和农村配电标准、制度、流程。共编制省公司层面配电管理和工作标准12项、规章制度11项、流程17项，涵盖了配电规划、计划、设计、建设、运行、检修、抢修以及客户接入等环节的管理内容。完成标准化作业指导书制定、修编和印发。对配电网49项停电作业和33项带电作业项目，修编了164份现场标准化作业指导书（卡）。公司配电网现场标准化作业指导书首次对城市、农村10kV配电作业现场进行了统一规范和要求，为确保配电现场作业安全和作业质量提供了技术依据，为开展公司城乡一体化的配电运维检修工作奠定了基础。

配网状态检修工作。贯彻落实国家电网公司关于开展配网状态检修工作的各项部署，统一组织理论培训与研讨13期，培训人员1100余人次。印发配网状态检修知识“百问百答”口袋书，人手一册，加深了员工对配网状态检修及工作方法的理解。印发了《配电网运维与检修管工作规范》《配电网标准化作业管理办法》《配电带电作业管理办法》等68项规章制度。实施配网设备大普查，共计普查线路1216条，设备普查覆盖率达到96.5%。共梳理完善15 466条设备投运前信息、49 210条设备运行信息、11 951条检修试验资料信息，补充完善设备照片35 155张。同时联系规划、设计、档案等相关部门及施工单位，补充遗失、损坏资料1725份，补充图纸2125套。做到了图纸台账完整，运行检修记录齐全。开展带电检测。全年累计开展红外测温23 750次，发现并处理缺陷525处。推广开关柜局放检测、架空线路超声波检测、OWTS震荡波局放检测等先进技术在配网的应用，共开展线路超声波检测6312km、开关柜局放试验185次、电缆局放试验102次。完成764个架空线路单元、28个柱上SF_6断路器单元、287个柱上真空断路器单元、1099个柱上隔离开关单元、1530个配电变压器单元、696个柱上跌落式熔断器单元、1889个电缆线路单元、360个电缆分支箱单元、1038个构筑物外壳单元的状态评价，并在此基础上完成了对架空线路、中压开关站、环网单元、配电室、箱式变电站、电缆线路的整体评价。9月26日，对国网廊坊供电公司进行达标验收。9月29日，公司行文向国家电网公司提交验收申请。10～11月，先后完成国网承德、唐山、秦皇岛和张家口供电公司的达标验收，在国家电网公司系统内第一批实现市级公司配网状态检修全覆盖。公司配网状态检修工作通过国家电网公司验收。

推进城乡一体化带电作业。制定《冀北电力有限公司10kV带电作业城乡一体化实施方案》，各地市公司制定了实施细则。健全带电作业工作制度，制定10kV配网带电作业管理规定，修订完善四类33项带电项目的作业指导书。根据县公司的实际需求，由地市公司配电运检工区带电作业人员和县公司运检人员协同配合，在具备条件的县公司开展带电作业。其中，国网承德、张家口供电公司已在县公司开展带电作业示范工作。

全年配/农网共开展带电作业1782次，配/农网开展带电作业共减少停电时户数155 007h·户，共增售电量815万kWh。其中配网完成1382次，同比增加45%，减少停电时户数114 081h·户，增售电量600万kWh；农网完成400次，减少停电时户数40 926h·户，增售电量215万kWh。

▶ 开展配网标准化抢修。

提升配电抢修标准化。制定了配网标准化检修工作方案，编制了配网故障抢修技术标准，规范了抢修流程。多次组织召开配网抢修工作会议、专业技术交流和培训。年中组织开展了对五个地市公司配网标准化检修的督查工作。各单位建立了以抢修指挥机构为核心，以抢修梯队为组成的配网故障抢修组织体系。明确了抢修人员职责范围，划分了抢修工作界面，合理设置抢修站点，实行抢修站点24小时值班制度，实现全天候故障处理能力。实现了抢修指挥调度标准化、组织体系标准化、流程标准化、工器具及车辆标准化、物资管理标准化、方案标准化。实现了由配电抢修指挥中心集中故障信息处理、抢修人员指挥、抢修车辆和作业工器具调度的标准化抢修。

深化配电自动化建设。落实“统筹规划、统一标准、试点先行、整体推进”的工作方针，初步建立了公司配电自动化建设标准体系，完善了管理制度，明确了配电自动化的建设指导思想，提出了建设改造要求和原则，确立了配电自动化建设路线安排，为配电自动化建设奠定了基础。组织督导国网唐山供电公司开展曹妃甸自动化试点项目建设，实现了配电自动化系统、SG186、用户信息采集、95598、电网GIS、PMS等系统的集成应用，并逐步由试点区域向市区扩展。

（要在杰　甘景福　张　建　张翼鸣　李　刚）

【“大检修”体系建设】 2月14日，按照国家电网公司“大检修”体系建设总体部署以及公司“大检修”体系建设推进安排，公司运维检修部抽调业务骨干，成立“大检修”体系建设工作小组，着手开展公司“大检修”体系建设实施方案的编制工作。3月，公司“大检修”体系建设实施方案通过国家电网公司运维检修部审查，获得正式批复。3 月 30 日，公司一届一次职代会审议通过该方案。公司严格执行国家电网公司批复的“大检修”体系建设实施方案，完成动员准备、新模式导入和磨合改进等各阶段任务，提前完成了“大检修”体系建设。11 月 24 日，通过国家电网公司“大检修”体系建设专业验收评估。

建立完善“大检修”体系制度标准。全面梳理规章制度、工作标准、业务流程，制定培训计划，组织 5 家地市公司和 2 家支撑机构开展实施方案、操作方案、制度流程的全员宣贯培训，落实风险防控措施。采取多种形式，组织生产人员开展适岗培训工作，提高员工对“大检修”体系建设的认同度和在新岗位的适应度。按照国家电网公司统一制度标准、统一业务流程的要求，梳理编制了 11 项核心业务流程，57 项专业业务流程、66 项规章制度、261 项作业指导书、565 项标准化作业卡。完成生产管理信息系统适应性调整。

加强“大检修”体系建设过程管理。印发了《冀北电力有限公司“大检修”期间生产安全工作要求》，督促各单位加强风险点管控，人员加强防控意识。从组织架构调整、业务流程调整、现场作业风险三个角度，全方位制定风险防控方案，全过程落实风险管控措施，确保“大检修”体系建设改革期间，生产管理有序进行，平稳过渡。

落实信息化保障措施。5 月，公司启动信息化支撑“三集五大”体系建设工作。组织编制了“大检修”体系建设信息系统调整操作方案，通过变更组织架构、固化业务流程，调整生产管理信息系统适应“大检修”体系的新要求，为新生产体系提供信息化支撑手段。通过对 16 应用模块、6 大类 22 小类业务流程调整，修编 2000 项工序质量卡，调整、新建、失效近 1500 个部门机构，梳理、新增、失效 2200 个用户职能，调整系统配置关系 11 万余条。

“大检修”体系建设成效。“大检修”体系建设后，机构精简 71%；生产定员减少 35%；管理定员减少 21.8%。输电运检人员效率提高到 2.41 人/百 km，变电运维人员效率提高到 1.63 人/站，变电检修人员效率提高到 7.07 人/百万 kVA，配电运检人员效率提高到 1.21 人/百台。设备停电检修次数同比减少 27%，现场检修停电时间平均缩短 59%，供电可靠率同比提升 0.018 个百分点，供电电压合格率同比提升 0. 012 个百分点。实施 500kV 通道防护属地化管理，外力破坏及异物造成的线路故障率降低 17.3%。通过实施“三位一体”运作模式，发挥设备状态评价中心检测评价的技术支撑作用，分析认定设备家族缺陷 3 项，开展 739 台 110kV 及以上变压器抗短路能力核算，发现 57 台抗短路能力不足的变压器，并制定整改计划。

（耿广玉　许　鹏）

【生产信息化建设】 按照公司信息系统建设的统一部署和规划，搭建符合公司管理体制和运行机制的信息化体系，主要包括生产管理信息系统、配网生产管理信息系统、智能输电网分析管控系统、输变电设备状态监测主站系统、状态检修辅助决策平台和配网设备状态检修辅助决策系统等企业级生产管理应用。开展“大检修”体系建设系统适应性调整，推进配电状态检修，建立多维度动态分析机制，推进运维一体化，加强专业化检修和设备管理，强化状态检修技术支撑及对 35kV 及以上主网设备的一体化管控，提高设备状态管控能力，提升设备健康水平，形成一个涵盖设备运行维护、事故分析、现场检修、技术改造、技术监督、状态评价等各个环节的直观、立体、全方位的智能化生产管理体系。

开展“大检修”信息系统适应性调整。通过完善数据规范、统一业务流程、调整组织架构、优化系统功能、集成业务信息、修改存量数据，提升业务处理效率，加强数据分析能力，提高系统业务支撑和决策支持水平，助力“大检修”体系建设。实施省检修分公司与其大同分部由于财务会计主体变更导致的 30G 海量数据迁移，保障国家电网公司实用化常态检查指标及纵向接入报表的正常传输报送，做好切换策略和应急预案。7 月 28 日率先实现系统平稳切换，11 月 24 日通过国家电网公司信息通信专业“三集五大”体系建设验收。

加强系统实用化，建立信息系统实用化评价机制。每月定期开展辖下地市单位的实用化指标自查，并由运维检修部统一整理印发评价月报，督促并配合地市单位进行问题核查及整改工作。自采用该评价机制以来，输电专业排名由原来的十几名提升至第一名；变电专业设备完整率和及时率由原来的扣分提高到保持满分，设备准确性扣分情况进一步改善；不再出现上月未整改情况。

开展生产管理信息系统横向集成工作。4 月，制定了两类设备不良工况的标准及防范处理措施，开展不良工况综合研究及系统功能建设，实现了基于生产管理信息系统设备模块建立不良工况模型，从调度实时系统获取设备实时状态数据，自动生成不良工况记录，开发了设备不良工况记录查询分析统计功能。状态检修辅助决策系统中新增了八类设备评价，丰富了设备评价库；新增了不良工况设备的诊断评价功能，实现了不良工况设备状态可观测、预警功能；新增了专业评价报告和综合评价报告，丰富了状态评价功能；完善了设备状态诊断专家库，状态诊断覆盖到所有参与的状态评价设备。研究了数据挖掘平台与生产管理系统、分析管控系统以及辅助决策系统的数据互通、结果反馈及判据修正的流程框架。完善了在线专家支持系统知识储备和常规判断逻辑。系统首页模块升级为全景展示模块，进行综合信息展示。

（耿广玉　许　鹏）

【防汛安全管理】 提前部署、落实责任。4 月，公司印发《关于做好 2012 年防汛工作的通知》，对防汛工作做出了部署，提出了明确的要求。转发国家电网公司 2012 年防汛工作要点，同时对防汛值班纪律、信息报送制度、应急抢修准备做出了全面的安排。6 月，公司成立了公司总经理为总指挥的防汛应急指挥部，指挥部成员由公司副总师以上领导、各职能部门负责人、各基层单位主要负责人组成，指挥部下设防汛应急办公室，成员由公司各职能部门领导和有关专业人员以及各基层单位防汛应急办公室主要负责人组成。公司所属各单位建立健全防汛组织机构，根据人员变动情况及时调整人员构成。

开展防汛检查。根据《供电企业防汛检查大纲》《建设工程防汛检查大纲》的要求，公司及时部署所属各单位开展防汛检查工作，坚持“全过程、全方位、全覆盖”的原则，对检查中发现的问题，及时制定了整改措施，消除了防汛安全隐患。

加强应急管理。7 月，公司编制印发了《冀北电力有限公司防汛应急预案》，对防汛事件等级、风险预警、应急响应等工作进行了规定。根据公司要求，各单位开展了防汛应急演练，模拟雨情汛情，演练防汛预案规定的各环节工作。通过演练，发现了不足，优化了流程。

组建了 151 支应急队伍，涵盖运行、检修、基建等各个专业，共 6000 余人。

加强防汛重点单位用电管理。按照公司的统一安排，各供电单位对辖区水库、大坝、河道、闸门等重点防汛单位供电安全进行了全面的检查。重点检查了防汛重点单位供电设备的运行情况，缺陷处理情况，对发现的问题及时通知相关单位并协助整改。各供电单位还梳理了对重点防汛单位的供电方案，听取了重点防汛单位对供电可靠性的要求，督促重点防汛单位开展了应急电源的配置和应急演练。

加强防汛值班。在公司的统一部署下，各单位均制定了防汛值班表，防汛期间实行领导带班、值班人员在岗值班制度，特殊时段抢修骨干队伍在岗备战。建立了完善的信息报送制度，各单位由防汛应急办公室统一信息报送口径，除按国家电网公司要求按时报送防汛日报、周报外，如遇较大范围汛情，及时启动防汛应急响应，立即汇报公司运维检修部，并按照防汛日报统计内容，列出各电压等级线路、变电站、用户停运数量、受损和恢复情况以及投入抢修人员与车辆数量，重要用户停运详细情况。

（要在杰　甘景福　张　建　张翼鸣　李　刚）

【无人机作业管理】 完成了小型化电动固定翼无人机线路通道巡视作业项目研究，采用小型化电动固定翼无人机，实现对所辖输电线路的特殊巡视作业。开发了一套无人机电网特殊巡视系统，形成了影像拍摄、红外摄像设备、自主起降飞行设备、导航及控制集成一体的电动固定翼无人机硬件系统，研发了用于海量航摄数据管理的专业化信息软件。开创了一种基于固定翼电动无人机的新型输电线路巡视作业方法，具有超视距自主飞行、合理作业分工、契合现有电力线路运维管理模式的优势。

研制的动态线路巡检信息管理系统可以将无人机记录的影像数据进行处理，从而对线路进行虚拟巡检、罗盘导航、杆塔查询、定位查询、航片检查、航片管理等。实现输电线路走廊内各类信息的分类管理，对输电线路及线下走廊环境进行危险点检测分析，实现在不同工况条件下对输电线路及走廊通道安全距离的监控及预警。

在 500kV 昌顺双回、万顺三回、房门双回、昌门线等线路上应用，发现外部隐患 23 处、线路本体缺陷 3 处。

（张吉飞）

电网运行

电力供需形势

【2012年电力供需形势分析】

1. 冀北电网负荷情况

2012年，冀北电网负荷呈现两头高中间低的趋势。年初电网负荷与2011年同期基本相当，春节后电网负荷同比增长较明显，3月上旬已接近19 000MW，负荷受经济形势和宏观调控的影响，进入3月中旬后负荷开始回落；度夏期间电网最大负荷达到19 550MW；自7月下旬起，因降雨较多，负荷下降较快，同比出现负增长，直至10月下旬，负荷同比恢复为正增长。

入冬后，随着地区工业负荷逐步复苏及供暖负荷的增长，冀北电网负荷不断上升。12月10日，冀北电网创出20 200MW的历史最高纪录，同比增长2.75%，成为国家电网公司系统内第13个负荷超过20 000MW的省级电网。

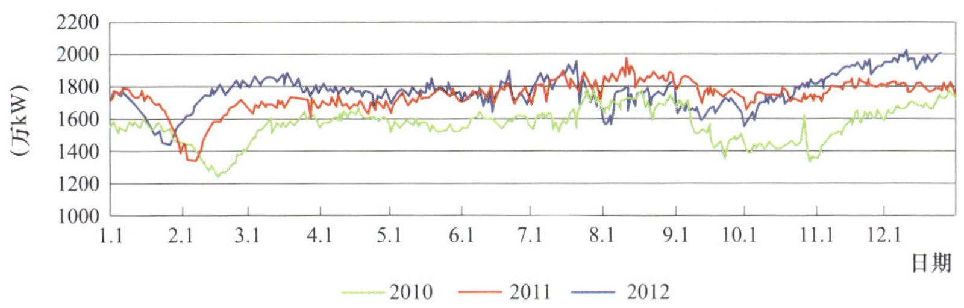

2012年冀北电网日负荷曲线

2. 冀北各地区负荷情况

唐山：唐山地区最大负荷10 640MW，同比增长5.34%。上半年唐山地区负荷基本保持正增长，自5月开始负荷与去年同期趋于一致。度夏期间负荷增长乏力，其中8月地区整点最大负荷同比下降10.3%。11～12月，受供暖负荷增长以及市场形势转暖的双重推动，唐山电网负荷屡创新高，12月10日，唐山电网冬季负荷第5次刷新历史纪录，达到10 640MW，同比增长5.34%。

张家口：张家口地区最大负荷1777MW，同比增长－4.82%。宣钢及矿山负荷均出现减产甚至停产的情况，同时由于2012年夏季雨水充沛，农灌负荷较小，因此地区负荷较2011年出现一定程度的下降。

秦皇岛：秦皇岛地区最大负荷2189MW，同比增长1.34%。2012年地区负荷走势为高—低—高的趋势，1～5月负荷增长率整体呈逐月下降的趋势，6月地区负荷同比首次出现负增长；整个夏秋期间，地区负荷基本保持负增长；自11月开始，负荷水平回升。

承德：承德地区最大负荷2020MW，同比增长5.54%。上半年地区负荷走势先高后低，拐点出现在4月末，5月以来出现了比较明显的负增长，原因主要受经济因素以及夏季雷雨的影响，特别是下半年，市政府为保证矿业企业的安全生产，在雷雨天气控制大量负荷，使得以矿类负荷为主的县区负荷均有下降。自9月下旬开始，地区负荷明显回升，随着冬季取暖负荷增加，12月出现全年最大负荷。

廊坊：廊坊地区最大负荷3421MW，同比增长3.64%。一季度同比增长速度较快，主要原因是2011年投产3座220kV变电站、7座110kV变电站，缓解了长期重负荷变电站的供电压力，用电需求得到一定的开放。二季度主要受宏观经济调控的影响，负荷增速有所下降，4～6月的同比增长率分别为12.58%、8.33%、7.42%。三季度，因雨水较多，地区负荷波动较大，空调负荷未全部开放，导致夏季大负荷期间负荷增长幅度偏小，7～9月同比增长率为8.33%、0.09%、8.3%。四季度负荷同比增长率比较稳定，10～12月的同比增长率分别为7.87%、7.90%、9.43%，同比增幅较2011年略有降低。

3. 新设备投产情况

发电设备投产情况：冀北地区投产一台火电机组，为滦河发电厂3号机组，容量300MW；投产风电场14座，容量2033MW。截至2012年底，冀北电网统调水火电厂19个，火电装机容量10 700MW，水电装机容量420MW；风电场54座，装机容量6343MW

重要输变电设备投产情况：冀北地区投产500kV变电站1座，500kV主变压器3台，220kV变电站8座，配套线路39条。其中，500kV变电站为唐山地区唐山东变电站；500kV主变压器为承德地区金山岭站

2号变压器；220kV变电站为唐山地区兴旺寨站、林雀铺站、岳野山站，张家口地区君关站，承德地区都山站、热河站、元宝山站、高寺台站。

以上输变电工程的投产，强化了地区电网方式，降低了相关变电站主变压器负荷率，提高了地区供电可靠性。

4. 风电运行情况

2012年以来，冀北电网新增风电场14座，装机容量2033MW。截至12月底，冀北电网风电总并网容量达到6343MW，风电场54座，风机4608台。运行中最大发电出力为3450MW，出现在4月3日。

电力调控中心在日常运行中，合理安排设备检修，确保风电送出通道的正常运行；发挥常规机组的调峰能力，提高风电消纳能力；加强风电场并网技术把关，督促并网风电场技术整改，提高风电机组运行稳定性；采用安控装置等技术手段，提升风电送出断面限额等。

5. 全网发电量完成情况

截至年底，冀北电网统调机组发电量累计完成66 176 000MWh（不含首钢京唐自备厂），完成年度计划的101.1%。其中，火电完成56 849 000MWh，水电完成187 000MWh，风电完成9 084 000MWh。除个别电厂外，大部分火电企业完成进度均保持在允许偏差范围内。

6. 电网供需平衡情况

2012年，京津冀北电网由国网华北分部负责统一电力平衡，冀北电网电力平衡情况较好，未出现平衡缺口。

（韦仲康）

【2013年电力供需形势预测】 负荷预测：2013年，冀北地区预计负荷整体高于2012年同期，其中夏季预测最大负荷21 800MW、同比增长率11.51%，冬季预测最大负荷21 500MW、同比增长率6.44%。

发电投产：2013全年预计冀北地区常规电源无投产计划，风电投产约600MW。

电力平衡：2013年度夏期间，预计冀北地区最大发电可调12 030MW（风电按300MW考虑，地方自备电厂发电按1200MW考虑），相应全网负荷为21 800MW，需从外部受入电力9770MW。

2013年度冬期间，预计冀北地区最大发电可调11 630MW（风电按800MW考虑，地方自备电厂发电按1200MW考虑，供热影响900MW），相应全网负荷为21 500MW，需从外部受入电力9870MW。

目前北京、天津、冀北电网由国网华北分部负责统一电力平衡。根据目前的情况预测，2013年大部分时间，京津冀北电网均存在供电缺口，预计夏季最大缺口为2850MW，冬季最大缺口为2750MW。根据国网华北分部安排，在京津冀北电网出现电力平衡缺口时，天津、冀北电网将按比例分担电力缺口。

度夏期间华北电网最大负荷184 502MW，京津冀北电网最大负荷53 575MW，冀北电网20 870MW，均创历史新高。国网华北分部组织省间电力支援，调用山西、山东省网富裕电力增供京津冀北电网，确保了度夏大负荷期间，未因供电能力不足在京津冀北电网实施有序用电。

秋检及度冬大负荷期间，京津冀北电网仍存在较大电力缺口，因发电设备检修容量较多，9月电力缺口4000MW以上，10～12月均有程度不等的缺口，仍存在有序用电的可能。

（韦仲康）

电网调度运行

【冀北调度独立运作】 2012年11月20日，与国家电网华北电力调控分中心完成冀北电网220kV及以下实时调度业务交接，调度关系调整范围包括冀北地区火电厂17座、水电厂1座、抽水蓄能电站1座、风电场53座、变电站83座、线路251条，冀北调度正式独立运作。

冀北电力调度控制中心有员工69名，下设调度控制、调度计划、系统运行、设备监控、继电保护、自动化、新能源、综合技术8个职能处室。成立之初在编员工29名，为2011年12月底公司筹建时从华北电网公司调度运行各专业选调过来。其中，调度运行人员6人参与国家电网华北电力调控分中心统一调度值班，23名专业技术人员承担冀北电网运行方式安排及调度安全管理。

▶ 冀北电力调度控制中心调度大厅。

（张　岩）

【电网调度管理】

1. 安全基础管理

健全电网安全责任体系，建立中心、专业、地调三级安全保障监督网络，逐级落实责任。

基于SG－OSS系统调度管理平台（OMS）固化电网风险管控业务流程，结合冀北实际优化流程，将工作风险辨识、危险点预控、隐患排查与防范措施与标准化流程管理有机结合，实现基于SOP的业务流程内控机制建设，提升调控运行业务流程化管控能力。

突出管控重点，集中排查电网薄弱环节和整治隐患。汲取印度大停电事故教训，梳理冀北电网300余条220kV线路的距离Ⅲ段定值，确保满足躲过热稳定的线路负荷的技术要求。完成安自装置和安控策略核查、张家口风电安全稳定控制系统升级联调、继电保护装置共性缺陷整改等专项工作。十八大保电前完成5个设备厂家二十余个系列的继电保护装置普查，涉及7家运维单位，所有紧急缺陷完成反措升级。

健全规范电网运行设备参数全过程管控机制。电网内42台发电机组励磁、PSS及调速系统参数实测率达到100%，220kV线路参数实测率达到98.7%，提高电网仿真分析的精度。

完成并网机组网源协调重要参数专项核查。重点核查机组过励限制单元，调差系数参数设置，机组进相、滞相能力及是否满足电网运行控制要求，督促电厂进行整改。整治电网故障报警信息、模型参数、电网运行动态数据等八方面基础数据，建立工作报告机制和闭环管理流程，提升省地调、厂站基础数据质量。

2. 电网运行管理

冀北电网最大负荷突破2000万kW。2012年，冀北电网负荷增长整体呈现前高后低态势。年底受经济回暖以及持续冷空气的影响，地区工业负荷、供暖负荷和居民用电负荷大幅攀升，其中，12月10日负荷突破2000万kW大关，达到2020万kW，比2011年电网最大负荷（1966万kW）增长2.75%。

2012年，冀北电网新投产火电机组1台，新增装机30万kW，风电场新投产13座、扩建14座，新增装机208.795万kW。新增500kV变电站1座、变压器3台，新增容量315万kVA；新增500kV输电线路2条，新增长度29.63km。新增220kV变电站12座、变压器21台，新增容量410万kVA；新增220kV输电线路38条，新增长度750.84km。项目的投产使冀北地区的网架结构和供电能力增强。

冀北电网风电装机容量突破600万kW，达到639.3万kW，同比增长48.5%，占统调装机容量比例超过35%；累计发电量119.8亿kWh，同比增长42%，占冀北电网全口径发电量的11.8%。

实现重大检修操作和方式变化前的在线安全分析。按月、周、日开展检修方式下风险分析，度夏期间累计完成70余项停电方式专项校核，降低停电检修和基改建期间的电网运行风险。

开展电网2～3年电网运行滚动分析校核。提出电网运行薄弱环节和应对措施，研究解决电网可能出现的短路电流超标、设备重负荷和$N-1$过负荷，以及风电送出受限等问题，发挥引导作用。

在省级电网中率先实现继电保护定值在线校核的上线应用，实时监测继电保护定值适应性，实现对线路、母线等保护定值灵敏度、对距离Ⅲ段保护潮流大范围转移适应性，以及后备距离保护配合关系的在线校核。科技成果“继电保护定值在线校核预警系统”荣获国家电网公司2012年度科学技术进步二等奖。

编写《继电保护定值在线校核技术规范》，推进继电保护定值在线校核技术实用化进程。参与国家电力调度控制中心7项核心业务流程标准（SOP）编制工作，配合完成新设备启动、继电保护定值整定、日前电能平衡计划等4项SOP编制、修订工作，并由国家电力调度控制中心统一发布。

3. 智能电网调度建设

10月12日，智能电网调度技术支持系统基础平台和4项核心应用功能通过第一阶段现场验收（SAT1）。实现3座500kV变电站和9座220kV变电站的告警直传和远程浏览功能建设及省地一体化OMS系统、AVC系统、输变电设备状态在线检测系统建设功能；优化调整所有22座500kV变电站和70余座220kV变电站厂站信息；综合智能告警共推出故障55个，告警正确率100%；内网安全监视平台接入43个厂站端设备，对所辖五个地调和所有220kV变电站的电网调度自动化系统、运维500kV变电站电力二次系统安全防护开展安全评估和信息安全等级保护测评；完成冀北调度数据网双平面骨干节点切改、组网建设，实现与冀北接入网及各地调接入网的互联。10月25日，调控系统正式启用，用不到3个月时间完成调度大厅改造及D5000系统设备安装调试、信息接入等工作。

率先开展继电保护统计分析应用及运行管理模块嵌入基于D5000基础上的OMS试点工作，设计省地、地县两个层面继电保护统计分析业务流程，实现对冀北电网220kV以上电压等级7355套继电保护装置设备台账、缺陷处理、动作事件、检验情况动态管理，为系统设备评价提供技术支撑。

4. 新能源并网运行管理

公司召开服务河北清洁能源发展新闻发布会，全面梳理冀北地区清洁能源发展情况，阐明支持清洁能源发展态度，主动承诺服务清洁能源发展的各项举措。公司将风电纳入日前发电计划，建立以新能源为中心、常规能源协调配合的优先调度工作机制，统筹安排运行方式，挖掘电网资源，最大限度消纳风电。依据《华北区域风电场并网运行管理实施细则》，率先开展风电运行考核管理，以经济奖惩手段促进风电场提高运行水平和加强技术改造。

建立覆盖所有直调风电场的风电功率预测系统，全网短期预测准确率达到86%，为优先调度消纳风电奠定基础。张家口沽源地区24座风场的AVC系统投入闭环运行，实现电网侧和电场侧协调控制，部分风电场并网点电压波动幅度由10kV左右降低至2～3kV，区域电压波动情况得到改善。

推进风电场涉网技术监督和整改工作。与华北电监局联合开展风电并网安全专项监督检查，建立“自查自纠、现场督查、落实整改”的闭环管理机制，通过涉网技术监督将风电安全运行的责任落实到位。督导风电场落实《风电并网运行反事故措施要点》等规定，开展包含低电压穿越在内的十八项反事故整改。40座风电场完成了风电机组低电压穿越整改工作，29座风电场完成了汇集线系统单相故障快速切整改工作，分别占全部风电场的70%和56%。

强化科研攻关，提升新能源检测能力。公司引进并开发了国内现场检测容量最大、自动化程度最高的移动式风电机组低电压穿越检测装置，取得CNAS国际认证资质，全年完成了16台风电机组低电压穿越现场检测工作，试验能力达到国际先进水平。建立国内首个SVC控制器仿真检测平台，率先对动态无功补偿装置控制器开展实时数字仿真系统检测，摸清设备动作特性，优化控制策略，验证整改效果。公司在国家风光储输示范工程首次开展2.5MW直驱式风电机组高电压穿越性能测试，成为国内首个同时具备风电机组高电压和低电压穿越测试能力的单位。

5. 人才队伍建设

对外采取公开招聘重点院校应届毕业生的形式；对内在公司统一组织下，实行竞聘、培养和挂职锻炼等选才方法，选拔、吸纳各专业岗位的优秀人才。针对“大运行”体系建设不同阶段制定并印发《冀北调度系统2012年大运行体系建设培训方案》，内容涵盖大运行专题、新员工培训、专业知识、管理提升、应急演练五个方面，面向省地县全员，突出岗位适应能力，集中部署各类培训及考试工作。

结合监控员经验不同、水平各异等情况，提出标准培训＋订单式培训的套餐式培训模式，整合培训课程、优化培训计划，因材施教，最大限度的提高监控员的培训效率。针对调控人员远离现场设备的实际情况，安排调控人员到典型电厂和变电站进行现场实习，亲身体验厂站内一、二次设备的运行特点，提高现场设备的认知度。针对新能源并网、分布式协同计算、在线仿真技术等专业内容，开展专题交流研讨，把握电网稳定特性变化，提高调控运行综合能力。

全年累计开展各类培训56期次，参加培训人员达439人次，涉及调控运行、新能源、继电保护等八大专业；编制各专业培训题库9本，开展各类考试13次，参与考试总人数达181人次；组织地县调度开展“践行调度服务承诺”、调度服务“三亮三赛”等主题活动；开展地调调控人员持证上岗考试，5家地调共617人参加了持证上岗考试并全部取得上岗资格。开展冀北电网新能源调度运行专业调考，共121人次参加分布式电源和风力发电两个专业的考试。

（张　岩　王　哲　桑天松）

【“大运行”体系建设】 贯彻公司“三集五大”统一部署，推进“大运行”体系建设，以“两个一体化”为主线，以调度业务模式转型和标准化建设为抓手，推进电网调度监控业务的集约、融合，强化省、地、县调度一体化管理。完成技术支持系统建设，支撑调度业务转型。仅用半年时间完成“大运行”体系建设方案制定、动员准备、新模式导入和磨合提升四个阶段性目标。推进监控系统和在线监测系统建设和应用，实现电网监控范围和在线监测范围最广。在调控一体化、调度一体化、继电保护定值在线校核、“四横八纵”协调机制和工作规范、“大运行”建设工作动态评价、创新优化业务流程、监控人员套餐式培训管理7个方面的亮点突出、成效显著。

开展“大运行”评价和继电保护专业纵向一体化评价，探索以战略为导向的“大运行”评价管理办法，从供电能力、运行高效、管理规范三个维度确定102项评价指标，依托OMS系统搭建“大运行”综合业绩考核评价体系平台，开展对5个地调和43个县调大运行体系评价，按季度发布评价结果通报，形成评价—分析—整改—提升闭环管理，检验“大运行”运转成效，为磨合提升阶段工作提供参考和指引。专业层面构建继电保护专业评价工作体系，按月发布保护设备故障和缺陷运行情况，逐项点评故障信息、统计分析及运维管理等内容，提出阶段性工作要求，推进“大运行”体系下继电保护专业管理标准及核心业务流程落地。

建立“四横八纵”协调机制和工作规范，制定“大运行”与四大横向业务协调机制和八大专业省地县纵向一体化工作规范，梳理横向工作界面95项、纵向工作界面77项，保障“大运行”体系运作。总结撰写的《四横八纵大运行闭环管理体系的构建与实践应用》入选2012年国家电网公司系统“大运行”体系建设最佳实践案例，并获得2012年度公司管理创新成果一等奖。

（张　岩）

【节能（风能）调度】 在符合“三公”调度原则及确保电网安全、可靠的前提下，以节能、环保为目标，优化调度方式，开展节能调度工作：优先使用可再生和清洁发电资源，实现可再生能源的保障性全额收购；加强负荷预测和日前电能平衡工作管理，优化机组组合方式，提高大容量、环保高效机组利用小时数；合理安排机组检修，确保火电机组脱硫脱硝改造按期完成。同时，节能发电调度工作实现标准化、规范化和程序化，健全信息披露制度，实现全过程的信息公开。

冀北电网张家口和承德地区集中了河北省全省90%以上的风电资源，风电外送和消纳面临着较大困难。在保证电网安全运行的前提条件下，公司采取措施，提高风电等可再生能源消纳能力。加强供热机组管理，在保障供热的前提下，挖掘供热机组调峰空间，并合理运用抽水蓄能机组配合电网调峰。

开展风电场实时数据上传，推进风电功率预测工作。通过对数值天气预报，测风塔实时数据，单机数据的统计分析，修正了超短期和短期风电功率预测的模型，提高了风电功率预测精度。

推动建设风电汇集地区AVC系统。为加强风电场无功电压管理工作，减少系统电压波动和风电机组脱网事件的发生，会同相关地调组织推进风电汇集地区AVC系统建设工作，开发了适应大量风电汇集的自动电压控制系统，对风电汇集站的自动电压控制投入闭环试运行，同时组织协调推动各风电场AVC子站的建设。

冀北电网风电全年平均利用小时数达到2255h，比2011年增加95h，比全国平均水平高出365h，全年累计发电119.8亿kWh，占冀北全年发电量的11.8%，合计节约标准煤470万t，减排二氧化碳1194万t、二氧化硫36万t、氮氧化物18万t。借助于冀北电网，张家口、承德地区的风能变成了首都的电能，实现了“以电代煤、以电代油、电从远方来”，减少了京津冀北地区发电用煤需求，对改善首都环境发挥了重要作用。

（崔正湃）

【冀北电网运行】

一、冀北电网调控范围

1. 调度范围

冀北电力调度控制中心负责对河北省北部220kV及以下电压等级的电网调度运行管理，其中：两回线路（龙小一、二线）列为国家电力调度控制中心许可，与周边电网联络线列为国家电网华北电力调控分中心调度，对500kV电网影响较大的220kV线路、母线系统及本地区接于220kV电网的发电机组列为国家电网华北电力调控分中心许可。

此外，其调度范围还包括冀北地区所有接入220kV及以下的火电厂、水电厂、抽水蓄能电厂及风电场。

2. 监控范围

从11月20日起，冀北电力调度控制中心与冀北检修分公司集控中心双轨制开展冀北500kV变电站集中监控业务，共同承担变电站集中监控安全责任。冀北电力调度控制中心监控范围包括冀北地区14座500kV变电站、北京地区6座500kV枢纽变电站和山西地区2座500kV开闭站；在线监测范围覆盖冀北地区500kV线路56条，东北、蒙西、山西送京津冀北500kV线路29条。

冀北电力调度控制中心监控的设备有500kV交流线路85条、总长8617km，500kV变压器52组、总容量4762.5万kVA，500kV串补装置21组。

二、2012年电网运行方式分析

冀北电网属于典型的受端电网，约30%的负荷需要接受区外电力。其中，东北方向通过高岭—天马双回线接受东北电网电力，西北方向通过汗海—沽源双回线、丰镇—万全双回线接受内蒙古西部电网电力，同时内蒙古地区的托克托、上都、岱海等发电厂以“点对网”的方式直接向冀北电网送电。冀北电网与京津紧密联系，电网运行方式安排受到重视，主要存在的运行风险如下：

恶劣天气造成异常频发，严重故障几率大幅增加。2012年，公司运维、调度及许可的设备受恶劣天气影响导致跳闸事故频繁发生。针对恶劣天气导致的重要设备多重故障问题，分析电网薄弱环节，提前排查事故隐患。

缺陷导致设备临停、同停，电网运行安全风险大。

2012年，缺陷问题导致冀北电网设备经常临停和同停，输变电设备停电计划安排、停电前安全风险预控、停电期间电网调控运行均面临较大压力。检修高峰期间，$N-1$ 可能造成的电网事件数量多、等级高，特别是220kV单母线方式下普遍面临五级甚至更高等级电网事件风险。

基建项目投产过渡期长，电网运行控制难度增大。基建项目投产过渡期间，电网始终处于不完整状态，面临设备检修与基建项目重叠停电时间长，停电次数多，短路电流超标及系统稳定问题均对电网安全运行不利，电网长期处于过渡方式运行，运行控制的难度较大。

全年没有常规电源投产，冀北电力平衡缺口较大。2012年，除新投产无法纳入电力平衡的风电机组外，无常规机组投产。根据国网华北分部预测的情况，2013年大部分时间，京津冀北电网均存在供电缺口。按照国网华北分部安排，在京津冀北电网出现电力平衡缺口时，天津、冀北电网将按比例分担电力缺口。

新能源持续大规模并网，送出系统依旧比较薄弱。冀北电网风电装机增长迅猛，风电集中送出地区网架结构薄弱和风电机组不具备高电压穿越能力等因素影响风电消纳，并导致风电机组脱网频繁发生。2012年，沽源地区共发生3起风电机组大面积脱网事件。风电集中的张家口地区，风电送出系统薄弱，仍然维持以单线为主、长距离送出的格局。

三、二次系统运行

1. 继电保护

十八大保电前，完成继电保护反措整改排查，对161套线路保护、146套故障录波器、27套REB103母线保护进行反措整改专项工作，确保设备健康稳定运行。

高质量完成继电保护定值整定业务流程上线工作，实现定值整定业务的风险管控；在省级电网中首先开展继电保护定值在线校核工作，在国家电网公司范围内率先开展继电保护统计分析应用嵌入OMS试点工作，组织完成继电保护统计分析及运行管理系统的录入、上线、培训和深化应用一系列工作，开展3次大范围的数据清理和完善，基础数据质量提高。

2012年，完成继电保护定值单编制405份，正确率100%；完成500kV唐山东，220kV热河、岳野山、高寺台、元宝山等工程保护定值和设备启动方案。

2. 电网调度自动化

推进“大运行”体系技术支撑手段建设。冀北电力调度控制大厅改造工程于2012年7月2日启动施工，9月15日完成。2012年7月25日，冀北智能电网调度技术支持系统建设工作正式启动；8月10日完成工厂验收；8月11日开展现场设备安装、调试；10月12日，基础平台、稳态监控、动态监视、综合智能分析与告警、网络分析、自动电压控制、负荷预测、日前发电计划及静态安全校核、调度管理类应用等功能模块通过第一次现场验收（SAT1）并上线运行；10月25日，冀北智能电网调度控制系统正式启用，十八大期间与华北调度业务同步运作实现保电工作“双保险”；11月24日，通过“大运行”体系建设专业评估验收。

2012年，冀北电网调度自动化系统总体运行平稳，9项运行指标详见表1。

表1 2012年冀北电网调度自动化系统运行指标

序号	指　标	2012年
1	子站设备可用率	100%
2	数据通信系统可用率	100%
3	计算机系统可用率	100%
4	事故时遥信动作正确率	100%
5	AGC投运率	—
6	AGC控制合格率	—
7	状态估计可用率	100%
8	遥测估计合格率	97.45%
9	调度员潮流合格率	100%

注　数据自10月12日开始统计，其中AGC控制区未明确，暂不统计。

四、风电运行

2012年，冀北电网新增风电装机容量208万kW，同比增长48.6%，截至年底，全网风电总装机容量达到639万kW，占冀北电网全口径装机容量的27.9%。并网风电场54座，运行风机4641台，分布情况是：承德183.5万kW、张家口450.8万kW、唐山4.95万kW。

2012年，风电累计发电量119.78亿kWh，年平均利用小时数2255h，比2011年平均利用小时数高95h。风电最大出力达到345万kW，占当时风电装机容量73%，占当时冀北电网负荷的20.2%。冀北电网风电运行呈现以下特点：

风电波动性和反调峰特性明显。冀北电网风电出力日波幅最大值为298万kW，占当日全网最大负荷的16.5%，15min波动最大值为101万kW，占当日全网最大负荷的5.8%。全年负荷低谷时段风电出力大于负荷高峰时段的天数超过260天，占比高达71%，反调峰特性明显。

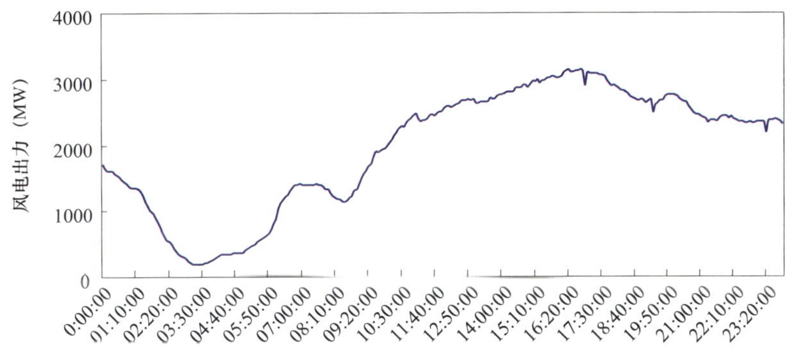

2012 年 4 月 2 日冀北风电出力曲线

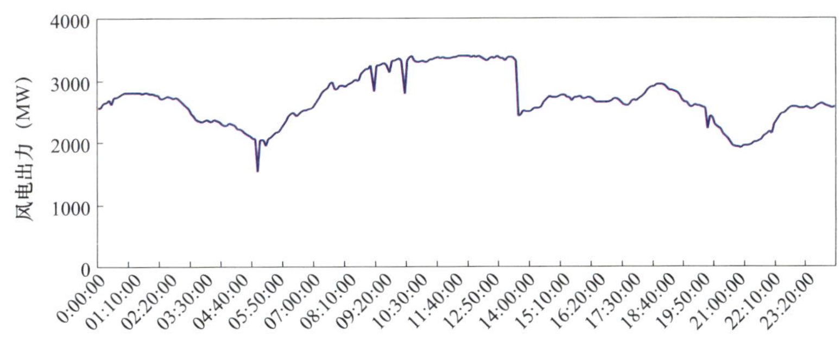

2012 年 3 月 30 日冀北风电出力曲线

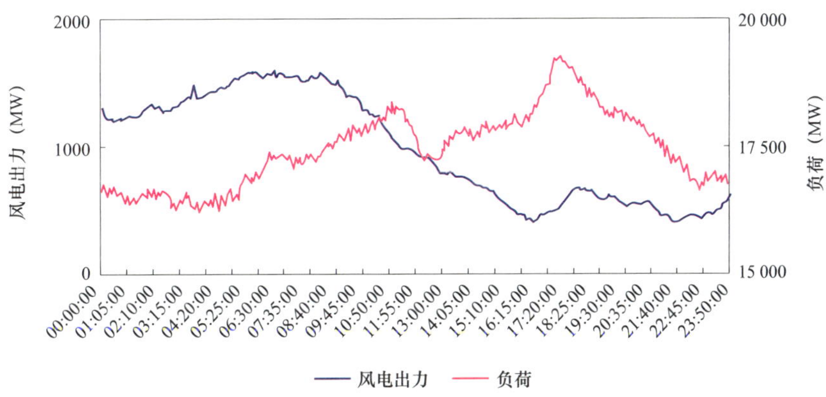

2012 年 11 月 30 日冀北风电出力与负荷对比曲线

张家口和承德地区风电出力相关性较高。在风电出力大发季节，88% 的天数张家口和承德两个区域的风电出力呈正相关特性，55% 的天数正相关系数大于 0.5，张家口和承德地区风电出力的互补性较差。

风电对冀北电网安全稳定运行的影响凸显。部分风电机组的低电压和高电压穿越能力以及无功补偿设备性能尚未到达相关标准要求，难以满足电网运行要求。2012 年冀北电网沽源地区共发生 2 起脱网容量超过 50 万 kW 的事故，3 月 30 日脱网事故损失出力 88 万 kW，5 月 14 日脱网事故损失出力 74 万 kW。

五、十八大保电及迎峰度冬

1. 十八大保电

协调十八大前停电检修工作，统筹电网运行方式安排。强化检修方式安全校核和风险分析，落实 40 余项电网运行控制要求和应对措施。强化应急演练，举行十八大调度、监控联合反事故演习。演习模拟唐山东220kV乙段母线故障跳闸，造成唐山地区南部电网220kV线路过负荷；重点考察调控人员对电网结构、事故处理流程的熟练程度及协调配合能力；发挥调控一体化优势，提高应对突发事件应急处置能力。

组织各级调度制定十八大保电期间电力保障工作方案和电网应急预案，执行各项保电组织措施和技术措施，落实各项反措，掌握事故预案要点和要求。保电期间华北、冀北调度业务同步运作，冀北电力调度控制中心、检修分公司监控业务同步运作，实现保电工作“双保险”。落实领导带班制度，特级保电时段，中心领导及各专业负责人在调度台值班，确保特级保电时段电网信息响应及时。

2. 迎峰度冬

冀北地区度冬期间天气特点以晴天为主，气温偏低、降雪较少、风力较大。2012年迎峰度冬期间，冀北地区工业负荷比重较大，各级调度加强落实冬季负荷高峰期电网安全措施，强化调度安全内控机制建设、调度对象和现场的安全监督管理，执行安全规章制度，落实措施和要求，确保了电网安全稳定运行和可靠供电。

加强负荷预测管理工作，滚动做好年度、月度、旬、日的负荷预测。及时收集气象资料，与气象预报部门进行信息沟通，分析各地区不同季节的负荷变化规律及天气对负荷的影响程度，为检修计划、发电计划的编制和电力平衡打下基础。

跟踪各发电厂发电存煤情况。督促发电厂做好燃煤管理，对可能导致电供应煤紧张的各环节做好预案，在出现燃煤不足情况时协调政府部门帮助解决燃料的供应问题。加强发电厂调度管理，协调安排发电机组消缺，确保迎峰度冬期间机组满发稳发，减少受阻和非计划停运。

协调各单位做好统筹优化，根据设备检修相关要求，合理安排设备停电计划，避免重复停电；同时加强停电计划的安全校核工作，分析停电工作存在的各类安全风险，制定相应预控措施。

通过加强停电计划管理，优化停电计划安排，合理安排电网运行方式，提升设备缺陷管理水平，减少设备重复停电、临时停电和紧急停电，降低对供电的影响，保证电力发得出、落得下、用得上。

开展电网小地区薄弱环节专项反事故演习。针对洼里、河东、吕家坨小地区100万kW负荷经220kV陡洼双并入主网的薄弱方式，以及演习中暴露的问题，制定改进应对措施，提高调控运行人员的应急处置能力。

（王　哲　桑天松　杨志刚　王靖然　高　旭　杜丽艳　郭子明　崔正湃　张　岩　韦仲康）

电力市场及优质服务

市 场 营 销

【电力营销管理】 电力销售情况（直供直管口径）。2012年，公司售电量完成1279.18亿kWh，同比增长0.74%。五家地市公司中，按售电量大小依次排序为国网唐山、廊坊、秦皇岛、承德、张家口供电公司，其中国网唐山供电公司售电量695.10亿kWh，占公司总售电量的54.34%，国网廊坊、秦皇岛、承德供电公司售电量在130亿~210亿kWh之间，只有国网张家口供电公司售电量不足100亿kWh；按售电量增长率高低依次排序为国网廊坊、秦皇岛、唐山、承德、张家口供电公司，其中国网廊坊、秦皇岛供电公司售电量增长率高于公司平均增长水平，国网张家口、承德供电公司售电量增长率呈现负增长，2012年直供电营业区售电量完成情况见表1。

表1　　2012年直供电营业区售电量完成情况统计表

单位	2012年售电量（亿kWh）	2011年售电量（亿kWh）	增长率
国网唐山供电公司	695.10	693.76	0.19%
国网秦皇岛供电公司	142.11	140.03	1.49%
国网廊坊供电公司	207.11	193.89	6.82%
国网张家口供电公司	99.59	105.40	-5.51%
国网承德供电公司	135.27	136.68	-1.03%
合计	1279.18	1269.76	0.74%

从售电分类看，按售电量大小依次排序为大工业用电、趸售用电、一般工商业用电、居民用电、农业用电，其中大工业电量为736.16亿kWh，占公司总售电量的57.55%；趸售电量为391.91亿kWh，占公司总售电量的30.64%。按售电量增长率高低依次排序为居民用电、农业用电、一般工商业用电、大工业用电、趸售用电，其中居民、农业、一般工商业电量增长率高于公司平均增长水平，大工业、趸售电量增长率低于公司平均增长水平，分别为0.53%、-1.83%，2012年直供电分类售电量完成情况见表2。

表2　　2012年直供电分类售电量完成情况统计表

分类	2012年售电量（亿kWh）	2011年售电量（亿kWh）	增长率
大工业	736.16	732.27	0.53%
一般工商业	84.67	80.33	5.40 %
农业	9.17	8.5	7.88 %
居民	57.27	49.46	15.79 %
趸售	391.91	399.2	-1.83 %
合计	1279.18	1269.76	0.74 %

应收电费。2012年应收用户电费774.56亿元（含国家征收各项基金和税金），同比增长率为5.14%。五个地市公司中，按应收电费多少依次排序为国网唐山、廊坊、秦皇岛、承德、张家口供电公司，其中国网唐山供电公司应收电费415.19亿元，占公司总应收电费的53.60%。

客户发展及业扩报装情况。2012年公司累计新增客户23.36万户，新增容量847.90万kVA，同比减少2.41%；累计结存0.60万户，结存容量224.36万kVA，同比增加18.94%；累计减容销户2.03万户，减少容量88.11万kVA，同比降低15.38%。

（马鲁晋　李　颖）

【“大营销”体系建设】 编制“大营销”体系实施方案。2月，公司“三集五大”体系建设工作正式启动，成立“大营销”体系建设方案编写组，制定了公司“大营销”体系实施方案。“大营销”体系实施方案随公司“三集五大”体系建设总体实施方案上报国家电网公司，并于3月27日通过国家电网公司正式批复。5月，“大营销”体系建设操作方案印发至各基层单位。

调整营销组织机构。年初，营销部与农电部合并为营销部（农电工作部）。6月，营销部组织机构调整到位，设立市场处、营业处、计量处、客户处、智能用电处、农电管理处6个处。截至7月19日，省级支撑机构及五地市“大营销”组织机构调整到位。省级支撑机构供电服务中心、计量中心隶属于电科院。地市级营销机构为营销部（客户服务中心），县级营销机构为客户服务中心。

实施营销系统适应性调整。3月，成立营销自动化系统支撑“大营销”体系建设实施领导小组、工作小组和业务小组，启动营销系统适应性调整工作。8

月1日，营销业务应用、用电信息采集、营销稽查监控等营销业务支撑系统在组织架构、角色权限、业务流程等6个方面的适应性调整完成。同时，完成营销业务系统在18个上划县公司的推广上线工作。

构建营销标准制度体系。建立了城乡一体、流程统一的标准制度体系。截至11月，共梳理确定营销业务名录158项，优化12大类业务流程，制定管理标准31个、管理制度44个，绘制管理流程图31个；统一梳理技术标准6个，制定工作标准28个，作业指导书90个，实现管理标准全流程覆盖、技术标准全业务覆盖、工作标准全岗位覆盖。

开展“大营销”培训考试。7月，印发《关于做好“大营销”体系建设培训考试工作的通知》，统一制定《“大营销”体系建设培训考试方案》。同时组织编制了“大营销”体系建设试题库，指导培训考试。8月底，省、地、县公司各级营销单位分层培训考试工作全面完成，营销培训考试全员覆盖，转岗适岗人员培训考试率达到100%。

建立信息沟通机制。建立健全“大营销”体系建设工作进展周报制度和联系人网络机制，“大营销”体系建设期间，共编制“大营销”周报、月报共38期，召开“大营销”体系建设集中督导专题会议8次，不定期组织专家现场检查，查找问题，落实措施，及时纠正工作偏差。

“大营销”体系建设评估验收。8月，印发“大营销”体系验收标准，组织各供电单位开展中期评估工作。9月，各单位组织完成自验收，并上报了自验收评估报告。9月27日~10月12日，公司对支撑机构及五地市公司组织开展专业验收，全面评估“大营销”体系建设质量及成效。12月，公司“大营销”体系建设通过国家电网公司评估验收。

（马鲁晋　李　颖）

【电费回收】

1. 电费回收情况

截至12月31日，公司应收用户电费余额完成2240万元，同比减少70万元；应收用户电费余额占月均应收电费比重完成0.22%，同比降低0.114个百分点。截至12月电费回收考核期，当年电费回收率完成100%，无陈欠电费。

2. 电费回收的主要措施和成效

加强回收指标管控。强化内控机制和激励约束机制，对5个电费回收先进集体和10名先进个人进行专项表彰。坚持电费回收“一把手”负责制和“一票否决”制，建立自上而下的电费回收责任网络，制定营销工作任务书，细化分解电费回收指标及工作任务，确保措施执行到位、考核落实到位。以“大营销”营销绩效考核体系为依托，定期召开指标分析会，建立电费回收周报、月报制度，激发员工创先争优热情，促进电费回收工作。

加强电费风险防控。应对电力市场低迷形势，修订印发《冀北电力有限公司电费回收预警管理办法》。针对节能减排政策和市场治理整顿涉及企业，逐户建档、落实责任、密切跟踪。加强与政府有关部门的沟通。推广安装智能电能表，加大分次划拨、预购电推广力度。推行“三方协议”缴费方式，提高控费比重26.10个百分点，破解预收电费涉嫌侵占客户利息的难题，公司高压客户月控制电费比例达82.12%，规避了供电企业电费回收工作潜在风险。

深化电费集约管理。结合“大营销”体系建设实施，在2009年已全面实现了直供直管单位电费统一核算发行和统一账务处理的基础上，深化电费集约化管理和城乡一体化管理，统一岗位设置、业务流程、标准制度、系统应用。与“大营销”改革前相比，各单位核算及账务人员减少了188人。

强化营财协同运作。营销系统负责用户明细账，财务管控系统负责记录总账，营销SG186系统与财务管控系统的成功对接，双方共同完成营销与财务系统的对账工作，减轻了营销和财务人员的工作量，缩短了工作时间，保证营销与财务系统应收、实收及预收信息的准确性和一致性。

规范电费业务处理。规范了电费收取、退费管理、卡表负控预购控等12个与电费收费账务相关的业务流程，梳理了《抄核收作业规范及工作质量考核办法》《预购电制管理办法》《电费回收预警管理办法》等管理制度，完成电费稽核及账务管理标准、技术标准4个，标准化作业指导书26项，提升了电费账务管理水平。

统一电费账户管理。公司利用银行全面联网和通存通兑服务功能，撤销农村供电所在银行开设的所有收费账户，推广集中账户模式，实现了电费账户“一行一户”管理。公司所属五个地市公司电费银行账户由集中前的303个减少到28个，取消二级账户275个，提高了电费归集速度，确保了资金安全。

拓展缴费方式。结合公司“社区光明同行”特色活动，从提高营业厅收费人员优质服务水平入手，加强窗口收费人员礼仪及业务培训，使用户享受便捷优质的缴费服务；从提高公司社会化和非现金收费比重出发，拓展网点自助缴费、网上自助缴费等辅助收费方式，打造城市10分钟缴费圈。共增加各类收费网点918个，其中增加供电自助缴费终端373台；国网承德供电公司试点应用工行自助缴费终端购电，实现了卡表客户可在非供电营业场所购电，弥补了供电企业自有收费网点资源的不足；应对智能电能表数量激增的现状，深化代收业务合作，公司范围“缴费一站通”邮政便民服务代收点拓展到3974个，社区、超市等其他代收点268个，使居民用户不出社区即可轻松缴费。

▶ 国网张家口供电公司营业厅工作人员为电力客户服务。

落实居民阶梯电价政策。超前做好政策实施准备工作，开展一户一表、合表居民客户现场核查，完成760万户居民客户系统档案更新、营销业务系统升级改造以及90万低保户、五保户的资料核对。结合居民阶梯电价政策实施，制定并印发《关于做好居民阶梯电价实施有关工作的通知》及《冀北电力有限公司居民生活用电试行阶梯电价实施细则》，指导并监督所辖地市公司执行居民阶梯电价政策。通过电视台、广播电台、报纸等多种媒介进行宣传，通过上街、进社区等活动与用电客户面对面交流，增进了广大用电客户对居民阶梯电价政策的了解和认识，促进了电费回收工作的开展。

（马鲁晋　李　颖）

【电能计量】

1. 加强智能电能表质量管控

制定智能电能表质量监督落实措施，确保国家电网公司质量管控十八项措施落实到位，修订完善3项涵盖计划、监造、检测、安装等全过程的质量监督管控制度。

实施质量检测，2012年累计完成40个标包、132只单相智能电能表、138只三相智能电能表到货前抽样全性能试验，发现、整改质量问题15次；完成5060只表计供货后抽检，抽检合格率100%；完成229万只智能电能表的全检验收工作；组织各地市公司完成全年2499只运行智能电能表抽检工作任务。

组织开展智能电能表质量管控自查和互查工作，确保质量监督管控落实到位。同时探索可靠性研究，完成国家电网公司委托的4个厂家160余只单相智能电能表的可靠性试验，为公司系统强化智能电能表质量监督工作提供了技术支撑。

加强智能电能表及用电信息采集系统现场模拟研究。通过收集国家电网公司、地市公司、电能表与终端生产厂家等智能电能表和采集设备现场实际应用问题，建立了表计和终端的FMEA模型。以现有电磁兼容、可靠性、通信性能试验能力为依托，组织研发团队从环境监控、负荷模拟、电磁环境模拟、通信信道模拟等方面开展了技术研究，目前已进入设备生产、调试以及系统集控软件开发阶段。

2. 开展“集检统配”业务

全线投运“四线一库一平台”。在集中力量消除系统试运过程中暴露的问题和缺陷的同时，开展48、72h系统运行测试和168h压力测试，进行计量器具上线前型式标准化试验，完成生产调度系统与SG186系统数据对接测试和检定装置建标考核等工作。

建立“集检统配”协调运行机制，组织计划、生产、到货、检定、配送等工作。开展“攻坚100天，全面实现集检统配120万只”劳动竞赛，通过7×24h不间断运行，满足居民阶梯电价实施、智能电能表推广应用需求。2012年，累计检定各类计量器具共98万只，其中单相智能电能表88万只、三相智能电能表6.7万只、互感器2.6万只、终端4125只。

推进直配点库房建设，统一规划布局、统一建设标准、统一项目管理，按照“智能化、自动化、信息化”的要求，改造建设53个直配点库房，改善计量资产存放环境条件，合理配置计量资产存放货架、自动或半自动存取设备、RFID物联网识别或定位传感器等设备，减少资产流转过程中的人为干预，提高计量资产流转工作效率。

3. 提高计量监督与服务水平

优化、公开客户申校业务流程，优化SG186系统功能；完善Ⅰ～Ⅳ类客户电能计量装置配置标准，编制现场作业施工及安装工艺规范，明确计量装置选型方案和施工质量要求，提高计量装置的配置透明度；加强客户申校业务稽查，及时督办达到时限预警的工单，确保5个工作日内向用户出具检测结果。

制定下达公司计量标准器溯源计划、计量标准考核计划和电能计量装置现场检验工作计划，组织监督地市公司落实；压缩量传层级，开展上划县的标准量值传递工作；编写制定非金属材料电能计量箱技术规范，印发《冀北电力有限公司低压电能计量箱管理办法（试行）》。

加强关口电能计量装置管理。原来由地市公司和县公司管理的128个风电场和地方电厂上网关口上收到省级计量中心管理，实现对全部690个结算关口的集中统一管理，确保关口计量集约化管理工作有序高效运作；执行新建工程关口电能计量装置设计审查，确保电能计量装置的准确可靠，以及贸易结算“公开、公平、公正”。

提升计量检定试验能力。2012年，公司计量中心在国家电网公司系统率先全面具备了四种计量器具自动化检定/检测能力，解决了计量器具大规模、集中化检定的难题，其中三相智能电能表、低压电流互感器检定流水线为国内首创，采集终端自动化检测流水线为国内唯一。单相智能电能表检定效率提高23倍，计量检定人员减少90%，计量标准设备减少43%，计量器具库存量下降55%，计量检定成本下降41%。

在国家电网公司标准规定的基础上，增加费控装置性能检测、可靠性试验、盐雾试验、载波通信性能检测、继电器性能测试、10kV互感器型式试验6项实验能力。上收全部风力发电场、地方电厂关口管理和县公司计量标准量值传递工作，计量标准量传体系由3级变为2级。以“全覆盖、全过程、全性能、全量化”为目标，构建智能电能表全生命周期的质量实时监控、评价体系；首创质量监督主题，计量器具从制造、运行到报废的18个环节、53个关键点全部量化评价，做到计量质量可控、在控。

（刘晓天　刘　铁）

【电力销售市场】 公司跟踪电力市场变化情况，年初制定并印发《冀北电力有限公司2012年市场开拓工作实施指导意见》，通过加强业扩报装项目分级督办、强化快速反应机制、主动服务大客户、推动农村电气化等措施开拓电力市场；通过加强停限电管理、加强停电计划统筹协调减少电量损失；通过推广热泵等电力需求侧项目、加强自备电厂管理提高市场占有比重。为应对冀北地区电力需求下滑趋势，公司成立了以公司领导为组长的增供扩销领导小组，制定并印发《冀北电力有限公司2012年增供扩销工作实施方案》，强化一体化工作机制，细化指标12项、措施21项。2012年，公司市场开拓电量、增加收益分别完成年度指标的106.5%、111.3%，超额完成全年工作任务。

（王海燕　孙贝贝）

【节能服务体系建设】 超额完成0.3%节约电力电量指标计划，全年完成节约电量52 327万kWh、节约电力9.32万kW，分别完成年度指标的139.2%和175.5%。夯实管理基础，公司相继出台了《冀北电力有限公司电力需求侧管理办法》《冀北电力有限公司能效服务网络管理办法》《冀北电力有限公司节约电力电量指标管理办法》。推进能效小组建设，已发展8个能效小组、75家成员单位，定期开展技术交流，分析典型案例，形成完整的培训体系。全年开展小组活动21次，实施社会项目16个，推动社会节能量达2483万kWh。面向不同层次客户开展有针对性的宣传活动，印制形式多样的宣传手册，走访调研大型企业，在省市级媒体宣传报道13篇次。配合政府完成唐山电力需求侧综合试点城市申报。开拓节能服务市场，实施合同能源管理项目，成为冀北区域电力节能领域具有品牌影响力的合同能源管理项目运营商。

（王海燕　孙贝贝）

【有序用电】 做好有序用电常态管理和动态调整工作。年初，制定了《冀北电力有限公司有序用电管理实施细则》；3月底，编制完成有序用电常规四级预案和局部区域预案，制定错峰避峰等措施，最大可调控能力607万kW、涉及客户4863户；4月底，预案分别经河北省政府和地方政府审批通过；5月底，组织开展大负荷前有序用电演练工作，提升队伍素质和实战协同能力，保障预案的实施。为应对大负荷冲击，优化、细化有序用电四级预案，开展有序用电基础信息管理工作，提高有序用电方案的执行效果。

（王海燕　孙贝贝）

电　力　交　易

【电力市场建设和管理】 按照公司总体部署和《国家电网公司制度体系建设总体方案》要求，从基础管理入手，编制电力交易中心各项规章制度、建立发电企业信息管理台账、规范购售电合同管理、搭建交易业务管理框架及管理体系，保证各项工作有序开展。

1. 建章立制

建立规章制度执行目录，结合业务开展需求，编制印发《冀北电力有限公司购售电合同管理办法》（冀北电交易〔2012〕1号）、《冀北电力有限公司电力市场交易信息发布管理规定》（冀北电交易〔2012〕2号）、《冀北电力有限公司电量电费结算管理办法》（冀北电交易〔2012〕3号）、《冀北电力有限公司新建机组转商业运营管理内部工作流程》（冀北电交易〔2012〕4号）、《冀北电网月度发电交易计划管理办法（暂行）》（冀北电交易〔2012〕5号）五项规章制度。

按照公司统一部署，编制“两图一表”（《部门职责制度化管理落实图》《总部规章制度落实图》《规章制度名录表》），实现交易业务制度化管理的周延度100%、制度化管理的对接度100%、制度体系的完善性100%。

建立健全交易业务标准化体系，发布6个岗位工作标准及《电力交易市场管理标准》《电力交易服务管理标准》《电力交易管理标准》3个管理标准。为明确工作职责、权限及工作范围、建立全方位交易管理工作体系提供了制度支撑。

2. 建立发电企业信息管理台账

加强基础信息统计管理，分别对统调电厂、风力发电厂、地方电厂建立信息管理台账。对每个发电企业的所属集团、发电类型、接入电压等级、上网电价、机组容量及台数、发电业务许可证情况、首次结算时间、主要联系人等关键信息建立多维度信息管理台账，全面掌握市场成员基础信息，为市场成员的注册、退出市场及交易业务的规范开展奠定基础。

3. 规范购售电合同管理

按照电监会与国家工商总局联合印发的《购售电合同范本》，规范公司与发电企业的购售电合同签订工作。为加强电能交易合同管理，编制印发的《冀北电力有限公司购售电合同管理办法》（冀北电交易〔2012〕1号）明确了部门职责分工，规范了合同管理工作流程。通过管理制度的建立和施行，实现合同的起草、协商、签订、履行、争议与解决全过程管理。

为确保及时完成统调发电厂2012年度《购售电合同》的组织签订，从合同管理基础工作入手，收集各市场交易主体签订合同所需的各类基础资料，并结合电网运行实际，协调公司有关部门和单位，超前准备，及时完成年度电能交易合同文本修订。加强与发电企业沟通协商，5月，组织召开统调电厂购售电合同签订座谈会，合同条款关键信息达成一致。

依据电监会印发的《风电购售电合同（征求意见稿）》，结合冀北风电场特性，组织相关部门，修订相关合同条款，形成公司与风电场《购售电合同》统一文本。及时向冀北风电企业发布签订合同工作通知，明确合同签订统一要求和注意事项，为风电企业合同规范签订奠定了基础。

为加强地方电厂合同管理，对冀北各供电公司印发了《关于开展地方电厂购售电合同签订工作通知》（冀交易传〔2012〕05号），明确合同签订的各项工作要求，维护公司合法权益，规避监管风险。7月底，完成地方电厂合同签订工作。

4. 搭建交易业务管理框架及管理体系

按照公司经营目标及管理要求，结合交易工作实际，明确购电管理是交易管理工作重点。初步搭建形成统调电厂、风电场、地方电厂、购网四类型购电目标的不同控制策略及公司购电均价、购电成本控制的管理措施及管理体系。通过加强地方电厂管理、控制统调电厂月度发电量、沟通国网华北分部、加强购网电量占比等多种措施，节约购电成本，提升公司经营效益。

（郭俊宏　张　浩　蔡静鹏　李　珊）

【电力市场运营】 制定月度发电计划管理。制定《冀北电力有限公司月度平衡与计划管理会议制度（试行）》，建立公司统调电厂月度发电计划会商机制，并从7月开始，按月召开会议，对电力交易中心制定的月度发电计划进行会商，并明确每月购电管理相关工作要求，提高了月度发电计划科学决策水平。

全过程购电管理。为实现“专业化、流程化、标准化、智能化”的购电业务管理目标，电力交易中心建立了“事前预测、精细决策、规范执行、分析提升”的全过程购电分析机制，研究建立购电成本从年、月到日的全周期、全过程管理。开展购、售联动购电计划管理，根据售电市场的需求变化适时滚动调整购电计划，衔接购售电交易各个业务环节，实现购电计划的动态优化。综合考虑电网运行的安全性、经济性、环保性和合规性，引入多目标多约束的优化决策技术，编制购电计划，实现购电综合成本最优。在计划执行过程中，对购电成本等主要指标进行日跟踪、关键扰动识别、原因分析和预警。在购电计划执行完成后，对购电成本、结构、趋势、影响因素进行分析，滚动测算全年购电均价，发现购电成本控制关键影响因素，为科学购电决策提供支撑。参加国家电网电力交易中心组织的专题研究工作，协助完成省公司购电管理分析框架设计，并在全国交易系统进行推广。

计划管理风险管控。冀北统调电厂年度计划下达后，区域内经济增长急速萎缩，而京津冀北统一控制区内的北京、天津经济略有增长；另外受严寒天气、提前供热和安全约束等多重因素影响，统调火电厂年度计划完成均衡性面临较大挑战。针对外部环境变化，及时提出年度计划调整建议，上报国网华北分部，并对后续月份购电计划进行了合理调整。相关部门通力合作完成了统调火电厂年度均衡率指标。

挖潜统调电厂电量空间。针对冀北电网统调机组绝大部分为供热机组的情况，参照历史同期供热负荷情况，综合考虑冬季气温水平、电厂申报的供热出力要求及热电负荷监测系统数据，在月度计划的制定和执行中按负偏差控制统调机组电量。在均衡率偏差不超过 ±3% 的范围内，通过精益购电管控，冀北统调电厂年度计划完成率低于京津唐整体完成率 0.31 个百分点，促进公司购电结构优化。

精益购电预算。根据外部经济形势变化，结合电网运行情况，从公司经营效益角度，对公司购电情况进行预算分析并跟踪监控执行情况，调整购电预算方案。在 2012 年购电均价预算工作中，根据预测的购电结构，提出购电均价范围区间，并给出概率较大的推荐均价，推荐均价与实际完成均价偏差仅为 0.01 元/MWh。

发电权交易工作。为落实国家节能减排政策和国家电网公司年初下达的交易指标，与发电企业沟通，了解发电企业参与发电权交易的意愿，促成相关交易。与国网华北分部进行沟通，鉴于首次开展跨省发电权交易，明确组织形式，建立发电权交易流程和结算流程，为发电权交易的开展奠定了基础。根据政府下达的交易计划，组织召开发电权交易座谈会，与发电企业充分购电，对关键问题达成一致，及时组织 15 家发电企业完成发电权交易合同签订。建立大电厂付款流程，满足发电企业个性化需求。2012 年公司完成发电权交易电量 16.2 亿 kWh，节约标煤 9.47 万 t，减排二氧化碳 24.61 万 t，减排二氧化硫 1992t。

电量电费结算工作。印发《冀北电力有限公司电量电费结算管理办法（试行）》冀北电交易〔2012〕3 号，为规范公司电量电费结算工作，完善电量电费结算流程，2012 年，公司购电结算主体 117 个，全年共完成 1000 余张结算单，结算数据及时率、正确率均达 100%。

燃煤机组烟气排放在线监测。按照华北电监局印发的《火电机组烟气排放在线监测系统联网建设运行与监督管理办法（试行）》和《关于同意开展火电机组在线监测系统联网升级改造工作的函》的要求，10 月起开展火电机组烟气排放在线监测系统改造工作。系统通过网络数据监管公司统调的 16 家燃煤电厂烟气排放情况，规范燃煤电厂烟气排放的监管力度，按照“统一管理、分别建设、专业维护、各负其责”的原则，要求各电厂如实上传烟气排放数据。系统平台作为总控中心，汇总冀北地区各火电厂的烟气排放数据并集中管理监控。系统建立统一的数据规范标准，对数据的有效性、一致性、数据频率、数据分析处理、异常处理提出明确要求。总控平台对各地区、各电厂的数据进行分析对比，根据需求对各地区、各电厂进行排序，统计电量数据计算脱硫电费，按照总控中心要求生成统一算法的分析报表，建立统一的数据规范、统一的分析规则和处理流程，建立规范、统一、公平、标准的烟气排放系统准则。总控中心监督数据真实有效性、保障传输通道畅通和系统稳定运行。电厂侧数据子站将采集到的烟气污染物参数及环保设施运行参数传送到现场数据接口机（电厂），接口机通过通信通道将数据上传到数据中心站，中心站对数据进行分析处理后传送到相关监管部门，为环境保护、烟气污染物监控提供技术数据。

（郭俊宏　张　浩　蔡静鹏　李　珊）

【电力市场服务】 发布电能交易信息。按照国家电网电力交易中心规定，每月 10 日通过信息发布网站向各市场交易主体发布电力交易信息。每季度参加国网华北分部组织召开的季度信息发布会和网厂联席会，发布季度电能交易信息，在会议上与发电企业充分沟通，帮助发电企业了解公司电网运行及市场交易情况，同时了解发电企业的服务需求，建立长效信息沟通机制，创建和谐网厂关系。

规范市场秩序。编制《电力交易和市场秩序报告》，将报告的内容进行分解，协调公司有关部门填报。与监管机构沟通、汇报报告中出现的问题，争取监管机构的理解和支持，与监管机构建立长效沟通机制，并及时整改发现的问题，规避监管风险。

电力交易服务品质提升专项活动。落实国家电网公司“四个服务”理念，走访有关发电企业，听取发电企业的服务需求和有关建议意见，探索开展个性化、差异化服务，并向国家电网公司汇报活动开展情况，得到了国家电网公司的认可。在国网办公厅发布的《国家电网动态第 853 期（电力交易工作交流专刊）》中，国家电网公司将公司开展的相关工作，作为典型经验进行了推广。10 月，公司召开服务河北清洁能源发展新闻发布会，会议全面反映冀北地区清洁能源发展情况，介绍公司服务河北清洁能源发展的各项举措。

（郭俊宏　张　浩　蔡静鹏　李　珊）

优 质 服 务

【开展“塑文化、强队伍、铸品质”活动】 以“社企和谐兴冀”和“社区光明同行”活动为突破口，主动对接社会民生，利用现有1025个供电营业窗口，因地制宜地开展社区特色服务活动。建立民情台账，搭建公司和社会公众沟通的情感桥梁。“社区光明同行”活动中涌现出一批“绿洲服务队”“中国好人——李国军”“最美电力人——曹丽伟”等事例。人民日报、新华社等中央媒体和河北日报、河北省电视台等地方媒体刊发“社区光明同行”特色服务活动相关报道300余篇、网络转载1万余条。

强化95598业务集约管理。构建服务协同机制，对服务质量全过程监控和指标考核，促进了95598客户服务能力提升。95598服务热线电话平均接通时间下降15.6%，人工电话接通率提升39.36个百分点，故障抢修工单处理平均时长下降率17.2%，供电服务承诺兑现率达到100%；公司助力曹妃甸经济、秦皇岛国际旅游城圈等国家和地方重点建设项目，保障民生工程建设，推进电动汽车产业体系建设和智能用电体系建设，主动承担起服务和谐社会建设的重任。

开展高危及重要用户隐患排查，组织各级用电检查人员，深入用户，从供电电源、应急电源、受电设施、应急预案、运行管理等方面，逐户、逐项排查存在的供用电安全隐患，共排查重要用户600户，没有电网责任隐患，用户责任的安全隐患有539条，均报政府备案并督导整改，完成整改437条。对安全风险分级预警，防范了人员责任事故。超前分析、优化安排电网运行方式，细化安全校核，安排停电检修计划，降低了重要设备停电检修期间的电网事故风险。全面启动配网状态检修，完成对18 000余基重点线路杆塔的防雷改造，及时处置113处线下施工、超高树障等安全隐患。

宣传95598品牌。组织在供电营业窗口播放宣传片、张贴海报、发放形象宣传单页和纪念品；在电费催缴单等单据显著位置印刷宣传语录；在电费短信温馨提示服务工作中宣传95598；加大与银行等缴费渠道合作，在收费界面或终端张贴、印刷宣传标识和口号，宣传95598品牌形象。结合供电服务“三走进”（进社区、进企业、进农村）活动，通过张贴海报、发放形象宣传单页和纪念品、开展有奖问答等形式，“面对面”地向客户宣传95598品牌形象。

组织参加“我是国家电网人”演讲、供电服务窗口“微笑大使”评选、“供电服务之星”劳动竞赛、“百佳服务窗口和百佳服务标兵”等活动；完成培训项目2062个，培训、考试83 000人次，提升服务能力和水平。

（李征光）

【提升居民用电服务质量】 按照国家电监会和华北监管局“一个维护”“四个保障”“六个落实”的工作目标和要求，开展居民用电服务质量提升专项行动。

4月，按照《关于做好华北区域居民用电满意度调查工作的通知》（华北电监输供函〔2012〕82号），选取国网张家口张北公司为冀北采取上街设调查点、电话咨询、入社区、入农村等方式调查，调查问卷1000份，客户满意度99.8%。

5月，在“供电保民生，提升居民用电质量”主题宣传月活动中，开展经理接待日48次，深入基层350余次，解决老百姓用电问题1500余件。

在2012年居民用电服务提升工程推进过程中，电网供需总体平衡，没有发生电力或电量缺口比例超过10%以上的情况，未实施有序用电。故障报修到达现场平均时间：城区19min、农村地区29min、特殊边远地区58min。推进居民生活和保障性住房报装接电，执行保障性住房配套费用收取标准。提升用电计量和电费计收服务，累计受理用户校验申请89起，均在5个工作日内出具检测结果，检测结果均为合格。累计轮换163万只电能表，轮换之前均提前3～7个工作日公示。加强信息公告。将检修停电信息收集、确认及发布纳入95598常态运行管理，在12398信息公开网及时公开停电信息和相关服务信息。

（李征光）

【开展“三指定”专项治理】 开展客户用电工程“三指定”治理工作。落实国家电网公司《关于认真做好2012年供电检查及用户受电工程“三指定”整改工作的通知》要求，开展“三指定”自查整改。按照“一口对外、便捷高效、三不指定、办事公开”的原则，重点对业务流程规范性、工程管理规范性、窗口服务规范性等方面进行检查，遏制了用户用电工程“三指定”现象。

完善制度体系。公司按照国家电网公司有关管理要求，编制印发《业扩报装工作管理规定（试行）》《供用电合同管理暂行办法》《保障性住房供电服务工作指导意见》等制度，加强业扩报装规范管理。规范业扩报装工作流程，杜绝设计、施工和设备材料供应单位介入报装申请、现场勘查、供电方案制定、装表接电等环节，从根本上防范“三指定”问题的发生。推行业扩报装关键岗位定期轮岗制度，强化供电方案审批、设计审核、中间检查、竣工检验等业扩报装关键环节的严肃性，防范业扩人员廉政风险。

规范信息公开。公司按照电监会要求，对营业窗口信息公开内容进行统一规范，公开业务流程、服务承诺、收费标准。同时在中国电力信息公开网及时发布和更新各项公开信息，在营业厅设置互联网终端，方便客户查询，确保业扩报装公开、公平、公正。

履行许可制度。公司对承揽客户受电工程的设计、施工单位实行资质审核、备案制度，杜绝承建单位将业务发包给未取得许可证或超越许可范围的单位，杜绝资质出租、转借等行为，维护承装、承修、承试电力设施市场秩序。

规范费用收取。公司遵循应收必收、收必合法的原则，凡涉及用户受电工程的收费项目，执行政府部门批准的收费政策，不随意扩大收费范围、乱立收费项目或调整收费标准。

健全管控机制。公司依托营销业务应用系统和稽查管控系统，对业扩报装全过程实施在线监控。对高压用户业扩工程实现100%回访，分析总结用户投诉举报情况，做到“件件有落实、条条有回音”，客户满意度提升。

（雷　蕾）

【服务风电发展】 购售电合同签订。对新并网风电厂提供购售电合同签订的政策咨询和工作指引，协助其办理并网许可，按时完成合同签订，保证按照时间节点顺利并网。

电量电费结算。组织召开风电企业结算工作座谈会，了解风电企业的工作需求，建立与风电企业的有效沟通机制和良好交互平台。根据风电厂分布范围广、主体个数多、结算时效性要求高的特性，投入大量人力物力建设完善冀北电网电量电费结算系统，在保证风电结算及时率、准确率100%的基础上，指导地市公司调整优化数据采集核对流程，加快上网电量数据核对、上报速度，提高结算工作效率，实现电量电费结算单的即时在线发布，月度结算单发布时间提前约3h，全年实现风电新能源的保障性全额收购117.44亿kWh。

公司在全国范围内首次开展风电企业《两个细则》电费结算工作，全年实现了《两个细则》结算费用零误差、零争议。

CDM项目认证。配合风电企业CDM项目认证需求，提供相关电量电费结算证明，落实国家能源政策，促进节能减排，协助提升风电项目减排效益。

（郭俊宏　张　浩　蔡静鹏　李　珊）

科技与信息通信

科 技 创 新

【科技发展战略】

1. 总体思路

围绕“一流四大”科技发展战略，抓住坚强智能电网建设和着力解决生产实际问题提升公司经营效益两条主线，提高电网的智能化水平；推进新技术推广应用的深度和广度，提高新技术应用水平，拓展新材料、新装备的研发能力，提高新能源接入水平。在新能源发电及接入、电网安全与控制、输变电、配用电、信息与通信、试验研究能力提升等技术领域强化科技创新，促进先进适用技术应用，初步建成坚强智能电网，使公司在电网规划、设计、建设、运行、管理水平及科技含量方面整体达到国内领先水平，部分达到国际先进水平。

2. 总体目标

“十二五”期间，新技术应用率应达到95%，研究开发费投入12.7亿元，形成一批具有自主知识产权、达到国际先进水平的科技成果，获国家奖1项、省部级科技进步一等奖4项。知识产权保护水平提升，年均专利申请量达到150项，专利拥有量达到“十一五”末的三倍。试验研究能力增强，建成国家电网公司重点实验室两个、实验室1个；建成国家电网公司科技攻关团队2个、公司科技创新团队20个，命名公司优秀科技创新团队8个。

3. 工作目标

构建科学高效的科技创新体系。成立科技信息领导小组，负责科技创新的宏观决策和重大技术政策的审定。国网冀北电科院负责开展公司重大关键技术问题研究，解决运营中的共性技术难题；公司专业部门负责新技术、新成果在本专业领域的推广应用和技术创新，各单位负责新技术、新成果推广实施，开展群众性创新活动，解决生产作业中的具体问题；公司各实验室联合国网直属院所和外部研究机构，提升试验能力，保持技术优势，培养科技创新领军人才。

继续保持部分优势重点领域的技术优势。开展风电机组高电压穿越技术、大规模风电场动态无功补偿装置入网检测技术和基于WAMS数据的风电场无功调节能力分析方法等新能源源网协调技术攻关，研究解决大规模风电入网技术难题；开展紧凑型输电线路防舞动、紧凑型输电线路塔窗及金具结构优化、输电线路连接金具检测方法和检测制度研究，解决紧凑型线路运行中存在的问题，提高电网安全水平；开展变压器抗短路能力综合管治平台研究，提高输变电设备管理水平。在“继电保护定值在线校核预警”成果基础上，研究建立继电保护省、地调一体化整定计算平台。

支撑大规模新能源跨越式发展。确保“风光储输示范工程关键技术研究”国家科技支撑计划研究顺利完成。加大冀北电科院对风光储的技术支持，支撑风光储二期工程建设，依托风光储工程开展大规模新能源消纳问题的研究，解决网源协调控制难题，确保电网安全。以“间歇式能源发电多时空尺度调度系统研究与开发”“多类型储能系统协调控制技术及示范”两项智能电网先进技术领域863课题研究为契机，加强与科研院所的合作，提升项目组织管理水平，提升公司在相关技术领域的技术水平。

提升公司核心竞争力。提高科技项目专利产出能力，项目立项时提前谋划，实施中落实责任，结项时分析考核，让公司的优势技术专利化、专利标准化、标准国际化。实施公司专利“三步走”战略，从专利意识的培养深入到专利质量的提升，从专利保护和储备过渡到布局和运营，逐步开展公司无形资产价值管理。树立“大科技”理念，从具有科技创新的基建、营销、技改等专项或工程中挖掘专利、提炼成果，培养全员创新意识，培育重大科技成果。开辟成果申报渠道，争取在国家电网公司、电力行业地方政府等多渠道申报科技奖项，提高公司科技创新影响力。

（邬小波）

【重大科技攻关】 大容量风光储输示范工程关键技术。大容量风光储输示范工程关键技术取得突破，解决了单一的风力发电和光伏发电难预测、难控制、难调度的技术问题，减少了大规模风电接入对电力系统的冲击，提高了电网对大规模风电的接纳能力，将不稳定的间歇性、波动性电能变换成接近常规火电的绿色电源，破解了大规模新能源并网的技术瓶颈，自主创新取得的原创性成果和多项核心技术突破均在工程中得以验证。其中，风光储联合发电互补机制及系统集成、风光储联合发电监控、大规模多类型电池储能电站集成及调控已达到国际领先水平。

计量器具自动化检测技术。自主设计、全面建成“四线一库一平台”（单相智能电能表、三相智能电能表、低压电流互感器、用电信息采集终端四条自动化检定/检测系统、智能仓储系统和计量一体化生产调度平台）。“四线一库一平台”获国际专利受理3

项、国内专利26项、软件著作权5项，其中，“低压电流互感器自动化检定系统研制”获得国家电网公司2012年科技进步三等奖；用电信息采集终端自动化检测系统为国内外独创，填补了国际和国内计量器具自动化检定领域的空白。

▶ 公司研发的用电信息采集终端自动化检测流水线。

移动式风电机组高、低电压穿越能力一体化测试系统。采用晶闸管固态开关技术切花多抽头变压器技术，国网冀北电科院研制出国内外首套集风机高、低电压穿越功能于一体的移动式大容量电网电压故障模拟测试系统。该系统具有测试方便、自动化水平高、体积小、运输安装方便等特点，并完成对国家风光储输示范电站金风2.5MW直驱风机的高电压穿越能力测试，发现并配合设备制造厂家对机组功能和技术参数进行了全面优化和改进，使该型风机达到国家电网公司相关标准要求。

无人值班变电站运行环境远程监测平台。建成无人值班变电站运行环境远程监测平台，实现了对无人值班变电站运行环境的自动调节控制以及对变电站辅助设备的综合管控。项目首次在国内实现了对变电站辅助设施状态的可视分析和快速定位。应用计算机图像识别技术，实现了变电站临时检修区域穿越告警、关键区域非法闯入告警、检修区域异物遗留告警、刀闸位置分析等智能图像分析功能；应用三维电子地图技术，实现了对设备的快速定位、准确检索和远程现场巡视功能；采用服务器级联技术搭建管理信息系统平台，实现了对变电站辅助设施远程管理控制、站端就地管理控制的统一。

固定翼电动无人机在电网特殊巡视中的应用研究。完成无人机在电网特殊巡视中的应用研究，实现了超高压输电线路固定翼电动无人机巡视作业，提升了电力线路安全运行水平，为故障及隐患的判断、抢修提供技术保障。

▶ 工作人员在放飞固定翼电动无人机。

继电保护定值在线校核预警系统。项目解决了实时监测继电保护定值的适应性和分析电网动态过程对继电保护定值的影响等难题，实现了继电保护的定值校核从离线到在线的跨越，研究成果达到了国际领先水平。3月，继电保护定值在线校核预警系统通过中国电机工程学会鉴定。继电保护定值在线校核预警系统被纳入智能电网调度支持系统，“全面推进继电保护定值在线校核模块上线应用”被列为国家电网公司2013年调度控制重点工作，在国家电网公司系统省级以上电网进行推广。

农网分布式发电、储能及微电网接入控制。开展农网分布式发电、储能及微电网接入控制技术研究，建设御道口风光储发电站完成国内首个农网分布式发电、储能及微电网接入控制试点工程建设。项目研发了分布式电源、微电网运行控制及接入控制系列产品，在能量管理、并网接入保护、电能质量监测分析等方面取得了很多实用化成果；通过试点工程验证了相关关键技术理论，探索了分布式电源主动管理、微网与大电网的互动关系，实现了可再生能源发电的优化利用。提高了用户的供电可靠性和电压质量，拓展了农村清洁能源利用方式。

（郇小波）

【科技创新管理】 初步建成公司科技创新管理体系。5月，公司成立科技信通部，成立科技信息领导小组，重建公司科技、智能和环保管理体系。完成科技工作与华北分部管理界面的划分以及相关资料交接；结合实际重塑管理体制，完善管理机制，制定科技、智能电网、环保的各项管理标准、业务流程和规章制度，搭建工作组织网络；开展创新能力调研，分解印发科技创新重点任务。

提升科技项目规范化管理水平。对项目立项、实施和结项进行管控。在立项阶段，细化项目分级评价标准，履行立项预审、专家评审等程序，按照专家评分和项目等级合理储备项目。在实施阶段，对公司管理的科技项目，采取公开招标方式选择合作方，按国家电网公司要求，控制合作方的外委比例；加强实施过程管控，执行“月汇报、季协调、半年督导、年终评价”的工作机制，依照项目责任书对项目进度、专利指标、经费使用等方面进行督导。在验收阶段，提前制定项目验收计划，确保项目验收资料齐全并及时验收归档，未通过验收的项目不提前付款。

（郇小波）

【新技术推广应用】 开展技术创新，新技术应用进一步加强。推进变电站无人值守改造与管理各项工作，试点开展输电线路直升机、无人机和人工协同巡检模，开展输电线路PHC管桩基础试验与研究和500kV变电站站外电源方案优选研究等12项技术创新工作；高压电气设备实时红外诊断系统技术应用等4项新技术列入国家电网公司基建新技术目录，500kV变电站站外电源方案优选技术等2项新技术编入《电网建设新技术成果汇编》，由北京送变电公司完成的岩石锚杆钻机等4项新技术入选国家电网公司施工科技创新成果；编制完成国家电网公司《直升机展放初级导引绳施工工艺导则》。

（郇小波）

【技术标准体系建设】 建立技术标准体系。分三个阶段建成公司技术标准体系：第一阶段，公司各部门协同攻关，制定并发布《2012年技术标准制订目录》；第二阶段，按专业部门开展技术标准的编写和审查工作，通过召开启动会、协调会、专业审查会、形式审查会等阶段性会议，确保技术标准编写质量和进度；第三阶段，经公司标准化领导小组综合审查通过后正式发布技术标准。

全年发布47项技术标准、1021项作业指导书（卡）和《冀北电力有限公司技术标准体系表（2012版）》，初步建立具有公司特色的技术标准体系。

参与国家电网公司技术标准的制、修订工作。作为第一承担单位牵头负责《交流高压断路器技术标准》等6项国家电网公司技术标准的制订、修订工

▶ 8月27日，公司标准审定委员会召开技术标准综合审定会。

作，其中《直升机电力作业技术规程》《电动汽车充电设施运行管理规范》《碳纤维复合芯导线架空线路运行维护技术导则》完成报批稿，进入审批发布流程。

参与国家和行业的标准化工作。2012年公司牵头承担或参与11项行业技术标准的制订、修订工作，其中《隐机发电机在线检测装置配套导则》《火力发电厂锅炉机组检修导则 第6部分：除尘器检修》等5项行业技术标准于2012年正式发布。截至2012年底，公司系统单位或个人参加国家或行业标准委员会31个，其中有全国大电机标委会等国家标委会14个，电力行业电机标委会等行业标委会17个，公司系统有33人担任国家或行业标委会委员。

（张子健）

【科技成果与奖励】 2012年，公司获得中国电力科学技术奖6项，获得国家电网公司科学技术进步奖4项、优秀专利奖1项。获得行业协会科学技术奖2项。其中，“继电保护定值在线校核预警系统”获得中国电力科学技术奖二等奖；“低压电流互感器自动化检定系统”获得国家电网公司科学技术进步奖三等奖（第一完成单位）；“一种接地网腐蚀检测方法及系统”获得国家电网公司优秀专利二等奖；“电能计量器具集约化管理智能仓储系统”获得中国物流与采购联合会科学技术奖二等奖；“同塔并架双回线路作业防止误入带电侧安全措施”获得2012年北京市科协金桥工程优秀项目三等奖。

（郇小波）

【环境保护工作】 建立环保管理体系。建立完整的环保管理架构，一批环保专业人员通过公开竞聘等方

式补充到环保管理岗位上，形成固定的专、兼职环保管理队伍；梳理各项环保管理流程，形成公司环保管理标准；梳理各项环保技术标准和制度，建成适应自身环保管理需求的规章制度。

噪声监测治理。开展变电站（换流站）噪声调查，编制完成《冀北电力有限公司2012年变电站噪声调查数据分析报告》；开展噪声监督和治理工作，推进噪声监测常态化、噪声治理机制化。国网承德供电公司在每年6月（夏季）和12月（冬季）用电大负荷期间均进行变压器噪声测试工作，取得承德八县三区65座变电站的多年连续数据。国网秦皇岛供电公司管控建设过程中的关键环节，从设备招标、技术条件的编制等阶段，对变电设备的噪声产生进行控制，加装消音器和防护罩等措施降低噪声影响。国网冀北检修分公司在新建变电站安装油浸风冷主变压器，降低变电站噪声污染。

六氟化硫回收处理。完成公司六氟化硫回收处理中心升级改造，将现有手动回收处理系统升级为手动加集控六氟化硫气体处理系统，处理中心年处理能力由原来的20t提升至40t。购置回收处理混合气体的六氟化硫处理设备，提高混合气体回收净化处理的能力。六氟化硫回收清洁生产机制项目（简称CDM项目）第一监测期（2010年11月30日至2011年6月30日）减排量于8月10日由联合国清洁生产机制执行理事会正式签发，核证减排量为六氟化硫气体3027kg，折合减排二氧化碳当量约7.2万t。公司CDM项目是世界首个电网领域内开展的CDM项目，也是首个获得联合国减排量签发的电网类减排项目。

▶ 公司六氟化硫回收处理中心。

通过“社企和谐兴冀”活动，宣传日常电磁环境科普知识，通过公司各个窗口单位摆放宣传册和街头宣传等方式同公众进行沟通。利用公司内部邮件、知识管理系统和宣传栏等形式，向公司员工宣传环保政策法规、环保理念等，提高公司员工自身的环境保护意识。开展“6·5”世界环境日宣传活动，向公众宣传绿色电网和节能环保理念。共发放宣传单15 000余份，宣传册（7种）3500余册，宣传光盘400张，解答群众咨询400余人次。

▶ 6月5日，国网秦皇岛电力公司与秦皇岛市政府合作开展“六·五”世界环境日宣传活动。

新技术推广。“变电站污水处理系统设计优化”项目，从设计源头解决了典型水处理设备的设计与变电站向无人站发展不匹配的问题，得到国家环保部多位专家的认可，并在承德西500kV变电站成功推广该成果。通过应用SSLE型生活污水处理设备，降低了整体建造成本，提升了变电站运行管理效率，较常规WSZ－A型地埋式污水处理设备节约投资15万元。

落实河北省政府和华北电监局火电机组烟气排放在线监测联网等相关要求，开展燃煤机组烟气排放在线监测系统的技术研究，开展燃煤机组烟气排放在线监测系统建设工作。将建设华北地区上网发电厂烟气污染物检测中心站，实现对华北地区燃煤机组运行中大量排放信息和报警信息的实时监视。

环保及水保管理。110kV及以上电网建设项目环评率100%，共取得110kV以上工程56项环评批复，包括500kV项目3项、220kV项目18项、110kV项目24项。110kV及以上电网建设项目环保验收审批率97.6%，共取得110kV以上工程40项的环保验收批复，包括220kV项目11项、110kV项目29项。110kV及以上电网建设项目水保方案审批率达到100%，共取得110kV以上工程21项的水保方案批复，包括220kV项目3项、110kV项目18项。110kV及以上电网建设项目水保验收完成率达到100%，共完成110kV以上工程27项的水保验收工作，包括500kV项目1

项、220kV 项目 17 项、110kV 项目 9 项。

（张子健）

【农电科技进步】 贯彻《国家电网公司“十二五”农网科技发展纲要》《农网科技进步支撑框架》，安排 2012 年农网科技项目验收工作，推广应用先进实用技术和成果，举办科技进步培训班 1 次，培训 149 人，组织县公司学习先进典型 2 次。

科技进步先进县建设。总结国网霸州供电公司科技进步县创建经验，印发《冀北电力有限公司科技进步先进（县）供电企业建设管理办法（试行）》，建立和完善科技创新机制，加强科技人才队伍建设，开展群众性技术革新活动，增强科技成果转化能力。结合农网改造升级工作，加大科技投入和科技成果推广，选定张家口怀来、廊坊大厂、唐山滦南 3 个县公司开展科技进步先进县创建工作。

农网智能化建设与研究。承德御道口分布式发电、储能及微电网项目在中央电视台 1 套晚间新闻和新闻直播间栏目分别进行了专题报道，该项目还入选“十八大”献礼片《环保在中国》。

在大厂、丰南、怀来三个县开展县域电力通信网试点工程建设，成立省市县三级领导小组，明确目标和职责分工，集中业务骨干，执行工程进度计划，加强工程安全、质量、进度管控，实行半月报、周例会、日协调的三级管控，确保试点工程安全、优质、按期完工。工程建设取得四个第一：在国家电网公司系统第一个完成调研收资工作，第一批通过国家电网公司规划评审，第一个召开试点工程启动会，成为国家电网公司 2012 年唯一完成验收的试点单位。

▶ 怀来县供电公司安装的智能台区。

（薄 博）

信 息 与 通 信

【信息通信规划】

1. 信息化工作

完成“十二五”信息化规划修编与评审工作。8 月 9 日，成立信息系统演进方案专项研究工作组。形成了公司信息化建设演进方案和三个专题报告，并于 11 月 20 日向国家电网公司信通部进行了专题汇报。

2. 支撑“三集”“五大”及两个中心建设

大规划方面，通过储备库深化应用，在纵向上实现了与国家电网公司总部以及各地市公司之间的贯通，在横向上实现了与投资主线系统、ERP 等系统之间的衔接。业务部门总计完成了 83 个项目的评分，实现了所有基建项目在主线看板模块上的展示，以及所有基建项目的高级查询和高级报表展示功能。

大建设方面，基建管理信息系统提供统一的工作平台，满足网省公司、建设管理单位及业主项目部、监理单位、设计单位、施工单位的业务工作流转，实现业务管理过程的信息录入、审核、流转、跟踪、追溯。依据实际系统应用，实现实用化考核，实现数据的单点输入和集中共享。

大检修方面，实现状态检修工作全网一体化；实现可追溯的设备状态指标系统，做到状态信息的主动性、智能性和可视化；建立日风险提示、周分析评估、月总结回顾、年专题分析的设备分析评价常态机制，输变电设备检修次数同比减少 30% 左右。

大营销方面，发现处理私增容、违约用电窃电、计量差错、用户电费差错等各类问题 955 户，共追收电量 134 994kWh，追收电费及违约使用电费 306.56 万元。共维护不正确信息 4925 条，修签供用电合同 590 户，稽查整改基础档案信息不完整数据 4000 多万条，完成 55 498 只超期库存电能表进行重新检定，规范管理问题 8139 条。在超容量等主题稽查中，共整改估抄、错抄、多月不抄表问题 1450 户。督促完成客户供电方案答复、装表接电超期 2220 户。通过监控、发现不规范现象，共处理各类问题 10 625 条。通过对计量资产异常记录的稽查整改，共处理因电能表条码与表箱不一致导致检定工单无法完成问题 209 条，发现智能电能表质量不合格、参数错误等导致工单无法完成 85 条。通过对电费发行、到账确认的稽查管控，规范到账确认、电费发行等不及时 9476 笔。

ERP 及人财物方面，人力资源深化应用在纵向上实现了与国家电网公司总部、在横向上实现了与人资管控、财务管理、物资管理、项目管理、远程培训、干部管理等系统之间的衔接。能力管理系统共形成核心能力标签12个，领导能力标签11个，专业能力标签372个，形成能力评价标准1578个，完成5154人次评测。绩效管理系统共形成关键绩效领域13 184个，关键绩效指标23 646个，累计参与考评42 004人次。将198个存储点初步规划为“1+6+62”（1个虚拟中心库，6个区域库，62个周转库）新型仓储网络，未来仓库室内面积将由现在的223 589m^{2}缩减到139 744m^2，减少37.5%。自动化物流设备和信息化管理手段将原有从事物资工作的643人减降至约430人，使非物资部门人员回归生产，充实主业人员。通过PDA管理，实现效率提升20%，入库准确率提高30%，记录信息的完整度和覆盖度达80%。

协同综合方面，通过IMS系统建设打破以往孤岛型系统建设模式，实现了数据的横向集成、上下贯通，覆盖包含网络、主机、业务应用、安全设备、桌面终端等完整IT基础架构及标准运维流程，逐步实现“实时监控、精益管理、闭环控制、分析规划”的目标；各业务系统向IMS总线发送数据，IMS集成各业务系统的数据，按统一的方式展现出各系统的各项指标，并通过标准流程来维护和管理各业务系统及网管资产的运行状态。

一体化平台方面，通过数据中心、应用集成建设，将国家电网公司实用化常态指标综合得分（折合百分制）从第一期的66.04分提高至97.36分。改变原先分散、自发、重复的数据收集管理模式，建立录入口径统一、数据管控集中的公司级别共享平台，应用精准化的技术架构、标准化的接口规范、一体化的数据平台，实现了设备状态可观测、生产过程可监控、运行风险可预警。

支撑冀北电力调控中心建设。开展调度数据网建设和通道调整；开展调度交换网建设和电话布放等工作。建立冀北与唐山调度电话核心交换系统的异地双机同组，形成了省级双核心的容灾结构，共调整数据网电路23条，编制通信方式195个，安装调试调度电话472部。建立电力调度与通信业务协调机制，保障生产业务安全，保证通信数据网、调度数据网、调度交换网安全、可靠地满足调控业务需求。组织完成调度数据网建设和通道调整，调度交换网建设和电话布放等工作。建立电力调度与通信业务协调机制，为公司“大运行”体系建设提供了有力的支撑。

支撑运营中心信息支撑系统建设。组织公司各专业部门和系统厂商开展运监数据支撑需求梳理，明确数据来源和数据认责，完成了针对各项数据指标需求的调研和梳理工作，涉及业务部门15个、应用系统48个、系统厂商17个。针对ERP系统、生产管理系统、状态检修辅助决策系统等7个冀北自建系统开展数据接入实施，确保数据接入的准确性、完整性和一致性，从数据层面保证了运营监测（控）中心顺利建成。在特色功能建设方面，完成2个主屏、4个侧屏的信息数据设计展现和切换调试工作，实现对运营动态、同业对标、关键流程、售电量、财务管理五个板块的集中展示，确保运营监测（控）中心大厅48天建成投运。

3. 通信规划

根据公司“十二五”电网规划发展的总体目标，围绕坚强智能电网建设和公司“三集五大”体系建设，以创新思路规划电力通信网，从“发电、输电、变电、配电、用电、调度”等各环节的需要出发，充分运用各种现代通信技术，多元利用各类通信资源，以“覆盖全面、平台开放、可靠性高、使用方便、可管理性强、形式多样”为主要特征，构建“技术先进、布局合理、传输顺畅、延伸到户”的一体化开放式现代通信网络。规划“十二五”末，随一次系统建设形成“西环、东网”构架建设通信网络，网络结构更加安全可靠。建成大容量骨干光传输系统，满足冀北电网各业务迅速增长的需求和容灾需求；实现35kV及以上电压等级变电站（含农网）光纤覆盖率达到100%，35kV以上变电站（含农网）调度数据网和综合数据网覆盖率100%；中低压通信网实现营销网点光纤覆盖率100%，实现城市配电网开关站光纤覆盖率100%，实现新建配电站点、电动汽车充电站（桩）、分布式电源点光缆覆盖率100%；农网县中心区新建营销网点、配电网开关站、配电室光缆覆盖率100%；城区和农网配电站点（含柱上开关、开闭所、环网柜、配电站/室、柱上配电变压器、箱式变压器等）通信网络覆盖率100%；城区和农网用电网表计信息采集系统（采集终端/智能电表）通信网络覆盖率100%；电力光纤、电力宽带到户的试点运行。

【信息化建设】 公司2月9日独立运作后，完成所有84个信息系统的调整工作。既保证了华北分部的业务应用，又快速实现了公司业务的信息化全覆盖，有力支撑公司核心业务运转。公司于5月30日印发“三集五大”体系建设信息通信支撑操作方案。制定过渡期间冀北通信骨干系统建设方案和信息化支撑“五大”体系适应性调整方案，并针对34个信息系统分别制定适应性调整方案。6月下旬，信息化支撑“五大”体系适应性调整方案通过国家电网公司专家评审。针对“三集五大”信息系统适应性调整，组织成立19人的专业保障团队，分为技术支持、应急保障、安全保障、沟通协调4个工作小组，协同公司各业务部门、管控组及各系统实施厂商共234人，开展系统切换工作。针对“三集五大”通信网络建设调整与实施保障工作，成立了通信覆盖率工作组、容灾能力工作组、支撑调控独立运行工作组和实施保障4个工作组，5个地市公司各设立1个工作组，统一组织、协同推进各项工作，全网共有62名专业人员投入到该项工作中，用时45天，完成相关34个信息系统的适应性调整工作，保证了信息系统切换数据完整、平稳过渡。

▶ 6月19日，公司“三集五大”体系建设信息系统适应性调整工作启动会。

（崔秀秀　摄）

由于公司业务系统与华北分部共用，任何一方的调整都可能影响另一方的业务处理，公司与华北分部统筹协调组织，采用了差异化调整策略和逻辑分离方式。

信息系统适应性调整工作，从业务上涵盖了公司本部、5家地市公司、9家支撑机构，从系统上涵盖大规划、大建设、大运行、大检修、大营销、人财物集约化等相关34个信息系统，信息化相关工作节点占“三集五大”体系建设工作总节点的比率为60%，涉及组织机构调整40 504个，岗位调整34 147个，人员信息调整42 629人，流程调整134个，角色权限调整72 096个，报表调整263个，接口调整78个，程序功能调整130个，变电站调整387个，线路调整1184条，资产卡片调整26万条，设备信息调整35.78万条，项目调整656个。

8月5日，信息系统实现整体切换上线，为公司“三集五大”体系建设提供技术支撑。

建立81186热线服务保障体系，设置“三集五大”适应性调整专线，确保服务热线电话24h畅通，实现一线客户服务人员、二线运维人员、三线实施厂商与管控组四个层级的联动互动，分层次多渠道消除缺陷，强化信息系统调度运行管理，做好系统应急预案编制及演练工作，保障系统试运行期间出现的各类问题能够及时准确地解决，实现所有系统安全稳定运行。

【通信网建设】 通信骨干网建设利用华北分部的资源和公司现有通信机房及基础资源，开展公司本部大容量光通信系统、光传输系统和调度数据网络、综合数据网络系统的建设，初步建设完成公司过渡期间通信骨干网络，解决了公司本部与冀北地市公司之间的大容量传输网络连通问题。

加强通信骨干网和通信网络容灾能力建设。按照国家电网公司审定的通信网络容灾建设方案，公司所辖43个县公司均明确了第二汇聚点，开展了第二汇聚点光缆、传输系统、业务网的建设和完善，提高了网络的容灾能力。完成省、地、县第二汇聚点传输网、数据通信网、调度数据网、调度交换网等容灾系统建设，形成了省、地、县各层级通信网容灾体系。

推进县域通信网建设。2012年底率先完成廊坊大厂、张家口怀来、唐山丰南3个县域电力通信网试点工程验收工作，成为国家电网公司首家竣工并完成验收的试点单位。公司以“统一规划、统一标准、统一建设”为原则，在可研、初设、施工方案等环节多次组织专题审查会，实行集中审查；在可研批复、现场勘测、设备及工程招标、设备验收等方面，实施严格的过程管控，做到重要技术政策全网统一、技术标准全网统一，确保农网建设符合公司通信网规划目标，符合技术政策、满足容灾体系要求。根据县域通信系统现状，结合现场安装实际，采用多种技术体制组网，骨干网采用SDH/MSTP技术或工业以太网技术，接入网根据农电业务的特点按不同情况、不同地区采用了EPON、工业以太网、EPON＋无线、工业以太网＋载波等不同的通信技术。

截至2012年底，公司通信网共新建光缆6232.5km，新建传输设备567台套，业务网设备1187套。其中，三级网规划新建光缆248.9km，新增光传输设备66套，新增业务网设备242套；四级网规划新建光缆5463.61km，新增光传输设备501套，新增业务网设备945套；接入网规划新建光缆520km，新增设备4212套。骨干网光纤覆盖率100%，营业站站点光纤通信覆盖率96%，城区10kV

开闭站光纤覆盖率 100%。综合数据网 35kV 及以上变电站、地（市）供电公司、县供电公司、省级直属单位覆盖率 100%，营销网点覆盖率 38%，地市直属单位覆盖率 83%。

（娄　竞　王书渊　贯　鉴）

【信息系统安全】 开展信息系统等级保护测评工作。邀请电力行业信息安全等级保护测评中心对公司 3 个三级系统（ERP 系统、财务管理系统和电力市场交易系统）、8 个二级系统（内网门户、对外门户、生产管理系统、邮件系统、综合管理系统、协同办公系统、人力资源系统、公司广域网、信息运维综合监管系统）进行等级保护测评。

强化完善信息安全技术监督管理。建立以国网冀北电科院为支撑的信息安全督查体系，落实国家电网公司信息安全技术督查工作政策与要求，建立公司的信息安全技术督查体系，完善并制定了公司信息安全技术督查工作规章制度、标准规范、工作要求和工作计划，建立常态督查工作机制，按时通报督查结果，完成专项技术督查执行队伍的建设。

提高公司信息安全防护管理水平。深化隐患排查治理，健全信息系统主动防御体系和风险防范体系，提升应急处置能力，实现管控全过程、防护全方位、督查全覆盖，防止重大安全事件发生。全年成功拦截公司互联网来自国内外攻击 4 万余次。公司信息内网桌面终端管理系统共接入客户端 15 126 台，通过 IP 绑定策略、防病毒软件安装检查策略，实时监控，及时处理，确保公司内、外网终端注册率保持在 100%，内、外网防病毒软件安装率保持在 100%。

（娄　竞　贯　鉴）

【信息系统运行管理】 促进信息、通信专业融合。信通、建立统一的信息通信调控中心，信息通信调度值班、巡视、指挥集中统一，实行 7×24h 四值二运转的运行值班体系，建立调度指挥、设备检修、运行方式和统计分析工作机制，实现对所辖通信传输网、业务网、信息网以及应用系统、支撑环境等进行集中监控，实现了信息通信调度值班、巡视、指挥的集中统一，逐步实现调度运行、指挥协调、网络建设、巡视检修等流程的融合；建立统一的信息通信客服中心，81186 服务平台同时提供信息业务和通信业务服务，实现信息通信客户服务一体化；建立统一的信息通信运维检修机制，在网络建设、网络安全、运行维护等各方面工作中，实现信息通信运维检修一体化。

系统运行监控和安全分析。加强信息通信运行方式管理，安排年度运行方式，以及检修和保电状态的运行方式。坚持“每项重要检修必有风险分析，每项分析必有危险点控制措施，每项措施必有反事故演练”的原则，加强系统运行风险分析与预警管理，监控设备运行状况和健康状况，掌握系统运行信息，及时发现异常变化，确保系统运行安全。

优化信息通信检修流程。公司通信专业加强与调度、运检等专业部门间的协作，完善定期联络会商机制，优化工作流程。加强检修工作计划性，定期召开检修计划平衡会，落实重大检修“三措一案”，执行重大检修审批手续，开展风险分析及事故预想，制定相应的回退机制，确保措施预案可靠到位。梳理检修工作中的重点和难点问题，明确工作任务，制定春检方案，安排检修计划，履行通信检修程序，落实现场安全管控和安全措施，依托 IDS（信息调度管理系统）、TMS（通信管理系统），实现方式申请、编制、执行闭环管理，检修计划和设备缺陷处理的及时性大幅提高。自公司独立运作以来，未发生临时检修工作，检修合格率 100%。

加强信息系统运维管理。按照国家电网公司信息系统运维相关要求，对公司信息系统及设备运行情况进行梳理，分析系统存在的问题及业务需求变化，安排系统运行方式和检修计划，提高系统的可控、能控能力，提升精益化管理水平。全年重点完成公司网络与信息系统运行方式编制工作，完成“一单两票”规范性填报工作和信息系统运维标准、应急预案的制修订工作，以及国家电网公司信息系统运维人员、信息通信调度员资格认证工作。

加强通信网运行维护管理。加强光缆及站内引入缆的巡视力度，对市政或一次线路施工现场加大监护力度，对引入光缆龙门架引下点、地埋光缆沿线、转角部位地面等处设置明显标识，在基建工程中的施工图纸、竣工图纸中标明地下线缆走向和长度，确保在电网工程中地下线缆的安全，防止光缆外力破坏和人为中断；加强调度生产业务的通信安全保障，提升保护、安控、调度数据网及调度电话等通信通道可靠性；严格执行保护、稳控、自动化、调度电话等核心业务通道的申请、退出管理规定，规范工作流程，对已切改或退运的线路或装置的通信通道印发并执行停退役通信方式单，管理分配通信资源，提高通信资源利用效率。

信息通信安全检查和隐患排查。制定《通信系统安全生产事故隐患排查治理实施方案》，提出了各单位在每月 28 日前定期汇报安全隐患整改进度等具

▶ 11月20日，国网冀北信通公司专业人员进行光缆备用纤芯测试。（崔秀秀　摄）

体要求，组织专家组进行现场检查评价，摸底排查，查找隐患，督促整改，使隐患治理工作有序进行。2012年底，共完成隐患整改15项。通过检查重要站点、通信节点引入光缆双路由及光缆封堵严密性情况，处理光缆封堵问题8项；对保护、稳控等重要光路、纤芯标识检查，处理不规范标识64个。网络信息安全方面，掌握地市县公司桌面终端安全状况和互联网出口安全防护情况，组织运维单位各部门及各软硬件厂商开展信息安全隐患排查和治理专项工作。制定信息安全保障方案和特殊运行方式，强化巡视和值班制度，制定并印发《冀北电力有限公司办公计算机信息安全管理制度》，加强移动终端接入的安全管控和办公计算机信息安全管理，对基层单位信息安全问题进行重点整治，大幅减少基层单位的信息安全隐患。

建立完善的信息通信应急保障体系。滚动修改应急预案，提高可操作性，加强有效性验证。建立"四位一体"应急协同管控机制，通过建立健全应急预案体系，确保突发情况下紧急救援的顺利实施；通过一体化视频监控平台的集中监控，掌握变电站及输电线路的实时运行状态；通过应急卫星电话的部署，为紧急情况下的联络方式上双重保险；通过移动应急指挥车的快速响应，提高现场指挥的技术水平和协调手段，保障冀北电网应急情况下的通信专业现场处置和后援保障。利用各种信息通信应急手段为各项重大保电任务保驾护航，实行24h现场值班，进行高密度巡检工作，确保24h视频会议保障，保证公司应急指挥中心与各保电防区、重要变电站的视频通话，实现了公司与所辖五地市公司、检修公司、检修公司大同分部的视频会议联动，确保公司与国家电网公司应急指挥系统的联通。

制定年度、月度应急演练计划，建立应急演练长效机制。开展反事故演习。完善37项"十八大"保电相关专项应急预案，并针对"十八大"保电工作开展5项信息通信联合反事故演习，检验冀北信息通信应急故障处理能力。参加国家电网公司"十八大"保障信息通信专项反事故演习，结合公司"十八大"保电期间公司信息通信系统运行特点，设置了冀北姜太一线光缆中断、冀北风光储视频中断故障的演习场景，模拟故障发生后调度逐级汇报、指挥处理的全过程。

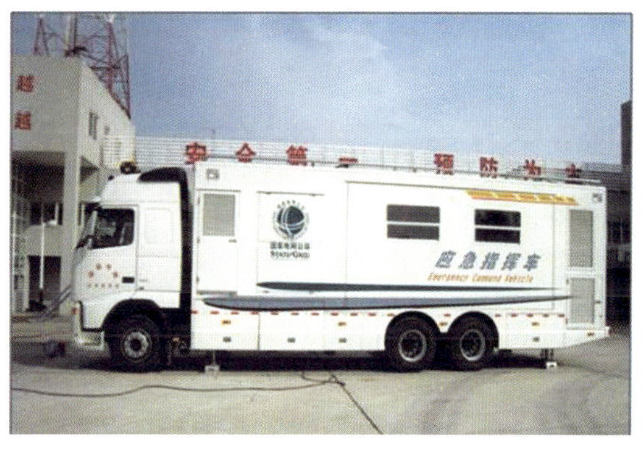

▶ 应急指挥车为"四位一体"通信应急管控体系的建立提供补充。（许鸿飞　摄）

（娄　竞　王书渊　贾　鉴）

品牌建设与国际交流

品　牌　建　设

【品牌策划】

1. 明确品牌建设工作定位

公司独立运作之后，于4月19日印发《冀北电力有限公司关于加强品牌建设工作的指导意见》（冀北电办〔2012〕18号），明确了品牌建设工作的总体目标、基本原则和主要任务，并对2012年品牌建设工作重点作出统筹部署。

公司品牌建设的总体工作目标是“紧紧围绕实现两个价值最大化的工作目标，深入实施品牌引领战略，打造具有强大道德感召力和社会影响力的可靠、可信赖品牌形象，大幅提升公司的知名度、认知度和美誉度，服务、保障和支撑公司综合协调发展，为国家电网公司打造责任央企品牌作贡献”。基本原则和主要任务是充分发挥“宣传、服务、保障、支撑”四大核心功能，在公司成立之初传播公司履行特殊责任的意愿、行为和绩效，与社会媒体双向互动，输出事实，提升公司的知名度。品牌建设从特色服务入手，推进“社企和谐兴冀”“社区光明同行”两项活动。

2. 部署开展“社企和谐兴冀”“社区光明同行”活动

4月19日，公司二季度年中工作会上，尹积军总经理在工作报告中提出：广泛深入开展“社企和谐兴冀”“社区光明同行”活动，对内助力公司品质提升，对外营造良好发展环境，标志着两项活动的正式启动。

本次会议印发《关于开展“社企和谐兴冀”活动编制发布〈服务地方经济社会发展白皮书〉的指导意见》（冀北电发展〔2012〕32号）和《关于开展“社区光明同行”活动 推进站所社区特色服务的指导意见》（冀北电营销〔2012〕18号），对两项工作进行全面部署。要求大力抓好两个活动的宣传，通过“社企和谐兴冀”活动对接冀北五市政府，通过“社区光明同行”活动对接社会民生，打造冀北特色服务品牌，推动公司和电网发展赢得社会大众广泛认可和利益相关方价值认同。

开展“社企和谐兴冀”活动是公司从企业行为的角度出发，推行特色服务的重大举措。将公司各项工作放在河北省经济社会发展的高度去思考，参与社会公共管理，制定有针对性的服务举措，畅通电力服务“绿色通道”，展示公司履行社会责任的优秀品牌和积极作为的良好形象。

开展“社区光明同行”活动，是公司“创先争优”活动和“共产党员服务队”理念的延伸和普及。引导动员广大员工走进社区，情系百姓，从小事做起，从细微处入手，不断丰富服务的内容和载体，用情感搭建企业与社会公众的沟通桥梁，为公司塑造优秀品牌，树立良好形象。

（黄一鸣）

【品牌传播】

1. 对外传播

在起步阶段，公司在较短时间内构建了新闻发布和媒体联动机制，面向中央、地方、电力行业及国家电网公司系统主流媒体，持续开展传播活动。全年在《人民日报》、中央电视台等中央媒体刊播稿件400余篇条，在省市地方媒体刊发稿件1500余篇，在国家电网公司系统及电力行业媒体发表稿件560余篇，网络相关转载报道18万余条。

策划开展主题传播活动。策划组织开展“走进冀北电网，走进冀北公司”系列传播活动，配合国内新闻战线“走基层，转作风，改文风”活动的推进，邀请媒体记者深入生产服务一线，体验公司重点工程、供电服务、防汛抢险、迎峰度夏、暑期保电、帮扶村建设、十八大保电等重大工作举措及成效，反映基层员工实际工作情况与精神状态。

7月4~5日，启动“走进冀北电网，走进冀北公司”活动，组织新华社、《光明日报》《经济日报》《科技日报》《中国青年报》《文汇报》，《河北日报》《河北经济日报》《中国电力报》《国家电网报》，新华网、人民网、中国广播网、中国网络电视台、新浪网、搜狐网等媒体记者先后赴国网冀北廊坊供电公司、唐山供电公司、承德供电公司采访，考察了解公司现状与服务理念，近距离接触唐山康复村、承德“绿舟”服务队等特色服务典型。7月6日起，新华社发布新闻通稿，各平面媒体在显要位置刊登新闻，相关网络媒体同步播发刊发相关报道，相关网络转载报道4500余条，引起良好社会反响。

8月17~18日，开展“走进冀北电网，走进冀北公司（秦皇岛站）”活动。来自《光明日报》《工人日报》新华网，《河北日报》《河北经济日报》《河北工人报》《燕赵都市报》《中国电力报》《亮报》，秦皇岛电视台、秦皇岛人民广播电台、《秦皇岛日报》《秦皇岛晚报》等媒体的20余名记者对国网冀北秦皇岛电力公司服务旅游城市建设、迎峰度夏、暑期保电、“社区光明同行”活动等工作进行宣传报道。新华网能源频道《秦皇岛电力“夏都”保电工作探营》等文章受到广泛转载，《亮报》以《供电保障，为北戴河夏日生活加分》为题进行整版报道。

9月13日，开展“走进冀北电网，走进冀北公司（张家口站）”活动，来自《中国能源报》、人民网、新华网，《河北日报》、《河北经济日报》、《国家电网报》、《中国电力报》，《张家口日报》、张家口电视台等媒体的10余名记者赴张家口赤城县西山村、尤庄村参观采访公司落实省政府基层建设年要求，开展电力帮扶村建设的工作情况。各类媒体刊发相关报道20余篇，《河北经济日报》刊发《条条银线连阡陌　灯火璀璨照农家——冀北电力有限公司加强电力帮扶开展基层建设年活动侧记》长篇报道。

开展突发事件品牌传播。7～8月，冀北电网连续遭受“7·21”特大暴雨和达维台风严重侵袭。新华社（河北分社），《河北日报》《河北经济日报》、河北电视台、《燕赵都市报》《国家电网报》《中国电力报》等19家中央、地方及行业媒体应邀对公司防汛实战演练、抗击自然灾害工作情况进行集中采访报道，人民网、光明网、搜狐网、新浪网，中国新闻网、中国电力新闻网，河北政府网、河北新闻网、燕赵都市网、长城网、环渤海新闻网等重要网络媒体同步转载，网络相关报道达18 000余条。中央电视台《新闻联播》节目播出公司全力抢修唐山地区供电线路的新闻。

11月3日，位于太行山区的西电东送500kV线路遭受强暴风雪袭击，多条次线路跳闸。公司系统新闻采编人员深入抢险保电一线，获取第一手资料，加大对外供稿力度，同时邀请媒体进行专题采访。新华社、中央电视台、中国新闻社、人民网、新华网，《河北日报》、河北电视台、《河北经济日报》《燕赵都市报》、长城网，《中国电力报》《国家电网报》等媒体刊发相关报道。中央电视台《晚间新闻》节目播出“西电东送大通道恢复供电”的重要消息。

2. 对内传播

《华北电力报》围绕“三集五大”体系建设、迎峰度夏、十八大保电、优质服务等重点工作，开辟专栏12个，刊登稿件66篇。宣传“最美电力人”曹丽伟事迹推出专版长篇纪实报道，并连续刊发20篇体会文章。在一版推出《电网时评》专栏，刊发重要言论文章22篇。

《华北电业》杂志设置《视点》《关注》《品牌》《论坛》《空间》以及十八大保电、新成果展示8个栏目。“视点”全年刊发文章61篇，推出《公司成功发布服务河北省经济社会发展白皮书》等重点文章。《关注》全年刊发文章29篇，《论坛》全年刊发文章37篇，探讨和交流思想文化建设、企业管理等方面经验，《空间》全年刊发文章39篇，宣传公司模范人物和先进工作者。

2012年，公司记者站被中国电力报社评为优秀记者站；赵淑伟获“国家电网报年度十佳记者”；《华北电力报》刊载的通讯《“绿舟”：最美的风景》获2012年度中国电力新闻奖一等奖，《深夜，这里依然灯火通明》等2篇稿件获2012年度中国电力新闻奖二等奖。

10月16日，公司正式启动“建功‘三集五大’献礼十八大”主题宣传活动。开展主题征文活动，征集相关故事、感言及书画摄影作品，在公司媒体刊登并举行评选颁奖；举办“与三集五大同行”建设成果巡展，公司所属各单位提交展板64块，在公司本部办公楼集中展示“三集五大”建设成果。

对公司内网门户主页及“三集五大”专题页面进行改版，增设“我与三集五大”征文选登、“靓点聚焦三集五大”视频展播、“三集五大大家谈”留言板、“三集五大我知道”在线问答等栏目。增加“三集五大”页面随主页自主弹出、各单位日留言、答题次数滚动显示等功能。将公司“三集五大”宣传手册与成果展文件制作电子刊在线展示。

（刘　石　韩　冰　付卫国　陈　乐）

【品牌推广】

1. 发布服务冀北经济社会发展白皮书

7月6日，公司在北京发布《服务河北省经济社会发展白皮书》，将“十二五”期间服务地方经济社会发展的规划和举措，以对话公众的形式向社会各界郑重承诺，接受各方监督。

作为国家电网公司系统第一本以服务地方经济社会发展为主题的《白皮书》，从经济、社会、环境等角度，系统地诠释了公司主动服务地方政府、社会公众的思路、规划及举措。全书分为“电网企业、国家电网公司、冀北电力有限公司”，“服务河北省经济社会发展”和“争做优秀企业公民”三个篇章，16开本、共42页，图文并茂、通俗易懂。

在编制《白皮书》过程中，公司系统深入分析河北省“十二五”发展战略目标及唐山、张家口、秦皇岛、承德、廊坊五市的发展需求，从电网规划布局、产业带动提升、科技创新服务等方面进行梳理，制定并完善整体发展思路和规划，精细谋划，全方位对接建设“经济强省、和谐河北”的“十二五”发展目

▶ 10 月 23 日，公司在北京召开服务河北清洁能源发展新闻发布会。

标。《白皮书》对公司“十二五”期间服务地方经济社会发展的电网规划和各项配套措施进行了解读和阐释。据预测，到 2015 年，冀北地区全社会用电量将达到 2087 亿 kWh，年均增长 8.5%，冀北电网的最大负荷将达到 2807 万 kW，年均增长 10.2%。为满足地方经济社会发展对电力的需求，“十二五”期间，公司计划投资约 615 亿元，提高电力供应能力。其中，237 亿元投资用于建成张北至武汉、锡盟至南京特高压输变电工程，从而实现电力资源的跨省跨区配置，彻底解决缺电状况，增强清洁能源的消纳和送出能力；87 亿元投资用于建成环冀北地区 500kV 电网，以满足“十二五”期间河北省人均用电量增加 7kWh 的用电需求；291 亿元投资将用于 220kV 及以下电网建设，到 2015 年，冀北五市城市年户均停电时间将因此下降至 4.38 小时。

《白皮书》披露，“十二五”期间公司将投资 111.3 亿元对农村电网进行改造升级，并将筹措资金 4.3 亿元，用于推进 1734 个帮扶村电网建设与改造工程。同时，公司将根据河北省农村产业结构调整过程中的用电需求变化情况，滚动调整农网投资与建设规划。预计到“十二五”末，公司将基本完成对农村超过运行年限的线路改造，冀北地区农网的供电可靠率将因此提高到 98.6%。届时，累计建成 30 个新农村电气化县，占该公司供电直供县的 70% 以上，从而让更多的村民过上和城里人一样的电气化生活。

《白皮书》发布后，50 余家主流媒体随后刊发稿件 200 余篇，各类网站做了数万条转载。

《白皮书》由省公司和 5 家市公司共同构成“1+5”相互关联支撑的体系模式。7 月 25 日，国网秦皇岛供电公司发布《冀北电力有限公司服务秦皇岛市经济社会发展白皮书》；7 月 26 日，国网唐山供电公司发布《冀北电力有限公司服务唐山市经济社会发展白皮书》；8 月 1 日，国网张家口供电公司发布《冀北电力有限公司服务张家口市经济社会发展白皮书》。8 月 2 日，国网廊坊供电公司发布《冀北电力有限公司服务廊坊市经济社会发展白皮书》。8 月 3 日，国网承德供电公司发布《冀北电力有限公司服务承德市经济社会发展白皮书》。

2. 宣传先进人物及集体

曹丽伟是虹桥供电所的一名普通员工，在 7 月 21 日路遇一次他人的交通事故中，她挺身而出救死扶伤，把素不相识的伤者及时送往医院，受到了交通事故当事人和社会各界的好评，在当地引起强烈反响。8 月 28 日，公司在唐山组织召开“曹丽伟同志先进事迹报告会”。公司党组授予曹丽伟同志“道德模范”荣誉称号，并号召全体员工以曹丽伟为榜样，广泛开展学习活动。

11 月，公司编辑出版《社区光明同行典型事迹选编》一书，集中收录在“社区光明同行”活动中涌现出的优秀集体和先进个人的感人事迹。

3. 召开服务河北清洁能源发展新闻发布会

10 月 23 日，公司在北京召开服务河北清洁能源发展新闻发布会。本次发布会全面反映冀北地区清洁能源发展情况，介绍公司服务清洁能源发展的各项举措，阐明支持分布式光伏发电产业态度，营造清洁能源与电网协调发展的良好环境，努力为清洁能源的科学发展作出积极贡献。

河北省是国家确定的千万千瓦级风电基地之一，风能、太阳能资源丰富，主要集中在冀北地区。公司认真落实国家关于清洁能源开发相关规定和河北省委、省政府发展战略性新兴产业的决策部署，开展规划研究，保证项目资金投入，加快送出工程建设，规范并网管理工作，确保清洁能源安全稳定运行。

25 家媒体的 30 余名记者应邀出席了发布会。新华网、河北新闻网对发布会进行了图文直播和专题推介，人民网、新华网等主要新闻网站和新浪网、搜狐网等重要门户网站进行大量转载，网络相关报道达 15 000 余条。

4. 加强标识、广告、展览管理

开展电视专题片拍摄。摄制了 2012 年工作总结专题片《这一年》，真实记录了开局之年的公司创造冀北速度、凝聚冀北精神的奋斗历程。组织专题成果展。作为公司对外展示的重要窗口，抓好风光储示范工程的对外展示工作。全年风光储展览厅接待各类参观

382 次 10 618 人次，向各级领导、利益相关方展示了公司服务清洁能源发展的举措。刊播电力设施保护广告。针对电力设施外力破坏频发等问题，在河北人民广告电台投放电力设施保护公益广告，提高社会大众保护电力设施意识。

（高会杰　卢海军）

【社会责任管理】

1. 社会责任管理实践

以国网承德供电公司为试点，履行社会责任、参与社会管理，打造“社会责任联盟”、“新农家联盟”和“孝心联盟”等特色履责实践品牌，推动社会责任管理融入、促进公司管理提升。

社会责任联盟成立于9月25日，由国网承德供电公司发起，联合承德市供暖、供水、供热等八家公用事业单位，以“我们的担当”为主题的履行社会责任组织。联盟设理事会理事长单位一名（首届理事长单位由承德公司担任），副理事长单位一名，理事单位若干名。联盟订立联盟公约，提出“政府引导、自愿参加、履职尽责、联盟共进、资源共享、提升服务”的协作宗旨，对工作范围、联盟成员的权利与义务等进行清晰界定，旨在实现联盟管理民主化、规范化。

社会责任联盟成立后，先后推行了 95598 服务热线与其他服务行业实现热线互动等具体举措，开展营业窗口对社区和乡村“一对一、一对多”特色惠民、便民优质服务，形成社会责任联动服务网络。同时举办“走进电台直播间”，通过电台与市民进行沟通，倾听百姓意见建议，为广大客户搭建广阔便捷的沟通平台。社会责任联盟以服务地方经济社会发展为己任，打破行业限制，整合社会资源，延伸企业服务活动范围，提升为民服务质量，成为承德市公用企事业系统社会责任服务的一张名片，将国家电网公司全面社会管理理念推向民间。

孝心联盟以“关爱我们的父亲母亲”为主题，经国网承德供电公司倡导，于7月27日正式成立。成员单位主要是承德地区的 120 家私营企业。孝心联盟在政府指导下开展各项孝心活动，利用各成员单位的基础和优势，整合资源，共建孝心平台，推动文明建设，开展各种不同形式的孝老敬亲公益活动。

孝心联盟倡导孝老敬老的文明新风，让老年人能够老有所养、老有所依。联盟内部组织开展“给父母洗洗脚、和父母谈谈心、陪父母看电影”等系列孝心行动，每月开展“孝心代表”评选，涌现出了承德市“孝老爱亲”道德模范孙启东等一批典型先进人物。孝心联盟成员还深入社区、农村、敬老院等场所，帮助空巢老人和留守老人，送去米面油等生活必需品，无偿排除用电隐患。

新农家联盟在国网承德供电公司倡议下，于 12 月 3 日成立。以国家级贫困县丰宁县的 36 个帮扶村为主，以电力供应为基本服务项目，解决农民大棚生产急需，搭建起服务农村、服务农民、服务社会的平台。新农家联盟根据 36 个成员单位的需求和优势项目，统筹利用资源，组织村领导成员进行交流学习，推进富民强村工程，倡导文明生活，提升农村建设质量。

新农家联盟服务范围从扶持新民居建设、农田水利配套电力设施建设入手，扩展到服务新农村经济发展、生态文明村建设和百姓日常生活等方面。国网承德供电公司共产党员服务队为实施主体持续强化优质服务，开辟绿色通道，一方面主动到村里了解用电需求，及时进行老旧线路改造和变压器增容，解决村民用电难题；另一方面为村民牵线搭桥、定规划、跑项目、联系销路。通过组织联盟单位座谈会、开通“新农家联盟”网站等手段，方便联盟成员单位间交流致富信息，沟通新农村建设经验和农村旅游发展经验。联盟还以绿色家园建设、文明健康向上的农村业余娱乐活动为载体，积极倡导关怀空巢老人、关爱留守儿童、关心弱势群体，不断发挥道德引导作用。

2. 央企社会责任寻访活动

7 月 10 ~ 18 日，开展“央企责任寻访——高校媒体走进冀北承德电力”活动。本次活动首次尝试社会责任管理关口前移，将校园精英潜在客户纳入公司形象推广视野，塑造和广泛传播了“可靠、可信赖”的品牌形象。

本次活动由公司和中国青年报社共同主办，通过中国高校传媒联盟招募、遴选出来自北京大学、南开大学、天津大学等 19 所高校的优秀大学生记者 20 名。在《中国青年报》资深编辑、记者指导下，大学生记者走访了承德地区下属的 8 个县区，深入承德公司生产服务末端，感受国家电网一线员工的工作状态。跟随“绿舟服务队”“马背电工”，参观“户户通电”工程给村民生活带来的变化，实地采访国网冀北电力“社企和谐兴冀、社区光明同行”活动中涌现出来的生动事例，发现、传播央企履行社会责任的真实故事。

活动期间，学生记者在腾讯微博上发布原创微博 2250 条，各大门户网站、新闻网站上转载和刊发本次活动相关内容 134 条，引起社会各界的广泛关注和高

▶ 7月10日，“央企社会责任寻访——京津冀高校传媒走进冀北承德供电公司”活动启动。

度评价。活动结束后中国青年报社以信息专报的形式将活动情况报送中宣部、国资委、团中央及117家中央企业。本次活动作为“探索开展利益相关方管理”典型案例，收入《国家电网公司2012年度社会责任报告》。

3. 投身公益事业

2012年，公司对外公益捐赠30万元，主要用于助残、支教等项目。其中支援兰州市妇联“留守、流动儿童之家”项目10万元，支援秦皇岛残疾人体育协会20万元。开展旨在帮助留守学生的公益爱心项目8项。

“留守、流动儿童之家”。9月14日，公司慰问团前往兰州市榆中县先后高崖中心小学、清水驿中心小学以及甘草店镇中心小学考察留守儿童之家建设情况，详细了解他们的学习、生活情况，现场为留守儿童之家捐赠善款10万元。

“牵手”公益项目。国网冀北电力技能培训中心（保定电力职业技术学院）开展“牵手”公益项目。保定电力职业技术学院每周定期派教师前往乐凯小学、弘德家园等定点服务单位开展教学、课业辅导、亲情陪护等活动。累计开展志愿服务1900h，共收到锦旗1面，感谢信5封。志愿服务受到社会广泛好评，保定电视台、保定日报、河北新闻网等社会媒体先后进行了相关报道。

关爱留守学生。1月，国网兴隆供电公司“蓝星”党员服务队开展帮扶兴隆县留守儿童学校学生公益活动。购买棉衣、书包、图书、文具，并捐款帮助困难学生；精神上关爱，假期把留守儿童带到“蓝星”队员家中，辅导功课，和自己的孩子游戏玩耍。6月，国网宣化供电公司洋河南暖心服务队帮助张家口市宣化县洋河南镇明德小学学生40人。以校园活动为主，与留守儿童结对，捐助学习用品、生活用品，解决家庭安全用电问题。

（陈　乐）

【品牌管理】

1. 规范组织架构

5月15日正式组建公司对外联络部（新闻中心），内设新闻、品牌、联络三个处，作为公司品牌建设工作的归口职能管理部门，负责公司品牌建设业务的策划、组织、实施和考评工作。公司综合服务中心设立媒体业务部，作为公司新闻宣传的支撑机构，在对外联络部指导下具体负责公司内部报刊、网站的编辑、出版和维护工作，承担公司本部日常新闻采编业务，配合开展主题传播及对内对外宣传工作。“三处一部”的工作模式，实现了新闻专业“对内宣传与对外传播一体化”的顶层设计构想。

冀北五市供电公司办公室为品牌建设工作的归口管理部门，下设新闻中心。公司各直属单位、各县级供电企业综合办公室设立品牌建设、新闻宣传岗位。直属单位、县级供电企业各部门、一线班组设兼职新闻通讯员。

《国家电网报》《中国电力报》冀北记者站由公司对外联络部管理，综合服务中心配合完成日常采访任务。12月8日，公司在管理培训中心召开记者通讯员聘任工作会议，分别在5家地市公司和检修分公司设立《华北电力报》记者站，聘任《华北电力报》记者站站长6名、记者68名、通讯员55名，初步形成立体化新闻宣传工作网络。

2. 完善体制机制

编制并印发《冀北电力有限公司新闻应急工作暂行规定》（冀北电外联〔2012〕1号）等6项品牌建设工作制度，制定管理标准5项，工作流程10项，工作标准9项。建立公司外联部与综合服务中心、所属单位记者站“周调度、月协调”制度，组织开展重点新闻策划与应急联合报道，构建“整体部署、上下联动、统一协调、集约高效”的品牌传播工作体系。加强新闻工作的预见性和策划度，按时印发新闻宣传要点至基层单位。推行新闻专报机制，及时对重大事件的传播效果进行总结评估，保证传播效果。

建立外联品牌工作考核机制，将外联品牌工作业务完成率指标直接纳入基层单位企业负责人绩效考核之中。在企业负责人年度业绩考核关键指标中加入“公司品牌建设任务完成率”指标，在企业负责人年度业绩考核减项扣分标准中加入“发生影响公司形象的舆情事件，处理不当、不及时”指标。

6月27日，印发了《冀北电力有限公司新闻发布办法（试行）》（冀北电外联〔2012〕2号）。公司本部设1名新闻发言人，由对外联络部负责人担任，对外联络部为新闻发布归口管理部门。各直属单位、市县公司领导班子成员1~2人担任单位新闻发言人，办公室为新闻发布归口管理部门，代表本单位对外发布新闻、声明和有关重要信息，接受媒体采访。

11月7日，公司总经理、党组副书记尹积军与英大传媒集团总经理、党组副书记石玉东共同签署战略合作协议。双方秉承优势集成、共同发展的合作原则，在新闻出版、图书出版、品牌策划、广告传播、专题片制作等领域开展深度战略合作。

3. 整合宣传资源

根据国家电网公司《关于进一步推进公司宣传资源优化整合工作的通知》（国家电网外联〔2012〕516号）要求，公司在上半年先后停办《唐山供电报》《张家口供电》《点亮张垣》《秦皇岛电力》《承德供电》《承德电力》《廊坊电力》《华电物资》《北超报》《大同超高压》《北京送变电》《保定电院报》《保定电院学报》《永清电力》等内部报刊报纸和期刊。公司自办媒体仅保留《华北电力报》《华北电业》杂志和公司内外网站，由综合服务中心媒体业务部负责，媒体业务部主任兼任上述两报刊总编辑。《华北电力技术》期刊继续办刊，由国网冀北电科院负责。公司其他直属单位仅保留内部网站。

公司内部网站（http://www.jibei.sgcc.com.cn）开辟公司要闻、本部新闻、媒体报道、基层动态等十余个栏目，设置专题20多个；外部网站（http://www.jibei.sgcc.com.cn）开辟新闻中心、客户服务等30余栏目，设置专题7个。公司视频新闻改变传播模式，在公司网站视频新闻模块上线。

（黄一鸣）

国　际　交　流

【主要外事活动】 国际交流与合作。2012年，共接待国内外代表团参观风光储示范电站4批，29人次，其中中方参加人数12人次、外方参加人员17人次。组团出国（境）考察、技术交流4批，17人次；参加国家电网公司出国（境）考察、技术交流团组5批，7人次。

▶ 5月24日，储能国际峰会与会代表参观风光储公司工程综合展示中心及控制中心。

国际科技攻关项目。六氟化硫气体减排清洁发展机制（简称CDM）项目由公司运检部牵头，原华北电力国际经贸公司作为项目在联合国的注册单位和冀北电科院共同参与，英国瑞碳有限公司为项目咨询方和减排量买家。该项目是世界上第一个在电网领域内开展的CDM项目，也是首个获得联合国减排量签发的电网类减排项目。项目的成功实施推动了电网清洁发展，是构建绿色电网的重要举措，也是将电网运行中产生的碳减排量成功转化成“碳资产”的有益尝试。

开拓东非电力建设市场。北京送变电公司肯尼亚有限公司是公司在境外投资的唯一一家公司，主要从事混凝土电杆的生产和销售工作，经营模式是以销定产。经过多方努力，该公司已与肯尼亚电力公司等多家单位建立了良好的关系，肯尼亚电力公司、农电局等公司已经从其采购了5万多根混凝土电杆，其中80%已经应用到当地的低压线路中。2012年，该公司签订混凝土电杆供杆合同总金额达1835万美元。此外，进一步开拓东非国家的电力建设市场，并成功将电杆销售到卢旺达，合同金额为39万美元。

扩大风光储输示范工程的国际影响。2012年6月，由中国和美国两国政府能源主管部门举行的中美智能电网对话国际会议在深圳召开。根据国家电网公司国际部部署，公司所属风光储公司派员作为国家电网公司代表团成员，参加了中美智能电网对话国际会议。公司参会代表介绍了国家风光储输示范工程建设、运行和科研创新成果，重点介绍了国家电网公司依托示范工程，破解规模新能源集中友好并网并提升风光资源综合利用效率的创新实践，受到中美两国与会代表广泛关注。

（樊　铮）

【外事管理工作】 国际经贸方面，公司所属北京送变电公司在肯尼亚投资建设北京送变电肯尼亚有限公司，2012 年合同数量和金额分别是 2011 年的 5.6 倍和 5.8 倍。国际合作方面，公司所属国网新源张家口风光储示范电站有限公司通过原华北电力国际经贸公司与瑞士 SunPower 责任有限公司签订了背接触式光伏组件及斜单轴跟踪系统合同。国网新源张家口风光储示范电站有限公司委托原华北电力国际经贸有限公司与葡萄牙 REN 开展风电咨询服务，定于 2013 年 3 月签订正式合同，总金额 31 万欧元。制度建设方面，落实国家电网公司外事工作管理的有关要求，制定并印发《冀北电力有限公司涉外工作管理办法》等七项外事管理办法。

（樊　铮）

冀北电力有限公司直属第一次

和谐企业建设

冀北电力有限公司第一届供电“服务之
2012.8 北京

国家电网
冀北电力有限公司
冀北电力有限公司离退休干部健康休养“忆往昔”座谈会

党 建 工 作

【组织建设】 10月26～27日，公司直属党委召开第一次代表大会，差额选举出直属党委委员9名、直属纪委委员5名。随后，直属党委、纪委分别召开第一次会议，选举出党委书记、副书记，纪委书记。

公司直属党委第一届委员会委员有（按姓氏笔画为序）王茂、刘钧、付艳、刘志刚、闫承山、李艳君、尚智、周玉超、周吉安；公司直属纪律检查委员会委员有（按姓氏笔画为序）王瑞萍、刘永明、陈锦、李艳君、何银发。公司直属党委管理国网冀北电力有限公司经济技术研究院党委、国网冀北电力有限公司电力科学研究院党委、北京送变电公司党委、国网冀北电力有限公司检修分公司党委、国网冀北电力有限公司信通分公司党委、国网冀北电力有限公司管理培训中心党委、国网冀北电力有限公司物资分公司党委、国网冀北电力有限公司综合服务中心党委、北京华联电力工程监理公司党委、华北兴源节能服务有限公司党委。

（阎淑晶）

▶ 10月26～27日，公司召开直属党委第一次代表大会。

【基层党组织建设】 印发《冀北电力有限公司开展基层组织建设年实施细则》（冀政工〔2012〕5号），组织开展"基层组织建设年"工作。由各单位党委对所属党支部的组织设置、班子健全、制度完善、经费保障、场所落实、作用发挥等方面进行调查摸底。各党支部对照国家电网公司党支部分类定级标准，进行自评打分定级。各单位党委组织党外群众对自评为A级的党支部进行公认度测评。结合调查摸底、自查评分和公认度测评情况进行考核，提出分类定级意见。最后，各党支部按照上级党组织的分类定级意见，制定整改提高计划，整改结束后重新申报定级。共完成所属627个党支部自查摸底和分类定级、整改提高工作。印发《冀北电力有限公司党的基层组织选举工作程序》（冀政工〔2012〕36号）等15个党内制度，并转化成16项管理标准和17项业务流程，基本完成党的建设建章立制工作。

（阎淑晶）

【共产党员服务队建设】 5月13日，国网唐山供电公司、国网张家口供电公司、国网秦皇岛供电公司、国网廊坊供电公司、国网承德供电公司同时举办"国家电网共产党员服务队"授旗仪式，同步启动国网冀北电力"社区光明同行、社企和谐兴冀"惠民服务主题活动。成立63支共产党员服务队，其中国网唐山供电公司17支、国网张家口供电公司16支、国网秦皇岛电力公司10支、国网廊坊供电公司10支、国网承德供电公司10支。每支队伍人数控制在10～30人。63支队伍总人数达到1132人，其中共产党员781人，党员比例超过68%。每支服务队的队长均由党性强、业务精、作风好的党支部书记担任。

印发《国家电网冀北电力共产党员服务队工作方案》（冀北电党〔2012〕14号）、《国家电网冀北电力共产党员服务队管理细则（试行）》（冀北电党〔2012〕12号），由公司统一建设、统一管理共产党员服务队，不断壮大共产党员服务队力量。管理上采取电话回访、第三方调查、不定期抽查等多种方式，对服务队工作情况进行考核评比，建立共产党员服务队信息档案，记录每名队员年度服务、考核评比情况。共产党员服务队除做好日常业务、应急抢修等基本服务外，还围绕便民服务、农网服务、志愿服务开展进社区、进企业、进校园、进医院、进农村等活动，提

▶ 5月13日，国网廊坊供电公司举行共产党员服务队授旗仪式。

供亲情服务、阳光服务、增值服务，发挥党组织的战斗堡垒作用和党员的先锋模范作用。

（阎淑晶）

企业文化建设

【企业文化机制建设】 印发《关于成立企业文化建设领导小组的通知》（冀北电人资〔2012〕122号），成立企业文化领导小组。突出“五统一”工作原则，履行企业文化重大事项报告和审核程序，开展文化诊断分析，及时发现并纠正违反国家电网公司基本价值理念和企业文化统一要求的问题。突出企业文化建设重点任务的策划，编制统一的企业文化建设工作方案，明确重点工作任务，建立起领导小组负总责，各层级协同合作，党政工团齐抓共管、合力推进的工作格局。将企业文化建设与“三集五大”建设同部署、同计划、同考核，建立省、市、县三级联动机制，建立健全企业文化管理基础档案，定期研究企业文化建设管理重大事项。梳理企业文化精神文明建设各项规章、制度、流程共计20余项。整理汇编四大类、3600多页资料，撰写完成各种工作方案、汇报、总结材料6万余字，加强对基层单位的业务指导和检查，各单位顺利完成企业文化验收达标工作。各级、各类培训将企业文化作为基础课程统一安排，实现企业文化培训层层递进、全员覆盖。建立信息报送制度，以系统内部一报一刊一网站为宣传阵地，向上级媒体投稿219篇，集中展现国网冀北电力企业文化建设的工作亮点。加强企业文化建设动态评估和工作评价，修订《企业文化年度业绩考核评分细则》，分解企业文化年度业绩考核指标，将各单位、各部门企业文化建设情况纳入各层级绩效管理。开展年度企业文化建设先进单位、先进集体、先进个人评选和表彰工作，加强“三集五大”体系建设的工作亮点总结提炼，整理68个文化案例和创新亮点，推动了企业文化建设健康发展。

（魏宗利）

【深化企业文化传播】 实施企业文化传播工程，印发《2012年企业文化传播和落地工程重点项目建设实施方案》（冀政工〔2012〕9号），部署企业文化重点项目建设工作任务。开展“亮水平、亮作风、亮态度”活动。采用党课、会议、论坛等形式，领导带头学习、宣讲企业文化。举办“文化大家谈”征文、演讲、座谈活动，发起“崇尚道德修养，注重文化引领”倡议。开展“企业文化宣传走基层”活动，深入一线挖掘先进典型事迹，曹丽伟被媒体誉为“最美电力人”，“马背电工”李国军入选“中国好人榜”，中央政治局委员、中宣部部长刘云山对“绿舟服务队”事迹作出批示给予充分肯定。开展EAP员工心理帮扶，设立健康咨询室，发放爱心卡片，保障员工身心健康。组织趣味运动会，举办书法、绘画、器乐、摄影等文体活动，营造良好的文化氛围。

印发《关于在公司“三集五大”体系建设中加强思想政治保障工作的意见》（冀北电党〔2012〕6号），明确指导思想和工作目标，从制订思想政治保障方案、组织开展教育培训、坚持定期调研分析、深化创先争优活动、开展统一的企业文化建设、总结经验成果培育先进典型6个方面部署工作，为公司改革各项工作任务的顺利实施提供保障。印发《“三集五大”体系建设企业文化建设实施方案》，明确总体思路、工作目标、组织机构和工作措施。印发《“三集五大”体系建设企业文化建设操作方案》，明确“三集五大”体系建设企业文化建设的13项具体措施和27项重点工作任务。印发《关于开展员工思想状况调研的通知》（冀政工〔2012〕4号），采取座谈会、调查问卷、走访等形式开展员工思想状况调查，印发《本部员工思想状况分析制度》的通知（冀政工〔2012〕37号），及时了解掌握员工思想动态，为科学决策提供重要依据。

▶ 职工文化演出舞蹈。

（魏宗利）

【实施企业文化落地】 对接地方社会经济发展，开展“社企和谐兴冀”活动。推进居民用电服务提升工程，保障性住房供电服务“双保”（保质量、保进度）机制，推进1734个帮扶村电网建设与改造工程，服务地方经济发展。对接社会民生，开展“社区光明同行”活动。组建63支国家电网冀北电力共产党员服务队，坚持不懈为社区做好事、为百姓做善事。以“学习雷锋，善行河北”为主题，开展“志愿青春，和谐河北”“大手拉小手，爱心暖空巢”青年志愿服务行动，全年组织供电抢修、困难帮扶等服务1.8万余次，特别是在“7·21”特大暴雨、达维台风等重大自然灾害面前，近万名电力员工奋战在灾区一线，得到了河北省委、省政府的充分肯定，其中3个集体、12名个人被授予河北省抗洪抢险救灾先进荣誉称号。

（魏宗利）

【落实国家电网公司基本行为规范】 执行《国家电网公司员工守则》、基本礼仪规范，指导各单位开展行为规范体系建设。贯彻落实“三个十条”，新“三个十条”增加供电服务首问负责制、调度交易优质服务窗口建设等20项内容，提出居民缴清欠费复电时限、受理客户投诉的响应与答复时限等16项新要求。组织各单位把贯彻践行新“三个十条”作为开展“为民服务创先争优”活动的重要内容，争创群众满意窗口，争当优质服务模范。以营业窗口为重点，从员工仪容仪表、着装服饰、接待交往、接打电话等细节出发，推进国家电网公司基本礼仪规范的落实。规范品牌口号组合标识的推广应用，规范营业窗口服务礼仪。国网廊坊供电公司获得全国文明单位称号，国网冀北检修分公司获得首都文明单位标兵称号，国网冀北电科院、国网冀北物资公司、北京送变电公司、国网冀北管理培训中心、北京华联电力工程监理公司获得首都文明单位称号，国网唐山供电公司、国网张家口供电公司等43个单位获得河北省文明单位称号。

（魏宗利）

【开展主题教育活动】 印发《关于开展“建功‘三集五大’ 献礼十八大”主题活动的通知》（冀北电党〔2012〕55号），明确开展主题教育活动的重要意义、总体思路、目标要求、方法步骤和工作要求。组织开展“三集五大”体系建设知识竞赛。印发《深入推进雷锋精神融入企业文化实施“四化工程”的工作方案》（冀政工〔2012〕15号），推动学雷锋活动项目化管理、常态化开展、标杆化引领、品牌化运作，真正做到使雷锋精神细化于常、固化于制、内化于心、外化于行。弘扬“诚信、责任、创新、奉献”的核心价值观和“努力超越、追求卓越”的企业精神，形成广大干部员工积极践行统一企业文化、争当先进模范的良好局面。印发《关于征集公司2012年感动故事的通知》（冀政工〔2012〕45号），挖掘公司广大干部员工在推进“三集五大”体系建设过程中涌现出来的典型故事和先进人物，征集感动故事60多篇。印发《关于开展“大力弘扬劳模精神集中宣传月”活动的通知》（冀北电政工〔2012〕7号），组织开展“建功十二五，劳模展风采”“赞劳模、学先进、当先锋”征文、“助劳模、解困难、创和谐”慰问劳模等活动，营造学习先进、崇尚楷模的良好氛围。

（魏宗利）

团 青 工 作

【加强团组织建设】 8月8日，公司团委正式成立，同时成立机关团委、机关团支部和调度团支部，梳理所属各级团组织基本信息，建立基本信息台账，优化配置团干部人员，初步完成团组织建设工作。制定团青工作制度和管理标准共8项，细化完善《团支部工作标准化管理指导手册》和《团支部工作考核管理办法》等基础文件，团组织工作基础进一步夯实。规范青年志愿者服务队管理工作，出台《青年志愿者服务队工作准则》，建立健全青年志愿服务考核评价体系。

健全“推优入党”和“推优荐才”工作机制，出台《青年文明号管理办法》和《青年安全生产示范岗活动管理办法》，修编《先进团组织和个人评选管理标准》，完成评先管理基础工作。深化“五四红旗团委（支部）”创建工作，国网廊坊供电公司团委、国网秦皇岛供电公司调度所团支部分别获得国家电网公司“五四红旗团委”、“五四红旗团支部”荣誉称号，刘少宇获得2012年北京市“青年岗位能手”荣誉称号。

（赵佳琦）

【“青春光明行”十周年系列活动】 3月12日，启动“青春光明行”十周年系列活动。实施95598光明服务工程，提升发展质量和服务水平。开展“青春光明”视频征集展播活动，总结“青春光明行”十年来的活动历程，在基层单位广泛征集视频材料，共征集19部视频短片，利用网络、电视等媒体，进行巡回展播。宣传“青春光明行”先进典型事迹，择优评选4部优秀视频、1部优秀音乐片，视频短片“大爱·有声”获得国家电网公司视频展播第三名，国网冀北电力团委获得优秀组织奖。开展“青春光明行”特色案例征集活动，总结“青春光明行”活动经验和特色做法，展示青年员工良好精神风貌和无私奉献的良好品质。

（赵佳琦）

【服务青年工作】 助力青年成长成才。“五四”青年节期间，组织各单位学习胡锦涛总书记在纪念中国共产主义青年团成立90周年大会上的重要讲话和国家电网公司刘振亚总经理发表的五四·寄语，增强团员青年的历史责任感和使命感，提高团员青年创争意识。开展纪念建团90周年图片征集活动，在基层单位广泛征集优秀图片报送国家电网公司，最终有6幅优秀图片入选国家电网公司图片展。

引导青年建功立业。策划“建功‘三集五大’献礼十八大”系列活动，举行“建功‘三集五大’献礼十八大”签名誓师仪式及青年座谈会，各单位共召开座谈会13场，启动“建功‘三集五大’ 献礼十八大”员工关爱行动。开通心理咨询热线，邀请国内知名心理专家到公司授课，有针对性的解决公司员工心理存在的实际问题，提高员工积极性和满意度。

塑造良好青年志愿服务品牌形象。以青年志愿者服务队为载体，以志愿服务“五进入”（进社区、进企业、进家庭、进农村、进校园）为主要内容，创新开展“社区光明同行，青年志愿先锋”主题实践活动。截至年底，公司各单位共开展志愿服务14次，助老助残23次，开展安全用电教育18次，建立帮扶站点9个，用亲情和人情塑造出公司“可靠可信赖”的责任央企形象。国网唐山供电公司青年志愿者服务队获得“第九届河北省十大杰出青年志愿服务集体”荣誉称号。

（赵佳琦）

纪检监察

【落实党风廉政责任制】 分解2012年度党风廉政建设和惩防体系建设目标及任务，印发《2012年度党风廉政建设和惩防体系建设目标任务责任分工》，确定35项重点任务，逐项分解到具体责任部门，明确分管领导、牵头部门和协办部门。印发《纪委书记定期报告工作规定》，实施纪委书记直接报告制度，定期形成综合材料，报党政主要负责人审阅，畅通反腐倡廉建设工作渠道，推进纪委书记履职尽责。以《领导干部责任制执行记录手册》为有效载体，巩固三级责任制督查工作机制，加大反腐倡廉建设工作的监管力度。围绕“三集五大”体系建设，将党风廉政建设责任制和惩防体系建设指标纳入各单位、各部门绩效考核，各单位党政负责人按照“四个亲自”和“一岗双责”要求，突出发挥领导班子主要负责人职责范围内党风廉政建设第一责任人的作用，认真部署、研究反腐倡廉工作，协调、解决反腐倡廉建设工作中出现的问题。不断完善党风廉政和惩防体系建设逐级负责、齐抓共管、层层落实的工作机制，全年召开56次党组会、党政联席会，其中13次专题研究部署党风廉政建设工作。

（李凤平　黄世全）

【协同监督机制建设】 公司本部、所属二级单位成立监督工作委员会。监督工作委员会主任由单位主要领导担任，纪检组长（纪委书记）或分管领导担任副主任，相关副总师和职能部门主要负责人为成员。在纪检监察部门设立监督工作委员会办公室，纪检监察部门主要负责人担任办公室主任。发挥审计、财务、法律、纪检监察等部门的监督和保障作用，构建全面覆盖投资、建设、采购等关键环节的监督检查体系，形成党委统一领导、纪委组织协调、各职能部门主动参与的良好工作格局。印发《建立协同监督机制完善惩防体系实施细则》《协同监督工作联席会议制度》，明确召开协同监督委员会会议议事内容、参加人员、

▶ 12月26日，公司召开第三次协同监督联席会。

召开时间、工作要求等内容，健全和规范协同监督工作平台。2012年，共计召开协同监督联席会议43次，累计发布“一书两报告”（“一书”指协同监督整改意见书；“两报告”指协同监督情况报告和协同监督整改报告）160余份。将监督范围从个别领域拓展到各方面、各环节，实现了从事后监督到事前、事中监督，并逐步实现纪检、监察、审计、法律监督的有机统一。以协同监督为平台，加强住房及车辆清理整顿等专项治理工作，依照国家电网公司对超标和超编车辆处置意见，采取封存、调剂、退回等手段处理超标、超编

车辆。按照要求对领导干部住房情况、周转房情况等进行调查摸底，制定《关于严肃住房及车辆管理的若干规定》，加大对重点敏感问题的监督检查力度。针对管理中存在的突出问题，开展专项审计，把问题解决在萌芽状态。印发《关于开展廉政风险防控工作评价的实施意见》《关于加强2012年度廉政风险管理工作的意见》。落实区域分部调研课题安排，开展廉政风险课题调研相关工作，高质量提交调研报告。发挥协同监督职能部门作用，针对决策执行、经营管理、招标采购、薪酬福利等方面存在的问题，加强“三集五大”体系建设过程的审计跟踪和重点监督，杜绝国有资产流失。深化工程建设项目审计，关注建设管理的规范性、工程结算的合理性、竣工决算的合规性，防范了经营风险和廉政风险。

（李凤平　黄世全）

【反腐倡廉制度建设】 发挥反腐倡廉制度的源头防腐功能，将其纳入“三集五大”标准体系总体部署，融入企业规章制度建设总体规划。以企业标准化建设为契机，建立健全反腐倡廉有关制度256项。成立规章制度委员会，建立了分管领导负责、牵头部门协调、业务部门参与、监察审计部门监督的制度建设领导体制与工作机制。制定与“三集五大”改革同步推进的制度建设计划，按周推进落实、审核发布，保障了制度建设的时效性与实用性，在重点领域方面，做到全业务覆盖。印发《“三重一大”决策实施细则》《本部“三重一大”决策主要事项》，形成与“三集五大”配套的经营、管理、财务、人事、物资与招投标管理等涉及“人、财、物”重点领域的制度体系。印发《关于加强冀北电力有限公司重要决策部署落实情况督查的工作方案》，开展落实“三重一大”自查自纠工作，凡是涉及“三重一大”的事项一律提交党政联席会和党组会，用制度规范履职行为、约束权力。

【深化廉洁文化建设】 坚持“六个必须”（党组理论中心组学习必须有反腐倡廉内容、领导干部培训必须设党风廉政教育课、新入企大学生培训和新进公司本部员工集中培训必须安排廉洁从业教育内容、对拟提拔的领导干部必须进行廉政知识考试、对新提任领导干部按管理层级必须安排廉政谈话、领导干部在布置影响范围较广的工作时必须讲廉洁从业要求），开展反腐倡廉教育。开展13次以反腐倡廉为主要内容的理论中心组学习。举办各类培训班，共5865人次接受反腐倡廉课程教育。对19名拟提拔干部进行廉政知识考试、23名新提拔干部进行廉政谈话。组织258场次专题廉政党课教育，170 655人次参加了反腐倡廉教育活动。落实国家电网公司《关于加强反腐倡廉教育暨廉洁文化建设的工作意见》，推进廉洁文化“四进”（进班子、进部室、进班组、进家庭），开展职工喜闻乐见的廉洁文化创建活动。建设完善“反腐倡廉教育基地”，及时更新基地内容，拓展基地功能，征集廉洁文化作品246件，形成集法规教育、形势宣传、警示教育、成果展示、多媒体互动为一体的反腐倡廉综合教育基地。

▶ 9月7日，公司党组书记赵鹏在中层干部培训上讲授廉政党课。

（李凤平　黄世全）

【效能监察及招标监督】 围绕清产理财、供电服务等重点领域，实施效能监察项目71项，其中县级供电企业43项。提出监察建议206条，促进完善规章制度92项。统一立项清产理财效能监察项目获国家电网公司优秀项目一等奖，国网秦皇岛供电公司95598光明服务工程效能监察、国网唐山供电公司线损管理效能监察获二等奖，国网物资公司应收账款管理效能监察、国网张家口供电公司废旧物资管理效能监察（管理效益类）获管理效益类单项奖。印发《招标采购活动监督管理实施办法》，规范监督程序和内容，严肃招投标纪律，实施招投标活动全过程监督管理，严禁领导干部滥用职权干预、操纵招投标活动。成立车辆清理整顿工作领导小组，制定具体实施方案，对现有车辆进行分类统计汇总，采取封存、调剂、退回等手段处理超标、超编车辆。完善26项规范职务消费相关规章制度，建立规范职务消费管理的长效机制，把职务消费情况作为民主生活会、述职述廉的重要内容，纳入依法治企专项检查。针对县级供电企业管理基础薄弱，依法治企水平不高的实际情况，将效能监察作为堵塞管理漏洞，提升企业效益的有效手段，共实施县级供电企业效能监察项目立项43项，提升了县级供电企业资金资产的管控效益和集约化管理水平。

按照国家电网公司统一部署，组织完成集体企业调研、清产核资、多经企业收购、信息系统建设和试运行等工作，集体企业清产核资工作顺利通过国家电网公司验收。

（李凤平　黄世全）

【信访案件管理工作】 制定《纪检监察信访举报管理办法》等四项工作制度，以及《建立协同监督机制完善惩防体系实施细则》等8项相关配套制度，加大对信访案件查办督导力度，做好重要信访件的沟通督导，初步建立起纪检牵头、部门配合、逐级落实、守土有责的纪检监察信访案件管理工作机制。落实国家电网公司《关于做好纪检监察信访案件及风险隐患排查信息报送工作的通知》《关于进一步提高督办信访件办理效率和质量的通知》和《信访举报三级排查工作规定》要求，定期排查分析风险隐患问题，对信访反映问题进行梳理，按时向国家电网公司上报工作情况。建立舆情监控联动机制，通过早期预测和前期排查，实现关口前移，超前防范，及时妥善化解矛盾。坚持查办信访案件与教育保护相统一，建立信访案件预警和舆情联动工作机制，实施信访举报三级排查职责制度，加强案件规律分析，超前落实防控措施，共受理信访举报26件（次），其中，国家电网公司转办10件，通过查办信访件，提醒谈话2人，调整岗位1人。针对典型信访案件开展案例分析，形成典型案例分析材料，实现惩治与教育的有效结合，提升信访案件治本功能。实现信访举报核实率、实名举报回复率、按期办结率、按时上报率“四个百分之百”，维护了企业稳定发展环境。

（李凤平　黄世全）

【纠风及行风建设】 制定《干部员工在公务活动中收受礼品礼金上交登记管理规定》等相关规定共7项，规范基础工作内容与程序。梳理纪检监察业务流程，绘制流程15项，编写管理标准和工作标准12项，推进了纪检监察标准化、规范化管理。深化纪检监察培训工作，举办纪检监察综合业务知识培训班、标准化宣贯培训班，组织13名新上任纪检监察干部参加国家电网公司集中培训，注重抓好县供电企业纪委书记和纪检监察干部培训工作。发挥三级监督网络作用，强化相关职能部门协同监督，深化内外监督，加大对违反“三个十条”（供电服务“十项承诺”、员工服务“十个不准”和调度交易服务“十项措施”）的查处力度，聘请1549名社会行风监督员，开展“第三方”监督评估，及时听取社会各方意见，组织明察暗访765次，受理投诉6件（均不属实），调查处理和客户回访率100%，供电服务品质得到了社会的广泛认可。加强业扩报装工程的监督检查，杜绝“三指定”行为。结合营销服务信息系统建设，推进监督工作信息化，加强95598受理客户投诉情况的全程跟踪，坚持每月全面检查、每季深度分析，确保各项承诺和服务得到全面落实。注重畅通与客户的信息沟通渠道，及时回应社会关切，认真受理行风投诉举报，严肃查处损害公司利益和形象的供电服务事件，对于造成严重影响的行风责任事件和客户投诉事件，实行行风考评“一票否决”。冀北五地（市）公司及其所属单位在地方政府组织的行风民主评议活动中，取得了31个第一名，10个第二名的好成绩。

（李凤平　黄世全）

工　会　工　作

【职工民主管理】 公司一届一次职工代表大会。3月30日，公司召开一届一次职工代表大会。全体职工代表讨论了《以“三集五大”体系建设为主线 全力推进公司综合协调发展》工作报告及《“三集五大”体系建设实施方案》。通过了公司“三集五大”体系建设实施方案以及《关于国网冀北电力有限公司一届一次职工代表大会总经理工作报告的决议》《关于国网冀北电力有限公司“三集五大”体系建设实施方案的决议》。所属各单位也先后组织召开职代会，审议通过了本单位“三集五大”体系建设实施方案。制定印发了《国网冀北电力有限公司职工代表大会实施办法》《国网冀北电力有限公司职工代表管理办法》《国网冀北电力有限公司职工代表参与日常民主管理实施办法》等制度。

职代会闭会期间日常民主管理工作。制定印发《国网冀北电力有限公司职工代表大会提案征集处理实施办法》，组织征集25件职工代表提案及建议，印发职工代表提案催办书，承办部门对各项提案进行了专题研究，书面答复了各提案代表，结案率100%。制定《国网冀北电力有限公司总经理联络员制度》，在各单位推报的基础上，确定了22名员工为公司第一批总经理联络员。制定《国网冀北电力有限公司职工代表大会闭会期间议事制度》，经民主推选出21名职工代表团团长，组织召开职工代表团（组）长联席会议，审议通过《国网冀北电力有限公司职工考勤管理办法》《国网冀北电力有限公司工资支付办法》《国网冀北电力有限公司奖励管理办法》。

“三集五大”体系建设期间民主管理工作。印发《关于“三集五大”体系建设操作方案通过必须履行民主程序的通知》和《关于在“三集五大”体系建设中加强厂务公开工作的通知》，明确要求将“三集五大”体系建设实施方案、操作方案、机构编制、岗位设置、岗位竞聘等涉及职工切身利益的有关情况及时向职工公开，“三集五大”体系操作方案必须经由职代会（职工大会）审议通过。公司及所属单位根据通知要求，召开职代会（职工大会）审议通过操作方案。在推进“三集五大”体系建设过程中，采取职工代表（职工）大会、职工代表团（小）组长联席会议、职工座谈会和厂务公开栏、办公信息系统、公示、公告等形式向职工公开了“三集五大”体系建设有关情况。

（刘永明　刘　锦）

【班组建设】 启动“五型”班组创建活动。在标兵班组和学习型班组中启动“五型”（安全型、精益型、学习型、创新型、和谐型）班组试点创建活动，重点打造一批有特色、有亮点的班组典型，树立具有“国网冀北电力”特色的班组建设品牌。为贯彻落实国家电网公司关于加强班组建设的部署，印发《国网冀北电力有限公司“创建先进班组、争当工人先锋号”活动方案》，进一步规范了班组建设平台，建立健全班组建设长效机制。贯彻执行《国家电网公司班组建设管理标准》，推进班组岗位责任制的落实。8 月 30 日《国家电网报》第 5 版报道了公司班组建设经验。

加强班组建设信息化建设。推广应用班组建设信息管理系统，组织 2 期班组长培训班，班组建设的信息化应用水平显著提高。按照国家电网公司班组建设信息化管理系统安装与应用统一部署与安排，对公司所属各单位班组进行班组建设信息化管理系统上线工作，截至 2012 年底，共有 1529 个班组上线，运行良好。

（刘永明　刘　锦）

【职工技术创新】 开展职工创新创效工作。制定印发《国网冀北电力有限公司职工创新创效活动管理办法》和《职工创新创效活动成果评审标准》。11 月 29 日，组织召开公司输电专业职工创新创效成果推介会，推广职工创新成果在生产经营管理工作中的实际应用，8 家单位在会上展示创新创效成果，2 家单位进行了经验交流。计划创建职工创新工作室 20 个，实际完成职工创新工作室 40 个（其中劳模创新工作室 4 个），2012 年和 2013 年创新工作室储备课题 254 项。《职工创新创效活动的管理与实践》分别获得 2011 年国家电网公司和 2012 年全国电力行业企业管理创新成果二等奖。

开展劳动竞赛活动。印发《关于深化劳动竞赛、组织广大职工创先争优建功立业的实施意见》和《关于开展国网冀北电力有限公司第一届供电“服务之星”劳动竞赛的通知》。在“三八”劳动妇女节和“国家节能宣传周”活动中，向全体女职工和全体员工发出倡议书，号召广大员工立足岗位，再立新功。8 月，组织第一届供电“服务之星”劳动竞赛，5 名选手被授予“优秀服务之星”荣誉称号，10 名选手被授予“服务之星”荣誉称号，并选拔 3 名选手参加了国家电网公司第四届供电“服务之星”劳动竞赛，获得了国家电网公司“服务之星”荣誉称号，获评了优秀组织单位称号。

▶ 8 月 23 日，公司举行第一届供电“服务之星”劳动竞赛活动。

（刘永明　刘　锦）

【职工文化建设】 宣传推动“三集五大”体系建设。开展形势任务教育和思想政治工作，鼓励员工爱岗敬业，形成企业发展与员工发展的良性互动，增强员工主人翁意识。引导职工以积极向上、理性平和的心态，积极支持、参与、推动“三集五大”体系建设。组织实施“健康援助”工程，积极推广员工帮助计划（EAP），重视员工因机构改革、岗位调整、工作压力等原因出现的情绪波动、心理焦虑等问题，举办专家讲座、系列培训、心理咨询等活动，帮助员工缓解心理压力、改善工作情绪，塑造阳光心态。11 月 21 日，公司“职工参与”体系建设顺利通过国家电网公司专业评估。

举办职工文艺节目评选活动。推出了一批具有电网特色、反映冀北精神的职工文化建设成果，丰富了职工精神文化生活。共有20个优秀文艺节目参加评选，向国家电网公司报送的3个节目中有2个分别获得二等奖、三等奖。

组织职工书法、美术、摄影评选活动。开展十大"职工书法家、美术家、摄影家"评选，评选出十位公司级"书法家、美术家、摄影家"，并向国家电网公司进行了推荐。舒军被授予国家电网公司"十大职工美术家"称号，张树林被授予国家电网公司"十大摄影家"提名。组织参加北京市总工会职工文体活动，获得北京市总工会"弘扬北京精神、展首都女职工风采"庆"三八"书画、摄影、手工艺作品大赛优秀组织奖。选送的李海涛作品《多彩的人生》获得北京市总工会"最美瞬间、精彩人生"摄影作品展示一等奖。

开展机关本部职工文体活动。4月20日举办以"我运动，我健康，我快乐"为主题的机关长走健身活动，国网冀北电力领导尹积军、赵鹏、柏磊、张旭升与本部职工一同参加了长走。9月28日，举办机关文体协会成立仪式暨"迎国庆"职工趣味运动会，尹积军总经理亲自为协会揭牌，本部22个部门185名职工组成11支联合队伍参赛。成立足球、篮球、乒乓球、羽毛球、网球、游泳、书画摄影、健身、文娱、钓鱼协会等十个协会。

开展劳模精神集中宣传月活动。贯彻国家电网公司《关于继续开展大力弘扬劳模精神集中宣传活动的通知》，宣传在"一强三优"现代公司建设中涌现出来的先进典型，在公司内开展了弘扬劳模精神集中宣传月活动。在公司主页建立劳模宣传专栏，征集"赞劳模、学先进、当先锋"征文，推动争先创优活动开展。国网冀北秦皇岛供电公司、国网新源张家口风光储示范电站有限公司获得国家电网公司先进集体，李国武、刘晓辉、赵志远获得国家电网公司劳动模范，刘晓辉获得河北省五一劳动奖章，国网冀北电科院风光储输示范电站调试项目部获得北京市工人先锋号荣誉称号。

实施"送温暖"工程。印发《开展"面对面、心贴心、实打实服务职工在基层"活动的实施意见》，广大工会干部深入基层开展调查研究。组织开展了工会工作、农民工、劳务派遣工情况、女职工情况调查和员工思想状况调研，了解职工愿望和诉求。组织国网冀北电力2012年劳动模范、25年以上工龄职工、国家电网公司级专家等人员进行疗休养。组织开展"迎峰度夏"慰问生产一线员工活动，送去了50万元的慰问品，鼓舞了一线员工的士气。开展帮扶救助困难职工等"送温暖"活动，全年累计共救助困难职工521人次，发放救助金92.2万元。

（刘永明　张立弟　焦大明　高　贵）

【工会组织建设】 建立工会组织。3月2日，公司组建工会筹备组，筹备组制定了工会组建工作进度表。3月29日，公司召开了工会第一届会员代表大会和工会一届一次全体委员会议及一届一次经费审查委员全体会议，选举产生了国网冀北电力工会第一届委员会、经费审查委员会、常委会及工会主席、副主席、经费审查委员会主任。

规范工会组织建设。制定《国网冀北电力有限公司工会委员会工作制度》《国网冀北电力有限公司工会经费审查委员会工作制度》《国网冀北电力有限公司工会委员会常务委员会工作制度》，明确了各委员会组成原则、工作职责等。制定了《国网冀北电力有限公司工会工作标准化建设考核管理暂行办法》，以标准化建设规范所属单位开展工会工作。

（刘永明　刘　锦）

【离退休工作】 4月，公司离退休管理职能移交工会管理。6~9月，对地（市）公司离退休人员情况开展走访调研，加大对基层离退休服务制度落实情况的监督检查，针对"三集五大"体系建设过程中发现的问题和情况及时向国家电网公司离退休部和公司党组反映。

落实离退休人员政治待遇。各单位定期召开离退休党支部会议，传达中央和国家电网公司有关会议精神，通报国网冀北电力改革发展有关情况。

提升离退休服务管理水平。坚持"三走进"（走进离退休党支部、走进离退休活动站、走进老同志家），做到"三必到"（老同志生病住院必到、老同志家中发生重大事情必到、老同志遇有困难需要帮助时必到），所属各单位加强与老同志联系，疏通与老同志的沟通渠道，形成关心、服务老同志的常态工作机制，普遍开展"送温暖、献爱心"重阳节慰问活动，组织离退休老同志进行健康体检。组织开展三期副处级及以上离退休老同志健康休养活动和两期退休人员休养活动，近400名离退休人员参加休养。按照（京组通〔2012〕74号）文件，调整离退休人员去世后一次性补助金发放标准。

组织离退休人员文体活动。组织两名老同志参加国家电网公司离退休人员中国象棋比赛，获得团体第四名。各单位结合老同志的爱好特点和精神文化需求，组织开展丰富多彩的文体活动，组队参加北京市和河北省组织的老年人门球、书法摄影、老年舞比赛，实现了老有所学、老有所乐。

提升离退休工作规范化管理水平。建立健全离退休工作规范化管理机制，梳理离退休工作流程，编制离退休工作标准和管理标准。组织开展离退休工作调研，分析离退休管理现状，向国家电网公司离退休部提出提高服务管理水平的建议。建立离退休职工信息统计工作机制，组建离退休信息统计员队伍，建设离退休人员信息库，提高了离退休工作信息化水平，被国家电网公司评为2012年离退休人员统计全优报表单位。

▶ 7月13日，公司召开离退休老干部健康休养“忆往昔”座谈会。

（张立弟　焦大明　高　贵）

后勤管理工作

【办公管理】 面对公司职能部门调整与办公人员增加带来的办公用房压力，后勤工作部用近两个月的时间完成了本部22个部门共计162间（次）的房屋调整。与华北分部沟通协调，实现了对本部办公楼中原华北分部实业公司印刷厂的腾退，为公司增加了有效办公面积两百多平方米。经协调，使华北实业总公司腾退了原木工房和锅炉房的办公用房，为市政供暖的换热站布置腾空了位置，也为建设立体车库创造了条件。

后勤工作部全过程参与公司调度大厅改造工程，包括制定、实施原有房间的拆除、搬迁方案；参与审查装修设计方案；完成施工单位的招标及进场组织；签订安全协议；督导监理单位制定各项安全措施；建立工程日监督、周例会机制；落实消防气灭、UPS电源、专业空调等配套设施。防控了调度大厅改造工作的各类安全风险，为搬迁期间调度业务的无缝衔接、调度运行业务的正常开展及大厅建成后的安全质量提供了有力的保障。

配合运营监测中心、应急指挥中心、“三集五大”体系建设展厅及档案室建设工作；根据建筑布局的实际情况，确定建设位置，协调相关部门使方案最优，利用监理例会、周协调例会协调解决项目建设过程中各种技术难题及房屋调整、设备搬迁等问题。

从年初开始，多次对公司现有办公资源及社会资源进行广泛调研摸底。与华电（北京）热电有限公司多次谈判，选择其白云路检修综合楼（天宁寺办公区）作为部分单位办公场所。

在租赁合同签订后，组织制定天宁寺办公区装修搬迁实施方案，推进办公场所装修进度，用45天时间完成办公楼内部装修、办公室分配及办公设备、家具的调配、拆装、搬迁等工作，在规定时间内解决了公司本部办公人员过多、办公场所拥挤等问题。目前，天宁寺办公区从最初考虑入驻的2家单位增加至5家，办公人员共计120余人。

针对天宁寺办公区办公人员就餐困难的问题，将办公区食堂由最初的400m^{2}扩建至800m^2。

（田世野）

【公务用车管理】 建立健全公务用车管理制度，参照《国家电网公司总（分）部公务用车管理办法》《国家电网公司公务用车管理办法（试行）》并结合公司实际，制定了《冀北电力有限公司公务用车管理办法（试行）》及《冀北电力有限公司本部公务用车管理办法（试行）》，明确了各部门相关职责，加强了公务用车运行管理，强化了公务用车行车安全，确保实现了公务用车总量减少，费用下降，提高了公务车辆利用效率，降低了企业成本。

实行公务用车集中管理、统一调度。根据国家电网公司相关要求，与综合服务中心配合，改变车辆、司机配备至部门的分散管理方式，重新组建公司车队，推行公务用车集中管理，统一调度管理模式。截止至11月底，公司车队共有公务用车44辆，驾驶员37人，已安全行驶80天，共计60余万km。新的管理模式在加强公司车辆整体调度管理的同时，强化了安全运行管理，为公司“三集五大”体系建设验收、“十八大”保电车辆使用需求提供了有力保障。

开展车辆清理整治工作。根据国家电网公司车辆管理办法及车辆专项治理方案要求，与监察部、运维检修部配合，开展公司本部及直属单位公务用车清理整治工作。制定了公司《2012 年车辆压减及超标车辆处置建议明细清单》，根据清单落实车辆处置工作，确保不发生一起由于车辆配置和管理原因造成的影响公司信誉和形象的负面事件。

（田世野）

【本部员工用餐保障】 加强公司本部食堂餐饮的规范化、标准化管理，健全管理机制，完善管理流程，提升餐饮服务质量与水平。采用分时段错峰就餐的方式，以 154 个食堂座位满足午餐 500 人的就餐需求；开设晚餐、夜宵服务，将食堂关闭时间推迟至每晚 10 点，解决加班人员的就餐问题；扩展本部食堂面积，完成公司本部二楼食堂内部装修工作。

建立公司本部食堂采购、验收分开的双向监督制约机制，严把食品进货关口。所购米、面、粮油、肉、鸡蛋等均使用七河源、河套、鲁花、北京第五肉联厂、德清源等国内知名品牌产品。2012 年公司本部食堂被北京市卫生局评选为本年度餐饮服务食品等级 A 级（优秀）食堂。

（田世野）

【综合管理】 2012 年，机关工作部组织公司领导、员工共计 270 人进行身体检查，实现本部员工体检覆盖率 100% 。与北京电力医院协商，设立健康咨询室，为本部员工提供日常健康咨询服务。

与华北分部物业公司等支撑单位配合，加强物业统一规范化管理，健全管理标准，完善管理手段。建立物业服务工作周例会工作制，每周梳理安保、保洁、花卉租摆、餐饮、车辆及会议服务等各方面物业服务工作，解决各种困难与问题，逐步改善了物业服务整体水平与保障能力。

深入贯彻落实国家计划生育有关规定，成立了公司本部计划生育委员会，明确了工作职责、工作内容和工作要求。建立了计划生育档案，及时发放相关补贴，共建立计划生育档案 108 份、育龄职工档案 37 份。为贯彻人口与计划生育法律法规，举办为期 2 天的在京单位计划生育管理干部培训班。

（田世野）

公司所属单位

国网冀北电力有限公司唐山供电公司

【概况】 国网冀北电力有限公司唐山供电公司（简称国网唐山供电公司）是隶属国网冀北电力有限公司的国有大型供电企业，承担唐山地区经济发展、人民生活用电及向冀北电网输电的任务，供电最大距离东西、南北均为150km，供电区域面积13 472km²，供电区域包括2市、6县、6区、4个开发区、曹妃甸工业区及汉沽管理区。营业户数2 776 361户。2012年国网唐山供电公司“三集五大”体系建设组织机构调整后，设置11个职能部门、6个业务支撑机构。

截至2012年底，国网唐山供电公司（包括县公司）拥有员工8062人，其中研究生学历167人，大学本科学历2951人，大学专科及以下学历4944人。企业固定资产原值171.96亿元，同比增长14.86%；年售电量695.1亿kWh，同比增长0.19%；10家县级公司售电量192.92亿kWh；城市供电可靠率99.979%，城市综合电压合格率99.918%；农网供电可靠率99.8799%，农网综合供电电压合格率98.636%。

国网唐山供电公司（不包括县公司）所属220kV变电站37座，变电容量17 040MVA；110kV变电站89座，变电容量8511MVA，35kV变电站3座，变电容量47.5MVA。所属220kV输电线路124条，长度2579km；110kV输电线路235条，长度2739km；35kV输电线路51条，长度291km。所属220kV电缆48路，长度6.626km；110kV电缆79路，长度30.012km；35kV电缆54路，长度21.782km；10kV电缆2802路，长度1300km。所属开闭站54座，配电室322座，箱式变电站744座，柱上变压器4429台，10kV线路376条，线路长度2157km；共有配电变压器5886台，变电容量2011.804MVA。

10家县（市、区）供电公司所属35kV变电站183座，变电容量4220MVA；所属35kV输电线路252条，长度2042km；10kV输电线路1433条，长度18 088.31km；10kV电缆1362km。10家县（市、区）供电公司所属开闭站11座，配电室9326座，箱式变电站2444座，柱上变压器43 723台，共有配电变压器58 617台，变电容量12 820.66MVA。

2012年，唐山地区电源总装机容量7316.88MW，其中火电占92.8%、风电占0.7%、水电占6.5%；2012年唐山地区发电量392.69亿kWh，其中火电占99.13%、风电占0.24%、水电占0.63%；全市单日用电最大负荷10 640MW、最大日用电量2.31359亿kWh。

2012年，国网唐山供电公司连续7年荣获全国安康杯竞赛优胜单位，连续25年被命名为河北省文明单位，连续27年被命名为唐山市文明单位。

【人力资源】 推进人力资源集约化管理，组织开展“三集五大”体系建设，大运行、大检修、标准体系、职工参与、队伍稳定5个方面，代表公司高质量通过国家电网公司专业验收，荣获公司“三集五大”先进集体突出贡献奖。制订工作计划，统筹协调，加强过程管控。以“三定”（定编、定员、定岗）、“三考”（考核、考试、考勤）为抓手，促进集约化管理。编制印发“三集五大”体系建设机构设置和人员配置操作方案、人力资源集约化操作方案，指导县公司完成新模式下的组织机构调整与人员配置工作。执行定员管理的刚性要求，分层、分业务核定定员，以定员为基础，实施人员调配。梳理分析干部职工现状，根据人员编制与实际配置进行差异性对比，制订超编人员优化方案，妥善安置超编人员。制定出台《唐山供电公司全员绩效管理暂行办法》《唐山供电公司特别绩效奖励管理暂行办法》，推进以量化考核为重点的全员绩效管理工作，完善激励约束机制，提高员工工作积极性。强化“四好”领导班子创建工作，组织开展专题民主生活会，加强干部队伍建设；组织青年干部培训班，在培训中安排团队熔炼、执行力建设、“三集五大”解读等15门课程，促进懂专业、会管理、执行力强年轻干部队伍的培养。加大全员培训、高技能人才培养力度，加强学历教育，提升人才当量密度。以“三集五大”体系建设为契机，通过公开竞聘，50名基层优秀员工进入管理岗位，8名中层干部主动提前退居二线，为年轻干部成长创造空间。干部队伍年龄、学历结构优化，平均年龄43岁，大学及以上学历68%。2012年共举办各级各类培训班670项、1400余期，参加培训员工53 700余人次，培训计划完成率、培训覆盖率、全员培训率均达100%。全年共组织22个工种、2794人参加近20场职业技能鉴定，考试通过率达70%；组织近400人参加高级技师、技师培训和考试。2012年人才当量密度0.9325，达到年初计划值，比2011年提高10.1%。

【电网建设】 国网唐山供电公司110kV及以上电网建设总投资17.7亿元。完成投产项目20项，其中：220kV工程6项，包括滦县配套220kV线路工程，林雀铺、兴旺寨、罗屯、青坨营、康官营等5项220kV输变电工程，新增220kV变电容量240万MVA、线路287.3km；110kV工程14项，包括党峪、杨柳庄、西林、丰南城西、下营、崔马庄、海岸、龙山、荣华道9项110kV输变电工程，京唐港、扣庄、兴旺寨、罗屯4项配套110kV线路工程，刁家套110kV变电站增容改造工程，新增110kV变电容量80.6万MVA、线路318.3km。

新开工项目14项，其中：220kV工程3项，包括柳树鄌、南湖、古冶西220kV输变电工程；110kV工程11项，包括荣华道、机场2号、海岸、双桥、马头营、港东、大齐坨7项110kV输变电工程，古冶西配套110kV线路工程，田庄、卑家店、双庙110kV变电站增容改造工程。共计开工110kV及以上变电容量222.6万MVA、线路389.4km。

开展标杆工程建设和流动红旗竞赛，提升工程管理和质量工艺水平，共有11项110kV变电站工程、2项110kV线路工程获得2012年度国家电网公司"输变电优质工程"称号，张玉铺110kV变电站工程入选国家电网公司"农网百佳工程"，姜家营—津西220kV线路工程获得公司质量管理流动红旗。配网建设全面提速，配合城区市政建设，完成48个路段200km架空线路入地、负荷切改工作。推进配网自动化建设，曹妃甸国际生态城配网自动化项目通过国家电网公司工程验收。农网改造全面升级，完成512个帮扶村建设任务，投产工程63项。建成1个电气化县，23个电气化乡镇，350个电气化村。

【安全生产】 开展"安全年"活动，印发《国网唐山供电公司开展"安全年"活动工作方案》，提出重点工作措施44条；组织完成"安全生产"等8个子方案的编制工作；对563个生产作业现场实施全过程监督，领导干部和管理人员到岗到位1411人次；梳理排查地区电网六级及以上事件436项；完成安全监察相关制度修编15个、岗位标准7个、流程16个。制定派驻安全工程师（7名）制度、安全协管员制度（454名）和安全稽查队（队员75名）制度；修编应急预案25项，下属单位修编各类专项应急预案和现场处置方案443项，涉及电力生产重特大安全事故应急处理，电网大面积停电应急处理，重要用户停电事件的应急处理，火灾、地震、防汛、通信、信息及突发群体性事件等多方面的应急处理预案。参加唐山市"安全生产月"大型宣传咨询日活动，出动宣传车11辆，发放各类宣传资料32 600余份，现场解答群众各类问题8000余人次。开展教育培训，完成《国家电网公司安全事故调查规程》培训工作和转岗、适岗人员培训考试等工作。成功解开110kV及以下电磁环网，降低系统短路电流和主变压器冲击次数。提高设备治理能力。实施标准化作业，完成4430台变电设备预试、125条110kV及以上线路检修预试、310组隔离开关完善化大修、9台220kV少油断路器更换，主网停电时间平均缩短1.5个小时。清理线下树木7.6万余棵，110kV及以上线路掉闸率同比降低20%。深入落实《电力安全事故应急处置和调查处理条例》，梳理完善26个专项预案。成功应对两次浅源性地震、"7·21"特大暴雨、台风"达维"等自然灾害，圆满完成十八大保电任务。全年人身事件0次，七级电网事件1次，八级设备事件12次，信息事件0次。

【经营管理】 制订"大营销"体系建设实施方案，成立专门工作小组，坚持集体研究、集体决策，广泛征求职工意见。开展磨合改进和完善提升工作，总结提炼业扩报装集约化成效、电费核算与账务集约化、停电信息发布工作协同、电动汽车标准化接口、能效小组活动效果分析、流动营业厅、拓宽缴费渠道形成十分钟缴费圈等12项业务管理与创新实践经验，使之具有推广应用意义。做好标准化推进工作，梳理各种政策文件，共梳理完善管理文件、管理标准358项。冀北地区首家营销稽查监控中心在唐山建设完成并投入使用，132个监控主题已全部上线，共核查数据1464.6万条，发起整改任务2.96万条，稽查整改完成率100%。

应对地方经济增长放缓等不利因素，推行业扩报装督办制度，加强过程管控。累计完成接电2.81万户、容量4183.1MVA，完成全年指标的119.52%，高压业扩平均接电时间同比缩短4.79天/户。报装结存户数同比减少184户，容量724.2 MVA。开展带电作业376次，减少停电10 223时户。完成首钢京唐公司统购统销，市场占有率同比提升3.64个百分点。在钢铁、水泥市场低迷的大环境下，累计增售电量36.12亿kWh，营业普查增加收益2073万元。同时，加强综合计划管控和预算集约管控，以标准成本为依据，从严从紧控制各项管理费用。收回应收往来款项1100万元，盘活长期挂账资金4800万元。加快用电信息采集系统建设，实现直供直管专用变压器用户100%全覆盖。

规范集体企业方面，全面完成主多分开工作，制订重组整合方案，组建9个县级公司集体企业，初步建立集体企业监管制度体系。加强农电管理，推进农电用工规范化管理试点，为公司推进农电体制改革积累经验。

【科技工作】 推进"一流四大"科技发展战略，建设布局合理、协同有力、开放高效的科技创新体系。共实施科技项目8项。完成"220kV曹农一二线导线振动的研究与治理”“串联电抗器在线监测及保护方式研究”“唐山电网黑启动试验研究”等7个项目，“唐山电力应急通信系统研究与应用”项目正在实施中。“无人值班变电站运行环境远程监测平台的研究与开发”和“基于虹桥变电站的智能化研究”科技项目通过国家电网公司验收。利用科技专项资金支持群众性创新工作，基层单位王新彤创新工作室、高泽恒创新工作室等5个工作室共申请支持项目14项，经专家评选，最终确定支持“接地开关接线盒防雨装置的研制”“输电线路悬垂线夹U形螺栓补加紧固工具的研制”等10个项目。知识产权保护方面，共申报专利12项，其中发明专利3项，实用新型专利9项，全部获得受理，获得授权专利9项，超额完成公司2012年初下达指标。组织科技储备库项目申报工作，征集2013年科技储备库项目26个，内容涵盖输电、变电、二次、通信、智能电网等多个专业，经过公司专家评选，“唐山曹妃甸梯次利用电池储能系统研究”“电流互感器带电频率响应测试在绝缘缺陷及回路隐患快速测试的应用研究”等6个项目入选公司2013年科技储备库。在基层单位创新成果中筛选出“温湿度控制系统检测装置”“变压器导电杆专用板牙套管”等8个项目推荐上报国家电网公司。

【优质服务和品牌建设】 优质服务方面，以开展“社企和谐兴冀”“社区光明同行”活动为载体，对接地方经济和社会民生，提高优质服务水平。主动跟踪全市重点项目，滚动修编电网规划，编制发布服务唐山市经济社会发展白皮书。结合曹妃甸区经济发展需求，成立国网唐山市曹妃甸区供电公司。因地制宜开展社区特色服务，13个事迹入选公司《社区光明同行典型事迹选编》。开展居民用电质量服务提升专项行动，拓展网上银行、手机银行、第三方POS机等自助缴费方式，建立57个银行网点、150个邮储代收点、22个邮储网点、72个24小时便利店，安装自助缴费终端50台，中心城区建成“十分钟缴费圈”。在城郊地区建立350个邮政“一卡通”代收网点，覆盖率达60%。

品牌建设方面，实施创先争优献礼工程，开展“社企和谐兴冀”“社区光明同行”活动，实施“95598光明服务”工程，打造国家电网冀北电力共产党员服务队17支，坚持为社区做好事、为百姓做善事，关爱弱势群体。国网唐山供电公司获冀北电力有限公司第一届“服务之星”劳动竞赛优秀组织奖，员工梁凤敏和邢东宇分获总成绩第一、第二名，被授予优秀“服务之星”称号。获公司标准化体系建设知识竞赛一等奖和“建功‘三集五大’、献礼十八大”知识竞赛二等奖。员工甘景福获国家电网公司十大领军人才称号。建成2个劳模工作室，13个职工创新工作室，推广应用“五小”创新项目353项。挖掘公司道德模范——“最美电力人”曹丽伟、坚持多年学雷锋义务服务的李建英、20年倾情扶助“爱心小院”的司各庄供电所等先进典型事迹，在社会各界和新闻媒体引发强烈反响。实施企业文化落地工程，把国网唐山供电公司救助三胞胎聋哑儿童成功手术、回归有声世界的6月28日确立为全员“感恩日”。以“感恩，让我们更幸福，更和谐”为主题，开展“感恩父母、感恩员工、感恩企业、感恩社会”四方面16项活动，编辑《感恩问候语》和《照片背后的感恩故事》。选树、广泛宣讲先进集体、优秀个人的典型事迹，建立扶残助困博客群，修编三胞胎帮扶计划，探索社区共建模式，促进服务特殊群体常态化。《大爱有声——国网唐山供电公司救助三胞胎聋哑儿童纪实》被评为国家电网“青春光明”视频展播三等奖。

【党的建设与精神文明建设】 创新开展基层党组织建设和创建“电网先锋党支部”活动，国网唐山供电公司创先争优“双百”考评体系建设获得2012年中电联管理创新二等奖和国家电网公司管理创新成果一等奖。客户服务中心党支部等5个单位被评为公司“电网先锋党支部”。落实维稳责任，建立信访案件预警和舆情联动机制，全年未发生违纪违法问题。国网唐山供电公司被河北省命名为十大杰出青年志愿服务集体，涌现出以共产党员服务队帮扶康复村20年等一大批先进典型事迹，中央电视台等主流媒体报道400余次。滦南司各庄供电所荣获国家电网公司“工人先锋号”。国网唐山供电公司员工舒军获国家电网公司十大职工美术家称号。

▶ 5月13日，国网唐山供电公司举行“国家电网电力共产党员服务队”授旗仪式暨“社区光明同行、社企和谐兴冀”惠民服务主题活动。

（高子敬）

国网冀北电力有限公司张家口供电公司

【概况】 国网冀北电力有限公司张家口供电公司（简称国网张家口供电公司）隶属国网冀北电力有限公司，担负着张家口市13个县、4个区、2个管理区、1个高新区和1个产业集聚区，4176个行政村的供电任务，供电区域3.7万km^2，供电人口460万，营业户数165万户。下设9个职能部门、6个业务支撑机构、13个县供电分公司（直供直管）、9个实业单位，共有全民员工3238人、集体员工521人。

2012年，国网张家口供电公司完成全年各项指标和工作任务，实现安全生产3821天。完成售电量99.59亿kWh，电网建设投资10.14亿元，综合线损率9.13%，供电可靠率99.9504%，电压合格率99.885%，电费回收率100%。截至2012年末，维护35kV及以上变电站177座，变电容量10 705MVA，其中，220kV变电站17座，110kV变电站45座，35kV变电站115座；35kV及以上输电线路443条、7883km，其中，220kV线路71条2184km，110kV线路128条2646km，35kV线路244条3053km。

2012年，张家口地区电源总装机容量9256.35MW。其中火电装机容量4589MW，占总装机容量的49.58%；风电装机容量4622.35MW，占总装机容量的49.94%；其他新能源装机容量45MW，占总装机容量的0.48%。电源年发电量344.99亿kWh，其中火电年发电量263.16亿kWh，占总发电量的76.28%；风电年发电量79.77亿kWh，占总发电量的23.12%；其他新能源年发电量20 541万kWh，占总发电量的0.6%。全市单日用电最大负荷1768.3MW，最大日用电量3482.19万kWh。

2012年，国网张家口供电公司获得全国文明交通示范单位、全国电力行业质量管理小组活动优秀企业、国家电网公司离退休电网先锋党支部、国家电网公司工会工作先进单位、国家电网公司精神文明建设创新奖三等奖、公司“三集五大”体系建设先进集体优秀建设奖、公司2012年度工人先锋号、公司模范职工之家、河北省文明单位、全省创先争优先进基层党组织、河北省2012年度企业事业单位内部治安防范工作先进单位、2012年河北省服务名牌、张家口市文明单位、张家口市十八大安全保卫工作先进集体、张家口市“安康杯”优胜单位、张家口市2012年度全市理论宣讲工作先进单位、张家口市2012年度安全生产管理工作先进单位、张家口市共青团工作优胜单位、张家口市2012年度老干部工作先进单位等荣誉。

【人力资源】 在“三集五大”体系建设过程中，制订总体操作方案和9个分项方案，完成职能部门优化调整和支撑机构组建、2419人岗位调配和327项资产业务划转工作，梳理修订规章制度233项，14个信息系统同步调整到位，完成4876人次岗位适应性培训；率先完成新模式导入并通过公司验收，其中“适应大规模风电接入系统的调度运行管理模式”等9个经验得到好评和推广。

推进劳动定员贯标，解决生产一线结构性缺员问题，加强基础设备台账信息的统计、核准工作，将定员管理作为工作重点，形成统筹协调、相互渗透的工作机制，推进人力资源优化配置。印发规范劳务用工管理实施方案，按照国家电网公司劳动定员标准和“三集五大”体系建设要求，核定各单位用工人数，分析实际用工情况，建立以合同和岗位为核心的用工管理制度，优化用工结构。优化基层领导班子结构，调整干部155人，在职领导平均年龄45.1岁，较调整前降低1.4岁，其中：具有本科及以上学历干部106人，具备副高级及以上职称的干部36人。提升干部队伍素质，组织2期中层干部专题轮训，共190余人参加。推进后备干部队伍建设，举办中青年干部和优秀青年人才培训班，对29名中青年干部和19名优秀青年人才进行军事化集训，充实后备队伍力量。打造人力资源培养、开发和使用平台，制定《张家口供电公司兼职教师管理办法》《张家口供电公司专家考核管理办法》《张家口供电公司员工岗位轮换和轮岗锻炼实施办法（试行）》等规章制度。

创新专家管理模式，组织首届专家年会，创建公司人才网，强化专家考核工作，完成第三期49名专家的年度业绩考核及兑现。提升员工队伍素质，聘任首届兼职教师138人，组织各类培训班385个，评定中级及以上职称53人，获得高级工及以上技能等级45人，通过率达80%，年度人才当量密度较2011年同期提升1.5个百分点。

【电网建设】 调研各区县经济发展形势及供电需求，滚动修编配电网“十二五”规划报告，形成13县电网规划专题报告，指导张家口电网发展建设；配合完成张北—南昌特高压项目和张北、尚义、康保3座500kV变电站的站址选择等前期工作，大青沟等4个项目获得核准；服务新能源发展，支持新能源入网工程，涉及风电送出工程16项，年度累计新增风电容量110万kW。修编用户接入系统审查工作制度，优化用户接入电网方案；节能降损工作突出过程管控与小指标管理，实施降损项目6项，控制线损指标达到9.13%；年度累计完成电网建设投资10.14亿元。推动张家口市政府召开全市电网建设工作会议，与各县区签订电网建设责任书，前期和建设中的问题基本得到统筹解决。加强基建复工管理，落实“五个一”要求，组织安全培训和考试4500余人次。建立基建“日预控、周点评、月协调”机制，黄盖淖、大青沟、察北—沽源3项110kV输变电工程开工，君关220kV输变电工程，望山、吉家房、察北配套、义缘—尚义4项110kV输变电工程投产，各工程质量优良率100%。义缘—尚义线路工程投入运行，解决了尚义地区单电源问题。2011年农网改造升级工程竣工，2012年工程形象进度完成82%，425个帮扶村电网改造工程和怀安县新农村电气化建设工程完工。推广使用装配式围墙、全绝缘封闭管形母线、复合沟盖板等新工艺、新材料，河东110kV变电站工程、西山110kV变电站工程、姚家庄110kV变电站工程、阎家屯—西山110kV线路工程被评为国家电网公司优质工程。

▶ 十八大保电期间，国网张家口供电公司加强线路巡视，确保新能源可靠送出。图为抗击暴雪之后巡视人员特巡500kV万顺三回线。

【安全生产】 落实“安全年”活动88条重点措施，开展春季安全生产大检查、全员安全日等活动。贯彻十八项电网重大反事故措施，梳理六级以上安全事故（事件）风险42项，制订六级以上安全事故（事件）防范措施173项，发布电网风险预警90次，地区电网经受住大风、暴雪、极寒天气的考验。制定安全管理规章制度11项，修订完善36项，建立安全管理工作流程3项。明确“公司、车间、班组”三级安全工作目标和保障措施，逐级签订安全生产目标责任书。落实《生产现场领导干部和管理人员到岗到位规定》，依据检修计划，对倒闸操作、检修施工作业实行同步到岗到位和全过程安全管控，确保到岗责任不留死角。宣传贯彻《国家电网公司安全事故调查规程》和《国家电网公司安全工作奖惩规定》，开展《国家电网公司电力安全工作规程》《张家口供电公司电气工作票使用管理规定》和《张家口供电公司典型作业风险分析及控制措施》巡回培训38期，培训员工3300人次。组织参加安全生产知识和管理能力培训，144人取得河北省安全生产培训合格证书。突出流程闭环管理，开展事故隐患排查治理“树典型、传经验”工作，排查治理一般事故隐患41项。加强500kV输电线路电力设施保护属地化管理，制止违章作业63起，消除隐患224处。

初步实现地县调控一体化和52项变电D类检修项目运维一体化，试点配网状态检修和农网带电作业，实施输电线路接地大修、防风偏改造，提高设备运维水平。研究风电大规模脱网应对措施，实现无功设备合理投入和无功分层就地平衡，提高风电并网安全水平。完成市县两级应急指挥中心建设，举行防止大面积停电、迎峰度夏有序用电、输电线路倒塔断线等演练，应急处置能力和预案有效性得到提升。十八大期间，建立16个保电防区，实行24小时领导带班和“零汇报”制度，组建26支应急队伍，5200余名保电人员严密监控、严防死守，变电巡视3400余次，线路特巡逾6万km，圆满完成保电任务，被市委、市政府评为十八大安全保卫工作先进集体。

【经营管理】 加强综合计划和预算管理，预安排2013年综合计划，预算管理覆盖所有二级核算单位。完成110kV河北盛华北方氯碱工业基地、35kV中煤张家口煤机等重要客户送电全过程服务，增售电量3.8亿kWh。强化电费管理，加大高压客户分次划拨及预购电制推广力度，采用三方协议缴费方式，完善电费风险预警机制，确保电费回收工作可控、在控。强化电价管理，开展企业自用电、功率因数调整电费、峰谷电价执行情况梳理和问题整改，组织数据核查、技术支持、政策宣传等工作，居民用电阶梯电价政策平稳实施。拓展多种缴费渠道，制作6种缴费方式温馨提示宣传单，深入社区宣传多种缴费方式，推动低压离柜缴费比率的提升。

推进智能电能表及用电信息采集系统建设，组织SG186系统、智能电表集中器专用变压器采集终端安装技术培训等5个专题培训班，培训人员580余人次，完成智能电表换装79.12万只。开展智能电能表远程费控功能调试，实现电能表远程费控操作35户。完成智能电能表推广和阶梯电价实施工作，得到社会各界的理解支持。依法从严治企，通过内部审计节约资金285万元，国家电网公司专项检查发现的164个问题全部整改完毕。推广应用电子商务平台，实现所有物资类采购业务线上运转。解决历史遗留问题，完成276宗土地权属的更名和办证工作。依法清退股权、处置资产，完成6个多经企业的主多分开工作。开展清产核资和收支审计，制订对比方案和实施方案，做好集体企业重组整合的前期准备工作。启动标准化建设工作，成立组织机构，梳理标准化目录852项、流程140项。怀来县域通信试点县建设通过国家电网公司验收。国网蔚县供电公司暖泉供电所被国家电网公司评为“标准化示范供电所”，怀安县被河北省发展改革委和国网张家口供电公司联合命名为河北省新农村电气化县。

【科技工作】 2012年，国网张家口供电公司进一步加强科技创新体系建设，对公司《科技项目管理办法》《科技进步奖励办法》等文件进行修编，举办专利知识培训讲座。加强科技项目管理，共征集科技储备库项目30项，其中4项入选国家电网公司科技项目储备库，6项入选公司科技项目储备库。知识产权方面，“一种新型的电池均衡充电管理系统”“高压输电线路架空地线的防震锤复位器”“架空线路杆号粘贴器”“开关液压机构阀体提取器”“导线防舞动相间间隔棒的铰链式联结金具”“一种行波测距与故障录波一体化的装置”“一种新型空心防风偏绝缘子”“无人值守变电站远程巡视系统”“串联补偿装置模拟不平衡电流测试仪”等9个项目获得专利授权，其中“导线防舞动相间间隔棒的铰链式联结金具”获得国家专利局发明专利授权。获得“串联补偿装置模拟不平衡电流测试仪”等10个专利申请，其中发明专利申请2个，分别是“一种用于10kV系统单相接地保护用开关”和“配电自动化移动试验电源”。“配电网实用化高可靠性终端设备研究”“磷酸铁锂蓄电池在电力系统中应用”“小电流接地系统单相接地消弧、过压、感电保护研究与应用”获得公司科技成果三等奖；“光纤智能在线状态检修管理系统研发与应用”和“张家口无人值守变电站‘遥视’综合管理平台的开发与应用”2个项目获得公司科技成果推广应用三等奖，共计5个科技项目获得公司科学技术进步奖，在7个直属公司中名列前茅。国网张家口供电公司职工撰写的《基于IEC 61850的智能配电终端在微网控制领域的应用》等32篇论文发表在国家核心期刊和省级刊物上，《基于DL/T 860的智能变电站一体化电源程序化控制研究与实践》和《张家口地区风电场无功电压控制》等4篇论文入选《华北电机工程学会论文集》。发布职工创新成果55项。

【优质服务和品牌建设】 推进“社企和谐兴冀”活动，与各区县政府座谈调研电力需求情况，编制发布《国网冀北电力服务张家口市经济社会发展白皮书》。参加张家口广播电台“市民热线”直播，组织总经理接待日、大客户恳谈会、媒体见面会、“惠民、助企、兴冀”“3·15”宣传日等活动和供电服务满意度调查。建立高危及重要客户安全性评价体系，制订安全性评价工作实施方案，对检查出的隐患及时下达《用电检查结果通知书》，以书面报告形式汇报当地政府主管部门备案，做到通知、报告、服务、督导“四到位”。深化“社区光明同行”活动，实施95598光明服务工程和“五进”（进军营、进课堂、进基层、进现场、进医院）服务工程，开展居民用电服务质量提升专项行动，实现县区24小时自助缴费服务，国网张家口供电公司被评为2012年度居民用电服务质量监管专项行动先进集体。鼓励员工在工作职责和服务项目之外做善事、做好事，广大干部员工在工作之余提供服务1500余人次，打造“熟人社区”，党员服务队对居民小区点对点帮扶、联系，为民服务、为民解忧，建成“熟人小区”127个。挖掘梅佳、张爱等坚持多年奉献爱心的感人事迹，5件事例入选公司特色服务典型事例汇编。参加“爱从这里传播”志愿者助残经验交流现场会，签订《代购电、代缴电费帮扶协议》，为社区孤、残居民提供定期上门收费、售电服务，张家口市残联向国网张家口供电公司赠送“和谐路电力护航，光明行情系群众”的锦旗。支持新农村建设，抓好“基层建设年”电网帮扶工作，完成投资1.22亿元，改造425个贫困村农网电网，扶持农村项目建设，惠及8.7万农户、32万农村人口，树立了良好口碑。加强与社会主流媒体合作，畅通解民忧、务民盼的渠道，解决群众关心、关注的热点问题23个。

【党的建设与精神文明建设】 学习贯彻党的十八大精神，组织全体党员干部为党员讲党课。落实基层建设年活动要求，通过开展基层党组织分类定级、晋位升级，夯实基层党组织管理、党员培训和组织发展工作基础。深化党建创新工作，形成26项党建创新成果，10项成果获得上级公司党建创新项目奖，国网张家口供电公司党委被评为全省创先争优先进基层党组织。开展政工信息化"整合应用年"活动，依托政工信息化平台"思政e站"流程体系，实施党建和思想政治工作标准化管理，提升工作效率和标准化效能。开展"95598光明服务"工程，组建16支共产党员服务队，开展定点帮扶活动。编印《共产党员服务队规范手册》，形成红袖标、红土梁等多个先进典型。编辑《形势任务宣传手册》3期，开展"三集五大"主题大讨论和思想状况调研。实施突出问题动态档案管理，签订《十八大维稳责任书》，加强维稳值班和"零报告"制度。

加强党风廉政建设，开展"三自六不让"学习教育，出台加强作风建设"四项规定"。在张家口监狱召开警示教育现场会，巩固干部、员工拒腐防变的意识。建设企业文化环境，通过橱窗、展板、标语、横幅等形式营造文化氛围，编发《身边的感动》宣传折页5期，国网张家口供电公司继续保持省、市两级文明单位称号。深化民主管理，开展职工代表巡查，召开总经理联络员和劳模座谈会。

举办职工书画摄影展、乒乓球、足球等文体活动，印发《供电夕阳分外红》画册，"文化养老"系列活动蓬勃开展。组织首届供电"服务之星"劳动竞赛和"双百"评选活动，下花园客服分中心和9个县分公司行风评议位列属地第一名。开展团青主题教育活动，举办第二届青年技能拉力赛。开展"95598光明服务"青年文明号示范行动，组织"青春光明行"十周年系列活动，国网张家口供电公司团委获公司"五四"红旗团委称号。

（任　帅　房兆华）

国网冀北电力有限公司秦皇岛供电公司

【概况】 国网冀北电力有限秦皇岛供电公司（简称国网秦皇岛供电公司）隶属国家电网冀北电力有限公司，担负着秦皇岛地区的供电任务和暑期北戴河政治保电任务。营业区域包括秦皇岛市五区四县（海港区、北戴河区、山海关区、开发区、北戴河新区、昌黎县、抚宁县、卢龙县、青龙县），供电面积7812.5km^2、人口300万、营业户数127万户。国网秦皇岛供电公司下设11个职能部门，6个业务支撑和实施机构，4个县供电公司，拥有110kV及以上变电站51座，变电总容量907.5万kVA；110kV及以上输电线路140条，总长2088km；城市配网10kV线路200条，配电变压器2574台。2012年，完成售电量142.11亿kWh，同比增长2.64%；综合线损率4.79%，同比降低0.17个百分点；地区电网单日最大负荷2205MW，最大日用电量0.46亿kWh。2012年荣获全国电力行业优秀企业，国家电网公司先进集体、河北省文明单位、河北省抗洪抢险救灾先进集体、公司"三集五大"体系优秀建设奖、秦皇岛市承办女拳世锦赛工作先进单位、创先争优先进基层党组织、道德模范标兵企业、十佳企业文化示范单位、书香企业等荣誉。

【人力资源】 完成"三集五大"体系建设任务，高分通过公司综合验收和国家电网公司专业验收，初步实现"集约化、扁平化、专业化"目标，市公司组织机构由改革前35个减少至17个，组织机构精简率达51.4%。县公司组织机构由改革前80个减少至32个，组织机构精简率达到60%；市公司"三集五大"体系内人员由改革前1475人减少至1083人，用工效率提升26.6%，县公司体系内人员由改革前815人减少至478人，用工效率提升41.3%；具有大学本科及以上学历的中层干部比例达到82.5%，具备中级及以上专业技术资格的中层干部比例达到87.5%，分别提高10个百分点和26个百分点，平均年龄降低1.1岁；具备本科以上学历、中级及以上职称的一般管理、技术类员工比例达到44.32%，提升19.06个百分点，平均年龄降低4.5岁。具备技师及以上技能等级的生产人员比例达到81.55%，提高16.17个百分点。

坚持以人为本，实施人才强企战略，创新"育才、评才、聚才"为导向的柔性工作机制，拓宽员工成长成才通道，王云成功入围国家电网公司"十大"专业领军人才，有12名员工成功应聘公司本部重要管理岗位。加强"四好班子"建设，健全干部管理约束机制，提升干部队伍管理水平。强化全员教育培训，共举办各类培训班271次，参培员工达到1万余人次，全员培训率达到100%，人才当量密度达到88.48%。开展职工创新创效活动，共提出合理化建议62项，《输配电线悬挂异物清除器装置的研制与应用》荣获国家电网公司职工技术创新成果三等奖。开展"我为企业献一策"合理化建议活动，8项建议分获公司优秀合理化建议一、二、三等奖。贾慧、高会民、段学民荣获秦皇岛市劳动模范，王德林荣获河北省"能工巧匠”和秦皇岛市“金牌工人”荣誉称号。

【电网建设】 推动市政府出台《关于加快“十二五”电网建设的指导意见》《关于电网建设工程实施管理办法》等支持文件，为电网发展创造良好外部环境。完成《“十二五”配网规划滚动调整报告》，保证各电压等级项目的有效衔接。加强属地协调，确保公司500kV重点项目高天Ⅲ回线路按期投产、昌黎输变电工程按时开工。加快项目储备池建设，肖营子、大滩风电送出、新集配套与滦河套工程等4个项目全部获得项目核准，投资建议计划新开工项目核准率达到100%。完成2013年56个农配网投资项目的梳理、优化和评审工作，共节省投资216.09万元，新开工项目核准率和地区35kV项目可研通过率均达到100%。强化关键环节管控，电网项目的建设管理流程、技术规范、建设标准实现所辖10～220kV建设项目全覆盖。完成国网秦皇岛供电公司与县域35kV基建业务对接，提升工程管理深度和精细化水平。建立“日预控、周点评、月协调”工作机制，保证项目施工安全和质量。年内投产220kV工程2项（陈官屯、深河），110kV工程2项（牛头崖、耀华）、35kV工程2项（刘营、印庄35kV配套），累计新增220kV变电容量720MVA、110kV变电容量200MVA、35kV变电容量40MVA；新增220kV线路103km、110kV线路17.6km、35kV线路56.8km。2012年内实现新开工项目5项（肖营子、新集、港东二期、曹庄、鲁庄），新开工规模220kV变电容量840MVA，110kV变电容量200MVA，35kV变电容量20MVA；220kV线路长度180km，110kV线路长度69.7km，35kV线路长度29km，开工及投产计划完成率均达到100%。刘营、印庄、牛头崖、陈营线、陈大线等5项工程全部被评为国家电网公司优质工程。深入推进配网、农网基建项目，完成2012年北戴河中央直属机关电源建设工程等一系列配网基建项目和234项帮扶村农网改造升级项目。推进信息通信系统建设，复用保护通道运行率、会议电视开通率、数据业务通信可用率全部达到100%。

【安全生产】 开展“安全年”活动，加强安全生产和培训，建设安全文化，强化安全管理标准化建设，实现连续安全生产2811天。针对“三集五大”体系建设，制订落实59项安全保障具体措施，召开专项协调会42次、印发督办任务168项，梳理完善52项安全规程、规章制度，完成27项公司级预案和95项现场预案的修编、审查、报备，形成健全完善的安全管理标准体系。强化“协调联动、全面闭环”的四级风险管控，对现场实行严密“站桩式”监控，累计发布公司级安全风险预警3134项，领导干部和管理人员到岗到位4691人次，督导现场2322次。完成调控大厅改造，实现“调控一体化”运行。组织设备检修预试，消除设备缺陷421项，治理武山变电站CVT、杜庄变电站隔离开关等一批设备家族性缺陷，先后完成220kV五里台变电站3号主变压器更换、110kV周庄变电站开关柜改造、220kV戴河变电站智能化改造、刘田庄综合自动化改造等多项重大技术改造项目，设备健康水平有效提高。拓展状态检修应用范围，配网状态检修通过公司达标验收。编制保电方案，建立完备保电体系，圆满完成女拳世锦赛、北戴河暑期、党的十八大等重要供电任务，累计完成各类保电任务278项。加强应急保障体系建设，成功应对“7·21”特大暴雨、达维台风、雨雪冰冻等极端恶劣天气考验，并全力支援地方政府抢险救灾。开展北戴河重要政治用户设备评价工作，得到华北电监局和公司的肯定。落实500kV线路电力设施保护属地化管理职责，绘制隐患图册，加强重点地段特巡特护，有力保障线路安全稳定运行。

▶ 暑期用电高峰，国网秦皇岛供电公司输电运行人员在暮色中巡视测温。

【经营管理】 以“六统一、五集中、三加强、三保障”为主线，拓展财务管控内涵，推动财务与各专业高度协同，构建财务集约化管理常态运行机制，形成“集中、统一、精益、高效”的财务管理体系。减少会计主体1个，银行账户3个，实现资金归集率100%，银行账户监控率100%，每万元资产运维费用降低至1815元，与2011年相比降低25.7%。加强物资需求计划管控，实现采购需求集中上报率100%，集中采购率100%，上报及时率100%。应用电子商务平台，实现物资技术规范全部在电子商务平台编制提报，90%以上合同在电子商务平台完成签订。仓储管理模式不断优化，建立“1+10”的现代仓储网络体系，实现“库存一本账”。推进精益化管理，累计增售电量4.29亿kWh，完成年度考核指标。深化稽查监控系统应用，推进132个主题的市、县、所三级稽查监控业务常态运作，挽回损失124.95万元。推行分次划拨协议结算方式，缩短大客户缴费周期，电费回收率达到100%。加快智能电能表安装调试进度，累计安装智能电能表64万只，专用变压器用户采集覆盖率100%，自动化抄表比率88.1%，各项指标均居公司首位。强化财务预算集约调控管理，有效提高资金使用效率。周密部署居民阶梯电价相关工作，推进城市新建住宅小区配套费管理，确保各项政策平稳实施。深化依法治企完善整改工作，规范经营管理。开展车辆清理整顿，及时封存超标、超编车辆，管理费用有效压降。完成主多分开和集体企业清产核资工作并顺利通过公司验收，被评为公司财务管理、营销管理专业标杆单位。同业对标典型经验入围公司21项，《电网通信传输系统模拟与应用典型经验》入选国家电网公司典型经验库。国网昌黎公司成功晋级国家电网公司一流县级供电企业。路灯管理处被评为河北省照明行业2012年度先进单位。

【科技工作】 制定印发《科技项目储备库管理办法》《科技工作管理办法》《科技项目管理办法》《科学技术进步奖励办法》《知识产权管理办法》及相应实施细则。重新梳理优化科技管理流程，新增或调整营销、配网、继电保护、自动化和农网等管理流程，明确科技创新管理模式。完善科技项目储备库，增加公司级项目储备。修订《科技创新活动奖励办法》，开展群众性创新以及QC、合理化建议活动，完成专利申请10项，分别为万用表固定带、地区电网经济运行于节能综合管理系统、单导线用相间间隔棒金具、基于SNMP调度主站综合监管平台、树木砍伐辅助工具、断路器遥控出口检测仪、输电线路出线作业滑车、一种架空输电线悬挂异物清除装置、隔离开关检修平台、接地线连接夹。完成专利授权9项，分别为组合式拉杆、隔离开关检修安全带悬挂架、断路器触头紧固扳手、树木修剪砍伐牵拉工具、穿管引纤器、高空树枝修剪锯、拉伸式专用音频线、尾纤盘纤装置、组合式绝缘高枝剪。连续5年荣获全国电力系统质量管理活动先进单位。《输配电线悬挂异物清除器装置的研制与应用》荣获国家电网公司职工技术创新成果三等奖。完成公司科技项目“抗干扰型铁芯接地电流检测装置研究”的竣工验收，该项目通过先进的抗干扰结构设计，屏蔽外界杂散磁场干扰，满足变压器铁芯接地电流测量准确等级要求，具有良好的抗干扰性，能够自动消除漏磁对测量结果影响。

【优质服务和品牌建设】 开展“社企和谐兴冀”活动和“社区光明同行”活动，倡导“作好企业、作好员工、作好市民”，赢得社会各界认同。发布《服务秦皇岛市经济社会发展白皮书》，举办“彩色周末”晚会向社会强力推介，对接政府和民生需求，公开服务承诺，接受社会监督。启动“电网好人、善行港城”活动，成立10支国家电网冀北电力共产党员服务队，深化站所社区特色服务，组织开展“3·15消费日”“居民用电服务质量提升”等大型宣传活动，提炼典型服务事迹23件，“红马甲职工服务”荣获河北省十大志愿服务品牌。完成秦皇岛国际女拳世锦赛、迎峰度夏、北戴河暑期等多项重要保电任务，成功应对7轮强降雨考验，收到政府部门或重要用户的感谢信或锦旗12封（面），先后荣获省市各级政府通报表彰。贯彻“三个十条”，推进营业网点建设，丰富缴费渠道，提高普遍服务水平。推进农网改造升级工程，消除农村电网薄弱环节，解决农村发展用电问题，234个帮扶村电网改造项目顺利通过河北省验收。贯彻政府低保户家庭电费减免政策，惠及低保户家庭65.8万户次。组织电力设施迁改工程，保障津秦客专、承秦高速等社会基础设施建设。突出品牌策划与推广，年内累计刊稿4288篇，国网秦皇岛供电公司发展事迹先后被人民日报、新华社、经济日报等国家级高端媒体及新华网、人民网、光明网等主流网络媒体报道。年度行风民主测评荣获第一名。

【党的建设与精神文明建设】 根据“三集五大”体系建设需要，调整基层党组织设置，修订完善党委工作制度，夯实党建工作基础。以党员“一五九”先锋工程为抓手，深化创先争优活动，创建党员责任区37个、党员示范岗42个。完善升级数字政工系统，该项目获得河北省思想政治工作案例创新奖，《数字政工助力党建科学化》被新华社内参选编刊载。创新开发应用党风廉政信息管理系统，廉政建设日常管理更加规范。出台《关于县供电公司建立协同监督机制的工作意见》，协同监督工作向基层单位延伸。开展“青春光明行”十周年系列活动，团青作用有效发挥。强化形势任务教育和思想动态分析，坚持两级领导班子中心组学习、职工政治理论学习，开展“建功‘三集五大’、献礼十八大”主题传播活动，荣获公司“三集五大”体系建设知识竞赛第一名。开展职工创新创效活动。强化典型引领，制作先进典型宣传片、

"电网先锋·先进人物榜"，开展"我身边的感动"典型人物推介活动，编印《风雨中的感动》故事集，营造"崇尚先进、学习先进、赶超先进"的浓厚氛围。实施"健康、环境、文化"系列惠民工程，完成红卫里小区环境改造，设立社区医疗服务点，修缮工会门厅和健身广场。组织开展"两节"期间困难职工补助和现场慰问活动，号召全体职工为受灾群众捐款12.28万元。举办职工台球赛、趣味游园活动、拔河比赛和《2012阳光路上》职工春节晚会，丰富职工业余文化生活。国网秦皇岛供电公司选手首度代表公司参加国家电网公司乒乓球赛，获得团体第五名。

（张　奇）

国网冀北电力有限公司承德供电公司

【概况】 国网冀北电力有限公司承德供电公司（简称国网承德供电公司）隶属国网冀北电力有限公司，是中央直属公用事业企业。国网承德供电公司以建设运营承德电网为核心业务，负责承德市八县三区3.95万km^2、369万人口的输、配、供、用电管理工作，营业总户数134.68万户。现有11个职能部门、6个业务支撑机构、8个直供直管县分公司，员工总人数2653人。

2012年，实现售电量135.27亿kWh，综合线损率6.58%。电源总装机容量306.83MW，其中，风电装机总容量占56%，火电装机总容量占42%，水电装机总容量占2%，全年最大负荷1978MW，最大单日用电量4361万kWh。截至2012年，承德地区拥有500kV变电站2座、220kV变电站14座、110kV变电站54座、35kV变电站108座，500kV输电线路1297km、220kV输电线路1593km、110kV输电线路2420km、35kV输电线路2050km，配电总容量525.8MVA。承德电网实现以500kV为主供电源，220kV为主网架，110kV及以下电网布局合理的网络结构。

国网承德供电公司在全国率先倡导成立社会责任联盟、新农家联盟、孝心联盟，先后荣获"全国五一劳动奖状""全国精神文明建设先进单位""河北省五一劳动奖状""河北省文明单位"等荣誉称号。

【人力资源】 完成"三集五大"体系建设的宣贯培训、方案制订、机构调整和人员调配、磨合改进、总结验收等工作。在确保"机构不增设、编制不突破"的前提下，改革后组织机构精简33.6%，用工效率提升16.24%，管理岗位压缩36.58%。成为首家通过公司验收的地（市）公司，并作为公司唯一一家地（市）公司代表通过国家电网公司的综合验收。完成"主多分开"工作，了解掌握各单位资产经营、股权结构、人员结构、业务性质等情况，制订工作方案和工作计划，依法合规完成清产核资、审计评估工作，8月完成工商变更，9月底通过公司验收，作为公司唯一选定的地（市）公司参加并通过国家电网公司验收。加强"四好"班子建设，贯彻落实干部选拔任用"四项监督制度"，修订完善《"三重一大"决策实施细则》，监督"三重一大"制度的执行情况。加强后备人才培养，举办中青年管理人员提升培训班，共71人次参加培训。执行"六统一"招聘模式，按照新进毕业生专业与岗位匹配和补充生产一线缺员的原则，全部配置到生产一线相应岗位。盘活现有人力资源，内部引入竞争机制，通过公开竞聘方式，择优选拔62人进入市区管理和生产岗位。完成宣贯培训、转岗培训和岗位适应性培训工作，共开展各类培训290期，参加培训考试4222人次，培训考试率达100%。2012年新增技师及以上人员38人，其中高级技师9人，技师29人；新取得专业技术资格269人，其中高级32人，中级71人。人才当量密度实现88.51%。组织开展农电用工技能鉴定工作，共完成2667人的技能鉴定工作。

【电网建设】 落实国家电网公司"大规划""大建设"建设方案，依托市公司经研所以及县分公司发展建设部管理支撑，实现机构扁平化、业务集约化、管理专业化的电网建设管理体系。开展电网规划编制研究，增加项目储备，完成9项工程的项目前期及8项工程的工程前期准备，调整修编主配网"十二五"规划项目，共取得110kV及以上电网项目可研批复9项，总投资10.2亿元；35kV及以下电网项目可研批复67项，总投资2.78亿元。支持锡盟—江苏泰州和呼盟—山东青州两条±800kV特高压线路可研工作，取得路径协议113份。电网建设投资完成11.72亿元，续建、新建项目7项（其中220kV项目5项，线路长度179.8km，变电容量108万kVA；110kV项目2项，线路长度131.8km，变电容量15万kVA），基建工程全部按照国家电网公司里程碑考核节点完成开工、投产任务，工程全部荣获国家电网公司优质工程称号，投产规模达历年之最。在国家电网公司区域流动红旗竞赛中，市区南变电站工程获得项目管理流动红旗；都山变电站、输电线路工程获得国家电网公司优质工程称号；在公司组织的流动红旗竞赛中，市区南变电站获得质量、双塔山输电线路工程获得项目管理流动红旗；满堂等7项110kV输变电工程获得国家电网公司优质工程称号，110kV及以上工程优质率实现100%的目标。117项农网工程完成率100%，其中1项35kV农网工程被公司命名为农网“十佳”工程。完成1个电气化县、5个电气化镇和58个电气化村的建设，完成275个帮扶村的建设改造任务，累计投资9070.45万元，总改造户数51 561户。推进新能源充换电设施建设，全年共安装运行新能源充换电桩14个。

【安全生产】 梳理安全规程、规章制度、管理标准体系。转发、修编27项规章制度；调整完善安全监督、应急、质量管理工作流程、技术措施、责任考核等28项流程；编写印发《安全职责规范》；逐级签订安全稳定责任状、安全生产责任状、人身安全责任书。落实“安全年”活动，细化制订实施方案60条，在SG186网页开辟“安全年”活动专栏，结合活动开展月汇报、季度总结，开展监督检查，形成长效机制。深化事故隐患排查治理，编制并印发《安全生产事故隐患排查治理实施细则》，结合春检、迎峰度夏、十八大各类安全检查活动，排查安全事故隐患27项，隐患治理计划完成率达到100%。加强到岗到位安全监督，定期发布停电检修作业计划，对重点检修作业进行风险分析，落实领导干部和管理人员到岗到位要求，优化“重点现场专人负责、二级单位全面自查、安监部重点抽查”相结合的安全监督模式，对各类检修现场进行安全督查。加大现场作业反违章力度，发布《安全生产反违章工作管理办法》，结合《典型违章100条》，对违章情况进行统计分析。结合《国家电网公司安全事故调查规程》，全面梳理“人身、电网、设备、信息”4类、8级以上事故风险；全年发布6级及以上风险预警22次。完成1项总体预案、18项专项预案和40项各类现场处置方案的修编，形成上下对应、相互衔接、完善健全的预案体系；建设完成国网承德供电公司及8个县分公司的应急指挥中心并投入使用，实现省、地（市）、县三级应急指挥中心互联互通；组建由应急抢险队伍和应急专家组组成的应急队伍体系。对生产相关人员制订培训考试计划，深入宣贯《国家电网公司安全事故调查规程》和《国家电网公司安全工作奖惩规定》，系统开展“安全第一课”“两票”、应急救援、SG186系统应用等各类培训班，组织各层面《国家电网公司电力安全工作规程》考试80余次，考试覆盖面、合格率100%。

【经营管理】 落实财务集约化管理，执行“六统一”财务政策标准体系和支付授权管理内控制度，落实财务管控标准管理流程，完善财务标准体系和风险在线监控，深化资金集中管理和资本集中运作，加强工程全过程财务管理和预算集约调控。强化集团对账工作，实现内部关联交易协同处理。加强项目资金过程管控和财务后评价，提高工程投资效益。开展土地权属完善工作，清理完善权属证明208宗。加强物资集约化管理，实现库存物资“一本账”管理模式，实现计划、合同、仓储、配送各环节有效衔接，高效运转。开展供应商绩效评价，实现产品质量全程、实时管控。开展依法治企专项治理工作，完善建立依法治企专项工作联系机制，开展重大经营决策、财务资产管理等9个方面自查自纠工作。加强对重点单位、关键环节风险防控检查，分析问题隐患，举一反三，全面整改，隐患整改完成率达100%，通过国家电网公司依法治企检查验收。加强惩防体系建设，推进廉政风险防范工作，坚持纪检工作巡访、纪委书记接待日制度，保障员工诉求渠道畅通。规范公务用车管理，整合现有机关部室公务车辆资源，统筹调配车辆使用，实现公务车辆全天候、全过程监控。完成国家电网公司依法治企综合专项检查及财务专项检查“回头看”工作，整改率达到100%。以集体企业改革为契机，优化组织架构，完善业务职能，做优做强集体企业，实现“两级法人、一级管理”新模式。坚持横向沟通与纵向交流相结合，加强业绩指标、管理指标定期报表分析，分解同业对标各项指标，切实做到压力到位、责任到位、考核到位。完善调整同业对标三年规划，总结提炼典型经验，促进各项指标全面提升。

【科技工作】 开展群众性创新管理，指导和帮助一线职工将发现的新方法、新技术予以实现并转化成专利成果，在明确科技目标规范科技管理的同时，以公

▶ 10月7日，承德御道口分布式发电储能及微电网接入控制示范项目顺利并网发电。

司下达的群众创新项目组为依托，开展科技攻关活动，提炼出“一种电力设备红外检测方法及装置”发明专利受理1项，“一种用于铁塔钢角眼距测量的固定装置”“一种用于电网立瓶的紧固器”“一种在地电位带电安装避雷器专用套筒扳手”“一种地电位带电安装避雷器专用线夹”“多功能破拆、打眼器”“一种多功能导线铝包带缠绕钳”实用新型专利受理6项，“一种地电位带电安装避雷器专用线夹”“一种试验仪设备线夹”“一种在地电位带电安装避雷器专用套筒扳手”“在双回直线塔上安装避雷器的装置”“在双回直线塔和耐张塔上安装避雷器的装置”“一种合闸线圈检修台”“一种用于杆塔改造过程中迁移架空地线的工具”“多功能破拆、打眼器”“一种便携、可调式工具套”“一种线路施工车”“一种用于铁塔钢角眼距测量的固定装置”专利授权11项，年度专利指标完成157%。按照“坚持自主创新、坚持重点突破、坚持整体规划、坚持可操作性”的原则，实施完成“承德远红外热像图谱库的建立”等5项科技项目，并通过公司评审验收。在2012年底公司科技成果奖评选中，“农网分布式发电/储能及微电网接入控制技术研究与应用”获得科技成果一等奖，“110～220kV输电线路并联间隙防雷优化及深化应用”获得科技成果推广应用二等奖，“电力设备红外测温故障诊断”“暂态扰动对风电集中送出地区运行影响及对策研究”“220kV线路双回路塔（垂直排列）带电安装避雷器”“华北电网时钟设备时间同步监测系统研究与系统开发”4个项目获科技成果三等奖。《改进TV及二次回路测试方法》荣获公司职工创新创效优秀成果一等奖。公司独立运作后首座220kV智能变电站，热河变电站按期投入运行。开展电网建设项目环保监督管理，新建110kV及以上输变电工程均按照法规要求履行环评报告、水保方案审批手续并在完工后及时进行环保验收，依法履行行政审批手续。

【优质服务和品牌建设】 以“社区光明同行”活动为核心，拓宽供电服务领域和服务内涵。实施95598光明服务工程，开展以“保值用电，服务热心；增值用电，服务贴心；超值用电，服务精心”为主要内容的“三电三心”惠民行动。延伸服务领域，创建多元化缴费方式，形成自助缴费、电话缴费、预付费购电等12种收费方式，完善“十分钟缴费圈”建设，实现51个营业厅、46个供电自助终端、35个银行自助终端购电及网银自助购电。针对弱势群体，制订《保障性住房业扩报装“绿色通道”管理办法》，建立特殊客户服务档案，主动提供服务。推进国家电网公司社会责任管理试点工作，在全国率先倡导成立社会责任联盟、新农家联盟、孝心联盟，社会责任管理凝练形成“承德供电模式”。编印《冀北电力有限公司服务承德市经济社会发展白皮书》，创办《供电参考》，为承德市委、市政府和重要客户及时提供参考信息。京津冀20所高校传媒走进企业，开展央企社会责任寻访活动，新华社等14家中央媒体报道亮点工作。“两会”期间，与全国人大代表做客《中青在线》，与广大网友互动交流。《中国青年报》以“银线传情、光明有约”为题，整版刊发国网承德供电公司为民服务关注民生纪事，并被新浪、网易等多家主流媒体转载。深化“社企和谐兴冀，社区光明同行”活动，发挥“社会责任联盟、新农家联盟、孝心联盟”优势，构筑“三位一体”联盟格局，围绕“社企和谐兴冀、社区光明同行”活动，开展亲情帮扶“心贴心”、光明助老“孝为先”、惠民进户“献真情”、安全用电“进校园”等活动，实施基础建设一线通、缴费明白一卡通、服务周到一话通、品牌形象一事通、故障排除一站通、执行命令一令通的“六通”民心工程，解决用电客户急难险重问题。12支特色服务队活跃在基层尽展风采。编印品牌专题手册，总结展示品牌建设成果，利用中央媒体宣传“马背电工”李国军、绿舟服务队事迹，全年在省级以上媒体发稿563篇。

【党的建设与精神文明建设】 组织召开纪念建党91周年表彰大会，14个先进基层党组织、28个党小组、34名优秀党务工作者以及79名优秀共产党员受到表彰。坚持“三会一课”制度，全年召开理论中心组（扩大）会议28次，参与“千名支部书记讲党课”“万名党员干部上讲台”活动，各级党组织书记累计交叉讲党课46场，听课人数超过2000人次，撰写调研报告和体会文章130余篇。建立领导点评与绩效考核相结合的考评激励机制，构建创先争优活动上下贯通的考核评价体系。完成基层党组织晋位升级工作，共61个基层党组织晋升为A级党组织，A级党组织占有率68%。升级改版“创先争优”活动专题网页，发布“创先争优”活动信息600余条，编辑简报65期。开展“三集五大”体系建设满意度调查，员工满意度达到98.2%。开展“劳模工作室”“创新工作室”“QC”等创新创效活动，召开QC成果发布会。组织开展“弘扬雷锋精神、爱心光明服务”“青春光明行、爱心暖夕阳”“我们激情燃烧的岁月”等主题系列活动，制作“青春光明”视频专题片。开展“弘扬雷锋精神、爱心绽放光明”主题活动，与《中国青年》杂志社共同向国家电网董存瑞电力服务队赠书。开展

“建功十二五、献礼十八大”为主题的文明创建活动，连续22年保持河北省文明单位称号。创新推出具有承德特色的服务模式，成为“全国基层党员三大服务模式”。《推广使用新型220kV线路绝缘子憎水性测试工具》和《“师带徒”深度融合“能力管理体系”，打造科学合理的培训评估系统》两项合理化建议获得国家电网公司表彰。荣获公司“先锋党支部”称号、5个单位荣获公司“电网先锋党支部”称号，10名员工分别荣获“优秀共产党员”“优秀党务工作者”称号，国网隆化分公司荣获第一批国家电网公司“文明单位”荣誉称号，国网承德供电公司团委荣获“国家电网公司五四红旗团委”等荣誉称号。统筹推进企业文化建设“三大工程”，制订企业文化重点落地和传播工程实施方案，加强企业文化建设动态评估和工作评价，将企业文化引入年度绩效考核指标。总结提炼企业文化成果和案例，13篇优秀成果和案例被公司采纳。组织召开全市企业文化建设现场会，并作为先进单位进行发言。

（刘　洋　苏小磊）

国网冀北电力有限公司廊坊供电公司

【概况】 国网冀北电力有限公司廊坊供电公司（简称国网廊坊供电公司）是国网冀北电力有限公司直属直管单位，担负着整个廊坊地区的电网规划、建设和供电服务任务。供电面积6429km^2，供电营业户数145万户，供电业务人口超过433万人。现有11个职能部室、6个业务支撑机构、8个县（市）供电有限公司。

截至2012年底，在册职工5672人。廊坊电网500kV变电站2座，容量5400MVA；500kV线路（含电缆）12条，长度390.099km。220kV变电站16座，容量5880MVA；220kV线路42条，长度1057.398km。110kV变电站61座，容量5495MVA；110kV线路146条，长度1548.829km。35kV变电站80座，容量1465.7MVA；35kV线路123条，长度988.49km。

国网廊坊供电公司2012年完成固定资产投资13.74亿元，占全年投资计划的100.6%；售电量（合并口径）200.5131亿kWh，同比增长7.18%；综合线损率（合并口径）5.72%，同比提高0.06%；供电可靠率99.9622%，同比提高0.02个百分点；城市综合电压合格率99.87%，同比提高0.11个百分点；电源总装机容量1306MW，全部为火电；年发电量74.3644亿kWh；全市单日用电最大负荷3394MW，同比增长2.8%；最大日供电量6807万kWh。

2012年，国网廊坊供电公司荣获“全国文明单位”“全国模范职工之家”“国家电网公司先进集体”“国家电网公司文明单位”等荣誉称号，是公司系统首个通过国家标准化管理委员会、国家电力监管委员会AAA级标准化良好行为确认的单位。

【人力资源】 按照“四高”“三确保”（高起点谋划、高标准要求、高效率建设、高质量实施，确保安全生产万无一失、确保职工队伍和谐稳定、确保服务质量稳中有升）改革原则，推进“三集五大”体系建设。建立“安全、稳定、服务、信息、舆情”五大风险防控机制，对县公司改革实施“五规范”（规范县公司的部门职责、岗位职责、岗位名称、岗位序列、岗位层级），完成市、县两级机构调整、人员配置和新模式导入工作。创新采取“双熟双查”（“双熟”即要求市公司和县公司均要熟悉掌握国家电网公司对市、县两级验收标准，“双查”即市公司各专业组对县公司进行模拟验收检查，同时8个县公司各负责一个专业，组成8个专业组反向对市公司进行模拟检查）、“三查一改”（查内容完整性、查佐证完备性、查培训时效性，限期整改）方式，检查评估工作成效，巩固建设成果。梳理规章制度675项、业务流程553项，制定管理标准和工作标准511项，分类开展转岗、适岗培训6400余人次。改革中，12名中层干部主动提出退居二线工作，5名机关人员主动提出到基层一线工作。改革后，机关职能部室和业务支撑实施机构由32个减少为17个，机构精简率47%，人员由1229人减少为1023人，用工效率提升16.76%；8个县（市）公司机构由189个减少为64个，精简率66%，人员由2174人减少为1173人，用工效率提升46%；综合用工效率提升35.47%。组织开展212名初级职称审核认定工作，完成92名中高级职称评定人员材料鉴定、审核、上报工作。组织完成83名技师、高级技师考前培训和鉴定工作，提高技术技能人才队伍素质，人才当量密度达0.7942。实施人力资源优化工程，组织中层干部集中脱产培训，增强干部管理水平。按业绩评价干部、按能力任用干部，全年调整干部115人，交流99人，选拔任用16人，其中，3人经公开竞聘走上中层管理岗位。“三集五大”改革后，体系内中层干部平均年龄降低2岁，大学本科及以上学历人员比率提高5个百分点。拓宽人才成长通道，2012年通过竞聘向公司输送10名优秀人才，4名员工在公司培养锻炼。推进人才培树“四百工程”（打造管理、经营、技术、技能4支各100人的人才队伍，增强政治素质、专业素质、文明素质，培养队伍的优良作风），建立专家信息库，开展经验传授、学术交流、技术比武等活动。

【电网建设】 调研走访重点县、市，科学调整电力需求预测，完善廊坊电网中长期发展规划，清晰远景目标。推动各地城乡规划与电力规划统筹协调，完成配电网“十二五”规划滚动修编。强化进度控制，提升工程质量，实施属地管理，重点项目前期工作、工程建设总体进展顺利。落实上级单位基建质量管理工作要求，加强“标准工艺”应用策划和在施工作业过程中的应用管理，开展“两型一化”和“两型三新”试点变电站和线路工作。2012年投入资金12亿元，建设9项输变电工程。投产南新、柳泉配套等4项110kV输变电工程。柳泉220kV变电站工程、王庄子等8项110kV输变电工程被评为“2012年国家电网公司优质工程”。做好全区变电站调度数据网接入工作，调度数据网已覆盖廊坊地区74座变电站，覆盖率达到85%。在公司率先实现AVC（自动电压控制），系统省地协调控制和闭环管理。大厂县域通信网试点工程通过国家电网公司验收。初步建成覆盖市、县两级双汇聚点的通信网容灾体系。实施农网升级改造工程，完成287个帮扶村改造任务，缓解了农配网高峰过负荷、“卡脖子”等突出问题，得到基层党委、政府的高度肯定。通过河北省发展改革委对香河县的新农村电气化县验收，国网三河、大厂、霸州供电公司三项农网工程荣获国家电网公司2012年度“农网百佳工程”称号。

【安全生产】 开展“安全年”活动，完善横到边、纵到底、无死角的立体化安全防控体系和横向覆盖、纵向贯通的安全生产考核体系，把握关键环节，加强全过程管控。开展春季安全大检查，查纠整改各类问题193项。开展“安全生产月”活动，通过展板、材料、现场互动等形式宣传安全用电及电力设施保护知识。成立安全稽查大队，开展“走基层、察实情、分片包干保安全”活动，强化现场安全监督，加强对高风险等级作业现场的安全督导，全年对黄色及以上风险到场监督28人次并召开工地安全例会24次，发布《作业现场安全督察情况快报》16期。发挥电力设施保护属地管理立体化组织、闭环管控、一体化协作、量化考核、全方位宣传的“五位一体”机制及“周调度、月考核”机制作用，消除源霸500kV线下树患等4项重大隐患，清理110~500kV线下树障10万余棵、线下火灾隐患26处。试点开展配网状态检修和带电作业并顺利通过国家电网公司验收。加强设备运维管理，实现由定性巡视向定量巡视的转变，发现并消除输变电设备缺陷1557项。实现大屯、龙河等站的调度权划转，完成廊坊地区首座自备电厂并网发电。滚动修编电网反事故应急预案，首次编制配网反事故应急预案，组织迎峰度夏（冬）及反事故演习15次，提升应急处置能力和应急管理体系实战能力。有效应对“7·21”强降雨和“11·4”暴风雪考验，做好抢修队伍、应急电源等各项准备，完成十八大、全国跆拳道锦标赛、全国民政工作会议等重大活动保电任务。推进司机班标准化建设，累计安全行驶逾1200万km。年度实现三个百日安全长周期，荣获全国“安康杯”竞赛活动优胜单位称号。

▶ 4月6日，廊坊张庄220kV变电站进行隔离开关改造。（李刚 摄）

【经营管理】 2012年增售电量5.2亿kWh，增加收益810万元。开展有序用电管理，全年新签有序用电协议623户，重签93户，完成签订指标和三次有序用电预案的启动工作，最大限度满足经济社会发展对电力的需求。加强需求侧项目管理，推广电力热泵项目16万m^2，增售电量665万kWh。深化稽查管控，加大违约用电和窃电查处力度，及时发现计量装置故障，挽回经济损失171万元。落实VIP大客户、业扩工程回访等制度，听取用户意见、建议，理顺内部管理界面，优化对外服务流程。规范预付费工作机制，实行“过程跟踪、定期通报、点名分析、重点控制”的电费管理模式，并采取分次划拨、信用评级等手段加强电费回收，回收率达到100%，创造25年电费回收“双结零”的新纪录。深化项目、资金一体化管控，严格综合计划和全面预算管理，提升其严肃性、约束力和指导作用。推进主多分开，完成各项改革任务。实施效能监察项目3项，申报效能监察成果2项。推进重点工作监督，突出对“三集五大”体系建设、主多分开、公车专项治理、集体企业管理等重点工作落实情况的监督检查。以国家电网公司依法治企综合专项检查为契机，强化问题整改，消除薄弱环节，解决各类历史遗留问题，提升企业风险防范能力。深化审计成果运用，“国网廊坊供电公司上划县供电企业经营管理情况审计调查”项目获得国家电网公司“优秀审计项目”称号。

【科技工作】 开展同业对标新版体系宣传贯彻培训，加强指标数据及时性、准确性及工作质量管理，《深化安监信息化系统应用，提升县级供电企业安全管理水平》入选国家电网公司典型经验库，《提高调度管理水平，实现精细化到精益化的跨越》入选公司典型经验库。开展管理创新，提炼经验成果，《应用智能视频监控技术，创新工程监理现场管控模式》获国家电网公司和全国电力行业管理创新二等奖，另有4项成果被评为公司2012年管理创新优秀成果。以适用、成熟新技术和先进设备推广应用为主，以科研为辅，推进科技进步，加强科技创新，提高技术水平和科研水平。征集下一年度科技储备项目42个，完成20个项目的评审申报。申报国家专利9项，完成3个职工创新工作室创建工作，征集职工创新创效课题92项，完成创新项目58项，《建议建立职工创新创效成果推广机制》被评为“国家电网公司优秀合理化建议”，调控中心和国网霸州供电公司QC成果分别获得全国电力行业优秀QC成果奖，国网廊坊供电公司被授予“河北省职工技协工作先进集体”称号，“星火”职工创新工作室被省总工会命名为“河北省十佳职工创新团队”。

【优质服务和品牌建设】 增强服务意识、推进作风转变、创新服务举措，打造“可靠、可信赖”的企业形象。推进“社企和谐兴冀”活动，发布《冀北电力有限公司服务廊坊市经济社会发展白皮书》，主动对接文安鲁能生态园区建设等重点工程。推行内部协同运作，建立营销牵头、“一口对外”的协同服务机制，统一组织实施客户业扩报装、故障抢修、停电安排、电能质量改善等业务，实现了“内转外不转”。开展“社区光明同行”活动，利用112个供电营业窗口，开展社区特色服务活动，直接帮扶百姓10万余人次，发掘提炼“大爱所长”张文政、“热心大夫”马雄等65个先进典型事例。组建10支“共产党员服务队”，推行阳光服务、便民服务、志愿服务和亲情服务。落实“三个十条”和供电服务“十项承诺”，推进营业窗口规范化建设。开展客户满意度评价工作，加大明察暗访力度，健全供电服务常态运转机制。加强用户用电安全管理，开展高危及重要客户用电安全检查，对发现的安全隐患进行持续跟踪和督促整改，并报政府有关部门备案。推广自助缴费终端，推行“一站式”“自助式”“流动式”服务，努力打造城市“十分钟交费圈”，实现农村地区用电交费“村村设点”。强化新闻宣传和舆论引导，“仁义皮卡”先进事迹报道——《燕山深处的牵挂》在中央电视台《新闻直播间》栏目播出。赵志远荣获“国家电网公司劳动模范”称号。国网大城供电公司于留庄荣获“河北省为民服务创先争优行业服务标兵”称号。国网三河供电公司皇庄供电所被评为国家电网公司标准化示范供电所，成为公司系统首个通过AAA级标准化良好行为确认的供电所。

【党的建设与精神文明建设】 深化创先争优，开展学习型党组织、基层组织建设年、党员素质提升工程和党建创新活动，发挥各级党组织战斗堡垒和党员模范带头作用。开展“我与企业共发展”大讨论、“建功‘三集五大’、献礼十八大”网络互动主题实践活动。落实党风廉政建设责任制，深入反腐倡廉工作。坚持全员学廉、环境促廉、氛围育廉，弘扬“干事、干净”廉洁文化，实现“四个不发生”（不发生腐败违法违纪案件，不发生瞒案不报、压案不查或责任追究不到位情况，不发生有重大影响的行风事件，不发生履行“一岗双责”、执行“三重一大”制度、防控廉政风险等管理监督工作失职失察问题）的目标。落实“五统一”要求，推进企业文化传播、落地、评价“三大工程”，国家电网品牌形象得到广泛认可。开设“道德讲堂”，举办感动故事征集，推进“双星”（星级机关、星级窗口）创建，营造“讲道德、做好人、树新风”的浓厚氛围。健全民主管理机制，畅通意见表达渠道，通过交流座谈、调查研究等多种多样的形式听取职工意见建议。落实职代会提案、建议，做好“三集五大”体系建设的民主审议工作，营造和谐发展良好氛围。成立团员青年志愿者队伍，开展“青春建功”系列实践活动，增强团员青年责任意识、奉献意识与争先意识。建立后勤服务综合报修平台，提升服务品质。加强离退休人员管理，实行信访稳定一体化管理。

（陈一鸣）

国网冀北电力有限公司经济技术研究院

【概况】 国网冀北电力有限公司经济技术研究院（简称国网冀北经研院）是国网冀北电力直属科研单位。按照公司“三集五大”体系建设方案，国网冀北经研院按分公司模式管理，是公司“大规划”“大建设”业务的技术支撑机构，是电网建设业主项目管理的执行机构及工程质量监督机构，与唐山电力勘察设计有限公司实行一体化运作，在业务上接受公司发展策划部、基建部两个职能部门的指导，拥有甲级工程咨询资质和乙级设计资质。国网冀北经研院科学制定了建设“规划科学、技术领先、管理卓越、服务一流”的现代电力经济技术研究机构的发展目标，制定了3~5年内在国家电网公司系统具备一流竞争力的发展愿景。

2012年，国网冀北经研院共有全民职工95人，其中领导班子成员5人，中层干部20人，人员年龄结构相对年轻，文化程度和整体技能水平较高。

▶ 5月18日，国网冀北电力有限公司经济技术研究院举行揭牌仪式。

【人力资源】 开展人力资源诊断，采用横向对比、关键驱动因素等方法，分步实施诊断分析，重点查找劳动效率、劳动用工风险等问题，配合公司完成“十二五”期间人力资源需求预测模型。夯实人力资源管理基础，开展人力资源标准体系建设，发布管理制度18项，配合公司完成信息系统适应性调整，完成28个组织机构、658人次的人员岗位信息调整。制定发布主任助理、中心室主任竞聘管理办法，为青年成才提供新的成长平台。开展“三定”“三考”，执行定员管理刚性，初步建立覆盖核心业务的标准岗位序列，实现各业务模块人力资源的均衡配置。制定关键绩效指标48项，定量考核指标占93.75%。组织全员签订绩效合同，建立绩效考核信息档案。深化全员培训，制订并全面实施年度教育培训计划，组织完成各类培训考试共计800余人次，转岗、适岗培训率100%，培训考试率100%。

【电网发展】 完成《国网冀北电力有限公司“十二五”发展规划》，开展2013~2017年电网规划编制工作。完成冀北地区主网架、配网、通信、智能化4项规划，通过国家电网公司组织的专家评审。完成接入系统电能质量和无功补偿评估审查7项；完成接入系统审查24项；完成61项35kV、256项10kV及以下电网项目可研评审复核工作；完成110kV及以上项目可研内审5项；完成110kV及以上输变电工程初步设计审查27项，项目投资24.47亿元。开展2013年营销储备项目审核工作，项目投资4502万元。实现评审业务从基建领域拓展到技改大修、营销等多领域。开拓设计市场，完成马庄220kV输变电工程初步设计和步步川等110kV输变电工程可研设计工作。参与风光储输工程二期工程前期工作，为新能源领域设计奠定基础。强化业主项目部管控，滦县变电站工程夺得公司基建领域第一面国家电网公司质量管理流动红旗，工程业主项目部获得公司青年文明号称号。承德西输变电工程获得国家电网公司输变电工程优质工程。加强安全质量培训，创新安全质量二次咨询。引入第三方中介咨询机制，编制分层分级控制的管理模板，加强安全质量管理情况检查与评估，获公司创新创效奖。基建信息管理系统获华北区域评比第一名。《工程建设过程中不可预见赔偿对于工程造价的影响》专题报告被选为国家电网公司系统2012年度造价专项报告。建立健全过程结算体系，分析结算进度与质量影响因素，为设计评审及结算监督工作提供借鉴依据。全年共完成承德西500kV输变电工程、黄滨500kV输变电工程等结算项目5项，工程批复概算静态投资25.64亿元，结算金额24.46亿元，结余比例4.62%。完成2012年公司基建标准成本系数测定。

【经营管理】 加强综合计划管理，完成综合能耗统计分析，完善零购计划项目、科技研发项目资金计划管理。及时编制上报2013年零星采购、信息化项目等综合计划；按期完成财务指标，加强沟通协作，完成21个子项的竣工决算编制工作。配合完成汗沽平、房保Ⅱ回等38项500kV输变电工程156个子项的在建工程余额清理工作，清理在建工程余额3.52亿元；持续完善合同管理，制定完善院合同管理办法，理顺合同流转流程，固化标准合同模板，提高合同管理效率，完成各类合同签订80份，配合完成28个输变电工程合同的审核、制作工作；在线稽核系统全面应用，实现在线稽核流程化管理，提高自查自纠的主动性、发现问题的针对性和落实整改的有效性，确保资金结算规范，保障资金安全和流转效率的提高；开展依法治企专项检查工作，制订整改计划和措施，明确责任部门和责任人，按要求完成13项整改工作，增强依法治企意识。

【科技工作】 加强科技项目过程管理，突出科研定位，建立常态科技创新机制，组织召开经研院科技项目工作会议6次，推进科技项目的完成进度；推进科技研究，500kV多分裂导线破口工程施工工艺研究等2个科技项目通过公司评审验收。编写上报《冀北电网"十二五"发展规划关键技术研究》等9个项目可研报告，4个项目通过国家电网公司专家评审，列入规划库。完成9个基建新技术项目预研，2个项目纳入公司基建新技术研究备选项目；开展专题研究，完成《国家电网公司2012年代表日理论线损计算报告》《华北分部500kV理论线损计算报告》《冀北电网发展诊断分析》等专题研究报告。成为首个承担国家电网公司线损理论计算分析的省级经研院。完成"分布式电源并网技术要求及管理流程调研报告"编制工作；推进专利申请工作，2项专利申请指标通过国家知识产权局受理，其中发明申请1项，实用新型申请1项，完成专利申请考核指标。

【优质服务和品牌建设】 制作《夯基筑本 创新发展》宣传影片，展示国网冀北经研院在"三集五大"建设中的业绩，传播全体员工奋发有为的品牌形象，形成重要的传播窗口。根据"大规划""大建设"专业验收和综合验收需求，制作主题鲜明、内容丰富、特色突出的3版展板，获得验收组好评。配套开辟"三集五大"网站专栏，制作发布宣传手册，形成宣传"三集五大"合力。结合工作实际，挖掘工作亮点，反映经研院"数据、决策、技术"支撑作用和项目研究成果，在行业新闻媒体、报纸、刊物、网站发稿27篇。组织开展"我与三集五大"主题征文活动，发动广大干部员工参与到品牌传播和维护中来。落实国家电网公司统一品牌标识体系，完成户外地标、办公物品、会议背景标识等各类标识的制作更换，确保标识应用率和准确率两个100%。

【党的建设与精神文明建设】 学习贯彻党的十八大精神，开展理想信念和形势任务教育。制订《开展基层组织建设年实施方案》，开展党支部定级工作。建立党支部书记工作例会制度，增强党组织凝聚力。开展职工思想动态调查，掌握员工思想动态，加强正确思想引导。召开"建功'三集五大'、献礼十八大"青年员工座谈会，激发青年活力。落实"一岗双责"，促进惩防体系建设，坚持民主集中制，落实"三重一大"制度。加强反腐倡廉警示教育，深化廉洁文化"四进"活动，组织参观廉政教育基地，对拟提拔任用的干部和新入职员工进行廉洁从业考试。在舆情监控方面，建立舆情沟通、化解、处置的联动机制，在重要时期进行舆情监测周报制度，防范舆情事件发生，形成闭环管理。召开第一届工会会员大会，组建工会并选举产生组织机构。开展"办公自动化"职工劳动竞赛，举办水上趣味运动会等文体活动。加强新员工培训力度，鼓励新员工迅速适应，主动作为。组织青年学习胡锦涛总书记"五四"讲话和刘振亚总经理"五四"寄语，促进青年坚定理想信念。开展义务支教活动，增强青年社会责任感。

（王文广）

国网冀北电力有限公司电力科学研究院（华北电力科学研究院有限责任公司）

【概况】 国网冀北电力有限公司电力科学研究院（简称国网冀北电科院）成立于2012年5月18日，定位于公司"大运行""大检修""大营销"体系的业务支撑机构，与华北电力科学研究院有限责任公司（简称有限责任公司）一体化运作。设有办公室、人力资源部、财务资产部、科技发展部、党群工作部5个职能部室；电网技术中心、设备状态评价中心、供电服务中心、计量中心、电源技术中心5个专业机构和华北兴源节能服务有限公司；拥有"机网协调运行仿真分析"国家电网公司重点实验室、"高电压紧凑型输电技术"国家电网公司实验室等22个高标准实验室，以及数字仿真装置RTDS、低电压穿越测试系统等世界先进水平的试验设备；通过质量、环境和职业健康安全管理体系认证，具有国家级计量认证和实验室能力认可资质，具有火电机组及送变电工程调试特级资质、一级电力设施承试许可证，通过电力行业3A级信用等级评价。

2012年底，国网冀北电科院拥有员工479人。专业技术人员占比82.7%；大学本科及以上学历人员占比79.1%，其中博士研究生35人，硕士研究生178人。拥有国家电网公司优秀专家人才4人，内部专家46人。

【人力资源】 以脱产培训、中心组扩大会议等方式，促进中层干部管理能力、综合素质和政治素养的提升。通过技术培训、专家讲堂、现场锻炼、承担项目等形式，打造素质过硬、技术高超、专业精练的技术人才队伍。为新员工提供职业定向、发展评估、培养方案、目标修正等一系列职业发展生涯设计，帮助员工快速成长，为企业人才供给提供保障。组织做好博士后课题管理，加强对博士后科研课题的考核，发挥博士后在科研领域的专业优势，保证博士后科研项目质量。规范与高校联合培养研究生工作，完成15名研究生进站工作。

【经营管理】 2012年，国网冀北电科院资产总额8013万元，可控费用5460.56万元；有限责任公司实现营业收入42 582万元，利润总额4534万元，资产负债率17.68%，净资产收益率10.57%，流动资产周转率1.74次，资产总额47 656万元，完成公司和有限责任公司董事会下达的各项考核指标。开展重大经营决策、职务消费、物资采购等领域隐患排查治理和意见整改。通过实验室认可及计量认证复评审、三标体系再认证、承装（修、试）电力设施许可证换证审核、计量专项授权复评审和计量标准复查考核。保持“中电联司法鉴定中心签约实验室”资质。首批入选国家能源局燃煤电厂综合升级改造机组性能测试机构名单。完成主多分开工作，通过国家电网公司核查组验收，获得较高评价。成立集体资产监督管理委员会，奠定规范集体企业管理基础，完成集体企业清产核资工作。完成企业营改增工作，节约税金及附加700余万元。

【技术支持】 “大运行”支撑方面，电网运行分析、继电保护和自动化技术监督、设备在线监测业务分析更加深入和全面。“大检修”支撑方面，建立电网设备全过程技术监督网络、设备状态管控平台，实现运维体系“三个一体化”运作。“大营销”支撑方面，单相电能表检定效率提高23倍，检定人员减少90%，标准设备减少43%，器具库存下降55%，检定成本下降41%，年节约7500万元。开展生产服务工作，完成111台机组检修；完成各类生产服务项目2885项，高压仪器（设备）检定378台，各类化学样品分析化验8814件，热工仪器仪表检定及量值传递1942台和电测仪器仪表检定及量值传递2388台，技术报告1182份，继电保护、自动化、励磁调节器及电网安全自动装置入网检测14项72套，调试措施和调试报告162份。带电作业培训中心在全国高压线路带电作业技能竞赛中荣获团体第二名。提升技术监督水平，组织制订公司技术监督工作管理规定和相关制度。完成55厂次全专业技术监督现场检查。组织完成大唐国际所属12家电厂技术监督基础普查。输变电工程调试方面，完成蒙西电网8条新建及破口改造500kV线路调试投产，总长840km。完成蒙西电网春坤山、德岭山等5个500kV变电站新（扩）建工程调试投产，投产总变电容量4500MVA。机组调试方面，完成京能集团山西京玉发电公司新建工程和国电滦河电厂六期工程2个项目调试，调试投产2台机组，投产容量630MW。完成公司独立运作以来首个500kV唐山东输变电工程和首个220kV承德热河智能变电站调试投产，首次完成发电机组市内地下220kV变电站调试。完成冀北地区12个风电场、16台机组的低压穿越抽检工作。成功研发具有自主知识产权的移动式高低压穿越一体化测试系统，完成国内首次风电机组高电压穿越性能测试。完成2个风电场SVC现场检测。深入研究风电机理和风电运行特性，通过“沽源地区风电送出能力校核”“沽源地区网架结构加强技术论证”等专题工作。

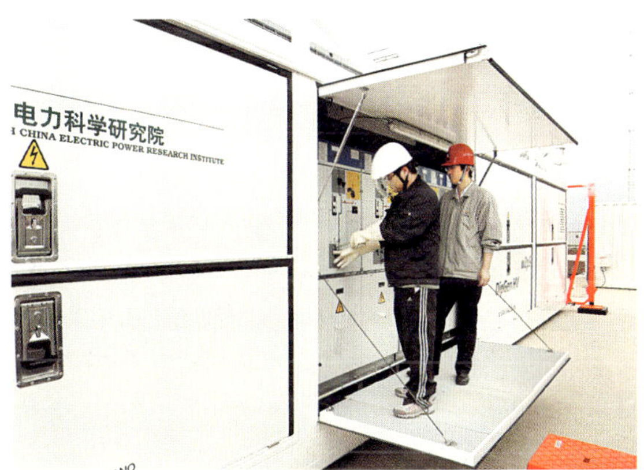

▶ 国网冀北电科院研制的具有自主知识产权的新型移动式风机高低电压穿越能力一体化测试系统，填补了国内外研究领域的空白。

【科技工作】 开展包括国家863项目在内的科技项目158项。获得各类科学技术进步奖15项，其中中国电力科学技术奖13项，国家电网公司科学技术进步1项，北京市科学技术进步1项。收到75项专利申请受理通知书，其中发明专利39项；获得45项专利授权，其中发明授权专利10项；完成海外专利申请3项；获得国家电网公司审批通过2013年海外专利申请计划2项。计算机软件登记3项。发表论文92篇，其中核心刊物收录45篇，SCI、EI、ISTP收录31篇；完成国家电网公司及以上标准编写18项，出版专著2部。传统能源领域技术升级。“燃用神华煤电站锅炉安全高效超低 NO_x 燃烧技术研究及应用”项目，通过采用先进的燃烧技术和科学的优化调整理念，成功实现100%燃用神华煤，解决了传统低 NO_x 燃烧器应用存在的结渣、排烟温度升高和燃烧不完全问题，实现 NO_x 排放值达到 $100mg/m^3$，超越当前低氮燃烧 NO_x 排放国际最高水平。“超临界、超超临界汽轮机转子残余应力在运行工况下的变化研究”，结合多次转子热态直轴工程试验，在国内首次从机理上研究并解释了近期国内多台汽轮机转子投产后即弯曲这一困扰国内重大装备制造业的问题。亚临界机组控制优化研究进一步深入，首次在国内完成增压风机RB实验，填补国内该项实验空白，降低因脱硫系统故障导致的非计划停机概率，提升机组经济性和安全性。燃煤机组调频调峰性能优化关键技术研究取得突破，已在大唐国际、国华电力、华润电力、国投电力等多个发电集团的19台机组上成功应用，应用总容量超过10 100MW。发电侧科技项目跨越发展，主动联络发电集团。与京能集团下属公司共同组建和运营脱硝催化剂检测实验室，打造国内先进的第三方检测平台。

【党的建设与精神文明建设】 开展基层组织建设年活动，实施支部分类定级，实现“五个提升”。以党委中心组学习、部门宣贯、项目部讨论等形式，加强党的十八大报告、公司重要会议精神学习和宣贯。组织开展“表彰一次先进、举办一次培训、组织一次参观学习”等建党91周年系列庆祝活动。选送2幅图片入选国家电网公司纪念建团90周年团青工作展。推进党风廉政建设。成立协同监督委员会，建立完善协同监督机制，举办中层及以上干部和重点岗位人员廉政教育专题讲座，开展效能监察，加强小型基建项目监督管理。推进品牌标识标准化建设，开展标识统一全面自查和内部整改。通过团拜会、广播操比赛、拔河比赛、图片展、“凝心聚力 我与企业共成长”主题征文等活动。开展文化大讲堂，传播统一的优秀企业文化。加强和谐企业建设。5次职工代表组长会议讨论通过“三集五大”、主多分开方案等涉及员工切身利益的事项，发挥职工代表在企业民主管理、民主监督方面的重要作用。开展思想调研，把握员工思想动态，解决员工实际困难。形成人力资源诊断分析、员工满意度等调查报告，梳理员工意见8大领域28条，形成督察督办事项26件。

（胡婷婷）

北京送变电公司

【概况】 北京送变电公司成立于1954年4月28日，是国网冀北电力有限公司直属大型基建施工企业，具有国家电力工程施工总承包一级资质，电力工程承装、承修、承试一级资质，电力工程调试甲级资质，房屋建筑工程总承包三级资质。主要承建电网各种电压等级输电线路工程，变电站建筑安装和电缆工程，电气设备安装工程，各种类型火电厂、风力电站、太阳能电站、核电站及辅助生产设施建筑安装工程；承接电网运行、维护、检修服务；承揽与输变电工程配套的各种类型铁塔、电力金具、电杆、高低压开关板的加工生产制造。

北京送变电公司下设办公室、财务资产部、人力资源部、安全监察质量部、经营管理部、施工管理部、工程技术部、党群工作部、监察审计部等9个职能部门及送电一公司、送电二公司、变电一公司、变电二公司、应急抢修中心、机具设备供应中心、业务支持中心等7个二级单位。2012年底，拥有员工866人，初级以上职称占比53.1%，大学本科以上学历人员占比47%。

【人力资源】 为实现“三集五大”体系建设“精简管理层级、缩短业务链条、实现高效运作”的目标，北京送变电公司优化组织架构，整合内部资源，本部职能部门及业务支撑机构由37个降至16个，初步搭建起“集约化、扁平化、专业化”的组织架构。明晰管理职责，精简岗位编制，组织开展管理岗位现状梳理、管理岗位公开竞聘及协理岗位设置工作，管理模式逐步完善，管理效率逐步提高。制度标准体系建设方面，制定和完善34个专业制度，涉及薪酬、劳动组织、绩效考核、保险管理、培训教育、干部管理等多个方面，完成144项工作标准的编写工作。薪酬分配制度改革方面，以“按绩取酬、强化责任、收入分配向施工生产一线倾斜”为原则，修订《北京送变电公司薪酬管理办法》《北京送变电公司经营风险抵押金管理办法》等制度。发布《北京送变电公司全员绩效管理实施细则》，对企业战略目标和重点工作进行层层分解，考核结果与员工收入和职业发展挂钩。开展

“赢在执行”、青年干部培训，探索项目管理模拟沙盘及案例库等形式培训，共完成培训项目 118 班次，完成年度培训计划的 100%，培训人数 5954 人次。为发挥公司输变电抢险检修中心实体作用，组建应急抢修队伍，从多个省市的职业技术学校招聘专业技术毕业生，科学策划入职培训课程，并组织第一批应急队员参加培训，并在应急抢修业务中显现成效。

【电网建设】 结合国家电网公司“三集五大”管理变革，在总结北京送变电公司 2011 年唐山管理项目部的区域工程管理经验的基础上，按照“资源一级配置，组织两级控制”的管理模式，在唐山、秦皇岛、承德地区建立区域工程项目群的管理模式。规范分包管理，初步实现“无差别管理”。按照电监会、国家电网公司、国网冀北电力对分包商管理的总体要求，以杜绝二次分包、分包商履约能力考核为重点，建立健全分包商准入、内部招投标、过程履约能力考核评价机制，分包商管理在工程安全、质量、进度等方面逐步实现“无差别管理”。

2012 年，北京送变电公司共承揽工程 153 项，其中线路工程 79 项，变电工程 74 项，线路总长 2164.56km，主变压器容量 17 556.6MVA；截至 2012 年底，竣工移交工程 62 项，包括线路工程 33 项，长度 772.52km，变电工程 29 项，主变压器容量 3802.6MVA。里程碑计划完成率达到 100%，质量安全管理均实现合同目标。滦县 500kV 输变电工程、锦苏 ±800kV 线路工程及营遵破口、承德西扩双塔山、青坨营 220kV 变电站等重点工程如期竣工或投运；哈郑 ±800kV 线路工程、新疆二通道 750kV 线路工程、御道口 500kV 输变电工程等重点工程如期开工；作为北京送变电公司有史以来承揽的首个检修项目，复龙换流站电气设备检修调试项目在 20 天内完成，得到一致好评。

2012 年，北京送变电公司承建的宁东—山东 ±660kV 直流输电示范工程、云南—广东 ±800kV 直流输电示范工程荣获“国家优质工程金质奖”。青海日月山—乌兰—格尔木 750kV 输变电工程（2 - 1 标段输电线路工程）获“中国电力优质工程奖”。党峪 110kV 变电站工程、涿鹿河东 110kV 变电站工程、龙须门 110kV 变电站工程、尹华山 110kV 变电站工程、满堂 110kV 变电站工程、戴家屯 110kV 变电站工程、唐海西林 110kV 变电站工程、兴城—东荒峪双回 110kV 线路 T 接下营变电站线路工程、唐山常庄变电站—杨柳庄变电站双回 110kV 输电线路工程、张家口闫家屯变电站—西山变电站 110kV 线路工程荣获国家电网公司输变电优质工程。滦县 500kV 变电站工程获得国家电网公司 2012 年质量管理流动红旗。

【经营管理】 破解影响工程成本因素的难题，在经营管控方面主要采取以下措施：建立风险抵押金机制，加大经营业绩考核力度，建立以项目全生命周期为基础的成本考核体系，强化项目部在工程管控中的职能和作用；根据重点工作安排部署，在新开工线路工程中全面实施工程预算管理办法，编制项目施工预算，经经营核算小组审核通过，正式下达施工预算费用，力求科学、合理、准确；推进试行内部工程承揽招标机制，通过招标报价形式相互学习借鉴、查找差异，增强项目施工预算的科学性、准确性；建立集约化经营管控体系，完善制度办法，强化审核监督，努力降低工程成本；强化竣工结算管理，推进竣工结算进程。在市场营销方面，巩固现有市场，开拓潜在市场。跻身换流站检修业务，中标国家电网公司运行分公司复龙换流站电气设备检修调试包 2 工程；稳固特高压直流建设市场，参与承建哈密—郑州 ±800kV 特高压直流输电线路工程；扩大西北 750kV 市场，新疆与西北主网联网 750kV 第二通道工程，西山—东郊 750kV 输电线路工程中标包 18，招标 500kV 项目中实现众兴—肥南 500kV 线路工程中标，首次进入安徽省电力公司施工 500kV 项目。2012 年，共参加 157 项（234 个标包）投标工作，中标 79 项（80 个标包），中标率为 50.32%；中标线路总长 951km，变电总容量 4790 MVA。完成企业总产值 15.6 亿元（财务口径），其中加工产值 2 亿元；实现利润 526 万元；净资产收益率 1.76%；经济增加值为 -322 万元；流动资产周转率 1.99 次；资产负债率 89.9%；生产经营等各项考核指标如期完成。

【安全生产】 围绕“三集五大”建设体系、安全保障支撑体系建设，开展安全年活动，建立健全安全管理制度及标准化管理体系，开展安全通病防治。制定并发布包括《北京送变电公司安全生产责任制度（2012 年 A 版）》在内的 14 项安全管理制度。组织 53 人参加安全专业培训、40 人参加公司基建安全管理培训、28 人参加北京市住房和城乡建设委员会安全取证培训；331 人进行《国家电网公司电力安全工作规程》的学习、考试，并具备安全工作票签发人、工作许可人、工作负责人的资格；910 人参加全国“科学发展安全发展”答卷活动、873 人参加“三集五大”安全专项培训考试。实施“日预控、周点评、月协调”管控机制。开展施工安全风险识别、评估及控制工作，每日对施工作业危险点进行动态分析控制；每周进行风险预警，按照上级要求，各级领导到岗到位，成立北京送变电公司安全质量督导组，对施工项目进行督导检查；利用周点评会议，对每周现场到位情况、发现问题及整改情况进行点评，部署对下一周风险预警及控制措施、检查督查计划进行发布。坚持日常巡查和定期检查相结合，全年组织规范化复工、防汛、安全用电、应急设备物资专项大检查、春季项目管理综合大检查以及秋冬季安全质量大检查，分别对在建的35个送电项目、15个变电项目进行检查，对查出的问题定措施、定责任、定期限进行整改。完成十八大保电工作等重要活动及关键节假日的保电工作，完成安定变电站、大房二线应急抢修任务，获得公司的肯定，变电一公司第一项目部获得十八大保电先进集体，8人获得先进个人称号。全年未发生人身重伤及死亡事故、五级及以上设备损坏事件、火灾事故，未发生交通事故，未发生因施工原因而造成的电网事故，未出现安全事件迟报、漏报、瞒报情况。

【科技工作】 对内依托公司成立“输变电工程施工技术实验室”，强化科研管理，统一公司技术资源，为科技研究提供强有力的组织、物资保障。对外利用中国电机工程学会输电线路专委会输变电技术学组窗口作用，组建输变电施工技术网，加强学术交流，共享信息资源，掌握行业最新动态，拓展更多技术合作空间，促进试验研究能力提升。主持研发“特高压高塔组立施工通信指挥系统”“张力架线放线计算软件编制”“特高压钢管塔轻小型吊装设备”“多分裂大截面导线分次展放工程试验”等施工技术类科研项目11项。主持制订《1000kV及以下串联电容器补偿装置施工工艺导则》等工艺标准4项。主编《输电线路掏挖基础机械成孔典型施工方法》等国家电网公司典型工法2项，范围涵盖了线路施工、变电安装及调试技术，施工装备等各个方面。全年获公司科技成果一等奖1项、二等奖1项、三等奖2项，中国电力建设科技成果三等奖5项，申请专利6项，其中发明专利3项；获得专利授权10项，其中发明专利3项。国家电网公司基建部组织编写的《国家电网公司施工科技创新成果》收录北京送变电公司创新成果5篇。加大科技成果转换及推广力度，“导线外层铝股剥切器”“特高压高塔组立施工通信指挥系统”“张力架线放线计算软件”等成果在北京送变电公司乃至行业范围内得到推广，应用效果良好。其中，成果“导线外层铝股剥切器”在北京市总工会组织的“践行北京精神，争做创新职工”主题活动中脱颖而出，在“首都职工创新成果展”上向北京市市委领导做了现场汇报，受到好评。

▶ 4月26日，在首都职工创新成果展活动中，中央政治局委员、北京市委书记刘淇，北京市委副书记郭金龙等领导参观北京送变电公司创新成果“导线外层铝股剥切器”，并给予高度评价。

【党的建设与精神文明建设】 开展基层党组织建设年活动，完成基层单位考评办法修订工作，构建起量化有效型考评机制。以纪念建党九十一周年为契机，组织“重温党史、牢记使命”主题党课、党史知识竞赛等活动。做好先进典型发掘宣传，对2个公司电网先锋党支部、8个北京送变电公司优秀党总支、党支部、34位党员进行表彰。推进创先争优活动，印发《关于深入开展创先争优活动，助推深化改革、管理提升的实施意见》部署活动开展。开展“感动北送2012”活动，树立典型人物和优秀团队。推进品牌标识标准化，规范办公楼、项目部标识导入。整合宣传平台，加强与媒体沟通，扩大宣传范围和影响，《中国电力报》《国家电网报》等发稿30篇、图片10幅。制作公司内网“三集五大”送展视频《变电站的体检师》及各类视频专题片23部。全年累计慰问一线项目部及班组257次，慰问困难、患病职工、劳模150人次。开展建团90周年系列活动，以党委书记讲团课，荐书、读书、评书，职业技能竞赛等活动引领青年员工岗位建功。坚持举办丰富多彩的文体活动，共计1300余人次参加。落实离退休人员的政治、生活待遇，关心照顾有困难的老同志。设立党委书记、纪委书记、工会主席接待日，开通“联系你我 共创未来”党委书记网络聊天室，畅通员工诉求渠道，营造良好的沟通环境。

（崔秀香）

国网冀北电力有限公司检修分公司

【概况】 国网冀北电力有限公司检修分公司（简称国网冀北检修公司），担负着保障首都安全供电和服务冀北经济社会发展的使命，承担着北京地区70%以上的电力输送任务，每天过网电量达3.76亿kWh，覆盖面积13.79万km²。现运维500kV变电站21座，主变压器总容量47 625MVA，500kV输电线路71条，总长度5946km，输变电设备分布在北京、天津、冀北、山西、内蒙古、辽宁等6个省、市、自治区。

作为公司“大检修”体系建设的重要支撑单位，国网冀北检修公司高标准、高质量完成“三集五大”体系构建阶段任务。建立起“全业务覆盖、全流程覆盖、全岗位覆盖”的标准制度体系，实现制度流程与业务管理的有效融合。“三集五大”改革后，设置7个职能部门、6个业务支撑机构、1个企业服务中心，现有员工1107人。

【人力资源】 深化全员绩效管理。建立绩效考评“四维一体”综合控制机制，制订《全员绩效管理优化方案》，梳理345项部门级关键绩效指标，签订岗位绩效合约494份，优化绩效考评维度和权重，完善绩效管理机制。强化教育培训全过程管理。以“三定”“三考”为重要手段，组建优秀兼职培训师队伍，外请专家授课，发挥信息化、网络化培训优势，开展全角度、全覆盖、分类别、分层次业务培训，组织各类培训100项，累计培训8591人次、193 000余学时，全员培训率达到100%。人才当量密度达0.9894，高技能人才比例达81.05%。拓宽员工成长成才通道。加强专家日常工作管理，定期召开专家会议，规范专家管理。制定《人员培养锻炼管理办法》，2名中层干部、7名管理人员参加交流锻炼。完成11个工种，215人职业技能鉴定考试和60人专业技术资格评定工作。加强专业技能比武实训，国网冀北检修公司输电专业代表队获第八届全国电力行业带电比武实操第一名，综合第二名的优异成绩。组织参加公司和国家电网公司岗位竞聘，为上级单位输送优秀人才38人，拓宽员工职业发展通道。

【电网建设】 编制《基建工程管理办法》，完善“基建工程验收”等6项工作流程，验收、启动唐山东500kV输变电工程和安青双回等20个220kV间隔。加强基建工程遗留缺陷过程监督，有效消除39项遗留缺陷。完成荣乌高速、承秦高速钻越切改工作。三个检修分部和B级检修基地建设规划方案通过公司审核。

【安全生产】 编制十八大保电工作方案，组成8000余人专业、群众护线和专业应急队伍，对西电东送、北电南送大通道及北京500kV环网，认真巡视守护，克服低温、暴风雪等极端恶劣天气影响，圆满完成十八大保电任务，获得国网冀北电力“十八大保电工作先进集体”荣誉称号。夯实安全管理基础。贯彻落实“安全年”活动部署，牢固树立“大安全”理念，开展安全大检查、隐患排查治理和安全生产月等专项活动，优化三级隐患排查治理机制，建立“一患一档”数据库，排查治理各类隐患56项。实施风险动态管理，健全安全风险管控长效机制，完成932个行为风险事件、56个设备风险事件的执行工作，发布六级及以上风险预警16次，有效夯实安全管理基础。

完善安全生产责任体系，逐级签订安全生产责任书。成立安全质量稽查队，对生产现场进行严格督导，违章行为得到有效控制。强化外包队伍安全管理，开展“安全第一课”“安全生产知识竞赛”活动，制作安全生产动漫片，建立“安全文化长廊”，增强员工安全责任意识。2012年冀北区域多次遭受强暴雨、强暴风雪等恶劣天气袭击。为确保电网和设备安全，组建15支1024人应急抢险队伍、50人应急基干队伍、20人应急专家队伍，完善1项总体预案、17项专项预案和56类现场处置方案，提高综合应急能力。深化政企联合、警企联动和群防群治护电机制，加大电力设

▶ 国网冀北检修公司深入开展安全大检查活动，对电网设备隐患进行排查治理。图为检修人员对大房二线绝缘子进行更换。

施保护宣传力度，发放电力设施保护宣传品2000余份，清理树木隐患44处、5.4万余棵，500kV线路走廊环境得到持续改善。在“7.21”暴雨、10号台风和11月初强暴风雪抢险中，应对及时、措施有力，得到河北省委、省政府表彰。

【经营管理】 2012年，国网冀北检修公司通过国家电网公司“三集五大”验收，职能部门由22个减少到7个，精简率达68%。科级建制机构由38个减少到15个，精简率达61%。组建完成41个专业班组，累计调整岗位359人。所辖变电站全部实现“无人值班，少人值守”，倒闸操作、缺陷处理、事故应急抢险时间大幅缩短，现场停电时间有效降低。推进运维一体化管理，组织开展红外检测等45项D类检修项目培训和实施工作，运行维护、设备消缺、应急处置效率同比提高30%以上。制定规章制度112项，梳理核心业务流程146项，完善岗位说明书243项，编制工作标准315项，技术标准31项。完成涵盖“三集五大”体系16个信息系统切换任务。落实“六统一、五集中”要求，资金归集率保持在95%以上。夯实会计基础管理，深度应用ERP系统资金管理平台，编制物料编码会计科目对照手册。深化资产产权管理，完成12类97亿固定资产调拨，定期发布固定资产简报，开展固定资产清查，推进土地权属清理工作。应用风险在线监测系统，规范财务稽核流程。以电子商务平台为手段，加强供应商资质管理，强化物资招标计划申报、合同履约、废旧物资处置及超市化采购的全过程管理，加大废旧物资清理，回收资金190万元。细化仓储布局，强化精准配送，完成上报货位信息4309条，更换条形码9000余个，实现库存物资“一本账”。开展同业对标管理。完善同业对标内部评价体系，建立月度分析制度。加强可靠性指标管理，强化综合停电计划管理，科学制订停电检修计划。建立一流检修公司标准体系，落实162项核心指标责任部门、责任人。加强依法从严治企。强化审计成果应用，规范合同文本，加强经济合同审查，深化财务管理，强化干部监督管理，严格执行“离任必审”制度。建立车辆单机维修跟踪记录，强化车辆在线监控和违章分析，提升车辆管理水平。

【科技工作和信息化】 开展项目储备工作，7个2013年储备库项目获公司批准。完成“500kV输电线路新型防振锤的研究”等科技项目14项，获北京市科协金桥奖1项。“补偿电容器智能化技术研究”项目填补国内电容器智能化改造技术空白，“固定翼电动无人机”项目研发被确认为小型化、工具化发展方向的典型代表之一。2012年共获得知识产权专利授权11项，授理12项。创新创效取得新成果。注重总结提炼，申报公司标准化创新成果19项。整合技术资源，建成“五小”信息库，审核通过“五小”项目39项，群众性创新项目14项，发布QC成果20项，3项获得公司一等奖。举办“绿色电力”主题青年学术演讲比赛，参加北京电机工程学会学术演讲比赛，囊括全部优胜奖。开展科技论文评选工作，评选出12篇优秀科技论文，其中3篇科技论文被北京电机工程学会评选为优秀论文，5篇被全国输配电技术协作网收录。信息建设取得新成效。推广变电站安全终端系统应用，完成唐山、承德、张家口三个检修分部信息网络建设。构建信息运维服务平台，完善安全策略，按期完成管控设备升级工作。强化信息安全管控，明确5~8级信息安全事件30条。开展“百日安全保密大检查”“信息安全应急演练”等专项活动，编制《公司信息安全培训教材》，信息系统安全性和信息化应用水平有效提升。制定《公司信息系统安全管理规定》等制度7项，优化业务流程11项，深化ERP、EAM等信息系统适应性调整，提升系统柔性支撑力。

【党的建设与精神文明建设】 以“建功‘三集五大’ 献礼十八大”为主题，固化创先争优长效机制，开展“基层组织建设年”活动，完成国网冀北检修公司所属全部22个党支部分类定级和管理提升。按照“四化三深入”模式，改进党委理论中心组学习机制，推进学习型党组织建设。组织召开纪念建党91周年大会、劳模先进代表座谈会，发挥党员先锋模范作用。坚持党建带团建，举办青春风采大赛，评选十大青工之星，开展“青春光明行”十周年系列活动，形成青年志愿者服务队“六进六培育”活动特色。加强党风廉政惩防体系建设，签订党风廉政建设责任书20份，廉政岗位目标责任书66份。应用党风廉政风险管理系统，强化协同监督工作机制，开展效能监察，提升国网冀北检修公司各业务领域风险防控能力。开展廉洁文化“五进”活动，营造“干事、干净”工作氛围。工会工作取得新成绩。落实“四送四问”机制，开展员工思想动态调研，注重人文关怀和心理疏导，设立领导接待日，畅通诉求表达通道，解决员工实际困难，建立双向沟通和交流互动机制，营造和谐稳定发展环境。强化班组自主管理，开展“三组联建”活动，加快“五型”班组建设。开展“安康杯”劳动竞赛，评选表彰19名巾帼之星。整合兴趣小组资源，丰富职工文体活动，举办职工趣味运动会。广泛征求意见，提出以“三型两化五精益”传播工程为载体，加快“一流检修公司”建设的发展战略。与国内知名管理咨询公司合作，学习国内外先进管理理念和手段，建立一流检修公司标准体系和评价标准。加大品牌宣传力度，召开核心价值观研讨会，制作品牌宣传手册，建设企业文化长廊，加快企业文化传播落地工作。在社会各界媒体和主要电力媒体发表新闻报道100余篇，在国网冀北电力媒体发稿400余篇。

（孟福岗　尹　路　文盛昀）

国网冀北电力有限公司检修分公司大同检修分部

【概况】 国网冀北电力有限公司检修分公司大同检修分部（简称国网冀北检修公司大同检修分部）是国网冀北电力有限公司的直属单位，是华北地区最早的超高压供电企业之一，担负“西电东送”大通道的运行维护任务。目前管辖500kV输电线路25条共计2784km，500kV开闭站1座，500kV串补站2座。2012年，国网冀北检修公司大同检修分部连续三届获得“山西省文明单位标兵”称号，变电保自班荣获国家电网公司“工人先锋号”称号，变电保自班班长祁胜利被评为国网系统优秀班组长。

【人力资源】 推行组织机构设置扁平化，优化人员配置，加强班组建设，进行大检修体系组织架构建设。以理顺管理关系为重点，完善人力资源各项管理规章制度，推进人力资源集约化管理，优化业务流程，提升管控能力。完成绩效管理改进方案，实现季度绩效与薪酬挂钩。根据国家电网公司要求全面按照“三考”的要求进行全员绩效管理，构建“纵向到底，横向到边”的全员绩效管理体系，建立目标层层分解，责任逐级传递的工作机制。完善培训管理机制，围绕核心业务，加强复合型人才和创新型人才队伍建设，结合发展实际，组织各类培训，2012年，举办各类培训班88期，培训2167人次，全员培训率达100%。围绕国家电网公司“SG186”工程建设，加强人力资源信息化建设。完成国网的人力资源管控系统、干部辅助决策系统，ERP人力资源系统核心模块功能建设，组织、人事、薪酬、绩效、培训、能力体系和人力资源统计模块上线应用，完善ERP与管控系统接口的基础工作，提升人力资源集约化管理能力。

▶ 500kV托源三回改造施工现场。

【电网建设】 加强设备监控，安装多种在线监测装置，在2012年对监控终端集成，建成在线监测中心，组织专业人员对在线监测装置进行梳理，对于发现问题联系生产厂家进行维修，最大限度保证在线监测装置的良好工况，发挥其在线监控作用。针对建设中的王繁高速，张唐、准池铁路穿越神保、托源、丰万500kV线路的情况，为保证公路、铁路施工期间和投运后线路安全运行，与公路、铁路建设、设计、施工单位积极磋商，从路径选择，穿越位置勘察，改造方案审定等各个环节认真研讨，消除可能的施工、运行隐患。2012年10月完成王繁高速穿越500kV神保线的切改工作。

【安全生产】 2012年，安全生产形势平稳，未发生生产人身伤亡和其他有人员责任的电网设备事故；500kV线路可用系数99.97%，断路器可用系数100%；无跨区电网生产运行线路故障率和断路器故障率；设备缺陷消除率100%；科技项目完成率100%，截至2012年12月31日，实现安全生产2630天，输电设备安全运行10 411天。

加强设备巡视检查，及时消除重要线路重点设施的设备缺陷和安全隐患，对外力破坏点做好隐患动态管理和危险点定级管理，重点监控。全年发现并处理一般及以上缺陷348项（其中线路296项，变电52项）；加强安全基础管理和细节管控，开展标准化作业、“两票三制”监督与考核，建立反违章常态机制，防止误操作、违章作业造成人身伤亡和责任事故；加大设备在线监测和带电检测力度，针对重要输电通道、变电站重要设备，完善在线监测和带电检测手段，提高检测人员的技术水平，减少停电试验工作；加大技术改造、设备大修项目实施力度，分析输变电设施运行现状，应用业内先进技术和优质设备，采用精良的施工工艺，提升设备可靠性。完成重大政治保电任务，按照条块结合属地为主的原则，加强与地方政府的沟通合作，做好保电工作。

以秋季设备大检查为契机，对所辖设备运行状况和存在隐患进行分析排查，对易发生故障的部位进行重点监控，查找不安全因素，针对查出的问题，制订应对策略和解决措施。对20条500kV输电线路开展危险点梳理工作，针对线下大型机械施工、交叉跨越、案件多发区、人口密集区、微气象区、防火区等地段，重新核定危险点56处。推进电力设施保护工作，运用政企结合、警企联动的护线机制，依靠政府、公安部门，对输电线路保护区内存在的安全隐患进行整治。发挥群防群治作用，依靠广大群众护线员做好保电工作。

【经营管理】 遵循总量控制、保证重点、严格控制标准成本支出原则，开展计划指标分解下达工作，根据以前年度的实际经营情况，提前编制并下达年度三项可控费用预计划，保证生产经营管理工作有序开展，完成公司下达的综合计划指标。注重突出主营业务和主要生产经营管理工作，对指标进行测算修订，保证资金的合理安排。注重加强综合计划与财务预算的衔接，对费用指标按照财务科目的新要求，重新进行归类，项目的设置尽量与财务科目保持一致，并对计划项目实行编号管理。为保证单项考核指标的可控、能控、在控，对于涉及部门多的部分指标，重新确定归口管理部门。坚持综合计划月度执行报告制度，密切跟踪综合计划执行情况。

【科技工作】 2012年，科技项目完成率100%，专利申请3项（其中发明专利申请2项），专利授权3项。“串补保护测试仪的研究”项目获得公司科技成果三等奖。主要做法有：推进科技创新立项与解决生产实际难题相结合，加大外部创新成果吸收应用力度，组织实施“串补保护测试仪的研究”“应用电网雷害分布合理布置500kV输电线路防雷设施”等科技项目；完善创新工作室软硬件设施，加大实用化QC、“五小”创新创效力度，评选年度创新人物，激发全员创新活力；落实信息系统深化应用要求，开展信息化专题培训，完善指标管控措施，强化信息系统业务数据质量分析考核。

【党的建设与精神文明建设】 以“为民服务，科学发展”为主题，加强基层党支部建设。学习公司“三集五大”体系建设动员会和一届一次职代会精神；围绕“为民服务、科学发展”主题，通过专家辅导等形式，组织学习党的十八大精神。通过佩戴党徽、工作牌、服务卡，设立党员公示栏等形式，激励广大党员在十八大保电工作中牢记党的宗旨，强化自我约束，塑造党员服务品牌，发挥党员的模范带头作用。组织员工观看《建党伟业》《光辉的历程》等爱党、爱国题材教育片，引导干部员工坚定理想信念。学习国家电网公司“马背电工李国军”等先进典型事迹，开展2012员工感动事迹征集活动，引导员工弘扬宗旨、爱岗敬业、奉献社会。积极为员工排忧解难服务员工，帮助员工舒缓心理压力，树立阳光心态。开展重大节日慰问、困难帮扶、金秋助学等送温暖活动，慰问困难、患病职工。丰富文化活动，提高职工文化修养，获“山西省文明单位标兵”。

（禹鸿滨）

国网冀北电力有限公司通信管理中心

【概况】 国网冀北电力有限公司通信管理中心（简称国网冀北通信中心），是国网冀北电力的直属直管单位，于2012年9月按照国家电网公司总部分部一体化深化改革方案，成建制划转至国网冀北电力。截至2012年底，国网冀北通信中心有职工人数37人，内设机构综合管理部、安全管理部和通信运维部等3个部门，主要负责华北电网二级骨干光纤通信网、调度数据网、综合数据网、调度交换网、行政交换网的调度运行管理，负责华北分部资产范围内的482号院及冀北区域14个500kV变电站的通信设备运维检修，负责华北分部及相关单位的办公电话、会议电视系统的运行维护工作。

截至2012年底，国网冀北通信中心所管辖通信光缆长度2876.26km，通信微波电路3161.48km（包含冀北地区），载波电路225km。受委托所管辖区域内直属单位及直调厂站光纤覆盖率为100%。国网冀北通信中心运行维护的通信设备总量为666台（套）。其中，光传输设备200台，微波通信设备29台；载波设备1套；PCM设备数量总计371套；数据网络设备65套。

国网冀北通信中心共为华北调度范围内257条500kV线路提供保护通道514路，为冀北调度范围内154条220kV线路提供保护通道308路，安全自动装置通道161路；为228个调度站点、11个光或微波通信站点、9 个国调调度站点提供调度电话 942 路；为华北及冀北调度自动化提供四线远动通道及调度数据网通道 421 路，所负责管辖区域范围内保护、安控通道可用率 99.998%、调度电话保障率 100%、调度自动化远动通道中断累计时间为零。

【人力资源】 拓宽人才成长渠道，搭建人才成长平台，将年度培训计划完成情况纳入绩效考核，利用月度报表反映月度培训情况，包括计划完成、培训办班、全员培训率、培训经费投放情况等，加强了对教育培训工作的监督。2012 年举办并参加培训项目十余项，共计 200 余人次，全员培训率达 100%，培训涵盖经营管理、人力资源管理、党政工团、通讯报道、物资采购管理、合同管理、电网规划设计、电力通信调度、通信专业技术、交通安全知识等。开展国网冀北通信中心领导干部各项信息数据的梳理工作，对于数据导入系统有误的信息及时修改，按照公司本部人事董事部和人力资源部要求进行动态调整，完善干部员工信息数据档案。按照公司本部统一要求，及时完成社保基数、住房公积金缴费基数的调整和申报工作。通过培训、学习相关制度等方式加强“五险二金”管理。

【电网建设】 2012 年，支撑冀北电网建设开通通信通道和业务 877 条，完成各类通信检修任务 355 次，协调指挥处理电网通信故障 157 次。完成冀北电网唐山东 500kV 变电站、热河等 6 座 220kV 变电站投产运行通信系统调试，配合永发风电等 4 座风电场并入主网。完成宗州、包头东、山西地区宏光电厂等 5 座 500kV 变电站（及电厂）的投产运行。按照顺义 500kV 变电站通信机房扩建实施进度要求，开展推进辅助工程建设工作，完成扩建工程初步设计审查。完成房山 500kV 变电站通信机房改造工程，为新旧通信机房的业务倒换提供有利条件，提升通信机房运行环境。按照大容量骨干光传输网 OTN 工程进度要求，完成房山、昌平、顺义、通州、安定、万全、张南、太平、天马 9 座 500kV 变电站和华北分部大楼共 10 个站点 14 套 OTN 工程设备、1 台 DCN 网管路由器、116 条链路的安装调试工作。

【安全生产】 按照“三个不发生”（不发生大面积停电事故，不发生人身伤亡和恶性误操作事故，不发生重特大设备损坏事故）总体要求，制订完成国网冀北通信中心“安全年”通信专项活动方案，学习《国家电网公司安全事故调查规程》，建立常态排查机制，全面开展通信网络优化调整建设。完成顺义 500kV 变电站通信机房扩建工程初步设计审查，房山 500kV 变电站通信机房初步改造工程，安定 500kV 变电站通信机房改造方案审定和基础改造工程，有效提升通信机房运行环境。完成华北中心站机房及昌平、顺义等 16 个 500kV 通信站的春、秋季检修工作，特别针对秋季站内动土施工作业频繁的特点，加装地埋光缆走向标识，避免施工误碰误断光缆。核查梳理华北通信系统运行方式，制订通信系统业务调整方案，明确通信系统网络架构，坚决杜绝因信息通信引起的电网安全事故，为电网安全生产和公司经营管理提供可靠通信保障。

▶ 通信人员在节日期间保电值班。

【经营管理】 成立国网冀北通信中心项目管理（招投标）领导小组，重视班子建设和干部队伍建设，坚持民主集中制原则，完善内部议事规则，增强协同协作能力，坚持依法治企原则，加强项目物资采购管理，防范廉政风险。2012 年共召开经理办公会 10 次，周工作例会 45 次，项目管理（招投标）领导小组会 6 次，加强对项目常态化管理工作的领导，严格执行项目招投标、建设等管理规定。梳理完善通信中心物资采购模块流程，固化通信物资采购审批和招投标流程，完善经法系统规范合同审批流转。规范财务管理流程，加强财务知识的全员培训，提升中心财务预算管理和成本预算过程管控能力。落实中央八项规定和各项要求，在公司本部指导下开展财务自查和互查工作，提高成本费用支出的计划性和规范性，提高财务规范化管理水平。

【科技工作】 结合工作实际，从创新工作、科技创新等应用方面进行详细分析，组织编制完成国网冀北通信管理中心科技创新管理办法。以工作推创新的模式，组织开展科技发展方向培育活动 2 次，优化科技创新课题产出机制。2012 年科技创新课题 2 项，在实际生产工作中，引入光缆封堵装置、2M 小电路监控大故障两项科技创新课题均已经进行试用，试用效果均达到创新课题的设计目标，并计划于 2013 年申请国家专利。

【技术支持】 全年累计完成各类电视电话会议保障工作 711 件，114 电话查询 18 750 余次，电话装移机 500 余部。圆满完成国家电网公司及华北分部调度迎峰度夏、十八大保电等联合反事故演习的预演及正式演练工作。协助冀北信通分公司完成公司本部办公室调整、电视会议系统的组建和调试保障工作。优化宿舍区通信系统网络，提升宿舍区接入带宽，为广大职工提供优质的电话和宽带上网服务。

【党的建设与精神文明建设】 开展创先争优活动，推进党支部建设。按照党支部建设有关要求，完善国网冀北通信中心党支部基础资料管理，建立健全党的组织生活、纪律监督、党内激励关怀帮扶机制等规章制度。开展“每月读一本好书”活动，以推荐书目为基础，员工自主阅读为主，全员分享、共同进步为目标，按照“缺什么、读什么”原则，制订活动方案，提升员工综合能力素质，员工专业技能、管理能力和综合素质，满足员工个人发展需求，培养企业专业管理人才，促进企业与员工，员工与员工间的双向沟通，实现员工与企业和谐发展。参加“弘扬雷锋精神 感受传统文化”青年交流学习活动。开展 500kV 房山变电站主题日活动、“平安工作，幸福生活”消防安全主题教育培训等主题教育活动。组织召开信通专业讨论会、员工座谈会、通信调度座谈会，关注员工思想动态，畅通诉求渠道。以实际行动践行“为民服务创先争优”理念，注重人文关怀和心理疏导，组织开展建言献策活动，畅通群众诉求渠道，共征集员工意见及建议 30 条，并有针对性地制定整改措施和做好信息上报。开展“送温暖”活动，为长期驻守一线、生活困难、患病及婚育职工和家属排忧解难。

（邢宁哲　王坤乾）

国网冀北电力有限公司信通分公司

【概况】 国网冀北电力有限公司信通分公司（简称国网冀北信通公司）是国网冀北电力的直属直管单位，于 2011 年 12 月组建，2012 年 5 月 7 日正式独立运作。主要承担公司信息系统与通信网络的建设、运行、维护和安全管控工作，以及公司本部信息和通信设备的运行、维护任务。设置综合管理部、技术发展部、财务资产部 3 个职能管理部门，设置通信运维中心、信息运维中心、信息通信工程中心 3 个支撑实施机构，确立以实现信息通信运行检修一体化、调度监控一体化、客户服务一体化为核心愿景目标。截至 2012 年底，国网冀北信通公司圆满完成全年目标任务。投资计划及项目计划执行准确率达 100%，公司各级信息通信系统运行平稳，电网调度运行通信系统保障率达到 100%，完成全年电网通信系统建设任务。可控费用严格按照计划列支，品牌、企业文化、民主管理建设等评估均达到公司考核要求。

截至 2012 年底，公司所辖范围内光缆总长达到 28 030km，其中 OPGW 光缆 12 047km，ADSS 光缆 14 877km，普通光缆 1106km，冀北电网 110kV 及以上通信系统新增光传输设备 109 台。冀北电力通信网为 220kV 及以上线路提供继电保护传输通道 332 路、安全稳定控制通道 89 路，调度自动化通道 358 路，调度电话通道 478 路。信息系统实行省级集中部署，在线运行正式应用系统 73 套，其涉及主机设备数量小型机 28 台，PC 服务器 163 台。存储设备 8 台，拥有 4 套 SAN 网络体系，共计 20 台交换机，总容量 250T。系统平台软件 191 套，应用软件平台 32 套。拥有 IBM 和 NBU 磁带库备份系统 2 套。

截至 2012 年底，国网冀北信通公司共有职工 59 人，具有大学专科及以上学历人员 52 人，占比 88%；具备副高及以上专业技术资格人员 11 人，占比 18.6%；具备中级专业技术资格人员 25 人，占比 42.4%。人才当量密度 1.1102。

【人力资源】 推进“三集五大”体系建设。采用“成建制划转”“双向选择、竞聘上岗”和“组织调配”相结合的方式，完成“三集五大”组织机构调整和全体人员上岗工作。在新模式导入过程中，完成工作标准梳理编纂 84 项，全员转岗适岗培训考试 295 人次，推进管理层面适应性调整工作，通过公司综合验收。推进全员绩效管理工作。围绕年度重点工作任务，结合信通专业工作特点，构建全员绩效管理体系，完成各阶段工作任务，实现指标 100% 对接覆盖、100% 横纵分解、100% 量化考核，引入内部管理提升需求，强化同业对标指标权重，针对国网冀北信通公司所承担的公司信息通信专业同业对标指标，设立附加指标和专项奖励办法，突出责权对等、奖罚分明。推进教育培训工作。全年开展培训项目8个，惠及600余人次。建立普考、调考、技能比武“三级”培训机制，探索信息通信技能鉴定、技术资格“双轨”培养模式，开启专业人才队伍建设新方向。举办公司首届信息通信专业普考，公司各单位的218名专业人员参加考试。

【电网建设】 推进“三集五大”体系建设信息通信专业支撑体系建设。46天完成公司34个信息系统适应性调整（组织机构40504个，岗位34147个，人员信息42629人；流程134个，角色权限72096个，报表263个，接口78个，程序功能130个；变电站387个，线路1184条，资产卡片26万条设备信息35.78万条，项目656个），35kV及以上变电站提前实现光纤覆盖率100%，支撑冀北调控中心独立运行（建立冀北与唐山调度电话核心交换系统异地双机同组，形成省级双核心容灾结构，完成冀北调控和监控范围内共计472路调度电话部署），支撑运营监测（控）中心、应急指挥中心建成启用，总结专业体系建设成效亮点50项、典型经验4项，获得国家电网公司专业评估认可11项，国家电网公司信息通信专业评估结果为“优秀”。完成公司信息通信“十二五”规划修编。开展公司通信网“十二五”规划、“十二五”智能化规划及“十二五”技改大修规划的滚动修编。针对公司与国家电网公司统推系统软件平台不一致的现状，梳理调研，形成公司信息化建设演进方案，覆盖公司生产经营核心业务。建成公司本部通信系统、信息通信调度控制中心，积极开展国网大容量OTN网络建设，部署综合数据网骨干层设备。制订公司通信系统容灾方案，开展通信网络容灾适应性调整。根据国家电网公司整体部署，建成亦庄灾备中心国网冀北电力信息机房。完成唐山东500kV变电站、冀北地区15座220kV变电站及8座风电场的电网基建投产通信配套工程，强化通信工程建设专业化管理和过程管控，完善通信工程建设管理体系，打造优质精品通信工程，促进通信建设标准化管理。开展国网统推通信管理系统建设，完成资源展示、运行管理等模块试运行，提升通信资源管理水平。成立专业建运一体化管理团队，形成信息运维体系保障方案、2012年国网冀北电力建运一体化管理方案，实施信息项目全方位支撑，完成国家电网公司统推项目共29项，信息建设运维一体化管理初见成效。

▶ 5月23日，国网冀北电力本部通信系统投入使用。

【安全生产】 开展“安全年”活动，强化“三集五大”体系建设的安全保障，全方位全过程落实安全风险管控措施，实现全年无事故，各项运行考核全部合格。编制完成19项通信管理规定和13项信息系统管理办法，由公司正式发布。健全应急管理体系，修编应急预案40项，现场处置方案9项，完成信息通信子方案重点工作26项，制订安全防范措施21项，组织开展公司系统应急演练4次，信息通信应急处置能力提升。落实春、秋季安全检查工作，开展隐患排查治理，发现并处理安全事故隐患15项。健全安全运行管理机制，建立信息通信调度7×24小时运行制度，编制完成通信核心业务运行方式536项。建立周、月、季安全分析例会制度，加强安全管控力度。落实信息通信组织保障、安全管控、应急保障，实施应急指挥通信体系全天候、全时段在线运行，强化信息通信安全责任落实，完成十八大保电任务。

【经营管理】 2012年召开党政联席会18次，解决发展难题。发布63项规章制度、10项技术标准、6项管理标准以及84项工作标准。严格综合计划管理，加强项目全过程管控，完成2012年项目建设任务。规范项目合同审查，印发国网冀北信通公司项目合同及付款管理细则，建立常态化工作机制。推进物资计划管理，强化需求预测，健全双向互动计划共管模式，实现关口前移，加大需求计划的管控能力，实现定期反馈，加强技术规范审查，提升物资管理水平。加强成本控制。采取降本增效措施，严控各项费用支出，保证重点费用指标不超支、不串项，费用完成按照时间进度稳步推进完成。加强项目管理，明确各环节责任，加强节点把关，落实监督管控。强化预算分析工作，增强经济指标把控能力，实现各项预算集约调控措施落实到位。严格执行月度现金流量预算制度，实现所有支出都列入年度预算管理。加强预算编报质量、业务预算分析评价情况考核指标，建立有针对性的评价考核体系，实现预算全面覆盖。

【科技工作】 开展科技创新研究，完成2012年科技项目建设任务。2012年获得专利授权3件（实用新型），新申请专利2件（其中发明专利1件），物联网在现代通信体系中的研究和应用等科技项目获公司科技成果一等奖、二等奖。完成2013年科技项目储备库申报，进入国家电网公司科技项目储备库项目4项。开展职工创新创效，印发国网冀北信通公司职工创新创效管理办法，申报国网冀北电力管理创新项目9项，《信息通信的网络融合及一体化管控》获得二等奖。创建“信通创新工作室”，开展创新创效课题征集、合理化建议征集和科技论文及专业小文章等征集活动，《通信多功能现场操作平台》《小电路监控大故障》等5项课题列入2012年创新项目库，突出“五小”特色、突出职工自主创新，突出贴近工作、贴近专业、贴近生产的亮点得到公司肯定。

【党的建设与精神文明建设】 推进党风廉政建设，落实“一岗双责”，严格执行“三重一大”决策程序。深化创先争优，创新开展支部委员“公推直选”，建立健全基层党组织，发展7名新党员。隆重纪念建党91周年、建团90周年，开展建功“三集五大”，献礼十八大活动等主题实践活动，制作完成国网信通分公司特色宣传片3部。构建协同监督机制，狠抓专项治理，面向重点工程开展全过程督察检查。建立健全工会组织，落实民主管理，畅通诉求渠道；创建标准化班组，争当工人先锋号；丰富职工文化生活，注重人文关怀。2012年，国网冀北信通公司获得国家电网公司信息通信工作先进单位，2人获得国家电网公司信息工作先进个人，1个中心获得公司工人先锋号，11人分别获得公司十八大保电先进个人、“三集五大”体系建设先进个人、先进生产者，6名党员获得公司优秀党务工作者、优秀共产党员。

（万　莹）

国网冀北电力有限公司管理培训中心

【概况】 冀北电力有限公司管理培训中心（简称国网冀北管培中心）成立于2012年6月26日，隶属国网冀北电力，下设综合管理部、人力资源部、财务资产部、后勤保障部、培训管理部、管理人员培训部、专业技术培训部7个职能部门。国网冀北管培中心地处北京西南郊房山区，距北京城区20km，校园占地面积13.7万m^2，建筑面积6.9万m^2，绿化面积5.5万m^2。拥有体育馆、图书阅览室、标准塑胶运动场等系列培训服务设施及学习公寓4栋。设会议室10个，其中百人以上会议室4个，教室17间，计算机房5间。

国网冀北管培中心负责开展经营管理相关专业前沿课题研究，开展企业文化研究和技术创新推广；建立课题研究室，开展人力资源、财务、物资、品牌建设、法律、金融等管理课题研究；开展公司领导干部培训、党校培训、管理人员培训、专业技术人员培训和仿真培训工作；根据公司培训计划制订培训方案，组织开发管理类的培训项目，做好公司普调考和竞赛的各项筹备、过程服务和培训工作；协助相关部门组织有关专兼职教师开展培训大纲、教材和课件的编写开发工作；远程培训系统管理工作，按公司远程培训管理要求，做好系统维护、管理、管理类课件开发等相关工作；加强培训师队伍建设，建立专兼职培训教师信息库，结合培训项目，提供培训师信息，为培训项目实施提供服务；做好培训资源统计工作，定期上报公司人力资源部相关数据。

完成“三集五大”组织机构变革，通过公司集中验收，建立完全符合“三集五大”体系建设要求，又符合新功能定位的新体制。完善制度与标准体系建设，形成《制度汇编》《标准化工作手册》。探索品牌建设，启动培训项目与课程体系建设，开展课题研究。促进培训师转型，开发管理培训课程，培训师走上管理人员培训课堂。成立郝广科创新工作室。管培中心保持房山区“文明单位”标兵称号，荣获“三集五大”知识竞赛二等奖等奖项。

【人力资源】 以“三集五大”体系建设为主线，机构由21个精简为7个，人员由368人减至120人，修订相关制度20项，并高质量通过集中验收。加强全员绩效管理，重新修订全员绩效管理办法，制定全员绩效管理实施细则，经职工代表大会通过后全面实施。建立全员绩效合约制度，加大绩效薪酬比例，强化绩效结果应用。强化薪酬管理，严格执行工资总额计划，按照岗位绩效工资管理办法，实施工资发放计划管理，完善绩效激励机制。深化全员培训与考试，根据国家电网公司“三定”“三考”要求，严格执行2012年全员教育培训计划，全年培训计划完成率100%，全员培训率100%，全员考试率100%。规范劳动用工，严格劳务用工计划，规范管理流程，完善工资管理体系和工资增长机制，形成《劳务用工人员组织机构设置方案》，完善《劳务用工人员薪酬管理办法》等配套制度，制订劳务用工人员逐渐减少的用工计划，提升劳动效率和精益化管理水平。

【培训工作】 2012年举办各类培训班214期、培训11 381人次，完成会议接待服务工作142项、8772人次，完成考试及鉴定44期、16 300人次。提出“培训质量可靠、培训服务可信赖”的培训品牌建设目标，从师资队伍建设、培训课题研究、培训项目与课程体系建设、培训项目运行管理等维度全面开展培训工作。编制《培训项目与课程体系手册》，梳理核心培训产品，规范品牌形象；编制《培训项目与资源宣传手册》，展示综合培训实力与成果，提升核心业务宣传力度；编制《培训项目与课程体系建设规划》，引领核心培训产品开发方向；开发《中国电力与能源》《执行力提升》等10门管理类新课程；重新启动运维一体化、调控一体化等4类仿真系统建设，开展49个模块仿真培训项目开发，结合仿真中心设备及功能定位，完成调控一体化3个培训项目、运维一体化2个培训项目、继电保护4个培训项目开发。领导干部主题轮训等传统培训项目得到公司高度认可，形成品牌培训项目。国网冀北管培中心对培训管理18个制度进行全面梳理和修订，新建制度2项。依据《冀北电力有限公司“十二五”教育培训规划报告》和《冀北电力有限公司教育培训管理办法》，立足职能定位，着力构建覆盖全员、精品优质培训项目体系，标准统一、系统丰富的培训课程体系，提升培训核心竞争力，推进管培中心健康可持续发展，编制《培训项目与课程体系建设规划》。在标准化建设过程中，发挥教育培训支撑作用，协助人力资源部完成10个管理标准和管理流程的起草工作。2012年高技能人才培训历时2个月，完成25个工种、34期次、674人次的培训；领导干部主题轮训完成6期，培训学员402人次；完成国家电网公司“专业领军人才选拔考试”、公司“毕业生招聘考试”等重大考试项目。

【基地建设】 国网冀北管培中心仿真具有调控一体化、运维一体化、继电保护、变电运行四个仿真培训系统。调控一体化仿真实训室由培训室和导演室构成，培训室既可进行网调培训操作，也可实现地调和集控中心控制操作；导演室可策划训练模式，导演网调和地调的综合演练，也可控制培训室的训练。运维一体化仿真培训系统由培训室、教员室和实训室构成，培训室计算机采用一机双屏模式，可以运行变电站仿真，可以运行维护和检修仿真，实现运维一体化培训功能；实训室模拟运维一体化工作模式，采用一机三屏模式，能够实现“大运行、大检修”角色扮演式培训。继电保护仿真培训系统以数字物理混合仿真为基础，采取电网数字化模型与真实的变电站二次设备相结合混合仿真模式，一次系统以房山500kV变电站两个间隔为模型进行软件仿真，二次系统采用真实的继电保护装置、自动装置、测控装置、通信设备等构成完整的二次回路。变电运行仿真培训系统由3个500kV变电站、5个220kV变电站、2个110kV变电站仿真构成。可以进行变电站巡视、倒闸操作、事故处理仿真训练。运维一体化仿真培训系统按照标准化作业指导书，开发完成部分运维、专业检修及三个变电站的运行仿真。应用科东公司仿真开发工具，针对运维一体化仿真系统，结合500kV万全站的实际情况，独立开发万全变电站的一次设备、二次设备、直流系统及监控系统仿真。

【经营管理】 以财务集约化为抓手，落实财务工作，强化数据质量、系统对账、集成凭证、预算执行等考核力度，实现月度财务报表“一键式”自动生成及资金集中管理，实行财务集约化管理，做到高效、精益。梳理财务管理流程，建立、完善财务工作标准。完善管理培训中心相关财务制度、流程34项，做到工作有标准、经济行为有制度。强化预算全过程管理，将所有业务纳入预算系统，做到年度有预算、支出有申请、发生有统计、事后有分析的预算管理模式，控制各项费用支出。强化经营意识、成本意识，坚持精益管理、灵活创新，坚持开源节流、降本增效。开展资产清查，优化资产结构，提高资产质量，强化资产管理。加强集体企业财务管理，规范财务行为、基础工作。

【优质服务】 从新职责、新职能入手，以“顾客”为关注焦点，以“客户满意”为宗旨，以服务提升和品牌建设为重点开展各项工作，探索具有管培中心特色的培训服务。倡导“用心服务”理念，提升服务人员业务素质，开展全员参与的“提升服务层次和提高服务保障能力”主题大讨论活动，培训服务价值最大化深入人心。开展服务技能竞赛和管理岗位全员业务考试，举办员工礼仪培训和管理人员能力素质提升培训。推行“首问负责制”，完善服务标准，以标准化提升专业化，促进服务管理提升。以“真诚、热情、周到、优质”的服务，完成国家电网公司十大领军人才选拔、审计部依法治企专项检查集中培训班等高规格的考试和培训、公司一届一次职工代表大会、“三集五大"体系建设动员会、公司党政主要负责人会议、国家电网公司会议等各类会议、考试、培训和鉴定等工作，服务数量创新高，服务层次显著提升。2012 年共接待 55 429 人天次，客房入住 21 064 人次，会议接待服务 50 515 人天次，餐饮服务 118 653 人次。

【科技工作】 以课题研究和项目开发带动科技创新工作。修订创新项目管理办法和论文评审管理办法，起草课题研究管理办法。成立"郝广科创新工作室"，初步掌握变电站仿真二次开发技术。组建 3 个课题研究小组，4 个项目研发小组，仿真类课题研究与项目开发取得成效。2012 年，国网冀北管培中心科技立项 7 项，完成优秀创新项目 9 项，编写教材 9 本，对外发表论文 15 篇、论著 2 部、专利申请 3 项。

【党的建设与精神文明建设】 组织召开国网冀北管培中心 2012 年思想政治暨纪检监察工作会议，安排部署全年工作任务。组织开展"优秀党员事迹演讲""歌唱祖国歌唱党"唱红歌比赛活动。开展"青春光明行——安全用电进社区"主题教育活动。组织青年培训师开展《中国电力能源》课程开发，形成课件集，组织试讲。组建"郝广科创新工作室"。围绕"建功'三集五大' 献礼十八大"主题实践传播活动，组织开展 12 项专题活动。其中，国网冀北管培中心代表队荣获公司"三集五大"知识竞赛二等奖，"在感恩中成长"等 5 篇征文在华北电力报上刊登，制作"三集五大"专题片 1 部，展板 3 块。开展"学习党的十八大精神，推动培训中心科学发展"主题活动，形成实施方案，组织"历史解读十八大"专题党课和十八大知识答卷等活动。全年在华北电力报、国网冀北电力网站等刊发 161 篇，内部宣传《简讯》90 期，制作"三集五大"等各类展板、易拉宝等宣传栏 38 版。加强纪检监察工作，模范引领和监督考核相结合，责任制落实到位。建立协同监督机制，风险防控能力有效提升。突出教育特色，运用反腐倡廉教育基地开展培训，廉洁文化建设向纵深发展。多措并举，发挥监督职能作用，落实公司"三重一大"等重大决策部署督查，全年共监督审核招标采购 26 项，监督公司招标项目 4 次。立足标本兼治，专项治理工作取得成效。组织开展车辆清理整顿，深化依法治企综合检查问题整改。组织完成工程决算审计项目，共完成 17 项工程决算审计。

▶ 国网冀北管培中心开展"迎接党的十八大 创先争优当先锋"七一活动。

（樊立沙 杨 蓉）

国网冀北电力有限公司技能培训中心（保定电力职业技术学院）

【概况】 2012 年 6 月 28 日，依据国网冀北电力有限公司《关于成立冀北电力有限公司技能培训中心的通知》，国网冀北电力有限公司技能培训中心（简称国网冀北技培中心）正式成立，与保定电力职业技术学院合署办公，隶属国网冀北电力。国网冀北技培中心（保定电院）始建于 1957 年，坐落于保定市乐凯南大街，现有北院和南院两个校区，占地 280 亩，建筑面积 138 138m^2。负责开展生产相关专业的前沿课题研究和技术创新推广，组织实施高技能人员培训、技能人员的素质提升培训，组织实施生产人员技能鉴定工作，组织开发技术和技能类的培训项目，加强培训师队伍建设，为培训项目实施提供服务，开展高职学历教育和成人学历教育工作。下设综合管理部、人力资源部、财务资产部、后勤保障部、培训管理部、技能鉴定部、技术技能培训部 7 个职能部门；保定电力职业技术学院下设教务处、学生工作处 2 个职能部门和电气工程系、动力工程系、信息工程与管理系、基础教学部 4 个系部。国网冀北技培中心在夯实学历教育的同时，推进职能转型，提升培训服务能力。11 月 26 日，南校区一期工程竣工投运。中心完成各项工作任务，荣获河北省"文明单位"荣誉称号和公司职工创新创效优秀成果三等奖、标准化知识竞赛二等奖等多个奖项。

【人力资源】 2012 年，国网冀北技培中心以"三集五大"体系建设为契机，贯彻公司"人才强企"战略，紧紧围绕公司发展，结合电网生产、建设等对各类人员的要求，加强人力资源队伍建设，提升综合服务能力。成立“三集五大”体系建设领导小组，多形式广泛宣传动员，科学制订操作方案，实施全员竞聘上岗，机构由20个精简为13个，人员由350人减至323人。配合国资委完成薪酬调查工作，完成了企业负责人四项补贴调查和2012年福利计划管理的流程规范和台账汇总等工作。根据国家电网公司“三定”“三考”要求，开展转岗适岗培训考试，全员考试率100%。修订全员绩效管理办法，制定全员绩效管理实施细则，加大绩效薪酬比例。组织职工代表对34名中层领导干部进行测评，同时开展中层后备干部的推荐；在7月的竞聘上岗中，7名中层后备干部进入中层岗位；8月完成中层干部培训，并签订履职承诺书。

【培训工作】 做好成人教育、社会化考试、技能鉴定和培训服务等各项常规工作，推进培训管理基础建设，开创培训管理工作的新局面。2012年，国网冀北技培中心从工作流程和制度建设入手，夯实培训管理基础、加强培训师和培训管理队伍建设。本着“工作标准化、业务流程化、管理制度化”的原则，制定与培训工作相适应的4个工作流程、39个标准文件模板、8项制度；加强培训管理队伍建设和岗位练兵，提升培训管理水平；加快师资转型，通过现场培训、顶岗实践等活动，促进教师向培训师转型。完成“课件制作”“带电作业知识”“农网调控检一体化检修试验专业”“‘三集五大’体系建设知识”“制度与标准化建设”等7项培训，参培人数达150余人次；安排新员工下厂顶岗实践4人。结合国网冀北技培中心培训功能定位开展调研，制订《2012～2014年培训基地建设规划》和《2013年培训基地建设方案》，多渠道筹措资金，新建互感器校验等6个标准实训室。推进精品培训项目建设，合理规划、科学制定《精品培训项目开发实施意见》，完成《电能计量技术》等6个精品培训项目开发工作。2012年，国网冀北技培中心共开展各类鉴定47个工种11个单位30批次6621人次的技能鉴定工作。其中，公司下达直属7个单位23个工种4969人，毕业生鉴定13批次1446人，其他社会鉴定20个工种206人。

【基地建设】 强化责任意识、安全意识，重视安全，严把质量观，按照“安全、优质、廉洁”的建设目标，高标准完成南院一期工程建设任务。2012年10月，完成南院一期工程建设，建筑面积50 049.2m^2，其中培训楼17 880m^2，实训教学楼30 689.2m^2，实训车间1480m^2；2012年11月26日，南院正式启用。

【经营管理】 推进“三集五大”体系建设，启动“十二五”规划修订工作；贯彻落实公司制度体系和标准体系建设各项要求，新建制度102项，建立健全国网冀北技培中心制度体系，明确各部门职责和岗位工作标准，优化业务流程，规范基础管理；完善督查督办制度体系，推进ERP管理系统和协同办公系统深化应用，提高管理效率和执行力；深化人、财、物集约化管理，开展人力资源诊断和全员绩效管理调研，改进预算管理工作，规范物资采购，全面开展资产清查，开展依法治企综合专项检查工作；加强集体企业管理，坚持“强化管理、突出服务、厉行节约、安全高效”后勤服务工作总的指导思想，树立防范意识，确保饮食、医疗、交通、作业和消防安全；树立成本意识，宣传和倡导节能降耗工作；开展服务能力建设，保证服务的及时性和满意率；深化后勤服务文化建设，开展“五项修炼”“安全年”“岗位练兵、技术比武”系列活动；规范管理，后勤服务保障能力增强。

【优质服务和品牌建设】 以服务公司高技能人才培养为宗旨，建立健全培训管理机制，提升培训服务能力，构建组织机构健全、管理职能完善、人员配置完整、流程制度完备的教育培训管理体系。全年完成公司系统内培训5项：2012级复转军人培训、张家口盛垣公司所长及安全员培训、信通公司普考、县级供电企业人员学历提升本科班和专科班，总计9562人天；组织其他培训4项：承德热力集团培训班、海军变电站值班员培训班、宣化热电培训班、冀东水泥余热发电技术培训班，共计12 629人天。同时，完成国网张家口供电公司和国网廊坊供电公司4个工种155人的技术比武工作。完成技师考前培训、“2011年度第二批高等职业院校教师素质提高”培训、保定市通用工种考评员培训等三项其他校外培训，共计26人次。保定电力职业技术学院共开办18个专业（招生专业15个），在校生3670人。2012届毕业生1598人，学生就业率97.1%。根据第三方专业公司提供的年度报告，学院人才培养质量各项指标均位居河北省同类院校前列。根据品牌建设工作部署，启动南院环境文化建设项目。融入“社企和谐兴冀”“社区光明同行”品牌建设活动，发挥教育教学等资源优势，开展“我为山村孩子上一课”活动。组织开展“职能转型”主题论坛、进行“感动故事”评选和宣讲、举办献礼十八大图片展、知识竞赛，开展“建功‘三集五大’”演讲比赛、才艺展示。编辑制作国网冀北技培中心2012年度工作专题片，编印“身边的感动”文化手册；加强与公司网站、省级媒体、地方主流媒体的联系，持续开展志愿帮扶活动品牌传播，继续开展“福利院送温暖”爱心活动；2012年再次获得河北省“文明单位”荣誉称号。

【科技工作】 完成“开关量控制实训室改造”等教学建设项目4项，共完成投资约561.6万元；完成“职业技能鉴定所质量管理体系建设的研究”等院级研究课题20项；完成“过程检测与控制仿真系统”等院级科技开发项目3项；完成“锅炉设备运行”等院级精品课程2门。申报实用新型专利2项，均已获国家专利局专利申请号；取得河北省高等学校计算机教学成果2项，其中一等奖1项，二等奖1项；取得河北省教育厅第十三届优秀高等教育科研成果7项，其中一等奖1项，二等奖2项，三等奖4项；取得其他省部级成果6项；教职工公开发表论文73篇。其中EI收录论文6篇，中文核心期刊论文19篇；公开出版教材6部。规范管理，启动开发教科研项目网络管理平台系统，方便统计和查询。

【党的建设与精神文明建设】 召开2012年思想政治暨纪检监察工作会议，安排部署全年工作任务。中心（学院）党委、各党支部、全体党员开展承诺践诺活动，落实领导点评、群众监督。开展“党员民主评议”活动，全体党员进行自我剖析、整改提高。组织开展回顾党的光辉历程图片展、“建功‘三集五大’”主题论坛、“七一”庆祝、表彰先进系列活动。组织2012年度干部培训，开展“强素质、转作风、改文风”主题教育活动。按照“政工一体化”要求，完成党支部调整；梳理完善党务管理制度。落实信访与安全稳定工作要求，确保涉日维稳、十八大等重大敏感期安全稳定。落实基层组织建设年活动要求，开展“建功‘三集五大’、献礼十八大”主题活动，各党支部开展党建项目创新。举办第44、45期课余党校，培训学员406人；规范执行党员发展程序，全年共发展党员106名。加强纪检监察工作，签订党风廉政责任书，开展中层干部“说工作”和重点部门廉政风险排查活动，落实风险防控。以“廉洁伴我行”为主题，进行廉洁文化作品征集。完成“三重一大”制度执行情况自查、重要决策部署落实情况督查、依法治企整改等6项监督检查工作。

（赵明星）

国网冀北电力有限公司物资分公司（华北电力物资总公司）

【概况】 国网冀北电力有限公司物资分公司（简称国网冀北物资公司）是国网冀北电力分公司，承担冀北电网物资供应保障服务管理职能和作业任务，与华北电力物资总公司为一套机构、两块牌子，合署办公。设有综合管理部、财务部、合同管理部、物资计划部、物资采购部、物资供应部、质量监督部、招标工作部等职能部门，下属全资子公司有储运公司、燃料公司，集体企业平台为工贸公司。

国网冀北物资公司致力于提升物资管理专业能力，在承担公司物资管理核心业务的同时，为电网建设、运行维修、农电营销等提供坚强的物资供应保障。作为北京电力行业协会理事单位，具备国家发展改革委中央投资项目招标代理机构资质，下属集体企业具备国家住建部工程招标代理机构甲级资质，国家质监总局和国家发展改革委联合颁发的输变电工程、火力发电站、水力发电站设备监理甲级资质等多个高端专业资质，业务范围以冀北地区为中心辐射全国各地，与上千家企业建立了密切的业务联系和长期的合作关系，在行业内具有较高的知名度。大力发展电网建设、火电、水电、石油、煤炭、新能源等众多领域的经营业务，经营收入累计超过14亿元。

完成“三集五大”体系建设各项任务，获得公司“三集五大”体系建设奖。荣获中国招标投标协会授予的诚信创优AAA级先进单位称号。被北京市银监会评为“AAA”信用等级企业，被北京市国、地税联合评为纳税信用A级企业。物资管理同业对标指标在国网系统综合排名第12位。一项合理化建议入选国家电网公司2012年合理化建议名册，两项获得公司优秀合理化建议二等奖。4个集体、14名个人获得上级单位授予的各类荣誉称号。下属集体企业完成国家风光储输示范工程一期监造任务，荣获中国设备监理协会颁发第二届全国优秀设备工程监理单位服务成果奖。

【人力资源】 完成“三集五大”阶段性任务，高质量通过公司综合验收以及国家电网公司物资集约化专业评估，机构精简率达43%，用工效率提升55%。制定《教育培训管理办法》，为培训考试工作的开展做好制度保障。在冀北层面率先举办“三集五大”体系建设岗位适应性培训，开展适应性培训考试工作，以考促培，以考促学，快速提升员工队伍素质，增强岗位适应能力。制定《全员绩效管理实施细则》，优化绩效考核指标，形成覆盖 8 个部门的 17 项必考指标、30 项自设指标和覆盖全岗位的 512 项员工考核指标，层层签订绩效合约 206 份。注重人才培养，为员工提供良好的职业生涯发展通道，2 名员工入选国网十大领军人才培养序列，9 名员工考取各类执（职）业资格证书，评选 15 名公司专家人才，输送 17 名骨干员工到公司本部及兄弟单位任职或挂职。强化干部考核，利用自主开发工具在线测评 37 名中层干部。优化干部队伍结构，中层干部大学本科及以上学历比例提高到 84%，平均年龄降低至 39 岁。发挥薪酬激励作用，逐步建立薪酬管理、绩效考核、岗位岗级的联动机制，形成薪酬分配向关键岗位和重要人才倾斜的分配机制。

【安全生产】 坚持每周安全例会制度，年中和年底两次召开安全稳定工作专题会议，分析部署安全工作。健全维稳预警体系，层层签订安全稳定责任书 214 份。执行 24 小时值班制度，在重要节假日和两会期间等重要时间段坚持公司领导带班，中层干部值班，各值班点实行“零报告制度”。贯彻国家电网公司“安全年”活动，按照三十条重点措施方案及 166 项重点工作计划，开展安全工作部署。加强安全检查力度，突出隐患排查，消除管理薄弱环节。提升员工安全意识，加强安全教育工作，每年举办两次安全工作专项培训，以及消防安全应急演练等活动。根据国家电网公司“三集五大”安全保障体系建设要求，对安全工作进行部署。调整安全委员会和专职安全负责人及安全岗位职责，落实安全责任制。梳理安全规程、规章制度及管理标准，制定完善《安全管理规定》《生产安全管理细则》和《安全事故和突发事件信息报送管理细则》。推进“安全年”“百日安全”大检查等系列活动，完成“两会”、十八大保电及节假日期间安全工作，实现全年安全生产零事故。

【经营管理】 夯实经营管理基础。梳理经营业务管理制度，重新编制经营资金往来款项管理规定、物资经销业务管理规定、经营类项目管理规定共三项制度。加强应收账款管控，建立应收账款催收领导小组及工作推进组织机构，每月召开专项会议，通报当月新增欠款及回款情况，制订催收计划和实施方案，2012 年应收账款下降幅度达 60.34%。创新经营管理机制。建立准入模式，严格执行客户、供应商准入和考核制度。强化业务审批流程，根据以往业务的回款情况认定客户资质，避免新的不良欠款。巩固对账机制，物资采购部建立预付账款、应收账款日常管理常态化机制，编制经营合同明细台账，与财务核实每一笔往来款，保证预付款、应收账款落实到每笔经销合同。谋划经营发展方向。拓展网内服务业务市场，选择网外优质客户，保持电力市场招标、供应服务、物资经销的市场占有率。招标业务方面，以年度委托招标方式与电网系统多家单位开展招标服务。抓住风光储新能源项目建设契机，现场物资供应服务拓展到新能源业务领域。在克旗项目、风光储一期项目实行项目全成本管控，提高项目实施管控能力、提高成本意识。加大物资经销业务管控，根据经营品种的不同，使用品牌代理、框架合作模式、零售等不同的经营策略。加强采购谈判环节、销售投标环节控制，保证采购和销售资金安全和预期毛利率。做好资金使用规划，保证经营占用资金的稳定性和资金利用率。做好采购、销售过程资料的签认和搜集，降低资金风险。

【供应商管理】 遵照《国家电网公司供应商资质业绩核实实施意见》要求，组织实施资质能力核实工作。在监察人员全程监督下，从公司招标专家库抽取专业人员组建核实专家组，每次核实前对专家开展培训，确保专家严格按照国家电网公司发布的供应商资质能力核实标准进行核实，保证信息全面、准确，核实结果公平、公正，并派遣专人担任核实专家组负责人，同时与监察人员配合保证核实工作纪律。2012 年国网冀北物资公司组织完成 33 家设备材料供应商的资质能力核实工作，为招标采购工作提供依据。为科学准确评价供应商产品质量、履约能力与服务水平，保证物资到货质量，国网冀北物资公司严格遵循《国家电网公司供应商绩效评价标准》规定开展供应商绩效评价工作。在收集汇总各单位上报的供应商在生产制造、交货验收、安装调试、生产运维各阶段中的绩效信息后，组织专家组按照评分细则对供应商进行全面、客观的评价打分，打分结果经招投标领导小组审批后引入国家电网公司及公司招标采购环节中。2012 年共完成 7 个批次 1052 条次绩效评价工作，为评标工作提供数据支撑。为促进供应商提高产品质量和诚信履约，加强供应商产品质量及履约表现与招标采购的动态联动，2012 年国网冀北物资公司按照《国家电网公司供应商不良行为处理实施细则》及《冀北公司供应商不良行为处理办法（试行）》的规定，与公司物资部配合对涉及诚信、交货、质量等方面问题 16 家供应商进行相应处罚，并进行发布，做到事实确凿，处理得当。

对于整改完毕的供应商，根据需要组织专业人员对其整改情况进行现场验收，作为解除处罚的依据，形成闭环管理。

【科技工作】 健全科技工作管理制度体系。建立科技管理工作长效机制，根据“三集五大”改革后的组织架构和职能划分，发布《科技管理办法》，对科技管理职能、科技发展规划、科技投入保障、科技项目管理和科技成果奖励等方面进行明确规定。同时，《质量管理小组活动管理办法》的出台，实现对职工科技创新工作的规范化管理，从而有效提升职工群众参与科技创新的积极性。积极参与科技项目储备。公司科技项目管理方面实施储备库管理模式后，国网冀北物资公司积极参与，《电网物资依法质量问题研究》通过答辩纳入储备库中。

【物资供应】 建成物资调配中心。国网冀北物资公司承担国家电网公司首批试点建设任务，历时50天完成物资调配中心建设，并于6月19日通过国家电网公司第一批验收。2012年，物资调配四大功能高效运转，统筹68个仓库库存和13 163项订单共计50.51亿元的供货资源，监控569家供应商物资供应，发布履约预警995条，协调履约问题393个。2012年“7·21”特大暴雨后，物资调配中心在13个小时内紧急调运14种、56条物资支援灾后重建，应急指挥功能得到检验。完成基建项目物资供应。调配中心、物资项目部和催交网络“三位一体”进行双向信息沟通，通过周、日报形式，及时了解和处理日常一般问题，克服供应商产能不足、现场需求时间变化大等困难，全年完成220kV及以上24个电网基建工程项目1377个合同物资到货，确保滦县、康官营等14个输变电工程如期投产。加强农网物资供应管理。针对农网改造升级工程，建立“提前介入、动态预警、主动协助、全程跟踪”合同履约机制，约谈供应商41次，全年完成物资到货合同8501个，实现2011年农网项目物资到货率100%、2012年农网项目物资到货率95.59%，特别是1734个帮扶村农网物资提前到货，有力保障农网工程实施，为公司荣获国家电网公司农网改造升级工作先进单位打下基础。

【优质服务】 国网冀北物资公司物资调配中心建成后，推进物资调配机制常态化运营，形成以“资源统筹、物资调配、监控预警、应急指挥”为主要功能的物资调配业务运行模式。加强重点工程物资供应工作，利用两级调配体系，建立“提前介入、动态预警、主动协调、全程跟踪”的合同履约机制，保障公司农网工程，尤其是“帮扶村”等重点工程物资供应。加强仓储资源管控能力，实现库存“一本账”管理要求，推进清仓利库工作。完成9批废旧物资网上竞价及回收处理工作，废旧物资处理效率高于往年。提升应急物资保障水平，组织开展十八大保电应急物资保障演练。“7·21”特大暴雨中，紧急支援河北省电力公司救灾物资，首批物资在提出需求13小时后即运抵救灾现场，获得国家电网公司、国网河北省电力公司好评。

▶ 国网冀北物资公司推进物资调配机制常态化运营，形成以“资源统筹、物资调配、监控预警、应急指挥”为主要功能的物资调配业务运行模式。

【党的建设与精神文明建设】 国网冀北物资公司党委印发《关于进一步加强学习型党组织建设，不断提高党员、干部队伍素质的意见》。开展党课教育活动，组织党员参加新党章、十八大报告视频讲座和网上答题等活动，深入学习十八大重要精神。贯彻中央“八项规定”，落实国家电网公司及公司党组关于党风廉政建设和作风建设相关要求。根据《冀北电力有限公司开展基层组织建设年实施细则》，对各支部进行综合评级。“三集五大”改革期间，对党支部进行优化调整。启动“同心协力、争先晋位”主题实践活动，召开“纪念建党91周年暨‘创先争优’活动总结表彰大会”，总结、表彰创先争优活动先锋党支部、优秀共产党员、优秀党务工作者和优秀共青团员。开展党员承诺践诺活动，全体111名党员围绕加强学习、改进作风等方面进行公开践诺。组织青工座谈会、主题团日活动、“青春光明行”捐资助学等活动。配合“三集五大”体系建设及验收工作，开展“三集五大”专题宣传8项，制定印发阶段性宣传工作要点12份、宣传手册1部，制作成果宣传片2部。开展“三集五大”体系建设风险研究，制订维稳方案，层层签订安全稳定责任书，组织开展5次300人次思想动态调查，确保“三集五大”体系建设平稳顺利推进。落实国家电网公司企业文化建设“五统一”要求，“五面并举”开展企业文化重点项目传播和落地实践活动。印制发放《员工礼仪行为规范》。组织“工人先锋号”和“先进生产（工作）者”评选表彰。

（刘　倩）

国网冀北电力有限公司综合服务中心

【概况】 国网冀北电力有限公司综合服务中心（简称国网冀北服务中心）现有职工19人，设置综合管理部、财务部、人力资源服务部和媒体业务部4个部门。主要职责是为公司人力资源管理、新闻宣传和后勤服务业务提供坚强保障和业务支撑。

2012年，国网冀北服务中心按照公司实现“两个价值最大化”要求，以“三集五大”体系建设为契机，确立做强做优“三个支撑”目标。新闻服务任务完成率、人力资源服务任务完成率均为100%；综合服务满意完成率95%；人力资源集约化年度任务完成率、物资集约化年度任务完成率、“五大”建设年度任务完成率、信息化年度任务完成率、企业文化建设任务完成率均为100%。

【人力资源】 依据《关于冀北电力有限公司综合服务中心“三集五大”体系建设操作方案的批复》，优化组织结构，将原有7个部门整合为4个部门。发挥制度先导作用，完善协同运作机制，形成责权统一的高效人力资源管理模式。加强绩效管理体系建设，制定《全员绩效管理实施细则》，着手推进全员绩效管理工作。系统化培训管理工作，制定《教育培训管理办法》，编制《岗位适应性培训方案》，举办“三集五大”体系建设岗位适应性集中培训、ERP人力资源管理培训、ERP财务管理培训等8项培训，培训216人次。

【经营管理】 国网冀北服务中心关键岗位人员于2012年7月底正式到位，在较短时间内完成单位组建、人员到位、工商注册、税务登记、银行账户开立、社保上线、职责设立、制度制订、系统上线、流程再造多项任务。推进财务集约化管理。实施预算管理，规范费用支出；加强资金管理，现金流执行无偏差；实施在线稽核，提高风险防控能力。全年财务考核指标均100%完成。

召开全体职工大会，集体审议、全票通过“三集五大”体系建设方案。发布制度58项，规范业务流程11项，周延度和对接度达到100%。建立28项工作标准，工作标准覆盖率达到100%。干部员工对改革的认知率、满意度达到100%。通过“三集五大”体系建设，机构精简，管理层级扁平化。健全制度体系，管理方式标准化。执行流程更高效，管理手段精益化。中心“三集五大”体系建设高质量通过验收。

▶ 国网冀北电力有限公司综合服务中心提升车辆管理水平，做好服务平台支撑。

【优质服务】 提出做强做优“三个支撑”，即增强服务大局能力，发挥公司媒体业务平台支撑作用，增强履职尽责能力，细致做好人才服务平台支撑工作，增强安全管控能力，提升车辆服务保障支撑水平。出版《华北电力报》52期、《华北电业》6期，在公司门户网站刊发信息约1800条，播发视频新闻147条。在中央、省市及行业媒体刊发稿件180余篇，在国家电网等行业网站发布新闻150余条。在“三集五大”体系建设中，《华北电力报》《华北电业》开辟专栏，对“三集五大”体系建设进行专题报道，自办媒体刊发稿件300余篇（幅）。在公司十八大保电中，组织三批编辑、记者，到西电东送、北电南送主战场，深入报道，在行业和社会媒体刊发稿件10余篇。率先筹建新闻图片库，建设6个记者站，聘任138名记者、通信员。出版的《华北电力报》扩版数量为2011年同期的2倍。网站刊发信息是2011年同期刊发信息量的3倍。专业技术资格评审方面，承办国网人才评价中心2010、2011年度专业技术资格工作筹备会。组织完成2010、2011年度公司专业技术资格申报及评审工作，2010年度副高级以上通过196人、中级通过251人。2011年度公司专业技术资格共计申报701人，通过复审678人。竞聘考试方面，协助人力资源部完成公司本部25个岗位竞聘的笔试与面试工作。职业技能鉴定方面，职业技能鉴定信息管理系统正式上线运行，实现技能鉴定工作信息化。2012年，共6763人参加鉴定，涉及电力行业的33个工种，经过2批次理论和实操的考核，通过率78%。车辆服务工作细致到位。派使车辆3200车次，安全行驶累计85万km。印发《交通安全管理办法》《本部车辆调度和驾驶人员管理实施细则》等规章制度。加强驾驶人员安全考核体系建设。与驾驶员层层签订安全责任书，发放内部准驾证，组织每周车辆安全检查评比活动，遇恶劣天气采取电话追踪，开展定期安全培育与考核相结合素质提升活动。

【党的建设与精神文明建设】 层层签订《2012年保安全、保稳定、保廉洁、保和谐责任书》，完善责任机制。执行“三重一大”制度，坚持每周一周例会制度，召开党政联席会、党委会、主任办公会，全年无主要负责人及班子成员违反集体决策程序、擅自决策等问题，未发生贪污腐败事件，无重大安全事故，无不稳定事件，各项服务满意率达到100%。通过组织座谈会和问卷调查等形式，了解员工思想动态，化解矛盾和问题。坚持民主管理，完成“三集五大”体系建设相关内容的职工集体讨论等工作。组织“我为中心献一策”合理化建议征集活动，广纳职工建议，民主管理实现新突破。树立先进形象，开展对“三集五大”体系建设、十八大保电工作及先进工作者的评先工作，鼓励员工再建新功。协调、推进员工食堂建设。筹备记者节活动，为记者们送上节日祝福。

（张　楠）

国网新源张家口风光储示范电站有限公司

【概况】 国网新源张家口风光储示范电站有限公司（简称风光储）是国网冀北电力的全资子公司，成立于2010年1月15日。下设综合管理部、生产技术部、工程部、计划经营部、物资部、财务部6个职能部门。负责建设运营的国家风光储输示范工程是财政部、科技部、国家能源局及国家电网公司联合推出的“金太阳示范工程”首个重点项目、国家科技支撑计划重大项目、河北省重点产业支撑项目，同时也是国家电网公司坚强智能电网首批试点工程，是目前世界上规模最大、集风电、光伏发电、储能及智能输电工程四位一

▶ 9月25日，国网新源张家口风光储示范电站有限公司在张北县安装风力发电机。

体的新能源示范工程，也是首个集中体现风光储输联合发电先进性和创新性的综合性示范工程。一期工程建设风电100MW、光伏发电40MW、储能20MW，并配套建设一座220kV变电站，总占地2568亩（1亩≈666.67m²），总投资33亿元，已于2011年12月25日建成投产。2012年底，国家电网公司作出要建设国家风光储输示范工程二期扩建工程的战略部署，计划二期工程建设风电400MW、光伏发电60MW和储能50MW，同时配套扩建220kV智能变电站，将在“建设规模扩展”与“软实力”提升上展开更具标准与典范的战略攻坚。

2012年，风光储围绕打造世界一流新能源示范电站的战略定位形成“风光”特色。2012年，共发电约2.47亿kWh，其中风电场发电2.02亿kWh，光伏电站发电0.45亿kWh。

【人力资源】 风光储合理调配现有人力资源，完成撤销生产准备部、技术部，成立生产技术部的组织机构调整，以岗位公开为原则，立足专业、工作年限界定，每位员工自主选择工作志愿基础上，完成内部员工岗位编定。制定完善发布绩效、考勤休假等3项人资制度，工作开展有制可循、科学规范，为纳入规范化、标准化轨道奠定基础。完善绩效考核体系，建立公司、部门、员工三级全员绩效管理体系，将员工重点工作、劳动纪律、工作态度、工作能力、创新精神纳入绩效考核范围，明确各级绩效管理责任、权限，层层分解绩效目标。创新培训形式，培养示范项目核心人才。结合风光储实际，利用风光储输示范工程建设周期，利用厂家常驻现场有利时机，组织厂家技术人员编制培训教材，举办风、光、储等专业知识培训。制订周研讨、月总结的培训计划，提炼升华培训知识。

组织新员工深入参与主要设备调试、安装实践操作，巩固培训成果。通过现场拉练和实践演习，提高员工应急应变能力。对于已经熟悉风、光、储、输的老员工，通过现场学习总结、交流心得，在相关领域内表现出较好业绩和综合实力，3名员工取得高级工程师证，1名员工取得中级工程师证，6名员工取得岗位职业资格证。

【安全生产】 落实国家电网公司及公司“安全年”活动部署，统筹制定“安全生产、建设质量”等9大项安全管理内容，编制“五十一条”重点工作和具体措施。立足极端恶劣天气频发实际，拟订全方位、立体化、多角度综合性实施方案，建立群策群防“大安全”监督管理体系。加强安全工作组织落实，逐级签订责任状，开展安全专项主题活动20余次。落实国家电网公司2012年安全工作意见，加大《冀北电力有限公司安全生产事故隐患排查治理实施细则》规章制度执行力度，在春、秋季检修工作期间，狠抓预试消缺工作。开展防雷接地测试工作、风机高、低电压穿越测试工作、220kV GIS局部放电试验工作、变压器油色谱试验工作。示范电站按照《国家电网公司技术监督管理规定》要求，从设计审查、设备采购、设备监造及投产验收阶段全过程对设备进行监督。规范示范电站各设备台账管理，及时掌握设备运行、故障以及厂商等基本情况。积极应对投产后各项安全风险，提出做好电网安全稳定运行和应急工作九项应急预案及现场处置方案。召开4次安全生产委员会工作会议，及时通报情况、分析形势。强化电站设备和运行管理，全年主设备故障消缺率达到100%。优化联合运行控制策略，发挥试验示范平台特色优势，打通风储、风光储等多种运行模式政策限制，成为目前全球智能化运行水平最高、运行方式最为灵活多样的新能源示范电站。立足运行实际，建立涵盖操作规范、保护规范、设备管理、运行安全及信息通信、调度自动化在内的多范畴管控机制，理顺设备处缺、故障处理等多项工作流程，显著提高运维管理效率。统筹实施系统设备检修、维护，着力提高设备技术升级，开展一、二次设备定期检验试验，完成风厂、储能系统240小时验收、光伏电站逆变器、跟踪支架、通信设备消缺等工作。

【科技工作】 风光储以破解大规模新能源集中并网瓶颈、示范引领新能源产业发展为首要命题，深化完善“大科技”工作机制，协同展开课题攻关、超额完成公司下达的科技工作考核指标。风电场在国内率先实现对2.5MW直驱式风电机组高电压穿越性能测试，展开光伏电站多种类型运行数据分析比对，试验示范效应显著，储能电站在功率平滑、削峰填谷等方面作用突出，达到国际先进水平。智能变电站实现9种风光储容量配比，静止无功发生器（SVG）响应速度比国家电网公司十八项电网重大反事故措施中规定风电场无功调节响应时间提高3倍，显著提高并网友好性能。申请专利10项并全部受理，其中发明专利8项；另外实现专利授权5项；申请并受理国际专利1项，超额完成专利指标。申请光伏863项目和河北省科技审批项目，国家科技支撑项目及相关配套课题实用化进程不断深入，承担公司五项科技课题，通过与多家高等院校、科研院所交流合作，课题进展顺利。两项课题进入2013年冀北科技储备库，一项课题进入河北省科技厅重大成果转化项目储备。完成“风光储无功电压控制研究”项目评审鉴定工作，示范工程筹备期由国家科技部立项的科技课题“大容量风光储送关键技术研究”于12月7日结题。

【经营管理】 以“三集五大”为契机，编订完善制度141项，切实保证各项工作有章可循、有据可查、有责可究。开展财务集约化工作，提升预算管控水平，强化成本控制管理意识，实现预算管理全面覆盖，项目概算和年度预算指标可控在控。工程财务核算及时准确。推进财务集约化管理，利用财务管控平台将2012年度预算编制工作拓展到各个部门，加强全面预算管理。深化“一键式”报表应用，将“一键式”报表范围拓宽至现金流量表等，提高会计信息时效性。开展土地权属清理，取得小东梁及孟家梁风厂土地证，按时完成公司下达的土地权属清理任务。联系税务部门，根据国家对公共基础设施企业所得税的税收优惠政策，完成企业所得税减免备案审批工作。理顺非招标采购工作流程，盘整完善库存物资台账，执行合同会签程序，防范法律风险和合同纠纷。国家风光储输示范工程项目运营模式与政策策略研究结题。与银行沟通，提前还贷，科学调度使用资金，节约资金使用成本2078.92万元，合理运作富余资金，取得资金收益3258.04万元，扩大盈利空间。推进展开风光储电价测算和申报工作，取得风电上网电价批复，被国家能源局列入第三批可再生能源补贴名单。国家风光储输示范工程（一期）CDM清洁能源开发工作涉及的小东梁风电场、孟家梁风电场、大河光伏储能电站三个项目成功通过联合国注册，已全面开展减排量检测活动。

【党的建设与精神文明建设】 以迎接、学习、贯彻党的十八大精神为主线，开展创先争优亮身份、亮职责、亮承诺，学先进、学英模、学知识，比思想、比态度、比效率，争优秀、争标兵、争先进，创优质、创精品、创一流的“三亮、三学、三比、三争、三创”活动（简称“五个三”活动），结合“基层组织建设年”活动要求，成功运行政工网站辅助系统。推进党内制度落实和党员发展工作，开展“强作风 提素质 促发展”专题知识讲座、“颂党恩 学党史 知党情”庆“七一”、网上知识答题等主题实践活动，参与率均达到100%。强化“党建带团建”工作机制，开展“青春光明行”“社区光明同行”活动，开展“建功‘风光储’，献礼十八大”等主题实践活动，引导青年团员岗位建功立业。履行“三重一大”各项制度规定，落实“三化三有”要求，定期开展全员廉政考试答题，签订党风廉政建设目标责任书，实现党风廉政建设责任目标。完成2012年国家电网依法治企综合专项检查、前任总经理离任审计、工程过程审计等5项检查迎检及整改工作，整改率达到100%。圆满完成国家风光储输示范工程主合同结算效能监察。长期开展“流金岁月，金色年华”生日祝福，组织英语、阅读培训和“读好书，促提升”全员读书活动。组建合唱团、职工书屋、职工活动中心，开展乒乓球比赛等文体活动，邀请员工家属、家长参观慰问，了解工作实情、共话未来愿景。加强企业文化建设领导管理，推进“国家电网”品牌标识标准化建设。在人民网、《国家电网报》等网站刊物上刊登各类稿件共计60余篇。2012年荣获张家口市2011～2012年文明单位、国家电网公司先进集体等荣誉称号，3名职工获得公司先进生产工作者。

（隋晓雨）

国网冀北电力有限公司北戴河疗养院（国家电网公司北戴河疗养院）

【概况】 国网冀北电力有限公司北戴河疗养院（简称冀北疗养院）始建于1953年，是北戴河最早的八家疗养院之一，现为国家四星级旅游饭店，具备会议接待、商务培训、休闲旅游、疗养度假、康复治疗、宴庆娱乐等服务功能，是“全国特色疗养院”“国家机关定点接待服务单位”和“‘十一五’中国健康管理示范基地”。国网冀北电力有限公司北戴河疗养院与国家电网公司北戴河疗养院合署，按照“一套机构、两块牌子”进行管理，现隶属国网冀北电力有限公司。现设置7个下属部门，分别是综合管理部、财务部、后勤保卫部、销售部、客房部、餐饮部和康复中心。2012年，冀北疗养院实际完成经营收入2492万元，共有床位538张，可提供250人及以下的各型会议服务，可容纳600人同时就餐；“1953俱乐部”、文体馆可提供茶饮、酒吧等休闲健身服务；现有医疗团队和检测治疗设备，可提供健康体检、康复保健、中医养生等特色医疗服务。2012年冀北疗养院成功实施院落绿化美化工程，被评为“北戴河区年度绿化示范单位”；完成暑期高峰接待服务任务，被评为北戴河区“2012年暑期工作先进单位”，并被挂牌为“秦皇岛市餐饮服务示范单位”；实现“五无”（无刑事案件、无医疗事故、无交通肇事、无食物中毒、无火灾）工作目标；荣获北戴河区和北戴河休疗旅游系统“先进基层党组织”称号；保持“全国特色疗养院”称号。

【人力资源】 截至2012年12月30日，冀北疗养院有职工130人，离退休职工97人。冀北疗养院修订员工培训制度、制定《北戴河疗养院全员绩效管理实施细则（试行）》（北电疗办〔2012〕66号）、继续组织各专业岗位技术练兵和技能比武等措施，建立企业内部有效的激励机制，发挥绩效考核的主导作用，完善岗位动态管理机制，盘活现有人力资源存量。在消防监控专业实施业务外委，并探索其他专业业务外委。探索与大专院校的校企合作模式，与承德旅游学院建立长期合作关系。由学校选派在校大学生于6月初至9月底，到冀北疗养院进行在岗实习，实现校企双赢。

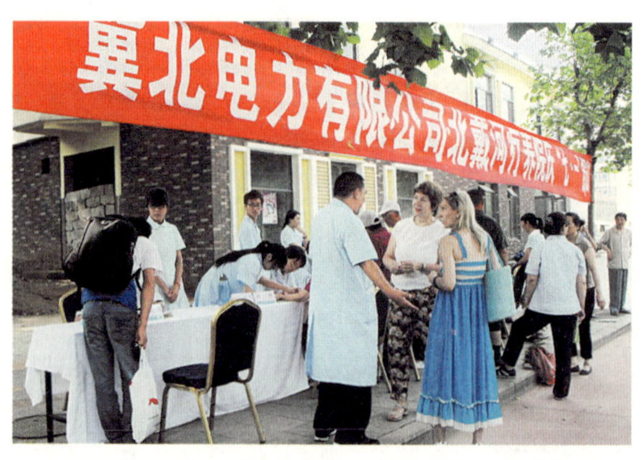

▶ 7月1日，北戴河疗养院举办健康咨询服务活动。

【优质服务】 2012年，首次承办公司年中工作会议，与国网秦皇岛供电公司联合开展“健康惠民进社区”活动受到广泛好评。“健康管理中心”“康复疗养中心”“口腔治疗中心”成功挂牌，开展中医养生特色服务，成功为系统内其他单位提供健康休养服务，多次接待系统外大规模、高端会议，在地方餐饮行业中首创并成功举办西式室外花园婚礼等，具备服务社会各界宾客的能力与实力。制定品牌建设实施方案，转变服务理念、优化服务场所、明确整体定位，宣传养生理念、服务功能与整体实力，打造独具特色“可靠、可信赖”的形象，实现企业综合价值最大化。高质量承办系统内的会议、培训班，为公司员工制订健康休养行程。

2012年共接待会议32个、国内团队62个、俄罗斯团队51个、散客5910人，累计27 621人次。经营收入较2011年同期增加77万元，增长11.2%。接待康复疗养18个电厂637人、床位日11 024个、健康体检6703人、中医养生调理1247人次、口腔门诊治疗3717人次、骨科治疗2830人次。

【经营管理】 结合自身实际，制定印发品牌建设、文化落地、“安全年”活动、员工培训、考勤管理、全员绩效等管理办法和各项规章制度；建立周工作例会制度，通报上级工作精神和经营管理情况；加强人、财、物集约管控，进行人力资源诊断分析、强化资金使用和物资采购流程管理；配合依法治企综合专项检查工作，开展原材料和物资采购效能监察；采取多种措施做好节能降耗工作：冬季供暖期对锅炉系统内加注臭味剂，一个供暖期内节约炉水逾9000t，节约水费6万元（6.24元/t）。电力大厦后厨更新改造中引进天然气管道，取消燃油灶具，节约燃料费用。采用苯板、断桥铝等材质，新建建筑物和改造后的老建筑均达到国家节能建筑标准；拜访客户、发放邀请函、参加展会、旅游交易会等平台，展示推介冀北疗养院的新形象、新风貌，赢得更大市场份额；优化网站，重点突出冀北疗养院酒店的特色和优势，网络订房销售量迅速增长，散客2012年较2011年同期增加59%；实施包括功能布局、绿化美化方案的院落布局规划，完善会议培训、休闲餐饮、健康医疗、旅游接待服务设施和功能；建设水系环绕的中心花园、突显养生理念的药用植物园，突出疗养院整体园林绿化特色，获评北戴河区年度绿化示范单位。

【党的建设与精神文明建设】 创先争优活动持续深化。制订印发《北戴河疗养院“树形象、树品牌”暑期创先争优活动实施方案》（北电疗党〔2012〕9号），推进创新争优活动开展。开展“一名党员一面旗帜”“党员义务奉献”等活动。2012年冀北疗养院“七一”评先，表彰3个先进基层单位、1名优秀党务工作者，5名优秀共产党员；1人获北戴河区休疗旅游工委“优秀党务工作者”称号，5人获北戴河区休疗旅游工委“优秀共产党员”称号。同时，党委批准转正党员7名。疗养院将企业文化建设作为打造品牌、提升管理与服务的有力支撑，制订印发企业文化落地工程实施方案，开展“文化落地”主题讨论和文化讲堂培训活动；响应公司号召，组织党员志愿者开展“健康服务月”活动；制订安全预案，确保十八大期间安全稳定；上线运行内部网站，丰富文化宣传载体；组建通讯员队伍，加强信息宣传报道；开展学先锋、创佳绩、献爱心活动，涌现出众多拾金不昧、无私奉献的先进事迹和细节服务感动宾客的好员工；实施员工关爱工程，落实离退休工作政策，为职工建设温馨“家”餐厅。印发《北戴河疗养院“面对面、心贴心、实打实服务职工在基层”活动实施方案》（北电疗党〔2012〕11号），并结合自身实际，组织丰富多彩的职工文体活动，纪念“5·12”护士节、“三八”妇女节活动、参加世界徒步大赛等。关心病伤职工，关爱离退休老同志，注重员工心理疏导和人文关怀。

（李　省　吕　岩）

北京华联电力工程监理公司

【概况】 北京华联电力工程监理公司（简称监理公司）成立于1992年，是国网冀北电力有限公司全资子公司，注册资金1300万元。拥有电力工程、市政公用工程、房屋建筑工程监理甲级资质，招标代理甲级资质，机电安装工程和通信工程监理乙级资质，电力工程质量评价甲级资质及咨询资质。在火电、输变电、新能源、房屋建筑等业务领域均取得显著成绩，在1000kV特高压输变电工程和1000MW机组建设监理中积累了宝贵经验。同时受公司委托，负责非物资类招标代理工作，冀北小型基建民建工程的投资估算、概算、预算、结算审核，电网建设工程标底（招标控制价）的编制及审核，编制项目建议书、编制项目可行性研究报告、项目评估报告等工作。2007年通过质量、职业健康安全、环境管理体系认证，是中国电力监理优秀企业，“AAA”级信用企业。监理公司战略明确，机构健全，制度完备，运营规范。推行流程化运作、标准化建设的管理模式。设有四处一室一中心和四个事业部，即人力资源处、财务处、市场经营处、运营管理处，办公室，综合服务中心，电网事业部、配电事业部、电源与新能源事业部（含房建）、咨询事业部。

【人力资源】 推进“三集五大”体系建设。梳理、编写10个部门82个岗位的工作标准；人财物集约化、机构设置与人员配置、制度体系、标准体系、安全保障、企业文化、品牌建设、队伍稳定、职工参与等工作均达到上级要求。合理调整人员结构，消减冗余人员，大幅度降低了人工成本，人力资源管理效能初步显现，人才结构趋于合理。遵循咨询专业人才结构变化规律和发展趋势，着力培育合理的专业人才结构。推行项目经理全程负责制，参与公司督察等咨询业务，培养和储备咨询专业人员，积累业绩，为确保咨询资质升级创造条件。注重“三集五大”主题培训、总监能力提升等培训，全年组织员工培训1556人次，促进了员工整体职业水平的提升；本部开展双向选择上岗工作，加深员工对“三集五大”体系建设重要性的认识。

【安全生产】 2012年安全生产形势稳定，未发生质量、安全事故，实现安全生产365天。贯彻“安全年”活动各项部署，编制“安全年”活动实施方案54份，与各处、室、事业部共签订安全责任状9份，事业部与项目监理部签订责任状67份。注重加强对工程项目现场安全管控力度，及时辨识施工项目的安全风险，确保安全生产的平稳态势。落实“日预控、周点评、月协调管控机制”。完善内部管控体系，按照预警级别，班子成员深入施工现场，确保到岗到位，管理成效显现。实行工程管控集约化。建立工程监理调度会制度，对各事业部在监工程的人员、进度、质量安全情况进行盘点，统一协调资源，及时解决项目监理过程中出现的问题，加强对在监工程的管控力度。

【经营管理】 探索经营发展新思路，召开经营活动分析会，对市场环境变化、制约发展因素进行分析、研讨，调整经营发展策略与年度经营目标。结合实际，提出新的发展定位和发展思路，市场开发实现新突破。2012年，监理公司新增机电安装和通信工程监理两项乙级资质，并在原有业务基础上，拓展电力工程质量评价、大修技改、业扩报装等业务，扩展经营范围。此外，加大国网项目跟踪力度，先后中标四川溪洛渡送出、山东岱宗等多个国网750kV、500kV工程项目，中标重庆发电厂环保迁建2×660MW工程、山东滨北长山电厂一期4×330MW工程，收入及合同签署额实现突破。2012年，实现营业收入16 188万元，利润385万元，资产负债率49.2%，净资产收益率7.15%，经济增加值101万元。树立成本管理理念，控制人工成本，对不适岗的人员及时更新、替换，通过减员、改进劳务费管理模式、加强流程审核等手段，控制劳务成本。加强预算管理，编制《北京华联电力工程监理公司预算分解指标》，对专项费用实施定额管理、目标管理和责任管理，成本支出得到控制。加大回款催收力度，通过多种渠道、多种方法回收资金。解决大批即将成为呆账、坏账的工程欠款。2012年共收回陈年欠款778万元，占全部欠款的64.83%。

【监理服务】 贯彻公司新的基建管控机制，加强国家电网公司基建项目部标准化工作手册宣贯及检查力度，发挥质量检查组作用，加强质量验收、巡视检查力度并对110kV及以上监理项目创优给予支持，确保所属项目监理到位。提升过程监控力度和监理工作水平，实现“夺旗争优”目标，为公司“安全生产零事故”做出贡献。全年共监理线路工程1725km，其中投运528km；监理变电工程总容量7340MVA，其中投运3240 MVA，新能源投运总容量1029MW，火电工程投运装机容量700MW，监理房建工程110 000m²。符合创优条件的110kV及以上输变电工程均获得国家电网公司优质工程奖，实现优质工程通过率100%的目标。优化人员结构、加大市场开发力度、追缴欠款，成本控制成绩显著。梳理工作制度及规范，完善事业部的相关管理制度，组织完成新能源监理工作培训教程，充实和完善监理人员的知识体系。2012年，承揽西北二通道、长江大跨越等一批国家电网公司重点工程，克服自然条件恶劣、环境艰苦、工期紧张等不利条件，严把安全、质量关，赢得业主称赞。其中，皖电东送

▶ 高天三回500kV输变电工程监理现场。

长江大跨越工程监理部三次夺得国网交流公司流动红旗，并在国网交流公司组织的“四比四推进”劳动竞赛中勇夺第一名。承德市区南220kV变电站工程监理部夺得上半年国家电网公司流动红旗。宁东—山东±660kV直流线路工程获得国家优质工程金奖，甘肃瓜州300MW自主化示范风电场获得国家优质工程银奖。大唐平阴风电工程、唐山北营220kV变电站工程、国网唐山供电公司生产办公楼工程分别获得“中国电力优质工程”、“河北省安全文明工程”等称号。

内部信息系统得到优化，支持各项业务的稳定高效运转。用以满足经营、工程管理需求的覆盖所有现场的信息系统，初步建立起整体框架和业务模块。该系统包含公文处理、待办事宜、信息公告、招标代理、工程管理、合同管理、人事管理等多种功能。新的人力资源平台为员工提供自助维护个人信息和查询工资的渠道；安全管理平台为本部与各项目部之间提供安全管理信息沟通的便利；新增“业务关注”“短信提醒”功能，提高了信息沟通效率。

【党的建设与精神文明建设】 开展创先争优活动，促进党群工作“五项提升”。提升党支部党务管理工作水平：依据“三集五大”实际，调整支部设置，编写《北京华联电力工程监理公司党支部标准化工作指南》，健全党建各项工作制度；提升党员教育培训工作水平：在组织支部书记现场讲党课的基础上，领导班子深入一线讲授党课，关注一线员工的思想动态；提升创先争优活动水平：开展“建功‘三集五大’，献礼十八大”签名誓师大会，并将活动深入拓展到工程一线，开展现场党员挂牌上岗活动，发挥党员先锋带头作用；提升廉洁文化建设水平：开展廉洁文化入基层活动，与监理现场总监签订《廉洁承诺书》，开展“防腐拒变”每月一课活动；提升服务现场水平：在监理现场推进“健康伴我行”“温暖送手中”等壹加壹主题活动，发挥工会的纽带桥梁作用。

推进文化建设，建立良好品牌形象。落实国家电网公司“五统一”要求，统一企业标识，完善文化管理制度。组织举办“华联二十周年”系列纪念活动，协办2012年中电建协电力监理专委会会长会议，展现华联的形象与风采。加强品牌宣传力度，向国网冀北电力等媒体投稿50余篇，其中，《在高原，用心完成监理使命》《工程质量支撑特高压工程大发展》分别在《国家电网报》与《亮报》刊登，提升品牌知名度与影响力。加强民主管理建设，营造和谐发展氛围。贯彻“三重一大”制度，提高科学决策水平。全年共召开党政联席会、党委会及其他专题会议50余次，全部形成记录或纪要，确保决策科学民主。畅通员工合理诉求渠道，以开展合理化建议活动、召开青年员工座谈会、民主生活会、执行纪委书记谈话制度等形式，搭建与员工沟通的良好平台。完善民主制度，建立健全职工大会制度、厂务公开制度，加强民主管理的规范性。组织乒乓球比赛、踏青健身、水上趣味运动会及“爱读书、读好书”活动等。

（刘　鑫　王秀芹）

国网冀北节能服务有限公司

【概况】 国网冀北节能服务有限公司（简称国网冀北节能公司）是国网冀北电力有限公司的全资子公司，注册资本金5000万元，于2011年4月登记注册成立，同年8月获得国家发展改革委节能服务公司注册备案资格。下设综合管理部、财务部、市场策划部、技术工程部4个职能部门，人员编制35人。以合同能源管理等模式，为用能客户提供节能咨询诊断、评估改造等服务，并与用能客户共享节能效益。主要业务范围有新能源技术应用、余气余热发电、工业窑炉余热回收、输配电系统谐波治理、高低压无功补偿技术应用、照明系统节能改造、电机拖动系统变频改造等。2012年，实现营业收入1133万元，利润177万元，EVA（经济增加值）21万元，资产总额4927万元，资产负债率3.23%，净资产收益率3.79%，累计实现节约电量28 693万kWh，节约电力5.12万kW，圆满完成各项工作目标。研制的“锅炉余热发电系统”获国家实用新型专利证书。

【人力资源】 组织全体员工收听收看公司“三集五大”体系建设动员会。动员广大员工参加国网冀北电力本部岗位竞聘（1名员工被选拔至公司本部工作，1名员工到公司本部锻炼）。研制节能公司“三集五大”操作方案。落实公司关于“三集五大”体系建设操作方案的批复意见，规范内部机构名称，明确职责，开展岗位分析和匹配工作。参加公司员工思想调研工作。成立维护稳定工作领导小组，化解思想矛盾，排除思想隐患。组织开展岗位分析、薪酬分析测算、关键绩效指标研究、职称评定、各类统计报表报送等各项人力资源管理工作。截至2012年底，员工平均年龄37.8岁，均为大学本科及以上学历（其中研究生学历人数占25%），中级及以上职称人数占75%，人才当量密度1.12。

【经营管理】 2012年，在承德避暑山庄企业集团饲料有限公司自备电厂发电机组节能改造项目（简称平泉项目）中，完成发电机缺陷消除工作，迎接竣工验收；宽城大成铸造有限公司SRT余热发电项目享受效益分享；河北张家口监狱绿色照明节能改造项目达成分享协议；华北电科院高压试验中心地源热泵项目完成合同签订；秦皇岛鹤凤翔硫酸生产线余热发电项目完成合同签订及部分设备进场安装工作。在平泉项目阶段性审计中，及时发现问题，提早处理在项目阶段内，提升了项目整体审计效果。加强项目过程监控，控制成本，提高投资效益；调研电力系统内的节能公司，包括河北涵普节能科技有限公司（国网河北省电力公司下属节能公司）和北京华商能源管理有限公司（国网北京市电力公司下属节能公司），了解兄弟单位的基本情况，对比分析自身的优势和不足，更新行业信息，掌握行业动态，建立长效沟通联系机制；与政府开展合作，实践“社企和谐兴冀”工作目标，与承德市宽城县政府及相关部门建立了业务联系，在节能减排方面达成初步合作意向，形成合作共识；与北京市发展改革委就电力需求侧资金申请开展合作，具备电力需求侧资金申请资格。

▶ 国网冀北节能公司承接了承德避暑山庄企业集团饲料有限公司自备电厂发电机组节能改造项目，图为改造中的汽轮机。

【节能服务】 实地考察北京依科瑞德地源技术有限公司，联系南京凯盛建筑设计院、北京中建建筑设计等设计单位，开展地源热泵技术调研；与国网冀北电力有限公司检修分公司（原北京超高压公司）广泛开展沟通合作；详细勘察电科院高压试验中心地源热泵项目实施条件，完成合同签订；了解网内节能业务开展情况，研究制订介入方案，努力寻找切入点；全力参与网内科技项目申报，开展烧结机余热发电项目、水泥窑余热发电项目立项工作。走访承德、廊坊等地区用能企业，了解企业特点，分析节能服务业务前景；与中国电科院、国能子金、三一照明、泰宝隆、世能中晶等多家行业知名企业达成合作意向，开展培训、调研、诊断等多方面的项目合作；现场调研秦皇岛鹤凤翔硫酸余热发电项目，确定合作方式，完成合同签订；细化在运项目统计核算，争取实现节能量指标；与各供电公司能效小组成员单位建立联系，协助开展培训，参与小组活动，普及节能技术知识，组织技术专家为电力用户提供能效检测，收集和掌握节能改造信息。

【技术支持】 针对重点实施项目平泉项目开展一系列工作：协助项目业主完成项目备案；配合审计所准备开工所需手续；参与汽轮机空载试验，密切跟踪设备生产进展；建立监理及工程负责人周工作例会制度，通报本周工程进度并安排下周生产任务；不定期进行现场工作检查；阶段性安排审计所对现场工程管理进行审计，提出整改意见，进行整改检查；与总包方中元国际签订《项目安全责任协议书》，并要求中元国际与各分包单位依次签订相关安全责任协议；不定期向现场项目部发送安全生产通知文件，委托监理在现场组织安全培训、安全会议及安全检查；组织协调接入系统设计委托、接入系统评审会、并网验收会、发电机试验、机组保护定值计算、上网统购统销协议签订、华北电监局调试许可批复及发电许可办理等事项。

【党的建设与精神文明建设】 深化创先争优活动，启动“五个一”活动方案，丰富党组织活动载体，调动党组织和广大党员的积极性和创造性；制订“青春光明行”十周年系列活动实施方案和企业文化传播、落地工程重点项目建设计划；以平泉项目为平台，开展效能监察立项工作，发挥效能监察纠正行为偏差、规范经营管理、强化源头治理的作用；开展“三重一大”自查工作，查找漏洞，加强反腐倡廉建设；开展创先争优和党风廉政总结工作；规范党员转正程序，完成部分预备党员转正工作。2012年，第一党支部被评为公司“电网先锋党支部”，3名同志被评为创先争优优秀共产党员和优秀党务工作者。

（李启明）

北京博望华科科技有限公司（冀北电力有限公司集体企业服务中心）

【概况】 北京博望华科科技有限公司成立于1992年，注册资本1000万元，主营新能源投资与开发、信息通信运维、后勤物业服务等基础业务。下设信息通信事业部、新能源事业部和企业服务事业部3个单位和综合管理部、投资发展部、财务资产部3个部门。截至2012年底，资产总额3.36亿元，实现营业收入3.49亿元，利润总额1.57亿元，资产负债率51.95%，财务状况良好。2012年11月，公司成立冀北电力有限公司集体企业服务中心，集体企业服务中心作为公司集体资产经营平台，与北京博望华科电力技术有限公司合署，按照“一套机构、两块牌子”管理。集体企业服务中心参与制订公司层面集体企业发展规划；负责公司层面集体企业经营管理一体化平台组建工作，参与对集体企业重组整合、投融资等重大事项进行研究并提出建议，协助开展集体企业的信息统计、汇总、上报并提供辅助服务工作，配合对集体企业监管机构开展政策分析、课题调研等工作。

【人力资源】 增强人力资源管理调控能力，依据业务板块组建事业部，实行事业部制管理。开展人员岗位梳理工作，系统掌握内部各岗位人员的盈缺状况，为招聘录用、人员配备、内部合理流动提供依据。开展薪酬调整工作，保证薪酬水平在劳动力市场上具有竞争力，吸引优秀人才。着力补充缺口人员，加强团队建设。重点补充招聘高级技术人员。围绕核心业务，加强招聘管理，完成软件工程师和运维工程师招聘。培养高素质的信息技术人才队伍，培养既懂业务又懂技术的复合型人才，建立复合型人才的培养和留任机制。截至2012年底，共有职工314人，经营管理人员、技术管理人员、技术人员分别占职工的10.19%，2.87%和71.66%。健全人才成长通道，根据整体发展战略和提升核心竞争力的要求，建立科学的职业分类、职业层级标准和评价体系，形成不同专业类别层次的人才成长通道。开展全员培训，强化人才培养，完善能力管理体系，促进与员工的共同成长。

【经营管理】 贯彻落实公司党组各项决策部署，推进组织机构建设，加快提升支撑主业业务能力，夯实基础，规范管理，实现良好开局。2012年底初步完成组建、机构设置、人员配置工作。根据组建方案，履行法定和决策程序，成功召开股东会、董事会，就董事会和监事改选、收购股权、增加经营范围、更名以及董事长改选、聘任总经理和副总经理等事项作出决议。根据决议，采取措施，办理完成工商变更登记，取得新的营业执照。宣传公司发展新定位，稳定干部员工队伍。初步完成机构设置和人员配置。按照精干高效、界面清晰的原则，设置综合管理部、投资发展部、财务资产部3个职能部门和信息通信事业部、新能源事业部及企业服务事业部3个单位。明确各职能部门的工作职责和范围并制定新能源及企业服务事业部运作方案，从而确保正常运转。开展乐凯办公区环境改善工作，提升基础管理水平。

【安全生产】 开展安全生产管理工作，落实安全生产责任制，推广标准化作业，执行国家、行业和上级有关信息安全工作的方针、政策，遵守法律、法规和规章制度。制定并落实网络及应用系统各项安全规章制度和措施。加强对网络系统的运行监控和管理，有针对性地做好设备防火、防静电等工作，发现网络异常并及时处理，确保信息系统畅通。加强防火墙、入侵监测、漏洞扫描、网络监控等安全技术措施，确保对网络系统的定期巡检。开展安全性评价，对网络系统进行安全风险评估，建立并完善计算机网络系统的各项安全防护措施，保证网络与信息系统的安全可靠。编制并实施信息网络安全事故应急处理预案，进行必要的反事故演练。开展网络及应用系统的安全技术培训工作。完成全年信息服务保障工作。

▶ 5月1日，信息运维人员在岗值班。

【重点工作】 制订特殊时期系统运行保障方案、应急处理方案、策略调整方案，完成2012年信息运行保障工作。细化落实保障措施，做好硬件保障建设、隐患排查整治和应急保障演练。加强日常监控、巡检及排障等工作，对重要信息系统进行全面梳理及安全检查，对存在的缺陷进行有计划的消缺。

2012 年，对调管范围内的基础设施、信息网络、主机平台、应用系统、信息安全等进行 24 小时监控。累计完成 732 班次信调值班工作，受理数据中心机房出入登记 718 次，完成数据中心机房及设备巡检 3715 次，发现处理各类信息系统运行异常 29 项。通过 IDS 系统及信调邮箱共办理国网调控中心印发任务 408 项。完成计划检修执行监管工作 171 项。81186 信息服务中心共受理用户电话方式服务请求 47 425 项，传真方式服务请求 2046 项，共生成运维服务工单 15 486 项。2012 年 10 月，配合国网冀北信通公司推进同业对标指标提升工作。协调部门内部资源，初步成立指标提升小组。组织召开同业对标指标提升会，通过管理、技术、协调等多方面举措全面开展同业对标指标提升工作。对同业对标进行梳理、分解，进行周总结、月评价、定期汇报。对用户使用业务指标，配合国网冀北信通公司，督促业务部门整改落后指标。

【科技工作】 按照国家电网“三集五大”体系建设要求，对现有 ERP 等系统内管理的相应业务、数据与系统设置等进行拆分和适应性调整，包括系统数据拆分，资产全寿命系统（ERP/EAM），人资组织结构调整；人资、财务、物资、项目、生产业务和数据梳理、收集和系统导入；各功能模块及业务流程的调整、配置、开发；综合统计报表的调整；自建系统与 SG－ERP、管控系统、PMS 等系统接口的调整；门户、目录、ERP、EAM 等系统账号权限梳理、调整；数据中心、ESB 系统相关集成接口的部署调整。

【党的建设与精神文明建设】 学习贯彻“两会”精神，开展创先争优活动，深化“四好”领导班子创建活动。实施文化传播、融合、落地工程，广泛开展文化活动和“服务电力行业、实现企业价值”主题实践活动，文化软实力明显提升，荣获“中关村国家自主创新示范核心区 100 优中小高新技术企业”。扎实推进惩防体系建设，开展工程建设领域和“小金库”专项治理。评选优秀员工和优秀团队，组织足球联谊赛和集体旅游，丰富员工生活。

（赵晶萍）

公司荣誉及先进典型

公 司 荣 誉

2012年先进集体、劳动模范和先进个人

河北省五一劳动奖章

刘晓辉　国网冀北电力有限公司承德供电公司

北京市工人先锋号

国网冀北电力有限公司电力科学研究院（华北电力科学研究院有限责任公司）风光储输示范电站调试项目部

国家电网公司先进集体

国网冀北电力有限公司秦皇岛供电公司

国网新源张家口风光储示范电站有限公司

国家电网公司先进班组（工人先锋号）

国网冀北电力有限公司唐山供电公司司各庄供电所

国网冀北电力有限公司电力科学研究院（华北电力科学研究院有限责任公司）计量中心标准量传部

国网冀北电力有限公司检修分公司大同检修分部变电二次检修班

国家电网公司劳动模范

李国武　国网冀北电力有限公司张家口供电公司

刘晓辉　国网冀北电力有限公司承德供电公司

赵志远　国网冀北电力有限公司廊坊供电公司

国网冀北电力有限公司工人先锋号名单

国网冀北电力有限公司唐山供电公司信息通信公司信息运检二班

国网冀北电力有限公司唐山供电公司电力建筑安装有限公司第二分公司

国网冀北电力有限公司张家口供电公司电力调度控制中心调度班

国网冀北电力有限公司秦皇岛供电公司运维检修部（检修公司）检修试验工区开关检修一班

国网冀北电力有限公司承德县供电分公司下板城供电所

国网冀北三河市供电有限公司黄土庄供电所

国网冀北电力有限公司电力科学研究院（华北电力科学研究院有限责任公司）电站锅炉技术研究所

北京送变电公司皖电东送淮南至上海1000kV特高压交流输电示范工程一般线路工程第8标段项目部

国网冀北电力有限公司检修分公司输电检修中心检修一班

国网冀北电力有限公司检修分公司大同检修分部输电运检中心运检一班

国网冀北电力有限公司信息通信分公司信息运维中心

国网冀北电力有限公司物资分公司（华北电力物资总公司）综合管理部

国网冀北电力有限公司通信管理中心通信运维部

国网新源张家口风光储示范电站有限公司生产技术部

国网冀北电力有限公司办公室秘书处（研究处）

国网冀北电力有限公司电力调度控制中心调度控制处

国网冀北电力有限公司先进生产（工作）者名单

程德才　国网冀北电力有限公司唐山供电公司电力调度控制中心调度专工

贠晓东　国网冀北电力有限公司唐山供电公司运维检修部（检修公司）变电运维工区变电运维专责工程师

梁凤敏（女）　国网冀北电力有限公司唐山供电公司营销部（农电工作部、客户服务中心）营业及电费部营业二班副班长

门廷前　国网冀北电力有限公司唐山供电公司电力建筑安装有限公司经理

董华忠　国网冀北唐山市丰润区供电公司发展建设部主任

刘福强　国网冀北电力有限公司唐山供电公司运维检修部（检修公司）生产计划高级主管

郗渊博　国网冀北电力有限公司唐山供电公司发展策划部主任助理

代海明　国网冀北电力有限公司唐山供电公司基建部（项目管理中心）业主项目经理

岳振宇　国网冀北电力有限公司唐山供电公司营销部（农电工作部、客户服务中心）计量部技术管理工程师

赵小龙　国网冀北迁西县供电公司城关供电所所长

薛　弥　国网冀北电力有限公司唐山供电公司企业服务中心业务支持部治安办公室主任

肖　丹　国网冀北电力有限公司唐山供电公司实

业总公司恒瑞修试中心生产管理组组长

万广军　国网冀北玉田县供电公司局长兼党委副书记

张　鸿　国网冀北电力有限公司唐山供电公司营销部（农电工作部、客户服务中心）综合室主任

白利东　国网冀北电力有限公司张家口供电公司运维检修部（检修公司）变电运维工区张北运维操作班班长

韩　雨　国网冀北电力有限公司张家口供电公司物资供应公司经理助理

李　婕（女）　国网冀北电力有限公司张家口供电公司营销部（农电工作部、客户服务中心）营业班班长

李振国　国网冀北电力有限公司张家口供电公司营销部（农电工作部、客户服务中心）下花园客户服务分中心检修专责工

刘志军　国网冀北电力有限公司崇礼县供电分公司客户服务中心主任

马鹏飞　国网冀北电力有限公司张家口供电公司运维检修部（检修公司）输电运检工区（蔚县）安全风险主管

梅　佳　国网冀北电力有限公司张家口供电公司营销部（农电工作部、客户服务中心）宣化客户服务分中心营业三班客户经理

苏雅维（女）　国网冀北电力有限公司张家口供电公司人力资源部主任

张广山　国网冀北电力有限公司张北县供电分公司党委副书记

张慧卿　国网冀北电力有限公司张家口供电公司安全监察质量部主任

徐练军　国网冀北电力有限公司秦皇岛供电公司运维检修部（检修公司）输电运检工区班长

高云辉　国网冀北电力有限公司秦皇岛供电公司电力调度控制中心主任

张　敏（女）　国网冀北电力有限公司秦皇岛供电公司营销部（农电工作部、客户服务中心）分台区管理高级主管

王鹏浩　国网冀北电力有限公司秦皇岛供电公司营销部（农电工作部、客户服务中心）抄表催费一班班长

赵连生　国网冀北昌黎县供电公司党委书记

郭立文　国网冀北电力有限公司秦皇岛供电公司办公室副主任

许　竞　国网冀北电力有限公司秦皇岛供电公司运维检修部（检修公司）副主任（副经理）

王胜利　国网冀北电力有限公司秦皇岛供电公司企业服务中心新闻中心主任

陈　述　国网冀北电力有限公司秦皇岛供电公司福电集团经营部综合管理高级主管

郑　勇　国网冀北电力有限公司秦皇岛供电公司福电集团线路安装分公司工程技术部主任

陈　建　国网冀北电力有限公司承德供电公司党群工作部（工会办公室）主任

刘秀清　国网冀北电力有限公司承德供电公司人力资源部计划配置高级主管

刘　阳（女）　国网冀北电力有限公司承德供电公司运维检修部（检修公司）变电运维二班班长

陈　继　国网冀北电力有限公司承德供电公司营销部（农电工作部、客户服务中心）综合管理高级主管

王　轶　国网冀北电力有限公司承德供电公司电力调度控制中心自动化组组长

王志强　国网冀北电力有限公司承德供电公司后勤事务管理中心主管

袁志民　国网冀北电力有限公司承德供电公司昊源电力建筑安装一公司主管

周爱民　国网冀北电力有限公司承德县供电分公司副经理

张金虎　国网冀北电力有限公司宽城县供电分公司梓罗台供电所所长

邢建国　国网冀北电力有限公司丰宁县供电分公司副经理

于　林　国网冀北电力有限公司廊坊供电公司运维检修部（检修公司）变电运维工区刘其营运维班班长

张宝华　国网冀北电力有限公司廊坊供电公司电力调度控制中心主任

屈　静（女）　国网冀北电力有限公司廊坊供电公司监察审计部工程审计主管

苏长胜　国网冀北电力有限公司廊坊供电公司基建部（项目管理中心）计划信息主管

刘满贵　国网冀北电力有限公司廊坊供电公司电力实业总公司总经理

张　南　国网冀北电力有限公司廊坊供电公司企业服务中心新闻中心主任

尤新雨　国网冀北电力有限公司廊坊供电公司信息通信公司运行高级工程师

刘桐然　国网冀北电力有限公司廊坊供电公司营

销部（农电工作部、客户服务中心）计量部采集运维二班班长

刘立强　国网冀北霸州市供电有限公司人力资源部主任

安秀明（女）　国网冀北大厂县供电有限公司人力资源部主任

王清香（女）　国网冀北电力有限公司经济技术研究院财务资产部主任

耿鹏云（女）　国网冀北电力有限公司经济技术研究院技经中心技术经济室主任

杨　红（女）　国网冀北电力有限公司经济技术研究院党群工作部副主任

白　恺（女）　国网冀北电力有限公司电力科学研究院（华北电力科学研究院有限责任公司）智能电网与新能源研究所所长兼支部书记

刘　亮　国网冀北电力有限公司电力科学研究院（华北电力科学研究院有限责任公司）设备状态评价中心状态检测室副主任

鲁观娜（女）　国网冀北电力有限公司电力科学研究院（华北电力科学研究院有限责任公司）计量中心室内检定部副主任

赵振宁　国网冀北电力有限公司电力科学研究院（华北电力科学研究院有限责任公司）电站锅炉技术研究所所长助理

付少敏　北京送变电公司业务支持中心经理

刘学文　北京送变电公司送电二公司经理

宋岷山　北京送变电公司送电一公司经理

赵康伟　北京送变电公司变电一公司经理

刘继斌　国网冀北电力有限公司检修分公司唐山检修分部运维工程师

王　琦　国网冀北电力有限公司检修分公司企业服务中心变电工程主管

魏晓伟　国网冀北电力有限公司检修分公司变电检修中心一次检修主管

张　泉　国网冀北电力有限公司检修分公司安全监察质量部安全监察高级主管

郑建钢　国网冀北电力有限公司检修分公司输电检修中心副主任

孙德官　国网冀北电力有限公司检修分公司大同检修分部车辆管理中心司机

杨鹏云　国网冀北电力有限公司检修分公司大同检修分部输电运检中心运检专责工

张　蓉（女）　国网冀北电力有限公司检修分公司大同检修分部变电运检中心检修调试工

李环媛（女）　国网冀北电力有限公司信息通信分公司通信工程建设主管

聂希凡　国网冀北电力有限公司信息通信分公司综合管理部人力资源高级主管

张永民　国网冀北电力有限公司管理培训中心综合管理部副主任

张　弘（女）　国网冀北电力有限公司技能培训中心（保定电力职业技术学院）培训管理部主任

赵景峰　国网冀北电力有限公司物资分公司（华北电力物资总公司）质量监督部副主任

张国英　国网冀北电力有限公司物资分公司（华北电力物资总公司）物资供应部仓储配送主管

石　晶（女）　国网冀北电力有限公司综合服务中心综合管理部主任

芦　涛　国网冀北电力有限公司通信管理中心机务检修工

孔祥富　国网新源张家口风光储示范电站有限公司计划经营部主任

吴　涛　国网新源张家口风光储示范电站有限公司总经理助理

王　涛　国家电网公司北戴河疗养院（国网冀北电力有限公司北戴河疗养院）销售部康乐班班长

周　宇（女）　北京华联电力工程监理公司财务处处长

谢培超　国网冀北节能服务有限公司市场策划部主管

陈　韬　国网冀北电力有限公司办公室秘书处（研究处）秘书（高级主管）

刘　娟（女）　国网冀北电力有限公司发展策划部投资管理处处长

孙　岩　国网冀北电力有限公司财务资产部稽核高级主管

郑　毅　国网冀北电力有限公司安全监察质量部（保卫部）应急管理处处长

耿广玉　国网冀北电力有限公司运维检修部计划处处长

吴大军　国网冀北电力有限公司营销部（农电工作部）农电管理处处长

朱　海　国网冀北电力有限公司基建部建设处处长

毕子健　国网冀北电力有限公司物资部（招投标管理中心）计划管理高级主管

鲍　喜　国网冀北电力有限公司审计部经营审计处副处长

李新民　国网冀北电力有限公司经济法律部（产业部）法律事务处处长

孟祥来　国网冀北电力有限公司人事董事部干部管理高级主管

贾海兵　国网冀北电力有限公司后勤工作部后勤保障处副处长

阎淑晶（女）　国网冀北电力有限公司思想政治工作部（直属党委办公室）党建处组织建设高级主管

李凤平（女）　国网冀北电力有限公司监察部（纪检办公室）效能监察高级主管

国家电网公司十八大保电工作先进集体名单

冀北电力有限公司唐山供电公司输电运检工区运维二班

冀北电力有限公司唐山供电公司安全监察质量部（保卫部）

冀北电力有限公司张家口供电公司输电运检工区特护班

冀北电力有限公司张家口供电公司万全供电分公司安全运检部［检修（建设）工区］

冀北电力有限公司秦皇岛电力公司电力调度控制中心调控班

冀北电力有限公司秦皇岛电力公司输电运检工区运维三班

冀北电力有限公司承德供电公司变电运维工区运维三班

冀北电力有限公司承德供电公司丰宁分公司安全运检部［检修（建设）工区］

廊坊霸州供电有限公司信安供电所

冀北电力有限公司廊坊供电公司输电运检工区运维三班

冀北电力有限公司检修分公司输电检修中心检修一班

冀北电力有限公司检修分公司唐山检修分部变电运维班

冀北电力有限公司检修分公司张家口检修分部变电二次检修班

冀北电力有限公司检修分公司变电运维中心运维二班（昌平）

冀北电力有限公司检修分公司大同检修分部变电运维班

冀北电力有限公司检修分公司大同检修分部输电运检二班

北京送变电公司变电一公司第一项目部

国家电网公司十八大保电工作先进个人名单

冀北电力有限公司本部

曹铁洋　裴　磊　郑　毅　李　鹏　王　宁
杨　静　张翼鸣　王　珣　李征光　雷　蕾
刘　石　卢海军　李膨源　韦仲康　李　胜
徐彭亮　雷为民　杨　进　莫小林　王书渊
韩仲卿　马　敏　王　云　王　凯　方　勇
王　立　贾海兵　欧晓东　邬青松　刘　锦
杨　峰　蔡静鹏　段宝升　张昊（自动化）

冀北电力有限公司唐山供电公司

安光辉　薛　弥　刘永胜　王冬生　张立文
马志刚　花来义　张海泉　刘国征　张连瑞
尚文清　徐建征　刘福强　李进军　张静波
李　钢　赵晓杰　郝福川　赵丽芬　张洪生

冀北电力有限公司张家口供电公司

张雁忠　张慧卿　张旭光　周　毅　李紫嘉
王延平　黄建斌　穆润根　白利东　张　庚
马鹏飞　李振国　张永茂　边　虎　庄肃文
张　文　佟　磊　刘庆利　张　健　范晓礼

冀北电力有限公司秦皇岛电力公司

李晓光　潘　科　冯　煜　朱连伟　祖光伟
魏长江　彭延涛　孙德彬　马　赛　刘晓勇
张凤武　高　捷　柴育新　高　勇　田　鹏
白　昀　王丽梅　许　竞　王昌文　岳志滨

冀北电力有限公司承德供电公司

刘晓辉　张志忠　马　骁　王大硕　董　军
文立刚　李志强　刘震宇　王树明　张志平
赵海民　苏会中　王世军　穆振锋　徐小民
郭喜强　蔡鹏飞　马晓坡　杜永祥　邢明华

冀北电力有限公司廊坊供电公司

何春红　王武装　杨志华　孙振宇　刘翼龙
何　凯　张晓东　张振华　肖云峰　袁艳兵
田宝余　陆　潇　朱向阳　张学军　张国鹏
展海明　庞广辉　何广其　李海军　陈大志

冀北电力有限公司检修分公司

郑宝庆　陈　华　崔海龙　何玉伟　施　鹏
苏　斌　周志文　朱亚林　侯启彦　王　伟
袁　越　檀英辉　毛　婷　宋　巍　王建伟

魏玉寒　杨敏祥　赵　波　胡尊张　王　杰
柏　峰　蔡　勇　柏　斌　魏海军　蔡　龙
高　全　李建忠　刘瑞刚　郑宝霞　邱玉斌

冀北电力有限公司检修分公司大同检修分部

郑宇清　苏雁明　陈　亮　张兰武　刘　艳
赵一虎　李世阔　魏　巍　刘英杰　张汉银

北京送变电公司

任永平　景有富　宋耐坚　宋岷山　刘学文
王贵军　许　锋　毛　楠

冀北电力有限公司电力科学研究院

沈　宇　刘　苗　卢　毅　刘　亮　殷庆铎
汤佩霖　王春水　司派友

冀北电力有限公司信通分公司

李和平　郭加齐　许鸿飞　高　崧　吴　佳

华北电网有限公司信息通信公司

赵庆凯　徐　鑫

冀北电力有限公司综合服务中心

付卫国　姜福海

冀北电力有限公司物资供应分公司

刘子君　张国英

国家电网公司“三集五大”体系建设先进集体名单

突出贡献奖

冀北电力有限公司人力资源部（社保中心）
冀北电力有限公司承德供电公司
冀北电力有限公司唐山供电公司

优秀建设奖

冀北电力有限公司电力调度控制中心
冀北电力有限公司运维检修部
冀北电力有限公司发展策划部
冀北电力有限公司廊坊供电公司
冀北电力有限公司秦皇岛电力公司
冀北电力有限公司电力科学研究院
冀北电力有限公司张家口供电公司
冀北电力有限公司检修分公司

建设奖

冀北电力有限公司财务资产部
冀北电力有限公司物资部（招投标管理中心）
冀北电力有限公司基建部
冀北电力有限公司营销部（农电工作部）
冀北电力有限公司办公室
冀北电力有限公司安全监察质量部（保卫部）
冀北电力有限公司科技信通部（智能电网办公室）
冀北电力有限公司对外联络部（新闻中心）
冀北电力有限公司审计部
冀北电力有限公司经济法律部（体改办、产业部）
冀北电力有限公司人事董事部
冀北电力有限公司机关工作部
冀北电力有限公司思想政治工作部（直属党委办公室）
冀北电力有限公司监察部（纪检办公室）
冀北电力有限公司工会
冀北电力有限公司运营监测（控）中心
国网企协冀北分会
冀北电力有限公司电力经济技术研究院
北京送变电公司
冀北电力有限公司信通分公司
冀北电力有限公司管理培训中心
冀北电力有限公司技能培训中心
冀北电力有限公司物资供应分公司
冀北电力有限公司综合服务中心

国家电网公司“三集五大”体系建设先进个人名单

突出贡献奖

冀北电力有限公司本部

许霄瞳　张海力　崔慧军　袁敬中　门小文
马鲁晋　高　峰　杨之蔚　孙云生　黄一鸣

冀北电力有限公司唐山供电公司

付金琪　万广军　李耐心　李建平

冀北电力有限公司张家口供电公司

苏雅维　张广辉　张继东　张广山

冀北电力有限公司秦皇岛电力公司

宋　莹　刘英军　何龙飞　陈永利

冀北电力有限公司承德供电公司

杨宝崑　刘　洋　吴建国　王志强

冀北电力有限公司廊坊供电公司

刘春梅　刘仲三　彭海燕　刘立新

冀北电力有限公司电力经济技术研究院

聂文海

冀北电力有限公司电力科学研究院

田帅华

北京送变电公司

王中锋

冀北电力有限公司检修分公司

董　杰　李永东

冀北电力有限公司通信分公司

李　坤

冀北电力有限公司物资供应分公司

陈绍鑫

优秀建设奖

冀北电力有限公司本部

郑　伟　郭金智　王　信　乔大雁　郑　毅　许　鹏　李　研　焦大明　鲍　喜　刘　刚　魏宗利　崔英杰　娄　竞　郭子明　李凤平　孙海军　黄　柱　朱炳山　闻子捷

冀北电力有限公司唐山供电公司

王晨光　简宏丰　袁继军　谢智泉　马伟强　赵爱红　肖　莹　刘　颖　张彦雷　张　莹　王　阳　王大海　徐建平　殷启国　王冬梅

冀北电力有限公司张家口供电公司

李岳华　付志刚　韩　雨　陈　炜　白建民　穆　亮　林雄武　李　艳　傅云路　许丽杰　张旭光　孔祥浩　孙　涛　赵忠泽　武晓圆

冀北电力有限公司秦皇岛供电公司

王　良　马东山　张振强　高云辉　张志敏　赵庆娴　刘迎春　范群力　王卫东　韩天梅　王胜利　朱连波　李洪斌　李　妍　张　婧

冀北电力有限公司承德供电公司

杜　宝　马松林　杨志刚　侯立枫　陈宏伟　赵　亮　邱俊新　陈　建　张　芳　白雪松　杨广涛　赵　涵　刘学武　马庆功　王世君

冀北电力有限公司廊坊供电公司

林　超　艾　冰　陈立莹　袁　力　刘海波　赵桂军　吴德雨　王程功　吕　楠　于海山　许春梅　李绍海　李　静　杨宗义　李士明

冀北电力有限公司电力经济技术研究院

朱全友　姜　宁　耿晓超

冀北电力有限公司电力科学研究院

于　辰　王　丰　李　雨　孙志杰　刘　影

北京送变电公司

成丽敏　李　亭　王福忠

冀北电力有限公司检修分公司

贺俊杰　宋海峰　赵雪松　李燕辉　贾文军

冀北电力有限公司信通分公司

万　莹　刘　昀　金　燊

冀北电力有限公司管理培训中心

耿丽亚　刘秀敏

冀北电力有限公司技能培训中心

蒋建刚　赵明星

冀北电力有限公司物资供应分公司

孟伟娜　张宏伟

冀北电力有限公司综合服务中心

吴　迪

中国电力科学技术奖

序号	获奖项目名称	获奖等级	完成单位	获奖人员
1	基于全景数据平台的智能变电站自动化系统关键技术研究与工程应用	一等奖	国网电力科学研究院、中国电力科学研究院、国电南瑞科技股份有限公司、华北电力科学研究院有限责任公司、江苏省电力公司、浙江省电力公司、山东电力集团公司、陕西省电力公司、湖南省电力公司、上海市电力公司	黄强、郑玉平、徐石明、孙竹森、沈江、黄国方、葛兆军、周斌、张强、周春霞、王海峰、郭艳霞、张海滨、陈志蓉、沈健、王丰、周泽昕、詹荣荣、姚成
2	继电保护定值在线校核预警系统	二等奖	国家电网公司华北分部、冀北电力有限公司、南京南瑞继保电气有限公司	徐彭亮、王宁、刘蔚、毕兆东、李丹、高旭、刘一民、俞秋阳、夏彦辉、陈松林

续表

序号	获奖项目名称	获奖等级	完成单位	获奖人员
3	集中协同的发电设备数据库平台研发与应用	三等奖	北京国华电力有限责任公司、神华国华（北京）电力研究院有限公司、神华广东国华粤电台山发电有限公司、神华浙江国华浙能发电有限公司、神华河北国华沧东发电有限责任公司、西安热工研究院有限公司、北京北斗兴业信息技术有限公司、华北电力科学研究院有限责任公司	许定峰、石朝夕、孟炜、何宁、王德军、王曦钊、张佑、李绍卓、赵书君、陈程、甘超齐、邓晓峰、李新友、李耀君、史国青、杜永光、戴聚辉
4	大型抽凝机组基于吸收式热泵的循环水余热利用技术研究及工程示范	三等奖	北京京能热电股份有限公司、北京创时能源有限公司、北京源深节能技术有限责任公司、北京能源投资集团有限公司、华北电力科学研究院有限责任公司	王力彪、梅东升、田家耕、杨松、滕树龙、李染生、王斌、陈晓峰、刘成武、王超明、李刚、于树利、庞晓岩
5	燃煤机组调频调峰性能优化关键技术研究	三等奖	华北电力科学研究院有限责任公司、大唐国际发电股份有限公司、同煤大唐塔山发电有限责任公司、华北电力大学	李卫华、杨振勇、康静秋、骆意、高爱国、鲁学农、尚勇、李雄伟、段南、刘磊、李建强

国家电网公司科学技术进步奖

序号	获奖项目名称	获奖等级	完成单位	获奖人员
1	继电保护定值在线校核预警系统	二等奖	国家电网公司华北分部、冀北电力有限公司、南京南瑞继保电气有限公司	徐彭亮、王宁、刘蔚、毕兆东、李丹、高旭、刘一民、俞秋阳、夏彦辉、陈松林
2	宁东—山东±660kV直流输电示范工程	二等奖	国家电网公司、国家电网公司直流建设分公司、中国电力科学研究院、国家电网公司运行分公司、国网信息通信有限公司、中国电力工程顾问集团公司西北电力设计院、中国电力工程顾问集团公司中南电力设计院、西安西电电力系统有限公司、特变电工沈阳变压器集团有限公司、中电普瑞电力工程有限公司、许继集团有限公司、山东电力集团公司、宁夏电力公司、陕西省电力公司、山西省电力公司、河北省电力公司、黑龙江省送变电工程公司、北京送变电公司	李文毅、马为民、王祖力、喻新强、丁永福、丁燕生、孙涛、白光亚、曾静、申卫华、汤广福、王相中、李宾宾、郝俊芳、刘昭伟、陆家榆、冀肖彤、吕鹏飞、李凤祁
3	高海拔环境下直升机电力施工和巡检技术的研究	三等奖	国家电网公司华北分部、国网通用航空有限公司、冀北电力有限公司	尚大伟、段文运、沈建、赵玉柱、丁永福、刘伟东、刘亚新
4	低压电流互感器自动化检定系统研制	三等奖	冀北电力有限公司、国网电力科学研究院、国网电力科学研究院武汉南瑞有限责任公司	宋伟、杜忠东、王思彤、王军、徐占河、邓泽官、章鹿华
5	智能变电站二次设备仿真测试系统研制	三等奖	国家电网公司华北分部、华北电力科学研究院有限责任公司、国电南瑞科技股份有限公司	王丰、沈宇、刘平、孙集伟、刘少波、吴涛、李烜

国家电网公司专利奖

序号	获奖项目名称	获奖等级	完成单位	获奖人员
1	一种接地网腐蚀检测方法及系统	二等奖	华北电力科学研究院有限责任公司	张秀丽、巩学海、宋诗哲、王天君、李永立、王应高、莫逆

中国物流与采购联合会科学技术奖

序号	获奖项目名称	获奖等级	完成单位	获奖人员
1	电能计量器具集约化管理的智能仓储系统	二等奖	冀北电力有限公司计量中心，普天物流技术有限公司	王思彤，胡涵清，章鹿华，毛征财，徐占河，毛佑军，丁恒春，付国栋，易忠林

国网冀北电力有限公司2012年度“科技成果奖”获奖项目名单

序号	获奖项目名称	获奖等级	完成单位	获奖人员
特等奖（1项）				
1	大容量风光储联合发电关键技术研究及示范应用	特等奖	国网新源张家口风光储示范电站有限公司、国家电网公司华北分部、冀北电力有限公司、中国电力科学研究院、国网南瑞科技股份有限公司、上海电力设计院有限公司	闫忠平、惠东、王银明、徐明、滕贤亮、郭家宝、雷为民、单茂华、季侃、刘平、牛四清、刘汉民、张哲、梁廷婷、李相俊
一等奖（6项）				
1	计量一体化管控平台研究与开发	一等奖	营销部、冀北电科院	丁恒春、殷庆铎、易忠林、徐占河、张威、刘影、周晖、孙志杰、杨晓波、刘同新、徐剑、袁瑞铭、章鹿华、杨东升、钟侃
2	农网分布式发电/储能及微电网接入控制技术研究与应用	一等奖	营销部、承德供电公司、国电南瑞科技股份有限公司	李涛、沈浩东、吴大军、王玲、常征、孙国城、张志忠、王庆杰、孔宪举、杜红卫、徐燕生、黄国志、赵景涛、谢虎
3	移动式风电机组高低压穿越能力一体化测试系统的研制与应用	一等奖	冀北电科院、荣信电力电子股份有限公司	白恺、赵彩宏、宋鹏、刘辉、吴宇辉、宁文元、吴林林、黄胜利、张涛、徐广腾、杨伟新、陈豪、李娜、田会涛、马艳
4	智能电表检测技术研究	一等奖	冀北电科院	袁瑞铭、李顺昕、田海亭、易忠林、王景新、钟侃、周丽霞、周晖、杨晓波、刘影、巨汉基、席晓宇、朱晓蕾、刘志华、施冉

续表

序号	获奖项目名称	获奖等级	完成单位	获奖人员
5	物联网在现代通信体系中的研究和应用	一等奖	冀北信通分公司、北京国电通网络技术有限公司	聂正璞、刘昀、李坤、毛一先、邢宁哲、吴舜、杜剑雯、吴佳、任建伟、万莹
6	线路工程掏挖基础机械成孔工艺及机械研究	一等奖	北京送变电公司、基建部	郎福堂、袁敬中、梅丰、侯先智、崔晓君、任永平、王志勇、肖巍、黄毅臣、张亚峰、张琳、生喜龙
二等奖（18 项）				
1	用电信息采集终端自动化检测系统关键技术及关键设备研究	二等奖	冀北电科院、杭州厚达自动化系统有限公司	王思彤、鲁观娜、徐占河、杨东升、章鹿华、袁瑞铭、易忠林、殷庆铎、王新生、万容春
2	华北电网机网协调运行数据分析平台研究开发及应用	二等奖	冀北电科院、电力调控中心、北京四方继保工程技术有限公司	沈宇、谢欢、赵婷、刘辉、王茂海、杨振勇、李群炬、郭子明、王丰、张哲
3	输电线路舞动区域分布图绘制技术研究及应用	二等奖	冀北电科院、运维检修部	刘亮、王剑、邓春、刘鸿斌、袁亦超、刘亚新、代建国、黄朝华、王珣
4	高压并联电容器故障诊断分析系统研究	二等奖	唐山供电公司、北京诺德威电力技术开发有限责任公司	张建军、沈丙申、梁东、覃朝云、甘景福、李良杰、穆勇、高俊福、卢昌宏、贺则铭
5	碳纤维复合芯导线综合因素老化试验研究	二等奖	冀北电科院、运维检修部	陈原、杨静、卢毅、李艳超、王得文、于建斌、陈希斌、王馨、刘少宇
6	输电线路基坑激光成像测量方法	二等奖	基建部、北京送变电公司	袁敬中、郎福堂、罗毅、梅丰、王志勇、任永平、高杰、侯先智、肖巍、刘文增
7	220kV 及以上高梯度线路避雷器的研制与应用	二等奖	冀北检修分公司	杨静、王剑、赵雪松、张海军、陈华、刘亚新、袁亦超、李雨、张吉飞、郑建钢
8	无人机在电网特殊巡视中的应用研究	二等奖	冀北检修分公司、北京中飞艾维航空科技有限公司	郭昕阳、张海军、赵雪松、张吉飞、王官珺、陈方东、郑建钢、孟庆爽、李宁、曹飞
9	风力发电机组涉网性能测试系统的研制与应用	二等奖	冀北电科院	白恺、宋鹏、吴宇辉、杨伟新、李娜、王劲松、邢海瀛、刘辉、张瑞芳、吴林林

续表

序号	获奖项目名称	获奖等级	完成单位	获奖人员
10	基于光纤、电力线载波、无线等通信方式混合组网的配用电数据远程传送技术研究	二等奖	冀北信通分公司、国网电力科学研究院	李信、马跃、张辉、金燊、徐正山、杜延菱、刘昀、常海娇、闫磊、于然
11	高压输电线路防误登微波闭锁报警及巡检系统的研制	二等奖	冀北电科院、唐山供电公司、陕西秦能电力科技有限公司	郝旭东、龚延兴、王辉、李宝忠、吴金辉、张新、屈楠、史华青、蒋标
12	智能电能表可靠性试验研究	二等奖	冀北电科院	王思彤、周晖、周丽霞、朱晓蕾、康锐、刘影、甘霖、巨汉基、易忠林、袁瑞铭
13	风光储无功电压控制研究	二等奖	国网新源张家口风光储示范电站有限公司、国家电网公司华北分部、中电普瑞科技有限公司、国网电科院、冀北电科院	刘汉民、雷为民、叶卫华、黄华、梁廷婷、郑立、何红光、吴涛、邢海瀛、时智勇
14	基于虹桥变电站的智能化研究	二等奖	唐山供电公司、中国电力工程顾问集团华北电力设计院工程有限公司、西安金源电气有限公司	甘景福、孙云生、梁东、钱玉春、覃朝云、贺则铭、卢昌宏、穆勇、刘青胜、潘卓
15	电网雷害风险评估技术研究	二等奖	运维检修部、国网电力科学研究院	陈家宏、谷山强、邓春、李雨、童雪芳、李晓岚、赵淳、杨静、彭珑、冯万兴
16	500kV输电线路新型防振锤的研究	二等奖	冀北检修分公司	赵雪松、郭昕阳、陈华、周磊、郑建钢、张吉飞、李宁、陈春强
17	智能用电小区试点研究	二等奖	营销部、廊坊供电公司、冀北电科院	易忠林、李涛、高舜安、李顺昕、霍大伟、于涵、王景新、袁瑞铭、何春红、许长忠
18	农网工程管控系统开发及应用	二等奖	营销部	李涛、吴大军、王庆杰、薄博、黄一鸣、王国威、魏何男、周兴飞、韩守仓、石伟
三等奖（35项）				
1	配电网实用化高可靠性终端设备研究	三等奖	张家口供电公司	李国武、张浩、张超、张雁忠、张忠民、杜荣生、王亚东
2	高压架空输电线路路径智能优选关键技术研究	三等奖	基建部、北京洛斯达科技发展有限公司	袁敬中、万明忠、蒋荣安、肖少辉、王鑫、赵俊生、阎平

续表

序号	获奖项目名称	获奖等级	完成单位	获奖人员
3	光伏电站接入电网关键技术研究	三等奖	冀北电科院	吴涛、沈丙申、姚谦、孟超、贺惠民、曹天植、沈宇
4	华北电网变压器抗短路能力核算及治理	三等奖	冀北电科院、运维检修部	李雨、牛晓民、邢海瀛、王剑、刘连睿、龙凯华、潘卓
5	面向物联网的 RFID 试验技术研究	三等奖	冀北电科院	李顺昕、袁瑞铭、张威、王思彤、田海亭、钟侃、秦红磊
6	唐山电力应急通信系统研究与应用	三等奖	唐山供电公司、北京华电信通科技有限公司	吴利文、李志峰、田玉玲、白杰、安光晨、袁继军、王东蕊
7	便携式变压器套管末屏放电带电检测仪研究	三等奖	冀北电科院、运维检修部	龙凯华、刘连睿、郝震、杨大伟、马继先、刘少宇、郭绍伟
8	新能源接入下电网规划适应性研究	三等奖	冀北电科院、发展策划部、中国电力科学研究院、清华大学	赵炜炜、梁玉枝、李群炬、徐华、沈卫东、吴涛、李付强
9	华北电网时钟设备时间同步监测系统研究与系统开发	三等奖	电力调控中心、承德供电公司、检修分公司、秦皇岛电力公司、上海申贝科技发展有限公司	郭子明、袁萍、张昊、田峰、贺俊杰、王震学、韩锴
10	基于多维度全景动态分析的输变电设备状态诊断与检修策略优化的深化研究	三等奖	运维检修部、冀北电科院、华北电力大学	刘少宇、李成榕、郭亮、郑重、王珣、谢丽芳、吕明
11	电力通信网可靠性管理体系的研究与开发	三等奖	秦皇岛电力公司	范群力、张恩江、王小江、张西术、陈璐、张东晖、季宁
12	电动汽车充换电模拟及检测技术研究	三等奖	营销部、冀北电科院、北京交通大学	钟侃、袁瑞铭、何绪伟、李顺昕、李涛、易忠林、丁恒春
13	配电带电作业专用遮蔽用具和电缆箱内带电作业的研究	三等奖	冀北电科院、廊坊供电公司	郝旭东、王辉、王基、张校武、顾超
14	耐张塔跳线装配式制作工艺研究	三等奖	冀北经研院、北京送变电公司	崔晓君、潘洪良、张万增、贾新国、张帆、刘芳、刘钧
15	数字电能表现场检测技术研究	三等奖	唐山供电公司、冀北电科院、威胜集团有限公司	谷守臣、袁瑞铭、杨立生、李顺昕、孙有为、韩向东、何珊珊
16	金属氧化物避雷器状态检测技术研究	三等奖	冀北电科院、运维检修部	彭珑、李雨、刘少宇、杨静、邓春、王剑、端木林楠

续表

序号	获奖项目名称	获奖等级	完成单位	获奖人员
17	电力设备红外测温故障诊断	三等奖	承德供电公司	李孟兴、刘健、侯力枫、王贺生、白雪松、马力、杨宝崑
18	变压器油系统专家诊断及智能化装置研究	三等奖	冀北电科院、运维检修部	马继先、郭绍伟、李凤海、龙凯华、刘少宇、杨大伟、郝震
19	无人值班变电站运行环境远程监测平台的研究与应用	三等奖	唐山供电公司、北京玄卓科技有限公司	王新彤、张健、梁东、甘景福、穆勇、高俊福、李良杰
20	串补保护测试仪的研究	三等奖	检修分公司大同分部	闫红斌、曾季冬、祁胜利、刘彦芳、孙彦辉、杨立春、张蓉
21	县域电力生产业务运营一体化平台在供电企业经营管理中的应用	三等奖	廊坊大厂供电有限公司、廊坊供电公司、北京国电通网络技术有限公司	杨宗义、霍大伟、肖艳江、张艳华、庞宝松、胡宇东、王浩
22	线路工程钢结构装配式基础试验与应用	三等奖	基建部、北京送变电公司	郎福堂、梅丰、肖巍、李春波、任永平、侯先智、王晶
23	500kV 输电线路并联间隙防雷研究开发	三等奖	检修分公司	赵雪松、杨静、张海军、陈华、袁亦超、李雨、张吉飞
24	基于塑料光纤的楼宇能效感知平台	三等奖	冀北电科院	杨晓波、袁瑞铭、钟侃、易忠林、李顺昕、田海亭、周丽霞
25	基于磷酸铁锂电池的智能直流电源系统的应用	三等奖	深圳市泰昂能源科技股份有限公司、张家口供电公司	王洪、张忠民、邢静原、张广辉、林雄武、张旭光、赵立成
26	用电信息采集系统低压载波检测平台研究	三等奖	冀北电科院、北京化工大学、青岛鼎信通讯有限公司	袁瑞铭、田海亭、李顺昕、宋雨虹、周丽霞、钟侃、崔正湃
27	高压电气设备实时红外诊断系统应用研究	三等奖	基建部、华北电力设计院工程有限公司	袁敬中、盛志宇、崔巍、刘奕、党希成
28	极端气候温度范围 SF_6 设备密度继电器校验的研究	三等奖	冀北电科院	蔡巍、邓春、孙云生、李志刚、白雪松、李帆、杨晓琳
29	暂态扰动对风电集中送出地区运行影响及对策研究	三等奖	冀北电科院、电力调控中心、承德供电公司	刘辉、吴林林、崔正湃、白恺、袁绍军、杨金刚、王皓靖
30	输电线路智能化状态监测代理器（CMA）的研制	三等奖	冀北电科院、北京煜邦电力技术有限公司	王珣、邓春、谢丽芳、杨静、李大卫、刘鸿斌、王剑
31	小接地电流系统单相接地消弧、过压、感电、保护技术研究与应用	三等奖	张家口供电公司、锦州拓新电力电子有限公司	王洪、邢静原、张忠民、张广辉、周毅、林雄武、张旭光

续表

序号	获奖项目名称	获奖等级	完成单位	获奖人员
32	长线路开关加装合闸相位控制器的研究	三等奖	冀北电科院、运维检修部	徐党国、孙云生、刘平、李雨、王征、牛晓民、彭珑
33	220kV 线路双回路塔（垂直排列）带电安装避雷器	三等奖	承德供电公司、陕西边沿科技有限公司	白雪松、孙兵、刘健、樊小伟、雒文博、顾铁利、刘晓刚
34	变电站数字化三维设计及扩展应用的研究	三等奖	冀北经研院	崔晓军、黄毅臣、耿鹏云、黄珣、柴淼、孙博文、刘今
35	红外热像图与变电设备内部缺陷关系研究	三等奖	冀北电科院	吕明、郭亮、杨旭、刘少宇、谢丽芳、杨晓琳、宋岩峰

国网冀北电力有限公司2012年度“科技成果推广应用奖”获奖名单

序号	获奖项目名称	获奖等级	完成单位	获奖人员
二等奖（2 项）				
1	110～220kV 输电线路并联间隙防雷优化及深化应用	二等奖	承德供电公司、北京诺德威电力技术开发有限责任公司	顾铁利、雒文博、白雪松、李雨、袁亦超、刘健、刘树清、刘晓刚、王树军、赵国良
2	高强钢杆塔应用研究	二等奖	基建部、中国电力工程顾问集团华北电力设计院工程有限公司	袁敬中、秦庆芝、曹玉杰、刘玮、崔巍、张岩、施菁华、郭峰、钟晶
三等奖（3 项）				
1	华北电网电能质量干扰源及分布状况研究	三等奖	冀北电科院、运维检修部	蔡维、孙云生、锁娟、王建伟、赵燕坤、杨旭、钱欣
2	光纤智能在线状态检修管理系统研发与应用	三等奖	张家口供电公司	刘耀根、孙涛、袁硕、刘晓丽、姚学科、韩颖、王雁涛
3	张家口无人值守变电站“遥视”综合管理平台的开发与应用	三等奖	张家口供电公司、北京玄卓科技有限公司	林雄武、张广辉、张忠民、贾广明、邢静原、孟伟力、张旭光

先 进 典 型

最美电力人——国网玉田供电公司曹丽伟

曹丽伟，女，1985 年 12 月出生，中共党员，现为国网玉田供电公司客户服务中心职工。

2012 年 7 月 21 日 17 时许，她在上班途中目睹一起交通事故。一位老人被失控的拖拉机撞倒后当场休克，她怀中不足 6 个月大的小孙子被甩到不远处的地上。曹丽伟冲过去，一把抱起孩子，向路人呼救。等救护车赶到后，曹丽伟抱着孩子上了车。一路上她像照顾自己的孩子一样，用湿巾轻擦孩子脸上的土和血；为防止给孩子幼小的心灵留下阴影，她还用身子遮挡着孩子的视线，避免孩子看到旁边血肉模糊的奶奶。赶到医院后，曹丽伟焦急地陪孩子做着各种检查。CT 结果显示颅内出血，曹丽伟又抱着孩子办理各类住院手续，直到孩子躺到病床上，输上液，吸上氧，她才稍喘了口气。到这一刻，她已抱着孩子整整 3 个小时。直到下午 19 时，孩子的父母匆匆赶来，在场的人们才知道曹丽伟竟然只是一个毫无任何关系的陌生人。尽管孩子的父母再三恳求曹丽伟告诉他们工作单位和联系方法，以便改日登门道谢，但都被曹丽伟婉言谢绝，在交警做完现场笔录后就悄悄离开了医院。孩子父母几经周折，在交警的帮助下，把一面绣有“见义勇为活雷锋，学习楷模最美人”的锦旗送到玉田县虹桥供电所，所里的同事们才知道曹丽伟救人的事迹。

曹丽伟见义勇为的先进事迹得到社会各界的广泛赞誉，被誉为“最美电力人”。《人民日报》《工人日报》、新华社等中央媒体和河北省、唐山市的地方媒体都对她的事迹进行了报道，《国家电网报》《亮报》刊发专版，人民网、新华网、新浪、搜狐等新闻门户网站也进行大量转载。曹丽伟先后获得国网冀北电力有限公司道德模范、唐山市巾帼之星、第四届唐山市道德模范提名、第五届玉田县道德模范、第五届玉田县十大杰出青年、玉田县优秀共青团员、国网玉田供电公司道德标兵等荣誉称号。

助学模范——国网迁安供电公司李建英

李建英，男，1975 年 5 月出生，中共党员，现任国网迁安供电公司彭店子供电所所长兼党支部书记。

2004 年 9 月，当时在赵店子供电所工作的李建英结识了野鸡坨镇丁庄子村的王春霞一家。王春霞的爷爷和父亲长期患病，家里只靠母亲一个人支撑，欠下不少外债。迫于家庭境况，年仅 10 岁、正在上小学三年级的小春霞正打算辍学回家。李建英得知后，决定与王春霞一家结成帮扶对子，圆孩子的上学梦。自那以后，李建英每年至少资助王春霞 1000 元钱，并时常为她购买学习用品，已经坚持了 8 年。

2010 年 2 月，李建英调任沙河驿供电所副所长兼团支部书记后，成立了“李建英志愿者服务队”。供电辖区内哪里有急难险重，哪里有老弱病残，哪里就能看到队员们辛勤忙碌的身影。沙河驿镇北沙窝铺村 76 岁的郭秀兰大妈一直与患病的儿子相依为命，生活十分拮据。2011 年腊月，李建英带着所里的青年志愿者来到郭大妈家，为她义务更换了开关，讲解了电器的使用方法，并给郭大妈带来了电热毯、大米、白面等生活用品，临走时李建英给大妈留下了 800 元钱和自己的电话号码。

2010 年 3 月，李建英与自己的同事一道，共同承担起承德丰宁县窟窿山小学五年级特困学生苏凤媛的帮扶任务。苏凤媛的父亲患有严重的精神疾病，小凤媛与 80 多岁的爷爷奶奶生活在一起，家庭几乎无任何经济来源。李建英和同事每年资助小凤媛 2000 元学费、生活费，并承诺一直资助到她大学毕业为止。

多年来，李建英向地震灾区、冰雪灾区累计捐款 5 万余元；连年被公司评为“先进生产工作者”“优秀共产党员”“学雷锋先进个人”，先后被迁安市文明委授予“学雷锋十佳个人”“助人为乐道德模范”等荣誉称号。

大爱所长——国网文安供电公司张文政

张文政，男，1966 年 11 月出生，中共党员，现任国网文安供电公司黄甫供电所所长，文安县政协委员。

1996 年，张文政在国网文安供电公司工程队工作期间，下班途中他目击了一对 50 多岁的夫妇被摩托车撞倒。夫妇双双倒地昏迷，肇事摩托车逃逸。张文政立即找车把二人送往医院，并将随身携带的 700 元钱全部垫付。两位伤者因抢救及时得救。据当时的医护人员回忆，女性伤者颅内出血严重，再晚来十分钟就危险了。被救夫妇的家人一直想感谢张文政，都被他婉言谢绝了。

张文政担任供电所所长后，时刻把“为人民服务”作为自己的座右铭。最近几年，县城通往黄甫镇唯一的道路虽几经修缮，每逢雨季，道路仍泥泞不堪。张文政在上下班的路上经常接送过往的路人，有时碰上着急看病的病人或着急上学的学生，他二话不说，直接把人送到目的地。这样接送过多少人他自己也记不清了。时间长了，那一片的乡里乡亲都知道只要有张文政的车路过就不会有在路边焦急等待的路人。在他的带领下，黄甫供电所在行风建设方面年年名列前茅，黄甫的百姓每每提起张文政，提起黄甫供电所，无不称赞。

2012 年 8 月 25 日上午，在一起突如其来的车祸中，文安县的一对老年夫妇倒在血泊中。开车路过的张文政果断停车，将二人送到医院救治，老伯因伤势过重离开人世，老婆婆因抢救及时而脱离了生命危险，但张文政却在事后悄然离开。老人的子女经多方寻找，最终找到张文政，非要给他磕头，送锦旗，张文政都委婉拒绝。

张文政用他的爱心和善举树立了良好的口碑，先后获得“2012 年河北省第二届优秀志愿者”“廊坊市公德模范人物”“2012 年度文安县优秀政协委员”“2012 年度廊坊供电公司优秀员工”等荣誉称号。

供电好人——国网大城供电公司于留庄

于留庄，男，1959 年 10 月出生，中共党员，现为国网大城供电公司北位乡供电所农电工。

2001 年，于留庄接手北位乡魏胡等 3 个村的用电管理工作。之前魏胡村低压线路线损问题突出，平均线损率高达 40%，每年造成电费损失 3 万多元。于留庄负责该村的降损工作后，立即收集掌握每条线路的走向及负荷情况，通过摸查电表箱接线、挨家挨户走访分析等方式，发现并查处了一批窃电户。配合当年的农网线路改造、老旧电能表更换等措施，经过 4 个月的努力，全村线损率降到了 10% 以下。有了这次的经验，于留庄前后参与了 7 个村街的改造工程，成了公认的“降损高手”。

为了保证及时赶到抢修现场，他将自费购买的面包车后座拆掉，将脚扣、梯子等抢修工具都放在里面作为抢修车辆使用。无论三更半夜还是刮风下雨，每次接到报修电话后他都第一时间赶到。每年的年三十的下午，他都要前往自己负责的 3 个村，细致地巡视低压线路和变压器运行情况，保证乡亲们过个亮堂年。

于留庄在工作之余，还利用自己积累的果树管理知识热心帮助周围村的果农，向他们传授种植技术，提出管护意见。现在，周边9个村街、240多户人家的枣树种植都由他执导。魏胡村有位七十多岁的田大娘，膝下无儿无女，度日艰难。于留庄了解到老人的实际困难后，不光给老人垫付电费，还经常帮助老人干些力所能及的活计。

于留庄的事迹得到了周边同事和百姓的认可，2010年他的事迹被评为廊坊供电公司十大感动事迹之一，2012年被评为河北省为民服务创先争优行业服务标兵、廊坊市道德建设百佳爱岗敬业标兵、廊坊供电公司社区光明同行先进个人等荣誉称号。

风雨无阻见真情
——国网张家口供电公司梅佳

梅佳，男，1967年7月出生，中共党员，现为国网张家口供电公司宣化客户服务中心客户经理。

2011年5月，梅佳在送孩子上学途中看到一个在车辆间隙中不知所措的盲人，梅佳紧走几步，追上盲人，将他搀过马路。这位盲人叫尚忠喜，是一个按摩师，独自开了一间按摩诊所。为躲避交通高峰，尚大夫每天早晨5点就从家里出发，到诊所得用将近1小时。了解到这些情况后，梅佳从第二天开始，每天早晨5点40分准时接尚大夫上班。送到诊所后，梅佳还帮助尚大夫烧热水、收拾房间，买好了豆浆、油条才离开。一年多来，无论刮风下雨、阴晴霜雪，从没间断过。看到诊所的门锁坏了，他默默地买上新的换好；注意到屋内灯光太暗，他买了节能灯装上；为让尚大夫准确掌握时间，他还特意买了一个语音钟；看到电灯开关坏了，他买了新的换上……

多年来，梅佳长期帮助年老有困难的群众，自己花钱给用户换刀闸、换线路，利用业余时间无偿给客户改造线路等好事不胜枚举，而在他看来，这些事情都很自然。得知社区客户徐有为大爷已经75岁，家里只有老两口行动不方便的情况后，梅佳就经常带些蔬菜、水果到徐大爷家看看，过春节时买面买米、贴春联，帮着搞卫生、擦玻璃。胜利路幼儿园由于突然增加负荷，造成线路短路，幼儿园全部停电。梅佳带上2个同事，重新巡查了一遍线路，园长送来锦旗：“情系教育，无私奉献”。

梅佳的感人事迹受到了社会各界的广泛赞誉和媒体的高度关注，《国家电网报》《华北电业》刊登了《百姓贴心好电工》的通讯，《张家口晚报》以《路遇盲人　爱心援手》进行了专题报道，张家口电视台、《张家口日报》也报道了梅佳的先进事迹。梅佳先后获得国网冀北电力有限公司先进生产者、第一届国网冀北电力有限公司优质服务之星、张家口市服务之星、张家口市劳动模范等荣誉称号。

默默的坚守
——国网宣化供电公司杨春江

杨春江，男，1981年10月出生，中共预备党员，现为国网宣化县供电公司西望山供电所配电营业工。

西望山官厅梁村地处燕山深处，山路弯弯、道路艰难，进城需要2个小时。当地人都是几个月出山进城一次，囤积一些生活物资。杨春江2003年参加工作后，负责该地区线路维护和抄表收费，进山几次后他发现这个村子只有5户人家、10位近八旬的老人，子女长期在外打工，老人生活自理困难。杨春江就主动利用收费、巡线的时候到官厅梁村看望这些老人，帮他们捎菜、买药，给他们理发、打扫卫生，为他们过生日，重新布置家中的电线。

山里有了电，但吃水仍是难题。杨春江怕山路难行，摔着这些老人，每次进山都要挨门逐户将水缸灌满。住在山头上的茹进祥老两口年龄大、身体差，离水源远，杨春江和同事一起为老人安装了一台离心泵。为让老人的晚年生活更丰富，杨春江还购置了卫星接收器。慢慢地，官厅梁的老人们都将杨春江当成亲人，每到杨春江进山的日子，老人们都到村头眺望；当杨春江离开的时候，老人们都在村口挥泪告别。

不只是官厅梁村，还有东疃村孙大妈、元子合村郭大爷……只要是抄表收费经过的村子，他都能如数家珍地道出每家的情况，都会走进去与老人们聊聊家常、问问冷暖，力所能及地帮助他们。

杨春江用平凡而朴实的行动默默地服务着他管辖的“一亩三分地”，让美德在大山深处生根、发芽。新华社、《青年日报》、张家口市电视台、张家口电台、《张家口市日报》、《张家口晚报》等多家媒体先后报道了他的“燕山深处有亲人”的事迹。杨春江先后获得国网张家口供电公司先进个人、优质服务之星等荣誉称号。

马背电工
——国网围场供电公司李国军

李国军，男，1962 年 7 月出生，中共党员，现为国网围场供电公司老窝铺供电所配电营业工。

李国军工作的卡伦后沟牧场，牧民居住分散，每个牧点之间相距十几千米，人迹罕至，气候恶劣。由于坝上地区丘陵起伏，沟壑遍布，现代交通工具根本派不上用场。所以从他 2000 年 9 月干电工的第一天起，马便成了他为牧民服务的交通工具，当地牧民们亲切地称呼他“马背电工”。

他常年以马为伴，行走于大山之间，为广大牧民服务。他用自己的双脚踏遍了卡伦后沟 600 平方千米的山山水水，足迹遍及村村户户，他所走过的路程加起来近 5 万千米。路途艰苦，夏季雷雨多，道路时而被暴雨冲断，只能等水退去一些后趟水过河。冬季渴的时候就只吃几把雪，累得不行了就将衣服铺在雪地上睡会。2010 年冬天，一次马在雪地上踏空，李国军从马上栽下来摔晕在地，右眼角缝了 6 针。但这些都没有影响他为牧民送光明的信念。因交通原因，他还成了牧民的义务送货郎，每月牧民们将急需物品购货清单交给他，他利用出山的机会替牧民们购买。

他的事迹相继被中央电视台、新华网等新闻媒体宣传报道。2008 年、2009 年连续两年他被承德供电公司评为“十佳配电营业工”；2009 年他的事迹被评为华北电网有限公司“十大感人事迹”；2010 年获得中国电力协会“感动电力”人物提名奖；2011 年荣获“感动承德”十大新闻人物，被承德市委评为“优秀共产党员”，荣登中央文明委主办的“中国好人榜”；2012 年，他被国家电网公司评为“百佳客户满意服务标兵”。

爱心接力——国网平泉供电公司李雅静

李雅静，女，1973 年 11 月出生，中共党员，现任国网冀北平泉县供电公司营业班班长。

2007 年 11 月，李雅静接替本单位已退休老职工关俊杰，开始照顾双桥开发小区低保老人田秉增大娘。70 多岁的田大娘腿脚不便，眼神也不好使，料理家务十分不便。李雅静自接过爱心“接力棒”的那一刻起，始终没有间断照顾老人的生活，尽量挤时间多往大娘家里跑，实在抽不出时间就打个电话问候一下。

每次到田大娘家里去，李雅静都换着样儿买一些蛋奶肉类，尤其多买一些简便的半成品，让大娘做起来省时省力还能吃好。冬天，看到田大娘穿的棉衣单薄，李雅静要跑好几家商场，从头到脚、从里到外给老人换了个遍，看着老人穿得暖和舒适了，李雅静这才放心。每逢传统节日，她就提前送去节日用品，在她的心中，她们就是一家人，能够让老人感受到节日的快乐和家的温馨，是她最大的心愿。每当看到老人脸上洋溢着温馨的笑容，李雅静就会感受到“送人玫瑰，手有余香”的幸福感。

2010 年，田大娘迎来了 78 岁生日。老人家一早就穿上了准备了好久的新衣服在楼下走来走去。天近晌午，李雅静和儿子手提蛋糕出现在田大娘的视线里，老人家的脸上露出了欣喜的笑容。“老太太好福气啊，能有这样一个跟亲闺女一样的人惦记着，真是晚来得幸福呀。”街坊四邻围在她身边纷纷恭贺。

一直以来，李雅静就像对待自己的亲人一样照顾田大娘，从未有过半句怨言。每次说起她，田大娘都竖起大拇指，流着热泪说：“多亏我这位亲闺女了。”

李静雅照顾五保户老人的事迹很快在当地传播开来。2011 年 6 月，平泉县电视台将李雅静的感人事迹录制成“平泉好人”专题片；同年，她被授予平泉县首届道德模范荣誉称号。2012 年，获得国网冀北电力有限公司第一届供电“服务之星”称号。并多次荣获承德供电公司三八红旗手、先进女职工、先进工作者等荣誉称号。

服务标兵“王榜样”
——国网秦皇岛供电公司王鹏浩

王鹏浩，男，1975 年 2 月出生，中共党员，现任秦皇岛供电公司福电送变电工程有限公司工程管理主管。

1997 年的一天，王鹏浩看到一位老大娘手推轮椅步履蹒跚地挪进海阳路营业厅，他赶忙快步迎上去，热情地把大娘引到收费窗口前，帮她购电，并与大娘攀谈起来。朱大娘从来没上过学，两年前中风留下后遗症，只能推着轮椅出门走走；而大娘的老伴是个环卫工人，由于积劳成疾退休以后常年卧床不起；他们唯一的闺女下岗后忙于生计，没有固定收入，家中全靠老伴退休金。得知这些情况后，王鹏浩就暗下决心一定要帮帮这家人，而这一帮就是 16 年。

1998 年春节前的一个早上，年近 70 岁的朱大娘

像往常一样和大爷在家看电视。王鹏浩登门为老人带来了新买的衣服和春联，还有大米、油等食物。进屋之后还帮老人擦桌子、扫地，陪老人身边聊家常，逗得两位老人露出了笑容。从此以后的 15 年，逢年过节，帮助老人收拾房间、买年货、陪老人聊天就成了王鹏浩的分内事。

2012 年的一天傍晚，朱大娘不小心摔倒，致使膝盖粉碎性骨折。由于年龄偏大，手术成功的几率很小，医生说老人今后只能卧床。在朱大娘住院的半个月里，王鹏浩和朱大娘的闺女每天轮流照料，跑前跑后，端水送饭。朱大娘闺女好不容易找了个工作，不好请假，每天送饭的事几乎全落在了王鹏浩身上。他特意让媳妇买来猪骨头炖汤，增加老人的营养。他有急修活来不及送饭时，就让媳妇做好饭菜送到医院。当时正值盛夏，在王鹏浩一家人的悉心照料下，老人身上竟没长一个褥疮。

王鹏浩先后被评为国网冀北电力有限公司 2012 年度优秀共产党员、先进生产工作者；2012 年秦皇岛市国资委优秀共产党员。

大山深处的“雷锋哥”
——国网青龙供电公司景守林

景守林，男，1963 年 4 月出生，中共党员，现国网青龙县供电公司马圈子供电所专责。

自 1996 年 4 月参加工作以来，景守林在工作上一直勤勤恳恳、兢兢业业。对待身边的人亲如兄弟，经常帮助工友和困难村民解决实际困难。

马圈子供电所杨青春的爱人体弱多病，为了给爱人买药治病，他节衣缩食，生活非常困难。景守林看在眼里，怜在心上，经常尽其所能予以帮助。每当逢年过节，他都拿出几百元钱给杨青春购置年货，让工友过个好年。不仅对杨青春如此，对待所里的每一个

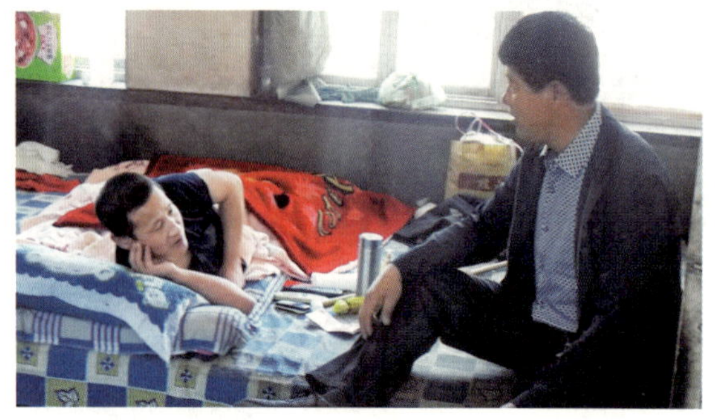

工友他都情同手足。无论哪个工友家庭有困难、生活上有难题，他总是毫不犹豫地进行帮助。久而久之，供电所的工友们一旦遇到困难，首先想到的就是他，都说他是“最贴心的老大哥。”

2009年年初，他对青龙县土门子乡小岭沟村的张秀阁、李松林，土门子乡明唐子村的李俊、呼小军，祖山镇三岔村的贾占财五位孤寡残疾人进行救助。这5个人有的瘫痪在床、有的小儿麻痹、有的痴呆。为了让这些孤寡残疾人过得舒心，景守林租用本村村民的闲置房屋进行粉刷装修，把5名孤寡残疾人接到这里居住。除了每月3000多元的衣食供应，他还雇佣了一个保姆专门照顾几人的饮食起居。

2010年初春，三十六碴子村村民山羊养殖户景长友的羊圈发生火灾，50头山羊被全部烧死，经济损失巨大。景守林慷慨解囊，捐助现金5000元，帮助景长友重拾信心，从头做起。在他悉心开导和帮助下，景长友又重新购置一批新的山羊进行养殖，小日子日渐红火，脱离了困境。

几年来，每逢春节，景守林都会给本村低收入家庭送去米面、生活用品及现金；他还充分利用自身的条件，积极联系周边矿山、铁选企业安排大量剩余劳动力就业，提高村民经济收入，使更多人走上富裕道路。他的先进事迹先后被光明网、搜狐网、中国电力新闻网、河北新闻网等报道。

康复村的爱心使者
——国网唐山供电公司路南营业站

唐山康复村是党和政府为1976年唐山大地震伤残人员而建立的，在这里居住生活的26户村民，因地震不同程度地丧失了自理能力，日常生活方面存在很多困难。国网唐山供电公司路南营业站的员工看在眼里，记在心上，从1992年建村至今，虽然营业站的人员换了一茬又一茬，可他们始终坚持弘扬“雷锋精神”，利用节假日积极开展青年志愿者行动，成为康复村的“爱心使者”。

为了让村民了解不断变化中的新唐山，在纪念唐山大地震20周年之际，站里的团员青年们硬是“抬、抱、扛”着村民们登上了凤凰山顶，俯瞰唐山新貌，使这些从未“走”出过康复村的村民们领略到了唐山风光。他们还多次带村民参观抗震纪念碑广场，到大钊公园、南湖公园等地进行户外踏青郊游活动，让他们充分领略自然的风光，倾听新唐山发展的声音，留下美好的瞬间与回忆。

2002年8月的一天，双残夫妇刘印江、王晓惠家里突然停电，酷暑难耐，他们通过手中的“爱心服务联系卡”与路南营业站取得联系。站长二话没说带领两位师傅赶来，查找故障、重新布线，一直忙到天黑。灯亮了，风扇转了，站长和两位师傅的衣服也湿透了。2010年5月，路南营业站的青年志愿者帮助村民参观了位于南湖区的地震博物馆，在震亡者纪念墙下，村民们动情地说：“是你们的爱心深深地影响着我们，给了我们坚定生活的勇气。”2011年3月2日，路南营业站的青年志愿者手推轮椅，帮助村民参观唐山城市展览馆，聆听讲述，大家对唐山的迅猛发展感慨万千，也对志愿者的无私帮扶打心眼里感激。

岁月悠悠，爱心依依。修电器、唠家常、晒被子、陪下棋，一件件一桩桩，多年如一日，路南营业站的“爱心使者”把供电人的真诚与欢乐带给了村民们，像兄弟姐妹一样传递人间大爱。他们长期不懈地开展“扶残助残”活动，得到了来自社会各界的认可。该站帮助残疾人的责任感渗透到了每个供电职工心中，让奉献精神代代传承。

“仁义”皮卡载温情
——国网三河供电公司黄土庄供电所

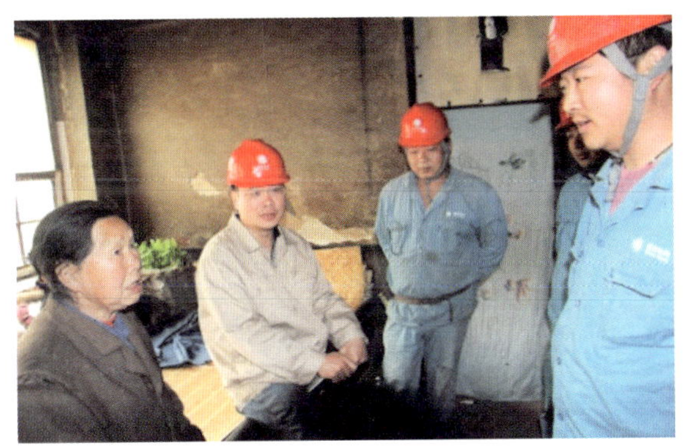

黄土庄供电所隶属于国网三河市供电公司，现有职工47人，主要负责黄土庄镇及周边41个行政村的供电工作。

黄土庄供电所辖区内的东沟村位于大山深处，距市区数十千米，只有几户人家，村里的年轻人大多都已外出打工，只剩下八位七、八十岁的留守老人。每当东沟村里的八位留守老人，看到黄土庄供电所的那辆绿色皮卡沿着蜿蜒山路驶来，都觉着格外亲切，老人们说“这绿皮卡可仁义了”。至于说它为什么是“仁义”皮卡，村里的老人们首先想到的肯定是几年前的一次下雨抢修的事。

当时的盘山公路是一条顺着陡峭山势修建的砂石路，到处坑坑洼洼，异常难行。但是为了抢修村里的供电故障，为了给八位老人送去光明，黄土庄供电所的抢修队员们不顾险阻，冒雨驾车驶进山中。由于路况极差，皮卡车的排气管终于没经住大坑小坑、上下颠簸的折腾而掉了下来。电修上了，八位老人也记住了这辆为他们抢修而颠掉了排气管的绿色皮卡。

老人们说绿皮卡“仁义”，不只是因为抢修用心，还因为车上的小伙子们仁义。黄土庄供电所每月抄表巡视时，都会派上几名青工，除了例行工作，还会跟走亲戚一样，到各家各户转转。看看灯泡有没有坏的，线路有没有隐患，听听老人唠会儿家常，问问家里需不需要下回给捎点常用药物、洗漱用品啥的，说说当前季节安全用电的小常识……

另外，山上没有自来水，用水处处受限制。生活用水都取自水窖，老人们年龄大了，打水很不方便，因此，小伙子们每次来都会担上几桶水，把各家的水缸盛得满满的才放心离开。村里浇地的唯一水源是村北头的蓄水池，离王淑英老人的小菜园比较远，这样，老人家定期取水浇园的活儿就也被小伙子们包了下来。

黄土庄供电所的人都深深理解山区留守老人深埋心底的寂寞，能给他们及时修上电让他们能看电视打发时光、陪他们唠会儿家常、办上几件贴心的事，就能给老人们带来莫大的安慰。

为留守老人服务，是黄土庄供电所多年的习惯，所长、员工换了几拨，但为留守老人服务从来没有改变，今后还会一如既往坚持下去，并努力做得更好。

把满意写进群众心中
——国网蔚县供电公司暖泉供电所

国网蔚县供电公司暖泉供电所位于张家口市蔚县西南部，现有职工16人，担负着暖泉镇75个村、11 000余用户的供用电管理与服务工作。

暖泉供电所以“始于客户需求，终于客户满意”的服务理念，尽最大努力满足客户的服务需求。西古堡村原有50千伏安变压器1台，近年来全村用电负荷迅速增长，导致电压过低，空调、电冰箱等家用电器无法正常使用，电视不能看，就连昏暗灯光下看东西也像戴着“老花镜”，群众苦不堪言。暖泉供电所得知这一情况后，积极开辟绿色通道，全所员工加快工程进度，顶烈日、战酷暑，加班加点连续奋战7个昼夜，为该村更换变压器，延伸低压线路，更换所有下户线，对村内主要街道的线路进行了整改。送电时，群众高兴地说：“供电所现在的服务真是‘神速’，真是把群众装进了心坎里。”

2012年9月11日7时，宋家庄乡明窑沟村全村停电，暖泉供电所迅速组成抢修小分队，立即前往事故地点。明窑沟村只有12户居民，地处海拔2000多米的大山深处，交通极为不便，1800余米的山路陡坡都在35度以上、最大坡度达65度，遍地野草、荆棘满坡、树木纵横，每前行一步，都需付出极大的艰辛。抢修人员不顾疲劳和困倦、忘记了口渴和饥饿，一步一步爬，一个点一个点查，经过近5个小时的连续奋战，终于找到故障点并成功排除故障，为明窑沟村恢复了供电。村民们看到抢修人员被荆棘撕破的衣服和扎出的鲜血，含着眼泪、紧握着抢修人员的双手，反复说着感谢的话语。

暖泉供电所还与山区农村建立了长期协同帮扶关系，利用线路巡视、设备检修、供电抢修等进山时机，义务帮助群众捎东西、代购物品，并做到特色服务常态化。建立弱势群体档案，为老弱病残客户送上“亲情联系卡”，形成固定帮扶关系，帮助他们解决困难，被当地群众誉为“电力亲人”。

暖泉供电所用贴心、倾心、诚心为一方百姓播撒着人间真情，多次获得国网张家口供电公司先进集体、文明班组称号，2012年6月通过国网冀北电力有限公司标准化示范供电所验收。

绿舟服务队
——国网宽城供电公司桲罗台供电所

绿舟服务队是国网宽城供电公司桲罗台供电所李希友、胥荣彪等9名共产党员于1999年成立的。13年来，绿舟服务队在做好本职工作外，坚持为库区百姓无偿捎货、方便群众、不计回报，感动、温暖着1600多名库区百姓的心。

潘家口水库区域的农户大都分散居住在环库区的山坡沟顶，隔山爬坡相距十几里，日常生活必需品、生病投医问药都得走水路，少则几十千米，多则百余千米，出门要爬山、进城得坐船，交通十分不便。

绿舟服务队的9名共产党员深知库区百姓的艰苦，于是利用每月抄表进城送电费的便利，充当起了百姓的“采货郎”。从那以后，无论酷暑严寒都无偿为库区百姓服务，为当地百姓架起了一座“幸福桥”。服务队队长李希友说：“我们给群众代买日用品不仅不加价，而且还千方百计为百姓省钱，渐渐地赢得了老百姓对我们的信任，有些群众还把家里的银行卡、身份证和密码给我们，让我们帮他们存、取钱。有时三五千，有时几万元，从未出过差错。”

绿舟服务队的无私奉献使他们逐渐成为当地百姓心中最可信赖的人，谁家有困难、有难处，第一个想到的就是绿舟服务队，哪怕只是担水、劈柴这些小事，他们也是随叫随到。如今，绿舟服务队延伸了服务，到了秋天，村里各家各户都要收玉米、摘苹果、摘花椒，田间地头时常会看见服务队员的影子。他们义务为群众干农活，为老人盖房子的事迹在当地库区百姓中已传为美谈。

绿舟服务队的感人事迹引起了新华社和央视记者的关注。2011年10月27日，新华社以《潘家口水库“新货郎船”12载无偿“帮你捎”》为题，刊发绿舟服务队的先进事迹；10月28日，《新华每日电讯》头版以《船上新货郎归来福满舱》为题进行刊登。中央政治局委员、中宣部部长刘云山看到报道后对报道提出表扬，指出这是一篇“走基层、转作风、改文风”的上乘之作。同年11月30日，中央电视台新闻频道《走基层·劳动者》栏目以《农电工把诚信送到老百姓心坎上》为题，播出绿舟服务队的事迹。绿舟服务队的感人事迹为供电企业树立了良好的社会形象。

情暖孤儿院　心系孤残童
——国网秦皇岛电力公司开发区西区营业站

国网秦皇岛供电公司开发区西区营业站共有员工6人，平均年龄36岁。在这样一个充满活力的年轻集体中，大家都拥有一个共同的名字——爱心职工。

在西区营业站服务的辖区内有一个孤儿院——秦皇岛光明孤儿院，孤儿院内共有88名孤残儿童，年龄从8岁到21岁不等。从2011年起，每逢过年过节，光明孤儿院里都有“爱心职工”志愿服务的身影，而每一次他们的到来，孤儿院里总能不时响起孩子们一阵阵欢乐的笑声。

2012年“六一”儿童节前夕，西区营业站的全体职工惦记着光明孤儿院的孩子们，筹划组织全体职工开展“献爱心送温暖”捐款活动。5月28日上午，西区营业站的“爱心职工”们将募集到的5980元款项与慰问品送到光明孤儿院，同时还对孤儿院宿舍内的灯泡、插座、线路等日常用电设施进行逐一检查，对发现问题的立即进行更换。

爱之可贵，不在朝夕的奉献，贵在恒久的坚持。两年来，西区营业站的职工始终牵挂着秦皇岛光明孤儿院孩子们的成长。他们自发加入秦皇岛爱心助孤群，不仅捐衣捐物，还经常利用个人休息时间到孤儿院做义工，给孩子们送去书本、衣服、食物，帮他们洗澡、洗衣服、打扫卫生，陪他们聊天、做游戏、辅导功课。

爱心职工的平凡之举弥补了孩子们内心欠缺的温情，丰富了孤童们的生活，温暖了孤童们的心灵。以爱之名，承载的是希望，延续的是幸福。

大事记

2012年大事记

2月9日 公司召开干部大会。国家电网公司副总经理、党组成员曹志安出席大会并作重要讲话。会议宣布尹积军任公司总经理、党组副书记，赵鹏任公司党组书记、副总经理，周吉安、李欣任公司副总经理、党组成员，柏磊任公司党组成员、纪检组组长、工会主席，李晓辉任公司党组成员，张旭升任公司总工程师。

2月17日 公司总经理尹积军主持召开公司第一次党政联席会议，会议决定成立公司“三集五大”体系建设领导小组，正式启动“三集五大”体系建设工作。

2月23日 公司总经理尹积军、党组书记赵鹏、副总经理李欣在公司本部与河北省发改委副主任、能源局局长单宝风一行进行座谈。

2月29日 公司召开“三集五大”体系建设实施方案汇报会，审议“三集五大”实施方案。

3月12日 国家电监会副主席王野平在国家电网公司副总经理杨庆、华北电监局局长李延勇等陪同下，到公司进行调研指导。

3月16日 公司总经理尹积军到曹妃甸新区参观考察，并与唐山市委副书记、曹妃甸新区党工委书记、管委会主任陈学军进行会谈。双方围绕加快曹妃甸现代化港口、港区、港城相匹配的电网建设交换了意见并达成广泛共识。

同日 公司总经理尹积军在秦皇岛会见了秦皇岛市委副书记、市长朱浩文，双方就进一步加强秦皇岛市电力基础设施建设、深入优化供电保障服务进行沟通交流。

3月21日 公司总经理尹积军在廊坊市文安县会见了廊坊市委副书记、市长聂瑞平，双方就服务地区经济发展等问题进行沟通交流。

3月23日 公司总经理尹积军在公司本部会见张家口市委副书记、市长侯亮，双方就如何促进地区经济发展等问题进行了沟通交流。

3月24日 国家电网公司总经理、党组书记刘振亚与河北省委副书记、省长张庆伟在河北省廊坊市文安县举行会谈。双方就加强合作交换意见，强调要拓展合作领域，确保河北能源安全和电力供应，促进电力发展方式转变，服务河北经济社会发展。公司总经理尹积军、党组书记赵鹏参加了会谈。

3月27日 华北电力科学研究院有限责任公司管理权划转移交公司签字仪式在华北电科院举行，由此，华北电科院正式划转冀北电力有限公司。

3月31日 公司总经理尹积军在培训中心会见承德市市长赵风楼一行，双方深入探讨了加快特高压电网入承、服务承德地区经济社会发展和百姓生活等方面工作，强调要加强合作，切实保障承德电力需求，积极服务承德地区产业聚集区发展。

4月5日 公司党组书记赵鹏在公司本部会见河北建设投资集团有限责任公司副总经理米大斌一行，双方就继续拓展业务领域、全面加深业务合作进行了交流。

4月24日 公司总经理尹积军在张家口会见了张家口市市委书记王晓东，双方就冀北地区经济和社会发展进行了广泛深入的交流。

4月25日 2012年河北省电网建设领导小组会议暨“十二五”电网建设责任书签字仪式在石家庄举行。公司总经理尹积军、副总经理李欣参加会议。尹积军介绍了公司和冀北电网的基本情况，分析了冀北电网存在的主要问题，展望了冀北电网“十二五”发展规划前景，并从加快电网建设步伐、统筹协调推进风电发展等方面向电网建设领导小组提出了建议。

5月3日 国家电网公司总经理助理、国网东北分部主任、党组副书记李一凡到国家风光储输示范工程现场参观调研，公司党组书记赵鹏陪同。

5月10日 河北省物价局在石家庄组织召开居民生活用电试行阶梯电价听证会，公司总经理尹积军出席会议并就有关问题发言。

5月18日 公司电力经济技术研究院、电力科学研究院、检修公司正式挂牌成立，标志着冀北公司“三集五大”体系建设迈出了关键一步，取得了重大阶段性成果。国家电网公司副总经理、党组成员曹志安为三个新单位揭牌并讲话。公司领导出席挂牌仪式。

5月31日 公司组织召开党组理论学习中心组学习扩大会，邀请国家电网公司人事董事部主任刘广迎作题为《国家电网公司面临的形势与任务》的专题讲座。

6月13～14日 公司召开支撑机构“三集五大”体系建设操作方案汇报会。公司总经理尹积军主持会议并作重要讲话，公司党组书记赵鹏及周吉安、李欣、柏磊、李晓辉、张旭升等公司领导出席会议。

6月20日 河北省省长张庆伟到国家风光储输试验示范工程现场进行调研，河北省省长助理、省政府秘书长尹亚力，公司党组书记赵鹏陪同。

6月26日 华北电力监管局2012年居民用电服

务质量暨供电专项检查在承德启动。华北电监局副局长戴俊良到会并讲话，公司党组书记赵鹏出席会议并致欢迎词。

6月27日 国家电网公司副总经理、党组成员帅军庆到唐山供电公司调研安全生产工作。

7月13日 中央政治局常委、全国政协主席贾庆林一行在河北省省委书记张庆黎、省长张庆伟，国家电网公司总经理、党组书记刘振亚，公司总经理尹积军、党组书记赵鹏等的陪同下，到国家风光储输示范工程现场调研考察。

7月18日 《中国青年报》举办京津冀高校传媒走进冀北承德公司总结分享会。来自北京大学、南开大学、燕山大学等京津冀高校的20名大学生记者对公司履行社会责任的举措和所取得的成绩给予了高度评价。

7月21日 北京南部、天津中部、廊坊和唐山局部降雨量达到260～460mm，北京市发布史上首个暴雨橙色预警。公司第一时间启动应急预案，1394名巡线人员迅速展开线路特巡。由于应对及时，措施有效，冀北地区没有发生重要用户停电和重大财产损失事件，公司负责运维的西电东送、北电南送500kV输电通道及北京500kV环网保持了安全稳定运行，冀北地区城市电网、农村电网整体运行情况良好。

7月24日 公司“新型防振锤研究”“变压器油在线技术的推广”“窄横担双联串直线塔检修工具研究”三项科技项目通过专家验收和评审。专家组听取了结项报告，充分肯定了三项科技项目，评定新型防振锤达到国际领先水平、窄横担双联串直线塔检修工具达到国内领先水平。

8月1日 河北省副省长龙庄伟、经济日报社社长徐如俊先后到国家风光储输示范工程运行现场进行调研。

8月3日 截至当日，公司服务冀北五市经济社会发展白皮书全部发布完毕。5部白皮书与公司在京发布的服务河北省经济社会发展白皮书，形成了“1+5”的工作格局。

8月9日 国家电监会正式启动冀北地区供电专项检查工作，由华中电监局牵头，派出三个检查组，利用5天时间，分别到唐山公司、张家口公司和秦皇岛公司进行供电专项检查。

8月9～10日 公司总经理尹积军陪同中国工业经济联合会秘书长荣剑英、国家电网公司副总经理王敏到风光储公司调研。

8月10日 在公司所辖地区开展的“华北电网六氟化硫气体回收减排CDM项目”的第一监测期减排量（CER）获得联合国执行理事会正式签发，签发量为该项目自2010年11月29日至2011年6月30日期间减排的二氧化碳当量72 414t。

8月13日 公司2012年新员工培训班开班，公司总经理尹积军、副总经理周吉安出席开班仪式。

8月14日 北京市副市长洪峰到公司就迎峰度夏、十八大保电、防汛应急等工作进行调研。

8月15日 公司召开同业对标专题会议，会议总结了上半年同业对标工作，部署了下半年同业对标十项重点任务。

8月15～16日 河北省委常委、副省长聂辰席，国家标准化管理委员会副主任方向先后到国家风光储输示范工程运行现场调研。

8月18～22日 全国政协副主席郑万通，中国科学院院士、中国电科院名誉院长周孝信，中央组织部十八大信访维稳督导组，河北省政协副主席刘永瑞先后到国家风光储输示范工程调研指导。

8月21日 公司党组书记赵鹏参加河北省抗洪抢险救灾表彰暨灾后重建动员大会。国网检修分公司唐山检修分部、国网秦皇岛公司、国网唐山乐亭公司被评为先进集体，公司系统12人被评为先进个人。

8月29日 河北省人大常委会副主任赵世居一行到国家风光储输示范电站进行调研。

8月30日 公司举行华北分部调入人员欢迎仪式，公司总经理尹积军、党组书记赵鹏、副总经理周吉安等出席了仪式。

8月31日 公司第一期领导干部主题轮训班开班，公司总经理尹积军为第一批学员讲授党课，重点对领导干部应具备的能力和素质进行了阐述。

9月3日 公司举办华北公司信通公司20名划转人员欢迎仪式。公司总经理尹积军、党组书记赵鹏参加仪式。

9月4日 全国政协副主席、科技部部长万钢在国家电网公司总经理、党组书记刘振亚，副总经理栾军，河北省副省长龙庄伟，省政协副主席赵云鹤，公司总经理尹积军等领导陪同下，到国家风光储输示范电站进行现场调研。

同日 公司率先通过国家电网公司集体企业清产核资验收。

9月5日 国家风光储输示范工程CDM项目通过联合国执行理事会（EB）的审核并正式注册，提前3个月实现既定目标，进一步增强了国家风光储输示范工程的国际影响力。

9 月 11 日 公司召开县域电力通信网试点工程启动大会，党组书记赵鹏出席会议。会议要求各部门、各单位要高度重视该项工程，坚定信心、加强协调、通力配合。

9 月 18 日 公司召开“三集五大”体系建设协调会，明确了“三集五大”验收评估时间节点。

9 月 20 日 北京市发改委主任张工到公司就十八大保电工作和公司发展亟须解决的问题进行调研。

9 月 28 日 国家电网公司副总经理、党组成员帅军庆到公司本部慰问中秋节、国庆节两节保电的全体员工，代表国家电网公司党组和刘振亚总经理向公司全体干部员工致以节日的问候。

同日 国家电网公司党组成员、总会计师李汝革，河北省政府副省长张杰辉，公司党组书记赵鹏出席廊坊文安鲁能项目基地奠基仪式。该项目是河北省政府与国家电网公司进行的一次重要战略性合作，对于促进京津冀经济一体化发展具有重要意义。根据园区供电建设方案，公司将建成毕家坊、孟村两座 110kV 变电站为园区提供可靠供电。

同日 公司地（市）县层面主多分开工作正式通过国家电网公司验收。

9 月 30 日 ~ 10 月 7 日 在中秋节、国庆节期间，冀北电网发输变电设备运行正常，电网安全稳定运行。公司保证了向社会可靠供电，完成了节日期间的保电任务。

10 月 21 ~ 22 日 公司总经理尹积军、党组书记赵鹏和党组成员、唐山供电公司总经理李晓辉参加国家电网公司 2012 年第四季度工作会。

10 月 25 日 公司电力调度控制系统正式启动。以此为标志，公司已经具备调度独立运作的基础和条件。

10 月 30 日 国家电网公司总经理、党组书记刘振亚，副总经理、党组成员帅军庆一行来到公司检查指导十八大保电工作。国家电网公司华北分部相关领导，公司总经理尹积军，党组书记赵鹏，副总经理周吉安、李欣、于德明，总工程师张旭升陪同检查及慰问。

11 月 6 日 公司总经理尹积军参加国家电网公司东北—华北直流背靠背扩建工程投运仪式。

11 月 7 日 公司总经理尹积军、党组书记赵鹏、副总经理周吉安出席与英大传媒签署战略合作协议仪式。

11 月 16 日 公司举行监测大厅投运仪式。国家电网公司运营监测（控）中心主任崔吉峰、公司总经理尹积军出席投运仪式并为大厅揭幕，副总经理周吉安主持投运仪式。

11 月 18 日 由中国电力企业联合会、中国就业培训技术指导中心和中国能源化学工会全国委员会联合举办的第八届电力行业高压线路带电作业技能竞赛决赛在浙江建德谢幕。公司代表队获得 500kV 带电作业团体亚军、优秀组织奖及个人优秀技能选手奖两块奖牌。

11 月 20 日 公司顺利完成与华北分调的冀北电网 220kV 及以下调度关系调整工作，标志着冀北公司全面承担起冀北电网所有调度运行业务，正式实现了冀北电网调度的独立运作。

11 月 28 日 公司总经理尹积军出席唐山供电公司领导干部调整宣布大会。会议宣读了国家电网公司任免决定：朱薪志任公司党组成员、唐山供电公司总经理、党委委员、副书记；免去李晓辉公司党组成员、唐山供电公司总经理、党委委员、副书记职务。

11 月 29 日 河北省常务副省长杨崇勇主持召开了国家风光储输示范工程二期扩建工程前期工作推进会，公司总经理尹积军、副总经理李欣，省发改委、国土厅、环保厅、水利厅、住建厅、安监厅等省厅（局）主要领导参加会议。杨崇勇表示将把风光储输示范工程二期扩建工程列为河北省重大项目，要求省政府相关部门全力支持扩建工程建设，科学安排前期工程节点，确保年底前开工、一年内投产。

11 月 30 日 国家电监会十八大保电工作总结表彰会在北京隆重举行，公司获“十八大保电突出贡献奖”和“十八大保电先进单位奖”。

12 月 10 日 公司最大发电负荷达到 2020 万 kW，突破 2000 万 kW 大关，冀北电网成为国家电网公司系统第十三个突破 2000 万 kW 的省级电网。

12 月 28 日 唐山曹妃甸供电公司正式挂牌成立。公司总经理尹积军，唐山市委副书记、曹妃甸区委书记陈学军共同为曹妃甸供电公司揭牌；公司党组成员、唐山供电公司总经理朱薪志，曹妃甸区委副书记、区长杨洁出席揭牌仪式并致辞。

12 月 31 日 公司应急指挥中心正式建成启用。应急指挥中心的投运，为提高公司处理突发事件能力提供了必要保障。

2012 年重要会议

1. 国网冀北电力有限公司召开干部大会

2 月 9 日，公司召开干部大会。国家电网公司副总经理、党组成员曹志安出席大会并作重要讲话。会议宣布尹积军任公司总经理、党组副书记，赵鹏任公司党组书记、副总经理，周吉安、李欣任公司党组成员、副总经理，柏磊任公司党组成员、纪检组组长、工会主席，李晓辉任公司党组成员，张旭升任公司总工程师。

2. “三集五大”体系建设动员会议

3月2日，公司召开“三集五大”体系建设动员会议，号召全体员工全力以赴投入到“三集五大”体系建设中来。总经理尹积军在会上作重要讲话，党组书记赵鹏作大会总结，副总经理周吉安、李欣，党组成员、唐山供电公司总经理李晓辉出席会议。总工程师张旭升作“三集五大”建设有关情况报告。本次会议是国网冀北电力成立以来召开的第一个全系统干部员工大会，公司所有20家基层单位、43家县公司通过电视电话会议形式参会。

3. 第一届工会会员代表大会

3月29日，公司第一届工会会员代表大会在北京召开，标志着公司工会正式成立。国家电网公司工会副主席史高社、中国能源化学工会副主席王书强、北京市总工会副主席张青山对公司工会正式成立表示热烈祝贺，并向与会代表及全体员工致以亲切问候，勉励公司广大干部员工在更好地服务首都和河北经济社会的发展中作出新的更大的贡献。中国能源化学工会电力工作部部长李晓强、北京市总工会工业（国防）工会常委副主席蒋文云、北京市总工会组织部副部长李星球出席会议。会议号召，公司工会要团结和带领广大职工积极投身公司“三集五大”体系建设，深化推进“两个转变”，全面促进公司改革、稳定和发展，为服务首都和河北经济社会发展及和谐社会建设贡献力量。公司总经理、党组副书记尹积军，党组书记、副总经理赵鹏，副总经理、党组成员周吉安、李欣，党组成员、纪检组组长、工会主席柏磊，党组成员、唐山供电公司总经理李晓辉出席会议。

4. 一届一次职工代表大会

3月30日，公司一届一次职工代表大会在京召开。总经理尹积军作题为《以“三集五大”体系建设为主线，全力推进公司综合协调发展》的工作报告，党组书记赵鹏作大会总结。公司副总经理、党组成员周吉安、李欣，党组成员、纪检组组长、工会主席柏磊，党组成员、唐山供电公司总经理李晓辉，总工程师张旭升出席会议，来自公司系统的157名职工代表参加了会议。

5. 2012年反腐倡廉暨审计工作会议

3月31日，公司2012年反腐倡廉暨审计工作会议在京召开。总经理尹积军作重要讲话，党组书记赵鹏传达国家电网公司反腐倡廉建设工作会议和审计工作会议精神并作大会总结，工会主席柏磊作公司2012年反腐倡廉建设暨审计工作报告。

6. 2012年第二季度工作会议

4月19日，公司召开2012年第二季度工作会议。会议的主要任务是传达贯彻国家电网公司2012年二季度工作会议精神，认真落实公司一届一次职代会各项工作要求，安排部署二季度工作，确保圆满完成全年各项任务。公司总经理、党组副书记尹积军作重要讲话，党组书记、副总经理赵鹏主持会议并作大会总结。

7. 《服务河北省经济社会发展白皮书》发布会

7月6日，公司在京发布《服务河北省经济社会发展白皮书》，将其“十二五”期间服务地方经济社会发展的规划和举措，以对话公众的形式向社会各界郑重承诺，接受各方监督。

8. 2012年年中工作会议

7月24~25日，公司在北戴河召开2012年年中工作会议，总经理尹积军作年中工作报告，党组书记赵鹏作总结讲话。会议传达了国家电网公司年中工作会议精神，相关部门作了专题报告，基层单位代表作了表态发言。

9. “服务河北清洁能源发展”新闻发布会

10月23日，公司在京召开“服务河北清洁能源发展”新闻发布会，从电网建设、风电运行管理、前沿技术研究等方面，详细阐述了公司全力服务河北省清洁能源发展的各项举措与探索，旨在进一步增进地方政府和社会各界对公司的了解，全面展示公司履行社会责任、积极促进清洁能源发展的态度和成果。《人民日报》、新华社等22家中央及行业新闻媒体对发布会进行了采访报道。

10. 2012年第四季度工作会议

10月26日，公司在管理培训中心召开2012年第四季度工作会议，总经理尹积军作重要讲话，党组书记赵鹏作大会总结。

11. 中国共产党冀北电力有限公司直属第一次代表大会

10月27日，公司召开中国共产党冀北电力有限公司直属党委第一次代表大会，国家电网公司直属党委副书记方国元出席会议，公司党组书记赵鹏作重要讲话。会议选举产生了公司直属第一届党委委员、纪委委员，直属党委书记、副书记，直属纪委书记。

12. 建功“三集五大”、献礼十八大签名誓师大会

10月27日，公司召开建功“三集五大”、献礼十八大签名誓师大会，以此为标志，正式拉开了建功“三集五大”，献礼十八大主题实践活动的序幕。公司总经理尹积军、党组书记赵鹏、副总经理周吉安、工会主席柏磊出席会议并向青年突击队代表授旗。

重要文献

公司领导重要讲话

总经理、党组副书记尹积军在公司“三集五大”体系建设动员会上的讲话（摘要）

（2012年3月2日）

一、“三集五大”体系建设为公司迎来了难得的历史发展机遇

冀北公司在国家电网公司“三集五大”体系建设的进程中诞生，是总部分部一体化改革的产物。特定的历史背景、特殊的地理位置和功能定位，决定了公司区别于其他省级电力公司的特殊性。刚刚成立的公司，能不能起好步、开好头，发展得好不好，事关国家电网改革发展大局，也事关公司两万五千多名干部员工的前途和愿景。

我们欣喜地看到，公司独立运作以来，广大干部员工热情高涨、干劲十足，积极为公司发展增砖添瓦、建言献策，新公司呈现出了新风貌、新气象。同时，我们也要清醒地认识到，处于起步阶段的公司，属于“新公司、老家底”，制约公司持续健康发展的各项难题不容忽视，也不可能回避。当前，我们面临的主要问题是，独立运作的公司尚不具备独立运作的基本条件。作为一家完整的省级电力公司，必须具备职能完整的体制、高效运转的机制和功能强大的技术支撑体系。而刚刚成立的公司，由于组织机构不完善，岗位配置不完整，人员配备不到位，造成管理职能缺失、运行机制不健全，特别是作为电网运行枢纽的调度管理体系还无法正常运转。作为公司技术支撑体系重要组成部分的电科院和经研院，还处于筹划和组建阶段。作为现代企业标志的信息管理系统，无法实现与国家电网公司统一信息平台的无缝对接等。这些问题错综复杂、相互交织，短期内难以彻底解决，严重制约了公司的持续健康发展。公司要想立得住、走得远，必然要经过一段再造、重构和跨越的艰难历程。

国家电网公司的发展历程和辉煌成就充分证明，只有改革创新，才能破解难题；只有勇往直前，才能赶超跨越。2002年，刚刚组建的国家电网公司，面临诸多重大发展难题。不仅要解决建设什么样的国家电网和国家电网公司的问题，还要应对要不要国家电网和国家电网公司的挑战。以刘振亚总经理为首的新一届党组，始终坚持发展壮大国有经济、做强做优中央企业的信心不动摇，坚持推动科学发展不懈怠，励精图治、变革创新，突破传统观念和思维方式的束缚，提出了建设“一强三优”现代公司，建设“世界一流电网、国际一流企业”的远大目标，明确了“两个转变”的战略途径，走出了一条符合中国电网企业实际的科学发展之路。经过几年的奋力拼搏，国家电网规模总体实现翻番，装备水平、科技水平、安全水平进入国际先进行列，开创了世界特高压电网发展新纪元；国家电网公司集团化运作格局基本形成，集约化发展成效显著，精益化管理和标准化建设持续推进，初步实现了由传统企业向现代企业的战略转型，“国家电网”品牌影响力不断增强，国家电网公司的国际形象、国际地位明显提升。

国家电网公司的成功经验，为公司的科学发展指明了方向。特别是处于战略机遇期、管理转型期和改革攻坚期的国家电网公司，赋予了“两个转变”更新的内涵，自上而下、全方位构建“三集五大”体系，成为转变公司发展方式的核心与重点。建设“三集五大”体系，是国家电网生产力的一次大解放，是国家电网公司生产关系的一次大变革，是广大干部员工思想观念的一次大转变，也为公司的发展迎来了难得的历史机遇。

建设“三集五大”体系是国家电网公司创建国际一流企业的客观需要。转变电网发展方式，就是要建设以特高压电网为骨干网架、各级电网协调发展，具有信息化、自动化、互动化特征的坚强智能电网；转变公司发展方式，就是要建设统一的企业文化，建立科学的“三集五大”管理体系，建成具有一流创新能力、发展能力、服务能力、国际竞争力的现代企业，“两个转变”是建设世界一流电网、创建国际一流企业的战略途径。一直以来，电网企业管理层级多、管理链条长的多级法人管理体制，职能交叉的业务模式，条块分割的运转机制，不仅无法适应电网发展的要求，而且导致执行力衰减、管理目标分散、效率降低、成本增加等问题。必须遵循现代企业运作模式，改革与现代大电网发展和管理明显不适应的现行体制和机制，按照集约化、扁平化、专业化的要求，全面构建“三集五大”管理体系，压缩管理层级，优化业务流程，创新管理模式，调整资源配置方式，建立科学的组织架构、管理体制和运营机制，全面提升公司发展能力、管理效率和经济效益。

建设“三集五大”体系符合公司发展的实际需

要。当前，公司不仅存在着供电企业普遍存在的问题，而且面临着起步、成长阶段的各类问题；不仅有调整的压力，还有完善的任务，就矛盾化解矛盾、就问题解决问题，不仅无从下手，而且难以奏效。以“三集五大”体系建设为抓手，改革体制、完善机制、构造功能完善的技术支撑体系，是化解各类矛盾、破解各项难题的最佳途径。“三集五大”体系建设不仅是国家电网公司改革发展对我们的要求，更是公司强身健体、实现健康发展的唯一选择。

建设“三集五大”体系符合广大干部员工的根本利益。“三集五大”的实质是变革调整，根本是革故鼎新。对于广大干部员工来讲，既是挑战，更是机遇。一是干部员工干事创业的舞台更加广阔。上周，公司本部已经组织第一批25个岗位的公开招聘，打响了“三集五大”体系建设的揭幕战，这是促进员工工作价值最大化的初步尝试。随着“三集五大”体系建设的深入推进，还将有更多德才兼备的优秀员工走上层次更高的工作岗位，发挥才干、建功立业，真正做到人尽其才、才尽其用。二是员工整体利益得到切实保障。“三集五大”体系建设的根本出发点就是推进企业又快又好发展，从根本上保障职工权益。在推进“三集五大”体系建设过程中，我们将坚持以人为本，统筹考虑企业发展需要和员工实际情况，在国家电网公司总体方案框架下，认真做好差异性分析，确保“规定动作”不走样、“自选动作”有创新，尽最大努力维护广大员工根本利益。对不具备条件的单位，采取先试点、后推广的模式，就是从实际出发、合理设置改革进程的充分体现。三是科学的决策程序为保障职工利益奠定了基础。“三集五大”体系建设是一场事关企业发展和员工切身利益的重大变革。无论是国家电网公司，还是公司，对待这项工作都是稳妥再稳妥、谨慎又谨慎，根本目的就是要保障广大干部员工的合法权益不受影响。按照规定，“三集五大”体系建设方案要先后经过公司党政联席会审议、国家电网公司审核批复、公司职工代表大会审议等多个规定程序，积极听取各方面意见，确保实施方案客观性、可行性和可操作性。

二、公司完全有条件建成高质量的“三集五大”体系

与江苏、重庆等先行建设“三集五大”体系的省公司相比，虽然公司起步较晚，工作存在较大差距。但是，我们拥有独特的有利条件和后发优势，有成熟的经验可以借鉴，完全有能力后来居上，建成高质量的“三集五大”体系。

公司刚刚组建，可以轻装上阵。这次进行“三集五大”体系建设的省公司，大多在传统职能管理模式下运行了多年，变革意味着先“破”后“立”，彻底打破原有的多层级、长链条、“小而全”、“小而散”的管理体制和运行机制，涉及面广，操作难度大。相比而言，公司成立时间不长，建设“三集五大”体系的主要任务是完善和整合，这是我们的独特优势。在“三集五大”体系建设实践中，我们可以更加科学地进行顶层设计，更好地谋划实施方案；更加稳妥地推进管理创新，充分吸收借鉴国内外先进的管理成果，拓宽“三集五大”体系建设的深度和广度。

可以充分借鉴其他公司经验，后发优势明显。江苏、重庆公司作为国家电网公司系统首批完成“三集五大”体系建设试点单位，有很多好的经验值得我们学习，正在推进阶段的兄弟单位也有很多好的做法值得我们借鉴。一是方案细致，将“三集五大”体系建设方案细化分解，形成通俗易懂、便于执行的操作手册，保证实施效果。二是机制完善，通过日报告、周通报、旬协调、月考评机制，实时监控、及时纠偏，有效解决各种问题。三是管控严格，采用项目管理模式推进方案实施，制定任务“横道图”和进度“网络图”，实施里程碑计划，确保了进度和质量。四是保障有力，强化“一把手”负责制，党政工团齐抓共管，严肃政治纪律、组织纪律、财经纪律、廉政纪律和工作纪律，保证了各项工作不断、不乱。国家电网公司在深入总结这些经验的基础上，重新修订了“三集五大”建设方案，基本解决了我们推进过程中可能遇到的困惑和难题。站在“巨人的肩膀”上，我们可以博采众长、兼收并蓄，不走错路、避免弯路，取得更好的实施效果。

公司队伍优秀，为推进“三集五大”体系建设提供坚强保障。一直以来，公司广大干部员工大力弘扬“努力超越、追求卓越”的企业精神，践行“诚信、责任、创新、奉献”核心价值观，在推动科学发展、创新发展和安全发展的过程中，超前思考、大胆探索，扎实工作、勇于创新，涌现出了一大批先进典型，取得了骄人的工作业绩，为国家电网公司深化“两个转变”、加快建设“一强三优”现代公司作出了突出贡献。在抗冰抢险、抗震救灾、奥运保电、新中国成立60周年庆典保电等急难险重的任务面前，在网厂分开、主辅分离等重大改革任务面前，广大干部员工立足岗位、履职尽责，不计得失、遵守纪律，圆满完成各项任务，得到了政府、社会公众的广泛认可，塑造了国家电网“责任央企”品牌形象。有这样一支大局意识强、执行力强、思想过硬、素质过硬、作风过硬的干部员工队伍，我们完全有信心高质量完成“三集五大”体系建设任务，向国家电网公司党组交上一份满意答卷。

建设“三集五大”体系需要全员参与，共同谋划，协同推进。各单位要按照国家电网公司的总体方向，统筹各专业建设特点和工作实际情况，做到整体设计、有序衔接，协调推进、稳妥操作，有效防范和化解各类风险，确保安全稳定，确保平稳有序。

一要坚持统筹兼顾。强化系统观念，准确把握“三集”与“五大”以及其他专业的关系，加强衔接、整体设计，通盘考虑人员调整和流程再造，提升整体效果。要加强“三集五大”总体方案与各专业方案的对接，建立联动机制，做到有序衔接、相互支撑、协调一致。要统筹“三集五大”体系建设与主多分开、集体企业管理，按照国家电网公司统一部署，有序推进基层单位主多分开改革工作。

二要加强过程控制。“三集五大”体系建设实施过程点多面广，各项工作环环相扣，必须加强监控、考究过程、讲究效率。要控制节点，绘制节点任务“横道图”，工作进度“网络图”，保证有序推进。要严格标准，依据新的管控模式和业务流程，科学修编管理标准、工作标准和技术标准体系。要动态修正，密切跟踪工作进展情况，及时发现问题、纠正偏差，不断调整优化。要上下联动，保持信息畅通，公司本部既是“教练员”、也是“运动员”，基层单位既是执行主体、又要客观反馈信息，避免工作脱节，形成整体合力。

三要形成特色亮点。在规定动作不走样的同时，突出特色、积累经验，实现工作和形象“双增值”。要大胆创新实践，避免简单操作和盲目蛮干，充分发挥主观能动性。要善于总结经验，注重挖掘亮点、培育典型，形成便于操作、易于管控的“三集五大”体系建设项目管理体系。要建设特色文化，丰富“三集五大”体系建设内涵和文化传播途径，弘扬正风正气，形成具有冀北特色的“三集五大”文化成果体系。要培育精英团队，培养和选拔优秀人才，充分发挥业务骨干的带动作用，促进员工转变思想观念、适应变革需求。

四要确保务期必成。“三集五大”体系建设，关系国家电网公司战略大局，关系公司发展和形象。要防范风险，超前思考和分析机构及流程变化带来的影响，发挥审计、监察、财务监督作用，完善各类预案，杜绝负面事件发生。要加强保障，健全组织机构，落实各级人员责任，梳理各专业部门、车间、班组工作界面，建立定期协商、信息发布、工作交流和保密机制。要严格监督考核，建立“三集五大”体系建设成效评价体系，加强督查督办，确保进度和质量。

三、切实加强各级领导干部的作风建设

各级领导干部是推进公司科学发展的中坚力量，是关系事业成败的关键因素。总体上看，公司的干部队伍是好的。但是，建设“三集五大”体系，将推动公司从职能管理向流程管理转变，是重大的管理变革和复杂的系统工程，对各级领导干部的作风和素质提出了更高的要求。“三集五大”体系建设越是向前推进，触及的矛盾越深，遇到的挑战也越大。而这一切都绕不开、躲不过，我们面对的是一场前所未有的攻坚战。这对干部的能力、水平、智慧、意志都将是一次重大考验。各级领导干部必须心无旁骛，切实把心思用在事业上、把时间用在工作上、把精力用在履职上，解放思想、提高能力、改进作风，在推进“三集五大”体系建设的进程中，主动“亮态度、亮作风、亮水平”，在这次深刻的变革实践中发挥表率作用。

亮态度，就是要始终与公司党组保持高度一致。深刻认识“三集五大”体系建设工作的重要性、复杂性和紧迫性，把思想和行动统一到公司党组的决策部署上来。要顾全大局，牢固树立全公司“一盘棋”思想，正确处理局部与整体、小局与大局的关系，正确对待权责与利益的调整，主动适应“三集五大”、带头推进“三集五大”、自觉服从“三集五大”，争做“三集五大”体系建设的推进者、实践者和开拓者。要坚定执着，特别是在困难和阻力面前，要不折不扣地贯彻公司党组的各项要求，做到态度坚决，不懈怠、不犹豫、不退却，始终保持坚定的政治立场和正确的前进方向；要“咬定青山不放松”，精心谋划、精耕细作、精益求精，做到坚持、坚韧、坚守、坚强。要坚持原则，自觉加强党性锻炼和党性修养，对“三集五大”体系建设中存在的问题和薄弱环节，要敢抓敢管、敢于负责，决不能漠然处之、放任自流，更不能姑息迁就，避免小隐患演变成大问题。

亮作风，就是要充分发挥领导干部的模范带头作用和先锋表率作用。干部作风是干部素质的反映，是公司形象的体现。各级领导干部必须坚持不懈地抓好作风建设，努力成为推动“三集五大”体系建设的中坚力量。要强化责任，始终以强烈的事业心、责任心对待职责范围的每一项工作，发扬不怕吃苦、吃亏、吃气和敢于担风险的“三吃一担”精神，时时处处高标准、严要求，自觉为广大员工作出榜样。要真抓实

干，坚持办实事、讲实话、求实效，沉下心来、脚踏实地，把更多时间和主要精力放在推进“三集五大”体系建设上，及时发现并解决本单位在“三集五大”体系建设过程中出现的困难和问题，认真负责地向公司党组提出意见和建议。要严守纪律，牢固树立“干事、干净”理念，始终保持清醒的头脑和坚定的理想信念，正确对待手中的权力，带头遵守规章制度，秉公用权、依法用权，坚决杜绝在“三集五大”体系建设中违法乱纪、谋取私利，成为清正廉洁的表率。要带好队伍，按照创建“四好”领导班子要求，健全运行机制，合理分工、密切配合，坚持大事讲原则、小事讲风格，维护班子团结、发挥班子整体合力；要科学选人用人，任人唯贤、唯才是举，严格干部选拔任用程序，不拘一格选拔人才，大力弘扬清风正气，提升干部队伍的战斗力。

亮水平，就是要努力打造“三集五大”体系建设精品工程。建设“三集五大”体系的过程，既是破旧创新的过程，也是争创一流的过程。各级领导干部要牢固树立争先晋位意识，学习借鉴国际国内先进的管理理念和管理方法，努力把公司建设成为一个功能完备、管理先进、业绩优秀的省级电力公司。要打造冀北品牌，准确把握公司的责任与使命，在服务地方经济发展、服务人民生活、服务和谐社会建设中，努力实现公司综合价值最大化和员工工作价值最大化，赢得国家电网公司、地方政府和社会大众的普遍认可。要提升发展品质，主动适应电网发展、公司发展的需要，努力实现企业素质、经济效益、发展能力和综合实力的显著提升。要提高工作效率，以时不我待、只争朝夕的态度，主动出击，不等靠、不拖延、不欠账，力争在最短的时间高质量完成体系建设任务，达到组织机构精简、业务流程顺畅、管理规范高效的目标。要加大宣传力度，利用报刊、网络等媒体，不断丰富活动内容和形式，大力宣传公司贯彻落实科学发展观、建设“三集五大”体系取得的重大成效，及时总结、宣传建设“三集五大”体系的典型经验和成功做法，营造良好氛围，推动“三集五大”体系建设工作不断深入。

落实“三亮”要求，干部能力建设是基础。各级领导干部要在建设“三集五大”体系的实践中，着力提升五种能力。一是努力提高领导决策能力。建设“三集五大”体系，各地区、各单位的实际情况不尽相同。能否圆满完成建设任务，是对领导决策能力的重要考验。要善于抓住那些关系公司长远发展的关键性问题，充分研究论证，科学果断决策，确保高标准做好“规定动作”，高水平完成“自选动作”。二是努力提高开拓创新能力。“三集五大”体系建设是全新的探索和实践，必然会遇到很多困难。各级领导干部要迎难而上、知难而进，在不断解决问题中推进公司创新发展。三是努力提高沟通协调能力。建设“三集五大”体系，覆盖了公司工作的各个方面，牵一发而动全身，沟通协调的任务非常繁重。各级领导干部要善于对上协调、勤于对下沟通。通过沟通协调，凝聚各方力量，上下同欲、同频共振，形成共同推进“三集五大”体系建设的强大合力。四是努力提高学习思考能力。“三集五大”体系建设专业性强、涉及领域广。各级领导干部要切实加强对“三集五大”体系建设的学习思考，准确把握精神实质，深刻领会上级部署，全面掌握推进方法，确保“三集五大”体系建设高效深入开展。五是努力提高应对复杂局面的能力。建设“三集五大”体系，头绪多、任务重、压力大。要善于在错综复杂的环境中把握主要矛盾，始终做到心中有数、从容不迫，掌握工作的主动权。特别是要做好应对突发事件的充分准备，遇到重大紧急情况，领导干部要第一时间到岗到位，第一时间请示报告，防止错过时机，导致事态扩大。

当前，公司正处在全面推进“三集五大”体系建设的关键时期，各单位、各部门要更加关注安全生产、队伍稳定和优质服务。要充分认识安全、稳定和优质服务的基础性地位，时刻保持高度警惕，居安思危、警钟长鸣，决不能因为疏忽大意影响公司“三集五大”体系建设大局。

在安全生产上，要严格贯彻落实国家电网公司2012年安全工作意见，牢固树立“大安全”理念，确保电网安全稳定运行，确保全国“两会”和党的“十八大”可靠供电。一是加强电网建设管理，高度重视基建队伍建设，强化基建分包、施工监理、设备检修、农电用工人员的安全教育和技能培训，严格资质审查和现场监管。二是加强电网运行控制，努力克服目前调度人员紧缺的困难，科学安排工作人员和时间，深入分析冀北电网特性与结构，不断完善运行控制策略，建立调度业务流程化、标准化机制，积极推进冀北电力调度控制中心建设，确保2013年6月底前独立运作。三是加强设备运维管理，加大重要变电站和重要设备的运行维护力度，深化状态检修，巩固政企联合、警企联动工作机制，及时消除设备缺陷和安全隐患，提高输变电设备健康水平。四是加强现场安全管理，合理安排人员工作进度和工作强度，深化现场标准化作业，强化工程分包、交叉跨越、近电施工、高空作业等安全管理，严格农电施工企业资质审查，确保不发生人身事故。五是加强安全应急管理，完善各类安全应急预案，提高突发事件监测预警能力和综合协调指挥能力。针对全国“两会”和党的“十八大”保电工作，各单位、各部门主要负责同志要作为保电工作第一责任人，亲自部署、亲自检查、亲自督导保电工作，深入一线、靠前指挥，全面掌握保电工作情况，现场解决有关问题，确保圆满完成保电任务。

在维护稳定上，要把保稳定作为硬任务，逐级落实责任，努力把不稳定苗头和矛盾化解在基层，解决在萌芽状态。一是推进民主管理。坚持和发展以职代会制度为主要形式的民主管理、民主参与、民主监督制度，规范县公司工会组织建设和职代会制度建设，畅通职工理性表达诉求渠道。二是加强思想政治建设，将统一思想、提高认识作为深化改革的重要前提，通过全员培训、个别疏导，以点面结合的方式，把建设“三集五大”体系的重大意义、目标要求和方法步骤说清楚、讲明白，让广大员工以积极、理性的心态参与改革，实现组织需要、工作需要和个人能力体现的最优结合。三是加强和谐企业建设，加大主题传播和先进典型宣传力度，做好后勤保障规划，完善各项服务机制，营造良好的企业发展氛围；着力解决信访稳定问题，完善信访、舆情等应急处置预案和联动机制，确保企业和谐稳定。

在优质服务上，要认真贯彻国家电网公司党组1号文件精神，大力实施95598光明服务工程。一是全面落实“三个十条”，坚持“你用电、我用心”的服务理念，认真查找和解决业扩报装、故障报修、电表更换、电费收缴等方面存在的问题，优化服务流程，规范服务行为，及时响应客户诉求，提升服务效率。二是加强行风建设，严格落实“三不指定”要求，深入开展明察暗访和行风建设“零投诉”活动，主动接受政府监管和社会监督。三是加大农网升级改造力度，按照“城乡电网一体化”要求，加快推进新农村电气化建设，开展农网改造升级示范县工程，努力提高农网供电可靠率。

总经理、党组副书记尹积军在公司十八大保电暨“三集五大”体系建设总结表彰大会上的讲话（摘要）

（2012年12月21日）

一、牢记使命、严履职责，出色完成十八大保电任务

确保党的十八大期间电力安全可靠供应，是公司责无旁贷的重大政治使命，也是对公司供电服务能力和服务水平的一次重要考验。为确保十八大安全供电，公司精心安排、超前部署，组织全公司力量，全面投入保电工作。

公司建立强有力的组织领导体系，为圆满完成独立运作以来规格最高、时间最长的十八大保电任务奠定了坚实的基础。精心编制十八大保电工作方案，迅速成立十八大保电工作领导小组，形成本部、地（市）、县三级指挥体系。划分七大防区和一个重点部位，将保电责任分解到每条线路、每基杆塔、每个变电站、每台设备。保电实战阶段，公司以保电总指挥部为中枢，抽调精兵强将24h坚守指挥岗位，统筹协调电网生产运行、电力设施防护、事故应急抢修“三大体系”。在各防区指挥中心和22座500kV变电站安装指挥视频系统和“红机电话”，及时发布预警指令和预测、预控措施，实现保电工作的全过程控制。

公司持续强化设备运行维护，确保了冀北电网的安全可靠运行。正式启用公司调控系统，实行与华北分调“双轨运行”模式，科学安排电网运行方式，保持全结线、全保护运行。持续开展隐患排查治理专项行动，组织技术专家对主网重要输变电设备进行会诊式排查，发现并整改932项缺陷隐患。运用红外测温等技术，开展设备异动特巡和异常气候全天候监测。十八大保电期间，共完成6.8万km线路特巡、19 460基塔红外测温和1763处交叉跨越测试，对异常和缺陷做到了早发现、早分析、早处理。

我们统筹协调内外部资源、集中力量严防死守，构筑起电力设施保护的钢铁长城。建立政府领导、企业主责、警企联动、群防群治的联合护电机制，形成统筹安排、立体防控的保电工作格局。保电期间，组织两万两千余名公安干警、保卫干部、群众护线员和护站员、特护队员、保安员对22座500kV变电站严防死守，对西电东送、北电南送大通道及北京500kV环网实施24h不间断巡视和现场守护。加强调度系统、重要办公场所的安全保护，严格人员和车辆出入检查。保电期间，及时处理威胁电网安全的重大隐患85起。严格落实信息内外网隔离措施，有效防止了针对网络的攻击和窃密活动。

面对恶劣天气多发、事故抢修困难的突发事件，广大干部员工奋力拼搏、迎难而上，兑现了“保电为国、奉献社会”的庄严承诺。公司运维的“西电东送”“北电南送”大通道大多穿越太行山脉和燕山山脉，微地理、微气候情况复杂。保电期间，冀北北部与山西交界地区多次出现强暴风雪天气，造成西电东

送多条500kV线路跳闸。受大雪封山等因素影响，跳闸事件发生区域道路不通、现场环境恶劣，巡线、抢修等工作十分困难。事故发生的第一时间，公司立即启动恶劣天气应急预案，特护队员及时到位，专业巡线人员、现场抢修人员顶严寒、冒风雪，迅速查清故障，在较短时间内恢复了线路正常运行，确保了首都供电安全和对冀北地区的电力可靠供应。

在十八大保电工作中，各部门加强组织领导，积极沟通协调，做了大量艰苦细致的工作。各单位顾全大局、克服困难，抽调精干队伍全力以赴投入到保电工作中，付出了大量辛勤的汗水。经过努力，我们高标准、高质量地完成了十八大保电任务，为党的十八大胜利召开作出了积极贡献。

二、精心组织、周密部署，高质量通过“三集五大”体系建设综合验收

“三集五大”体系建设是电网企业发展史上前所未有的改革创举，为刚刚组建、亟需构建新型电网企业管理体制机制的冀北公司，带来了难得的发展机遇。“三集五大”体系建设是公司抢抓机遇、加快发展的一场及时雨，在独立运作伊始，公司就将“三集五大”体系建设确定为各项工作的总抓手；“三集五大”体系建设是公司完善体制、健全机制的一把金钥匙，在一届一次职代会上，广大干部员工就强烈要求加快“三集五大”体系建设、加快破解公司发展难题；“三集五大”体系建设是广大干部员工为企业发展建功立业、在工作中创造价值的一座大舞台，给优秀员工带来了更多展示才华、施展才能的机遇，为员工成长成才带来了更为广阔的发展空间。思想的统一带来了戮力同心，扎实的调研，有效的发动，周密的改革设计和科学的推进机制，广大干部员工的攻坚克难和无私奉献，使公司高质量通过了国家电网公司“三集五大”体系建设综合验收。

在“三集五大”体系建设过程中，公司上下戮力同心、后发赶超，创造了“冀北速度”。独立运作以来，广大干部员工坚决贯彻公司党组各项决策部署，全力以赴加快推进“三集五大”体系建设。1个月内操作方案顺利通过国家电网公司审批，20天时间完成所有基层单位操作方案制定和批复，45天时间完成34套信息系统适应性调整，48天完成运营监测（控）大厅建设，2个半月实现冀北调度独立运作。8个月时间内，就圆满完成“三集五大”体系建设各项工作任务，创造了“冀北速度”，得到了国家电网公司领导和专家的充分认可，奠定了公司未来发展的牢固基石。

在“三集五大”体系建设过程中，广大干部员工攻坚克难、甘于奉献，培育了“冀北精神”。在繁重的“三集五大”体系建设任务面前，公司广大干部员工始终保持时不我待的紧迫感和争先晋位的主动性，主动加班加点、奋力晋位争先，坚守岗位、默默奉献，为公司改革发展付出了心血和汗水。特别是在“三集五大”体系建设过程中，131位老同志主动申请提前退居二线，展现了干部员工无私忘我的奉献精神，凝聚了建设高质量“三集五大”体系的强大合力。一年以来，公司通过“三集五大”体系建设，破解了一系列起步、成长阶段发展难题，完成了思想观念的深刻转变，形成了“无私奉献、晋位争先、跨越赶超”的“冀北精神”。这种“冀北精神”在具体工作中突出表现为不畏艰难、勇于开拓的创业精神，求真务实、脚踏实地的实干精神，咬定目标、务期必成的拼搏精神，精益求精、争创一流的进取精神，不辱使命、勇担责任的奉献精神，是促进公司更快更好发展、创造辉煌的精神动力。

在“三集五大”体系建设过程中，广大干部员工大胆创新、严履职责，形成了“冀北特色”。公司大力实施品牌引领战略，以“社企和谐兴冀”、“社区光明同行”活动为突破口，努力提高服务地方经济社会发展的能力和水平，积极争做“电力好人”，获得了政府支持、百姓认同，提高了知名度，赢得了美誉度。在“社企和谐兴冀”活动中，广大干部员工准确把握了地方政府对公司发展的实际需求，为白皮书的顺利发布、服务河北清洁能源发展发布会的成功召开作出了重要贡献，用扎实的工作、突出的业绩生动诠释了公司责任央企“可靠、可信赖”品牌形象。在“社区光明同行”活动中，广大干部员工深入社区、走进家庭，坚持不懈为百姓做好事、做善事，用一件件凡人善举，演绎了一件件鲜活事例，传递了人与人之间守望相助的质朴情感，将公司的进取精神、发展意识和责任感，转化为强大的道德感召力和社会影响力。

经过顽强奋战和艰苦努力，我们圆满完成了“三集五大”体系建设各阶段任务。12月4日，国家电网公司完成了对公司的综合验收。曹志安副总经理对公司“三集五大”体系建设工作给予了充分肯定和高度评价，指出公司“三集五大”体系建设扎实推进、成效显著，在很多方面创造了新鲜的经验，向国家电网公司党组交上了一份满意答卷。

三、一年来的收获与体会（略）

四、坚定信心，再接再厉，不断推动公司又快又好发展（略）

党组书记、副总经理赵鹏在公司直属党委第一次代表大会上的讲话（摘要）

（2012 年 10 月 27 日）

一、充分认识公司召开第一次党代会的重要意义

这次党代会是一次明确定位、继往开来的大会，将为公司党建工作指明方向。国家电网公司党组高度重视冀北公司的改革和发展，刘振亚总经理亲自主持研究冀北公司成立直属党委工作。为了更好地履行“保障首都供电安全、高质量服务冀北经济社会发展”双重职责，国家电网公司党组经过审慎研究，决定将冀北公司直属党委组织关系从北京市国资委划转到国家电网公司直属党委管理。这一举措充分体现了国家电网公司党组科学、认真和务实的精神，体现了国家电网公司党组对冀北公司广大党员的关心和关怀，必将对公司更好更快发展产生重大而深远的影响。

这次党代会是一次以人为本、民主和谐的大会，将进一步提升公司党建工作规范化水平。党的代表大会是党的民主集中制的一种重要形式，对于发扬党内民主，加强党的建设，具有重要意义。这次党代会将本着公平、公开、公正的原则，按照组织程序选出公司直属第一届党委、纪委。通过民主选举，必将充分调动公司广大党员参与党的建设的积极性，进一步拓宽民主渠道，推动形成责任明确、领导有力、运转有序、保障到位的党建工作长效机制，使党建工作更加科学化、规范化和标准化。

这次党代会是一次凝心聚力、鼓舞斗志的大会，将进一步激发广大党员干事创业的热情。当前，公司正处于高速发展期、改革攻坚期和管理转型期，机遇与挑战并存，希望与困难同在。这次党代会就是要在新的历史起点，集全体党员之智，聚全体党员之力，进一步增强广大党员的凝聚力和向心力，形成推动公司科学发展的强大动力，以更加广阔的视野、更加执著的努力和更加昂扬的斗志推动各项工作再上新台阶。

二、公司党建工作实现良好开局

2012 年是冀北公司的开局之年，也是公司改革发展任务极为繁重的一年。公司独立运作以来，各级党组织和全体党员坚持融入中心、服务大局，准确把握党建工作方向，攻坚克难，顽强拼搏，努力把党的政治优势转化为企业核心竞争力，党建工作实现了良好开局。

一是以“三亮”活动为载体，有效激发“创争”活力。各级党组织在“三集五大”体系建设中找准党建工作的关键环节，大力开展“亮水平、亮作风、亮态度”活动，迸发了党建工作的旺盛活力。广大党员坚决贯彻执行上级决策部署，成功应对起步晚、基础弱、人员紧张等困难，仅用了短短 10 个月时间，完成了“三集五大”系统建设各阶段任务，迎来了国家电网公司最后的验收检查，全面展示了冀北公司敢打硬仗、善于攻坚的拼搏精神和顽强作风。

二是以服务双提升为依托，深入推进“社企和谐兴冀”。公司大力实施服务能力提升工程和服务水平提升工程，发布服务河北省、冀北五市地方经济社会发展白皮书，定制电网发展针对性措施，向社会各界公开承诺，接受社会监督。强力推进帮扶村电网建设与改造工程，深入推进居民用电服务提升工程，建立保障性住房供电服务“双保”（保质量、保进度）机制，赢得利益相关方的价值认同和政策支持。

三是以惠民服务为重点，加快促进“社区光明同行”。依托现有的1025 个供电营业窗口，以“学习雷锋，善行河北”为主题，组建63 支国家电网冀北电力共产党员服务队，大力开展站所社区特色服务，坚持不懈地为社区做好事、为百姓做善事，涌现出了以“最美电力人”曹丽伟、“绿舟服务队”为代表的一大批模范典型。

四是以培育行动为动力，助推“两个价值最大化”。全面落实企业文化建设“五统一”要求，广泛弘扬“努力超越、追求卓越”企业精神，积极培育“诚信、责任、创新、奉献”的核心价值观。通过推动企业综合价值最大化和员工工作价值最大化，进一步巩固全体员工团结奋斗的思想基础和价值纽带，为圆满完成全年工作任务奠定了坚实的基础。

回顾公司独立运作以来的党建思想政治工作，我们深刻地体会到：坚持发挥国有企业的党建工作优势，是推动公司健康发展的重要保证。公司各级党组织认真探索新时期国有企业党建工作的新机制、新途径，强化形势任务教育，培育先进企业文化楷模，凝聚员工发展共识，为公司工作顺利开展发挥了重要的政治保障作用。党的建设是国有企业独有的政治优势，已经成为我们攻坚克难、发展壮大的重要法宝。坚持围绕中心、服务大局，是企业党建工作的根本出发点和落脚点。实践证明，企业党建工作只有坚持围绕中心、服务大局，努力与日常生产经营工作相结合，做到有力、有效、有为，才能焕发出蓬勃的生命力和创造力，

不断开创工作新局面。增强基层党组织活力，是加强企业党建工作的根本途径。党的基层组织是党全部工作和战斗力的基础。经过公司广大基层党员干部的辛勤耕耘，基层党组织建设已经取得了丰硕成果，积累了丰富的经验，涌现出了许多先进典型，这是公司党建工作的宝贵财富。只要基层党组织坚强有力，党员模范作用突出，企业就会有凝聚力、战斗力和创造力，公司发展就有新面貌。抓好党建创新，是提高党建工作科学化水平的重要保障。以改革创新精神加强党的建设，是时代发展对我们提出的新要求。公司独立运作以来的发展实践证明，党建工作要适应新形势、展现新作为，就必须坚持与时俱进、开拓创新，不断寻找新方法，解决新问题，总结新经验，从而推动党建工作更加科学化、制度化、规范化。

三、直属党建工作的指导思想和重点工作

今后一个时期直属党建工作的指导思想是：深入学习贯彻党的十八大精神，准确把握直属党组织工作定位，以改革创新精神全面推进直属党的思想建设、组织建设、作风建设、制度建设和反腐倡廉建设，不断提高直属党建工作科学化水平，为建设与环首都地位相符的冀北电网和冀北公司，提供坚强的思想保障、政治保障和组织保障。

着力做好四项重点工作：

（一）抓好党的十八大精神的学习贯彻，始终与党中央保持高度一致

学习贯彻党的十八大精神，是我们今后一个时期的首要政治任务。一是加强内外宣传。大力宣传十七大以来党的执政能力建设和先进性建设取得的成绩，宣传国家电网公司改革发展取得的显著成就和宝贵经验，宣传冀北公司独立运作以来为民服务、提升管理的重要举措，为党的十八大胜利召开营造浓厚氛围。二是精心组织学习。把学习贯彻党的十八大精神纳入重要议事日程，列入各类干部培训计划，提前谋划，周密安排。坚持理论联系实际，在工作中深化思想认识，在实践中检验学习成效。三是带头贯彻落实。领导干部要准确领会十八大会议精神，树立必胜的信心和攻坚克难的勇气；带头贯彻落实十八大重要决策部署，结合本单位工作实际，把党的大政方针转化为具体的工作举措，确保圆满完成公司全年各项工作任务。

（二）准确把握工作定位，激发党建工作活力

直属党建工作是公司党建工作的重要组成部分，具有很强的引领性、示范性和影响力。一要找准工作定位。公司本部和直属单位承担着中枢指挥和辅助支撑等重要职责，直属党建工作要严格落实公司党组决策部署，自觉从中心工作出发，做到党建工作与业务工作同目标、同安排、同推进、同考核。二要加强党内民主建设。坚持民主集中制，不断提高民主生活会质量。充分尊重党员的主体地位，探索实施党支部负责人由党员直接选举的工作机制，实施党内关怀服务机制，实行党内票决制和征求群众意见制度。三要创新工作方法。坚持从实际出发，积极探索党建工作的新途径新方法，完善党建创新项目化、流程化管理模式，制定基层综合评价体系，增强基层党建工作的活力和吸引力。注重运用科技手段，实现党的组织和工作全覆盖。四要加强自身建设。严格队伍管理，重视关心专（兼）职党务工作者，进一步加强业务培训，提高工作效率，激发工作热情，切实提升党建工作者的能力和水平。

（三）深化“四好”班子建设，着力打造“三支”队伍

公司本部和直属单位干部员工队伍素质好坏直接影响带动全公司系统，加强直属党委系统的队伍建设意义重大。一是深入推进“四好”班子创建。按照集体领导、民主集中、个别酝酿、会议决定的原则，完善领导班子议事规则和决策程序，提高决策水平。进一步完善民主监督机制，自觉开展批评和自我批评，弘扬正气，增强班子的凝聚力。二是注重干部队伍建设。着力加强领导干部思想政治建设，持续增强大局意识、责任意识和绩效意识，提高推进公司科学发展的自觉性和坚定性。持续加强干部队伍能力建设，深入调查研究，更新知识结构，提高综合素质和能力水平，做到对待工作有热情，谋划工作有思路，落实工作有韧劲。三是注重党员队伍建设。进一步完善党员发展和入党积极分子教育培养制度，健全党员发展程序，确保新党员质量。积极号召全体党员在安全生产、优质服务等工作中勇做“桥头堡”，在履职尽责、岗位建功工作中当好“彩虹桥”，在为民服务、帮扶职工群众生活中构建“连心桥”。四是加强员工队伍建设。各直属党组织要结合“三集五大”体系建设，大力开展岗位适应性培训，引导人才有序流动，积极盘活单位内部人才存量。坚持服务发展、服务基层、服务员工，做到政治上关心、生活上帮助、工作上支持，为人才成长创造良好条件。

（四）做好思想政治工作，建设和弘扬统一的企业文化

加强思想政治工作和企业文化建设是直属党建工作“必修课程”。一要加强形势任务教育。要向广大党员全面介绍冀北公司成立以来的发展思路、工作重点以及取得的成效，使广大干部员工真正理解公司决策部署，积极支持公司改革发展，共同推动公司综合实力的提升。二要维护队伍稳定。深入开展员工思想动态分析，准确把握员工队伍思想脉搏。坚持重心下移，关口前移，逐级分解落实责任，把倾向性和苗头性稳定问题化解于萌芽之中。三要推进统一的企业文化建设。全面落实“五统一”要求，深入开展企业文化传播和主题实践活动。加强企业文化管理，做好企业文化业绩考核，推进统一的企业文化落地，提升企业文化建设整体水平。四要深化精神文明建设。践行社会主义核心价值体系，广泛开展各类精神文明建设活动。加强社会公德、职业道德、家庭美德、个人品德建设，引导广大员工树立高尚的道德追求，提升文明素质，展现公司文明形象。

党组书记、副总经理赵鹏在国家电网冀北电力共产党员服务队授旗仪式暨“社区光明同行、社企和谐兴冀”惠民服务主题活动上的讲话（摘要）

（2012 年 5 月 13 日）

今天，我们在这里隆重举行国家电网冀北电力共产党员服务队授旗仪式暨“社区光明同行、社企和谐兴冀”惠民服务主题活动，这是冀北电力有限公司全面落实国家电网公司关于“深化为民服务创先争优，实施 95598 光明服务工程”的又一重要举措，是推进为民服务创先争优的一个重要着力点。

2012 年，国家电网公司和公司都以党组 1 号文件的形式，把建设共产党员服务队、“深化创先争优活动、实施 95598 光明服务工程”确定为全年重点工作之一。这次公司建设的 63 支共产党员服务队，是经过申请、推荐、选拔程序和国家电网公司审核批准的，总人数达到 1132 人，其中共产党员 781 人，党员比例超过 68%，基本覆盖了冀北地区。

近年来，公司所属各供电单位在深入开展为民服务创先争优工作中，取得了显著成效。各单位的党员服务队、先锋队、志愿者服务队，积极履行社会责任，开展为民服务创先争优活动，做到了有呼必应、有难必帮，赋予了创先争优活动新的内涵。特别是各级基层党组织充分发挥战斗堡垒作用，一线的共产党员立足岗位率先践诺，带领广大员工开展进社区、进企业、进校园、进医院、进农村等一系列活动，扶弱济困、奉献爱心，为维护社会和谐稳定、促进地方经济发展发挥了重要作用。

建设共产党员服务队是服务冀北地区经济发展、维护社会和谐稳定的有效载体。冀北公司的发展是与冀北地区经济发展紧密联系的，提高优质服务水平，可以有效促进地区经济发展和维护社会和谐稳定。共产党员服务队是一支高素质的队伍，是以党支部为基础建立起来的，政治素质高，党性强、业务精、作风好，具有坚强的战斗力和凝聚力，是一支立足岗位，忠诚履责，奉献爱心，扶弱助困，模范践行“三个十条”的主力军。

建设共产党员服务队是实现公司“社区光明同行、社企和谐兴冀”品牌服务理念的有效途径。品牌是企业的形象，更是企业的生命力。实施国家电网公司品牌战略，提升公司的服务品牌，是为了更好地服务地区经济发展和维护社会和谐稳定。共产党员服务队是一支约束性强的队伍，统一命名，统一管理，统一标识，在提供亲情服务、阳光服务、增值服务，展示和谐卓越的企业形象方面是一支不可替代的队伍。

建设共产党员服务队是践行“四个服务”宗旨、履行央企社会责任的庄严承诺。共产党员服务队是由业务能力突出的共产党员、入党积极分子、共青团员组成，将成为模范履行“服务党和国家工作大局、服务电力客户、服务发电企业、服务经济社会发展”“四个服务”职责的楷模，坚持“你用电，我用心”，以饱满的工作热情、务实的作风、贴心的态度，去实践为民服务。

建设共产党员服务队是公司员工努力超越、追求卓越，彰显 95598 光明服务形象的一面旗帜。以“国家电网”统一命名的共产党员服务队，就是要塑造国家电网统一品牌，以创建“电网先锋党支部”为目标，不断加强党性教育，立足岗位、脚踏实地、忠诚履责，在做好日常业务基本服务工作的基础上，积极履行社会责任，开展奉献爱心、扶弱助困、抢险救灾等活动，带动全体员工不断提高政治素质、专业素质、文明素质。

希望每一个共产党员服务队队员牢记自己的职责和使命，牢固树立国家电网公司服务品牌意识，以“社区光明同行、社企和谐兴冀”为己任，坚持“你用电，我用心”，主动承担供电服务中的急、难、险、重任务，时刻关注客户需求，积极开展多种形式的便民服务。

希望每一个共产党员服务队党支部深度结合创先争优活动要求，以创建“电网先锋党支部”为目标，努力打造政治强、业务精、服务优的共产党员服务队，使共产党员服务队成为联系人民群众的桥梁，服务广大用户的窗口，实践创先争优的先锋。

希望各地市供电公司、各县区供电单位以实施"一所一社区"建设为重点，推进站所社区特色服务。不断加强对共产党员服务队的动态管理，将共产党员服务队工作纳入年度工作目标和绩效考核指标体系，并作为"电网先锋党支部"先进评选的重要依据，不定期地开展对共产党员服务队工作情况监督检查，将每一支共产党员服务打造成政治过硬、业务精通、作风顽强的队伍。

副总经理、党组成员周吉安在公司2012年物资工作会议上的讲话（摘要）

（2012年4月1日）

一、2011年物资工作回顾

2011年，我们坚持以科学发展观为统领，公司物资集约化管理找准"管控与服务"的双重职能定位，确定了"四个转变"，即由深化与提高向完善与升华转变、由体制机制建设向服务能力提升转变、由粗放管理向精益管理转变、由单一业务管理向系统管理转变的发展思路，持续强化集中招标采购，努力提升入网产品质量，积极推进物流体系建设，持续推动各项业务的落地实施，加强风险防范，全面深化物资集约化管理，着力打造精益高效的供应链管理体系。物资集约化管理工作取得了显著成绩，公司同业对标指标在国家电网公司综合排名第八位。

（一）加强全面计划管理，物资计划水平逐步提高

一是突出需求计划在物资管理中的龙头作用。强化计划申报的及时性与规范性，强化采购标准应用的严肃性，实现物资计划管理的结构化、标准化，不断提高计划申报的质量和效率。2011年度，各单位共计提报各类计划42 140条，物资计划报送合格率为99.93%。计划申报准确率同比平均提高17.29%，采购标准应用率同比平均提高4.86%。二是开展ERP物资需求计划业务流程功能优化工作。陆续上线了28 000余种物料的"价格指导库""采购导期""标准交货地点及方式"等支撑模块，极大提高了计划申报的质量和效率。三是建立计划管理月报制度，加强统计分析，通过绩效管理手段来推动批次计划申报、审查工作的质效不断提高。

（二）加大集中采购力度，规模效益稳步提升

一是扩大集中招标采购范围，将小区配套及上划县供电企业的物资类及服务类采购统一纳入公司集中招标采购范围，精心组织、规范工作，规模效益不断显现。全年公司集中采购总量达103亿元，集中采购率已超过90%，节约资金6.29亿元，节资率6.2%。二是创新采购模式，针对控制电缆等工程卡脖子物料采购，尝试了"集采统配"的新模式；针对办公用品、计算机耗材等物料创新开展"超市化采购"新模式，缩短了采购周期，提高了采购效率，降低了采购成本。三是接受国家电网公司委托，全力做好国家风光储输示范项目的招标采购工作，先后组织编制招标采购方案9册，修改完善达30余次，完成招标采购11个批次，共计15.6亿元，受到国家电网公司总部充分肯定。

（三）加强合同集中管控，合同"三统"范围不断扩展

一是推进合同管理的标准化和信息化，编制合同管理作业手册5本，标准作业流程19个，物资采购标准合同文本9套；在中标回传基础上，实现系统自动批量生成合同，合同签订及时率、准确率达到100%。二是创新合同签约模式，在全面应用《国家电网公司物资采购统一合同文本》的基础上，创新采用"主合同+订单合同"的签约方式，显著提高签约效率、降低签约成本。三是加强合同签约履约管理，建立合同联络人队伍，开展合同管理人员培训，加强与项目单位协作，形成合同多方评价机制，加大对重大履约问题协调力度和对违约供应商处罚力度，提高物资供应保障能力。四是建立合同管理分析月报制度，实施绩效管理。2011年，各基层单位的合同签订合格率、统签配合率、交货完成率均有较大提升，年度内完成统签合同共10 033份，"三统"率已达到85%。

（四）强化产品质量管控，提高入网设备质量

一是不断完善"两类四方式"的"全覆盖、无死角"质量监督模式，不断加大质量管控力度。完成变压器、断路器、互感器、避雷器、隔离开关、开关柜等设备及钢芯铝绞线、导地线、电缆、铁塔、绝缘子等材料615台次的抽检工作。监造抽检发现问题437项，涉及供应商近百家。对11家供应商分别作出限期整改、经济处罚、通报、限标、停标等严肃处理，入网设备质量得到有效控制。二是创新开展"供应商档案"管理，对注册供应商进行厂内评估，产品随机抽检，形成供应商档案，对供应商实行分级分类管理。目前已完成150余家供应商档案及分类分级工作，收到良好效果。三是积极研究建设公司电网常用设备材料抽样检测移动检测系统，提高设备材料抽检工作的及时性和覆盖面，为实现"全覆盖、无死角"质量监督模式打好基础。

（五）深化仓储体系建设，推动精益配送

一是健全新型仓储网络，在原“1+5+X”结构基础上，重新规划定位为“1+6+X（61）”的仓储网络体系，即1个虚拟信息库为中心，6个区域库为枢纽，若干个（暂注册61个）周转库为支撑的仓储网络体系。二是扎实开展清仓利库工作，全面摸清了公司仓储及库存资源，为实现物资信息“一本账”管理打下了良好的基础。三是推动“基建物资配送到现场、运维物资配送到班组、办公用品配送到办公室”的精确配送，共完成在线配送2342笔。在秦皇岛电力公司、北京超高压公司圆满完成试点工作，并获得国家电网公司仓储配送体系建设先进单位的荣誉称号。

（六）强化应急体系保障建设，应急保障能力全面提升

一是推进应急物资管理专业化，根据国家电网公司部署，在唐山供电公司物流服务中心的大力支持下，承担了主网输电模块建设方案的研究和试点任务，确定并完成了适用于110～500kV输电线路遭受灾害或外力破坏的情况下，可迅速将应急物资运抵事故现场，组塔进行抢修的主网输电储备单元方案和措施。二是2011年6月进行“迎峰度夏”实践性应急物资保障演练，在未提前通知的情况下，实际检验各级应急组织的应急物资保障能力，逐步形成应急物资保障常态机制。

（七）推动分级分类管理，供应商关系管理不断深化

一是利用QCDDM（质量、成本、交付与服务、产品开发、管理与系统）加权量化分析模型等先进工具，不断完善供应商关系管理，从理念到手段上均实现了供应商关系管理的重大突破。二是强化对供应商关系管理成果的应用，推动供应商绩效评价结果与招标、授标环节的联动，突出实效，建立优胜劣汰的供应商选用机制。三是配合国家电网公司完成“产品质量监督及供应商关系管理标准体系”编制工作。2011年，共完成622家供应商的资质评价，对35类物资，150余家供应商进行了绩效评估和分级分类管理。

（八）推动网上公开竞卖，废旧处置不断规范

一是全面推广应用国家电网公司电子商务平台废旧物资网上竞卖模块，实现废旧处置全程在控。全年网上集中售卖共5批次，回收金额2446.82万元。在确保国有资产增值的同时，公司风险得到有效防范。二是通过清仓利库工作，彻底摸清了公司已报废物资和待报废物资的资源存量，为进一步规范废旧物资处置管理奠定了良好基础。

（九）加强物资供应保障体系建设，物资供应保障能力持续增强

一是高度重视国家风光储输示范工程建设，专门成立现场物资服务项目部，全程负责物资供应保障工作。在短短7个月的工期要求下，圆满完成了总价值15.6亿元的物资合同签订、催交催运、现场接验等工作，有力地保证了项目进度和工程质量。二是强化重点工程物资保障。准确把握工程关键节点，确保了唐山北和承德西500kV、张南至上花园和二工地风电厂送出220kV等重点工程的如期投产以及滦县500kV变电工程的顺利推进，办理验收及付款手续2703笔。根据农网升级改造项目特点，提前预控物资交货风险，高效完成农网工程物资供应。

（十）加大物联网技术的应用，科学管控水平不断提高

一是充分引入物联网技术新的信息技术手段，建立以电子商务平台和ERP为核心的物资信息系统，探索引入并应用视频远传、条形码识别、GPS定位和手持终端PDA等先进物流技术，实现物流管理的自动化、信息化、标准化和可视化的“四化”目标。二是运用QCDDM加权量化分析模型及责任矩阵等先进工具，对业务管理和绩效评估实施创造性的探索和研究，提高了物资管理的科学性和管控力。

二、融入公司“品牌”建设，全面提升公司物资管理水平

（一）不断提高物资集约化管理水平，是国家电网公司实现发展战略目标所提出的新要求

国家电网公司“两会”明确提出，要牢牢抓住“十二五”重要战略机遇期，实现更高层次、更高水平、更高质量的发展，“十二五”末初步建成世界一流电网、国际一流企业。物资集约化要“将公司所有大宗物资采购全部纳入统一的电子商务平台，全面实施一级管控，2012年物资集中采购率达到95%以上。强化全过程供应链管理，确保采购设备质量。全面推行物资标准化，实现电网设备通用互换。深化物资供应保障机制建设，巩固清仓利库成果，建立科学的仓储管理体系和物资调配体系。”国家电网公司总部在物资集约化管理方面提出了各种新要求，制定了各种新举措，呈现出高起点、高标准、快节奏、严考核的“两高、一快、一严”的突出特点。这就必然要求我们要自觉把思想和行动统一到国家电网公司的决策和部署上来，不断深化提高物资集约化管理水平。

（二）不断提高物资集约化管理水平，是公司转变电网发展方式和公司发展方式所提出的新要求

公司一届一次职工代表大会明确提出要高质量完成“三集五大”建设任务，加快建成具有鲜明冀北特色的“一强三优”现代公司的宏伟目标。在电网发展方面，随着公司的独立运作，冀北电网也应运而生。在公司首次安全委员会议上，通过充分的分析评估，我们得知，冀北电网整体发展还很不平衡。随着社会公众对供电可靠性和服务水平要求的不断提高以及国家新的《电力安全事故应急处置和调查处理条例》的颁布执行，电网安全运行压力凸显。这就使得公司必然要统筹各电压等级电网规划，加快建设坚强智能冀北电网，提高安全可靠供电水平，提高清洁能源消纳能力，推动电网向安全、高效、经济、清洁、互动的现代智能电网升级和跨越。电网发展方式的转变，势必对公司物资集约化管理工作提出新要求。我们要强化全过程管理，大力推行物资标准化，优化采购策略，加强设备质量管控，全面提升入网设备质量，为建设坚强电网保驾护航。在公司发展方面，公司正在全面推进“三集五大”体系建设，推动实现公司发展方式的转变。物资集约化管理不仅面临着自身进一步深化的重要任务，还与“五大”有着广泛的业务联系，公司发展方式的转变势必对物资集约化如何加强与“五大”和人、财集约化的协同衔接，优化业务流程，提出新的要求。同时我们也必须看到，物资集约化管理工作的好与坏，表面看是反映在物资，但实质却是反映出前端各相关专业的管理水平。只有各专业真正做到超前谋划、准确计划、严格标准、认真把关，各专业协同一致、共同努力，才能使物资管理水平逐步提高。反之，物资集约化水平的提高，也是在公司发展方式转变过程中，各专业综合实力的一种体现。这一点我们大家必须要有清醒的认识且尤为重要。

（三）不断提高物资集约化管理水平，是新时期法律环境和社会监管所提出的新要求

随着招投标活动的广泛开展，对招标和物资采购等业务领域的审计、社会监督、监管也越来越严格。《中华人民共和国招标投标法实施条例》已于2月1日正式颁布实行。这就对我们所有的采购活动如何确保合法合规提出了更加严格的新要求。

《条例》重点针对规避公开招标、明招暗定、串标围标等现象细化了法律规定，完善了有关法律责任；是解决招标投标领域突出问题、促进公平竞争、预防和惩治腐败的一项重要举措；对于进一步规范公司招标采购行为、增强风险防控能力，具有十分重要的意义。

公司物资系统要高度重视，自觉贯彻落实，全面提升招标采购规范化水平，维护公司“公开、公平、公正”的招标品牌形象。我们要深入学习领会《条例》精神，积极营造浓厚的学习氛围，采取集中培训、专家辅导、个人自学等多种形式，系统开展学习培训，学懂悟透《条例》的内涵外延，准确把握《条例》更加强调公开招标、更加强调依法签约、严禁串标围标骗标、着力防范虚假招标、规范评标组织行为、禁止违规干预招标等核心精神。我们要深入贯彻执行《条例》要求，结合公司招标工作实践，修订完善相应的管理制度，确保依法依规开展工作，坚决杜绝违规、违纪、违法现象的发生。各单位要对照《条例》细则和禁止条款，逐条逐项开展自我排查。我们要深入落实依法治企理念。依法治企是公司科学发展的重要保障。要以贯彻落实《条例》精神为契机，推动依法治企理念在物资管理过程中的有效落实，增强风险防范意识，完善风险防控措施，为物资集约化发展保驾护航。要进一步加强反腐倡廉建设，打造风清气正的廉洁文化，大力发挥物资监督检查机制作用，坚决纠正各种违法违规行为。

三、2012 年重点工作

2012 年，公司物资工作的总体思路是：全面贯彻落实国网总部新的部署，瞄准公司新的发展目标，结合“五大”体系建设需要，全面深化集中采购机制、供应保障机制、质量管控机制“三个机制”建设，夯实“五大基础工作”（体制机制建设、制度体系建设、信息平台建设、物资队伍建设、评价体系建设），完善物资管理“七大业务体系”（物资需求计划管理体系、采购管理体系、合同签约履约管理体系、仓储管理体系、配送管理体系、质量管控体系、供应商关系管理体系），提高物资供应服务水平，提高物资管理的效率效益，提高公司物资资源统筹能力，为建设“一强三优”现代公司提供坚强的物资保障。

2012 年，公司物资工作的主要目标是：结合“五大”体系新的业务结构，全面完善制度体系，优化业务流程；持续拓展集中采购范围，全部物资采购上电子商务平台，集中采购率达到 95% 以上；合同“二统”（统一签约、统一结算）率达到 85% 以上；完善现代仓储网络和推动精确配送，仓库数量下降 30%；建立更加高效的物资供应体系；加快完善“全覆盖、无死角”的质量管控体系，提高入网设备质量，实现因采购质量引发的设备事故同比下降 20%；完善绩效评价体系，建立同业对标长效管理机制。

重点做好以下工作。

（一）进一步深化集中采购机制建设

深化集中采购机制建设，持续提高采购效率效益和规范程度，是打造集中统一、精益高效采购平台的重要手段。主要目标是做到采购更加集中、高效、规范。根本途径是依托一级部署的电子商务平台，推动公司所有采购一律上平台。

一是着力完善物资需求计划管理体系。科学编制年度物资需求计划。年度物资需求计划是公司制定年度采购策略及批次计划的依据，构建以需求分析为导向的物资计划管理模式，加强规划项目的深度要求，实现综合计划、财务预算和物资计划之间的有机衔接。加强批次需求计划管理。在省公司和地（市）公司两级物资专业计划审核流转环节，增加集中审核范围和力度。建立省公司、地（市）公司两级专家库，形成由物资专业牵头，各专业组织的，从物料主数据到技术规范的全口径两级集中审核，提高批次需求计划的合规性、准确性及采购标准的应用水平。

二是着力完善采购管理体系。持续扩大集中招标采购范围。针对省公司层面，包括控股、上划县公司，凡是能形成规模优势的均纳入集中采购范围。地（市）、县公司不再组织招标采购活动。集中采购率达到95%以上。将公司所有采购全面纳入电子商务平台统一实施，所有评标进电子评标室，实现“流程统一、操作公开、过程受控、全程在案、永久追溯”的目标，全面规范采购行为。加快推动设计、施工、监理招标在电子商务平台上实施。继续扩大废旧物资网上集中处置范围。严格执行招投标法及条例规定。凡属于依法、依规必须招标的，均采取公开招标方式。严禁以工程紧急为由，采取非招标采购方式。严格执行非招标采购审批流程，非招标采购必须经专业、法律部门把关，招投标领导小组审核，报国家电网公司批复后执行。

三是着力完善合同签约履约管理体系。深化合同“二统”（统一签约，统一结算）管理模式，逐步实现全部物资合同由冀北物资供应公司统一签订、统一结算，依托电子商务平台和ERP系统，实现合同的文本定制化、生成自动化、结算电子化。规范签约行为，一旦完成招标就必须签订合同。严格按照招标结果签订书面合同。合同的标的、价款、质量、履约期限等主要条款要与招标文件和中标人投标文件中内容一致，不得做任何实质性改动。建设网上合同大厅，研究合同签订、配送验收等环节的电子签章应用，加速物资采购及供应商合同履约全流程运转。推进合同技术协议标准化，逐步实现合同技术协议免签，提高合同签订效率，加快实现合同管理“一站式”服务。

（二）进一步深化供应保障机制建设

大力深化供应保障机制建设，重点是以满足需求为导向、保障供应为目标，建立差异化的供应保障策略，变被动满足为主动供应。

一是着力完善仓储管理体系。整合公司仓储资源，优化仓储管理模式。对现有的124个仓库进行优化整合，建设以冀北公司虚拟中心库为主体、6个区域库为枢纽、61个周转库为支撑的“1+6+61”的仓储网络。虚拟中心库由冀北物资供应公司负责管理；区域库由冀北物资供应公司负责管控，地（市）物资供应公司负责运作；市区周转库由地（市）物资供应公司管理和运作，县公司周转库由地（市）物资供应公司负责管控，县公司负责运作，市区周转库要全部上划到地（市）物资供应公司管理。

二是着力完善配送管理体系。推动“基建物资配送至现场、运维物资配送至班组、办公用品配送至办公桌”的精确配送模式。对于基建类物资，按照“提前介入、动态预警、主动协调、全程跟踪”的供应模式，从需求计划开始，合理确定供货周期，动态跟踪排产计划、工期变动和交货安排，主动协调异常情况，建立高效物资调配和监控预警机制，确保物资供应与工程进度的无缝衔接。对于运维类物资，按照“定额储备、按需领用、动态周转、定期补库”的供应模式，推行储备定额管理，杜绝随意采购。在保证运维物资供应的前提下，加快库存物资周转，建立科学的仓储管理体系。对于办公用品，按照“超市化采购、第三方配送”的供应模式，根据办公用品供应需求急、品种多、点多面广的特点，做到配送及时、准确，不断提高供应保障服务水平。同时要依托各级物资供应公司加强物资项目部建设，针对农网升级改造项目，组建专门物资项目部开展针对性的标准化服务。

（三）进一步深化质量管控机制建设

加强设备采购质量管理，是坚强智能电网建设的有力保障。深化质量管控机制建设，要以公司“安全年”活动为契机，强化责任落实，加强闭环管理，从源头保证电网建设质量。

一是着力完善质量管控体系。按照“依靠业主单位、联合专业部门、依托检测机构、突出生产厂家”的质量管控思路，健全公司及各单位两级质量监督组织构架，逐步形成从全寿命管理的视角抓质量监督。深化质量监督标准体系应用。严格执行国家电网公司已发布的43类物资的监造及抽检技术标准，全面应用产品质量监督信息平台，积极推广 PDA 应用，实现监造及抽检过程的“全程、实时”管控。加大质量监督力度。强化监造管理，扩大抽检覆盖面，对 10kV 及以上设备材料质量监督范围在设备类别和供应商两个方面达到“双百分之百”，逐步达到“全覆盖、无死角”的管理目标。

二是着力完善供应商关系管理体系。公司物资部配备供应商关系管理专责人员，冀北物资供应公司设置质量监督部，地（市）物资供应公司要设置供应商关系管理兼质量监督专责管理岗位，强化责任落实，形成齐抓共管的工作格局。加强供应商资质业绩管理。建立供应商资质业绩信息库，实现与国家电网公司信息的共享。严格执行供应商资质业绩核实标准，确保信息全面、准确。加强供应商绩效评价。加强供应商中标后，在生产制造、交货验收、安装调试、生产运维中的绩效评价。各级专业部门和单位负责提供的供应商评价信息，招投标管理中心将评价结果运用到招标采购环节，形成对供应商的有效约束。

（四）进一步深化物资集约化管理基础工作与保障机制建设

深化物资集约化管理基础工作和保障机制建设是建立先进的供应链管理体系的重要保障。

一是要加强物资调配机制建设。要全面适应“五大”组织机构和业务模式所发生的变化。建设物资调配室，作为业务协调“窗口”，对内统一处理物资需求单位到货需求及接货，对外统筹安排供应商生产、发货，实现物资到货需求与供应商交货有机衔接。物资调配室设在冀北物资供应公司物资供应部；地（市）物资供应公司设立专责人和业务受理电话，统一对内、对外协调。通过对物资供应链全过程信息的全面掌控，实现主动监控预警与风险防范。

二是要加强物资信息系统建设。根据物资集约化信息平台“内部一体、外部贯通、科学管控、卓越运营”的建设目标，按照“统一规划，分步实施”的原则，将自行开发运行的物资信息功能模块全部废弃，全面应用国家电网公司统一电子商务平台，构建支持全业务、全过程物资管理一体化信息平台，为物资集约化管理全业务及“五大”体系相关业务提供物资信息数据支持。

三是要加强物资队伍素质建设。以“三集五大”体系建设为契机，合理吸纳优秀人才，逐步解决人员结构性矛盾。加大培训力度，提高全员素质，健全专家选拔和管理机制，完善“四有”（有教育、有培训、有激励、有约束）的专家管理体系，加强风险防范教育。打造一支“业务精干、作风过硬、干事、干净”的高素质物资队伍。要逐步提高物资人员的待遇，实现物资人员与其他专业同岗同级，以鼓励吸收优秀人才。这是实现物资集约化管理“十二五”战略目标的客观要求，希望各级人力资源部门要给予关心和支持。

四是要加强应急保障能力建设。建立应急物资动态周转机制，加强储备物资日常维护，推广模块化、单元制应急储备物资模式，全面提升突发情况下的物资保障能力和水平。以合理储备、统一调度、集中使用为储备原则，规范应急处理流程，强化应急处理联动机制，开展应急救灾物资设备和工器具的使用维护培训和实战演练，建立完善的应急物资管理常态机制。

五是要加强同业对标长效机制建设。围绕供应链管理各关键环节，制定科学合理的量化考核指标，实现物资全过程闭环管控。结合本次会议上印发的《冀北电力有限公司物资管理同业对标绩效评价管理办法（试行）》，建立同业对标责任体系及长效管理机制，评估影响指标的风险因素。凡是出现问题，原因、责任将一追到底。制定维护指标的具体措施，推动公司物资管理水平的全面提升。

副总经理、党组成员李欣在公司财务集约化推进会议上的讲话（摘要）

（2012 年 9 月 26 日）

一、财务工作回顾

自 2012 年 2 月 9 日公司独立运作以来，作为新成立的省级电力公司，公司克服了公司新组建、财务岗位严重缺员、部分集约化信息化成果不能承继等种种困难，严格落实国家电网公司深化财务集约化管理各项工作要求，圆满完成了阶段性工作目标，财务集约化信息化排名逐步提升，基本具备验收条件。

截至 8 月底，公司资产总额 498.68 亿元，负债总额 313.33 亿元；1～8 月份累计实现主营业务收入 443.14 亿元，实现利润 -3.55 亿元；净资产收益率 -2.58%，流动资产周转率 4.39 次，资产负债率 62.79%，可控费用 3.46 亿元，上交投资收益 1.5 亿元，经济增加值（EVA） -9.36 亿元。

（一）群策群力扎实工作，顺利实现财务独立运作

一是完成财务资产拆分工作。按照国家电网公司确定的原则，完成公司与华北分部资产产权、债权债务等拆分工作，使公司具备了财务独立运作的基础。

二是完成公司2012年预算调整。在原华北公司2012年预算基础上，积极向国家电网公司争取合理的成本费用、资产指标，核定各单位成本费用，并下达相应的财务考核指标。三是做好过渡期银行账户体系管理。全部回收电子密钥，撤销原华北公司集团账户下34个资金账户的挂接，确保资金账户安全。四是开展经营情况诊断分析。就公司新组建的经营现状、面临的形势开展诊断分析，深入查找影响经营效益的主要因素，提出进一步提高经营效益的措施。

（二）搭建财务管理体系，规范财务管理基础

一是全面开展财务规章制度和标准体系建设。制定37项规章制度，梳理13大类核心业务流程，绘制52项管理工作流程，编制18项管理标准和39项工作标准。二是全面开展标准流程推广工作。梳理完成了16大模块208个标准流程，统计上报了213个差异点，对国家电网公司已经确认的流程在系统内进行固化。三是编制“十二五”财务发展规划。结合公司现状和发展需求，通过设定模型，测算购售电、投资等数据，分析财务指标变动状况，研究制定“十二五”财务发展规划。四是搭建银行账户体系。在财务公司、工行等金融机构开立账户，推进所属单位银行账户重新挂接，全面清理285个银行账户，实现公司账户在线监控。

（三）强化组织实施工作，加快财务集约化进程

一是细化分解工作任务。强化组织领导，成立由分管领导为组长的深化财务集约化管理领导小组，编写印发深化财务集约化管理实施方案及操作方案，明确深化管理业务保障需求，并落实到相关部门及所属单位。二是梳理考核指标评价体系。根据国家电网公司“三集五大”体系建设财务集约化验收标准，梳理和整合了16大类、272项考核指标，分解落实到具体责任人。三是强化阶段督导。制定公司财务集约化验收标准，召开月度例会，分析差异及形成原因，建立阶段考评制度，每月对各单位进展情况进行定量考核，并将考核结果予以通报，确保深化应用各项任务目标如期完成，为“五大”体系建设提供了有力的财务支撑。

（四）深化预算过程管理，集约调控能力有效提升

一是开展增收节支工作。针对公司售电量较年初预测大幅下降的情况，充分整合公司资源，明确工作目标，制定增收节支措施，提高公司盈利能力。二是预测全年经营效益。按照国家电网公司企业负责人考核办法，结合目前执行情况，设定多种边际条件，完成全年经营情况预测。三是清理系统项目数据。按照预算口径对系统内项目数据进行梳理，涉及当年资金计划1324项、89亿元，结转项目888项、68亿元，确保系统数据与预算口径一致。四是完成新旧预算科目切换及“三集五大”新建会计主体预算备案工作。按照“三集五大”验收标准，组织所属单位完成公司旧预算科目体系向新体系的转换，并督导新设机构对当年预算进行调整备案。

（五）搭建集中管理平台，资金运作效益明显提高

一是稳步推进银企直联在线应用。通过办理账户授权及优化结算流程，稳步推进电子支付业务上线，提高了资金支付效率。二是加大内部融资力度。利用内部融资渠道，实现内部资金合理调剂，协调风光储公司及燃料公司通过中电财办理委托贷款业务，向公司融通资金14亿元。三是完成合作银行综合贡献度评价。从电费服务、资金集中及结算、融资服务、特别贡献等方面，对合作金融机构进行全方位综合评价，为合理确定资金资源配置比例，以及与各家金融机构进一步开展合作奠定基础。

（六）稳步推进资本运作，精细化管理水平不断增强

一是组织开展土地权属清理完善工作。制定土地权属清理完善工作实施方案，建立土地权属清理工作例会制度，积极协调政府主管机构，争取政策支持，确保土地权属清理工作顺利开展。截至8月底，公司系统各单位已完成191宗土地权属清理完善工作。二是加快主多分开和多经资产收购整合工作。根据公司主多分开工作部署，开展多经单位调研，现场解决困难及问题，目前已基本完成所属多经单位审计、评估工作，并已进入评估备案阶段。三是及时开展资产保险理赔工作。与保险公司密切配合，完成2012年度营业中断险、财产一切险、供电责任险等险种的投保工作；“7·21”特大暴雨和“8·3”达维台风造成部分资产受损后，积极沟通保险公司，组织开展定损理赔工作，初步定损1200余万元，已收到700万元。

（七）加强工程财务管理，项目全过程管理全面展开

一是开展基建标准成本扩大试点工作。制定实施方案，对唐山机场110kV变电站等6项工程，制定内控参数及目标，进一步探索优化资源配置、提升投资效益和防范工程风险新模式。二是加强工程财务分析。完成公司上半年基建工程财务分析报告，诊断工程价值管理中的困难和问题，查找原因和制约因素并提出具体措施。三是强化工程全过程财务管理。参与基建工程可研估算、初设审查，参加招投标，筹集农网中央专项建设资金，调整生产准备费管理模式。

（八）推进会计集中核算，财务基础工作持续夯实

一是推进“三集五大”体系会计主体适应性调整工作。印发“三集五大”会计主体调整、债权债务清理和档案移交等方案，平稳有序推进公司会计主体调整工作。二是严格控制会计主体数量。共撤销会计主体16个，合并会计主体1个，新增会计主体5个。三是进一步提高财务信息化应用水平。制定公司对账规则，建立上下两级联动的对账机制，持续开展数据治理，对账完成率超过99%，实现财务快报“一键式”常态化应用。

（九）健全财务监督机制，风险管控能力有效改进

一是深化财务专项检查。落实依法从严治企各项要求，组织开展2012年财务专项检查及2011年财务专项检查“回头看”自查自纠活动，检查覆盖面达到100%。二是规范财务稽核。进一步强化财务监督职能，提高在线稽核应用水平，全面开展财务日常稽核监督工作，日常稽核监督覆盖面达到100%。三是强化财务风险管控。明确重大财务事项管理要求，深化应用风险管理信息系统，完善风险管理手册，做到财务风险可控、在控。

（十）研究争取价税政策，公司发展空间得到提升

一是对居民用电全面实施阶梯电价政策。顺利完成成本监审和价格听证，配合河北省物价局制定居民阶梯电价实施方案，年增加公司售电收入9000万元。二是积极开展购网电价政策研究。及时与国家电网公司进行沟通，加强对关键指标设定和分析，完成购网电价测算模型搭建工作，为年度预算调整做好准备。三是提高涉税风险防控能力。积极与各级税务部门汇报工作，主动反映公司成立初期各项困难，在税务登记、增值税缴纳方式及预征率等方面取得税务部门的理解和支持。四是争取税收优惠政策。取得所得税按季申报、增值税延迟一个月缴纳的优惠政策，节约利息支出1800万元。

公司成立半年多以来，财务战线全体员工顶住了压力，克服了困难，确保了财务工作平稳过渡、有序开展，各项考核成绩显著提高，财务集约化和信息化排名从年初的第26名，分别提高到第17名和第14名。

二、存在的主要问题和困难

（一）从外部环境看，公司经营面临新的挑战

一是电量增长持续放缓。受国际金融危机和国内产业结构调整等影响，我国今年经济增速明显放缓，年初预计全年售电量为1325亿kWh，在近期经营效益预测中，测算全年售电量仅能实现1258亿kWh，比年初预算减少67亿kWh，影响利润减少9.77亿元。

二是外部监管日趋严格。近年来，国有资产监管、税务和审计等政府部门，相继出台了一系列政策法规，对企业经营管理的各个环节都提出了更加具体和严格的要求，公司依法治企、规范经营工作需要切实加强。同时，社会舆论对垄断行业的监督更加直接、更加快速、更加广泛，稍有不慎，就可能出现负面舆论风险，危及企业形象。

三是国家电网公司管理要求更加深化。2012年国家电网公司“三集五大”要求更加明确，公司组织结构、业务流程、经济关系、管控模式等都已发生重大变革。如何适应国家电网公司管理要求，在“五大”体制变革中，找准关键，提升短板，赶超先进，是公司面临的重大课题。

（二）从公司内部看，经营管理仍存在薄弱环节

一是对财务集约化意义认识不深。从目前财务集约化考评成绩来看，部分单位对集约化工作仍不够重视，个别单位集团对账率仍不能达到100%；“基建、技改、大修、营销、研究开发费用、信息化投入”六大业务预算执行偏差率，以及“月度现金流量预算执行偏差率”与国家电网公司考核要求存在较大差距。随着财务集约化工作的进一步深入，财务管理工作将会有意识、有针对性地向公司战略性、全局性和根本性领域纵深拓展。财务管理工作的前瞻性、关联性和主动性进一步增强，不应满足于孤立地看待问题、被动地接受问题、简单地处理问题，而是通过全盘筹划、周密组织、积极参与，更加突出地体现财务管理对公司经营发展的整体回报效应，更加突出地体现提升公司运营效率和效益的支撑作用。随着财务集约化各项措施的落实，公司财务管理的体制、机制、管控能力、管理水平也必将进入一个崭新的阶段。因此，要正确理解财务集约化工作意义，提高实施财务集约化管理的自觉性和主动性。

二是经营范围变化使近期内财务状况弱化。公司是从原华北公司分拆成立的，与原华北公司相比，资金收支方面存在较大变化。首先资本性资金存在来源不足的问题，资金来源较原华北公司减少37%。其次从资本性支出来看，年度投资计划全部由公司承继，同时由于冀北电网网架薄弱、安全隐患大，以及地方政府帮扶要求多等因素，“十二五”期间，公司特高压、智能电网建设、风光储和农网升级改造等资金需求预计将达到880亿元。第三从销售收入等流动资金来看，冀北售电收入仅占原华北公司销售收入的60%，可以运用的流动资金大幅减少。基于上述因素，在一段时期内，公司资产负债率有上升趋势，2012年初，公司资产负债率为59.06%，预计年末为67.47%。

三是管理风险依然存在。从2012年依法治企专项检查情况看，部分单位在债权债务清理、电费核算、工程管理、物资管理、成本使用、资金管理、关联交易等方面仍存在不少薄弱环节；部分单位前端业务操作流程、管理深度不符合财务制度规定；部分单位抄核收业务管控不严，人为调节电量、线损、实收电费；部分单位招标程序不规范，集体、多经企业未经招标承揽项目等不合理现象。

三、下一步重点工作

（一）全力以赴务期必成，确保通过财务集约化验收

一是研究分析明确重点。将各项考核指标的完成情况与管理要求对比，分析存在的问题，提出改进措施，明确公司深化财务集约化管理的重点，持续提升管理水平。二是加大对各单位财务集约化验收的督导力度。完善考核方式，坚持每月通报、年度考核的方式，对各单位任务完成质量和进度进行跟踪考核。三是做好相关准备工作。针对国家电网公司财务集约化验收标准，整理完成公司财务集约化验收汇报文件和相关资料，特别是对进度相对落后的方面，加强落实整改，确保顺利通过验收。

（二）发挥预算管理效力，落实降本增效措施

一是督导增收节支工作落实。与各部门密切协同，加大工作督导和考核力度，建立月度督导机制，确保措施取得实效。二是推进落实经营诊断整改工作。根据制定的整改方案，跟踪各项工作进展，在北京送变电公司开展经营诊断分析试点，剖析经营中存在的困难，研究切实可行的解决方案。三是加快项目实施进度。按月通报业务预算执行进度，加大对各类项目执行的考核力度，提高预算集约调控工作完成率，提高财务集约化和对标排名。四是确保完成年度考核指标。做好年度预算调整工作，将变化因素全部纳入年度预算调整中，加大预算执行进度跟踪分析，重点强化对子公司的预算考核，逐月分析各单位预算执行情况，匹配收入、成本和资本性支出进度。

（三）深挖资金统筹潜力，提升资金管理效益

一是强化资金归集和在线监控。完善资金归集体系，统一调配资金，节约资金使用成本；通过财务公司资金管理平台实现各单位电子支付业务全面上线，在保证资金安全的基础上提高结算效率。二是开展银企合作开拓融资渠道。与工、农、中、建等银行开展融资业务合作，建立稳定的融资渠道，为公司资金应急储备奠定基础。三是加强月度现金流量预算控制。深入分析现金预算执行情况，认真查找偏差原因，开展现金流量预算考核及通报。四是提升资金信息安全。进一步完善银行账户开立、变更、撤销审批备案等制度，落实资金账户在线监控，撰写月度银行账户分析报告，全面掌握账户信息。

（四）推进资产精益管理，持续优化资本结构

一是完成土地权属清理完善年度工作任务。积极争取政府主管部门的理解和支持，统筹办理土地权属等相关手续，保证公司按时完成既定工作目标。二是完成产权重新登记工作。梳理产权情况，开展在线产权信息填报及审核，进行资产评估，办理产权登记，按时完成上报工作。三是完成股权清理整合工作。梳理历史证据，查找政策依据，压缩产权管理层级，确保年底核心业务产权级次控制在三级以内。四是加强资产保险管理工作。督促保险公司尽快支付理赔余款，收集备案理赔资料，制定保险管理办法，建立灾后理赔应急机制，成立工作组织机构，全面加强保险管理。

（五）加强基建财务管理，发挥价值引领作用

一是完成基建标准成本扩大试点工作。密切跟踪工作进展情况，深入扩大试点单位，督导成本预警控制，解决困难和问题，把握进度和方向，实现较概算降幅3%~5%的控制目标，为2013年推广应用打下良好基础。二是大力推进资本性支出资金计划执行进度。组织开展约谈工作，督促相关部门及建设管理单位查找原因，采取相关措施，加快前端业务办理速度，确保资金计划执行到位。三是建立常态机制提升工程财务管理水平。开展年度基建工程财务专题分析，实施工程项目关闭管理机制，落实工程竣工决算分级审核审批制度，深化工程全过程财务管理，加强技改、农网及用户工程财务管理，促进管理水平稳步提升。

（六）夯实价税管理基础，做好价税政策研究

一是积极争取合理的购网电价。结合公司经营情况，测算公司购网电价水平，积极与国家电网公司沟通，并在年度预算中进行调整。二是提高购售电预算编制精度。落实国家电网公司深化细化购售电预算管理要求，按月开展购售电预算编制工作，对实际执行

偏差情况进行分析，提高预算的准确度。三是组织开展涉税风险巡查。对各单位开展涉税风险检查，摸清税收管理现状、查找税收风险，进一步提高涉税风险防控能力。四是加强税收政策研究。就所得税汇算清缴等问题与税务部门进行沟通，开展职工补充医疗保险等涉税问题研究，强化整体筹划，努力降低公司税收负担和纳税风险。

（七）细化会计集中核算，不断夯实基础管理

一是加快推进财务管控标准流程推广实施。持续完善财务管控标准流程体系，完成标准流程和流程监控功能的实施，拓展会计政策固化管理范围，加强财务主数据管理。二是切实推进财务信息化建设与应用。优化完善财务应用系统功能，提高财务业务信息处理效率，加快辅助决策支持系统建设，逐步实现管理报表和管理报告“一键式”生成。三是深化会计集中核算。进一步拓展“一键式”报表应用范围，加快推进子公司会计集中核算部署，逐步实现会计信息由定期提供向实时提供转变。四是做好2012年决算报表的各项准备工作。重点就2012年决算报表编制口径和编制方式等关键问题提前与国家电网公司沟通，确保财务决算工作平稳有序。

（八）健全风险监控体系，完善财务监督机制

一是进一步深化落实依法从严治企各项要求。强化依法治企观念，对国家电网公司依法治企综合专项检查发现的问题，加强责任落实，确保按要求整改到位，杜绝“习惯性违章”和屡查屡犯问题，逐步建立规范经营的长效机制。二是深入开展财务稽核工作。强化财务监督职能，持续深化开展财务日常稽核监督工作，确保检查范围“全覆盖、无死角”，着重提高在线稽核的实用化程度，切实提升风险实时监控能力。三是开展全面风险管理与内控体系建设。制定全面风险管理与内部控制工作实施细则，建立健全风险管理组织体系，落实责任分工，明确风险管控基本流程，组织开展风险评估工作。

（九）建立激励约束机制，打造充满活力的财会队伍

一是继续加大对财务人员的培训力度。紧紧围绕公司的发展战略，结合财务工作实际需要，组织财务人员加强对政策理论、业务知识的学习，以不断适应公司发展、创新的需要，逐步建设一支业务素质高、政策把握准、执行能力强的财务人员队伍，提高公司财务管理水平。二是加强专业培训。公司在下半年将组织购售电预决算编制、工程财务人员合同管理、电子支付平台上线等培训班，以提高财务人员实际操作能力，进一步适应财务集约化对各专业人员操作技能的需要。三是建立激励约束机制。总结公司及国家电网公司组织的财务人员普考、调考情况，对成绩优秀的单位及个人给予奖励。各单位应根据公司要求制定相应的培训计划，对财务人员实行全员培训，培养学习能力，提高财务队伍的整体素质，将培训与考核相挂钩，形成自主学习、比先争优的良好氛围。

四、确保完成全年任务的保障措施

（一）增强大局意识

财务管理是企业管理的中心环节，财务稳定是公司发展稳定的坚实基础，财务工作要服务和服从于公司改革发展的大局。财务人员特别是各单位财务负责人要立足岗位、胸怀全局。围绕公司发展大局开展各项财务工作，坚持统筹兼顾，既讲原则，也要讲大局、讲政治，确保公司体制改革不乱，经营管理平稳有序。

（二）增强责任意识

在国家经济结构调整的大背景下，电价上涨和电量增长的空间将越来越小，努力增收节支、降本增效，是公司发展方式转变的必然要求，也是财务人员的基本职责。我们必须居安思危，增强成本节约的责任意识，下大力气挖掘内部潜力，把落实增收节支措施作为当前的一项重要工作，将成本效益最优原则贯彻到财务工作的始终。

（三）增强创新意识

实施财务集约化管理，是一项史无前例的开创性工作，各单位要全面推进财务集约化管理。确保财务集约化框架体系“用得上”；努力提升功能，确保各项管控措施和信息平台“更好用”；实现精益高效，确保集约化体系在财务管理实践中“用得好”；突出实时管控，确保财务集约化工作真正“见实效”。

（四）增强风险意识

财务工作重要性与风险性并存，重视并有效防范风险是对公司、事业和个人负责的具体体现。我们要严肃财经纪律。坚决整治有法不依、有章不循，有令不行、有禁不止，监督不严、执行不力等现象。我们要维护资金安全。全面梳理资金管理相关业务流程，完善内部牵制，强化资金安全风险控制。我们要防范税务风险。规范税收管理和会计核算，提高全员依法纳税意识，防范税务检查风险。我们要加强信息安全。加强系统入侵防范控制，防止关键财务数据或信息被窃取或篡改，确保财务信息系统安全稳定运行。

（五）增强廉洁意识

加强财务人员廉洁从业行为，是维护国家和出资人利益的重要途径，是从源头上治理腐败的有效措施。

我们要树立高度的事业心和责任感，自觉提高专业素养，努力维护职业尊严。严格遵守和执行国家制定的财会法规，一丝不苟地按财务制度办事，认真进行核算和管理，忠实履行财务监督职能。我们要以身作则，认真学习相关法规，加强法制观念，自觉消除贪图享受、奢侈浪费的风气。要树立强烈的法律意识，同各种违规违纪行为作坚决斗争。

（六）增强人才意识

我们要按照公司财务人员培训计划，坚持全员教育培训，提高财务人员的专业素质和业务技能。我们要加强岗位动态管理，建立有效的人才竞争、岗位轮换、挂职锻炼机制，保证财务人员的合理流动。我们要继续选拔和引进综合素质高、学习能力强的优秀应届大学毕业生，不断充实财会队伍。对新进大学生要积极进行锻炼和培养，从财务基础工作做起，从生产实际做起，使专业学习与实际、财务与业务有效融合。

党组成员、纪检组长、工会主席柏磊在公司2012年反腐倡廉建设暨审计工作会议上的报告（摘要）

（2012年3月31日）

一、2011年主要工作回顾

2011年，在华北电网有限公司党组的正确领导下，反腐倡廉建设以构建科学的管控与惩防体系为主线，突出源头预防，加强协同监督，深化专项治理，强化风险防范，反腐倡廉各项工作取得明显成效，党风廉政建设责任目标圆满完成。审计工作以维护企业经济安全为目标，坚持全面审计、突出重点，发挥审计“免疫系统”功能，完善机制、堵塞漏洞，强化控制、全程跟踪，全面完成各项审计工作任务。

（一）推行协同监督，廉政风险管控能力明显提升

建立协同监督机制。成立以职能部门为主要成员的两级监督工作委员会，出台《建立协同监督机制完善惩防体系实施细则》，认真落实协同监督联席会议制度，以协同监督工作任务书等六项工作推进机制，促进各职能部门把协同监督和业务管理统筹安排，完成了17个方面54项重点监督任务。认真执行纪委书记定期报告工作制度，全面推行“党风廉政责任制执行记录手册”等措施，有力促进了反腐倡廉建设各项任务的深入落实。

加强廉政风险防控。充分发挥两级协同监督平台作用，组织业务部门重点围绕工程建设、物资管理等七个领域，涉及41个主要业务流程，70个关键处置环节，深入开展廉政风险防控工作。制定“廉政风险防控管理工作规则”，组织13批，328人次进行系统应用培训。深化廉政风险管理信息系统建设，系统覆盖范围进一步拓展，基础数据进一步完善、监控功能进一步提升，推动了科学的管控与惩防体系建设。

（二）深化专项治理，源头预防腐败工作取得新成效

加强专项监督检查。针对工程建设领域突出问题专项治理开展“回头看”，涉及工程项目1656个、金额341.9亿元。针对“小金库”“三公消费”“三不指定”“三重一大”县供电企业突出矛盾和问题，先后开展11次财务、审计、行风、廉政等专项检查。注重把专项治理与制度建设相结合，促进建立长效机制，出台了《用户受电工程“三指定”行为处罚暂行规定》等12项管理制度，各单位共建立完善制度146项。

深入开展效能监察。结合物资清仓利库，统一立项开展效能监察，各单位围绕物资设备、基建工程、财务管理等共立项31项，提出效能监察建议95条，全部整改完毕，促进建章立制106项。加强招投标监督管理工作，组织监督人员参加招标监督88次。在国家电网公司效能监察项目评比中，华北电力物资总公司获一等奖，北京送变电公司获二等奖，唐山供电公司、秦皇岛电力公司获三等奖。

（三）加大查处力度，违纪违法行为得到有效遏制

认真开展纠风工作。深入落实国家电网公司新“三个十条”，明确6项重点工作，23条具体措施，责任分解到部门，任务落实到基层。充分发挥供电服务“三级监督”网络作用，重点对执行“三不指定”、落实电价政策、履行服务承诺等情况进行监督检查。各供电单位共开展明查暗访600余次，有力促进了服务质量的持续提升。

严肃查办信访案件。坚持把查办案件作为依法从严治企的重要手段来抓，针对重要信访案件实施主要领导“挂牌”督办。2011年共受理信访47件，其中国家电网公司转办17件，分别比上年下降18%和29%，通过信访查办，诫勉谈话5人，责任追究4人，调整岗位2人。坚持信访数量每月提示，发布信访案件“预警通告”12期。

（四）注重教育实效，廉洁文化建设进一步深化

广泛开展党风廉政宣传教育。主要领导带头讲廉政党课，各单位共开展廉政党课教育65次，17 634人次接受教育。举办68期各类培训班，4317人次接受反腐倡廉专题教育。出台“反腐倡廉教育基地管理办法”，组织58批，3200余名领导干部和风险岗位人员参观基地接受教育。组织各单位建设各具特色的廉洁文化，开展廉洁文化“四进”活动146场次，营造了风清气正的良好氛围。

加强领导干部廉洁自律工作。加强领导干部党性修养，增强廉洁从业意识。认真落实领导干部民主生活会、述职述廉、三项谈话和重大事项报告等制度。坚持纪检监察参与对领导班子和领导干部的考核，对150名拟提拔的各级领导干部进行党纪法规知识考试，纪委书记同下级领导干部谈话348人次，任前廉政谈话427人次。

（五）积极实施审计项目，依法经营管理水平持续提升

认真开展经济责任审计。坚持“离任必审”，加强届中审计。以领导干部履行经济责任为主线，以守法、守纪、守规为目标，规范经济责任审计内容和重点。各单位开展经济责任审计45项，离任审计率在规定期限内达到100%。通过审计，客观公正评价领导干部经营业绩，实事求是揭示管理中存在问题，认真负责提出审计建议，促进领导干部履职尽责，推动了“四好”领导班子建设。

加强工程建设项目审计。推进审计关口前移，密切跟踪农网改造升级工程进展情况，针对投资计划、招投标、工程管理、资金使用等环节存在问题，及时提出改进管理建议。积极参与EPC项目合同谈判，从源头规避风险。开展重点小型基建项目跟踪审计和竣工决算审计，组织开展500kV输变电项目结算审计。各单位开展各类工程审计项目174个，有力促进了工程规范管理、降低了工程造价。

开展专项审计和调查。积极关注管理薄弱环节，组织开展唐山、廊坊两市15个上划趸售县公司的审计调查，摸清了上划县公司管理现状，针对发现的问题和管理薄弱环节，分析原因并提出改进建议，为公司加强和规范农电企业经营管理提供决策支持。各单位共开展财务收支和预算执行情况审计、资产经营审计、电力营销审计、多经集体企业和主多交易审计等各类专项审计69项。

（六）完善审计内控机制，企业风险管控能力不断增强

强化审计专项检查。组织各单位针对“三重一大”制度执行、“小金库”专项治理等七个方面内容进行全面自查自纠。开展“小金库”复查工作，按照边治理、边研究、边总结、边完善的工作思路，将长效机制建设贯穿治理工作始终，促进制定、修订相关制度措施共251项件。

扎实推进审计整改。坚持审计“三不放过”原则，深入分析内外部审计发现的问题，及时提出并印发审计整改意见和建议。组织对公司所属18个单位开展后续审计，检查审计处理意见落实和审计建议采纳情况，各单位共落实审计意见和建议676条，审计成果得到进一步巩固，企业管理得到进一步规范。

在总结成绩的同时，我们也要清醒看到工作中的不足。一是个别党员领导干部、个别风险岗位人员廉洁从业意识还比较淡薄，信访举报反映领导干部以权谋私、贪污贿赂等方面的问题仍旧比较突出。二是个别领导干部对分管范围党风廉政建设工作重视不够，落实“一岗双责”的责任心、自觉性不强，特别是县供电企业党风廉政建设领导体制和工作机制需要进一步完善。三是有的领导干部依法治企意识有待增强，审计整改的总体层次不高，举一反三的力度不够，屡审屡犯的现象还未根本杜绝。四是纪检监察审计队伍建设有待加强，有的单位纪检监察审计力量相对薄弱，难以适应反腐倡廉建设和依法从严治企要求。对于这些问题，我们一定要高度重视，认真研究解决。

当前，国家经济体制深刻变革、社会结构深刻变动、利益格局深刻调整、思想观念深刻变化、各种社会矛盾凸显。党风廉政建设和反腐败斗争呈现出成效明显和问题突出并存，防治力度加大和腐败现象易发多发并存，群众对反腐败期望值不断上升和腐败现象短期内难以根治并存的总体态势。在市场经济还不完善，法规制度还不健全，监督制约相对乏力的环境下，公司深入推进“两个转变”、实施“三集五大”改革，电网建设和公司发展投入巨大，反腐倡廉建设和审计内控工作面临严峻的挑战和考验。我们要切实增强忧患意识、风险意识和责任意识，不断完善经营风险和廉政风险防控机制，努力构建科学的管控与惩防体系。

二、2012年主要工作任务

（一）严明党的纪律，落实廉政责任，确保重大决策部署执行到位

严明党的纪律。各级党组织要进一步严明党的政治纪律，把思想和行动真正统一到公司党组的决策部署上来。监察审计部门要认真履行职责，牢固树立大局意识，把监察审计工作放到公司改革发展的总体布局中去谋划、去部署、去落实，围绕公司深化“两个转变”、实施“三集五大”改革，推动反腐倡廉建设和审计内控融入生产经营管理。加强对上级方针政策和公司党组决策部署落实情况的监督检查，对于违规决策、失职渎职、管控不力、浮躁张扬而产生严重后果或严重不良影响的，要严肃追究责任。坚决纠正有令不行、有禁不止的现象，保持“公转”，避免“自转”，确保公司改革发展的顺利进行。

落实廉政责任。按照一级抓一级、层层抓落实的工作要求，严格执行党风廉政建设责任制，把贯彻落实上级方针政策和公司党组决策部署情况，纳入“四好班子”考核和绩效管理，强化“一岗双责”意识。健全协同监督联席会议制度，充分发挥协同监督平台作用，重点围绕公司党组关于“安全年”活动、“三集五大”体系和坚强智能电网建设、95598光明服务工程、依法从严治企等重大决策开展协同监督工作。认真落实纪委书记报告工作制度，运用“责任制执行记录手册”等措施，加大对反腐倡廉建设工作的监管力度。进一步完善县供电企业反腐倡廉领导体制和工作机制，促进党风廉政建设和反腐败各项工作的全面落实。

深化专项治理。一是认真落实国家电网公司《工程建设项目督察工作指导书》，进一步深化工程建设领域突出问题专项治理工作，紧盯问题易发、多发的关键环节和重点岗位，切实加强对工程项目、资金运作等方面的监督检查，保证每个工程都成为精品工程、廉洁工程。二是继续深化公务用车专项治理，在全面调查摸底的基础上，督促管理部门建立完善公务用车编制管理、购置审批、日常使用管理等方面规章制度，规范公务用车配备和使用管理，抓好违规车辆的处理。组织开展公务用车专项检查，及时整改发现的问题，确保治理效果。三是坚持抓好治理商业贿赂、“小金库”、县供电企业突出矛盾和问题专项治理的成果巩固、建章立制等工作，建立健全长效机制。严肃查处违纪违规、铺张浪费、大手大脚的行为，对违反规定、阳奉阴违、弄虚作假的人和事，一经发现，坚决依规依纪严肃处理。

（二）加强协同监督，强化风险防控，着力构建科学的管控与惩防体系

加快惩防体系建设。2012年是落实《建立健全惩治和预防腐败体系2008～2012年实施意见》的关键年，我们要按照国家电网公司的统一部署，突出工作推进、制度完善、检查考核和经验总结等重点，深入开展自查自纠和专项检查活动，全面完成各项目标任务。开展惩防体系建设调研评估，总结反腐倡廉建设经验，把成功经验固化于制。加大先进经验的宣传与推广力度，促进成果转化、共同提高。与此同时，围绕公司改革发展大局，坚持标本兼治、综合治理、惩防并举、注重预防的战略方针，科学编制公司“惩治和预防腐败体系2013～2017年工作规划”，不断巩固和完善“三化三有”特色惩防体系建设成效。

完善协同监督机制。认真落实国家电网公司《关于深化协同监督机制建设的工作意见》，把2012年作为“协同监督质量提升年”，着力推动协同监督工作规范开展。一是明确协同监督重点。纪检监察部门要组织协调相关职能部门，制定年度监督计划和实施方案，重点加强专项治理、财务和审计专项检查发现问题整改情况的监督检查，推动公司关于工程建设领域突出问题专项治理、规范“三公”管理、县级供电企业管理等部署切实落到实处。二是保证协同监督机制有效运转。严格执行监督工作联席会议制度和协同监督工作规则，以“一书两报告”（协同监督整改意见书、协同监督情况报告、协同监督整改报告）为载体，督促专业管理职能部门加强纵向监督和横向协调，提升协同监督工作质量。对于日常专业检查发现的问题，要及时在联席会议上研究分析，并提出整改规范的要求，实现监督的再监督、管理的再管理。对于监督缺位、整改不力而发生严重问题和严重影响的，要追究相关部门负责人的责任。

加强廉政风险防控。认真落实国家电网公司“关于推进廉政风险防控机制建设实施意见”，加快建设以岗位为点、以流程为线、以制度为面、具有“五防三控”功能的廉政风险防控机制。编制重要廉政风险防控手册，深化廉政风险管理信息系统应用，不断优化系统功能、拓展防控领域，健全预警机制，提升防控水平。制定“廉政风险防控工作评价的实施意见”，建立廉政风险动态管理评价机制，将廉政风险查找、评估和控制工作，作为党风廉政建设责任制和领导班子、业务部门、关键岗位“一岗双责”的重要内容，设置管控防线，落实防控责任。认真组织业务部门内部评价和本单位自我评价工作，对因防控措施不落实、管理责任不到位，导致廉政风险转化为严重腐败问题、社会问题的单位和领导干部，依据党风廉政建设责任制规定进行责任追究。

（三）加强教育监督，规范权力运行，促进领导干部廉洁从业

深化廉洁教育。认真落实公司《关于进一步加强反腐倡廉教育和廉洁文化建设工作意见》，以“干事、干净”为目标，深入开展反腐倡廉教育，提升廉洁文化建设成效。一是要围绕保持党的纯洁性，立足公司反腐倡廉建设的实际需要，安排好反腐倡廉主题教育。党政主要领导要带头讲廉政党课，突出加强理想信念、党风党纪和爱岗敬业教育，引导广大党员领导干部弘扬良好作风，保持清正廉洁，做到立身不忘做人之本、为政不移公仆之心、用权不谋一己之私。二是要完善反腐倡廉教育常态机制，切实做到“六个必须”：党委理论中心组学习必须有反腐倡廉内容；领导干部培训必须设党风廉政教育课；新入企大学生培训和新进公司本部员工集中培训，必须安排廉洁从业教育内容；对拟提拔的领导干部必须进行廉政知识考试；对新提任领导干部按管理层级必须安排廉政谈话；领导干部在布置影响范围较广的工作时必须讲廉政问题。三是要发挥好公司廉政教育基地作用，科学设置教育内容，发挥实实在在的作用，产生实实在在的效果。各单位要积极建立网上廉政教育基地，拓展宣传广度和教育深度，运用更加贴近员工思想、工作和生活实际的丰富内容，进一步增强廉洁文化建设的渗透力和影响力。

加强制度建设。结合“三集五大”体系建设，不断优化内控制度，形成用制度管权，按制度办事、靠制度管人的长效机制。一是健全制度体系。结合公司新组建的实际情况，加强对反腐倡廉制度建设的分析研究，开展制度梳理完善工作。认真总结依法治企专项治理工作成果，及时将一些好的整改经验和有效做法，上升为具有指导性和约束力的规章制度。突出加强重点领域和关键环节的制度创新，将反腐倡廉制度建设与经营管理有机结合，进一步提升制度建设成效。二是强化制度执行力。建立健全制度执行的监督机制，利用协同监督平台，发挥职能监督作用，加强对所辖范围或专业领域的监督检查。加大对违反制度行为的惩戒力度，对有令不行、有禁不止、随意变通、恶意规避等严重破坏制度执行的行为，发现一起、查处一起，处理结果要在公司系统进行通报。

规范权力运行。以规范和制约权力运行为核心，促进建立健全结构合理、配置科学、程序严密、制约有效的权力运行机制。一是进一步修订完善“三重一大”民主决策等制度，使之更易于操作，更便于检查，更有利于规范权力运行程序化建设。特别是涉及公司员工切身利益的问题，要通过职代会、专家咨询、决策听证等措施，提高决策的民主化和透明度。对资金运作、物资设备采购和工程招投标等容易发生违纪、违规、违法问题的重点领域，要完善相互制约、相互监督、相互衔接的工作机制，建立清晰规范的操作流程。二是认真执行党内监督条例和监督制度，突出加强对《国有企业领导人员廉洁从业若干规定》、“三重一大”民主决策等法规制度执行情况的监督检查。坚持纪检监察部门参与对领导班子和领导干部的考核，落实领导干部任前公示、廉政知识测试和廉政谈话制度。认真落实“三项谈话”制度。严格执行领导干部报告个人有关事项的规定，认真落实领导干部述廉评廉制度，加强领导干部民主评议工作。深入推进党务公开、厂务公开、民主管理，加强审计监督、法律监督、群众监督，不断健全对领导干部行使权力的全方位监督机制。

（四）加强信访排查，健全办案机制，努力维护企业和谐发展环境

严肃查办信访案件。查办信访案件是纪检监察部门的基本职责，也是依法治企的重要工作。要坚持有案必查、有腐必惩。严肃查处工程建设、招投标、物资采购等重点领域的案件和领导干部失职渎职、以权谋私行为。严肃查处违反改制重组、产权交易、组织人事、收入分配纪律的行为，纠正违规决策、损害职工群众利益和作风浮夸、浮躁张扬等引发的各类问题。结合专项治理工作，严肃查处领导干部违反公务用车、公务接待规定等铺张浪费行为，纠正基层供电企业存在的突出问题。充分发挥财务、审计、法律等部门的作用，加大自办案件工作力度。积极开展“检企共建”，探索和推行异地协作或交叉查办信访案件新机制，整合办案力量和资源，提高办案效率和质量。

加强信访案件管理。认真落实国家电网公司“信访举报三级排查工作规定”，适时组织排查工作，认真核查群众反映的突出问题，妥善化解矛盾，有效防范重复、越级信访和缠访等现象。借助协同监督平台广泛收集信访信息，关注“热点”“难点”问题，及时研究防范对策、落实治本措施，超前防范风险，化解苗头性问题。重要信访件实行主要领导“挂牌”督办，严格执行案件及信访举报线索定期分析和“一案两报告”制度，加强对“四率”（核查率、按期办结率、实名举报回复率、按时上报率）的监督考核，信访举报初步核实率和实名举报回复率达到100%。充分发挥查办案件的治本功能，根据信访举报反映的问题，有针对性地开展廉政风险警示教育。高度重视涉及纪检监察方面的舆情处置，建立信访案件预警机制，提高协同应急能力，维护公司健康发展环境和员工队伍稳定。

（五）深化纠风工作，强化效能监察，促进“安全年”活动深入开展

加大纠风工作力度。结合国家电网公司“安全年”活动，充分发挥三级监督网络作用，强化相关职能部门协同监督，促进优质服务水平持续提升。加强农网升级改造工程的监督，严厉查处乱收费、借机搭车收费现象。加强业扩报装工程的监督检查，杜绝“三指定”行为。结合营销服务信息系统建设，推进监督工作信息化，加强95598受理客户投诉情况的全程跟踪，坚持每月全面检查、每季深度分析，确保各项承诺和服务得到全面落实。综合运用现场检查、技术监控、流程跟踪等多种手段，加强农村基层供电站所的监督检查。健全以供电服务监督为主要内容的纠风社会监督员组织，有计划地开展活动，充分发挥作用。尝试聘请社会有关中介，进行“第三方”监督评估，及时听取社会各方意见。促进有效沟通，及时改进服务，树立良好形象。深入开展行风建设“零投诉”活动，完善客户满意度评价体系，畅通与客户的信息沟通渠道，及时回应社会关切，确保各市、县公司在当地行风评议中名列前茅。认真受理行风投诉举报，严肃查处损害公司利益和形象的供电服务事件，对于造成严重影响的行风责任事件和客户投诉事件，实行行风考评“一票否决”。

深入开展效能监察。按照国家电网公司部署，针对公司电网建设投资力度不断加大的实际，找准效能点，统一立项实施工程建设、清产理财效能监察。公司监察审计部要组织协调相关部门，加强效能监察项目实施情况评估，推进效能监察融入管理、切入流程。各单位要按照公司“关于加强2012年效能监察工作的通知”要求，结合实际，围绕工程管理、物资采购、招投标、用电管理、财务资产管理等领域，至少确立一个效能监察项目。强化效能监察过程管理，对发现的问题，及时提出监察建议，并跟踪监督整改。注意在效能监察中发现案件线索，进一步提高监察成效。

加强招投标监督管理。结合《招标投标法实施条例》的宣贯，细化监督重点，优化监督流程。严格执行招投标管理办法和物资采购各项管理制度，决不允许违规操作。针对招标程序执行、评标专家履职等重点，采取技术监控、派员监督、节点控制等手段，提升招投标监督工作质量，严防违纪违规问题的发生。认真执行《国家电网公司招标领域诚信体系建设规范》，健全招投标举报投诉处理机制，严肃查处违规违法行为，维护公平竞争的市场环境。加强对供应商的宣传、管理和监督，有效控制相关违纪、违规和违法行为对公司生产安全、经营安全和干部员工廉洁从业安全的损害和影响。

（六）明确审计重点，强化审计监督，全面完成各类审计项目

科学确定审计重点任务，加强对贯彻落实公司党组各项决策部署情况的审计监督，强化依法治企，巩固审计专项检查成果，逐级对整改落实情况开展“回头看”工作。对“五大”体系建设过程进行审计跟踪。对地（市）县层面主多分开实施情况进行跟踪和监督检查。继续加强对重大经营决策、重大经营风险、重要管理事项、重点控制环节和大额资金使用情况的检查。

加强工程建设项目审计。梳理分析“三集五大”体系建设中管理模式、职责界面调整、组织架构变化，突出对重点业务、重点领域、重点资金的检查。高度关注建设管理的规范性、工程结算的合理性、竣工决算的合规性。通过“两算”审计工作，促进工程管理水平的提高。加强对中小型基建项目审计，防范经营风险和廉政风险。

认真开展经济责任审计。认真贯彻落实中办、国办和公司党组对领导干部的监督管理相关要求，继续加大经济责任审计力度。坚持离任必审，滚动开展任中审计，高度关注重大经营决策和历史遗留问题的处理情况，突出对领导干部“权力”和“责任”履行情况的审计，综合评价企业领导人员的经营业绩。充分发挥审计工作在加强领导干部监督管理、推进党风廉政建设等工作中的作用。

组织专项业务审计调查。在认真组织开展财务收支、重点项目等审计的基础上，不断拓展审计监督领域。组织对公司农网改造升级项目、营销（含电动汽车充电设施建设）、废旧物资管理等进行审计调查。探索开展信息化建设项目审计，继续加大“小金库”问题查处力度，将“小金库”治理工作融入各类审计项目，巩固“小金库”专项治理长效机制建设成果。

（七）加强审计管理，推进审计创新，不断完善审计内控机制

健全审计风险识别和风险评估机制。在确定审计对象时，要把近年来审计发现问题较多的单位，优先安排审计。在确定审计事项时，要把外部审计关注项目提前安排内部审计，搞好自查自纠。在确定审计领域时，对近年来审计和检查发现问题较多的领域作为检查重点。通过控制和管理风险，提高公司防范和化解风险的能力，发挥内部审计的“免疫系统”功能作用。建立定期审计检查制度，要对所管单位争取3年左右全面审计一次，通过审计筛查影响公司健康发展的风险点、出血点，促进公司健康持续科学发展。

抓好审计监督转型和成果运用工作。树立审计工作全过程监督理念，在巩固和完善事后监督评价方式的同时，把事前预防、事中控制作为审计工作重心抓紧抓好。事前预防重点要关注制度和流程制定、岗位设置、项目立项、招标采购、合同签订。事中控制重点要关注内部牵制、制度执行、合同执行、资金结算、费用支出、物资流动。切实抓好审计成果运用，建立健全重大审计问题专题报告制度，对审计中发现的重大问题和重要事项，以及好经验、新成绩等，向公司主管领导直接报告，并认真落实领导批示意见。组织对内外部审计检查发现问题的整改落实情况进行后续审计，对问题整改不彻底、不到位的单位，要在一定范围内通报。对因不负责任、整改落实不到位以及屡审屡犯造成重大损失和影响的，要严肃追究责任。持续开展审计案例警示教育，做到共性问题集体整改，个性问题引以为戒，问题隐患及时消除，不断增强依法从严治企意识，促进审计成果的全面运用。

持续推进审计工作“三化建设”。一是推进审计工作标准化。认真执行国家电网公司审计工作规范及有关业务审计实务指南，研究制定具体实施细则，完善审计制度体系，进一步夯实审计基础管理工作，实现审计文书规范标准、审计程序简明高效、审计统计真实可靠、审计档案完整有序、审计分析深入透彻的工作要求。二是推进审计手段信息化。以国家电网公司审计综合管理系统上线为契机，认真学习掌握各项审计信息系统，提高工作效率，控制审计质量，降低审计风险。充分运用公司经营管理、风险管理等信息化建设成果，提高非现场审计比例，探索实时在线审计，提高审计监督科学化水平。三是推进审计资源集约化。整合公司系统审计资源，加大审计资源调配力度，积极组织交叉审计和互审，优先保证重点审计项目的完成。充分利用协同监督平台，加强信息沟通，实现资源共享，不断完善审计内控机制，提高审计监督工作成效。

（八）健全组织机构，加强自身建设，不断提高监察审计履职能力

加强组织建设。在公司“两个转变”不断深化的形势下，努力建设一支政治坚强、公正廉洁、纪律严明、业务精通、作风优良的纪检监察审计队伍，对于保障公司健康发展至关重要。公司各级领导特别是党政主要领导，要高度重视纪检监察审计工作，确保机构落实到位，人员配备到位。注重加强党风廉政监督员队伍建设，促进纪检监察审计工作制度化、规范化，提高管理水平。在对纪检监察审计工作人员严格要求、严格管理的同时，要从政治上、工作上、生活上关心和爱护他们，为他们开展工作、努力进步创造条件。

加强政治建设。深入学习贯彻党的基本理论、基本路线、基本纲领、基本经验，自觉用中国特色社会主义理论体系特别是科学发展观武装头脑、指导实践、推动工作，注重把理论学习与研究解决企业面临的实际问题结合起来，在围绕中心、服务大局的工作中，推进反腐倡廉和审计工作理论创新、实践创新和制度创新。各级纪检监察审计工作人员要强化大局意识、组织观念和执行意识，严格执行公司党组的决策部署，自觉做到上级交办的工作不推脱，本级发生的问题不隐瞒，下级发生的问题不庇护。牢记使命，勇担责任，敢于碰硬。

加强能力建设。结合“三集五大”体系建设，加强对纪检监察审计工作人员的业务培训，建立挂职培养锻炼机制，统一管理理念，互相学习提高，适应公司改革发展新要求。积极参加国家电网公司组织的效能监察、审计监督、廉洁风险防控等业务培训班。注重学习宏观经济政策、电力行业业务和国家法律法规等知识，不断提高纪检监察审计工作人员履职能力，做到善于发现问题、分析问题、解决问题、总结规律。坚持严格要求、严格管理、严格监督，建立健全强化预防、及时发现、严肃纠正的管理监督机制。坚持和完善下级纪委书记向上级纪检部门定期报告工作制度，建立健全重大审计问题专题报告制度，对于失职失责而导致发生重大问题和影响的，要实行责任追究。

加强作风建设。按照“两个务必”和“八个坚持、八个反对”的要求，大兴密切联系群众之风、求真务实之风、艰苦奋斗之风、批评和自我批评之风。健全纪检监察和审计系统内部监督机制，上级纪检监察审计部门要加强对下级纪检监察审计部门的监督，同时自觉接受下级纪检监察审计部门的监督。纪检监察审计工作人员要牢固树立监督者更要带头接受监督的意识，自觉接受党组织、党员干部和职工群众的监督，严禁利用职权和职务上的影响谋取不正当利益。始终保持作风严谨、秉公执纪的职业操守，团结协作、奋发有为的精神风貌，廉洁自律、干事干净的道德品质。

副总经理、党组成员于德明关于公司安全生产工作的讲话（摘要）

（2012 年 12 月 21 日）

一、2012 年重点工作完成情况

2012 年，在公司党组的正确领导下，公司安全生产工作，围绕“三集五大”体系建设的工作主线，全面开展“安全年”活动，扎实推进风险管控，着力夯实管理基础，圆满完成了十八大等政治保电任务，成功应对“7·21”特大暴雨、11月初暴风雪的严峻考验，保证了电网安全稳定运行。全年，冀北电网最大负荷突破2020万kW，实现三个百日安全生产长周期，未发生安全事故，未发生电力生产人身伤亡事故。

一是“安全年”活动成效明显。按照国家电网公司“安全年”活动整体部署，科学制定工作方案，全面加强过程管控，8个方面、142项工作计划全部完成。树立“大安全”理念，从电网、设备、人员三个方面入手，深化隐患排查，强化风险控制，安全基础进一步夯实。深化“政企联合”护电机制，推行电力设施属地化管理，加强护电宣传力度，输电通道安全环境得到改善。强化应急机制建设，建立各类预案1333个，组建4578人的应急抢修、抢险队伍，三级安全管理体系基本建成。二是调控中心建设创造“冀北速度”。成功上线OMS系统调度管理平台，将“执行风险预控库”导入工作流程，全面提升调控安全管理水平。优化调整72座220kV及以上变电站厂站信息，快速搭建D5000智能电网调度技术支持系统平台。组织公开选聘调度、监控人员，制定套餐式培训计划，构建“四横八纵”调控一体化协调机制和工作规范，调控中心按期投运。三是“大检修”效益初步显现。加快“运维一体化”和“检修专业化”转型，圆满完成五个地市公司、两个超高压公司检修资源的整合任务，省、市两级检修体系全面建成。加强制度修编和流程梳理，稳步推进工厂化检修，全面推广设备全寿命“把六关”管理，持续加快配网工程建设和改造等，进一步提升精益化管理水平。创新网络化培训手段，开展“一专多能”转岗培训，部分生产班组推行绩效工分管理。公司带电作业荣获全国电力行业带电比武团体第二名的好成绩。四是电力交易指标优质完成。围绕“安全、效益、发展”的主线，全面建立以购电管理为核心的电力交易运营体系。全年，发电权交易电量完成16.2亿kWh，超额完成国家电网公司考核指标62%。统调电厂购售电合同签订率100%，统调火电厂合同执行均衡率100%。完成购电量1333.3亿kWh，购电均价424.78元/MWh，购电成本566.36亿元。(以上含12月份，为预计数据)

二、面临的形势和存在的问题

一是十八大后，宏观经济调控力度进一步加大，负荷变化带有很大的不确定性，对安全生产影响较大。冀北电网是典型的受端电网，“西电东送”“北电南送”输电通道跨度大，线路微地形、微气象复杂，恶劣天气对电网的影响大，负荷快速增长，一旦出现输电大通道跳闸，对电网安全构成威胁；冀北电网设备基础相对薄弱，断路器组合化率、配电自动化覆盖率等指标均低于省公司平均水平；调控中心刚刚成立，运行经验不足，方式分析、事故应急等能力还欠缺，负荷快速增长时，电网稳控管理压力明显。二是冀北地区风电规模持续增长，分布式光伏发电井喷式发展等，对传统电网运维管理影响深远。新能源并网后，电网静态、暂态稳定控制难度增大，需要创新理念，加快学习先进电网的运维管理经验，积极研究风电接入等新课题，化被动为主动，保证电网安全稳定运行。三是电监会、社会客户对安全生产要求高，国家电网公司对安全生产考核力度大，公司安全生产压力明显。十八大后，中央对央企的社会责任提出了更高的要求，安全可靠供电是公司服务冀北经济社会发展的基本职责，安全生产工作需要进一步强化“如履薄冰”的意识，牢记“一失万无”的责任，守土有责，确保安全生产的可控、能控和在控。四是“三集五大”体系建设进入深水区，“大运行”“大检修”磨合改进的工作量大，有效发挥改革效益的压力明显。重点需要在体制机制梳理、农配网一体化管理、人员技能培训等方面下功夫。

面对安全生产的严峻形势，我们深刻认识到“打铁还需自身硬”，总结发现当前存在的问题还很多。

一是管理基础还需进一步夯实。主要表现在制度、标准、流程体系虽然已经建立，但还存在学习宣贯不够、培训不及时、执行不到位等问题；风险管控的意识虽然已经建立，但还存在理念滞后、办法不多、措施不落实等问题；综合应急体系已经建立，但还存在危机感不强、反映不够迅速、物资储备不足等问题。二是电网、设备改造任务繁重。主要表现在紧凑型线路改造需要加快，设备重载问题突出，农配网老旧设备“卡脖子”问题依然存在，检修维护质量还需提高，工厂化检修基地建设需要加快等问题。三是电力设施保护还要加强。群众维权意识增强，政府经济发展愿望迫切，跨越施工、吊车作业、挖沙取土等风险控制难度加大；违章建筑、线下危险点等治理难度大，政企联合、属地化保护等需要进一步加强。四是培训实效需进一步增强。调控一体化、检修专业化、运维一体化等对人员技能水平提出了更高的要求。需要强化“工作学习化、学习工作化”的理念，需要复制推广标准化作业模式，坚决杜绝习惯性违章行为，保证安全、质量和工期。

三、2013 年工作举措

安全生产工作目标：不发生人身重伤及以上事故，不发生一般及以上电网、设备、火灾事故，不发生五级信息系统事件，不发生本企业负主要及同等责任的重大交通事故，不发生突发事件、安全事件迟报、漏报、瞒报情况，不发生影响社会和谐的不稳定事件，不发生影响公司形象的不良事件。

安全生产工作思路：全面贯彻落实十八大精神，坚持“安全第一、预防为主、综合治理”的工作方针，以安全生产标准化达标为中心，持续深化“大运行”和“大检修”体系建设，突出抓好安全管控、技术监督、隐患治理、质量管理四个环节，加快构建风险管控流程化、现场作业标准化、应急管理规范化、绩效考评精细化、技能培训实效化、业绩提升常态化的“六化”精益生产体系，实现安全管控、运维效率、队伍素质、业务指标的全面提升，确保安全生产的可控、能控和在控。

（一）全面开展安全生产标准化达标工作

贯彻落实电监会和国家电网公司的部署要求，在生产系统全面开展标准化达标评级工作。一是强化组织领导，成立达标工作领导小组，细致梳理安全生产工作指标，层层落实责任制，建立责任矩阵体系，梳理目标管理、机构规范、资源投入、政策落实、宣教培训、设备管理、作业安全七个方面具体要求。二是深入一线调查研究、广泛征求班组意见，科学制定制度执行专项检查、隐患排查专项治理、四级承诺专项督导、应急救援专题建设四个工作方案，专人负责、责任到岗，通过开展专项活动，确保达标工作部署到位、执行到位。三是强化跟踪督导考核，重点在执行和落实上下功夫，确保标准化达标工作在实际应用中发挥效用，切实改进和提高现场安全监督管理水平。四是主动适应电力监管部门要求，建立量化考核、多维评价的精细化考核体系，加大奖惩力度，以安全管理质量提升为目标，确保 2013 年底按期完成达标任务。

（二）全面深化大运行、大检修体系建设

严格按照公司“三集五大”体系建设“磨合改进”阶段的整体部署，深度推进“大运行”“大检修”体系建设，持续提升管理水平。一是强化创新意识。逐条落实专业评估、综合验收的反馈意见，学习兄弟单位先进经验，重点加强亮点工程建设，认真做好最佳实践提炼推广工作，总结固化“冀北速度”和“冀北精神”，充分发挥体系建设的整体效益。二是加快推进“调控一体化”进程。以调度业务模式转型、标准化建设为抓手，加快技术支持系统建设，深入推进调控业务集约化进程，强化省、地、县调度一体化管理，充分发挥电网管理的中枢作用。三是持续加强运维一体化、检修专业化管理。充分利用内外部资源，做强做精核心运检业务，积极拓展检修外包范围，持续完善业务外委相关制度，在规范检修工艺标准、提升检修工作质量、约束检修作业行为等方面下功夫，全面提升集约化和专业化水平。

（三）全面夯实安全生产基础

牢固树立“细节决定成败”理念，推行精细化管理，抓基础、强素质，实现安全生产的可控、能控和在控。一是切实强化安全管控。抓好基础、基层、基本面管理，严格现场监督，安全管理重心下沉、管控前移，着力强化各级人员的责任、风险、创新、绩效意识，持续加强安监队伍和安全装备建设，充分发挥安全保证体系和监督体系作用，将风险管控措施真正落实到位。二是突出抓好技术监督。充分发挥电网技术中心、设备状态评价中心支撑作用，推行调控中心与电网技术中心，运检部与设备状态评价中心的一体化运作。发挥监督网的平台作用，实时反馈技术监督工作动态，发挥预警作用。强化专业间沟通协作，加快新技术的推广应用。三是细致做好隐患排查治理。落实“谁主管、谁负责”工作要求，切实做到隐患管理的责任、措施、资金、整改“五落实”，明确责任主体，实行分级分类管理，保证隐患排查不留死角。四是突出质量管理。充分发挥安全、效能和成本指标的指导决策作用，加大质量监督工作力度，建立健全质量管理体系，促进公司全面质量管理健康发展。

（四）全面构建精益安全生产体系

从管理架构、队伍建设两个方面入手，加快构建“六化”精益安全生产体系，促进管理提升。一是抓住风险、作业、应急三个关键点，优化治理结构，实现风险管控流程化、现场作业标准化、应急管理规范化。在风险管控方面，创新风险管理思路和手段，建立风险分析、预警和防范工作机制，实现流程化管理。在现场作业方面，深入应用标准化作业信息系统，全面推广“一书两票三措四卡五定”标准化作业模式，真正实现同一任务，同一流程、同一结果。在应急管理方面，充分整合相关资源，加快推动流程建设向能力建设转变，加强常态化、规范化和体系化建设，真正做到召之即来、来之能战、战之能胜。二是紧扣绩效、培训、提升三个维度，抓好队伍建设，实现绩效考评精细化、技能培训实效化、业绩提升常态化。在绩效考评方面，以绩效指标建设为载体，借鉴班组绩

效工分管理模式，增大量化指标比例，实现各项工作可衡量、可评价、可考核。在技能培训方面，建立专业交流锻炼机制，加快培养专业过硬的调控专业队伍，深入开展运维检修人员培训，持续提升培训的针对性和有效性。在业绩提升方面，弘扬后发赶超、晋位争先精神，养成尽心尽力尽责、尽善尽美尽致的工作习惯，力争各项工作走在省公司前列。

四、几点要求

（一）电网建设方面。冀北地区风电发展速度加快，为提高风电并网能力，加快220kV沽察二回、风光储二期500kV送出工程和张北特高压站的建设。霸州500kV变电站负荷较重，存在四级事件风险，加快500kV廊坊南站的建设，提高地区间负荷互供互倒能力。

（二）关于B级检修基地建设。加快建设以工厂化检修为核心、辐射冀北电网设备的B级检修基地，加快实现35kV及以下电压等级的变压器、110kV及以下电压等级的断路器、500kV及以下电压等级的隔离开关等设备的工厂化检修。

（三）关于分布式光伏发电并网的课题研究。由于产业政策的调整，冀北地区将迎来大规模的光伏发电建设高潮，要在国家电网公司指导下，加强分布式光伏发电并网工作的研究，尽早应对分布式光伏发电并网对电网运行、设备管理、作业安全、电费结算等的挑战。

（四）关于农配网一体化管理。农配网业务分属大检修、大营销两个体系，要进一步明晰地市、县、农村供电所各岗位人员工作职责及业务范围，加快构建“四统一、五同步”的农配网管理模式，全面提升农配网一体化管理水平。

总工程师张旭升在公司“三集五大”体系建设动员会上的报告（摘要）

（2012年3月2日）

一、国家电网公司“三集五大”体系建设的基本内容

（一）指导思想、基本原则和主要目标

指导思想是，以科学发展观为指导，遵循电力发展客观规律，围绕“一强三优”现代公司战略目标，按照集约化、扁平化、专业化方向，变革组织架构，创新管理模式，优化业务流程，深化人、财、物集约化管理，推进“大规划”“大建设”“大运行”“大检修”“大营销”体系建设，做强公司总部、做实省公司、做优地（市）公司，全面提高公司管理效率、经济效益和服务水平。

基本原则是，总体设计、效率优先、安全稳定、与时俱进。把提高企业发展质量和效率作为改革出发点与落脚点，落实改革方案，兼顾地域差异，制定实施方案，优化设计，有序实施，防范和化解风险，确保电网安全和队伍稳定。

主要目标是，统筹人财物核心资源，优化规划、建设、运行、检修、营销等五大业务模式，压缩管理层级，缩短业务链条，实现协同高效运作。建立电力调控中心和运营监测（控）中心，实施电网运行核心业务集约运作，实现公司运营重要指标实时监测，加快建成适应“世界一流电网、国际一流企业”要求的管理体制和运行机制。

（二）构建“五大”体系的主要内容

1.“大规划”体系

主要任务：加强国家电网公司系统规划、计划的集中管理和统一编制，建立包含各专业、贯穿各层级、覆盖各电压等级的统一规划体系。国家电网公司规划由总部负责，相关单位参加，强化国家电网公司规划对各专项规划、各省（单位）规划的统领作用。电网规划由国家电网公司总部统筹，省公司参加，地（市）县公司配合，研究机构具体编制，制定覆盖所有电压等级的统一规划，保障规划的科学性、完整性和一致性。计划落实规划，加强各项指标的综合平衡，实现国家电网公司总体效益最优。

在国家电网公司总部层面，设立发展策划部，作为“大规划”的职能管理部门；国网经研院作为国家电网公司电网规划和工程设计技术归口管理单位，提供技术支撑，归口协调外部设计单位，对省经研院（中心设计院）提供指导。具体负责总体规划和750kV及以上交流、跨省交直流电网规划，审批省级电网规划；负责特高压、跨省交直流项目可研及前期工作，负责330kV及以上电网项目前期工作计划管理；负责接入330kV及以上电压等级的电源（用户）接入系统设计（方案）审批；负责统一组织计划编制、综合平衡、上报批准、下达实施、优化调整、统计分析、检查监督和考核评估。

在省公司层面，本部发展策划部，作为职能管理部门；省经研院（中心设计院）负责本省电网规划和工程设计技术归口管理，作为本省规划设计技术支撑单位，对地（市）经研所（设计院所）提供指导。具体负责110（66）～500kV电网规划，审批35kV及以下电网规划；具体开展 330～750kV 电网项目可研及前期工作，负责 220kV 及以下电网项目前期工作计划管理、可研和电源接入系统设计审批，负责 110（66）～220kV 用户接入方案审批。

在地（市）公司层面，本部发展策划部作为职能管理部门；地（市）经研所（设计院所），作为本地区规划设计技术支撑单位，接受省经研院业务指导，负责本地区电网规划和工程设计技术管理。具体负责提出 110（66）kV 及以上电网发展需求，负责 35kV 及以下电网规划；负责 220kV 及以下电网项目可研及前期工作，负责 35kV 及以下用户接入方案审批；负责配合落实规划计划和前期工作。

在县公司层面，协助地（市）公司参与规划、配合落实规划计划和前期工作。

2. “大建设” 体系

主要任务：规范国家电网公司系统的建设管理职能，统一电网建设管理流程、技术规范和建设标准，加强建设项目过程管理及参建队伍管理，强化设计评审、参建队伍招标、结算监督等关键环节管控，全面提升电网建设管理水平。优化整合内部建设资源，加强所属设计、施工、监理队伍专业管理，提升队伍建设能力和水平。

在国家电网公司总部层面，设基建部、直流建设部、交流建设部、招投标管理中心、直流建设分公司、交流建设分公司，各分部设工程管理处。具体负责 220kV 规模及以上电网项目初设审批和工程结算监督，负责 500kV 及以上电网项目参建队伍选择；负责国家电网公司投资的配电网设计建设管理；负责国家电网公司建设队伍的专业管理；负责制定工程建设计划监督、考核，负责国家电网公司工程建设方面重大问题的协调和处理。

在省公司层面，设立基建部，履行省公司电网建设职能管理。基建部设立项目管理处，组建业主项目部，加强工程项目建设过程及参建单位管理。在省经研院设立规划评审中心、技经中心（定额站办公室）、工程质监中心（质监中心站办公室），建立集中管理操作平台，加强建设关键环节管理。省监理公司保留牌子和资质，纳入省经研院统一管理。加强省送变电公司建设，掌握核心技术，提升管理水平，引导其向施工管理、运维检修、应急抢修等综合型企业发展。具体负责 35～220kV（规模以下）电网项目初设审批和工程结算监督，负责 330kV 及以下电网项目的参建队伍选择；协助开展国家电网公司总部投资建设项目的属地协调；负责对所辖 ±660kV 及以下直流和 500（330）kV 及以上交流电网项目进行建设过程管理（可根据电网建设规模、管理力量、管理半径等情况，直接管理到 220kV 或更低电压等级的电网项目）。

在地（市）公司层面，设基建部，履行地（市）公司电网建设职能管理，基建部内设项目管理中心，组建业主项目部，加强工程项目建设过程管理。优化整合地（市）公司层面送变电公司、监理公司，提升电网施工、监理能力。地（市）经研所建立建设管理集中操作平台，强化对电网建设关键环节管控。负责 10kV 及以下电网建设项目初设审批和工程结算监督；执行工程项目建设计划；负责所辖 110（66）～220kV（含城郊区 35kV 及以下）电网项目的建设过程管理；协助各级工程项目管理机构开展所辖区域电网建设项目的属地协调工作。

在县公司层面，组建发展建设部和检修（建设）工区。负责所辖 35kV 及以下电网项目建设过程管理，协助各级工程项目管理机构开展所辖区域电网建设项目的属地协调工作。

3. “大运行” 体系

主要任务：调整优化国家电网公司系统的调度功能，将变电设备运行集中监控业务（包括输变电设备状态在线监测与分析），纳入调度控制中心统一管理，实现调控合一。结合坚强智能电网建设，实现国调、分调运行业务一体化运作。提高驾驭大电网的调度控制能力和大范围优化配置资源能力，保障国家电网的安全、经济、优质、高效运行。

在国（分）调层面，新增设备运行集中监控、状态在线监测与分析业务功能，加强调度运行、运行方式、调度计划、新能源调度运行、安全内控等业务功能，充实完善相应管理职能。依法对国家电网实施统一调度管理，协调各局部电网的调度关系；负责 500（330）kV 及以上主网运行的组织、指挥、指导和协调，直调有关电厂；承担 ±800kV 直流、750kV（重要枢纽站）及以上电压等级变电站运行集中监控、输变电设备状态在线监测与分析业务。中国电科院、国网电科院提供系统运行、继电保护、调度自动化、设备状态在线监测与分析等外部技术支撑。国网信通公司为国家电网调控运行提供通信业务支撑。

在省调层面，新增设备运行集中监控、状态在线监测与分析业务功能，扩充相应的管理职能。负责省级电网调控运行，调度管辖省域内 220kV 电网和终端 500（330）kV 系统，直调所辖电厂；承担省域内 ±660kV 及以下直流和 750kV（重要枢纽站除外）、500kV、330kV 枢纽站变电设备运行集中监控、输变电设备状态在线监测与分析业务。在省电科院设立电网技术中心，提供系统运行方式、继电保护、调度自动化等专业技术支持。省信通公司为各省电网调控运行提供通信业务支撑。

在地调层面，根据拓展设备运行集中监控与状态在线监测分析业务、履行调控专业管理职能的需要，将城区配调纳入相应地调统一管理，实现地调与城区配调的合并融合，压缩管理层级。负责地区电网调控运行，调度管辖110（66）kV电网和终端220kV系统；承担地域内110（66）~220kV和330kV终端站变电设备运行集中监控、输变电设备状态在线监测与分析业务。地市信通公司为地市电网调控运行提供通信业务支撑。

在县调层面，根据所辖电网调控的需要，设置相应运行调控班组和技术管理岗位。负责县级（城区）电网调控运行，调度管辖县域（城区）35kV及以下电网；承担县域（城区）内35kV及以下变电设备运行集中监控业务。

4. “大检修”体系

主要任务：统筹技术、装备资源，有效利用社会资源，实施检修专业化和运维一体化。强化生产环节的设备全寿命周期管理，全面深化状态检修，提高设备检修效率和运行可靠性。建立按电压等级运维检修电网设备的生产体系，提升生产效率、效益，提高供电可靠性。

在国家电网公司总部层面，调整总部生产部生产技术管理职能，成立国家电网公司设备状态评价中心，强化直属科研院对特高压交直流输变电设备状态管理技术支撑作用。优化调整国网运行分公司业务，负责特高压直流换流站专业化运维管理，为公司系统提供直流运维管理技术支持。

在省公司层面，构建“一部一公司一中心”的生产组织架构。在生产技术部基础上成立运维检修部。整合省公司内相关资源，组建省检修公司。加强省电科院设备状态检测评价力量，成立设备状态评价中心，为设备状态管理和全过程技术监督提供技术支撑。具体负责直流输电线路、±660kV及以下直流换流站，以及500（330）kV及以上交流输变电设备运维、检修和技术改造等工作。

在地（市）公司层面。构建“一部一公司”的生产组织架构。在生产技术部基础上成立运维检修部，强化电网实物资产管理、设备状态检修、带电作业管理职责。对原输电运检、配电运检、变电运行、变电检修等生产工区人员及业务进行合并重组，成立地（市）检修公司。负责组织实施地（市）范围内110~220kV变电站、输电线路、城（郊）区35kV及以下电网设备运维检修一体化管理。

在县公司层面，整合直供直管县公司相关资源，成立安全运检部，组建县检修（建设）工区，构建“一部一工区”的生产组织架构。负责实施35kV及以下电网工程建设、设备专业化检修和运维一体化管理。

5. “大营销”体系

主要任务：突出市场和客户导向，强化大客户服务、新型业务运营、稽查监控和营销政策技术研究等业务功能，提高供电服务能力、市场拓展能力和业务管控能力。整合地（市）、县（区）公司营销业务，实施95598客户服务、计量检定配送等核心业务省级集约，实现规范高效的营销服务。建立24h面向客户的营销服务运营体系。

在国家电网公司总部设置“一部”，即营销部，并在中国电科院增设营销技术研究、能效测评机构；在国网能源研究院增设营销发展研究机构。负责制定营销管理标准、工作标准、技术标准；统一制定推广营销业务流程；统一规划建设营销自动化系统；负责支撑机构相关业务的统筹。

在省公司设立“一部二中心”，省公司本部设立营销部，负责220kV及以上业扩报装供电方案审批、设计审查、竣工验收、供用电合同审核与签订、送电组织以及110（66）kV业扩报装供电方案审批。在省电科院设立供电服务中心，负责95598电话及网络服务、营销自动化系统业务应用及稽查监控业务分析与挖掘、有序用电相关业务支撑等省级集中业务执行。在省电科院设立省计量中心，负责计量器具检定配送等省级集中业务的执行。

在地市公司层面，设立“一部一中心”，即营销部和客户服务中心。实际运营中，营销部与客户服务中心合署。负责直供区以及所辖县公司营销职能管理、35kV客户供电方案审批、营销业务监控和稽查、营销自动化系统业务应用等工作。负责地市城（郊）区客户、所辖直供直管县公司35kV以上客户营销业务执行，负责城郊农村供电所业务管理。

在县（区）公司层面，设立“一中心”，即客户服务中心。负责辖区内35kV及以下客户营销业务执行，负责10kV及以下客户供电方案审批，负责农村供电所业务管理。

（三）深化“三集”管理的主要任务

在推进“五大”体系建设的同时，继续深化人、财、物集约化管理，协同“三集”“五大”整体建设，实现其他业务与之有机衔接，不断提高集团化运作水平和资源配置效率。

深化人力资源集约化管理。以提高效率效益为导向，以“三定”（定编、定员、定岗）、“三考”（考勤、考绩、考试）为抓手，以高端人才培养和优化人力资源配置为重点，以深入推进人力资源规划和计划、机构设置和人员编制、劳动用工制度、薪酬福利制度、绩效考核制度、人才培养和开发等“六统一”为主线，以激励约束为保障，加快建立制度标准规范、专业分工协作、调控监督有力、机制运转高效的人力资源集约管控体系。

深化财务资源集约化管理。坚持以“六统一、五集中、三加强、三保障”为主线，按照“深化应用、提升功能、实时管控、精益高效”的目标要求，统一会计政策、会计科目、信息标准、成本标准、业务流程和组织体系。把握“规范化、深化细化”两个重点，深化会计集中核算、深化资金集中管理、深化资本集中运作、深化预算集约调控、深化风险在线监控。拓展财务管控的宽度、高度、深度和细度，推进财务集约化管理体系的深入应用和常态运行，促进财务与业务高度协同，持续增强财务保障公司发展、引领价值创造、调控资源配置、服务管理决策、防控经营风险的能力。

深化物资资源集约化管理。着力推进集中采购、供应保障、质量管控等“三个机制”建设，加强与“五大”和人、财集约化的协同衔接，打造更集中、更高效的一体化集团采购平台，依托电子商务平台实现国家电网公司系统所有采购活动的一级管控。加强采购统筹调度，建立物资需求“先利库、后采购”的常态机制，建设一级部署、全面共享的供应商资质业绩和绩效评价数据库。建立物资调配、利库调拨、主动履约、监控预警工作机制，着力提升资源统筹能力、集中采购能力、质量管控能力和供应保障能力。

（四）电力调控中心和运营监测（控）中心建设的主要任务

在国家电网公司总部（分部）、省、地（市）、县公司层面建设电力调控中心。在国家电网公司总部和省公司层面建设运营监测（控）中心，在线监测人财物、计划、建设、运行、检修、营销等经营活动，跟踪主要指标情况，分析研判公司经营管理状况。通过“两个中心”建设，集约管控电网和公司运行状况，实时分析判断电网和公司运行趋势，为科学决策提供支撑。进一步强化总部战略决策、资源配置、管理调控、电网调控等核心作用，持续提升公司管理水平和效率效益。

（五）“三集五大”体系配套机制建设的主要任务

建设统一的制度体系。坚持先立后破、国家电网公司总部统领的方针，强化制度体系建设，有效落实单位、部门、岗位职责和考核奖惩、责任追究要求。

建设统一的标准体系。与“三集五大”体系建设同步，推进标准体系建设，协调统一技术标准、管理标准和工作标准，保证“三集五大”体系的顺利推进和规范运转。

建设统一的信息系统平台。按照 SG－ERP 的总体架构，研究开发完善纵向贯穿各层级、横向集成各业务、信息高度共享、业务流程贯通的统一信息系统，全面支撑“三集五大”体系建设。

建设统一的企业文化。深入推进企业文化传播工程、落地工程、评价工程建设，统一价值理念，统一发展战略，统一企业标准，统一行为规范，统一公司品牌，弘扬统一的企业文化。

建立健全安全保障体系。始终坚持安全第一，健全安全组织机构，完善安全规章制度，强化安全责任移交，保证组织机构和业务流程调整的安全有序衔接。

二、国家电网公司推进“三集五大”体系建设的总体要求

“三集五大”建设是生产关系的一场大变革，是深化“两个转变”的关键，是国家电网公司当前改革创新的核心任务。国家电网公司二届二次职代会暨 2012 年工作会议，对全面推进“三集五大”体系建设作出战略部署，明确用 2～3 年的时间，全面完成“三集五大”体系建设任务。

国家电网公司党组高度重视“三集五大”体系建设工作。成立以刘振亚总经理为组长的“三集五大”体系建设领导小组，自 2010 年启动以来，按照总体设计、试点先行、整体推进、安全稳定的方针，国家电网公司党组对试点方案、总体方案、各子方案进行反复研究、反复论证，多次集中省公司和直属单位主要负责人研讨、学习、培训，召开各种不同层次、不同规模的专题座谈会、研讨会，集中各方面力量和智慧开展这项工作。“三集五大”体系建设，事关重大、事关全局、事关长远。刘振亚总经理明确指出，“开弓没有回头箭”，一定要科学谋划，积极稳妥实施，确保安全稳定，确保务期必成，这充分表明了国家电网公司党组推进“三集五大”体系建设的信心和

决心。

国家电网公司“三集五大”体系建设试点圆满成功。按照国家电网公司“三集五大”体系建设总体部署，2011年在江苏、重庆公司开展了综合试点。经过一年的艰苦努力，江苏、重庆公司共计完成了1千多个流程、1万多个项目、100多万台设备、700多亿资产、3万多人的调整工作，体制机制创新实现重大突破，核心业务管控能力明显增强，人财物集约化管理进一步深化，效率效益、安全生产和优质服务水平不断提高，队伍精神面貌发生深刻变化。试点工作的成功，充分证明了国家电网公司党组决策部署的正确性，表明“三集五大”体系建设符合科学发展观要求、符合电网和企业发展规律，为全面建设“三集五大”体系积累了十分宝贵的经验。

国家电网公司推进“三集五大”体系建设的工作安排。目前，“三集五大”体系建设进入全面推进阶段，国家电网公司结合试点单位经验，制定了“三集五大”体系建设工作安排，具体划分为方案制定、动员准备、新模式导入、磨合改进、总结验收、“回头看”和完善提升等七个阶段。一是方案制定阶段。要求各省公司在总部指导下，研究制定省公司层面的实施方案，上报总部审核，国家电网公司总部审核后经党组审议通过，正式行文批复后，各省公司组织召开本单位职代会，审议通过实施方案。二是动员准备阶段。要求做好开展“三集五大”体系建设的学习宣贯和培训工作，建立健全组织保障机制；要求各省公司研究制定机构调整、资产划转、业务交接等详细的操作方案。建立健全风险防控机制，落实突发事件报告制度，建立安全稳定防控机制。三是新模式导入阶段。要求各省公司统筹开展组织机构调整和人员调配，稳步有序的开展资产业务交接，进行信息系统适应性调整。基本条件初步具备后，各省公司启动新模式试运行工作。四是磨合改进阶段。要求各省公司组织开展中期总结，查找不足，制定整改措施，逐步实现新业务模式的全覆盖。五是总结验收阶段。要求按照国家电网公司的验收办法，各省公司开展自评估、自验收工作。国家电网公司总部成立专业验收组，以现场考察、听取汇报等方式开展专业评估。六是“回头看”阶段。要求对照各省公司的实施方案，审查方案执行情况、新模式新机制运转情况和安全稳定情况，开展问题整改工作。七是完善提升阶段。要求各省公司按照完善提升方案，持续改进和完善提升“三集五大”体系建设各项工作。根据国家电网公司要求，各省公司可结合实际，按照七个阶段作出具体的进度安排，对于新上划形成的全资县公司，实事求是地统筹安排“三集五大”体系建设任务，确有困难的，可待条件成熟后组织实施。

三、公司推进“三集五大”体系建设的总体安排

全面推进“三集五大”体系建设，是落实国家电网公司党组决策部署的必然要求。公司成立伊始，站在新起点，面临新机遇，迎接新挑战，通过“三集五大”体系建设，有利于尽快构建适应公司和冀北电网科学发展的组织架构和新型管理模式，有利于推进公司建成一流现代企业、打造一流电网的进程。

按照国家电网公司“三集五大”体系建设要求，确保2013年9月顺利通过国家电网公司验收，2013年底全面完成公司“三集五大”体系建设任务，重点做好五方面的工作：一是加强组织领导。公司已经成立了“三集五大”体系建设领导小组，下设大规划、大建设、大运行、大检修、大营销、人力资源、财务资产、物资供应8个工作组和1个综合协调办公室，为公司“三集五大”体系建设顺利推进提供坚强的组织保障。二是研究编制实施方案。按照《国家电网公司“三集五大”建设实施方案》要求，坚持以人为本和安全稳定，按照集约化、扁平化、专业化的方向，紧密结合公司业务现状，深入研究冀北公司“三集五大”体系建设实施方案，包括1个总方案，“大规划”“大建设”“大运行”“大检修”和“大营销”5个专业方案，人力资源集约化、财务集约化和物资集约化3个深化集约化方案，以及机构设置和人员编制、制度体系建设、标准体系建设、信息通信体系建设、企业文化建设和安全保障6个支撑方案。三是建立健全工作机制。实行定期报告制度，组织定期召开协调会、汇报会，建立有效的问题会商机制和督导检查机制，在公司内部网站主页设立“三集五大”体系建设专栏，宣传报道公司“三集五大”体系建设最新动态，发挥舆论导向作用。四是建立风险防控体系。建立安全应急预案、舆情监测、突发事件报告等制度，维护公司体系建设过程中的安全稳定。五是扎实推进体系建设工作。吸收兄弟单位的成功经验，深入研究制定稳妥的、可操作的推进方案，充分考虑岗位需要和个人实际，坚持以人为本，统筹安排，做到人尽其才、才尽其用，确保电网安全和队伍稳定。对于2010年新上划的县供电公司，客观分析实际情况，采取先试点、后推广的方式逐步开展体系建设工作。

公司重要文件

关于深化创先争优活动　实施 95598 光明服务工程的意见

（冀北电党〔2012〕1 号）

华北电网有限公司冀北电力有限公司所属各单位党委：

为全面落实国家电网公司关于深化创先争优活动、实施 95598 光明服务工程的总体要求，提出如下实施意见。

一、工作目标

深化创先争优活动，实施 95598 光明服务工程，要坚持以科学发展观为指导，全面落实国家电网公司创先争优活动工作部署，以统一的企业文化为引领，坚持“你用电，我用心”，牢固树立服务思想，落实“三个十条”，强化服务监督，实施“三新”农电发展战略，建设“国家电网共产党员服务队”，开展“三亮三比三评”，改进服务作风，优化服务流程，提升服务品质，提高服务能力，实现公司十项服务承诺兑现率 100%，客户服务回访满意率 100%、第三方测评客户满意率 91.5% 以上的工作目标。切实把 95598 光明服务工程建设成惠民工程、民心工程和群众满意工程，以优质服务的实际成效迎接党的十八大胜利召开。

二、工作任务

（一）规范服务行为，提升服务品质

落实服务承诺，完善服务机制。全面贯彻落实新发布的《供电服务“十项承诺”》《员工服务“十个不准”》《调度交易服务“十项措施”》，严格规范服务行为。广泛宣传“三个十条”，主动接受社会监督。对照“三个十条”，完善工作制度，细化服务标准，优化业务流程，形成自我约束、主动服务的工作机制。

拓展服务功能，丰富服务方式。推广新型缴费方式和社会化代收，因地制宜推行“一站式”“自助式”“流动式”服务，在直供区域推广安装各类自助缴费终端 138 台，努力打造城市“十分钟交费圈”，实现农村地区自建、代收缴费点总体覆盖率 100%。深化“客户代表制”“首问负责制”，拓展个性化、差异化服务，推行业扩报装“限时办结制”，内控流程按规定时限完成率 100%。

推进服务提升工程，满足居民用电需求。深入推进居民用电服务提升工程，加强有序用电、业扩报装、计量检定、抄表收费及供电质量管理，开展保障性住房供电服务“双保”（保质量、保进度）行动，确保冀北五市城市用户供电可靠性达到 99.95%，电压合格率达到 99.82%。坚持公开、公平、公正调度交易，深化节能服务体系建设，优先消纳清洁能源，积极推进节能减排。

（二）强化服务监督，塑造品牌形象

提升科技含量，实现在线监控。构建统一的稽查监控体系，在线监控服务工作运转和服务标准执行情况，加强对供电服务的实时监控、动态管理和持续改进，实现供电服务全业务、全过程集中监督，全面提高服务质量、服务效率和群众满意度。

建立统一平台，提高服务效率。建设统一的供电服务中心，通过 95598 呼叫接入平台，开展客户业扩工程满意度回访，统一协调组织实施业扩报装、故障抢修、投诉举报、查询咨询等业务，促进服务资源在更大范围内优化配置。拓展网上营业厅功能，及时响应客户诉求，实现故障抢修到达现场及时率 100%；计划停电恢复送电及时率 100%，提升营销服务工作效率。

加强监督考核，确保客户满意。健全完善供电服务品质评价和监督考核机制，走访地方人大代表、政协委员，参与地方行风评议，开展客户满意度第三方调查，强化满意度测评结果应用，限期整改服务短板，改善客户体验，增进客户认知，满足客户需求。坚持从严治企，推进协同监督，加强风险管控，加大纠风和行风建设工作力度，严肃查处违反“三个十条”的行为，确保行风评议“保三争一”。

（三）实施“三新”农电发展战略，服务社会主义新农村建设

实施“三新”战略，服务“三农”建设。全力保障农业生产、农民生活和农村发展用电，积极支农惠农。强化农村安全用电管理，实施农村用电安全强基固本工程，创建 1～2 个由地方政府牵头主导、乡村为主体、县供电企业参加的农村用电安全工作共建示范点，着力提升农村用电安全管理水平。

推进农网改造，提高供电水平。大力实施新一轮农网改造升级工程，打造 3 个农网改造升级工程示范县。推进新农村电气化建设，完成 4 个县、60 个乡、1200 个村的电气化建设任务，不断提高农村电网科技水平。加强县级供电企业、农村供电所标准化建设，创建1个国家电网公司一流县供电企业、4个国家电网公司标准化示范供电所，推进城乡供电服务一体化。

（四）建设共产党员服务队，争创优质服务先锋

统一服务品牌，建立服务机制。按照国家电网公司统一要求，各单位要以“国家电网”统一命名共产党员服务队，建立机制，完善制度，统一标准，统一管理，统一考评，规范服务内容和服务方式。要在党员服务队建设中，创新服务手段，改进服务举措，优化服务流程，增强服务能力，全面兑现服务承诺，实现为民服务零距离，群众满意百分百。

发挥组织优势，建设一流队伍。各级党组织要广泛开展供电服务进村庄、进社区、进企业、进校园、进医院等活动，提供亲情服务、阳光服务、增值服务，积极履行社会责任。以创建“和谐党委”“和谐党支部”“电网先锋党支部”为载体，加强党性教育和职业道德建设，努力建设一支政治强、业务精、服务优的党员队伍，带动全体员工提高政治素质、专业素质和文明素质。

（五）开展“三亮三比三评”，争做创先争优表率

在“三亮”中树形象，激发党员争创积极性。深入开展“争当岗位金星”“争创先锋金杯”和“争夺服务金牌”活动。各级党组织和广大党员要公开承诺、认真践诺、民主评诺，党员责任区、党员示范岗、党员服务窗口要公示工作标准，窗口单位和服务一线党员要“亮身份、亮职责、亮承诺”。

在“三比”中强素质，提升教育培训水平。广泛开展“供电服务之星”劳动竞赛，在广大员工中积极倡导“比技能、比作风、比业绩”，组织开展岗位练兵、技术比武，改进学风和工作作风。强化全员教育培训，提升人才培养工作水平，加大考试、考核和奖惩力度，增强员工服务意识，提高员工服务技能。

在“三评”中找问题，提升群众满意度。各单位要着眼于改进服务质量，积极组织开展“领导点评、党员互评、群众评议”活动，把党员自觉、领导要求和群众促进有机结合起来，推动创先争优在基层落实、在岗位行动、在窗口见效。深化以“保值用电，服务热心；增值用电，服务贴心；超值用电，服务精心”为主要内容的“三电三心”惠民行动，深入开展“满意百分百”“旗舰营业厅”等创建活动，争做窗口单位和为民服务创先争优的表率。

三、工作要求

实施95598光明服务工程，是深化创先争优活动的有力举措，是公司的一项长期工作。各单位要高度重视，切实把思想和行动统一到公司党组的决策部署上来，忠诚履责，团结奉献，坚决落实，有力推进。

提高认识，落实责任。各单位要认真落实公司党组的决策部署，研究制定深入开展95598光明服务工程实施方案，建立健全党政主要领导负总责、分管领导具体抓、营销部门协调推进、各个部门共同参与，上下协同，齐抓共管的领导体制和工作机制，把95598光明服务工程作为长期任务抓紧抓好。

强化管理，务求实效。建立健全优质服务保障机制、运行机制、投诉受理机制、监督机制、考核机制、评价机制等指标体系，完善相应配套措施，明确目标、分解任务、细化措施，以项目化管理深化创先争优，加强全过程管理，形成长效机制，推动95598光明服务工程扎实深入开展，确保工作真正取得实效。

加强交流，推广经验。各单位要将创先争优、实施95598光明服务工程与学习型党支部、学习型班组建设有机结合，深入开展调查研究，广泛学习先进企业在创先争优活动方面的成功经验，同时要认真总结本单位的成熟做法，加强成果交流，扩大典型的示范引领作用。

弘扬企业文化，宣传服务楷模。全面落实企业文化建设“五统一”要求，广泛学习宣传先进典型。认真组织开展“群众满意窗口”“优质服务标兵”“岗位明星”等评选活动，努力营造崇尚先进、学习先进、争当先进的良好氛围。

公司党组将评选表彰一批在创先争优活动中涌现出的电网先锋党支部和优秀共产党员服务队、优秀共产党员，以及开展创先争优活动成效显著的先进党组织。

二〇一二年一月十一日（印）

关于推进“三集五大”体系建设工作的意见

（冀北电办〔2012〕1号）

华北电网有限公司冀北电力公司各部门、各单位：

为认真贯彻国家电网公司二届二次职工代表大会暨2012年工作会议精神，深化“两个转变”，现就推进冀北电力有限公司“三集五大”体系建设工作，提出如下意见。

一、推进“三集五大”体系建设的重要意义

推进“三集五大”体系建设是落实国家电网公司党组决策部署的必然要求。推进人财物集约化管理和“大规划、大建设、大运行、大检修、大营销”体系建设，是转变公司发展方式的核心内容，是推进管理创新的具体实践。2012年，国家电网公司明确提出了进一步深化“三集”管理、全面推进“五大”体系建设，是深入落实科学发展观的必然要求，也是实现公司发展战略的迫切需要。

推进“三集五大”体系建设是建设“五个一流”现代企业的必由之路。近几年来，公司在人财物集约化管理和“五大”体系建设方面的创新实践，取得显著成效。冀北电力有限公司成立伊始，按照国家电网公司新要求，站在公司发展新起点，建设“三集五大”体系是公司发展的重大机遇，进一步优化业务管理体系，加强核心资源管控，有利于尽快建立适应公司科学发展的组织架构和新型管理模式，有利于尽快建成具备“一流管理、一流技术、一流服务、一流队伍、一流业绩”的现代企业。

推进“三集五大”体系建设是建设坚强智能电网的必然选择。当前，国家电网已进入以特高压为标志的坚强智能电网发展新阶段，电网的功能定位、科技水平等发生深刻变化，对提高电网规划建设水平、增强电网管理驾驭能力提出了更高要求。推进“三集五大”体系建设，构建新型电网管理体制机制，加强电网专业化、精益化管理，有利于确保特高压有效落地、新能源有序接入，有利于加快电网建设、打造坚强智能电网。

二、推进“三集五大”体系建设的工作目标

落实国家电网公司关于全面建设“三集五大”体系的统一部署，深化人财物集约化管理，创新管理模式，优化业务流程，统筹人财物核心资源，实现集中高效管控；按照“集约化、扁平化、专业化”要求，进一步变革组织架构，整合电网业务，推进“五大”体系协同高效运作；加强公司运营监控中心、各级电力调控中心建设，实现重要运营指标实时在线监控、电网运行核心业务集约运作。建设统一标准，完善配套制度，规范信息平台，力争1年，确保2年内，在公司系统全面完成“三集五大”体系建设任务。

三、推进“三集五大”体系建设的主要任务

深化人力资源集约化管理。以“三定”“三考”为抓手，强化人力资源集约管理，统一人力资源规划和计划，优化人力资源配置；统一机构设置和人员编制，强化高效运作；统一收入分配制度，强化激励约束；统一绩效管理体系，强化量化考核；统一人力资源开发，强化素质提升，为“三集五大”体系建设提供组织保障和人才支撑。

深化财务集约化管理。以“六统一、五集中、三加强、三保障”为主线，健全财务政策标准体系，优化一体化财务信息平台，落实财务管控标准流程，规范业务与财务的衔接，持续推进依法从严治企，切实发挥财务的基础服务、运营保障、决策支持、目标引导和风险防范作用。

深化物资集约化管理。规范招投标管理，深化电子商务平台应用，提高集中采购率；进一步加强现代仓储配送网络建设，强化精确配送；健全设备质量监督模式和闭环管控机制，确保入网设备质量；深化供应链全流程管理，推动物资供应体系建设，切实增强物资集约管控和保障能力。

推进“大规划”体系建设。优化电网发展规划，强化规划和计划的集中管理、统一编制、刚性管控，实现包含各专业、贯穿各层级、覆盖各电压等级的统一规划计划管理。建立由各级发展策划部门统筹，相关专业部门协同，业务支撑机构提供技术支持的“大规划”管理体系。促进主网、配网、新能源的协调发展，确保国家电网公司下达的综合计划执行到位。

推进“大建设”体系建设。统一建设管理流程、技术规范、建设标准，以提高工程建设安全质量和工艺水平为主线，强化建设关键环节管控，整合公司设计、施工和监理资源。建立由各级基建部门统筹，业务支撑机构提供技术支持的“大建设”管理体系。确保公司重点电网建设项目如期完成，全面提升电网建设管理的效率和效益。

推进“大运行”体系建设。实行各级输变电设备运行集中监控与电网调度业务统一管理，开展标准制度修编、技术培训与系统改造，强化调度标准化建设、同质化管理和地县调专业化、集约化管理，推动电力调度模式转型。建立由各级调度统筹，业务支撑机构提供电网技术支持的“大运行”管理体系。不断提高电网管控能力，确保电网安全可靠运行。

推进“大检修”体系建设。深入推进检修专业化、运维一体化，强化生产环节的设备全周期管理，加强设备状态管控，建设公司设备状态评价中心，推进专业化检修管理和标准化检修作业，按电压等级运维检修输变电设备。建立由各级运维检修

部门统筹、业务支撑机构提供技术支持的“大检修”管理体系。不断提升设备健康水平，确保电网设备安全可靠。

推进“大营销”体系建设。突出市场和客户导向，提高供电服务能力、市场拓展能力和业务管控能力，95598客户服务、计量检定配送、220kV及以上大客户业扩报装，以及100kV业扩报装供电方案审批等核心业务向公司集约，电费核算账务、35kV及以上客户营销业务向地市集约，构建面向客户的24小时统一供电服务平台。建立由各级营销部门统筹、业务支撑机构提供技术支持的“大营销”管理体系。确保营销管理的效率和效益显著提升。

加强电力调度控制中心建设。强化电网调度控制功能，完善调控组织体系，实施对电网设备的实时在线调控和事故、应急的在线调度管理，实现对公司安全管理的全面在线管控。

加强运营监控中心建设。在公司层面组建运营监控中心，全面整合现有各专业信息系统，在线监控人财物等核心资源及计划、投资、预算、建设、运维、检修、营销等经营活动，在线督查督办公司重点工作，科学分析公司经济运行状况。

四、推进“三集五大”体系建设的保障措施

1. 统一思想，提高认识。各部门、各单位要充分认识“三集五大”体系建设的重要性，大力弘扬统一的企业文化，教育引导广大员工把思想与行动统一到公司党组决策部署上来，积极支持改革，主动参与改革，努力推进改革。

2. 加强领导，严肃纪律。公司成立推进“三集五大”体系建设领导小组和办公室，相关单位要健全组织体系，严守政治纪律、组织纪律、财经纪律和工作纪律，确保政令畅通、令行禁止。

3. 严格落实，细化方案。深入落实国家电网公司“三集五大”体系建设要求，加强与国家电网公司有关部门沟通，科学制定实施方案，合理安排工作进度，精细组织落实，强化过程监控，及时发现问题，及时总结经验，及时优化改进。

4. 狠抓安全，落实责任。各部门、各单位要正确处理改革、发展、安全、稳定的关系，落实安全生产责任制，强化风险管控，确保电网安全；强化服务意识，规范服务行为，确保优质服务。

5. 以人为本，确保稳定。各部门、各单位在推进过程中要以人为本，坚持“公平、公正、公开”的原则，合理调配人力资源，维护员工合法权益。及时掌握职工思想动态，正确引导职工，解决实际问题，主动化解矛盾。

6. 注重学习，加强培训。各部门、各单位要注重加强对“三集五大”体系的学习，针对全新的管理体系、管理模式和管理机制，组织开展全员培训，不断提高管理水平、专业技能和业务素质，保证“三集五大”体系高效运转，推动公司创新发展。

二〇一二年一月十一日（印）

关于印发冀北电力有限公司“三集五大”体系建设操作方案的通知

（冀北电人资〔2012〕41号）

冀北电力有限公司本部各部门（中心）、所属各单位：

为继续深入推进“三集五大”体系建设工作，根据《国家电网公司“三集五大”体系建设实施方案》的要求，制定了《冀北电力有限公司“三集五大”体系建设操作方案》（见附件），经公司党政联席会审议通过，现印发给你们，并就落实工作提出以下要求。

一、各部门（中心）、各单位要高度重视“三集五大”体系建设工作，加强组织领导、统一思想认识，按照公司整体部署，有序推进各项工作任务。

二、各单位在“三集五大”体系建设过程中，要密切关注员工的思想动态，加强宣传引导，采取有效措施防范和化解各类风险，确保电网安全、队伍稳定和优质服务。

三、各单位要根据公司“三集五大”体系建设操作方案的有关要求，结合自身实际，制定本单位的“三集五大”体系建设操作方案。（包含业务调整、资产划转、机构设置及人员配置、配套机制建设等方面）

四、各单位要严格遵照公司整体时间安排，按时完成各项工作任务：

1. 2012年6月10日前制定完成本单位“三集五大”体系建设操作方案，并通过公司本部专业部门审核。6月中旬，各单位向公司“三集五大”体系建设领导小组汇报本单位的操作方案。

2. 2012年7月底前完成机构设置和人员配置工作；9月底前完成独立核算县公司机构设置和人员配置工作。

3. 2012年10月底前完成业务调整、资产、设备、安全责任移交；制度、标准体系和统一的企业文化建设；信息系统的数据迁移、权限转换、功能更新等适应性调整工作，实现新模式试运行。

4. 2012 年 11 月底前在新模式下磨合改进，查找不足，根据国家电网公司验收办法及标准，开展自评估、自验收和工作总结，达到国家电网公司验收标准。

五、各单位在操作方案编制和体系建设过程中的问题和建议，请及时反馈公司“三集五大”体系建设综合协调办公室。

附件：1. 冀北电力有限公司“大规划”体系建设操作方案（略）
2. 冀北电力有限公司“大建设”体系建设操作方案（略）
3. 冀北电力有限公司“大运行”体系建设操作方案（略）
4. 冀北电力有限公司“大检修”体系建设操作方案（略）
5. 冀北电力有限公司“大营销”体系建设操作方案（略）
6. 冀北电力有限公司“三集五大”体系建设机构设置和人员配置操作方案（略）
7. 冀北电力有限公司深化人力资源集约化管理操作方案（略）
8. 冀北电力有限公司深化财务集约化管理操作方案（略）
9. 冀北电力有限公司深化物资集约化管理操作方案（略）
10. 冀北电力有限公司制度体系建设操作方案（略）
11. 冀北电力有限公司标准体系建设操作方案（略）
12. 冀北电力有限公司统一的企业文化建设操作方案（略）
13. 冀北电力有限公司“三集五大”体系建设信息通信支撑操作方案（略）
14. 冀北电力有限公司安全稳定保障操作方案（略）
15. 冀北电力有限公司监督保障操作方案（略）
16. 冀北电力有限公司后勤保障服务操作方案（略）

二〇一二年五月二十八日（印）

关于印发《华北电网有限公司冀北电力有限公司开展“安全年”活动工作方案》的通知

（冀北电安监〔2012〕10 号）

华北电网有限公司冀北电力有限公司所属各单位：

为认真贯彻落实《国家电网公司关于开展“安全年”活动的通知》（国家电网办〔2012〕61 号）要求，把“安全年”活动作为安全稳定和服务工作的强有力抓手，公司组织制定了《华北电网有限公司冀北电力有限公司开展“安全年”活动工作方案》（简称《工作方案》）。《工作方案》由 1 个工作方案和安全生产、信息通信、发展规划、建设质量、队伍稳定、优质服务、依法治企、品牌建设等 8 个子方案构成，并制定了“四十八条”重点措施，请认真执行。

各单位应依照工作实际，制定本单位活动工作方案，加强组织领导，加强活动策划，加强过程监督，加强舆论引导，确保“安全年”活动有序、深入，确保活动工作目标的实现，不断夯实公司安全管理基础，全面提高公司安全管理工作水平。

附件：1. 华北电网有限公司冀北电力有限公司开展“安全年”活动工作方案（略）
2. 冀北电力有限公司“安全年”活动——安全生产子方案（略）
3. 冀北电力有限公司“安全年”活动——信息通信子方案（略）
4. 冀北电力有限公司“安全年”活动——发展规划子方案（略）
5. 冀北电力有限公司“安全年”活动——建设质量子方案（略）
6. 冀北电力有限公司“安全年”活动——队伍稳定子方案（略）
7. 冀北电力有限公司“安全年”活动——优质服务子方案（略）
8. 冀北电力有限公司“安全年”活动——依法治企子方案（略）
9. 冀北电力有限公司“安全年”活动——品牌建设子方案（略）

二〇一二年一月三十日（印）

冀北电力有限公司关于发布标准体系文件的通知

（冀北电企协〔2012〕13号）

冀北电力有限公司本部各部门（中心）、所属各单位：

冀北电力有限公司（以下简称公司）依据GB/T 15496等国家标准化系列标准和国家电网公司Q/GDW 001－2012－00701《标准化工作导则》等标准化规范性文件的要求，建立公司标准体系，制定技术标准、管理标准、工作标准体系文件。

标准体系建设是公司实施“三集五大”体系建设的重要组成部分，是固化“三集五大”体系建设成果的基础性工作。标准体系文件的发布标志着公司标准体系正式开始实施。

公司标准体系由基础标准体系、技术标准体系、管理标准体系、工作标准体系构成。本次发布的体系文件包括基础标准744项，技术标准6897项，管理标准262项，工作标准2085项。

经公司标准化工作领导小组批准，所建立的标准体系文件符合国家、行业及国家电网公司相关的法律、法规、政策、规定，符合公司生产经营实际。定于2012年8月27日起正式发布实施，公司全体员工须严格遵照执行。

二〇一二年八月二十七日（印）

关于印发《冀北电力有限公司关于加强品牌建设工作的指导意见》的通知

（冀北电办〔2012〕18号）

冀北电力有限公司本部各部门（中心）、所属各单位：

《冀北电力有限公司关于加强品牌建设工作的指导意见》已经公司党政联席会审议通过。现予以印发，请遵照执行。

附件：冀北电力有限公司关于加强品牌建设工作的指导意见

二〇一二年四月十九日（印）

附件：

冀北电力有限公司关于加强品牌建设工作的指导意见

为加快实施品牌引领战略，大力推进冀北电力有限公司（以下简称公司）内质外形建设，现制定加强品牌建设工作指导意见如下：

一、充分认识加强品牌建设的必要性和紧迫性

（一）加强品牌建设是打造责任央企的必由之路

当前，我国正处于社会转型期和矛盾凸显期，经济体制深刻变革、社会结构深刻变动、利益诉求多元多变。社会对中央企业发展存在着认知差异，导致中央企业外部舆论环境十分严峻，社会环境因素已经成为制约中央企业发展的关键因素之一。中央企业强大的经济实力与弱小的话语权不对称；强烈的发展欲望和责任意识，未形成与之相对应的强大社会影响力和感召力。社会公众对中央企业的功能价值越来越依赖，但情感价值越来越缺失。只有通过加强品牌建设，培养社会各界对央企发展的利益认同、情感认同、价值认同，才能增进发展共识、凝聚发展合力，扭转中央企业软实力建设滞后于硬实力发展的不利局面，夯实科学发展的社会基础，营造健康发展的良好环境。

（二）加强品牌建设是国家电网公司的重要战略部署

“十一五”以来，国家电网公司品牌建设工作完成了从“宣传”到“服务”的战略转型，实现了从“服务”到“保障”的功能升级，走出了一条中央企业品牌建设工作的跨越式发展之路。实践证明，品牌建设工作在创建“一强三优”现代公司的进程中发挥着不可替代的重要作用。坚持品牌引领战略，赢得关键利益相关方的价值认同和信任支持，是实现国家电网公司科学发展的前提条件；坚持品牌引领战略，加快塑造以“责任央企”为核心的“国家电网”品牌，是全面提升企业软实力的必然选择；坚持品牌引领战略，化解社会公众对电网企业的认知鸿沟，是服务、保障和支撑公司与电网科学发展的重要基础。

（三）加强品牌建设是公司科学发展的现实需要

公司品牌建设工作还处于起步阶段，任务艰巨、形势紧迫。从外部环境看，亟需通过品牌建设工作夯实公司发展的社会基础。目前，社会各界对公司基本情况、职责使命、发展目标与战略等还缺乏了解。要

通过大力加强品牌建设，让公众知道公司存在的价值，让各利益相关方了解公司履行特殊使命的意愿、行为和绩效，以品牌建设为公司发展鸣锣开道、保驾护航。从自身现状看，亟需通过品牌建设工作加快实现“两个价值最大化”的目标。当前，冀北电网发展明显滞后、公司体制机制问题突出。要尽快实现“两个价值最大化”的工作目标，必须大力加强品牌建设，这是实现公司综合价值最大化的重要保障。对内把外部期望转化为内生动力，对外把内部工作转化为综合价值，构筑道德高地，打造信任关系，实现硬实力与软实力协调发展。

二、品牌建设的总体目标、基本原则和主要任务

（一）总体目标

按照国家电网公司实施品牌引领战略的总体部署，公司加强品牌建设工作的总体目标是：紧紧围绕实现“两个价值最大化”的工作目标，深入实施品牌引领战略，打造具有强大道德感召力和社会影响力的“可靠、可信赖”品牌形象，大幅提升公司的知名度、认知度和美誉度，服务、保障和支撑公司综合协调发展，为国家电网公司打造“责任央企”品牌作贡献。

实现这一目标，在工作认识上，要深刻认识到品牌建设是公司中心工作的重要组成部分，是保证公司重大决策部署得以付诸实践的重要保障。在工作布局上，要把握公司基本属性，全方位提升品牌策划与研究、品牌传播与维护、品牌推广与管理、品牌塑造与提升的能力和水平。在工作方法上，要建立统一协调、集约高效的品牌建设工作体系，整体部署、上下联动，形成品牌建设工作合力。在工作要求上，要发挥公司整体优势，深化执行力建设，推动品牌建设工作能力和水平的持续提升。

（二）基本原则

一是坚持整体规划。由公司本部制定品牌建设的指导意见、整体规划和实施方案，统一部署社会责任试点、主题传播等重点工作，统揽公司系统品牌建设协调开展，推动品牌建设工作整体提升。

二是坚持突出特色。各单位既要按统一要求完成“规定动作”，又要结合自身实际和专业特点，围绕整体规划做好“自选动作”，形成“整体推进有标准、个体开展有特色”的生动局面。

三是坚持开拓创新。打造“可靠、可信赖”品牌形象，没有现成的经验可供借鉴。要充分发挥全体干部员工的主观能动性，解放思想、大胆创新，尽快找到行之有效的品牌建设途径。

四是坚持打造精品。牢固树立精品意识，坚持高水平、高标准、高质量推进，大力培育具有冀北特色的品牌建设案例，努力在国家电网系统多出成果、多出经验、多出典型。

（三）主要任务

在当前乃至今后较长一段时期内，品牌建设工作的主要任务就是充分发挥“宣传、服务、保障、支撑”公司和电网科学发展的四大核心功能。在起步初期，要大力传播公司履行特殊责任的意愿、行为和绩效，与社会媒体双向互动，输出事实，提升公司的知名度。随着企业的发展，要把品牌建设的重点从“宣传”向“服务”转型，着力打造“可靠、可信赖”的品牌事件，提炼概念，输出价值，提升公司的认知度。在推动“两个价值最大化”的进程中，要加速品牌建设从“注重服务”到“服务、保障和支撑并重”的功能升级，实现“两个对接”，全面构筑冀北公司与社会各界基于价值认同的信任关系，占据道德制高点，提升公司的美誉度。现阶段，品牌建设工作要从特色服务入手，重点做好“社区光明同行”“社企和谐兴冀”活动的广泛宣传，使公司得到地方政府、关键利益相关方、社会公众的认可和认同，为公司和电网发展营造良好的外部环境。

三、2012 年品牌建设工作重点

（一）加强品牌传播与维护

公司在起步阶段，品牌建设的首要任务是通过大力开展品牌传播，迅速提高知名度。从 6 月份开始，抓紧建立品牌传播、新闻发布和媒体合作机制，形成双向、立体、互动型传播体系。把握社会脉搏，关注社会期望，在北京、河北和国家电网公司的主流媒体中，围绕公司的特殊使命、特色服务、履责实践、价值创造、十八大保电等方面，开展理念传播和主题传播，逐步掀起高密度、高强度的品牌传播热潮，形成“量”与“质”并重、“高频强势”与“常态推进”并存的态势。高度关注公司独立运作初期和“三集五大”体系建设时期潜在的舆情风险，建立舆情处置联动机制，建设舆论引导体系，完善品牌维护的工作体系，确保舆情总体平稳。

（二）实施品牌推广与管理

按照《品牌口号传播手册》的要求，突出冀北特色，突出自身亮点，统筹组织“你用电，我用心”大众传播口号的推广工作。按照《国家电网品牌标识推广应用手册》的要求，服务于冀北公司的成立和“三集五大”体系建设的需要，统一规范品牌标识。认真

落实国家电网公司“品牌提升年”工作要求，加快完成“品牌塑造年”的补课任务，年底前，力争在品牌建设上达到国家电网公司的基本要求。大力开展社会责任管理与实践，开展“社企和谐兴冀”活动，编制发布服务地方经济社会发展白皮书，开展“社区光明同行”活动，推进站所社区特色服务，形成品牌建设的亮点。

（三）完善品牌建设工作体系

建立由各级主要领导负责、部门负责人参与的品牌建设领导小组，全面推进品牌建设工作。系统整合宣传资源，推进一体化宣传机制建设，充实、壮大品牌建设队伍。6月底前，以“三集五大”体系建设为契机，自上而下建立品牌建设的组织体系。在公司本部，尽快组建职能机构，负责全面推进品牌建设工作。地市公司和县公司要明确具体责任部门，设置专（兼）职岗位，配备工作人员，形成覆盖各专业、贯穿各层级的工作网络。

（四）抓好品牌建设学习与培训

大力开展增强全员品牌意识系列教育活动，加强全体干部员工对品牌建设重要性与紧迫性的认识，形成“人人知品牌、人人塑品牌、人人为品牌”的浓厚氛围。周密组织品牌建设工作的学习与研讨，学习国家电网公司近年来在品牌建设中的成熟理论与成功实践，借鉴兄弟单位的有效做法与典型经验。开展品牌建设专职人员的统一培训和兼职人员的分层分类培训，组织主题培训交流活动，搭建内部学习交流平台，尽快提升品牌建设队伍的素质和能力。

关于开展“建功‘三集五大’ 献礼十八大”主题实践传播活动的通知

（冀北电外联〔2012〕12号）

冀北电力有限公司本部各部门（中心）、所属各单位：

为加强公司“三集五大”体系建设冲刺阶段对内对外宣传展示，为公司顺利通过国家电网公司验收营造浓厚氛围，拟于即日起至11月底开展“建功‘三集五大’献礼十八大”主题实践传播活动，鼓舞士气，振奋精神，广泛发动，全员参与，掀起高质量建设“三集五大”体系的新热潮。

一、活动主题

紧密围绕“建功‘三集五大’献礼十八大”主题，突出冀北特色，全面展示“三集五大”体系建设在公司生产、经营、管理、服务各项工作中的提升促进作用，反映广大员工全身心投入改革，无私奉献，争创一流的精神风貌，结合公司重点工作，拓展传播渠道，创新展示形式，切实发挥凝心聚力、营造氛围、引导舆论、展示亮点的作用。

二、对内营造氛围

创新展示形式，突出公司特色，面向公司本部及所属各单位开展主题实践活动，广泛发动员工参与，调动各级资源投入公司“三集五大”体系建设宣传展示。

（一）开展五项实践活动

1.“建功‘三集五大’献礼十八大”签名誓师大会。开展“建功‘三集五大’献礼十八大”员工签名誓师活动，向公司系统十八大保电青年突击队授旗。

责任部门：政工部

2.“我与‘三集五大’”主题征文。以《华北电力报》“我与‘三集五大’”现有专栏为基础，面向公司系统员工征集“三集五大”相关故事、感言及书画摄影作品。利用两到三周时间组织征文、作品各50篇，在公司媒体刊登，并举行评选颁奖。制作活动文集、图册，编入公司迎检材料。

责任部门：外联部

配合单位：综合服务中心

3.“与‘三集五大’同行”建设成果巡展。征集公司所属各单位“三集五大”体系建设成果展示作品，以适当形式在公司本部、基层单位展览，并举行评选表彰。

责任部门：外联部

4.“三集五大”体系建设知识竞赛。围绕“三集五大”体系建设目标、要求、历程、成果各项内容，在公司系统组织开展知识竞赛活动。

责任部门：政工部

5.“建功‘三集五大’献礼十八大”座谈会。公司所属各单位结合自身工作特点，组织青年员工（或女职工、一线员工、离退休员工）进行交流座谈，拓展干部员工沟通渠道，凝聚“三集五大”体系建设合力。

责任部门：政工部

（二）抓好五种展示载体

1.公司网站。对公司内网门户主页及“三集五大”专题页面进行改版，增设“我与‘三集五大’”征文选登、“靓点聚焦‘三集五大’”视频展播、“‘三集五大’大家谈”留言板、“‘三集五大’我知道”在线问答等栏目。增加“三集五大”页面随主页自主弹出、各单位日留言、答题次数滚动显示等功能，调动员工参与积极性。将公司“三集五大”宣传手册与成果展文件制作为电子刊，在线展示，增大传播效果。

责任部门：外联部

配合单位：综合服务中心

2. 公司报刊。《华北电力报》继续办好“‘三集五大’系列报道”“‘三集五大’看亮点”“我与‘三集五大’”三个专栏，加大发稿量；推出“三集五大”主题书画、摄影专版。《华北电业》杂志2012年第5期刊发系列深度报道，全方位展示公司“三集五大”体系建设成效成果。精选公司“三集五大”体系建设启动以来《华北电力报》《华北电业》编发的稿件、图片，汇编成册，编入公司迎检材料。

责任单位：综合服务中心

3. 视频展播。以公司及所属各单位网站、楼宇视频为平台，面向公司系统征集“三集五大”体系建设相关专题片、DV、flash动画等作品，开展“靓点聚焦‘三集五大’”专题视频展播。

责任部门：外联部

配合部门（单位）：机关工作部、综合服务中心

4. 电视专题片。以“价值创造之旅”为主题制作专题电视片，通过“功在管理转型”“利在长远发展”“重在思想变革”“难在利益调整”四部分内容，展示冀北公司以“三集五大”体系建设为原点，破浪前行，实现后发赶超、跨越发展的价值创造新征程。

牵头部门：外联部

配合部门（单位）：办公室、综合服务中心

5. 成果展示。以“变革·超越”为主题，制作“三集五大”成果展，展示冀北公司面对确保首都供电安全、高质量服务冀北经济社会发展的独特定位，抢抓机遇，跨越发展，创造价值，彰显价值的举措和成果。展览由“从现实出发”“对历史负责”“为未来着想”三部分组成。同时在公司本部办公楼、调度楼、员工食堂，以标语、图板等形式开展“三集五大”迎检环境展示。

责任部门：外联部

配合部门（单位）：办公室、机关工作部、综合服务中心

三、对外传播展示

分别针对中央媒体、省级媒体、市县媒体开展沟通传播，巩固国网系统媒体、电力行业媒体宣传势头，紧密围绕近期重点工作、重大活动，积极拓展传播渠道。

1. 中央媒体。跟进央视《新闻调查》栏目张北拍摄采访、国务院新闻办十八大献礼片《环保在中国》承德御道口拍摄成果；10月20日前后举行公司促进风电等新能源发展新闻发布会，10月下旬开展十八大供电大通道巡礼活动。以重大活动、热点话题吸引社会关注，广泛邀请媒体参与，针对《人民日报》、新华社、中央电视台开展重点沟通。活动中注重将成果业绩与“三集五大”体制机制创新紧密联系起来，彰显和印证“三集五大”体系建设对公司改革发展的指导意义和推动作用。

责任部门：外联部

2. 省级媒体。深化与河北省主流媒体沟通合作，在河北人民广播电台播出保护电力设施公益广告，与河北日报报业集团签署河北新闻网传播战略合作协议，开辟“社企和谐兴冀，社区光明同行”专栏，密集报道公司服务地方经济社会发展、服务百姓民生的举措和成果，传播公司员工为社区做好事、为百姓做善事、持之以恒奉献爱心的事迹，提升社会公众对公司的认知度和美誉度。充分调动基层单位宣传力量，加大五市供电企业在河北省电视台、河北日报等省级媒体发稿量。

责任部门：外联部

3. 市、县媒体。巩固与市级、县级各类媒体合作关系，充分利用电视、广播等多种形式，集中宣传公司工作成果。开展专题策划，在地方电视台、政府门户网站等媒介播发、刊登重点报道。

责任单位：五市供电公司

4. 国网、行业媒体。积极争取《国家电网报》《国家电网》杂志、《中国电力报》等媒体支持，邀请记者赴公司进行系列采访，在上述媒体刊发头条、通讯等重点报道。整合公司媒体采编人员，全力投入“三集五大”稿件采写。设立专人向国家电网网站和国网手机报报送公司系统“三集五大”相关稿件。增加基层单位向《国家电网报》《中国电力报》及省市媒体供稿数量。

责任部门：外联部

配合单位：综合服务中心

5. 国网工作信息。开展公司“三集五大”体系建设工作的信息搜集、发掘、整理，加强对国家电网公司报送、沟通力度。通过动态类信息及时上报公司“三集五大”体系建设自验收、迎接国家电网公司验收、调度控制大厅建设等重大节点性工作相关信息；通过工作交流类信息充分挖掘公司在“三集五大”建设工作中的工作亮点、特色做法和创新举措；通过国家电网公司内参传播展示“社区光明同行”“社企和谐兴冀”活动，体现公司创新服务理念的做法和成效，力争在国家电网公司系统树立“标杆”形象。

责任部门：办公室

统计资料

2012 年公司党组管理的领导干部名册

序号	单　　位	姓　名	岗　位　名　称
1	国网冀北电力有限公司	杨　彬	副总工程师兼国网企协冀北分会秘书长
2	国网冀北电力有限公司	张国富	副总工程师
3	国网冀北电力有限公司	赵凯平	副总经济师
4	国网冀北电力有限公司	张大鹏	副总政工师
5	办公室	闫承山	主任
6	办公室	田云峰	副主任
7	办公室	高会杰	秘书处处长
8	办公室	张树林	文档处处长
9	办公室	曹轶洋	信访处处长（挂职）
10	办公室	卢文平	综合处（总值班室）处长
11	发展策划部	曹　伟	主任
12	发展策划部	雷为民	副主任
13	发展策划部	叶　辛	副主任
14	发展策划部	王　信	规划一处处长
15	发展策划部	庞　博	规划二处副处长（挂职）
16	发展策划部	汪　鸿	综合计划处处长
17	发展策划部	刘　娟	投资管理处处长
18	发展策划部	谷　冰	前期处副处长
19	发展策划部	沈燕生	统计分析处处长
20	财务资产部	王瑞萍	主任
21	财务资产部	张华军	副主任
22	财务资产部	许宝杰	副主任
23	财务资产部	杨　进	预算管理处处长
24	财务资产部	王兴强	会计核算处副处长
25	财务资产部	王小路	资金管理处副处长
26	财务资产部	刘利军	工程资产处副处长
27	财务资产部	张海力	稽核财税处处长
28	财务资产部	甘　萍	电价管理处副处长
29	财务资产部	王会东	机关财务处处长（挂职）
30	财务资产部	李　丽	机关财务处副处长
31	安全监察质量部（保卫部）	施贵荣	主任
32	安全监察质量部（保卫部）	武宇平	副主任
33	安全监察质量部（保卫部）	李　钢	电网安全监察处处长
34	安全监察质量部（保卫部）	郑　毅	应急管理处（质量安全监察处）处长
35	安全监察质量部（保卫部）	王　宁	保卫处处长

续表

序号	单　位	姓　名	岗位名称
36	运维检修部	杜维柱	主任
37	运维检修部	刘亚新	副主任
38	运维检修部	吕志瑞	副主任
39	运维检修部	耿广玉	设备管理处处长
40	运维检修部	王　珣	技术管理处副处长
41	运维检修部	杨　静	运行管理处副处长
42	运维检修部	孙云生	检修管理一处处长
43	运维检修部	要在杰	检修管理二处处长
44	营销部（农电工作部）	檀跃亭	主任
45	营销部（农电工作部）	李　涛	副主任
46	营销部（农电工作部）	梁继清	副主任
47	营销部（农电工作部）	朱炳山	市场处处长
48	营销部（农电工作部）	何绪伟	智能用电处副处长（挂职）
49	营销部（农电工作部）	马鲁晋	营业处处长
50	营销部（农电工作部）	李征光	客户处副处长
51	营销部（农电工作部）	刘晓天	计量处副处长
52	营销部（农电工作部）	吴大军	农电管理处处长
53	营销部（农电工作部）	冯瑞明	农电管理处副处长
54	科技信通部（智能电网办公室）	王葆洁	主任
55	科技信通部（智能电网办公室）	莫小林	副主任
56	科技信通部（智能电网办公室）	娄　竞	信息通信处副处长
57	基建部	康健民	主任
58	基建部	陈建军	副主任
59	基建部	田生林	副主任
60	基建部	朱　海	建设处处长
61	基建部	韩仲卿	建设处副处长
62	基建部	吴大俊	项目管理处副处长（挂职）
63	基建部	申　亮	安全质量处处长
64	基建部	董宇波	安全质量处副处长
65	基建部	袁敬中	技术经济处处长
66	基建部	罗　毅	技术经济处副处长
67	基建部	吕培鸽	计划评价处处长
68	物资部（招投标管理中心）	沈卫东	主任
69	物资部（招投标管理中心）	黄晓明	副主任（部门正职待遇）
70	物资部（招投标管理中心）	马　敏	招投标管理处处长
71	物资部（招投标管理中心）	黄　柱	计划合同处副处长
72	物资部（招投标管理中心）	高　峰	物资督察处处长

续表

序号	单　位	姓　名	岗 位 名 称
73	对外联络部（新闻中心）	纪会争	主任
74	对外联络部（新闻中心）	赵　宇	副主任
75	对外联络部（新闻中心）	郑　伟	联络处处长（挂职）
76	对外联络部（新闻中心）	刘　石	新闻处副处长
77	审计部	何银发	主任
78	审计部	王志强	副主任
79	审计部	鲍　喜	经营审计处副处长
80	审计部	王　云	综合审计处处长（挂职）
81	审计部	周　静	综合审计处副处长（挂职）
82	经济法律部（体改办、产业部）	陈　锦	主任，公司总法律顾问
83	经济法律部（体改办、产业部）	姚晓军	副主任
84	经济法律部（体改办、产业部）	李新民	法律事务处处长
85	经济法律部（体改办、产业部）	王　凯	综合产业处处长
86	人事董事部	尚　智	主任
87	人事董事部	罗希国	副主任
88	人事董事部	郭金智	干部处处长
89	人事董事部	方　勇	机关人事处处长
90	人事董事部	石玉宏	机关人事处副处长
91	人力资源部（社保中心）	付　艳	副主任（主持工作）
92	人力资源部（社保中心）	王思彤	副主任
93	人力资源部（社保中心）	许霄疃	劳动组织处处长
94	人力资源部（社保中心）	张　宪	员工管理处副处长（挂职）
95	人力资源部（社保中心）	王　立	薪酬绩效处处长
96	人力资源部（社保中心）	袁　俏	培训教育处处长（挂职）
97	人力资源部（社保中心）	李燕翔	保险管理处处长
98	机关工作部	张连忠	主任
99	机关工作部	任之光	副主任（部门正职职级）
100	机关工作部	慕　群	副主任
101	机关工作部	石　磊	机关事务处副处长
102	机关工作部	贾海兵	后勤管理处副处长
103	思想政治工作部（直属党委办公室）	周玉超	主任
104	思想政治工作部（直属党委办公室）	谭　臻	副主任，公司团委书记
105	思想政治工作部（直属党委办公室）	欧晓东	党建处处长
106	思想政治工作部（直属党委办公室）	魏宗利	宣传文化处处长
107	监察部（纪检办公室）	李艳君	主任
108	监察部（纪检办公室）	黄世金	副主任
109	监察部（纪检办公室）	郘青松	党风行风处处长

续表

序号	单　位	姓　名	岗　位　名　称
110	工会	刘永明	副主席（部门正职职级）
111	工会	张立弟	副主席（部门副职职级）
112	工会	焦大明	办公室（宣教文体部、女工部）主任
113	电力调度控制中心	梁　吉	主任
114	电力调度控制中心	马锁明	副主任（挂职）
115	电力调度控制中心	王东升	副主任
116	电力调度控制中心	王玉林	副主任
117	电力调度控制中心	杨志刚	调度控制处处长
118	电力调度控制中心	崔慧军	调度控制处副处长
119	电力调度控制中心	蓝海波	系统运行处处长（挂职）
120	电力调度控制中心	刘晓敏	系统运行处副处长
121	电力调度控制中心	邢　劲	设备监控管理处处长（挂职）
122	电力调度控制中心	刘　蔚	继电保护处处长
123	电力调度控制中心	高　旭	继电保护处副处长
124	电力调度控制中心	郭子明	自动化处处长
125	电力调度控制中心	张　昊	自动化处副处长
126	电力调度控制中心	张　岩	综合技术处处长
127	电力调度控制中心	崔正湃	新能源处副处长
128	运营监测（控）中心	宋　伟	主任
129	运营监测（控）中心	张东晖	副主任
130	运营监测（控）中心	刘　刚	智能用电处副处长
131	运营监测（控）中心	杨　峰	系统监控处副处长（挂职）
132	运营监测（控）中心	王　峻	业务监控处副处长（挂职）
133	电力交易中心	杨　威	主任
134	电力交易中心	王宣元	副主任
135	电力交易中心	李　珊	电力市场处处长
136	电力交易中心	蔡静鹏	交易结算处处长
137	国网企协冀北分会	李惠涛	常务副秘书长（部门正职职级）
138	国网企协冀北分会	段宝升	调研处处长
139	国网企协冀北分会	李君亚	标准处处长
140	国网冀北电力有限公司唐山供电公司	李晓辉	国网冀北电力有限公司党组成员，唐山供电公司总经理、党委副书记
141	国网冀北电力有限公司唐山供电公司	路俊海	党委书记、副总经理
142	国网冀北电力有限公司唐山供电公司	张西术	副总经理
143	国网冀北电力有限公司唐山供电公司	张长久	副总经理
144	国网冀北电力有限公司唐山供电公司	刘　群	副总经理
145	国网冀北电力有限公司唐山供电公司	杨立生	副总经理
146	国网冀北电力有限公司唐山供电公司	李　华	副总经理
147	国网冀北电力有限公司唐山供电公司	王学志	纪委书记、工会主席
148	国网冀北电力有限公司唐山供电公司	曲　雷	副总经理

续表

序号	单　位	姓　名	岗　位　名　称
149	国网冀北电力有限公司张家口供电公司	覃朝云	总经理
150	国网冀北电力有限公司张家口供电公司	牛学峰	党委书记
151	国网冀北电力有限公司张家口供电公司	张雁忠	副总经理
152	国网冀北电力有限公司张家口供电公司	李明富	纪委书记、工会主席
153	国网冀北电力有限公司张家口供电公司	贾广明	副总经理
154	国网冀北电力有限公司张家口供电公司	王　云	副总经理
155	国网冀北电力有限公司张家口供电公司	张国忠	副总经理
156	国网冀北电力有限公司秦皇岛供电公司	吴顺安	总经理
157	国网冀北电力有限公司秦皇岛供电公司	葛东福	党委书记
158	国网冀北电力有限公司秦皇岛供电公司	李文琦	副总经理
159	国网冀北电力有限公司秦皇岛供电公司	薛文祥	副总经理
160	国网冀北电力有限公司秦皇岛供电公司	何荣富	副总经理
161	国网冀北电力有限公司秦皇岛供电公司	李振军	纪委书记、工会主席
162	国网冀北电力有限公司秦皇岛供电公司	李艳杰	副总经理
163	国网冀北电力有限公司承德供电公司	刘晓辉	总经理
164	国网冀北电力有限公司承德供电公司	马　力	党委书记、副总经理
165	国网冀北电力有限公司承德供电公司	张志忠	副总经理
166	国网冀北电力有限公司承德供电公司	刘洪斌	副总经理
167	国网冀北电力有限公司承德供电公司	樊小伟	总工程师（新疆电力公司本部挂职）
168	国网冀北电力有限公司承德供电公司	匙　光	纪委书记、工会主席
169	国网冀北电力有限公司承德供电公司	杨屹东	副总经理
170	国网冀北电力有限公司廊坊供电公司	杨秀岐	总经理
171	国网冀北电力有限公司廊坊供电公司	周维丽	党委书记
172	国网冀北电力有限公司廊坊供电公司	马福利	副总经理
173	国网冀北电力有限公司廊坊供电公司	崔锁成	纪委书记、工会主席
174	国网冀北电力有限公司廊坊供电公司	赵维洲	副总经理
175	国网冀北电力有限公司廊坊供电公司	王绍武	副总经理
176	国网冀北电力有限公司廊坊供电公司	赵　新	副总经理
177	国网冀北电力有限公司经济技术研究院	高舜安	院长
178	国网冀北电力有限公司经济技术研究院	连一飞	党委书记
179	国网冀北电力有限公司经济技术研究院	尹秀贵	副院长
180	国网冀北电力有限公司经济技术研究院	庞克瑞	副院长
181	国网冀北电力有限公司经济技术研究院	成建宏	纪委书记、工会主席
182	国网冀北电力有限公司电力科学研究院（华北电力科学研究院有限责任公司）	战秀河	院长（总经理）
183	国网冀北电力有限公司电力科学研究院（华北电力科学研究院有限责任公司）	王　茂	党委书记、纪委书记

续表

序号	单位	姓名	岗位名称
184	国网冀北电力有限公司电力科学研究院（华北电力科学研究院有限责任公司）	易忠林	工会主席
185	国网冀北电力有限公司电力科学研究院（华北电力科学研究院有限责任公司）	宁文元	副院长（副总经理）
186	国网冀北电力有限公司电力科学研究院	李红武	党委委员
187	国网冀北电力有限公司电力科学研究院	邓　春	副院长
188	华北电力科学研究院有限责任公司	李　江	副总经理
189	华北电力科学研究院有限责任公司	贾元平	副总经理
190	华北电力科学研究院有限责任公司	朱树强	副总经理
191	华北电力科学研究院有限责任公司	贺惠民	副总经理
192	北京送变电公司	张万远	总经理
193	北京送变电公司	刘志刚	党委书记
194	北京送变电公司	杨　毅	纪委书记、工会主席
195	北京送变电公司	任永平	副总经理、总工程师
196	北京送变电公司	王文东	副总经理
197	国网冀北电力有限公司检修分公司	马增茂	总经理
198	国网冀北电力有限公司检修分公司	刘　钧	党委书记
199	国网冀北电力有限公司检修分公司	王官珺	副总经理
200	国网冀北电力有限公司检修分公司	王宝珠	纪委书记、工会主席
201	国网冀北电力有限公司检修分公司	侯　勇	副总经理
202	国网冀北电力有限公司检修分公司	赵淑珍	副总经理
203	国网冀北电力有限公司检修分公司	杨　扬	副总经理
204	国网冀北电力有限公司检修分公司大同检修分部	姚文军	总经理、党委书记
205	国网冀北电力有限公司检修分公司大同检修分部	王书田	党委副书记、纪委书记、工会主席
206	国网冀北电力有限公司检修分公司大同检修分部	杨立春	副总经理
207	国网冀北电力有限公司检修分公司大同检修分部	高志伟	副总经理、总工程师
208	国网冀北电力有限公司检修分公司大同检修分部	刘靖国	副总经理（国网交流建设公司挂职）
209	国网冀北电力有限公司信通分公司	闫忠平	总经理
210	国网冀北电力有限公司信通分公司	许凌峰	党委书记
211	国网冀北电力有限公司信通分公司	李　旺	副总经理
212	国网冀北电力有限公司信通分公司	徐正山	副总经理
213	国网冀北电力有限公司信通分公司	赵　鑫	纪委书记、工会主席
214	国网冀北电力有限公司通信管理中心	鲍　捷	主任
215	国网冀北电力有限公司通信管理中心	李运平	副主任
216	国网冀北电力有限公司管理培训中心	姚建中	主任、党委书记
217	国网冀北电力有限公司管理培训中心	王志强	纪委书记、工会主席
218	国网冀北电力有限公司管理培训中心	郝永华	副主任

续表

序号	单 位	姓 名	岗 位 名 称
219	国网冀北电力有限公司技能培训中心（保定电力职业技术学院）	王玉清	主任（院长）、党委书记
220	国网冀北电力有限公司技能培训中心（保定电力职业技术学院）	崔吉清	纪委书记、工会主席
221	国网冀北电力有限公司技能培训中心（保定电力职业技术学院）	董传敏	副主任（副院长）
222	国网冀北电力有限公司技能培训中心（保定电力职业技术学院）	关晓明	副主任（副院长）
223	国网冀北电力有限公司技能培训中心（保定电力职业技术学院）	刘永立	副主任（副院长）
224	国网冀北电力有限公司物资分公司（国网冀北招标有限公司）	朱晓岭	总经理
225	国网冀北电力有限公司物资分公司（国网冀北招标有限公司）	王 越	党委书记、副总经理、纪委书记
226	国网冀北电力有限公司物资分公司（国网冀北招标有限公司）	孙怀富	副总经理、工会主席
227	国网冀北电力有限公司综合服务中心	袁 波	主任、党委书记
228	国网冀北电力有限公司综合服务中心	张宣江	副主任
229	国网新源张家口风光储示范电站有限公司	高明杰	总经理
230	国网新源张家口风光储示范电站有限公司	高 峰	党委书记、纪委书记
231	国网新源张家口风光储示范电站有限公司	王银明	副总经理
232	国网新源张家口风光储示范电站有限公司	徐 明	副总经理
233	国网新源张家口风光储示范电站有限公司	赵希辉	总会计师
234	国网新源张家口风光储示范电站有限公司	王 平	副总经理、工会主席
235	国网冀北电力有限公司北戴河疗养院（国家电网公司北戴河疗养院）	刘守刚	院长
236	国网冀北电力有限公司北戴河疗养院（国家电网公司北戴河疗养院）	刘 新	党委书记、副院长
237	国网冀北电力有限公司北戴河疗养院（国家电网公司北戴河疗养院）	张华勇	副院长
238	北京华联电力工程监理公司	张少军	总经理
239	北京华联电力工程监理公司	翟向向	党委书记
240	北京华联电力工程监理公司	史玉建	副总经理
241	北京华联电力工程监理公司	刘卫红	副总经理
242	北京华联电力工程监理公司	计建军	副总经理
243	北京华联电力工程监理公司	凌永武	党委副书记、纪委书记

续表

序号	单　　位	姓　名	岗　位　名　称
244	北京华联电力工程监理公司	程彦明	副总经理
245	北京华联电力工程监理公司	刘书海	工会主席
246	国网冀北节能服务有限公司	郑超达	总经理、党委书记
247	国网冀北节能服务有限公司	蒋东风	副总经理
248	国网冀北节能服务有限公司	周铁生	总工程师
249	北京博望华科科技有限公司（国网冀北电力有限公司集体企业服务中心）	陈龙发	董事长、总经理（主任）
250	北京博望华科科技有限公司（国网冀北电力有限公司集体企业服务中心）	王　瑾	副总经理（副主任）
251	北京博望华科科技有限公司（国网冀北电力有限公司集体企业服务中心）	王　超	副总经理（副主任）

2012年公司退二线干部名册（含年内退休）

序号	单位（部门）名称	姓名	职务	原职务名称
1	物资部（招投标管理中心）	闻力克	退二线工作	国网冀北电力有限公司物资分公司（国网冀北招标有限公司）纪委书记、工会主席
2	人力资源部（社保中心）	陆　军	退二线工作	北京送变电公司副总经理
3	思想政治工作部（直属党委办公室）	吴庭宏	退二线工作	国网冀北电力有限公司综合服务中心党委书记
4	监察审计部（纪检办公室）	刘兆伊	退二线工作	国网冀北电力有限公司管理培训中心纪委书记
5	国网企协冀北分会	陆　阳	退二线工作	副秘书长（部门正职职级）
6	国网企协冀北分会	刘太生	退二线工作	副秘书长（部门正职职级）
7	国网冀北电力有限公司承德供电公司	孙　平	退二线工作	党委副书记、纪委书记
8	国网冀北电力有限公司承德供电公司	郑　永	退二线工作	副总经理
9	国网冀北电力有限公司廊坊供电公司	杨胜国	退二线工作	党委副书记（正职职级）
10	华北电力科学研究院有限责任公司	王金萍	退二线工作	副总经理
11	国网冀北电力有限公司电力科学研究院（华北电力科学研究院有限责任公司）	刘殿阁	退二线工作	纪委书记、工会主席
12	国网冀北电力有限公司物资分公司（国网冀北招标有限公司）	薛筱东	退二线工作	副总经理
13	国网冀北电力有限公司管理培训中心	孟学义	退二线工作	党委书记
14	国网冀北电力有限公司技能培训中心（保定电力职业技术学院）	李洪建	退二线工作	党委书记
15	国网冀北电力有限公司技能培训中心（保定电力职业技术学院）	李晓峰	退二线工作	工会主席
16	北京华联电力工程监理公司	倪志明	退二线工作	副总经理
17	国网冀北电力有限公司张家口供电公司	赵崇理	退休	副处级调研员

国家电网公司优秀专家人才名单

2008年度（聘期为2009年1月1日至2012年12月31日）

专业管理专家：李颖、成建宏、贺惠民。

工程技术专家：陈原、张红红、郎福堂、王军。

生产技能专家：甘景福、郭卫国、夏银宽、蔡宏、段振坤。

2011年度（聘期为2011年1月1日至2014年12月31日）

专业管理专家：张锦、马敏、张华军、付艳、袁敬中、孙云生。

工程技术专家：陈安源、李群炬、邓春、朱炳山、樊小伟。

生产技能专家：白庆永、李明图、席志峰、宋巍、张国亮。

公司主要指标月度完成情况表（一）

项目 月别	供电量（万kWh）	售电量（万kWh）	线损率	外购电量（万kWh）
1月	975 901	988 353	-1.28%	389 226
2月	1 014 238	969 654	4.40%	424 634
3月	1 163 517	1 036 664	10.90%	544 602
4月	1 095 869	1 109 454	-1.24%	546 533
5月	1 157 177	1 076 964	6.93%	560 258
6月	1 157 459	1 151 354	0.53%	550 652
7月	1 163 003	1 071 612	7.86%	573 490
8月	1 102 611	1 070 504	2.91%	574 366
9月	1 065 012	1 014 285	4.76%	587 320
10月	1 100 244	977 802	11.13%	570 300
11月	1 163 975	1 057 294	9.17%	519 805

续表

项目 月别	供电量（万kWh）	售电量（万kWh）	线损率	外购电量（万kWh）
12月	1 247 975	1 108 067	11.21%	537 688
一季度	3 153 656	2 994 671	5.04%	1 358 462
二季度	3 410 505	3 337 772	2.13%	1 657 443
三季度	3 330 626	3 156 401	5.23%	1 735 176
四季度	3 512 194	3 143 163	10.51%	1 627 793
全年	1 340 6981	12 632 007	5.78%	6 378 874

公司主要指标月度完成情况表（二）

项目 月别	电费回收率	售电到户均价（元/MWh）	电力销售收入（万元）
1月	100%	620.84	613 610
2月	100%	614.66	596 012
3月	100%	616.17	638 760
4月	100%	616.53	684 017
5月	100%	609.44	656 340
6月	100%	596.21	686 453
7月	100%	612.91	656 805
8月	100%	613.35	656 598
9月	100%	621.16	630 030
10月	100%	620.27	605 643
11月	100%	613.32	648 455
12月	100%	607.24	672 861
一季度	100%	617.22	1 848 382
二季度	100%	607.23	2 026 810
三季度	100%	615.71	1 943 434
四季度	100%	613.06	1 926 959
全年	100%	613.17	7 745 584

公司主要指标月度完成情况表（三）

项目 月别	资产总额（万元）	利润总额（万元）	城网电压合格率	城网供电可靠率	农网电压合格率	农网供电可靠率
1月	—	—	99.876%	99.993%	98.250%	99.903%
2月	—	—	99.877%	99.995%	98.350%	99.928%
3月	—	—	99.878%	99.953%	98.541%	99.825%

续表

月别＼项目	资产总额（万元）	利润总额（万元）	城网电压合格率	城网供电可靠率	农网电压合格率	农网供电可靠率
4 月	—	—	99.875%	99.945%	98.450%	99.710%
5 月	—	—	99.883%	99.972%	98.550%	99.797%
6 月	5 033 513.51	39 030.14	99.883%	99.967%	98.460%	99.820%
7 月	5 082 468.68	47 020.02	99.895%	99.938%	98.423%	99.846%
8 月	4 986 814.11	-35 500.67	99.906%	99.957%	99.030%	99.889%
9 月	4 989 349.02	-39 938.25	99.909%	99.959%	99.040%	99.841%
10 月	4 903 753.53	-25 875.00	99.905%	99.959%	98.623%	99.964%
11 月	4 964 647.77	7457.08	99.875%	99.981%	98.491%	99.939%
12 月	5 070 334.12	2656.93	99.912%	99.969%	98.820%	99.930%
全年	—	—	99.870%	99.947%	98.276%	99.768%

公司分类售电月度完成情况

单位：万 kWh

时间＼项目	大工业	非、普工业	农业	商业	居民生活	非居民照明用电	趸售
1 月	733 476	88 439	13 014	34 686	94 639	24 098	0
2 月	713 474	69 897	12 885	37 151	111 961	24 287	0
3 月	779 207	86 187	13 198	34 096	98 717	25 259	0
4 月	858 668	88 884	17 401	29 864	91 085	23 553	0
5 月	848 715	76 917	24 506	25 416	81 898	19 511	0
6 月	923 646	75 612	23 909	28 442	79 231	20 513	0
7 月	839 033	74 816	22 217	33 218	80 929	21 397	0
8 月	805 267	74 714	25 048	40 453	101 863	23 159	0
9 月	765 521	74 812	23 269	36 419	92 634	21 629	0
10 月	766 540	68 711	15 760	29 083	79 811	17 895	0
11 月	827 796	77 797	13 241	30 576	87 380	20 503	0
12 月	840 224	87 941	13 647	37 887	103 395	24 975	0
一季度	2 226 157	244 523	39 097	105 933	305 317	73 644	0
二季度	2 631 029	241 413	65 816	83 722	252 214	63 577	0
三季度	2 409 821	224 342	70 534	110 090	275 426	66 185	0
四季度	2 434 560	234 449	42 648	97 546	270 586	63 373	0
全年	9 701 567	944 727	218 095	397 291	1 103 543	266 779	0

行　业	用户个数	用户装接容量	1月	2月	3月	4月	5月
全社会用电总计	8 531 259	94 323 618	1 088 858	1 125 721	1 281 743	1 202 603	1 240 139
A. 全行业用电合计	850 038	66 261 272	1 000 283	1 017 133	1 183 132	1 117 138	1 161 909
第一产业	199 392	3 783 984	13 869	14 607	14 736	19 006	26 455
第二产业	282 160	49 518 381	887 955	902 223	1 074 483	1 010 414	1 058 914
第三产业	368 486	12 958 907	98 458	100 302	93 913	87 719	76 541
B. 城乡居民生活用电合计	7 681 221	28 062 346	88 575	108 587	98 611	85 464	78 229
城镇居民	2 139 749	9 960 520	42 919	47 971	48 391	42 602	38 884
乡村居民	5 541 472	18 101 826	45 656	60 616	50 220	42 862	39 345
全行业用电分类	850 038	66 261 272	1 000 283	1 017 133	1 183 132	1 117 138	1 161 909
一、农、林、牧、渔业	199 392	3 783 984	13 869	14 607	14 736	19 006	26 455
1. 农业	84 765	1 463 293	4787	4997	4759	5852	8036
2. 林业	1219	40 650	153	173	166	159	168
3. 畜牧业	41 341	435 196	1954	2207	2122	2142	1985
4. 渔业	3067	223 473	816	1219	1075	1387	1529
5. 农、林、牧、渔服务业	69 000	1 621 372	6160	6012	6615	9466	14 738
其中：排灌	68 841	1 606 576	4285	4594	5211	7399	12 879
二、工业	262 417	46 549 308	873 075	891 079	1 060 588	994 939	1 044 809
轻工业	158 587	4 715 043	59 272	41 143	54 647	56 332	53 326
重工业	103 830	41 834 265	813 802	849 937	1 005 940	938 608	991 482
（一）采矿业	18 085	7 101 931	139 908	135 245	141 957	152 990	145 600
1. 煤炭开采和洗选业	1611	824 936	19 069	22 074	20 463	21 707	19 118
2. 石油和天然气开采业	303	429 789	3631	4680	3611	3418	3051
3. 黑色金属矿采选业	10 478	4 732 117	103 098	96 433	103 930	111 938	106 968
4. 有色金属矿采选业	1038	373 492	5993	5899	6103	6470	6451
5. 非金属矿采选业	3291	566 925	6018	4218	5708	6760	7301
6. 其他采矿业	1364	174 672	2100	1942	2142	2697	2711
（二）制造业	232 044	32 128 550	676 081	642 152	718 747	797 945	758 294
1. 食品、饮料和烟草制造业	85 540	1 522 739	16 754	13 320	14 211	14 525	14 415
其中：农副食品加工业	78 056	968 917	5058	4031	4894	5147	4995
2. 纺织业	2533	192 756	2293	1392	3299	3398	3031
3. 服装鞋帽、皮革羽绒及其制品业	2156	79 112	811	646	836	883	812
4. 木材加工及制品和家具制品业	38 937	911 927	15 017	6215	17 017	18 491	17 446

用电情况

单位：万 kWh

6月	7月	8月	9月	10月	11月	12月	一季度	二季度	三季度	四季度	全年
1 224 699	1 230 950	1 173 295	1 118 783	1 164 364	1 252 648	1 346 433	3 496 322	3 667 441	3 523 028	3 763 445	14 450 236
1 149 998	1 155 287	1 079 767	1 033 577	1 090 160	1 172 672	1 255 386	3 200 548	3 429 045	3 268 631	3 518 218	13 416 442
23 820	23 388	26 929	25 067	17 593	15 355	15 878	43 212	69 281	75 384	48 826	236 703
1 047 219	1 047 511	954 986	915 798	994 494	1 071 435	1 134 689	2 864 661	3 116 547	2 918 295	3 200 618	12 100 121
78 958	84 386	97 853	92 711	78 072	85 883	104 819	292 673	243 218	274 950	268 774	1 079 615
74 702	75 664	93 527	85 206	74 204	79 976	91 048	295 773	238 395	254 397	245 228	1 033 793
33 949	34 366	42 666	38 369	33 003	38 496	45 245	139 281	115 435	115 401	116 744	486 861
40 753	41 298	50 861	46 837	41 200	41 480	45 803	156 492	122 960	138 996	128 483	546 931
1 149 998	1 155 287	1 079 767	1 033 577	1 090 160	1 172 672	1 255 386	3 200 548	3 429 045	3 268 631	3 518 218	13 416 442
23 820	23 388	26 929	25 067	17 593	15 355	15 878	43 212	69 281	75 384	48 826	236 703
7874	7649	9124	9139	7554	7094	6877	14 543	21 762	25 912	21 525	83 742
191	201	269	266	179	151	211	492	518	736	541	2287
1929	1950	2260	2183	2045	2110	2384	6283	6056	6393	6539	25 271
1510	2155	3052	2997	2027	1332	1455	3110	4426	8204	4814	20 554
12 318	11 436	12 224	10 484	5788	4671	4951	18 787	36 522	34 144	15 410	104 863
10 320	9973	11 448	9758	5076	3909	4279	14 090	30 598	31 179	13 264	89 131
1 034 096	1 034 550	941 725	902 365	982 295	1 057 182	1 117 977	2 824 742	3 073 844	2 878 640	3 157 454	11 934 680
56 587	52 930	52 370	55 058	48 405	53 534	55 439	155 062	166 245	160 358	157 378	639 043
977 509	981 620	889 354	847 308	933 891	1 003 649	1 062 538	2 669 679	2 907 599	2 718 282	3 000 078	11 295 638
139 624	141 644	127 690	129 683	128 899	130 839	135 172	417 110	438 214	399 017	394 910	1 649 251
17 240	19 129	20 563	20 192	21 052	21 036	19 000	61 606	58 065	59 884	61 088	240 643
3020	2934	3463	3527	2849	2684	1836	11 922	9489	9924	7369	38 704
102 453	102 005	89 160	90 347	89 014	92 670	98 331	303 461	321 359	281 512	280 015	1 186 347
6395	6538	6536	7274	7176	6842	7224	17 995	19 316	20 348	21 242	78 901
7711	6580	5507	5907	5926	5162	5326	15 944	21 772	17 994	16 414	72 124
2803	4461	2460	2439	2882	2446	3454	6184	8211	9360	8782	32 537
824 373	746 675	723 733	672 354	679 796	754 579	760 637	2 036 980	2 380 612	2 142 762	2 195 012	8 755 366
15 188	15 561	15 047	15 784	14 622	14 975	15 175	44 285	44 128	46 392	44 772	179 577
5101	5340	6582	7216	7162	6899	6769	13 983	15 243	19 138	20 830	69 194
2922	2518	2848	3239	2748	3255	3362	6984	9351	8605	9365	34 305
738	709	674	654	535	655	740	2293	2433	2037	1930	8693
18 350	15 882	13 415	14 261	13 657	14 325	14 940	38 249	54 287	43 558	42 922	179 016

行　　业	用户个数	用户装接容量	1月	2月	3月	4月	5月
其中：轻工业	12 161	347 762	2997	1186	2388	2819	2724
5. 造纸及纸制品业	2021	374 180	7476	6163	7921	7935	7775
6. 印刷业和记录媒介的复制	2293	143 811	1806	1309	1665	1636	1416
7. 文体用品制造业	299	17 206	202	183	209	217	174
8. 石油加工、炼焦及核燃料加工业	252	326 109	5638	6524	5477	5628	6628
9. 化学原料及化学制品制造业	1934	1 129 588	34 302	35 782	34 841	36 896	37 057
其中：轻工业	1233	167 565	6972	5265	5460	7077	6556
其中：氯碱	4	292 580	3565	3778	4248	4247	4637
电石	2	42 460	257	—	209	221	222
黄磷	—	—	—	—	—	—	—
其中：肥料制造	139	306 721	6680	7536	6800	7156	6898
10. 医药制造业	278	125 777	1464	1393	1414	1247	1261
11. 化学纤维制造业	320	105 899	1087	1151	1563	1415	1306
12. 橡胶和塑料制品业	9274	911 539	9138	5533	11 723	13 504	11 991
其中：轻工业	4837	347 820	2496	1027	1990	2342	1848
13. 非金属矿物制品业	11 728	3 144 308	53 589	44 433	63 111	79 951	91 490
其中：轻工业	1425	225 724	4743	3874	6680	5272	4609
其中：水泥制造	440	1 031 844	23 921	20 335	33 416	45 301	51 015
14. 黑色金属冶炼及压延加工业	1259	15 420 531	453 553	466 294	479 640	515 523	480 625
其中：铁合金冶炼	112	323 958	6552	1672	3286	3378	3197
15. 有色金属冶炼及压延加工业	937	647 585	8136	7539	11 618	12 696	11 896
其中：铝冶炼	1	200	171	151	143	161	173
16. 金属制品业	25 462	3 824 981	28 022	16 957	26 697	43 583	32 950
其中：轻工业	7461	366 040	3402	929	1947	2425	2293
17. 通用及专用设备制造业	12 182	1 677 748	19 654	14 651	21 130	23 187	22 224
其中：轻工业	683	60 894	690	269	562	617	681
18. 交通运输、电气、电子设备制造业	6021	1 128 116	13 246	10 915	13 008	13 021	11 607
其中：轻工业	3789	138 607	2020	603	1348	1186	1192
其中：交通运输设备制造业	450	109 261	1800	1095	1585	1495	1310
19. 工艺品及其他制造业	25 935	313 185	2627	1080	1847	1978	1799
20. 废弃资源和废旧材料回收加工业	2683	131 453	1268	672	1523	2229	2395
（三）电力、燃气及水的生产和供应业	12 288	7 318 827	57 085	113 682	199 884	44 003	140 912
1. 电力、热力的生产和供应业	3918	6 819 631	51 724	108 233	195 075	39 344	136 530
其中：电厂生产全部耗用电量	693	1 985 398	53 666	51 720	56 964	46 920	53 479

续表

6月	7月	8月	9月	10月	11月	12月	一季度	二季度	三季度	四季度	全年
2735	2358	2917	3014	2958	3110	2879	6571	8278	8289	8947	32 085
7126	5664	5177	5879	6260	6870	6876	21 560	22 836	16 720	20 006	81 122
1535	1541	1907	1828	1368	1498	1618	4780	4587	5276	4484	19 127
151	134	100	97	76	102	110	594	542	331	288	1755
6375	5797	6811	6049	6621	7699	7515	17 639	18 631	18 657	21 835	76 762
30 062	36 928	36 344	35 986	38 077	38 004	44 461	104 925	104 015	109 258	120 542	438 740
6738	5980	2004	1967	1748	1680	1749	17 697	20 371	9951	5177	53 196
5430	6100	6754	6286	5145	5472	6895	11 591	14 314	19 140	17 512	62 557
227	199	175	121	183	181	190	—	670	495	554	—
—	—	3	—	—	—	—	—	—	—	—	—
6731	6285	9115	10 356	8236	7566	8850	21 016	20 785	25 756	24 652	92 209
1462	1213	2244	2224	1142	2725	2074	4271	3970	5681	5941	19 863
1018	1104	1436	1582	1285	1730	1874	3801	3739	4122	4889	16 551
10 849	9391	9419	11 954	10 183	11 333	11 490	26 394	36 344	30 764	33 006	126 508
2458	1842	3372	3695	3167	3371	4417	5513	6648	8909	10 955	32 025
89 772	76 276	76 409	77 958	74 693	74 346	60 453	161 133	261 213	230 643	209 492	862 481
4929	4863	4287	4409	4043	4281	4778	15 297	14 810	13 559	13 102	56 768
51 703	39 667	35 781	33 411	34 562	37 421	25 552	77 672	148 019	108 859	97 535	432 085
551 675	490 440	470 593	392 350	412 614	463 731	480 439	1 399 487	1 547 823	1 353 383	1 356 784	5 657 477
3197	2852	20 342	14 146	9588	3341	12 505	11 510	9772	37 340	25 434	84 056
13 294	13 012	11 586	10 536	9901	14 149	10 589	27 293	37 886	35 134	34 639	134 952
111	119	33	4	5	10	8	465	445	156	23	1089
34 465	33 142	32 771	56 595	53 912	62 318	60 368	71 676	110 998	122 508	176 598	481 780
2521	2828	3823	4474	3176	3565	3630	6278	7239	11 125	10 371	35 013
21 742	20 192	18 250	17 464	16 793	19 809	20 596	55 435	67 153	55 906	57 198	235 692
484	337	261	235	172	202	225	1521	1782	833	599	4735
12 860	12 568	14 778	14 142	11 724	13 083	14 084	37 169	37 488	41 488	38 891	155 036
2115	1839	1515	1455	1181	1326	1399	3971	4493	4809	3906	17 179
1456	1433	1722	1588	1285	1444	1348	4480	4261	4743	4077	17 561
2747	2647	2337	2278	1908	2043	2396	5554	6524	7262	6347	25 687
2043	1953	1587	1497	1674	1930	1478	3463	6667	5037	5082	20 249
70 100	146 229	90 303	100 328	173 600	171 763	222 166	370 651	255 015	336 860	567 529	1 530 055
65 380	141 444	84 978	95 171	168 929	166 581	216 328	355 032	241 254	321 593	551 838	1 469 717
57 797	48 829	49 874	41 491	44 185	54 129	64 764	162 350	158 196	140 194	163 078	623 818

行　业	用户个数	用户装接容量	1月	2月	3月	4月	5月
线路损失电量	7	306	－12 309	44 484	128 747	－13 619	81 170
抽水蓄能抽水耗用电量	51	28 646	16	37	39	18	2
2. 燃气生产和供应业	1110	110 532	1431	1198	1026	847	521
3. 水的生产和供应业	7260	388 664	3929	4251	3784	3813	3862
其中：轻工业	5623	185 966	1432	1350	1310	1355	1435
三、建筑业	19 743	2 969 073	14 881	11 145	13 895	15 475	14 106
四、交通运输、仓储和邮政业	8665	3 586 509	32 849	32 329	29 311	29 914	28 366
1. 交通运输业	2434	3 290 567	31 325	30 792	27 786	28 429	26 923
其中：城市公共交通	166	104 327	12 290	12 036	763	740	654
其中：管道运输业	55	1 036 958	8162	8242	10 667	11 383	10 240
其中：电气化铁路	191	791 559	775	766	7070	7153	7393
2. 仓储业	5784	279 397	1195	1126	1130	1113	1021
3. 邮政业	447	16 545	330	411	396	373	423
五、信息传输、计算机服务和软件业	45 056	414 476	3962	4412	4226	3959	3914
1. 电信和其他信息传输服务业	44 258	388 896	3742	4181	4005	3732	3710
2. 计算机服务和软件业	798	25 580	221	230	221	227	205
六、商业、住宿和餐饮业	143 974	3 315 415	25 196	25 825	23 812	21 293	18 692
1. 批发和零售业	118 382	2 246 769	16 936	16 779	15 570	13 946	12 386
2. 住宿和餐饮业	25 592	1 068 646	8259	9046	8241	7347	6305
七、金融、房地产、商务及居民服务业	80 541	2 163 695	11 691	12 482	11 881	10 546	8206
1. 金融业	3198	121 524	1329	1529	1348	1151	879
2. 房地产业	17 379	1 117 562	4841	5049	4723	4160	2964
3. 租赁和商务服务业、居民服务和其他服务业	59 964	924 609	5521	5906	5810	5234	4363
八、公共事业及管理组织	90 250	3 478 812	24 760	25 255	24 684	22 007	17 361
1. 科学研究、技术服务和地质勘查业	1654	168 033	1017	1018	970	790	521
其中：地质勘查业	75	15 377	123	108	113	103	65
2. 水利、环境和公共设施管理业	52 231	1 028 266	4246	4682	4487	4255	4048
其中：水利管理业	4737	193 615	814	897	913	1047	918
其中：公共照明业	45 125	620 579	2390	2555	2516	2151	1991
3. 教育、文化、体育和娱乐业	13 246	864 159	7085	5516	6520	6383	5103
其中：教育	10 975	656 008	5472	4014	4821	4936	3776
4. 卫生、社会保障和社会福利业	4540	411 047	3679	4308	3956	3284	2540
5. 公共管理和社会组织、国际组织	18 579	1 007 307	8735	9732	8753	7297	5152

续表

6月	7月	8月	9月	10月	11月	12月	一季度	二季度	三季度	四季度	全年
6231	90 803	32 092	50 810	122 693	107 064	140 341	160 922	73 782	173 705	370 098	778 507
1	7	14	10	4	3	42	92	21	31	49	193
545	492	496	501	488	722	1089	3655	1913	1489	2299	9356
4174	4295	4829	4656	4184	4461	4749	11 964	11 849	13 780	13 394	50 987
1723	1790	2420	2247	2017	2148	2138	4092	4513	6457	6303	21 365
13 124	12 962	13 261	13 433	12 199	14 254	16 712	39 921	42 705	39 656	43 165	165 447
27 988	26 940	27 787	30 031	28 211	30 019	32 408	94 489	86 268	84 758	90 638	356 153
26 460	25 226	25 468	27 339	25 883	28 071	30 476	89 903	81 812	78 033	84 430	334 178
144	614	470	10 636	10 066	787	797	25 089	1538	11 720	11 650	49 997
555	9945	9664	1436	1520	10 726	11 419	27 071	22 178	21 045	23 665	93 959
17 881	6410	6484	6023	5948	7783	8043	8611	32 427	18 917	21 774	81 729
1165	1316	2101	2412	2129	1742	1668	3451	3299	5829	5539	18 118
364	397	219	279	197	206	263	1137	1160	895	666	3858
4025	4336	4962	4736	4253	4357	4659	12 600	11 898	14 034	13 269	51 801
3811	4107	4745	4524	4074	4171	4439	11 928	11 253	13 376	12 684	49 241
213	229	215	212	179	186	219	672	645	656	584	2557
20 458	24 260	30 581	26 935	21 366	21 557	26 463	74 833	60 443	81 776	69 386	286 438
13 884	15 861	20 099	17 998	14 971	15 156	18 456	49 285	40 216	53 958	48 583	192 042
6574	8398	10 483	8937	6397	6400	8007	25 546	20 226	27 818	20 804	94 394
8952	9738	10 990	9821	7943	10 270	14 038	36 054	27 704	30 549	32 251	126 558
887	1056	1362	1206	921	1063	1468	4206	2917	3624	3452	14 199
3484	3747	3779	3388	2470	4008	5826	14 613	10 608	10 914	12 304	48 439
4582	4936	5849	5226	4553	5200	6744	17 237	14 179	16 011	16 497	63 924
17 535	19 113	23 535	21 189	16 297	19 681	27 252	74 699	56 903	63 837	63 230	258 669
803	568	1227	924	528	608	922	3005	2114	2719	2058	9896
58	79	85	93	65	73	121	344	226	257	259	1086
3726	3868	5059	4982	4576	5242	6570	13 415	12 029	13 909	16 388	55 741
871	953	1421	1315	1298	1239	1311	2624	2836	3689	3848	12 997
2123	2113	2725	2792	2527	2934	3506	7461	6265	7630	8967	30 323
4974	5011	4730	4860	3400	4230	6524	19 121	16 460	14 601	14 154	64 336
3905	3857	3779	3982	2731	3344	5149	14 307	12 617	11 618	11 224	49 766
2586	3227	3946	3284	2541	3081	4099	11 943	8410	10 457	9721	40 531
5447	6437	8574	7138	5250	6518	9139	27 220	17 896	22 149	20 907	88 172

河北省北部电网峰谷分时销售电价表

冀价管〔2011〕62 号冀价管〔2012〕48 号

2012 年 7 月 1 日起执行　　单位：元/kWh

用电分类		电压等级	电度电价					基本电价	
			平段	尖峰	高峰	低谷	双蓄	最大需量（元/kW·月）	变压器容量（元/kVA·月）
一、居民生活用电	一户一表	不满 1kV（一档）	0.520 0	—	—	—	—	—	—
		1kV 及以上（一档）	0.470 0	—	—	—	—	—	—
	合表	不分电压等级	0.486 2	—	—	—	—	—	—
二、一般工商业及其他用电		不满 1kV	0.758 3	1.232 9	1.197 7	0.343 2	0.317 7	—	—
		1～10kV	0.743 3	1.208 2	1.173 7	0.336 7	0.311 7	—	—
		20kV	0.738 3	1.199 9	1.165 7	0.334 6	0.309 7	—	—
		35kV 及以上	0.733 3	1.191 7	1.157 7	0.332 4	0.307 7	—	—
其中：中小化肥生产用电		不满 1kV	0.476 9	0.771 2	0.760 1	0.212 1	—	—	—
		1～10kV	0.461 9	0.746 4	0.738 5	0.204 8	—	—	—
		20kV	0.456 9	0.738 2	0.730 4	0.202 7	—	—	—
		35kV 及以上	0.451 9	0.729 9	0.723 8	0.200 8	—	—	—
三、大工业用电		1～10kV	0.555 7	0.874 7	0.790 9	0.336 6	—	35	23.3
		20kV	0.548 2	0.862 7	0.784 6	0.329 5	—	35	23.3
		35～110kV	0.540 7	0.850 7	0.773 9	0.325 0	—	35	23.3
		110～220kV	0.525 7	0.826 7	0.756 4	0.311 0	—	35	23.3
		220kV 及以上	0.520 7	0.818 7	0.747 8	0.308 6	—	35	23.3
其中	电石、电解烧碱、合成氨、电炉黄磷生产用电	1～10kV	0.515 7	0.810 7	0.730 3	0.317 5	—	35	23.3
		20kV	0.508 2	0.798 7	0.722 7	0.310 5	—	35	23.3
		35～110kV	0.500 7	0.786 7	0.712 0	0.306 0	—	35	23.3
		110～220kV	0.485 7	0.762 7	0.696 1	0.291 9	—	35	23.3
		220kV 及以上	0.480 7	0.754 7	0.695 5	0.288 8	—	35	23.3
	中小化肥生产用电	1～10kV	0.363 2	0.572 1	0.519 3	0.221 7	—	24.8	16.5
		20kV	0.358 2	0.564 1	0.512 0	0.218 7	—	24.8	16.5
		35～110kV	0.353 2	0.556 1	0.508 2	0.213 0	—	24.8	16.5
		110～220kV	0.343 2	0.540 0	0.498 7	0.202 6	—	24.8	16.5
		220kV 及以上	0.333 2	0.524 1	0.479 0	0.195 0	—	24.8	16.5

续表

用电分类	电压等级	电度电价					基本电价	
		平段	尖峰	高峰	低谷	双蓄	最大需量（元/kW·月）	变压器容量（元/kVA·月）
四、农业生产用电	不满 1kV	0.500 4	—	—	—	—	—	—
	1～10kV	0.490 4	—	—	—	—	—	—
	20kV	0.485 4	—	—	—	—	—	—
	35kV 及以上	0.480 4	—	—	—	—	—	—
其中：贫困县农业生产用电	不满 1kV	0.315 4	—	—	—	—	—	—
	1～10kV	0.312 4	—	—	—	—	—	—
	20kV	0.310 9	—	—	—	—	—	—
	35kV 及以上	0.309 4	—	—	—	—	—	—

注 1. 上表所列价格除贫困县农业生产用电外，均含国家重大水利工程建设基金 0.7 分钱。

2. 上表所列价格中除农业生产、大工业优待、中小化肥生产用电外，均含城市公用事业附加费，其中：居民生活用电 1.5 分钱，一般工商业及其他用电 1.1 分钱，大工业用电 1 分钱。未开征城市公用事业附加费的地区，各类用电价格相应扣减。

3. 抗灾救灾用电，原化工部发放生产许可证的氮肥、磷肥、钾肥、复合肥生产企业用电（不含中小化肥生产用电），按表列分类电价降低 2 分钱执行。

4. 上表所列价格，除农业生产用电外，均含大中型水库移民后期扶持资金 0.35 分钱，地方水库移民后期扶持资金 0.05 分钱。

5. 上表所列价格，除农业生产用电外，均含可再生能源电价附加，其中：居民生活用电 0.1 分钱，其他用电 1.5 分钱。

6. 居民阶梯电价：一档：月用电量在 180kWh 及以内；二档：月用电量在 181kWh 至 280kWh，每 kWh 提高 0.05 元；三档：月用电量在 281kWh 及以上，每 kWh 提高 0.30 元。居民阶梯电价暂以年用电量为计费周期。

新增生产能力情况

序号	名　　称	计算单位	数量	容量（MVA）/长度（km）
一	新投变电站	座	31	8690
	500kV 变电站	座	1	2400
	220kV 变电站	座	11	4440
	110kV 变电站	座	20	1850
二	新增主变压器	台	59	6290
	500kV 变压器	台	9	3150
	220kV 变压器	台	22	4440
	110kV 变压器	台	37	1850

续表

序号	名　　称	计算单位	数量	容量（MVA）/长度（km）
三	新增输电线路	条	101	2925.769
	500kV 输电线路	条	4	174.317
	220kV 输电线路	条	34	897.323
	110kV 输电线路	条	52	817.707
	35kV 输电线路	条	15	1210.739
四	新增电缆线路	条	37	68
	220kV 电缆线路	条	59	8.444
	110kV 电缆线路	条	107	51.235
	35kV 电缆线路	条	429	158.514
五	新增 10kV 配电线路	条	15	109
六	新增 10kV 配电变压器	台	119	56.805

公司经营区域变电设备情况

地区	变电站（座）					主变压器容量（kVA）					配电变压器容量（kVA）
	合计	500kV	220kV	110kV	35kV	合计	500kV	220kV	110kV	35kV	
公司合计	939	22	98	289	530	122 383 900	47 625 000	38 160 000	26 722 500	9 876 400	3 049 155
唐山	309	0	37	89	183	30 080 000	0	17 040 000	8 811 000	4 229 000	1 351 500
张家口	177	0	17	45	115	10 720 900	0	5 460 000	3 807 500	1 453 400	491 775
秦皇岛	90	0	14	37	39	10 084 000	0	5 280 000	3 795 000	1 009 000	682 000
承德	176	0	14	54	108	10 423 000	0	4 500 000	4 275 000	1 648 000	222 750
廊坊	165	0	16	64	85	13 451 000	0	5 880 000	6 034 000	1 537 000	301 130
检修分公司	20	20	0	0	0	47 625 000	47 625 000	0	0	0	0
大同分部	2	2	0	0	0	0	0	0	0	0	0

公司经营区域输电设备情况

地区	架空线路（km）					电缆线路（km）					配电线路（km）
	合计	500kV	220kV	110kV	35kV	合计	500kV	220kV	110kV	35kV	
公司合计	37 292	8617.5	8207.5	10 554	9913.3	218.193 2	0	8.444	51.235	158.514	11 323
唐山	7650.6	0	2579.1	2738.5	2333	59.316	0	6.054	29.971	23.291	3775
张家口	7784.4	0	2206.2	2721.7	2856.5	74.77	0	0.95	0.884	72.936	1258
秦皇岛	2794.8	0	754.95	1339.8	700.05	44.221	0	0.8	18.819	24.602	2105
承德	6672.9	0	1596.6	2258.7	2817.6	38.657 2	0	0	0.972	37.685 2	1342
廊坊	3679.3	0	1057.4	1494.9	1127	1.229	0	0.64	0.589	0	2843
检修分公司	5917.7	5904.4	13.257	0	0	0	0	0	0	0	0
大同分部	2792.1	2713	0	0	79.11	0	0	0	0	0	0

10kV配电设备情况

名称	配电站（座）	箱式变压器（台）	开闭所（站）	环网柜（台）	公用配电压变压器		线路长度	
					台数	容量（kVA）	小计	其中：电缆
公司合计	770	1876	252	1074	8653	3 049 155	11 323	5515
唐山	317	734	49	325	2972	1 351 500	3775	1857
张家口	24	418	25	277	1449	491 775	1258	497
秦皇岛	297	560	97	145	1832	682 000	2105	1837
承德	128	89	53	16	1081	222 750	1342	245
廊坊	4	75	28	311	1319	301 130	2843	1079

职　工　概　况

项　目		人数	项　目		人数
按性别分	全公司总人数	25 973	按职称分	全公司总人数	25 973
	其中：男职工	19 346		其中：高级职称	1420
	女职工	6627		中级职称	3849
按年龄分	全公司总人数	25 973		初级职称	6764
	其中：55 岁及以上	2729		无职称	13 940
	50～54 岁	3089	按学历分	全公司总人数	25 973
	45～49 岁	4202		其中：研究生	1044
	35～39 岁	3360		大学本科	8157
	30～34 岁	3605		大学专科	6868
	29 岁及以下	4269		中等职业教育	4831
				高中	2621
				初中及以下	2452

公司各单位人员情况

单　位	人数	单　位	人数
国网冀北电力有限公司本部	263	国网冀北电力有限公司管理培训中心	127
国网冀北电力有限公司唐山供电公司	8062	国网冀北电力有限公司技能培训中心	221
国网冀北电力有限公司张家口供电公司	3238	国网冀北电力有限公司物资供应分公司	204
国网冀北电力有限公司秦皇岛供电公司	2931	国网冀北电力有限公司综合服务中心	19
国网冀北电力有限公司承德供电公司	2628	国网新源张家口风光储示范电站有限公司	33
国网冀北电力有限公司廊坊供电公司	5669	国家电网公司北戴河疗养院	72

续表

单　位	人数	单　位	人数
国网冀北电力有限公司经济技术研究院	95	国网冀北电力有限公司北戴河疗养院	58
国网冀北电力科学研究院	540	北京华联电力工程监理公司	36
北京送变电公司	863	国网冀北节能服务有限公司	12
国网冀北电力有限公司检修分公司	823	国网冀北电力有限公司通信管理中心	20
国网冀北电力有限公司信通分公司	59	公司总人数	25 973

公司供电营业厅情况统计表

序号	单　位	营业厅名称	网　点　地　址
1	国网唐山供电公司	建西供电营业厅	唐山市建华西道与煤医道交叉口
2		河北供电营业厅	唐山市河北路 6 号
3		赵庄供电营业厅	唐山市西山道 105 号
4		路南供电营业厅	唐山市南新东道 101 号
5		兴源道供电营业厅	唐山市友谊路 79 号
6		建设路供电营业厅	唐山市建设北路 81 号
7		女织寨城郊供电所营业厅	唐山市路南区南刘屯村
8		果园城郊供电所营业厅	唐山市南新道与车站路交叉口西行过常各庄铁路立交桥西行 400 米路南侧
9		郑庄子城郊供电营业厅	唐山市郑庄子乡政府南 20 米（银河路边）
10		古冶供电营业厅	古冶京华道 13 号
11		古东城郊供电所营业厅	古冶区开滦二中西行 1 公里春兴加油站旁
12		古冶卑家店城郊供电所营业厅	古冶卑家店三街
13		古冶吕家坨城郊供电所营业厅	古冶吕家坨三角地西行 100 米
14		古冶刁家套城郊供电所营业厅	古冶任家套 205 国道北
15		开平新苑路营业厅	开平区新苑路 75 号
16		开平营业厅	开平区普光路 49 号
17		开平越河城郊供电所营业厅	路南区文化南北街
18		开平洼里城郊供电所营业厅	开平区洼里乡政府西 200 米
19		开平栗园城郊供电所营业厅	开平区小佛头商业街 99 号
20		丰润供电营业厅	丰润区幸福道 17 号
21		新城道供电营业厅	丰润区曹雪芹东道 83 号
22		丰润城郊供电所营业厅	丰润区 25 小区安商 B 座 11 号
23		港口供电营业厅	港口开发区港荣街与海安路交叉口
24		南堡供电营业厅	南堡开发区海裕广场北
25		胥各庄供电营业厅	唐山市丰南区青年路 108 号
26		丰南城郊供电所营业厅	唐山市丰南区新华路 167 号

续表

序号	单　位	营业厅名称	网　点　地　址
27	国网迁安市供电公司	迁安供电营业厅	迁安市惠宁大街1476号
28		迁安抄表催费中心营业厅	迁安市丰乐大街市南收费大厅
29		迁安杨店子供电所营业厅	迁安杨店子镇政府对面
30		迁安马兰庄供电所营业厅	迁安马兰庄镇安康路420号
31		迁安夏官营供电所营业厅	迁安夏官营镇棒磨山铁矿家属院南侧
32		迁安杨各庄供电所营业厅	迁安杨各庄镇政府西侧200米路北
33		迁安上庄供电所营业厅	迁安上庄乡平青乐路乡政府东北侧400米
34		迁安野鸡坨供电所营业厅	迁安野鸡坨镇政府东侧
35		迁安赵店子供电所营业厅	迁安赵店子镇火车站东行600米
36		迁安五重安供电所营业厅	迁安五重安镇政府东南侧500米
37		迁安阎家店供电所营业厅	迁安阎家店乡马兰路路南
38		迁安木厂口供电所营业厅	迁安木厂口镇裴杨路西侧500米
39		迁安蔡园供电所营业厅	迁安蔡园镇玄家洼村北
40		迁安城关供电一所营业厅	迁安兴安大街路北百信超商东侧
41		迁安沙河驿供电所营业厅	迁安沙河驿镇政府西侧300米
42		迁安大五里供电所营业厅	迁安大五里乡政府西南侧300米
43		迁安大崔庄供电所营业厅	迁擂路与老三抚路交叉路口东行200米路北
44		迁安城关供电二所营业厅	迁安市轻工业园区聚鑫街1021号
45		迁安扣庄供电所营业厅	迁安扣庄乡刘家村对面扣庄卫生院西侧
46		迁安建昌营供电所营业厅	迁安建昌营镇世纪路西段
47		迁安彭店子供电所营业厅	迁安市彭店子乡彭李公路路西霍庄村南
48		迁安太平庄供电所营业厅	迁安太平庄乡万太路崇家峪村村东
49	国网滦南县供电公司	滦南县电力公司营业厅	滦南县倴城镇南大街42号
50		西城供电所营业厅	滦南倴城镇文明街西头儿
51		城关供电所营业厅	滦南城倴城镇老经委医院院内（临时借用）
52		宋道口供电所营业厅	滦南宋道口镇杜土文明生态村村南
53		长宁供电所营业厅	滦南长凝镇110kV变电站对过
54		扒港供电所营业厅	滦南扒齿港镇村东，东临扒港中心卫生院
55		司各庄供电所营业厅	滦南司各庄镇司西村西头南临财政所
56		安各庄供电所营业厅	滦南县安各庄镇安西村东100米
57		青坨营供电所营业厅	滦南西邻镇青坨营大队
58		马城供电所营业厅	滦南马城镇马城村大桥南2米
59		方各庄供电所营业厅	滦南方各庄镇政府以北
60		杨岭供电所营业厅	滦南杨岭镇南堡镇政府西行20米右转
61		南堡供电所营业厅	滦南咀东开发区咀东小学院内（临时借用）
62		柏各庄供电所营业厅	滦南柏各庄镇中石化加油站对过
63		坨里供电所营业厅	滦南坨里镇赵庄村东10米
64		程庄供电所营业厅	滦南潘代庄村西100米
65		胡各庄供电所营业厅	滦南胡各庄镇东胡村北30米
66		姚王庄供电所营业厅	滦南姚王庄村西5米

续表

序号	单　位	营业厅名称	网　点　地　址
67	国网遵化市供电公司	遵化客服中心营业厅	遵化市文化北路建明东街电力局院内
68		遵化供电所营业厅	遵化市文化北路建明东街电力局院内
69		城关供电所营业厅	遵化市遵化镇海东街68号
70		堡子店供电所营业厅	遵化市堡子店镇堡子店大街中
71		马兰峪供电所营业厅	遵化市马兰峪镇马兰峪二村石马路东侧
72		平安城供电所营业厅	遵化市平安城镇平安城一村村中
73		东新庄供电所营业厅	遵化市东新庄镇东新庄村村东
74		新店子供电所营业厅	遵化市新店子镇新店子村村北
75		党峪供电所营业厅	遵化市党峪镇大党峪村村中
76		东旧寨供电所营业厅	遵化市东旧寨镇东旧寨村村西
77		西三里供电所营业厅	遵化市西三里乡东二里村
78		建明供电所营业厅	遵化市建明镇闫屯村村东南
79		石门供电所营业厅	遵化市石门镇郭家场村村东
80	国网玉田县供电公司	客户服务中心营业厅	玉田县城铁南东路2号
81		杨家板桥供电营业厅	玉田杨家板桥镇政府东行300米
82		大安镇供电营业厅	玉田县大安镇政府北行500米
83		亮甲店供电营业厅	玉田亮甲店镇政府西1公里（102国道边）
84		林南仓供电营业厅	玉田林南仓镇政府西行2公里
85		石臼窝供电营业厅	玉田石臼窝镇政府北行500米（石臼窝高速出口南行）
86		窝洛沽供电营业厅	玉田窝洛沽镇政府西行500米
87		新区供电营业厅（更名为园区供电营业厅）	玉田县海子村五陵汽车4S店北
88		彩亭桥供电营业厅	玉田县彩亭桥镇政府对面（102国道边）
89		虹桥供电营业厅	玉田县虹桥镇政府南600米（石臼窝高速出口北行）
90		潮洛窝供电营业厅	玉田潮洛窝乡潮洛窝村
91		玉田鸦鸿桥供电营业厅	玉田鸦鸿桥镇政府北1公里
92		玉田杨家套供电营业厅	玉田杨家套乡政府对面
93		玉田郭家屯供电营业厅	玉田郭家屯乡政府南2公里
94		玉田城关供电营业厅	玉田县城铁南东路2号

续表

序号	单　位	营业厅名称	网　点　地　址
95	国网迁西县供电公司	迁西白庙子供电所营业厅	迁西县白庙子乡翻鞍寨村
96		迁西城关供电所营业厅	迁西县城开明街
97		迁西东荒峪供电所营业厅	迁西县东荒峪镇东荒峪村
98		迁西东莲花院供电所营业厅	迁西县东莲花院乡东莲花院村西
99		迁西罗屯供电所营业厅	迁西县罗屯镇三村
100		迁西三屯营供电所营业厅	迁西县三屯营镇井泉村
101		迁西上营供电所营业厅	迁西金厂峪镇凿子岭村
102		迁西太平寨供电所营业厅	迁西县太平寨镇太平寨一村
103		迁西新集供电所营业厅	迁西县新集镇新集村
104		迁西新庄子供电所营业厅	迁西县新庄子乡下店村北
105		迁西尹庄供电所营业厅	迁西县尹庄乡尹山村西
106		迁西渔户寨供电所营业厅	迁西县渔户寨乡渔户寨村北
107		迁西洒河桥供电所营业厅	迁西县洒河桥镇道马寨村北
108		迁西滦阳供电所营业厅	迁西县滦阳镇滦阳村南
109		迁西栗树湾子供电所营业厅	迁西县汉儿庄乡栗树湾子村
110	国网滦县供电公司	滦县客户服务中心营业厅	滦县新城燕山大街 4 号
111		滦县新城第一供电所营业厅	滦县新城滦新街北头
112		滦县新城第二供电所营业厅	滦县新城兴华西路 064 号
113		滦县安各庄供电所营业厅	滦县东安各庄镇东安各庄村东
114		滦县古马供电所营业厅	滦县古马镇古马村东
115		滦县九百户供电所营业厅	滦县九百户镇安家楼村南
116		滦县晒甲坨供电所营业厅	滦县小马镇西晒村南
117		滦县响堂供电所营业厅	滦县响堂镇南
118		滦县榛子镇供电所营业厅	滦县榛子镇麻湾坨村
119		滦县油榨供电所营业厅	滦县油榨镇油榨村西北
120		滦县雷庄供电所营业厅	滦县雷庄镇黄庄村北
121		滦县杨柳庄供电所营业厅	杨柳庄镇吉庄子村北

续表

序号	单 位	营业厅名称	网 点 地 址
122	国网乐亭县供电公司	乐亭姜各庄供电所营业厅	乐亭姜各庄镇姜各庄一村村南
123		乐亭古河供电所营业厅	乐亭古河乡古河村村东 100 米
124		乐亭新寨供电所营业厅	乐亭新寨镇新寨二村村东
125		乐亭中堡供电所营业厅	乐亭中堡镇中堡经济小区
126		乐亭汤家河供电所营业厅	乐亭汤家河镇高中北 100 米
127		乐亭翔云岛供电所营业厅	乐亭马头营镇尖铺村北 1000 米路东
128		乐亭城关供电一所营业厅	乐亭县县城光明街 3 号
129		乐亭汀流河供电所营业厅	乐亭汀流河镇汀流河村北
130		乐亭王滩供电所营业厅	乐亭王滩镇王滩卫生院南邻
131		乐亭胡坨供电所营业厅	乐亭胡坨镇大黑坨村西
132		乐亭庞各庄供电所营业厅	乐亭庞各庄乡甸子村西
133		乐亭马头营供电所营业厅	乐亭马头营镇卫生院对面
134		乐亭闫各庄供电所营业厅	乐亭闫各庄镇闫各庄村北
135		乐亭大相各庄供电所营业厅	乐亭大相各庄乡大相各庄村北
136		乐亭毛庄供电所营业厅	乐亭毛庄乡卫生院东 100 米
137		乐亭城关供电二所营业厅	乐亭县县城光明街 3 号
138	国网唐山市丰南区供电公司	胥各庄供电所营业厅	丰南唐胥路 63 号（丰南区文化路东头）
139		银丰供电所营业厅	丰南丰南镇银丰市场东侧（欣荣街）
140		唐坊供电所营业厅	丰南唐坊镇铁路立交桥北 50 米
141		田庄供电所营业厅	丰南田庄乡政府东行 1000 米
142		柳树圈供电所营业厅	丰南柳树圈镇南北大街信用社南
143		沿海供电所营业厅	丰南黑沿子镇政府东 800 米
144		稻地供电所营业厅	丰南唐柏路稻地镇新桥东 50 米
145		小集供电所营业厅	丰南唐柏路小集镇政府西 50 米
146		大新庄供电所营业厅	丰南唐柏路大新庄镇医院东行 300 米
147		钱营供电所营业厅	丰南钱营镇政府西 100 米（康乾大街）
148		大齐供电所营业厅	丰南大齐镇井屯村南（榕丰钢铁公司对面）
149		黄各庄供电所营业厅	丰南黄各庄镇惠达路 14 号

续表

序号	单　位	营业厅名称	网　点　地　址
150	国网丰润区供电公司	城一所供电营业厅	丰润区丰润镇北关桥北三中西侧
151		城二所供电营业厅	丰润区丰润镇北关桥北三中西侧
152		任各庄供电营业厅	丰润区任各庄镇任各庄村南
153		老庄子供电营业厅	丰润区老庄子镇老庄子村村北、邱柳路西
154		韩城供电营业厅	丰润区韩城镇镇西、唐通路路北
155		新军屯供电营业厅	丰润区新军屯镇东、唐通路路北
156		欢喜庄供电营业厅	丰润区欢喜庄乡欢喜庄村北
157		李钊庄供电营业厅	丰润区李钊庄镇李钊庄村东、唐通路路南
158		丰登坞供电营业厅	丰润区丰登坞镇丰登坞村北
159		白官屯供电营业厅	丰润区白官屯镇白官屯村东
160		小屯供电营业厅	丰润区丰润镇小屯村东、丰津公路路南
161		石各庄供电营业厅	丰润区石各庄镇石各庄村西
162		杨官林供电营业厅	丰润区杨官林镇杨官林村、镇政府对面
163		沙流河供电营业厅	丰润区沙流河镇沙流河村东
164		左家坞供电营业厅	丰润区左家坞镇左家坞村村南
165		王官营供电营业厅	丰润区王官营镇王官营村北、丰董公路路东
166		火石营供电营业厅	丰润区火石营镇火石营村南
167		姜家营供电营业厅	丰润区姜家营乡姜家营村南
168		岔河供电营业厅	丰润区岔河镇刘庄子村北
169	国网曹妃甸区供电公司	城关一所供电营业厅	曹妃甸迎宾路2号
170		一场供电所供电营业厅	曹妃甸区一场场部（区政府东行11公里）
171		三场供电所供电营业厅	曹妃甸区三场场部（区政府东南6公里）
172		四场供电所供电营业厅	曹妃甸区四场场部（区政府南行6公里）
173		五场供电所供电营业厅	曹妃甸区五场场部（区政府南行11公里）
174		六场供电所供电营业厅	曹妃甸区六场场部（区政府北行6公里）
175		临港所供电营业厅	曹妃甸区临港产业园区（区政府南行21公里）
176		八场供电所供电营业厅	曹妃甸区八场场部（区政府西行26公里）
177		九场供电所供电营业厅	曹妃甸区九场场部（区政府东行21公里）
178		十场供电所供电营业厅	曹妃甸区十场孙坨村（区政府西行11公里）
179		十一场供电所供电营业厅	曹妃甸区十一场场部（区政府西南13公里）
180		曹妃甸供电营业厅	曹妃甸区建设大街254号

续表

序号	单 位	营业厅名称	网 点 地 址
181	国网廊坊供电公司	新华营业厅	河北省廊坊市新华路105号
182		开发区营业站	开发区四海路151号
183		银河营业站	廊坊市安次区银河南路147号
184		吉祥营业站	广阳区三大街B座136号
185		永兴营业站	廊坊市安次区永兴南路7号
186		爱民营业站	爱民东道8－5号
187		码头供电所	廊坊市安次区码头镇北口码杨线路东
188		东沽港供电所	廊坊市安次区东沽港镇北口码杨线路东
189		万庄供电所	万庄镇中街北段路东
190		尖塔供电所	南尖塔村中街南段
191		大王务供电所	廊坊市安次区仇庄乡北廊泊线路东
192		调河头供电所	廊坊市安次区调河头乡调河头村东口码调线路北
193		杨税务供电所	廊坊市安次区杨税务乡北口杨税务乡政府斜对过
194		落垡供电所	廊坊市安次区落垡镇东张务村东口路旁
195		葛渔城供电所	廊坊市安次区葛渔城镇北口码杨线路东
196		北旺供电所	光明道东侧北旺镇加油站附近
197		九州供电所	九州镇中路北口路东
198		九州供电所白家务营业站	白家务办事处内
199		尖塔供电所桐柏营业站	桐柏村村北中街
200	国网大城供电有限公司	客户服务中心营业厅	大城县新华东街82号
201		城区营业厅	县城南环西路民政局对面
202		城关营业厅	大城县开发区新风北路西侧
203		王文营业厅	旺村镇王文卫生院西侧
204		大尚屯营业厅	大尚屯镇中心街东侧
205		留各庄营业厅	留各庄镇中心街北侧
206		阜草营业厅	阜草镇津保西路北侧
207		刘固献营业厅	刘固献镇刘演马村村东
208		藏屯营业厅	藏屯乡政府东侧
209		里坦营业厅	里坦镇272廊泊公路东
210		位敢营业厅	位敢镇镇政府北侧
211		南赵扶营业厅	南赵扶镇381省道北侧

续表

序号	单 位	营业厅名称	网 点 地 址
212	国网固安供电有限公司	客户服务中心营业厅	固安县永定南路68号
213		城镇供电所营业厅	固安镇吕营村西侧
214		城关供电所营业厅	固安镇南关村南
215		知子营供电所营业厅	知子营乡小东湖村北
216		宫村供电所营业厅	宫村镇大杨先务村东
217		苏桥供电所营业厅	东湾乡吴屯村北
218		渠沟供电所营业厅	渠沟乡渠西村西
219		马庄供电所营业厅	马庄镇东桃园村东
220		礼让店供电所营业厅	礼让店乡康家务村西
221		牛驼供电所营业厅	牛驼镇106国道东侧
222		柳泉供电所营业厅	柳泉镇柳泉村西
223		彭村供电所营业厅	彭村乡彭东村北
224	国网永清供电有限公司	公司营业厅	河北省廊坊市永清县城内益昌南路
225		县直营业厅	河北省廊坊市永清县裕华路南段
226		大辛阁营业厅	河北省廊坊市永清县永固线大辛阁段南侧
227		曹家务营业厅	河北省廊坊市永清县廊涿路曹家务段西侧
228		管家务营业厅	河北省廊坊市永清县廊涿路管家务段东侧
229		韩村营业厅	河北省廊坊市永清县廊霸路韩村镇段北侧
230		别古庄营业厅	河北省廊坊市永清县别古庄镇主街南侧
231		前第五营业厅	河北省廊坊市永清县前第五镇主街北段
232		里澜城营业厅	河北省廊坊市永清县里澜城镇主街北段
233		三圣口营业厅	河北省廊坊市永清县三圣口镇中心街北段
234		后奕营业厅	河北省廊坊市永清县后奕镇西大街北段
235		刘街营业厅	河北省廊坊市永清县刘街镇镇中街北侧
236		龙虎庄营业厅	河北省廊坊市永清县廊霸路龙虎庄路段临街
237		养马庄营业厅	河北省廊坊市永清县廊霸路养马庄段临街
238	国网香河供电有限公司	市场营业班	香河县五一路16号
239		城区供电所营业厅	淑阳大街56号
240		淑阳供电所营业厅	新开街75号南侧100米
241		安平供电所营业厅	安平开发区
242		钳屯供电所营业厅	贾庄村
243		五百户供电所的营业厅	五百户村
244		安头屯供电所营业厅	安三村
245		刘宋供电所营业厅	刘宋镇
246		渠口供电所营业厅	王刘圈村
247		钱旺供电所营业厅	钱旺村
248		蒋辛屯供电所营业厅	蒋辛屯村

续表

序号	单　位	营业厅名称	网　点　地　址
249	国网霸州供电有限公司	中心营业厅（现为临时营业厅）	霸州市益津南路城关供电所北 100 米
250		霸州城关供电所营业厅	霸州市益津南路 328 号
251		霸州南孟供电所营业厅	霸州市南孟镇南孟村南路西 200 米
252		霸州煎茶铺供电所营业厅	霸州市煎茶铺镇 112 国道路北西煎村对面
253		霸州胜芳供电所营业厅	霸州市胜芳镇芳清路 12 号
254		霸州胜芳新区供电所营业厅	霸州市胜芳镇工业开发区中段路北
255		霸州堂二里供电所营业厅	霸州市堂二里镇津保高速胜芳出口南 50 米
256		霸州信安供电所营业厅	霸州市信安镇振兴道 5 号
257		霸州开发区供电所营业厅	霸州市开发区供电小区东 100 米
258		霸州褚河港供电所营业厅	霸州市杨芬港镇和平路 33 号
259		霸州岔河集供电所营业厅	霸州市岔河集乡北夹村 106 国道 82 公里处
260		霸州老堤供电所营业厅	霸州市老堤乡老堤村 106 国道路西
261		霸州辛店供电所营业厅	霸州市康仙庄乡辛一村南
262		霸州康仙庄供电所营业厅	霸州市康仙庄乡于崔庄村南头
263		霸州东杨庄供电所营业厅	霸州市东杨庄乡东杨庄村西南部卫生院对面
264		霸州王庄子供电所营业厅	霸州市王庄子乡王庄子村西
265		霸州辛章供电所营业厅	霸州市辛章办事处辛胜路中段
266		霸州杨芬港供电所营业厅	霸州市杨芬港镇霸杨路去天津高速交叉口处
267		霸州临津供电所营业厅	霸州市岔河集乡临南村临津面粉厂对面
268	国网三河供电有限公司	三河供电营业厅	三河市泃阳西大街 46 号
269		城关供电所营业厅	三河市迎宾南路 36 号
270		市区用电管理所	三河市迎宾南路 36 号
271		客服燕郊分中心	三河市燕郊开发区海油大街 199 号
272		燕郊开发区用电管理所	三河市燕郊火车站东 200 米路北
273		高楼供电所营业厅	三河市高楼镇镇中间
274		小五福供电所营业厅	三河市齐心庄镇小五福村
275		李旗庄供电所营业厅	三河市李旗庄镇李七侯大街
276		黄土庄供电所营业厅	三河市皇庄镇皇庄大街 151 号
277		段甲岭供电所营业厅	三河市段甲岭镇八百户村南
278		杨庄供电所营业厅	三河市杨庄镇武公庄村东
279		新集供电所营业厅	三河市新集镇张庄村北
280		皇庄供电所营业厅	三河市皇庄镇皇庄大街 151 号
281	国网大厂供电有限公司	客户服务中心营业厅	大安西街 47 号
282		城关供电所营业厅	荣昌北街电机厂对面
283		夏垫供电所营业厅	穆斯林大街 792 号
284		祁各庄供电所营业厅	祁各庄商业街北侧
285		邵府供电所营业厅	昌盛路 28 号
286		陈府供电所营业厅	陈府乡政府对面

续表

序号	单 位	营业厅名称	网 点 地 址
287	国网文安供电有限公司	文安供电公司营业厅	文安县丰利路182号
288		文安镇供电所营业厅	文安县永定路与兴文道交口
289		刘么供电所营业厅	马武营村东500米路南
290		黄甫供电所营业厅	黄甫村西100米
291		龙街供电所营业厅	龙街管区龙街村南1000米
292		德归供电所营业厅	德归乡西德归村西800米
293		孙氏供电所营业厅	孙氏乡孙氏村南2公里
294		董村供电所营业厅	董村区管理委员会对面
295		史各庄供电所营业厅	史各庄镇闸口
296		赵各庄供电所营业厅	赵各庄镇尹村塑料市场南
297		兴隆宫供电所营业厅	兴隆宫镇106国道路南
298		苏桥供电所营业厅	苏桥镇苏桥村南采留线路西
299		辛庄供电所营业厅	辛庄管区辛庄村中
300		新镇供电所营业厅	新镇镇东海驾校对面
301		高头供电所营业厅	高头管区防洪堤中段路南
302		急流口供电所营业厅	急流口乡急流口村中
303		柳河供电所营业厅	柳河镇政府东1000米
304		围河供电所营业厅	围河乡政府东300米
305		滩里供电所营业厅	滩里镇廊大路路东
306		左各庄供电所营业厅	左各庄镇千里堤南
307		留镇供电所营业厅	大留镇镇大留镇村中
308	国网张家口供电公司	帝广营业厅	张家口市桥东区帝广南区对面
309		桥东土沟营业站	张家口市桥东区胜利北路平安大厦底商
310		客服中心营业厅	桥西区西沙河大街67号
311		沈家屯供电所营业厅	张家口市高新区许家庄110国道
312		东窑子供电所	张家口市口外东窑子村
313		姚家庄供电所	张家口市姚家庄镇西榆林村口
314		长青路营业厅	张家口市桥西区长青路52号
315		西沙河营业厅	张家口市桥西区西沙河路
316		老鸦庄营业站	张家口市高新区纬三路世纪豪园底商
317		客服分中心营业厅	宣化区钟楼西街11号
318		侯家庙供电所营业厅	宣化区侯家庙乡侯家庙村
319		河子西供电所	宣化区河子西乡河子西村
320		庞家堡供电所营业厅	宣化区庞家堡镇八区
321		客服分中心营业厅	下花园区新辰路1号
322		花园路营业厅	下花园区花园路66号

续表

序号	单位	营业厅名称	网点地址
323	国网宣化供电分公司	西望山供电所营业厅	宣化县西望山乡西望山村
324		大仓盖供电所营业厅	宣化县大仓盖镇大仓盖村
325		姚家房供电所营业厅	宣化县姚家房镇姚家房村
326		沙岭子供电所营业厅	宣化县沙岭子镇二里半寸
327		洋河南供电所营业厅	宣化县洋河南镇头太子村
328		江家屯供电所营业厅	宣化县江家屯乡江家屯村
329		崞村供电所营业厅	宣化县崞镇崞村
330		深井供电所营业厅	宣化县深井镇
331		王家湾供电所营业厅	宣化县王家湾乡王家湾村
332		半坡街供电所营业厅	宣化县顾家营镇半坡街
333		赵川供电所营业厅	宣化县赵川镇赵川村
334		李家堡供电所营业厅	宣化县李家堡镇李家堡村
335		贾家营供电所营业厅	宣化县贾家营镇元台子村
336		塔村供电所营业厅	宣化县塔村
337		客服分中心营业厅	宣化区宣府大街 101 号
338	国网张北供电分公司	白庙滩供电所营业厅	张北县白庙滩乡
339		单晶河供电所营业厅	张北县单晶河乡
340		油篓沟供电所营业厅	张北县油篓沟乡
341		台路沟供电所营业厅	张北县台路沟乡
342		战海供电所营业厅	张北县战海乡
343		黄石崖供电所营业厅	张北县黄石崖乡
344		公会供电所营业厅	张北县公会镇
345		海流图供电所营业厅	张北县海流图乡
346		大河供电所营业厅	张北县大河乡
347		小二台供电所营业厅	张北县小二台乡
348		三号供电所营业厅	张北县三号乡
349		两面井供电所营业厅	张北县两面井乡
350		二泉井供电所营业厅	张北县二泉井乡
351		二台供电所营业厅	张北县二台镇
352		郝家营供电所营业厅	张北县郝家营乡
353		大囫囵供电所营业厅	张北县大囫囵镇
354		馒头营供电所营业厅	张北县馒头营乡
355		客服分中心营业厅	张北县永春南街 75 号

续表

序号	单位	营业厅名称	网点地址
356	国网尚义供电分公司	客服分中心营业厅	尚义县南壕堑镇平安街
357		大青沟供电所营业厅	尚义县大青沟镇
358		黄脑包供电所营业厅	尚义县八道沟镇黄脑包村
359		三工地供电所营业厅	尚义县三工地镇
360		大满井供电所营业厅	尚义县大满井镇
361		七甲供电所营业厅	尚义县七甲乡七甲村
362		小蒜沟供电所营业厅	尚义县小蒜沟镇
363		套里庄供电所营业厅	尚义县套里庄乡套里庄村
364		大苏计供电所营业厅	尚义县大苏计乡大苏计村
365		大营盘供电所营业厅	尚义县大营盘乡大营盘村
366		红土良供电所营业厅	尚义红土良村河西
367	国网沽源供电分公司	平定堡供电所	沽源县平定堡镇桥东工业北街
368		西辛营供电所	沽源县西辛营乡西辛营村
369		莲花滩供电所	沽源县莲花滩乡莲花滩村
370		东房子供电所	沽源县小河子乡东房子村
371		小厂供电所	沽源县小厂镇
372		丰元店供电所	沽源县丰元店乡丰元店村
373		长梁供电所	沽源县长梁乡长梁村
374		九连城供电所	沽源县九连城镇半拉山村
375		白土窑供电所	沽源县白土窑乡白土窑村
376		黄盖淖供电所	沽源县黄盖淖镇
377		二道渠供电所	沽源县二道渠乡二道渠村
378		闪电河供电所	沽源县闪电河乡闪电河村
379		小河子供电所	沽源县小河子乡小河子村
380		高山堡供电所	沽源县高山堡乡高山堡村
381		城镇桥东供电所营业厅	沽源县桥东大街
382		城镇桥西供电所营业厅	沽源县桥西大街
383	国网康保供电分公司	满德堂供电所营业厅	康保县满德堂乡满德堂村
384		闫油坊供电所营业厅	康保县闫油坊乡闫油坊村
385		处长地供电所营业厅	康保县处长地乡处长地村
386		邓油坊供电所营业厅	康保县邓油坊镇邓油坊村
387		丹清河供电所营业厅	康保县丹清河乡丹清河村
388		芦家营供电所营业厅	康保县芦家营乡芦家营村
389		二号卜供电所营业厅	康保县二号卜乡二号卜乡
390		照阳河供电所营业厅	康保县照阳河镇照阳河村
391		李家地供电所营业厅	康保县李家地镇李家地村
392		哈必嘎供电所营业厅	康保县哈必嘎乡哈必嘎村
393		屯垦供电所营业厅	康保县屯垦镇屯垦村
394		张纪供电所营业厅	康保县张纪镇张纪村
395		土城子供电所营业厅	康保县土城子镇土城子村
396		忠义供电所营业厅	康保县忠义乡忠义村
397		城关供电所营业厅	康保县永安街路北

续表

序号	单位	营业厅名称	网点地址
398	国网崇礼供电分公司	高家营供电所营业厅	崇礼县高家营镇乌拉哈达村
399		三间房供电所营业厅	崇礼县高家营镇三间房村
400		四台嘴供电所营业厅	崇礼县四台嘴乡行人马沟村
401		狮子沟供电所营业厅	崇礼县狮子沟乡狮子沟村
402		驿马图供电所营业厅	崇礼县驿马图乡驿马图村
403		白化沟供电所营业厅	崇礼县红旗营乡白化沟村
404		马丈子供电所营业厅	崇礼县四台嘴乡马丈子村
405		白旗供电所营业厅	崇礼县白旗营乡
406		清三营供电所营业厅	崇礼县清三营乡
407		五十家供电所营业厅	崇礼县石咀子乡五十家村
408		石窑子供电所营业厅	崇礼县石窑子乡石窑子村
409		石嘴子供电所营业厅	崇礼县石嘴子乡
410		红旗营供电所营业厅	崇礼县红旗营乡
411		客服分中心营业厅	崇礼县西湾子镇长青路
412	国网赤诚供电分公司	城关供电营业厅	赤城县城关农职底商
413		镇宁堡供电营业厅	镇宁堡乡镇宁堡村
414		雕鄂供电营业厅	赤城县雕鄂镇雕鄂村
415		大海陀供电营业厅	赤城县大海陀乡
416		东万口供电营业厅	赤城县东万口乡塘子庙
417		云州供电营业厅	赤城县云州乡
418		样田供电营业厅	赤城县样田乡样田村
419		田家窑供电营业厅	赤城县田家窑镇
420		三道川供电营业厅	赤城县三道川乡
421		炮梁供电营业厅	赤城县炮梁村
422		马营供电营业厅	赤城县马营乡
423		独石口供电营业厅	赤城县独石口镇
424		后城供电营业厅	赤城县后城镇郑家窑 47 号
425		东卯供电营业厅	赤城县东卯镇
426		茨营子供电营业厅	赤城县茨营子乡黑达营村
427		白草供电营业厅	赤城县白草镇
428		龙关供电所营业厅	赤城县龙关镇东外大街 36 号
429		鼓楼南街供电营业厅	赤城县鼓楼南街

续表

序号	单　位	营业厅名称	网　点　地　址
430	国网万全供电分公司	洗马林供电所营业厅	万全县洗马林镇政府旁
431		高庙堡供电所营业厅	万全县高庙堡乡高庙堡村
432		旧堡供电所营业厅	万全县旧堡乡旧堡村路口西
433		北沙城供电所营业厅	万全县北沙城乡北沙城村路口
434		郭磊庄供电所营业厅	万全县郭磊庄镇路南 110 国道旁
435		安家堡供电所营业厅	万全县安家堡乡安家堡村东
436		北新屯供电所营业厅	万全县北新屯乡北新屯村扣
437		膳房堡供电所营业厅	万全县膳房堡乡 207 国道路西
438		宣平堡供电所营业厅	万全县宣平堡乡宣平堡村
439		万全供电所营业厅	万全县万全镇西环路
440		西山供电所营业厅	万全县孔家庄镇商业街
441		客服分中心营业厅	万全县孔家庄镇全兴路
442	国网怀安供电分公司	柴沟堡营业厅	怀安县柴沟堡镇
443		怀安城营业厅	怀安县怀安城镇
444		第三堡营业厅	怀安县第三堡乡强地村
445		渡口堡营业厅	怀安县渡口堡乡渡口堡村
446		西湾堡营业厅	怀安县西湾堡乡西湾堡
447		西沙城营业厅	怀安县西沙城乡西沙城
448		太平庄营业厅	怀安县太平庄乡太平庄村
449		王虎屯营业厅	怀安县王虎屯乡王虎屯村
450		左卫营业厅	怀安县左卫镇解放街
451		头百户营业厅	怀安县头百户乡头百户村
452		第六屯营业厅	怀安县第六屯乡第六屯村
453		客户服务中心第一营业厅	怀安县柴沟堡镇新区广安街路北
454		客户服务中心第二营业厅	怀安县柴沟堡镇南大街 18 号
455	国网怀来供电分公司	官厅供电所营业厅	怀来县官厅镇大街
456		城郊供电所营业厅	怀来县沙城镇府前街
457		鸡鸣驿营业厅	怀来县鸡鸣驿村
458		存瑞营业厅	怀来县存瑞镇头二营村北 1000 米
459		王家楼营业厅	怀来县王家楼乡
460		头二营供电所营业厅	怀安来县头二营镇
461		狼山供电所营业厅	怀来县狼山乡狼山村
462		小南辛堡供电所营业厅	怀来县小南辛堡供电所
463		东花园供电所营业厅	怀来县东花园镇
464		新保安供电所营业厅	怀来县新保安镇车站街
465		桑园供电所营业厅	怀来县桑园镇大街
466		客服分中心营业厅	怀来县沙城镇府前街

续表

序号	单　位	营业厅名称	网　点　地　址
467	国网涿鹿供电分公司	大河南所营业厅	涿鹿县大河南镇大河南村
468		蟒石口所营业厅	涿鹿县蟒石口镇蟒石口村
469		谢家堡所营业厅	涿鹿县谢家堡镇谢家堡村
470		河东所营业厅	涿鹿县赵家蓬区河东镇
471		黑山寺所营业厅	涿鹿县黑山寺乡黑山寺村
472		矾山所营业厅	涿鹿县矾山镇
473		卧佛寺所营业厅	涿鹿县卧佛寺乡卧佛寺村
474		大堡所营业厅	涿鹿县大堡镇大堡村
475		辉耀所营业厅	涿鹿县辉耀乡岔道村
476		栾庄所营业厅	涿鹿县栾庄乡栾庄村
477		保岱所营业厅	涿鹿县保岱镇茶房村
478		温泉屯所营业厅	涿鹿县温泉屯镇温泉屯村
479		五堡所营业厅	涿鹿县五堡镇九堡村
480		武家沟所营业厅	涿鹿县武家沟镇武家沟村
481		东小庄所营业厅	涿鹿县东小庄镇上太府
482		张家堡所营业厅	涿鹿工业园区
483		城镇供电所营业厅	涿鹿镇东风大街 203 号
484		涿鹿供电营业厅	涿鹿县涿鹿镇轩辕西路
485	国网阳原供电分公司	东城供电所营业厅	阳原县东城镇卡夭村
486		阳原化稍营供电营业厅	阳原县化稍营镇化稍营四村
487		阳原东城供电营业厅	阳原县东井集镇东井集村东
488		阳原高墙供电营业厅	阳原县高墙乡高墙村
489		阳原大田洼供电营业厅	阳原县大田洼乡大田洼村
490		阳原辛堡供电营业厅	阳原县辛堡乡辛堡村
491		阳原马圈堡供电营业厅	阳原县马圈堡乡马圈堡村
492		阳原浮图讲供电营业厅	阳原县浮图讲乡浮图讲村
493		阳原井儿沟供电营业厅	阳原县井儿沟乡井儿沟村西
494		阳原揣骨疃供电营业厅	阳原县揣骨疃乡揣骨疃村
495		阳原要家庄供电营业厅	阳原县要家庄乡要家庄村
496		阳原城郊供电营业厅	阳原县西城镇北关中苑路
497		阳原东井集供电营业厅	阳原县东井集镇
498		阳原供电第一营业厅	阳原县西城镇昌盛西街

续表

序号	单位	营业厅名称	网点地址
499	国网蔚县供电分公司	第二营业厅	蔚县蔚州镇胜利路 24 号
500		蔚县西合营供电所营业厅	蔚县西合营镇
501		蔚县南留庄供电所营业厅	蔚县南留庄镇
502		蔚县暖泉供电所营业厅	蔚县暖泉镇
503		蔚县白乐供电所营业厅	蔚县白乐镇
504		蔚县阳眷供电所营业厅	蔚县阳眷镇
505		蔚县下宫村供电所营业厅	蔚县下宫村乡
506		蔚县白草供电所营业厅	蔚县白草乡
507		蔚县杨庄窠供电所营业厅	蔚县杨庄窠乡
508		蔚县涌泉庄供电所营业厅	蔚县涌泉庄乡
509		蔚县代王城供电所营业厅	蔚县代王城镇
510		蔚县南杨庄供电所营业厅	蔚县南杨庄乡
511		蔚县宋家庄供电所营业厅	蔚县宋家庄镇
512		蔚县桃花供电所营业厅	蔚县桃花镇
513		蔚县吉家庄供电所营业厅	蔚县吉家庄镇
514		蔚县草沟堡供电所营业厅	蔚县草沟堡乡
515		蔚县黄梅供电所营业厅	蔚县黄梅乡
516		蔚县北水泉供电所营业厅	蔚县北水泉乡
517		蔚县南岭庄供电所营业厅	蔚县南岭庄乡
518		蔚县常宁供电所营业厅	蔚县常宁乡
519		蔚县供电营业厅	蔚县蔚州镇和平路 72 号
520	国网承德供电公司	新华路营业厅	承德市新花园 C 座底商一层
521		北郊营业厅	承德市双桥区北兴隆街桥头
522		上板城营业厅	承德市上板城村
523		东大街营业厅	承德市双桥区钟鼓楼
524		双峰寺营业厅	承德市双峰寺村
525		南郊营业厅	开发西区变电综合楼
526		西大街营业厅	承德市双桥区头道牌楼
527		冯营子营业厅	承德市双桥区冯营子
528		双滦客服分中心营业厅	承德市双滦区双塔山镇双塔山中心大街 137 号
529		滦河供电所营业厅	承德市双滦区滦河镇滦河大街 1 号
530		大庙供电所营业厅	承德市双滦区大庙镇福园街 25 号
531		西地供电所营业厅	承德市双滦区西地乡西地村
532		偏桥子供电所营业厅	承德市双滦区偏桥子镇偏桥子村 161 号
533		营子分中心营业厅	鹰手营子大街 23 号
534		营子供电所营业厅	营子矿区东方家园
535		北营房供电所营业厅	北营房镇北营房村
536		汪庄供电所营业厅	汪庄镇汪庄村
537		寿王坟供电所营业厅	寿王坟镇铜兴大街 73 号

续表

序号	单　位	营业厅名称	网　点　地　址
538	国网承德县供电分公司	承德县营业大厅	河北省承德市承德县板城大街火车站路口对过
539		下板城供电所营业厅	承德县下板城大街火车站对面
540		甲山供电所营业厅	承德县甲山镇武场村
541		六沟供电所营业厅	六沟镇六沟村
542		三沟供电所营业厅	三沟村三沟供电所内
543		头沟供电所营业厅	头沟村
544		三家供电所营业厅	三家乡三家村
545		安匠供电所营业厅	安匠村
546		高寺台供电所营业厅	高寺台村
547	国网滦平县供电分公司	承德供电滦平分公司营业厅	河北省滦平县新建路 116 号
548		巴克什营供电所营业厅	巴克什营镇巴克什营村
549		蓝旗供电所营业厅	双滦区西地乡西地村
550		三道梁供电所营业厅	长山峪镇长三道梁村
551		付营子供电所营业厅	付营子乡头道河村
552		红旗供电所营业厅	红旗镇红旗村
553		金沟屯供电所营业厅	金沟屯镇滦河沿村
554		张百湾供电所营业厅	张百湾镇张百湾
555		滦平镇供电所营业厅	滦平县三地沟门村
556		安纯沟门供电所营业厅	安纯沟门乡安纯沟门村
557		虎什哈供电所营业厅	虎什哈镇虎什哈村
558		涝洼供电所营业厅	涝洼乡涝洼村
559		火斗山供电所营业厅	滦平县火斗山乡火斗山村
560		05 鑫港营业厅	县城 05 鑫港小区 B 座 10 号
561	国网丰宁县供电分公司	丰宁分公司营业厅	丰宁县大阁镇新丰路 85 号
562		大阁供电所营业厅	开发区南二营
563		大滩供电所营业厅	丰宁县大滩镇
564		凤山供电所营业厅	丰宁县凤山镇白营村
565		黄旗供电所营业厅	丰宁县黄旗镇
566		平安堡供电所营业厅	丰宁县平安堡镇
567		石人沟供电所营业厅	丰宁县石人沟乡石人沟村
568		汤河供电所营业厅	丰宁县汤河乡
569		土城供电所营业厅	丰宁县土城镇四间房村
570		窄岭供电所营业厅	丰宁县黑山嘴镇黑山嘴村

续表

序号	单　位	营业厅名称	网　点　地　址
571	国网宽城县供电分公司	承德供电宽城分公司供电营业厅	宽城县新兴街111号
572		桲罗台供电所营业厅	桲罗台镇桲罗台村
573		板城供电所营业厅	板城镇下板城村
574		汤道河供电所营业厅	汤道河镇汤道河村
575		峪耳崖供电所营业厅	峪耳崖镇将屯子村
576		亮甲台供电所营业厅	亮甲台镇新白庄村
577		大地供电所营业厅	宽城县大地乡大地村
578		化皮供电所营业厅	化皮溜子乡任杖子村
579		宽城供电所营业厅	缸窑沟村翁家庄
580	国网围场县供电分公司	承德供电围场分公司营业厅	围场镇天宝路432号对面
581		围场分公司河东营业厅（便利店）	围场镇河东中街
582		四合永供电所营业厅	四合永镇营字村
583		利生栈供电所营业厅	银窝沟乡石匣村
584		克勒沟供电所营业厅	克勒沟镇南
585		朝阳湾供电所营业厅	朝阳湾镇金矿村
586		棋盘山供电所营业厅	棋盘山镇棋盘山村
587		新拨供电所营业厅	新拨乡新拨村
588		山湾子供电所营业厅	山湾子乡山湾子村
589		半截塔供电所营业厅	半截塔镇半截塔村
590		牌楼供电所营业厅	牌楼乡牌楼村
591		老窝铺供电所营业厅	老窝铺乡上窝铺村
592	国网隆化县供电分公司	隆化供电分公司营业厅	隆化县振兴路32号
593		韩麻营营业厅	韩麻营镇韩麻营村
594		汤头沟营业厅	汤头沟镇汤头沟村
595		小黄旗营业厅	太平庄乡小黄旗村
596		蓝旗营业厅	蓝旗镇蓝旗村三组
597		郭家屯营业厅	郭家屯镇东屯村国路西54号
598		张三营营业厅	张三营镇河东村
599		茅荆坝营业厅	茅荆坝乡茅荆坝村
600		步古沟营业厅	步古沟镇步古沟村西

续表

序号	单　位	营业厅名称	网　点　地　址
601	国网平泉县供电分公司	平泉分公司供电营业厅	平泉县喧哗街
602		平泉城关供电营业厅	平泉县荣华街
603		平泉金世纪供电营业厅	平泉县市场北路
604		平泉城郊供电营业厅	平泉县卧龙镇八家村
605		平泉党坝供电营业厅	平泉县党坝镇党坝村
606		平泉黄土梁子供电营业厅	平泉县黄土梁子镇三家村
607		平泉茅兰沟供电营业厅	平泉县茅兰沟乡烧锅营子村
608		平泉七沟供电营业厅	平泉县七沟镇三家村
609		平泉小寺沟供电营业厅	小寺沟镇佟杖子村
610		平泉杨树岭供电营业厅	承德市平泉县杨树岭镇缸窑村
611		平泉榆树林子供电营业厅	榆树林子镇
612	国网兴隆县供电分公司	兴隆供电分公司营业厅	兴隆县开发区 112 线路北
613		城关供电所营业厅	兴隆县开发区 112 线路北
614		六道河供电所营业厅	兴隆县六道河镇五道河村
615		青松岭供电所营业厅	兴隆县青松岭镇
616		北水泉供电所营业厅	兴隆县北水泉乡北水泉村
617		大水泉供电营业厅	兴隆县大水泉乡白马川村大水泉供电所
618		平安堡供电所营业厅	兴隆平安堡镇土城头村
619		大杖子供电所营业厅	兴隆县大杖子乡大杖子村
620		半壁山供电所营业厅	半壁山镇半壁山村
621		蓝旗营供电所	兴隆县蓝旗营镇蓝旗营村
622		挂兰峪供电所营业厅	兴隆县挂兰峪镇挂兰峪村
623		孤山子供电所营业厅	孤山子镇政府路南
624		蘑菇峪供电所营业厅	蘑菇峪乡蘑二路
625	国网秦皇岛电力公司	河北大街营业厅	秦皇岛市海港区河北大街 210 号
626		海阳路营业厅	秦皇岛市海港区海阳路 269 号
627		秦皇小区营业厅	秦皇岛市海港区民族南路 132 号
628		海阳路便利店	秦皇岛市海港区海阳路 273 号
629		西郊供电所营业厅	秦皇岛市开发区钱塘江道 18 号
630		东郊供电所营业厅	秦皇岛市海港区东港路 3544 工厂北
631		北郊供电所营业厅	秦皇岛市海港区海阳镇南街
632		北戴河海滨营业厅	秦皇岛市北戴河区海宁路 53 号
633		戴河供电所营业厅	秦皇岛市北戴河西坨头
634		山海关营业厅	秦皇岛市山海关区关城南路 29 号
635		孟姜供电所营业厅	秦皇岛市山海关区孟姜镇南窑河 36 号
636		石河供电所营业厅	秦皇岛市山海关区五里台村石河镇政府对面
637		西区营业厅	秦皇岛市开发区峨眉山中路 6 号
638		东区营业厅	秦皇岛市东开发区渤海家园农贸市场东行 100 米
639		城区营业厅	秦皇岛市昌黎城关碣阳大街西段 117 号
640		城南营业厅	秦皇岛市昌黎城关道南变电站北侧

续表

序号	单　位	营业厅名称	网　点　地　址
641	国网昌黎县供电公司	昌黎供电营业厅	秦皇岛市昌黎县城南宾水大街
642		靖安供电所营业厅	秦皇岛市昌黎县靖安镇
643		朱各庄供电所营业厅	秦皇岛市昌黎县朱各庄镇
644		安山供电所营业厅	秦皇岛市昌黎县安山镇
645		城关供电所营业厅	秦皇岛市昌黎县城关五街
646		大蒲河供电所营业厅	秦皇岛市昌黎县大蒲河镇
647		黄金海岸供电营业中心营业厅	秦皇岛市昌黎县黄金海岸
648		泥井供电所营业厅	秦皇岛市昌黎县泥井镇
649		刘台供电所营业厅	秦皇岛市昌黎县刘台镇
650		新集供电所营业厅	秦皇岛市昌黎县新集镇
651	国网抚宁供电分公司	于关供电所营业厅	秦皇岛市抚宁县榆关镇
652		杜庄供电所营业厅	秦皇岛市抚宁县杜庄
653		留守营供电所营业厅	秦皇岛市抚宁县留守营镇
654		南戴河供电所营业厅	秦皇岛市抚宁县南戴河新开路 52 号
655		城郊供电所营业厅	秦皇岛市抚宁县钟庄
656		牛头崖供电所营业厅	秦皇岛市抚宁县牛头崖镇
657		深河供电所营业厅	秦皇岛市抚宁县深河
658		石门寨供电所营业厅	秦皇岛市抚宁县石门寨镇
659		台营供电所营业厅	秦皇岛市抚宁县台营镇
660		抚宁供电营业厅	秦皇岛市抚宁镇长征路 101 号
661	国网卢龙供电分公司	卢龙东门外大街营业厅	秦皇岛市卢龙县卢龙镇东门外大街
662		城关供电所营业厅	秦皇岛市卢龙县卢龙镇南环路
663		刘田庄供电所营业厅	秦皇岛市卢龙县刘田庄镇
664		木井供电所营业厅	秦皇岛市卢龙县木井乡
665		石门供电所营业厅	秦皇岛市卢龙县石门镇
666		陈官屯供电所营业厅	秦皇岛市卢龙县陈官屯乡
667		潘庄供电所营业厅	秦皇岛市卢龙县潘庄镇
668	国网青龙供电分公司	青龙城区营业厅	秦皇岛市青龙满族自治县燕山路中段 75 号
669		肖营子供电所营业厅	秦皇岛市青龙满族自治县肖营子镇肖营子村
670		八道河供电所营业厅	秦皇岛市青龙满族自治县八道河乡八道河村
671		青龙镇供电所营业厅	秦皇岛市青龙满族自治县青龙镇逃军山村
672		双山子供电所营业厅	秦皇岛市青龙满族自治县双山子镇下烧锅村
673		马圈子供电所营业厅	秦皇岛市青龙满族自治县马圈子镇马圈子村
674		祖山供电所营业厅	秦皇岛市青龙满族自治县祖山镇
675		木头凳供电所营业厅	秦皇岛市青龙满族自治县木头凳镇木头凳村

附录 2012 年公司企业标准目录

序号	标准编号	技术标准名称
1	Q/GDW07 001－2012－10501	输变电设备交接和预防性试验规程
2	Q/GDW07 002－2012－10501	电力设备带电检测技术规范
3	Q/GDW07 003－2012－10501	输变电设备状态检修试验规程
4	Q/GDW07 004－2012－10502	7.2－40.5kV 开关柜状态检修导则
5	Q/GDW07 005－2012－10502	7.2－40.5kV 开关柜状态评价导则
6	Q/GDW07 006－2012－10502	500kV 及以上串联补偿设备状态检修导则
7	Q/GDW07 007－2012－10502	500kV 及以上串联补偿设备状态评价导则
8	Q/GDW07 008－2012－10502	SF_6 高压断路器状态检修导则
9	Q/GDW07 009－2012－10502	SF_6 高压断路器状态评价导则
10	Q/GDW07 010－2012－10502	并联电容器装置状态检修导则
11	Q/GDW07 011－2012－10502	并联电容器装置状态评价导则
12	Q/GDW07 012－2012－10502	110（66）kV 及以上交流高压隔离开关和接地开关状态检修导则
13	Q/GDW07 013－2012－10502	110（66）kV 及以上交流高压隔离开关和接地开关状态评价标准
14	Q/GDW07 014－2012－10502	光纤复合相线 OPPC 施工规范
15	Q/GDW07 015－2012－10502	110（66）kV 及以上气体绝缘金属封闭开关设备状态检修导则
16	Q/GDW07 016－2012－10502	110（66）kV 及以上气体绝缘金属封闭开关设备状态评价导则
17	Q/GDW07 017－2012－10502	四小器设备状态检修导则
18	Q/GDW07 018－2012－10502	四小器设备状态评价导则
19	Q/GDW07 019－2012－10502	油浸式变压器（电抗器）状态检修导则
20	Q/GDW07 020－2012－10502	油浸式变压器（电抗器）状态评价导则
21	Q/GDW07 021－2012－10503	电力电缆状态检修导则
22	Q/GDW07 022－2012－10503	电力电缆状态评价导则
23	Q/GDW07 023－2012－10503	架空输电线路状态检修导则
24	Q/GDW07 024－2012－10503	架空输电线路状态评价导则
25	Q/GDW07 001－2012－10311	电力设备外绝缘用持久性就地成型防污闪涂料（PRTV）使用条件及技术导则标准
26	Q/GDW07 001－2012－10404	冀北电网继电保护命名规范
27	Q/GDW07 002－2012－10404	冀北电网继电保护配置规范
28	Q/GDW07 003－2012－10404	冀北电网继电保护装置运行整定规范
29	Q/GDW07 004－2012－10404	冀北电网继电保护验收规范
30	Q/GDW07 005－2012－10405	调控一体化系统与变电站联调相关规定
31	Q/GDW07 001－2012－11102	冀北电网风电功率预测系统及自动上报发电计划规范
32	Q/GDW07 001－2012－10901	通信综合监测系统技术标准
33	Q/GDW07 002－2012－10902	行政交换网交换机入网技术标准

续表

序号	标准编号	技术标准名称
34	Q/GDW07 003 －2012 －10902	调度程控交换系统技术标准
35	Q/GDW07 004 －2012 －10902	综合数据网组网技术标准
36	Q/GDW07 005 －2012 －10902	电视电话会议系统组网技术标准
37	Q/GDW07 006 －2012 －10902	光传输网组网技术标准
38	Q/GDW07 007 －2012 －10902	同步时钟网组网技术标准
39	Q/GDW07 008 －2012 －10902	终端通信接入网组网技术标准
40	Q/GDW07 009 －2012 －10908	通信运行方式技术标准
41	Q/GDW07 010 －2012 －10910	数据中心机房设计标准
42	Q/GDW07 001 －2012 －11002	关口电能计量装置配置原则
43	Q/GDW07 002 －2012 －11002	用户电能计量装置配置原则
44	Q/GDW07 003 －2012 －11002	电能计量封印技术规范
45	Q/GDW07 004 －2012 －11002	电能计量设备报废技术鉴定标准
46	Q/GDW07 005 －2012 －11003	电费计算技术标准
47	Q/GDW07 006 －2012 －11003	电费收费账务技术标准